T0258521

Ensayo

Psicología

Daniel Kahneman ocupa la cátedra Eugene Higgins de Psicología en la Universidad de Princeton y es asimismo catedrático emérito de Asuntos Públicos en la Escuela Woodrow Wilson de Asuntos Públicos e Internacionales. En 2002 fue el primer no economista distinguido con el Premio Nobel de Economía por su trabajo pionero a la hora de integrar descubrimientos de la psicología en las ciencias económicas, sobre todo en lo concerniente al juicio humano y la toma de decisiones en entornos de incertidumbre. Nacido en Tel Aviv, se licenció en Psicología en la Universidad Hebrea de Jerusalén y, tras servir cuatro años en el ejército israelí, se doctoró en la Universidad de California en Berkeley en 1961. Galardonado con innumerables premios y distinciones, *Pensar rápido, pensar despacio* es su primera obra para el gran público, publicada a una treintena de idiomas.

Daniel Kahneman

Pensar rápido,
pensar despacio

Traducción de
Joaquín Chamorro Mielke

DEBOLS!LLO

Penguin
Random House
Grupo Editorial

Título original: *Thinking, Fast and Slow*

Sexta edición: enero de 2017
Sexta reimpresión: enero de 2019

© 2011, Daniel Kahneman
© 2012, de la presente edición en castellano para todo el mundo:
Penguin Random House Grupo Editorial, S. A. U.
Travessera de Gràcia, 47-49. 08021 Barcelona
© 2012, Joaquín Chamorro Mielke, por la traducción

Mis agradecimientos por permitir la reimpresión del siguiente material previamente publicado:
«Judgment Under Uncertainty: Heuristics and Biases», *Science*, New Series, vol. 185, n.º 4157,
© 1974 Amos Tversky y Daniel Kahneman, reimpreso con permiso de *Science*. «Choices, Values,
and Frames », *The American Psychologist*, © 1983 Daniel Kahneman y Amos Tversky, reimpreso
con permiso de la American Psychological Association.

Mis agradecimientos por permitir la reproducción de las siguientes imágenes:
imagen de la página 33, cortesía de Paul Ekman Group, LLC; imagen de la página 81,
procedente de «Cues of Being Watched Enhance Cooperation in a Real-World Setting», de Melissa
Bateson, Daniel Nettle y Gilbert Roberts, *Biology Letters* (2006), reproducida con permiso
de *Biology Letters*; imagen de la página 136, procedente de *Mind Sights*, de Roger N. Shepard
(W. H. Freeman and Company, Nueva York, 1990), reproducida con permiso de
Henry Holt and Company; imagen de la página 391, procedente de «Human Amygdala
Responsivity to Masked Fearful Eye Whites », de Paul J. Whalen *et al.*, *Science* 306 (2004),
reproducida con permiso de *Science*.

Impreso en Colombia - *Printed in Colombia*

ISBN: 978-84-9032-250-5
Depósito legal: B-13.738-2013

En memoria de Amos Tversky

Índice

Primera parte
DOS SISTEMAS

Segunda parte
HEURÍSTICAS Y SESGOS

Tercera parte
EXCESO DE CONFIANZA

Cuarta parte
ELECCIONES

Quinta parte
DOS YO

Introducción

Me imagino que todo autor piensa en los lectores que podrían beneficiarse de la lectura de su obra. En mi caso, pienso en el proverbial dispensador de agua de la oficina, junto al cual se comparten opiniones y se intercambian chismes. Espero enriquecer el vocabulario que la gente emplea cuando habla de las opiniones y las decisiones de otros, de las nuevas directrices empresariales o de las inversiones que ha hecho un compañero. ¿Por qué nos interesan los chismes? Porque es mucho más fácil, y también más entretenido, encontrar y etiquetar los errores de otros que reconocer los propios. En el mejor de los casos, cuestionar lo que creemos y queremos es difícil, especialmente cuando más necesitamos hacerlo, pero podemos beneficiarnos de la opinión informada de otros. Muchos de nosotros anticipamos espontáneamente cómo valorarán los amigos y compañeros nuestras decisiones; la cualidad y el contenido de estos juicios anticipados importa. Esperar un chisme inteligente es un motivo poderoso para hacer una autocrítica seria, más poderoso que los propósitos de Año Nuevo de mejorar en el trabajo y en casa.

Para ser un experto en diagnóstico, un médico necesita conocer una larga serie de nombres de dolencias, en cada uno de los cuales la idea de la enfermedad se asocia a sus síntomas, posibles antecedentes y causas, posibles evoluciones y consecuencias, y posibles intervenciones para curar o mitigar esa enfermedad. Aprender medicina consiste en parte en aprender el lenguaje de la medicina. Un conocimiento más profundo de juicios y decisiones requiere igualmente un vocabulario más rico que el del lenguaje que usamos cada día. Del chisme informado se espera que en él haya pautas características de los errores que la gente comete. Los errores sistemáticos son fruto de inclinaciones, y puede predecirse su recurrencia en ciertas circunstancias. Cuando, por ejemplo, un orador apuesto y seguro de sí mismo sale a escena, podemos anticipar que la audiencia juzgará sus comentarios más favorablemente de lo que merece. Disponer de una etiqueta para diagnosticar esta inclinación o sesgo —el efecto halo— nos hace más fácil anticipar, reconocer y entender.

Cuando nos preguntan qué estamos pensando, normalmente respondemos. Creemos saber lo que tenemos en nuestra mente, que a menudo consiste en un pensamiento consciente que discurre ordenadamente. Pero esta no es la única manera en que la mente trabaja, ni siquiera la manera habitual. La mayor parte de nuestras impresiones y pensamientos surgen en nuestra experiencia consciente sin que sepamos de qué modo. No podemos averiguar cómo llegamos a contar con que hay una lámpara en el escritorio delante de nosotros, o cómo detectamos un tono de irritación en la voz de nuestra esposa al teléfono, o cómo reaccionamos para evitar un peligro en la carretera antes de ser conscientes de él. El trabajo mental que produce impresiones, intuiciones y multitud de decisiones se desarrolla silenciosamente en nuestras mentes.

Muchas de las argumentaciones de este libro tratan de los sesgos de intuición. Sin embargo, que el centro de esas argumentaciones sea el error no menoscaba la inteligencia humana más que la atención a las enfermedades en los textos médicos niega la salud. La mayoría de nosotros estamos sanos la mayor parte del tiempo, y la mayoría de nuestros juicios y acciones son apropiados la mayor parte del tiempo. Cuando conducimos nuestras vidas, normalmente nos dejamos guiar por impresiones y sentimientos, y la confianza que tenemos en nuestras creencias y preferencias intuitivas normalmente está justificada, pero no siempre. Con frecuencia estamos seguros de nosotros mismos cuando nos equivocamos, y es más probable que un observador objetivo detecte nuestros errores antes que nosotros mismos.

Y este es mi propósito para las conversaciones junto a los dispensadores de agua: mejorar la capacidad de identificar y comprender errores en juicios y decisiones, en otros y eventualmente en nosotros mismos, proporcionando un lenguaje más rico y preciso para discutirlos. Al menos en algunos casos, un diagnóstico acertado puede sugerir una intervención para limitar el daño que a menudo causan los malos juicios y las malas elecciones.

ORÍGENES

Este libro presenta mi actual concepto de los juicios que nos formamos y las decisiones que tomamos, un concepto modelado por los descubrimientos psicológicos hechos en las últimas décadas. Pero en él hay ideas capitales que tuvieron su origen en el feliz día de 1969 en que pedí a un colega hablar como invitado en un seminario que yo impartía en el Departamento de Psicología de la Universidad Hebrea de Jerusalén. Amos Tversky era considerado una futura estrella en el campo de la teoría de la decisión —en realidad, lo era en todo lo que hacía—, de modo que sabía que tendríamos una interesante relación. Mucha gente que conocía a Amos pensaba que era la persona más inteligente que jamás había conocido. Era brillante, locuaz y carismático. Estaba dotado de una memoria prodigiosa para las bromas y una capacidad excepcional para usarlas cuando quería señalar una cosa. Nunca había un momento de aburrimiento cuando Amos estaba cerca. Contaba a la sazón treinta y dos años; y yo treinta y cinco.

Amos contó a la clase que en la Universidad de Michigan había un programa de investigación en curso en el que se trataba de responder a esta cuestión: ¿es la gente buena en estadística intuitiva? Sabíamos que la gente es buena en gramática intuitiva: a la edad de cuatro años, un niño cumple sin esfuerzo con las reglas de la gramática cuando habla, aunque no tenga ni idea de que esas reglas existen. Pero ¿tiene la gente un sentido intuitivo similar para los principios básicos de la estadística? Amos aseguraba que la respuesta era un sí con reservas. Tuvimos un animado debate en el seminario, y finalmente llegamos a la conclusión de que un sí con reservas no era una buena respuesta.

Amos y yo disfrutamos con el intercambio de pareceres y concluimos que la estadística intuitiva era un tema interesante y que

sería divertido explorarlo juntos. Aquel viernes fuimos a almorzar
al Café Rimon, el local favorito de bohemios y profesores de Jerusalén, y planeamos hacer un estudio de las intuiciones estadísticas
de investigadores sofisticados. En el seminario habíamos concluido
que nuestras intuiciones son deficientes. A pesar de los años de enseñanza y de utilizar la estadística, no habíamos desarrollado un
sentido intuitivo de la fiabilidad de los resultados estadísticos observados en pequeñas muestras. Nuestros juicios subjetivos eran
sesgados: no estábamos muy dispuestos a investigar hallazgos basados en una evidencia inadecuada y éramos propensos a reunir muy
pocas observaciones[1] en nuestra investigación. La meta de nuestro
estudio era examinar si otros investigadores padecían la misma
afección.

Así que preparamos un estudio que incluía escenarios realistas
con cuestiones estadísticas que se planteaban en la investigación. Amos
recabó las respuestas de un grupo de expertos que participaron en
una reunión de la Society of Mathematical Psychology, entre los que
se contaban los autores de dos libros de texto de estadística. Como
esperábamos, observamos que, al igual que nosotros, nuestros colegas
expertos exageraban mucho la probabilidad de que el resultado original de un experimento fuese replicado con éxito incluso con una
pequeña muestra. Por otra parte, los consejos que dieron a un ficticio estudiante sobre el número de observaciones que necesitaba reunir fueron bastante pobres. Aquellos estadísticos no eran buenos estadísticos intuitivos.

Mientras escribía el artículo que daba cuenta de estos resultados,
Amos y yo descubrimos que nos gustaba trabajar juntos. Amos era
siempre muy divertido, y en su presencia yo también me volvía divertido, y así pasábamos horas de trabajo firme sin dejar de divertirnos. El placer que encontrábamos en trabajar juntos nos hizo excepcionalmente pacientes; es mucho más fácil esforzarse por lograr la
perfección cuando nunca se está aburrido. Y lo que quizá fuera lo
más importante, comprobábamos nuestras armas críticas antes de
usarlas. Amos y yo éramos críticos y argumentativos, él más que yo,
pero durante los años de nuestra colaboración ninguno de los dos
rechazó jamás de plano nada que el otro dijera. Y una de las grandes

alegrías que encontré en aquella colaboración era que Amos con frecuencia veía la clave de mis vagas ideas mucho más claramente que yo. Amos pensaba con más lógica, con una orientación más teórica y un sentido infalible de la orientación. Yo era más intuitivo y estaba más centrado en la psicología de la percepción, de la que tomamos muchas ideas. Éramos lo bastante similares para entendernos uno a otro con facilidad, y lo bastante diferentes para sorprendernos mutuamente. Llegamos a una rutina en la que pasábamos juntos muchos de nuestros días de trabajo, a menudo dando largos paseos. Durante los catorce años siguientes, nuestra colaboración fue el eje de nuestras vidas, y el trabajo que aquellos años desarrollamos juntos, lo mejor que hicimos tanto él como yo.

Enseguida adoptamos una práctica que mantuvimos durante muchos años. Nuestra investigación era una conversación en la que inventábamos cuestiones y examinábamos juntos nuestras respuestas intuitivas. Cada cuestión era un pequeño experimento, y en un solo día realizábamos muchos experimentos. No buscábamos seriamente la respuesta correcta a las cuestiones estadísticas que planteábamos. Nuestro objetivo era identificar y analizar la respuesta intuitiva, la primera que se nos ocurriera, la que estábamos tentados de dar aun sabiendo que era errónea. Creíamos —correctamente, como sucedió— que cualquier intuición que los dos compartiéramos, la compartirían muchos más, y que sería fácil demostrar sus efectos sobre los juicios.

Una vez descubrimos con gran diversión que se nos ocurrían idénticas ideas absurdas sobre las futuras profesiones de varios niños que ambos conocíamos. Llegamos a identificar al abogado polemista de tres años, al profesor chiflado y al psicoterapeuta empático algo entrometido. Naturalmente, estas predicciones eran absurdas, pero aun así las considerábamos atractivas. Era evidente que nuestras intuiciones venían determinadas por el parecido de cada niño con el estereotipo cultural de una profesión. El gracioso ejercicio nos ayudó a desarrollar una teoría, que iba emergiendo entonces en nuestras mentes, sobre el papel de la semejanza en las predicciones. Procedimos a poner a prueba y elaborar esta teoría en decenas de experimentos, como el del ejemplo siguiente.

Pedimos al lector que, cuando considere la siguiente pregunta, suponga que Steve fue seleccionado al azar de una muestra representativa:

> Un individuo fue descrito por un vecino suyo de la siguiente manera: «Steve es muy tímido y retraído, siempre servicial, pero poco interesado por la gente o por el mundo real. De carácter disciplinado y metódico, necesita ordenarlo y organizarlo todo, y tiene obsesión por el detalle». ¿Es probable que Steve sea un bibliotecario o un agricultor?

La semejanza de la personalidad de Steve con la de un bibliotecario estereotipado es algo que a todo el mundo le viene inmediatamente a la mente, pero las consideraciones estadísticas, igualmente relevantes, son casi siempre ignoradas. ¿Sabe el lector que en Estados Unidos hay más de 20 agricultores por cada bibliotecario? Habiendo muchos más agricultores, es casi seguro que habrá más caracteres «disciplinados y metódicos» en tractores que en mostradores de bibliotecas. Sin embargo, descubrimos que los participantes en nuestros experimentos ignoraban los datos estadísticos relevantes y confiaban exclusivamente en la semejanza. Les propusimos que usaran la semejanza como una heurística simplificadora (más o menos como una regla general) para hacer un juicio difícil. De la confianza en tal heurística resultaron sesgos previsibles (errores sistemáticos) en sus predicciones.

En otra ocasión, Amos y yo nos preguntamos por la tasa de divorcios entre profesores de nuestra universidad. Nos dimos cuenta de que la pregunta desencadenaba en nuestra memoria una búsqueda de los profesores divorciados que conocíamos o de los que sabíamos que lo estaban, y de que juzgábamos la extensión de categorías por la facilidad con que los casos nos venían a la mente. Llamamos a esta confianza en la facilidad de la búsqueda memorística disponibilidad heurística. En uno de nuestros estudios pedimos a los participantes que respondieran a una pregunta sencilla sobre las palabras en un texto clásico inglés:[2]

> Piense en la letra K.
> ¿Qué es más probable: que la K aparezca como primera letra de una palabra O como tercera letra?

Como cualquier jugador de *scrabble* sabe, es mucho más fácil empezar por las palabras que comienzan con una letra concreta que hacerlo con las que tienen esa letra en tercera posición. Esto es así con cada letra del alfabeto. Por lo tanto, esperábamos que los participantes exageraran la frecuencia de las letras que aparecen en primera posición; letras que (como K, L, N, R, V) de hecho es más frecuente que aparezcan en tercera posición. De nuevo era fruto de la confianza en la heurística un sesgo predecible en los juicios. Recientemente he puesto en duda, por ejemplo, la impresión que durante mucho tiempo tuve de que el adulterio es más común entre políticos que entre médicos o abogados. Había empezado con explicaciones de este «hecho», incluido el efecto afrodisíaco del poder y las tentaciones de la vida fuera del hogar. Finalmente caí en la cuenta de que es mucho más probable que reciban publicidad las transgresiones de los políticos que las transgresiones de los abogados y los médicos. Mi impresión intuitiva pudo deberse por entero a los temas que suelen elegir los periodistas y a mi confianza en la disponibilidad heurística.

Amos y yo pasamos varios años estudiando y documentando en varias tareas los sesgos del pensamiento intuitivo; asignando probabilidades a eventos, pronosticando cosas futuras, estableciendo hipótesis y estimando frecuencias. En el quinto año de nuestra colaboración presentamos nuestros principales resultados en la revista *Science*, una publicación leída por especialistas en muchas disciplinas. El artículo (que reproduzco entero al final de este libro) se titulaba «Judgment Under Uncertainty: Heuristics and Biases» (véase el Apéndice A). En él describíamos los atajos simplificadores del pensamiento intuitivo y explicábamos unos 20 sesgos como manifestaciones de esta heurística, y también como demostraciones del papel de la heurística en el juicio.

Los historiadores de la ciencia han observado a menudo que, durante un tiempo, los especialistas en una disciplina determinada tienden a compartir suposiciones básicas sobre su objeto de estudio. Los científicos sociales no son una excepción; también ellos se fundan en una concepción de la naturaleza humana que dota de una base de sustentación a la mayoría de las discusiones sobre comportamientos específicos que rara vez es cuestionada. Los científicos sociales de la década de 1970 aceptaban generalmente dos ideas acerca de la naturaleza humana. La primera era que la gente es generalmente racional, y su pensamiento normalmente sano. Y la segunda, que emociones como el miedo, el afecto y el odio explican la mayoría de las situaciones en las que la gente se aleja de la racionalidad. Nuestro artículo desafiaba a estas dos suposiciones sin discutirlas directamente. Documentamos de manera sistemática errores en el pensamiento de la gente normal y buscamos el origen de dichos errores en el diseño de la maquinaria de la cognición más que en la alteración del pensamiento por la emoción.

Nuestro artículo atrajo mucha más atención de la que esperábamos, y es uno de los trabajos más citados en ciencias sociales (más de trescientos artículos especializados lo mencionaron en 2010). Especialistas de otras disciplinas lo consideraron útil, y las ideas de la heurística y los sesgos han sido utilizadas productivamente en muchos campos, incluidos los del diagnóstico clínico, las sentencias judiciales, el análisis de la inteligencia, la filosofía, las finanzas, la estadística y la estrategia militar.

Estudiosos de la vida política, por ejemplo, han observado que la heurística de la disponibilidad ayuda a explicar por qué algunos asuntos están muy presentes en la mente del público, mientras que otros caen en el olvido. La gente tiende a evaluar la importancia relativa de ciertos asuntos según la facilidad con que son traídos a la memoria, y esto viene en gran medida determinado por el grado de cobertura que encuentran en los medios. Los temas frecuentemente mencionados pueblan sus mentes tanto como otros se escapan de la conciencia. Y viceversa: lo que para los medios es noticia, corresponde a lo que, según ellos, está comúnmente en la mente del público. No es casual que los regímenes autoritarios ejerzan una notable presión sobre los medios independientes. Como el interés del público lo despiertan más fácilmente los acontecimientos dramáticos y las celebridades, son comunes los medios que alimentan la noticia. Durante varias semanas después de la muerte de Michael Jackson, por ejemplo, era prácticamente imposible encontrar un canal de televisión que tratara de otro tema. Por el contrario, es muy pequeña la cober-

tura que se presta a temas cruciales, pero no excitantes y de apariencia menos dramática, como el declive de la calidad de la educación o
la sobreutilización de recursos médicos en el último año de vida.
(Cuando escribí esto, advertí que mi selección de ejemplos de «pequeña cobertura» se dejaba guiar por la disponibilidad. Los temas que ele-
gí como ejemplos se mencionan muchas veces, mientras que asuntos
igualmente importantes, pero menos disponibles, no me vinieron a
la mente.)

Entonces no nos dimos plena cuenta, pero una razón clave del
gran atractivo de «la heurística y los sesgos» fuera de la psicología fue
un aspecto secundario de nuestro trabajo: casi siempre incluimos en
nuestros artículos el texto completo de las preguntas que nos habíamos hecho a nosotros mismos y a nuestros encuestados. Estas preguntas servían de demostraciones para el lector, pues le permitían
reconocer cómo su propio pensamiento tropezaba con sesgos cognitivos. Espero que el lector de este libro haya tenido tal experiencia al leer la pregunta sobre Steve el bibliotecario, cuya intención
era ayudarle a apreciar el poder de la semejanza como un factor de
probabilidad y a ver lo fácil que es ignorar datos estadísticos relevantes.

El uso de demostraciones proporcionó a especialistas de varias
disciplinas —especialmente filósofos y economistas— una oportunidad única de observar posibles fallos en su propio pensamiento. Viendo cómo ellos mismos fallaban, era más probable que cuestionaran el
supuesto dogmático, entonces predominante, de que la mente humana es racional y lógica. La elección del método era crucial: si hubiésemos comunicado resultados de experimentos convencionales, el
artículo habría sido menos interesante y menos memorable. Además,
los lectores escépticos se habrían distanciado de los resultados, atri-
buyendo los errores de juicio a la proverbial volubilidad de los estudiantes universitarios, participantes habituales en los estudios psicológicos. Ni que decir tiene que no elegimos demostraciones en vez
de experimentos normales porque quisiéramos influir en filósofos y
economistas. Preferimos demostraciones porque eran más amenas,
y estábamos contentos con el método que elegimos y en muchos
otros sentidos. Un tema recurrente de este libro es que la suerte de-

sempeña un importante papel en toda historia en la que se consigue un éxito; casi siempre es fácil identificar un ligero cambio en la historia que habría convertido un notable logro en un resultado mediocre. Nuestra historia no fue una excepción.

La reacción a nuestro trabajo no fue uniformemente positiva. En especial se nos criticó nuestra atención a los sesgos, dando a entender que teníamos un concepto injustamente negativo de la mente.[3] Como puede esperarse en la ciencia normal, algunos investigadores pulieron nuestras ideas y otros ofrecieron alternativas plausibles.[4] Pero la idea de que nuestras mentes son susceptibles de incurrir en errores sistemáticos es ahora generalmente aceptada. Nuestra investigación sobre los juicios halló en las ciencias sociales mucha más repercusión de lo que creímos posible cuando trabajábamos en ella.

Inmediatamente después de completar nuestra revisión de los juicios, nuestra atención se volvió hacia la toma de decisiones en condiciones de incertidumbre. Nuestro objetivo era desarrollar una teoría psicológica sobre la manera en que la gente toma decisiones en apuestas sencillas. Por ejemplo: ¿aceptaría usted una apuesta con lanzamiento de moneda en la que ganara 130 dólares si saliese cara y perdiera 100 dólares si saliese cruz? Estas elecciones elementales se han empleado muchas veces para examinar cuestiones generales sobre la toma de decisiones, así como sobre la importancia relativa que la gente da a las cosas seguras y a los resultados inciertos. Nuestro método no cambió: pasamos muchos días planteando problemas de elección y comprobando si nuestras preferencias intuitivas se ajustaban a la lógica de la elección. Y de nuevo aquí, como en los juicios, observamos sesgos sistemáticos en nuestras propias decisiones, preferencias intuitivas que consecuentemente violaban las reglas de la elección racional. Cinco años después de aparecer el artículo de *Science*, publicamos «Prospect Theory: An Analysis of Decision Under Risk», una teoría de la elección que algunos cómputos la hacían más influyente que nuestro trabajo sobre los juicios, y que es uno de los fundamentos de la economía conductual.

Hasta que la separación geográfica nos hizo demasiado difícil continuar, Amos y yo tuvimos la extraordinaria fortuna de disponer de una mente compartida que era superior a nuestras mentes individuales, y de mantener una relación que nos permitía trabajar de una manera tan amena como productiva. Nuestra colaboración en el estudio de los juicios y las decisiones fue la razón de que en 2002 recibiera yo el premio Nobel,[5] que Amos habría compartido conmigo si no hubiese fallecido en 1996 a la edad de cincuenta y nueve años.

EL PUNTO DE PARTIDA

Este libro no pretende ser una exposición de la primera investigación que Amos y yo realizamos juntos; esta tarea ya la han llevado cumplidamente a cabo muchos autores a lo largo de los años. Lo que aquí me propongo es presentar una panorámica que muestre cómo trabaja la mente, para lo cual tengo en cuenta los más recientes avances en psicología cognitiva y social. Uno de los avances más importantes es que ahora entendemos tanto las maravillas como los defectos del pensamiento intuitivo.

Amos y yo no nos ocupamos de las intuiciones acertadas, que quedan fuera de la afirmación informal de que la heurística de los juicios «es muy útil, pero a veces conduce a graves errores sistemáticos». Nos concentramos en los sesgos porque ambos los considerábamos interesantes en sí mismos y porque nos proporcionaban evidencias sobre la heurística de los juicios. No nos preguntamos si todos los juicios intuitivos en situación de incertidumbre los producía la heurística que estudiábamos; ahora está claro que no es así. En particular, las intuiciones acertadas de los expertos se explican mejor por los efectos de la práctica prolongada[6] que por la heurística. Ahora podemos dibujar un cuadro más rico y equilibrado en el que la sagacidad y la heurística son fuentes alternativas de juicios y elecciones intuitivos.

El psicólogo Gary Klein cuenta la historia de un equipo de bomberos que penetraron en una casa en la que la cocina estaba en llamas.[7] Poco después de aplicar la manguera a la cocina, el jefe de bomberos dio un grito. «Salgamos de aquí», exclamó sin saber por qué. El suelo se hundió casi inmediatamente después de que los bomberos escaparan. Solo después de ocurrir aquello, el jefe de bomberos se dio cuenta de que el fuego había sido extrañamente silencioso y que sus orejas habían estado extrañamente calientes. Estas impresiones juntas despertaron lo que llamó un «sexto sentido del peligro». No tenía ni idea de lo que andaba mal, pero sabía que algo andaba mal. Resultó que el foco del incendio no estaba en la cocina, sino en el sótano, debajo de donde sus hombres habían estado.

Todos hemos oído historias de intuición experta: el maestro ajedrecista que pasa por delante de una fila de jugadores y anuncia sin pararse: «Blancas dan jaque mate en tres jugadas», o el médico que hace un complejo diagnóstico después de una sola mirada a un paciente. La intuición de los expertos nos parece mágica, pero no lo es. Cada uno de nosotros realiza muchas veces al día verdaderas proezas de experto intuitivo. La mayoría de nosotros tenemos un oído perfecto para detectar un enfado en la primera palabra de una conversación telefónica, o para reconocer, cuando entramos en una habitación, que hemos sido tema de conversación, y rápidamente reaccionamos a señales sutiles de que llevar el coche por el carril de al lado es peligroso. Nuestras capacidades intuitivas cotidianas no son menos maravillosas que las asombrosas percepciones de un bombero o un médico experimentados; solo son más comunes.

La psicología de la intuición acertada no encierra magia alguna. Quizá la mejor formulación al respecto es la del gran Herbert Simon, que estudió a maestros ajedrecistas[8] y mostró que tras miles de horas de práctica llegaban a ver las piezas en el tablero de otra manera que nosotros. Podemos comprender la impaciencia de Simon con la mitificación de la intuición experta cuando escribe: «La situación proporciona la ocasión; esta da al experto acceso a información almacenada en la memoria, y la información da la respuesta. La intuición no es ni más ni menos que el reconocimiento».[9]

No nos sorprende que un niño de dos años mire a un perro y diga «chuchi», porque estamos acostumbrados al milagro de los niños aprendiendo a reconocer y nombrar cosas. La cuestión central en Simon es que los milagros de la intuición experta tienen el mismo carácter. Las intuiciones válidas se producen cuando los expertos han aprendido a reconocer elementos familiares en una situación nueva y a actuar de manera adecuada a ella. Los buenos juicios intuitivos vienen a la mente con la misma inmediatez que «chuchi».

Desgraciadamente, no todas las intuiciones de profesionales surgen de la auténtica experiencia. Hace muchos años visité al jefe del departamento de inversiones de una gran empresa financiera, y me contó que acababa de invertir unas decenas de millones de dólares en acciones de la Ford Motor Company. Cuando le pregunté cómo había tomado esa decisión, me respondió que no hacía mucho había visitado una exposición de automóviles y había quedado impresionado. «¡Chico, menudos coches hacen!», fue su explicación. Dejó muy claro que confiaba en su instinto y estaba satisfecho con su decisión. Me dejó sorprendido que, según parecía, no hubiera tenido en cuenta algo que para un economista no es nada irrelevante: ¿habrían bajado en ese momento las acciones de la Ford? Simplemente había seguido su intuición; le gustaban los coches, le gustaba la compañía, y le gustaba la idea de ser accionista de ella. Por lo que sabemos de la manera acertada de adquirir acciones, es razonable creer que no sabía lo que estaba haciendo.

La heurística específica que Amos y yo estudiamos nos era de poca ayuda para entender cómo al ejecutivo le dio por invertir en acciones de la Ford, pero ahora existe una idea más desarrollada de la heurística, que explica muy bien estas cosas. Un avance importante es que la emoción está ahora en nuestra comprensión de juicios y elecciones intuitivos mucho más presente que en el pasado. La decisión del ejecutivo sería hoy descrita como un ejemplo de heurística afectiva,[10] en la que los juicios y las decisiones son directamente regidos por sentimientos de agrado y desagrado con escasa deliberación o razonamiento.

Cuando se enfrenta a un problema —el de elegir una jugada de ajedrez o el de decidir invertir en acciones—, la maquinaria del pensamiento intuitivo hace lo mejor que puede hacer. Si el individuo tiene una experiencia relevante, reconocerá la situación, y es probable que la solución intuitiva que le venga a la mente sea la correcta. Es lo que ocurre cuando un maestro ajedrecista examina una posición complicada: las pocas jugadas que inmediatamente se le ocurren son todas buenas. Cuando el problema es difícil y no se tiene una solución adecuada, la intuición dispone todavía de un cartucho: una respuesta puede venir rauda a la mente; pero no es una respuesta a la cuestión original. La cuestión que encaró el ejecutivo (¿debo invertir en acciones de la Ford?) era difícil, pero inmediatamente vino a su mente la respuesta a una cuestión más fácil y en sintonía con ella (¿me gustan los automóviles Ford?), y esta determinó su elección. Tal es la esencia de la heurística intuitiva: cuando nos vemos ante una cuestión difícil, a menudo respondemos a otra más fácil, por lo general sin advertir la sustitución.[11]

La búsqueda espontánea de una solución intuitiva a veces fracasa: no nos viene a la mente ni una solución experta, ni una respuesta heurística. En estos casos es frecuente que nos pasemos a una forma más lenta, meditada y esforzada de pensar. Este es el pensamiento lento que evoca el título del libro. El pensamiento rápido incluye las dos variantes del pensamiento intuitivo —el experto y el heurístico—, así como las actividades mentales puramente automáticas de la percepción y la memoria, las operaciones que nos permiten saber que hay una lámpara en el escritorio o recordar el nombre de la capital de Rusia.

Muchos psicólogos han examinado la diferencia entre pensamiento rápido y pensamiento lento en los últimos veinticinco años. Por razones que explicaré con más detalle en el capítulo siguiente, describo aquí la vida mental con la metáfora de dos agentes, llamados Sistema 1 y Sistema 2, que producen respectivamente pensamiento rápido y pensamiento lento. Hablo de las características del pensamiento intuitivo y del deliberado como si fuesen rasgos y disposiciones de dos caracteres existentes en nuestras mentes. En el cuadro resultante de la investigación reciente, el intuitivo Sistema 1 es más influyente de lo que nuestra experiencia nos dice, y es el secreto autor de muchas elecciones y juicios que hacemos. La mayor parte de este libro trata del trabajo del Sistema 1 y las influencias recíprocas entre este y el Sistema 2.

LO QUE VENDRÁ A CONTINUACIÓN

El libro se divide en cinco partes. La primera parte presenta los elementos básicos de un tratamiento de los juicios y las elecciones basado en dos sistemas. Elabora la distinción entre las operaciones automáticas del Sistema 1 y las operaciones controladas del Sistema 2, y muestra cómo la memoria asociativa, el núcleo del Sistema 1, continuamente construye una interpretación coherente de lo que sucede en nuestro mundo en cada instante. Intento dar una idea de la complejidad y riqueza de los procesos automáticos, y a menudo inconscientes, subyacentes en el pensamiento intuitivo, y de cómo estos procesos automáticos explican la heurística de los juicios. Uno de mis objetivos es introducir un lenguaje para pensar y hablar acerca de la mente.

La segunda parte actualiza el estudio de la heurística de los juicios y examina un problema mayor: ¿por qué nos resulta tan difícil pensar estadísticamente? Pensamos asociativamente, pensamos metafóricamente y pensamos causalmente con facilidad, pero hacerlo estadísticamente requiere pensar en muchas cosas a la vez, algo para lo que el Sistema 1 no está diseñado.

Las dificultades del pensamiento estadístico contribuyen a conformar el tema principal de la tercera parte, que describe una desconcertante limitación de nuestra mente: nuestra excesiva confianza en lo que creemos saber y nuestra aparente incapacidad para reconocer las dimensiones de nuestra ignorancia y la incertidumbre del mundo en que vivimos. Somos propensos a sobrestimar lo que entendemos del mundo y a subestimar el papel del azar en los acontecimientos. El exceso de confianza es alimentado por la certeza ilusoria de las retrospecciones. En mis ideas sobre este tema ha influido Nassim Taleb, autor de *El cisne negro*. Espero de las conversaciones junto a los dispensadores de agua que consideren inteligentemente las lecciones que pueden aprenderse del pasado y no caigan en la trampa de la retrospección y la ilusión de certeza.

El núcleo de la cuarta parte es un diálogo con la disciplina de la economía acerca de la naturaleza de la decisión y la suposición de que los agentes económicos son racionales. Esta sección del libro hace una exposición actual, informada por el modelo de los dos sistemas, de los conceptos clave de la teoría de las perspectivas, el modelo de la elección que Amos y yo publicamos en 1979. Los capítulos siguientes tratan de las distintas formas de las elecciones humanas que se apartan de las reglas de la racionalidad. Me ocupo de la desafortunada tendencia a tratar problemas de forma aislada, y con efectos marco, cuando las decisiones vienen conformadas por características ilógicas instaladas en los problemas de elección. Estas observaciones, que son debidamente explicadas por el carácter del Sistema 1, constituyen un gran desafío a la suposición de racionalidad tan favorecida en la economía estándar.

La quinta parte describe investigaciones recientes que han introducido una distinción entre dos yo: el yo que experimenta cosas y el yo que las recuerda, los cuales no tienen los mismos intereses. Podemos, por ejemplo, someter a unas cuantas personas a dos experiencias dolorosas. Una de estas experiencias es francamente peor que la otra porque es más larga. Pero la formación automática de la memoria de las mismas —una característica del Sistema 1— tiene sus reglas, que podemos utilizar de manera que el episodio peor deje una memoria mejor. Cuando más tarde esas personas eligen qué episodio repetir, naturalmente les guía el yo que recuerda y se exponen (el yo que experimenta) a sufrimientos innecesarios. La distinción entre dos yo es aplicada a la medición del bienestar, donde nuevamente encontramos que lo que hace feliz al yo que experimenta no es precisamente lo mismo que lo que satisface al yo que recuerda. Cómo dos yo en un mismo ser pueden buscar la felicidad es algo que plantea algunas difíciles cuestiones, tanto para los individuos como para las sociedades que ven en el bienestar de la población un objetivo político.

Un capítulo a modo de conclusión examina, en orden inverso, las implicaciones de tres distinciones hechas en el libro: entre el yo que experimenta y el yo que recuerda, entre el concepto de agente en la economía clásica y en la economía conductual (que toma ideas de la psicología), y entre el automático Sistema 1 y el esforzado Sistema 2. Y vuelvo a las ventajas de afinar los cotilleos y a lo que las organizaciones pueden hacer para elevar la calidad de los juicios y las decisiones en su propio beneficio.

El libro reproduce como apéndices dos artículos que escribí con Amos. El primero es la revisión del juicio en situación de incertidumbre a la que antes me he referido. El segundo, publicado en 1984, resume la teoría de las perspectivas y nuestros estudios sobre los efectos marco. Estos artículos representan las contribuciones que el comité del premio Nobel citó... y puede que el lector se sorprenda de lo simples que son. Leyéndolos se hará una idea de cuánto sabíamos hace ya tiempo, y de cuánto hemos aprendido en las últimas décadas.

Primera parte
DOS SISTEMAS

1

Los personajes de la historia

Para observar su mente en el modo automático, eche el lector una ojeada a esta imagen:

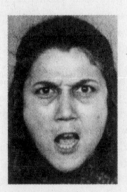

Figura 1

Lo que el lector habrá experimentado al mirar la cara de la mujer combina a la perfección lo que normalmente llamamos visión y pensamiento intuitivo. Tan segura y rápidamente como habrá visto que los cabellos de la mujer son oscuros, se habrá dado cuenta de que está enojada. Más aún: habrá proyectado lo que ha visto al futuro. Habrá advertido que esta mujer está a punto de decir palabras poco amables, seguramente en voz alta y estridente. De forma automática, sin esfuerzo alguno, habrá tenido una premonición de lo que ella hará. No se propone evaluar su humor o anticipar lo que ella hará, y en su reacción a la vista de la foto no tiene la sensación de que esté haciendo algo. Es algo que le ocurre. Es un ejemplo de pensamiento rápido.

Vea ahora el lector la siguiente operación y observe lo que le ocurre:

$$17 \times 24$$

Inmediatamente se habrá dado cuenta de que se trata de una multiplicación, y probablemente de que podría hacerla con papel y lápiz o mentalmente. Tiene algún vago conocimiento intuitivo del rango de posibles resultados. Nada le habría costado reconocer que, por ejemplo, 12.609 y 123 no son soluciones. Pero no hubiera necesitado más tiempo para estar seguro de que la respuesta no es 568. No le viene a la mente una solución, y siente que puede elegir entre hacer o no hacer el cálculo. Si no lo ha hecho aún, debería intentar resolver ahora la multiplicación, o al menos una parte de ella.

Si lo hubiera hecho, habría experimentado lo que es el pensamiento lento cuando se disponía a hacerlo en una serie de pasos. Primero habría tomado de la memoria el programa cognitivo de multiplicación que aprendió en la escuela, y luego lo habría puesto en práctica. Hacer el cálculo es un agobio. Habría sentido la molestia de extraer mucho material de la memoria, pues necesita en cada paso saber por dónde y adónde va, al tiempo que retiene cada resultado. El proceso es un trabajo mental: deliberado, esforzado y ordenado; un prototipo del pensamiento lento. El cálculo no es algo que sucede solo en su mente; también su cuerpo está implicado. Sus músculos se tensan, su presión sanguínea aumenta, y sus pulsaciones aumentan. Alguien que mire de cerca sus ojos mientras trata de llevar a cabo la operación, observará que sus pupilas se dilatan. Sus pupilas vuelven a contraerse al diámetro normal al terminar la tarea, cuando encuentra la solución (que, por lo demás, es 408), o cuando desiste.

Dos sistemas

Durante décadas, los psicólogos han mostrado gran interés por dos modos de pensamiento, representados respectivamente por la fotografía de la mujer enojada y por la operación de multiplicación, y han propuesto muchas formas de etiquetarlos.[1] Aquí adopto términos originalmente propuestos por los psicólogos Keith Stanovich y Richard West, y haré referencia a dos sistemas de la mente, el Sistema 1 y el Sistema 2.

- El *Sistema 1* opera de manera rápida y automática, con poco o ningún esfuerzo y sin sensación de control voluntario.
- El *Sistema 2* centra la atención en las actividades mentales esforzadas que lo demandan, incluidos los cálculos complejos. Las operaciones del Sistema 2 están a menudo asociadas a la experiencia subjetiva de actuar, elegir y concentrarse.[2]

Las etiquetas Sistema 1 y Sistema 2 son de amplio uso en psicología, pero en este libro, que puede leerse como un psicodrama con dos personajes, hago algo más con ellas.

Cuando pensamos en nosotros mismos, nos identificamos con el Sistema 2, con el yo consciente, racional, que tiene creencias, hace elecciones y decide qué pensar y qué hacer. Aunque el Sistema 2 crea estar donde está la acción, el protagonista del libro es el automático Sistema 1. Describo el Sistema 1 como el que sin esfuerzo genera impresiones y sentimientos que son las fuentes principales de las creencias explícitas y las elecciones deliberadas del Sistema 2. Las operaciones automáticas del Sistema 1 generan patrones de ideas sorprendentemente complejos, pero solo el lento Sistema 2 puede construir pensamientos en una serie ordenada de pasos. Describo también las circunstancias en las que el Sistema 2 toma las riendas, anulando los irresponsables impulsos y asociaciones del Sistema 1. Invito al lector a pensar en los dos sistemas como dos agentes con sus particulares aptitudes, limitaciones y funciones.

He aquí algunos ejemplos de las actividades automáticas que atribuimos al Sistema 1 ordenadas según su complejidad:

- Percibe que un objeto está más lejos que otro.
- Nos orienta hacia la fuente de un sonido repentino.
- Completa la expresión «pan y…».
- Nos hace poner «cara de desagrado» cuando vemos un cuadro horroroso.
- Detecta hostilidad en una voz.
- Responde a 2 + 2 = ?
- Lee las palabras de las vallas publicitarias.
- Conduce un coche por una carretera vacía.
- Encuentra una buena jugada de ajedrez (en quien es ajedrecista).
- Entiende frases sencillas.
- Reconoce que un «carácter disciplinado y metódico obsesionado con el detalle» responde a un estereotipo profesional.

Todos estos procesos mentales corresponden a la mujer enojada; se producen automáticamente y requieren poco o ningún esfuerzo. Las capacidades del Sistema 1 incluyen destrezas innatas que compartimos con otros animales. Nacemos preparados para percibir el mundo que nos rodea, reconocer objetos, orientar la atención, evitar pérdidas y temer a las arañas. Otras actividades mentales se vuelven rápidas y automáticas con la práctica prolongada. El Sistema 1 ha aprendido a hacer asociaciones entre ideas (¿la capital de Francia?); también ha adquirido habilidades como la de interpretar y entender matices en situaciones sociales. Algunas habilidades, por ejemplo, descubrir buenas jugadas de ajedrez, solo las adquieren expertos especializados. Otras son ampliamente compartidas. Detectar la semejanza de un esquema de personalidad con un estereotipo profesional requiere un amplio conocimiento del lenguaje y de la cultura, que la mayoría de las personas poseen. El conocimiento es almacenado en la memoria y se accede a él sin intención ni esfuerzo.

Varias de las acciones mentales de la lista son totalmente involuntarias. No podemos no entender frases sencillas en nuestro idioma, ni orientarnos hacia el lugar de donde procede un ruido fuerte e inesperado, ni evitar saber que 2 + 2 = 4, ni pensar en París cuando se habla de la capital de Francia. Otras actividades, como la de masticar, son susceptibles de control voluntario, pero normalmente se desarrollan de manera automática. El control de la atención es compartido por los dos sistemas. Orientarse hacia el lugar de procedencia de un ruido fuerte es normalmente una operación involuntaria del Sistema 1, que de inmediato moviliza la atención voluntaria del Sistema 2. Podemos resistirnos a volver la mirada hacia el lugar donde se hace un comentario ofensivo en voz alta en una fiesta multitudinaria, pero aunque no giremos la cabeza, nuestra atención se dirige inicialmente hacia allí, al menos momentáneamente. Sin embargo, la atención puede apartarse de un foco inesperado, en especial cuando intencionadamente se concentra en otro objeto.

Las muy variadas operaciones del Sistema 2 tienen un rasgo común: requieren atención y resultan perturbadas cuando la atención se aparta de ellas. He aquí algunos ejemplos:

- Estar atento al disparo de salida en una carrera.
- Concentrar la atención en los payasos del circo.
- Escuchar la voz de una persona concreta en un recinto atestado y ruidoso.
- Buscar a una mujer con el pelo blanco.
- Buscar en la memoria para identificar un ruido sorprendente.
- Caminar a un paso más rápido de lo que es natural.
- Observar un comportamiento adecuado en una situación social.
- Contar las veces que aparece la letra *a* en una página de texto.
- Dar a alguien el número de teléfono.
- Aparcar en un espacio estrecho (para todo el mundo menos para los empleados del garaje).
- Comparar dos lavadoras para saber cuál es mejor.
- Rellenar el impreso de la declaración de la renta.
- Comprobar la validez de un argumento lógico complejo.

En todas estas situaciones es necesario poner atención, y si no se está preparado o la atención no es la adecuada, las actividades correspondientes se realizarán peor o no se realizarán en absoluto. El Sistema 2 tiene cierta capacidad para cambiar la manera de trabajar del Sistema 1 programando las funciones normalmente automáticas de la atención y la memoria. Si, cuando esperamos a un pariente en una estación con mucho ajetreo, por ejemplo, buscamos voluntariamente a una mujer con el cabello blanco o un hombre con barba, la probabilidad de divisar de lejos a nuestro pariente aumenta. Podemos recurrir a la memoria para buscar en ella capitales que empiecen por N o novelas existencialistas francesas. Y si alquilamos un coche en el aeropuerto londinense de Heathrow, el empleado probablemente nos recuerde que hemos de «circular por el lado izquierdo de la carretera». En todos estos casos se nos pide hacer algo que no hacemos de forma natural, y descubrimos que la constancia en una tarea requiere que hagamos continuamente algún esfuerzo.

La frase tan común de «Preste atención» es muy acertada: disponemos de un presupuesto de atención limitado que podemos asignar a ciertas actividades, y si intentamos rebasar nuestro presupuesto, fracasamos. Una característica de las actividades que requieren esfuerzo es que interfieren unas con otras, lo cual explica que sea tan difícil, cuando no imposible, llevar a cabo varias a la vez. Nadie podría calcular el producto de 17×24 mientras gira a la izquierda en medio de un denso tráfico, y desde luego no lo intentaría. Podemos hacer varias cosas a la vez, pero solo si son fáciles y cómodas. No dejamos de sentirnos seguros por mantener una conversación con un pasajero mientras conducimos por una carretera vacía, y muchos padres han descubierto, quizá con algún sentimiento de culpa, que son capaces de leer un cuento a un niño mientras piensan en otra cosa.

Todo el mundo tiene alguna conciencia de que la capacidad de atención es limitada, y nuestro comportamiento social tiene bien en cuenta estas limitaciones. Cuando el conductor de un coche está adelantando a un camión en una carretera angosta, por ejemplo, los pasajeros adultos dejan muy sensatamente de hablar. Saben que no es una buena idea distraer al conductor, y también sospechan que este se ha vuelto momentáneamente sordo porque no quiere oír lo que le dicen.

Una intensa concentración en una tarea puede volver a las personas realmente ciegas a estímulos que normalmente atraen la atención. La demostración más espectacular de este hecho la ofrecieron

Christopher Chabris y Daniel Simons en su libro *El gorila invisible*. Ambos grabaron un breve vídeo de dos equipos de baloncesto encestando la pelota, de los cuales uno vestía camisetas blancas y el otro negras. Se pidió a los espectadores del vídeo que contaran el número de tantos obtenido por el equipo blanco, ignorando a los jugadores de negro. La tarea es difícil y muy absorbente. En la mitad del vídeo apareció una mujer disfrazada de gorila que cruzó el campo, se golpeó el pecho y desapareció. El gorila se ve durante nueve segundos. Muchos miles de personas han visto el vídeo, y alrededor de la mitad no notaron nada extraño. La tarea que continuamente debían realizar —y especialmente si una de las instrucciones era la de ignorar a uno de los equipos— las volvió ciegas. A nadie que viera el vídeo sin tener que realizar aquella tarea se le hubiera escapado la presencia del gorila. Mirar y orientar la atención son funciones automáticas del Sistema 1, pero dependen de la asignación de la atención al estímulo relevante. Los autores dijeron que la observación más notable de su estudio era que la gente encontraba sus resultados muy sorprendentes. E incluso los espectadores que no vieron al gorila estaban al principio seguros de que este no estaba allí; no podían imaginar no haber visto algo tan sorprendente. El estudio del gorila ilustra dos hechos importantes relativos a nuestras mentes: podemos estar ciegos para lo evidente, y ciegos además para nuestra ceguera.

SINOPSIS DEL ARGUMENTO

La interacción de los dos sistemas es un tema recurrente de este libro, de modo que no está de más una breve sinopsis del argumento. En esta historia contaré que los Sistemas 1 y 2 están siempre activos mientras permanecemos despiertos. El Sistema 1 actúa automáticamente y el Sistema 2 se halla normalmente en un confortable modo de mínimo esfuerzo en el que solo una fracción de su capacidad está ocupada. El Sistema 1 hace continuamente sugerencias al Sistema 2: impresiones, intuiciones, intenciones y sensaciones. Si cuentan con la aprobación del Sistema 2, las impresiones e intuiciones se tornan creencias y los impulsos, acciones voluntarias. Si todo se desarrolla sin complicaciones, como ocurre la mayor parte del tiempo, el Sistema 2 acepta las sugerencias del Sistema 1 con escasa o ninguna modificación. Generalmente damos crédito a nuestras impresiones y cumplimos nuestros deseos, y eso está bien... por lo común.

Cuando el Sistema 1 encuentra una dificultad, llama al Sistema 2 para que le sugiera un procedimiento más detallado y preciso que pueda resolver el problema. El Sistema 2 es movilizado cuando surge un problema para el que el Sistema 1 no tiene solución alguna, como probablemente le haya sucedido al lector cuando se ha encontrado con el problema de multiplicar 17 × 24. Cuando estamos sorprendidos, podemos experimentar un repentino aumento de la atención consciente. El Sistema 2 es activado cuando asistimos a un acontecimiento que altera el modelo del mundo que el Sistema 1 mantiene. En este mundo, las lámparas no saltan, los gatos no ladran y los gorilas no cruzan campos de baloncesto. El experimento del gorila demuestra que para recibir estímulos sorprendentes es necesaria cierta atención. La sorpresa activa y orienta entonces nuestra atención: miramos fijamente y buscamos en nuestra memoria una historia que dé sentido al acontecimiento que nos causa sorpresa. El Sistema 2 es también capaz de controlar continuamente su propio comportamiento: el control que hace que nos comportemos educadamente aunque estemos enojados, y nos alerta cuando conducimos de noche. El Sistema 2 es movilizado para que el esfuerzo aumente cuando detecta que estamos a punto de cometer un error. Recuerde el lector aquella vez en que estuvo a punto de soltar una frase ofensiva y lo difícil que le resultó recuperar el control. En suma, la mayoría de las cosas que pensamos y hacemos (nuestro Sistema 2) se originan en el Sistema 1, pero el Sistema 2 toma las riendas cuando esas cosas se ponen difíciles, y es él normalmente el que tiene la última palabra.

La división del trabajo entre el Sistema 1 y el Sistema 2 es muy eficiente: minimiza el esfuerzo y optimiza la ejecución. Esta disposición funciona bien la mayor parte del tiempo, porque el Sistema 1 es en general muy bueno en lo que hace: sus modelos de situaciones familiares son adecuados, sus predicciones a corto plazo suelen ser también adecuadas, y sus respuestas iniciales a los retos son rápidas y generalmente apropiadas. Sin embargo, en el Sistema 1 hay sesgos, errores sistemáticos que es propenso a cometer en circunstancias específicas. Como veremos, en ocasiones responde a cuestiones más fáciles que las que se le están planteando, y entiende poco de lógica y estadística. Otra limitación del Sistema 1 es que no puede ser desconectado. Si nos muestran en la pantalla una palabra en un idioma que conocemos, la leeremos, a menos que nuestra atención esté totalmente concentrada en otra cosa.[3]

CONFLICTO

La figura 2 es una variante de un experimento clásico que produce un conflicto entre los dos sistemas.[4] Pruebe el lector a hacer este ejercicio antes de seguir leyendo:

Su primera tarea es recorrer de arriba abajo ambas columnas diciendo si cada palabra está impresa en minúsculas o en mayúsculas. Cuando haya terminado, vuelva a recorrer las dos columnas diciendo (o diciéndose a sí mismo) si cada palabra está a la izquierda o a la derecha del centro; pronuncie las palabras «IZQUIERDA» o «DERECHA».

IZQUIERDA	mayúscula
izquierda	minúscula
derecha	MINÚSCULA
DERECHA	mayúscula
DERECHA	MAYÚSCULA
izquierda	minúscula
IZQUIERDA	MINÚSCULA
derecha	mayúscula

FIGURA 2

Todos estamos casi seguros de poder decir las palabras correctas en las dos tareas, y el lector seguramente habrá descubierto que algunas partes de cada tarea son más fáciles que otras. Al identificar mayúsculas y minúsculas, la columna de la izquiera es más fácil, y la

columna de la derecha le ha hecho la tarea más lenta y acaso ti-
tubear o confundirse. Cuando nombra la posición de las palabras,
la columna de la izquierda es difícil y la de la derecha mucho más
fácil.

Estas tareas requieren al Sistema 2, porque decir «mayúscula/mi-
núscula» o «derecha/izquierda» no es algo que rutinariamente hagamos cuando examinamos de arriba abajo una columna de palabras.
Una de las cosas que el lector habrá hecho para realizar la tarea es
programar su memoria de manera que tuviese las palabras clave (*ma-
yúscula* y *minúscula* en la primera tarea) «en la punta de la lengua».
Dar prioridad a las palabras elegidas es eficaz, y la más leve tentación
de leer otras palabras es muy fácil de resistir cuando va por la primera columna. Pero la segunda columna es diferente, porque contiene
palabras para las que ya va preparado, y no puede ignorarlas. Se siente aún más capaz de responder correctamente, pero mantener a raya
la respuesta contraria es un agobio, y hace que la labor sea más lenta. Experimenta un conflicto entre una tarea que se propone realizar
y una respuesta automática que interfiere con ella.

El conflicto entre una reacción automática y la intención de
controlar es común en nuestras vidas. Todos estamos familiarizados
con la experiencia de intentar no mirar a la pareja tan extravagante-
mente vestida de la mesa contigua en un restaurante. Sabemos también lo que es poco menos que forzar nuestra atención en la lectura de
un libro tedioso cuando constantemente nos encontramos teniendo
que volver al punto en que lo leído pierde su significado. Cuando los
inviernos son crudos, muchos conductores recuerdan que su coche
patinaba fuera de control sobre el hielo y cuánto les costaba seguir
unas instrucciones bien estudiadas que descartan lo que ellos naturalmente harían: «Al patinar, siga conduciendo y, haga lo que haga,
no pise el freno». Y cada ser humano ha tenido la experiencia de *no*
decir a alguien que se vaya al infierno. Una de las tareas del Sistema 2
es vencer los impulsos del Sistema 1. En otras palabras, el Sistema 2 es
el encargado del autocontrol.

Ilusiones

Para apreciar la autonomía del Sistema 1, así como la distinción entre impresiones y creencias, observe bien el lector la figura 3.

Esta figura es muy simple: dos líneas horizontales de diferentes longitudes que tienen en los extremos dos flechas que apuntan en direcciones opuestas. La línea de abajo es obviamente más larga que la de arriba. Esto es lo que todos vemos y, de forma natural, creemos ver. Pero si el lector ya conocía esta imagen, sabrá que se trata de la famosa ilusión de Müller-Lyer. Como fácilmente podrá comprobar midiéndolas con una regla, ambas líneas horizontales tienen exactamente la misma longitud.

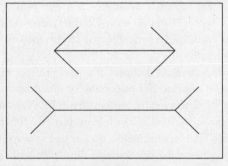

Figura 3

Si no la conocía, ahora que ha medido las líneas, el lector —su Sistema 2, su ser consciente que llama «yo»— tiene una nueva creencia: *sabe* que las líneas son igual de largas. Si le preguntan por su longitud, dirá lo que ya sabe. Pero todavía *ve* la de abajo más larga. El lector ha elegido creer en la medición, pero no puede impedir que el Sistema 1 haga de las suyas; no puede decidir ver las líneas iguales, aunque sepa que lo son. Para resistirse a la ilusión, solo puede hacer una cosa: aprender a desconfiar de sus impresiones sobre la longitud de las líneas cuando sus extremos aparecen con flechas. Para poner en práctica esta regla, debe ser capaz de reconocer el patrón ilusorio y recordar lo que sabe de él. Si puede hacerlo, nunca será engañado de nuevo por la ilusión de Müller-Lyer. Pero seguirá viendo una línea más larga que la otra.

No todas las ilusiones son visuales. Hay ilusiones del pensamiento, que denominamos *ilusiones cognitivas*. Siendo estudiante de posgrado, asistí a unos cursos sobre el arte y la ciencia de psicoterapia. En una de aquellas clases, nuestro profesor nos regaló una muestra de sabiduría clínica. Esto fue lo que nos dijo: «De vez en cuando encontrarán ustedes a un paciente que les contará una intrigante historia de múltiples errores en su tratamiento previo. Varios doctores lo examinaron, y todos le fallaron. El paciente podrá describir lúcidamente las razones por las que sus terapeutas no le comprendían, pero le dirá que enseguida se dio cuenta de que usted es diferente. Usted compartirá esa misma impresión, y quedará convencido de que le comprende y será capaz de ayudarlo». En este punto, mi profesor alzó la voz y dijo: «¡No *piensen* en hacerse cargo de ese paciente! Échenlo de la consulta. Es probable que sea un psicópata y no serán capaces de ayudarlo».

Muchos años después comprendí que el profesor nos había prevenido contra el encanto del psicópata,[5] y una destacada autoridad en el estudio de la psicopatía me confirmó que la advertencia del profesor era sensata. La analogía con la ilusión de Müller-Lyer es obvia. Lo que nos estaban enseñando no era qué sentir con el paciente. Nuestro profesor daba por sentado que la simpatía que sentiríamos por el paciente quedaría fuera de control; que nos avasallaría el Sistema 1. Por otra parte, no se nos enseñaba a ser siempre suspicaces con nuestros sentimientos hacia los pacientes. Se nos dijo que una fuerte atracción por un paciente con un largo historial de tratamientos fallidos es una señal de alerta, como las flechas de las líneas paralelas. Nos estaban hablando de una ilusión —una ilusión cognitiva—, y yo (Sistema 2) aprendí a reconocerla y acepté el consejo de no creer en ella ni proceder con ella.

La pregunta que más a menudo se hace sobre las ilusiones cognitivas es la de si pueden ser vencidas. El mensaje de estos ejemplos no es alentador. Como el Sistema 1 opera automáticamente, y no puede ser desconectado a voluntad, los errores del pensamiento intuitivo son muchas veces difíciles de prevenir. Los sesgos no siempre pueden evitarse, porque el Sistema 2 puede no tener un indicio del error. Cuando existen indicios de errores probables, estos solo pueden prevenirse con un control reforzado y una actividad más intensa del Sistema 2. Sin embargo, adoptar como norma de vida la vigilancia continua no es necesariamente bueno, y además es impracticable. Cuestionar con constancia nuestro pensamiento sería insoportablemente tedioso, y el Sistema 2 es demasiado lento e ineficiente para servir de sustituto del Sistema 1 en las decisiones rutinarias. Lo mejor que podemos hacer es llegar a un compromiso: aprender a reconocer situaciones en las que los errores sean probables y esforzarnos en evitar errores importantes cuando están en juego cosas de primer orden. La premisa de este libro es que es más fácil reconocer los errores de otros que los nuestros.

FICCIONES ÚTILES

Se ha invitado al lector a pensar en dos sistemas como agentes que actúan dentro de la mente y que tienen cada uno su personalidad, su capacidad y sus limitaciones particulares. A menudo utilizaré frases en las que los sistemas son personajes, como «el Sistema 2 calcula resultados».

El uso de este lenguaje se considera un pecado en los círculos profesionales en los que me muevo, porque parece explicar los pensamientos y los actos de una persona por los pensamientos y los actos de unos pequeños personajes[6] que hubiera dentro de la cabeza de las personas. La frase sobre el Sistema 2 es gramaticalmente similar a la frase «el mayordomo roba dinero». Mis colegas me dirían que la acción del mayordomo explica realmente la desaparición de dinero, y respecto a la frase sobre el Sistema 2 me preguntarían con razón si explica qué resultados calcula dicho sistema. Mi respuesta es que esa breve oración activa que atribuye cálculos al Sistema 2 está pensada como una descripción, no como una explicación. Tiene pleno sentido de acuerdo con lo que ya sabemos sobre el Sistema 2. Y se resume en lo siguiente: «La aritmética mental es una actividad voluntaria que requiere esfuerzo, no puede efectuarse cuando conduciendo giramos a la izquierda, y viene asociada a una dilatación de las pupilas y a un incremento de las pulsaciones cardíacas».

De igual manera, la frase «conducir por una carretera en condiciones rutinarias es asunto del Sistema 1» significa que conducir un automóvil por una curva es algo automático que casi no requiere esfuerzo. Eso quiere decir que un conductor experimentado puede conducir en una carretera vacía mientras conversa. Finalmente, «el Sistema 2 impidió a Pedro reaccionar de manera estúpida al insulto» significa que Pedro habría sido más agresivo en su respuesta si su capacidad de control se hubiera visto perturbada (por ejemplo, si hubiera estado ebrio).

El Sistema 1 y el Sistema 2 son tan importantes en la historia que relato en este libro que debo dejar absolutamente claro que son personajes ficticios. Los Sistemas 1 y 2 no son sistemas en el sentido corriente de entidades con aspectos o partes que interaccionan. Y no hay una sola zona del cerebro que cada uno de los sistemas pueda llamar su hogar. Podemos muy bien preguntarnos: ¿cuál es el motivo de que introduzca personajes ficticios con nombres tan feos en un libro serio? La respuesta es que los personajes son útiles en razón de ciertas peculiaridades de nuestras mentes, la de los lectores y la mía. Una frase se entiende más fácilmente si describe lo que hace un agente (el Sistema 2) que si describe lo que es algo, las propiedades que tiene. En otras palabras, «Sistema 2» es mejor sujeto de una frase que «aritmética mental». La mente —especialmente el Sistema 1— parece tener un aptitud especial para la construcción y la interpretación de historias sobre agentes que actúan y que tienen personalidad, hábitos y recursos. El lector se habrá formado enseguida una mala opinión del mayordomo ladrón, espera de él un mal comportamiento, y lo recordará un buen rato. Esto es lo que espero que ocurra con el lenguaje que utilizo para referirme a los sistemas.

¿Por qué llamarlos Sistema 1 y Sistema 2 en vez de usar las denominaciones más descriptivas de «sistema automático» y «sistema esforzado»? La razón es sencilla: la expresión «sistema automático» es más larga que «Sistema 1» y, por ende, ocupa más espacio en la memoria operativa.[7] Esto es importante, porque algo que ocupa espacio en la memoria operativa reduce la capacidad de pensar. El lector debe tomar «Sistema 1» y «Sistema 2» como sobrenombres, como Bob y Joe, identificando con ellos a personajes que irá conociendo a lo largo de este libro. Estos sistemas ficticios hacen que me resulte más fácil pensar en juicios y elecciones, y harán que le resulte más fácil al lector entender lo que digo.

HABLANDO DEL SISTEMA 1 Y DEL SISTEMA 2

«Tuvo una impresión, pero algunas de sus impresiones son ilusiones.»

«Era una respuesta del Sistema 1. Ella reaccionó al peligro antes de reconocerlo.»

«Te lo dice tu Sistema 1. Aminora y deja que el Sistema 2 tome el control.»

2

Atención y esfuerzo[1]

En el caso improbable de que se hiciera una película sobre este libro, el Sistema 2 sería un personaje secundario que se cree protagonista. El rasgo que define al Sistema 2 en esta historia es que sus operaciones requieren esfuerzo, y una de sus características principales es la pereza, una renuencia a invertir más esfuerzo del estrictamente necesario. En consecuencia, los pensamientos y las acciones que el Sistema 2 cree que ha elegido son a menudo guiados por la figura central de la historia, que es el Sistema 1. Sin embargo, hay tareas vitales que solo el Sistema 2 puede realizar porque requieren esfuerzo y actos de autocontrol en los que las intuiciones y los impulsos del Sistema 1 sean dominados.

ESFUERZO MENTAL

Si el lector quiere experimentar cómo trabaja a pleno rendimiento el Sistema 2, el siguiente ejercicio se lo permitirá; en 5 segundos lo conducirá hasta los límites de sus capacidades cognitivas. Para empezar, forme varias secuencias de 4 dígitos, todas diferentes, y escriba cada secuencia en una ficha. Júntelas todas y coloque encima una ficha en blanco. La tarea que debe realizar se denomina Suma-1, y consiste en lo siguiente:

> Golpee la mesa a un ritmo constante (o mejor aún, ponga un metróno-
> mo a 1/s). Retire la ficha blanca y lea los cuatro dígitos en voz alta. Espere
> dos pulsos, luego diga una secuencia en la que cada una de los dígitos origi-

nales se haya incrementado en 1. Si los dígitos de la ficha son 5294, la respuesta correcta sería 6305. Mantener el ritmo es importante.

Pocas personas pueden con más de cuatro dígitos en la tarea Suma-1, pero si desea un reto aún mayor, intente un Suma-3.

Si el lector desea saber lo que su cuerpo está haciendo mientras su mente está trabajando esforzadamente, disponga dos pilas de libros sobre una mesa sólida; encima de una de ellas coloque una cámara de vídeo y en la otra apoye su barbilla. Ponga en marcha el vídeo y mire fijamente al objetivo de la cámara mientras trabaja en los ejercicios Suma-1 y Suma-3. El cambio en el tamaño de las pupilas que luego observará le dará fiel testimonio de lo duramente que ha trabajado.

He tenido una larga relación personal con la tarea de Suma-1. Al principio de mi carrera pasé un año en la Universidad de Michigan como visitante de un laboratorio que estudiaba la hipnosis. Buscando un tema provechoso de investigación, en *Scientific American* encontré un artículo en el que el psicólogo Eckhard Hess describía la pupila del ojo[2] como una ventana al alma. Lo he releído recientemente, y de nuevo lo he encontrado sorprendente. Comienza Hess contando que su esposa había notado que sus pupilas estaban dilatadas cuando él contemplaba bellas fotografías de la naturaleza, y termina con dos vistosas fotografías de una misma mujer de muy buen ver que parece mucho más atractiva en una que en la otra. Entre ellas solo hay una diferencia: las pupilas de sus ojos aparecen dilatadas en la foto más interesante, y contraídas en la otra. Hess escribía sobre la belladona, una sustancia que dilata las pupilas y que se ha utilizado como cosmético, y sobre los compradores de bazares que llevan gafas oscuras para ocultar a los comerciantes su grado de interés.

Uno de los hallazgos de Hess atrajo especialmente mi atención. Había observado que las pupilas son indicadores muy sensibles del esfuerzo mental: se dilatan notablemente cuando multiplicamos números de dos dígitos, y si las operaciones son difíciles se dilatan más que si son fáciles. Sus observaciones indicaban que la respuesta al esfuerzo mental es distinta de la excitación emocional. El trabajo de Hess no tenía mucho que ver con la hipnosis, pero concluía que la idea de una señal visible del esfuerzo mental prometía mucho como tema de investigación. Un estudiante del laboratorio, Jackson Beatty, compartía mi entusiasmo, y ambos nos pusimos a trabajar.

Beatty y yo organizamos algo similar al gabinete de pruebas de un óptico, en el que el sujeto experimental apoyaba la cabeza en un soporte de barbilla y frente y miraba a una cámara mientras escuchaba información grabada y respondía a preguntas acompañado de los pulsos grabados de un metrónomo. Los pulsos disparaban un *flash* infrarrojo cada segundo, momento en que se tomaba una fotografía. Al terminar cada sesión experimental, corríamos a revelar la película, proyectábamos las imágenes de la pupila en una pantalla y nos poníamos a medirla con una regla. El método era el más idóneo para investigadores jóvenes e impacientes: conocíamos los resultados casi inmediatamente, y estos siempre nos mostraban hechos claros.

Beatty y yo nos concentramos en tareas rítmicas, como Suma-1, en las que en todo momento sabíamos con precisión qué sucedía en la mente del sujeto.[3] Grabamos secuencias de dígitos en pulsos de metrónomo y pedimos al sujeto que repitiera o modificara los dígitos uno a uno, manteniendo el mismo ritmo. Pronto descubrimos que el tamaño de las pupilas variaba segundo a segundo, reflejando las demandas cambiantes de la tarea. La forma de la respuesta era una V invertida. Como el lector ha podido experimentar si ha hecho los ejercicios Suma-1 o Suma-3, el esfuerzo crece con cada dígito sumado que oye hasta alcanzar un pico casi insoportable cuando se apresura a producir una secuencia transformada durante e inmediatamente después de la pausa, y decrece gradualmente cuando «descarga» su memoria a corto plazo. Los datos de las pupilas corresponden exactamente a una experiencia subjetiva: secuencias largas producían infaliblemente dilataciones mayores, la tarea de transformación aumentaba el esfuerzo, y el pico en el tamaño de las pupilas coincidía con el esfuerzo máximo. Un ejercicio de Suma-1 con cuatro dígitos producía mayor dilatación que la tarea de retener siete dígitos para su recuerdo inmediato. Suma-3, que es mucho más difícil, es la tarea más exigente de todas las que he observado. En los primeros 5 segundos, las pupilas se dilatan en un 50 por ciento de su tamaño original y las pulsaciones cardíacas aumentan en unas 7 por minuto.[4] Cuando propusimos a los sujetos más dígitos de los que podían recordar, sus pupilas dejaron de dilatarse o se contrajeron.

Durante unos meses trabajamos en una espaciosa habitación del sótano en la que habíamos instalado un sistema de circuito cerrado que proyectaba una imagen de la pupila del sujeto en una pantalla situada en el pasillo; también podíamos oír lo que estaba sucediendo en el laboratorio. El diámetro de la pupila proyectada era de alrededor de un pie, unos 30 centímetros; verla dilatarse y contraerse cuando el participante estaba trabajando era una experiencia fascinante, y toda una atracción para los visitantes de nuestro laboratorio. Nos divertíamos e impresionábamos a nuestros invitados con nuestra capacidad para adivinar cuándo el participante abandonaría la tarea. Mientras hacía una multiplicación mental, la pupila normalmente se dilataba hasta alcanzar gran tamaño en pocos segundos, y así permanecía mientras el individuo se afanaba en el problema; e inmediatamente se contraía cuando encontraba una solución o desistía. Cuando observábamos desde el pasillo, a veces sorprendíamos al participante y a nuestros invitados preguntando: «¿Por qué lo deja justo ahora?». La respuesta desde dentro del laboratorio era a menudo: «¿Cómo lo sabía?», a lo que respondíamos: «Tenemos una ventana a su alma».

Las observaciones casuales que hacíamos desde el pasillo eran en ocasiones tan informativas como los experimentos formales. Hice un importante descubrimiento una vez que estaba ociosamente mirando la pupila de una mujer durante una pausa entre dos tareas. Ella mantenía su postura en el soporte de la barbilla, de modo que podía ver la imagen de su ojo mientras entablaba una conversación rutinaria con el experimentador. Me quedé sorprendido de que la pupila permaneciera pequeña y no se dilatara apreciablemente mientras hablaba y escuchaba. A diferencia de las tareas que estábamos estudiando, la conversación mundana aparentemente demandaba poco o ningún esfuerzo, no más que el necesario para memorizar dos o tres dígitos. Ese fue un buen momento para exclamar ¡eureka!: me di cuenta de que las tareas que habíamos elegido para su estudio eran esfuerzos excepcionales. Una imagen me vino entonces a la mente: la vida mental —hoy hablaría de la vida del Sistema 2— normalmente transcurre apaciblemente, como en un paseo agradable a veces interrumpido por episodios de *jogging* y, en raras ocasiones, carreras desesperadas. Los ejercicios Suma-1 y Suma-3 son carreras, y la charla casual es un paseo.

También descubrimos que, cuando se esfuerzan en una carrera mental, las personas pueden de hecho volverse ciegas. Los autores de *El gorila invisible* habían hecho «invisible» al gorila al mantener a los observadores intensamente ocupados en contar tantos. Informamos de un ejemplo menos drástico de ceguera durante un ejercicio de Suma-1. Mostramos a nuestros sujetos mientras trabajaban una serie de letras en rápidos destellos.[5] Les pedimos que dieran total prioridad a la tarea, pero al final de la tarea con los dígitos les preguntamos si, durante la prueba, en algún momento había aparecido la letra *K*. El resultado principal fue que la capacidad de detectar e informar haber visto la letra en cuestión cambiaba en el curso de los 10 segundos de duración del ejercicio. A los observadores casi nunca se les pasó una K que se mostraba al principio o casi al final de la tarea Suma-1, pero sí a mitad del tiempo, cuando el esfuerzo mental alcanzaba el pico, a pesar de que teníamos fotografías de un ojo muy abierto mirándola directamente. Se obtuvo para la detección el mismo patrón de V invertida que para la dilatación de la pupila. La semejanza era tranquilizadora: el tamaño de la pupila era una buena medida de la excitación física que acompaña al esfuerzo mental, y pudimos ir más allá y utilizarlo para entender cómo trabaja la mente.

Casi a la manera del contador de la luz[6] que tenemos en nuestras casas, las pupilas son un indicador del consumo de energía mental. La analogía no es superficial. El consumo de electricidad depende de lo que elijamos hacer, iluminar una habitación o tostar una rebanada de pan. Cuando encendemos una bombilla o una tostadora, estas solo consumen la energía que necesitan, y nunca más. De modo similar decidimos hacer una cosa, pero tenemos control del esfuerzo limitado para hacerla. Supongamos que se nos muestran cuatro dígitos, digamos que 9462, y se nos dice que nuestra vida depende de que los retengamos en la memoria durante 10 segundos. Sin embargo, por mucho que queramos vivir, en esta tarea no podemos hacer tanto esfuerzo como el que estaríamos obligados a hacer para llevar a cabo una transformación de Suma-3 con los mismos dígitos.

El Sistema 2 y los circuitos eléctricos de nuestras casas tienen una capacidad limitada, pero responden de diferente manera a una sobrecarga peligrosa. El interruptor automático salta cuando la demanda de corriente es excesiva, haciendo que todos los dispositivos de este circuito dejen de funcionar al instante. En contraste con lo que sucede en la instalación eléctrica, la respuesta a la sobrecarga mental es selectiva y precisa: el Sistema 2 protege la actividad más importante, de modo que esta recibe la atención que necesita; la «capacidad sobrante» se asigna segundo a segundo a otras tareas. En nuestra versión del experimento del gorila pedimos a los participantes que dieran prioridad a la tarea de los dígitos. Sabemos que así lo hicieron, porque la acción del objeto visual no tuvo efecto alguno en la tarea principal. Cuando la letra crítica era presentada en un momento de alta demanda de atención, los sujetos simplemente no la veían. Y cuando la tarea de transformación era menos exigente, su detección era más frecuente.

Esta sofisticada asignación de atención ha ido perfeccionándose en una larga evolución. Orientar la atención y responder rápidamente a los peligros más serios o a las oportunidades más prometedoras aumentan la posibilidad de supervivencia, y esta capacidad no se limita ciertamente a los humanos. Incluso en los humanos modernos, el Sistema 1 toma el control en las emergencias y asigna total prioridad a las acciones de autoprotección. Imagínese el lector al volante de un automóvil que inesperadamente patina en una gran mancha de aceite. Se dará cuenta de que ha respondido al peligro antes de ser plenamente consciente de él.

Beatty y yo trabajamos juntos durante un año, pero nuestra colaboración tuvo un gran efecto en nuestras posteriores carreras. Él llegó a ser una destacada autoridad en «pupilometría cognitiva», y yo escribí un libro titulado *Atención y esfuerzo*, basado en gran parte en lo que aprendimos juntos y en investigaciones posteriores realizadas en Harvard al año siguiente. Aprendimos muchas cosas sobre el trabajo de la mente —que ahora represento como el Sistema 2—, partiendo de la medición de las pupilas en una amplia variedad de tareas.

Cuando adquirimos habilidades para una tarea, la demanda de energía disminuye. Estudios del cerebro[7] han demostrado que el patrón de actividad asociado a una acción cambia conforme la habilidad aumenta, con menos zonas del cerebro implicadas. El talento tiene efectos similares. Individuos muy inteligentes necesitan menos esfuerzo para resolver los mismos problemas,[8] como indican el tamaño de la pupila y la actividad del cerebro. Una ley general del «mínimo esfuerzo»[9] rige en la actividad tanto cognitiva como física. La ley establece que si hay varias formas de lograr el mismo objetivo, el individuo gravitará finalmente hacia la pauta de acción menos exigente. En la economía de la acción, el esfuerzo es un coste, y la adquisición de habilidad viene determinada por el balance de costes y beneficios.[10] La pereza está profundamente arraigada en nuestra naturaleza.

Las tareas que estudiamos variaban considerablemente en sus efectos sobre la pupila. En la línea de base, nuestros sujetos estaban despiertos, conscientes y listos para emprender la tarea —probablemente en un nivel de excitación y disposición cognitiva más alto de lo habitual—. Retener uno o dos dígitos en la memoria, o aprender a asociar una palabra a un dígito (3 = puerta), producían efectos reconocibles en la excitación momentánea por encima de esa línea de base, pero los efectos eran minúsculos, con solo un 5 por ciento de incremento en el diámetro de la pupila asociado a Suma-3. Una tarea que requería discriminación entre el tono de dos notas reveló dilataciones significativamente mayores. Recientes investigaciones han demostrado que inhibir la tendencia a leer palabras distractoras[11] (como en la figura 2 del capítulo anterior) también demanda un esfuerzo moderado. Mayor era el esfuerzo que requerían los tests de memoria a corto plazo para seis o siete dígitos. Como el lector podrá comprobar, el requerimiento de recordar y decir en voz alta su número de teléfono, o el día del cumpleaños de su esposa, también demanda un breve pero apreciable esfuerzo, porque la serie entera debe mantenerse en la memoria cuando se organiza la respuesta. La multiplicación mental de números de dos dígitos y la tarea Suma-3 están cerca del límite de lo que la mayoría de las personas pueden hacer.

¿Qué hace que algunas operaciones cognitivas sean más exigentes y esforzadas que otras? ¿Qué prestaciones podemos obtener con la aplicación de la atención? ¿Qué puede hacer el Sistema 2 que no puede hacer el Sistema 1? Por el momento tenemos respuestas provisionales a estas preguntas.

Se requiere esfuerzo para mantener simultáneamente en la memoria varias ideas que requieren acciones separadas, o que necesitan combinarse conforme a una regla; por ejemplo, enumerar la lista de la compra cuando se entra en el supermercado, elegir entre pescado y ternera en un restaurante o combinar un resultado sorprendente de un sondeo con la información de que la muestra de ese sondeo era pequeña. El Sistema 2 es el único que puede seguir reglas, comparar objetos en varios de sus atributos y hacer elecciones deliberadas entre opciones. El automático Sistema 1 no tiene estas capacidades. El Sistema 1 detecta relaciones simples («Todos se parecen», «El hijo es mucho más alto que el padre») y sobresale en integrar información sobre una cosa, pero no trata con múltiples temas distintos, ni es hábil en utilizar información puramente estadística. El Sistema 1 percibe que una persona descrita como «de carácter disciplinado y metódico, que necesita ordenarlo y organizarlo todo, y tiene obsesión por el detalle» parece la caricatura de un bibliotecario, pero combinar esta intuición con el conocimiento de que el número de bibliotecarios es pequeño es una tarea que solo el Sistema 2 puede realizar; si es que el Sistema 2 sabe cómo hacerlo, cosa que solo se puede decir de pocas personas.

Una capacidad decisiva del Sistema 2 es la adopción de «conjuntos de tareas»: puede programar la memoria para obedecer una orden que anula las respuestas habituales. Consideremos la siguiente tarea: contar todas las apariciones de la letra *f* en esta página. No es una tarea que el lector haya realizado antes, de modo que no la encontrará nada natural, pero su Sistema 2 puede realizarla. Tendrá que hacer un esfuerzo para disponerse a hacer este ejercicio, y también para llevarlo a cabo, aunque es seguro que mejorará con la práctica. Los psicólogos hablan de «control ejecutivo» para describir la asunción y finalización de conjuntos de tareas, y los neurocientíficos han identificado las principales zonas del cerebro que están al servicio de la función ejecutiva. Una de estas zonas está activa siempre que hay que resolver un conflicto. Otra es el área prefrontal del cerebro, una zona que se halla sustancialmente más desarrollada en los humanos que en otros primates, y que está implicada en operaciones que asociamos con la inteligencia.[12]

Supongamos ahora que al final de esta página el lector encuentra una nueva instrucción: contar todas las comas de la página siguiente. Esto le resultará más difícil, porque tendrá que vencer la tendencia recién adquirida a centrar la atención en la letra *f.* Uno de los descubrimientos más notables que los psicólogos cognitivos han hecho en las últimas décadas es que pasar de una tarea a otra requiere esfuerzo, especialmente cuando el tiempo apremia.[13] La necesidad del cambio rápido es una de las razones de que Suma-3 y la multiplicación mental sean tan difíciles. Para llevar a cabo la tarea Suma-3, es preciso retener al mismo tiempo varios dígitos en la memoria operativa,[14] asociando cada dígito a una operación particular: algunos dígitos están en la cola para ser transformados, uno se halla en proceso de transformación, y otros, ya transformados, son retenidos para informar de los resultados. Los tests modernos de memoria operativa piden al individuo cambiar repetidamente entre dos tareas exigentes, reteniendo los resultados de una operación mientras se realiza la otra. La gente que hace bien estos tests tiende a hacer bien los tests de inteligencia general.[15] Sin embargo, la capacidad de controlar la atención no es simplemente una medida de inteligencia; las medidas de eficiencia en el control de la atención predicen en controladores del tráfico aéreo y pilotos de la Fuerza Aérea Israelí[16] actuaciones que van más allá de los efectos de la inteligencia.

La presión del tiempo es otro demandante de esfuerzo. Cuando el lector hacía el ejercicio Suma-3, la necesidad de apresurarse le venía impuesta en parte por el metrónomo, y en parte por la carga de la memoria. Como el malabarista que mantiene varias bolas en el aire, no podía pararse; el ritmo a que el material decae en la memoria lo obligaba a apresurarse, haciéndole refrescar y repetir información antes de que esta se pierda. Toda tarea que requiera mantener simultáneamente varias ideas en la mente tiene el mismo carácter apresurado. A menos que tengamos la suerte de poseer una memoria operativa de gran capacidad, nos veremos obligados a trabajar de manera incómoda. Las formas más trabajosas de pensamiento lento requieren que pensemos con rapidez.

El lector habrá observado al hacer el ejercicio Suma-3 lo inhabitual que es para su mente trabajar tan duramente. Incluso si pensamos en la vida cotidiana, pocas de las tareas mentales en las que nos embarcamos durante un día de trabajo son tan exigentes como Suma-3, o nos piden tanto como guardar en la memoria seis dígitos para su recuerdo inmediato. Normalmente evitamos la sobrecarga mental dividiendo nuestras tareas en múltiples pasos fáciles, consignando los resultados intermedios a la memoria a largo plazo o al papel antes que a una memoria operativa fácilmente sobrecargable. Cubrimos largas distancias tomándonos nuestro tiempo y conduciendo nuestras vidas mentales de acuerdo con la ley del mínimo esfuerzo.

HABLANDO DE ATENCIÓN Y ESFUERZO

«No quiero intentar resolver esto mientras conduzco. Es una tarea que dilata la pupila. ¡Requiere esfuerzo mental!»

«Aquí actúa la ley del mínimo esfuerzo. Él quiere pensar lo menos posible.»

«Ella no olvidó la reunión. Es que estaba totalmente concentrada en alguna cosa cuando se acordó la reunión, y ella no te oyó.

«Lo que me vino rápidamente a la mente era una intuición del Sistema 1. Tendré que volver a empezar y buscar en mi memoria deliberadamente.»

3

El controlador perezoso

Paso varios meses al año en Berkeley, y uno de mis grandes placeres allí es un paseo diario de cuatro millas, algo más de seis kilómetros, por un camino que atraviesa los cerros y ofrece una magnífica vista de la bahía de San Francisco. Suelo llevar la cuenta del tiempo que empleo, y he aprendido muchas cosas sobre el esfuerzo que hago. He registrado una velocidad, de una milla cada 17 minutos, que considero la apropiada para un paseo. Ciertamente hago un esfuerzo físico y a esta velocidad quemo más calorías que si estoy sentado en un sillón reclinable, pero no noto tensión, ni conflicto, ni necesidad de esforzarme. Soy también capaz de pensar y trabajar mientras paseo a este ritmo. Y sospecho que la ligera excitación física del paseo puede dar paso a una mayor alerta mental.

El Sistema 2 también tiene su velocidad natural. Cuando nuestra mente no hace nada en particular, consumimos energía mental en pensamientos aleatorios y en observar lo que sucede a nuestro alrededor, pero en esto casi no hay tensión. A menos que estemos en una situación que nos vuelva inusualmente cautelosos o conscientes, observar lo que sucede a nuestro alrededor o dentro de nuestras cabezas demanda poco esfuerzo. Tomamos muchas pequeñas decisiones cuando conducimos, absorbemos alguna información cuando leemos el periódico e intercambiamos cumplidos rutinarios con la esposa o con un colega, todo esto con poco esfuerzo y sin tensión alguna. Justo como en un paseo.

Normalmente es fácil y realmente muy agradable pasear y pensar al mismo tiempo, pero llevadas al extremo, estas actividades parecen competir por los recursos limitados del Sistema 2. El lector puede confirmar esta demanda con un sencillo experimento. Mientras pasea cómodamente con un amigo, pídale que calcule 23 × 78 mentalmente, y que lo haga inmediatamente. Es casi seguro que se pare en seco. Mi experiencia me dice que puedo pensar mientras paseo, pero no puedo embarcarme en un trabajo mental que impone una pesada carga a la memoria a corto plazo. Si debo elaborar un argumento intrincado bajo la presión del tiempo, me quedaré más bien quieto y preferiré estar sentado o de pie. Desde luego, no todo pensamiento lento requiere esta forma de intensa concentración y cálculo esforzado; los mejores pensamientos de mi vida los tuve en mis paseos ociosos con Amos.

Acelerar el paso durante el paseo cambia completamente mi experiencia de pasear, porque la transición a un paso más rápido produce un fuerte deterioro de mi capacidad de pensar con coherencia. Cuando aprieto el paso, mi atención es desviada cada vez con más frecuencia a la experiencia de caminar y al mantenimiento deliberado de un paso más rápido. Mi capacidad para conducir una línea de pensamiento a una conclusión se ve inevitablemente afectada. A la velocidad máxima que puedo alcanzar en las colinas, que es de una milla cada 14 minutos, sencillamente no intento pensar nada. Además, el esfuerzo físico de mover mi cuerpo rápidamente por el camino necesita de un esfuerzo mental de autocontrol para resistir la necesidad de disminuir la velocidad. El autocontrol y el pensamiento deliberado aparentemente hacen uso del mismo presupuesto limitado de esfuerzo.

Para la mayoría de las personas, mantener una línea coherente de pensamiento y el esfuerzo ocasional del pensamiento requieren también, la mayor parte del tiempo, autocontrol. Aunque no he hecho un sondeo sistemático, sospecho que el cambio frecuente de tareas y el trabajo mental apresurado no son intrínsecamente placenteros, y que las personas los evitan en lo posible. Esto es lo que hace que la ley del mínimo esfuerzo sea una verdadera ley. Incluso sin el apremio del tiempo, mantener una línea coherente de pensamiento requiere disciplina. Alguien que observara el número de veces que consulto el correo electrónico o examino la nevera durante una hora dedicada a escribir, podría razonablemente inferir un impulso a escapar y concluir que esa ocupación requiere más autocontrol del que yo soy capaz.

Afortunadamente, el trabajo cognitivo no siempre suscita aversión, y las personas a veces le dedican considerables esfuerzos durante largos períodos de tiempo sin tener que poner mucha fuerza de voluntad. El psicólogo Mihaly Csikszentmihalyi (pronunciado six-cent-mihaly) ha hecho más que nadie por estudiar este estado de atención sin esfuerzo, y el nombre que propuso para el mismo, fluir, forma ya parte del lenguaje psicológico. Las personas que experimentan ese fluir lo describen como «un estado de concentración sin esfuerzo y tan profundo que pierden su sentido del tiempo y de sí mismas, y olvidan sus problemas», y sus descripciones de la felicidad de tal estado son tan convincentes que Csikszentmihalyi lo ha llamado «experiencia óptima».[1] Muchas actividades pueden producir una sensación de fluir, desde pintar hasta correr en motocicleta; y para algunos afortunados autores que conozco, escribir un libro es a menudo una experiencia óptima. Este fluir separa nítidamente las dos formas de esfuerzo: la concentración en una tarea y el control deliberado de la atención. Viajar en moto a 150 millas por hora y jugar una reñida partida de ajedrez son ciertamente tareas muy esforzadas. En un estado de fluir, sin embargo, en el que se mantiene la atención concentrada en actividades tan absorbentes, no se requiere ejercer autocontrol alguno, pues se liberan los recursos precisos para la tarea.

El ocupado y agotado Sistema 2

La idea de que el autocontrol y el esfuerzo cognitivo son formas de trabajo mental está hoy bien establecida. Diversos estudios psicológicos han demostrado que las personas que tienen simultáneamente delante una tarea cognitiva exigente y una tentación, es más probable que cedan a la tentación. Imagine el lector que se le pide memorizar una lista de siete dígitos durante un minuto o dos. Se le dirá que recordar esos dígitos es su mayor prioridad. Y que mientras su atención se concentra en los dígitos, se le ofrece elegir entre dos dulces: un pecaminoso pastel de chocolate y una virtuosa macedonia de frutas. Los hechos conocidos sugieren que probablemente elija la tentación del pastel de chocolate si su mente ha cargado con los dígitos. El Sistema 1 tiene más influencia en la conducta cuando el Sistema 2 está ocupado, y es muy goloso.[2]

La gente que está *cognitivamente ocupada*[3] es más probable que haga elecciones egoístas, use un lenguaje sexista y emita juicios superficiales en situaciones sociales. Memorizar y repetir dígitos relaja la acción del Sistema 2 sobre la conducta, pero, por supuesto, la carga cognitiva no es la única causa de que el autocontrol se debilite. Unas copas tienen el mismo efecto que una noche sin dormir. El autocontrol de los madrugadores se reduce por la noche; con los trasnochadores ocurre a la inversa. Y una excesiva preocupación por hacer bien una tarea a veces la perturba, cargando la memoria a corto plazo de ideas tan ansiosas como inútiles.[4] La conclusión es simple: el autocontrol requiere atención y esfuerzo. Otra manera de decirlo es que controlar los pensamientos y las conductas es una de las tareas que ejecuta el Sistema 2.

Una serie de sorprendentes experimentos del psicólogo Roy Baumeister y sus colegas han demostrado concluyentemente que todas las variantes de esfuerzo voluntario —cognitivo, emocional o físico— hacen uso, al menos en parte, de un fondo compartido de energía mental. En sus experimentos se ejecutan tareas más sucesivas que simultáneas.

El grupo de Baumeister observó repetidamente que el esfuerzo de la voluntad o autocontrol es fatigoso; si hemos de forzarnos a hacer algo, estamos menos dispuestos, o somos menos capaces, de ejercer el autocontrol si el próximo reto está cerca. El fenómeno se ha denominado *agotamiento del ego*. En una demostración tipo, los participantes, a quienes se pide que repriman su reacción emocional a un filme de gran carga emotiva, darán más tarde un pobre resultado en un test de resistencia física —el tiempo que pueden mantener fuertemente presionado un dinamómetro a pesar del creciente malestar—. El esfuerzo emocional de la primera fase del experimento reduce la capacidad de resistir el dolor que produce la contracción sostenida del músculo, y, por consiguiente, las personas con agotamiento del ego ceden antes a la necesidad de soltar el aparato. En otro experimento, los participantes ya se hallan agotados por haber realizado la tarea de comer alimentos beneficiosos, como rábanos y apio, mientras resistían la tentación de comer pasteles de chocolate y crema. Más tarde, abandonaban antes de lo que es normal si se les enfrentaba a una difícil tarea cognitiva.

La lista de situaciones y tareas que ahora conocemos capaces de debilitar el autocontrol es larga y variada. Todas encierran conflicto y la necesidad de reprimir una tendencia natural. He aquí una muestra:

evitar pensar en osos blancos;
inhibir la respuesta emocional a una película conmovedora;
hacer una serie de elecciones que suponen conflicto;
intentar impresionar a otros;
responder educadamente al mal comportamiento de un compañero;
relacionarse con una persona de raza diferente (para individuos con prejuicios).

La lista de indicios de agotamiento es también muy variada:

romper una dieta;
gastar en compras impulsivas;
reaccionar agresivamente a una provocación;
persistir menos tiempo en una tarea manual;
hacer un mal papel en tareas cognitivas y decisiones lógicas.

La evidencia es persuasiva: actividades que exigen mucho al Sistema 2 requieren autocontrol, y ejercer el autocontrol es fatigoso y desagradable.[5] A diferencia de la carga cognitiva, el agotamiento del ego supone, al menos en parte, una pérdida de motivación. Después de ejercer el autocontrol en una tarea, uno no se siente capaz de esforzarse en otra, aunque podría hacerla si no tuviera más remedio. En varios experimentos, los participantes eran capaces de resistir los efectos del agotamiento del ego si recibían un fuerte incentivo.[6] En cambio, aumentar el esfuerzo no es una opción cuando hay que retener seis dígitos en la memoria a corto plazo mientras se ejecuta una tarea. El agotamiento del ego no es el mismo estado mental que el del quehacer cognitivo.

El descubrimiento más sorprendente que hizo el grupo de Baumeister muestra, como este pone de relieve, que la idea de energía mental es más que una mera metáfora.[7] El sistema nervioso consume más glucosa que otras muchas partes del cuerpo, y la actividad mental esforzada parece ser especialmente acaparadora de glucosa. Cuando estamos activamente enfrascados en difíciles razonamientos cognitivos o en una tarea que requiere autocontrol, el nivel de glucosa en la sangre desciende. El efecto es análogo al que se produce en un corredor, cuya cantidad de glucosa almacenada en sus músculos disminuye durante una carrera. La consecuencia más notable de esta idea es que los efectos del agotamiento del ego podrían ser compensados ingiriendo glucosa,[8] y Baumeister y sus colegas han confirmado esta hipótesis en varios experimentos.

Unos voluntarios de uno de sus estudios vieron una breve película muda de una mujer entrevistada; se les había pedido que interpretaran su lenguaje corporal. Mientras estaban enfrascados en la tarea, una serie de palabras cruzaba la pantalla en lenta sucesión. Los participantes recibieron la instrucción específica de ignorar las palabras, y si notaban que su atención se apartaba de la conducta de la mujer, tenían que volver a concentrarse en ella. Se supo que este acto de autocontrol causaba agotamiento del ego. Todos los voluntarios tomaron una limonada antes de participar en una segunda tarea. La limonada fue endulzada con glucosa para la mitad de ellos, y con Splenda para la otra mitad. Luego, todos los participantes debieron realizar una tarea en la que, para tener la respuesta correcta, tenían que rechazar una respuesta intuitiva. Los errores intuitivos son normalmente mucho más frecuentes entre egos agotados, y los participantes que tomaron Splenda acusaron el esperado efecto de agotamiento. Pero los que tomaron glucosa no se agotaron. Restablecer el nivel de azúcar disponible en el cerebro habría prevenido el deterioro de su tarea. Será preciso tomarse algún tiempo y seguir investigando para establecer si las tareas que causan agotamiento por la falta de glucosa también causan la excitación momentánea que se refleja en el aumento del tamaño de la pupila y de las pulsaciones.

Una inquietante demostración de efectos de agotamiento en los juicios ha aparecido recientemente en *Proceedings of the National Academy of Sciences*.[9] Los participantes involuntarios en el estudio eran ocho jueces de Israel. Pasaron días enteros revisando casos de aplicación de libertad condicional. Los casos eran presentados en orden aleatorio, y los jueces emplearon poco tiempo en cada uno, una media de seis minutos. (La decisión más común fue la denegación de la libertad condicional; solo el 35 por ciento de las peticiones fueron aprobadas. El tiempo exacto de cada decisión fue registrado, así como el que emplearon los jueces en las tres pausas del día para tomar alimento, la matutina, la del almuerzo y la de la tarde). Los autores del estudio relacionaron la proporción de peticiones aprobadas con el tiempo transcurrido desde la última pausa. La proporción alcanzaba un pico después de cada comida, cuando alrededor del 65 por ciento de las peticiones eran concedidas. Durante unas dos horas antes de la próxima comida de los jueces, la cantidad de aprobación descendía uniformemente, hasta cerca de cero justo antes de la comida. Como este resultado no era del agrado de nadie, los autores buscaron cuidadosamente otras muchas explicaciones alternativas. Pero la mejor explicación posible de los datos brinda malas noticias: jueces cansados y hambrientos tienden a tomar la decisión más fácil y común de denegar peticiones de libertad condicional. La fatiga y el hambre probablemente sean aquí determinantes.

El perezoso Sistema 2

Una de las principales funciones del Sistema 2 es observar y controlar los pensamientos y las acciones «sugeridos» por el Sistema 1, permitiendo que algunos se expresen directamente en la conducta y reprimiendo o modificando otros.

Consideremos, por ejemplo, este sencillo problema. No hay que intentar resolverlo, sino solo seguir la intuición:

Un bate y una pelota juntos cuestan 1,10 dólares.
El bate cuesta un dólar más que la pelota.
¿Cuánto cuesta la pelota?

Un número nos viene enseguida a la mente. Este número es, no hace falta decirlo, 10: 10 centavos. La marca característica de este fácil problema es que evoca una respuesta que es intuitiva, atractiva y falsa. Pero hagamos las cuentas. Si la pelota costase 10 centavos, el coste total sería de 1,20 dólares (10 centavos la pelota y 1,10 el bate), no 1,10 dólares. La respuesta correcta es 5 centavos. Es seguro que la respuesta intuitiva también les vino a la mente a quienes acabaron dando el número correcto; de algún modo, ellos sabían cómo resistirse a la intuición.

Shane Frederick y yo trabajamos juntos en una teoría del juicio basada en dos sistemas, y él utilizó el ejemplo del bate y la pelota para estudiar una cuestión capital: ¿hasta qué punto el Sistema 2 controla la sugestión del Sistema 1? Su razonamiento era que conocemos un hecho significativo acerca de quienes dicen que la pelota cuesta 10 centavos: estas personas no comprobaron activamente si la respuesta era correcta, y su Sistema 2 aprobó una respuesta intuitiva que con una pequeña inversión de esfuerzo habrían rechazado. Y además sabemos que las personas que dan la respuesta intuitiva no reparan en un elemento social obvio; tenían que haberse preguntado por qué alguien incluiría en un cuestionario un problema con una respuesta tan obvia. Un fallo en la comprobación es algo notable, puesto que el coste de esta comprobación es bajo: unos pocos segundos de trabajo mental (el problema es moderadamente difícil) con los músculos ligeramente tensos y las pupilas un poco dilatadas podrían evitar un error embarazoso. Las personas que dicen 10 centavos parecen ser verdaderos adictos a la ley del mínimo esfuerzo. Y las que evitan esa respuesta parecen tener una mente más activa.

Muchos miles de estudiantes universitarios han respondido al problema del bate y la pelota, y los resultados son sorprendentes. Más del 50 por ciento de los estudiantes de Harvard, del MIT y de Princeton dieron la incorrecta respuesta intuitiva.[10] Y en universidades menos selectivas, el porcentaje de fallos demostrables en la comprobación ascendía al 80 por ciento. El problema del bate y la pelota es nuestro primer encuentro con una observación que será un tema recurrente de este libro: muchas personas son demasiado confiadas, prontas a fiarse en exceso de sus intuiciones. Aparentemente encuentran el esfuerzo cognoscitivo cuando menos ligeramente enojoso, y lo evitan todo lo que pueden.

Quiero ahora presentar un argumento lógico: dos premisas y una conclusión. Intente el lector determinar con la mayor rapidez si el argumento es lógicamente válido. ¿Se sigue la conclusión de las premisas?

> Todas las rosas son flores.
> Algunas flores se marchitan pronto.
> Luego algunas rosas se marchitan pronto.

Una gran mayoría de estudiantes universitarios da por válido este silogismo.[11] De hecho, el argumento es imperfecto, puesto que es posible que no haya rosas entre las flores que se marchitan pronto. Como en el problema del bate y la pelota, una respuesta plausible viene inmediatamente a la mente. Invalidarla requiere un duro trabajo; la insistente idea de que «¡es verdadero, es verdadero!» hace difícil comprobar la lógica, y la mayoría de las personas no se toman la molestia de pensar el problema.

Este experimento tiene implicaciones desalentadoras para el razonamiento en la vida cotidiana. Sugiere que si la gente cree que una conclusión es verdadera, muy probablemente esté dispuesta a creer argumentos que parezcan respaldarlo aunque sean impugnables. Cuando actúa el Sistema 1, la conclusión viene primero, y los argumentos después.

Vea ahora el lector la siguiente pregunta y respóndala enseguida antes de continuar leyendo:

> ¿Cuántos asesinatos se producen en el estado de Michigan en un año?

La pregunta, que la ideó Shane Frederick, es nuevamente un reto para el Sistema 2. El «truco» está en si la persona que la responde recordará que Detroit, una ciudad con una alta tasa de criminalidad, está en Michigan. Los estudiantes universitarios de Estados Unidos saben que la ciudad está en Michigan, de modo que identificarán correctamente a Detroit como la ciudad más grande de Michigan. Pero el conocimiento de un hecho como este no es un todo o nada. Los hechos que conocemos no siempre nos vienen a la mente cuando los necesitamos. Las personas que recuerdan que Detroit está en Michigan hacen estimaciones más altas de la tasa de asesinatos en este estado que las que no lo recuerdan, pero la mayoría de las que respondieron a la pregunta de Frederick no pensaron en la ciudad cuando se les preguntó acerca del estado. La estimación media de las personas a las que se les preguntó acerca de Michigan era más *baja* que las estimaciones de un grupo similar al que se preguntó acerca de la tasa de asesinatos en Detroit.

La causa de que no se pensara en Detroit puede estar tanto en el Sistema 1 como en el Sistema 2. Que la ciudad venga a la mente cuando se menciona el estado, depende en parte de la función automática de la memoria. Las personas difieren a este respecto. La representación del estado de Michigan es muy precisa en la mente de algunas personas: es más probable que las residentes en ese estado tengan presentes más aspectos suyos que las que viven en otra parte; los entusiastas de la geografía tendrán más datos que los especializados en las estadísticas del béisbol; y los individuos más inteligentes tendrán con más probabilidad representaciones más variadas de la mayoría de las cosas. La inteligencia no es solo la capacidad de razonar; es también la capacidad de encontrar material relevante en la memoria y enfocar la atención cuando se necesita. La función de la memoria es un atributo del Sistema 1. Sin embargo, todo el mundo tiene la opción de no precipitarse y realizar una búsqueda activa en la memoria de todos los posibles hechos relevantes, igual que puede detenerse a comprobar la respuesta intuitiva en el problema del bate y la pelota. El grado de comprobación y búsqueda deliberadas es una característica del Sistema 2, que varía entre los individuos.

El problema del bate y la pelota, el silogismo de las flores y el problema Michigan/Detroit tienen algo en común. El fracaso en estos minitests parece ser, al menos hasta cierto punto, una cuestión de falta de motivación, de no intentar resolverlos con suficiente determinación. Todos los individuos que pueden ser admitidos en una buena universidad son ciertamente capaces de razonar las dos primeras preguntas y reflexionar sobre Michigan lo suficiente para recordar la ciudad más importante de este estado y su problema de criminalidad. Estos estudiantes pueden resolver problemas mucho más difíciles si no están tentados a aceptar una respuesta superficialmente plausible que viene enseguida a la mente. Pero la facilidad con que se quedan satisfechos y dejan de pensar es penosa. «Perezoso» es un juicio severo sobre el autoexamen de estos jóvenes y su Sistema 2, pero no parece que sea injusto. A los que evitan el pecado de la pereza intelectual podríamos llamarlos «diligentes». Están más alerta, son intelectualmente más activos, están menos dispuestos a quedarse satisfechos con respuestas superficialmente sugerentes, y son más escépticos con sus intuiciones. El psicólogo Keith Stanovich diría que son más racionales.[12]

INTELIGENCIA, CONTROL, RACIONALIDAD

Los investigadores han aplicado diversos métodos para examinar la relación entre pensamiento y autocontrol. Algunos se han detenido en la cuestión de la correlación: si clasificásemos a los individuos por su autocontrol y por su aptitud cognitiva, ¿ocuparían posiciones similares en las dos clasificaciones?

En uno de los experimentos más famosos de la historia de la psicología, Walter Mischel y sus estudiantes sometieron a niños de cuatro años a un cruel dilema.[13] Se les dio a elegir entre una pequeña recompensa (un Oreo), que podían obtener en cualquier momento, y una recompensa mayor (dos galletas), para la que tenían que esperar 15 minutos en condiciones difíciles. Tenían que permanecer solos en una habitación delante de una mesa con dos objetos: una sola galleta y una campana que el niño podía tocar en cualquier momento para llamar al experimentador y recibir otra galleta. Así se describió el experimento: «No había juguetes, ni libros, ni fotos ni otros ítems potencialmente distractores en la habitación. El experimentador salía de la habitación y no volvía hasta pasados 15 minutos, o si el niño había tocado la campana, o se había comido las recompensas, o se levantaba, o mostraba algún signo de angustia».[14]

Los niños eran vigilados a través de un espejo semitransparente, y la película que muestra su comportamiento durante el tiempo de espera provocaba siempre las risas de sus espectadores. Alrededor de la mitad de los niños realizaron la proeza de esperar 15 minutos, principalmente desviando la atención de la tentación de la recompensa. Diez o quince años más tarde se había abierto una gran brecha entre aquellos que habían resistido la tentación y los que no la habían resistido. Los primeros dieron puntuaciones más altas en control ejecutivo de tareas cognitivas y, especialmente, en la capacidad de repartir su atención de modo eficaz. Como adultos jóvenes, eran menos propensos a tomar drogas. Asimismo, se puso de manifiesto una diferencia significativa en aptitud intelectual: los niños que a los cuatro años habían mostrado más autocontrol, obtenían puntuaciones sustancialmente altas en tests de inteligencia.[15]

Un equipo de investigadores de la Universidad de Oregón examinó la relación entre control cognitivo e inteligencia de diversos modos, incluido un intento de aumentar la inteligencia mejorando el control de la atención. En cinco sesiones de 40 minutos hicieron jugar a niños de cuatro a seis años varios juegos de ordenador especialmente diseñados para demandar atención y control. En uno de los ejercicios, los niños usaron un *joystick* para ir tras un gato dibujado y moverlo a una zona con hierba evitando una zona cubierta de barro. Las zonas de hierba disminuían gradualmente, y la zona de barro se hacía más grande, requiriendo un control cada vez más preciso. Los experimentadores vieron que entrenando la atención no solo mejoraba el control ejecutivo; las puntuaciones en tests no verbales de inteligencia también mejoraban, y la mejora se mantenía durante varios meses.[16] Otra investigación realizada por el mismo grupo identificó genes específicos que estaban implicados en el control de la atención, y mostró que los métodos de crianza también afectaban a esta capacidad, además de una estrecha relación entre la capacidad de los niños para controlar la atención y su capacidad para controlar las emociones.

Shane Frederick ideó un test de reflexión cognitiva que consistía en el problema del bate y la pelota y dos preguntas elegidas porque también invitaban a una respuesta intuitiva que era a la vez persuasiva y falsa (las preguntas se muestran en el capítulo 5). Luego estudió las características de los estudiantes que obtuvieron muy baja puntuación en este test —la función supervisora del Sistema 2 era débil en ellos— y descubrió que eran proclives a responder a las preguntas con la primera idea que se les ocurría y no estaban dispuestos a hacer el esfuerzo necesario para comprobar sus intuiciones. Los individuos que siguen acríticamente sus intuiciones sobre opciones son también proclives a aceptar otras sugerencias del Sistema 1. Son particularmente impulsivos, impacientes y deseosos de recibir una gratificación inmediata. Por ejemplo, el 63 por ciento de los que dieron respuestas intuitivas dijeron que preferían recibir 3.500 dólares el mes en curso que 3.800 el mes siguiente. Solo el 37 por ciento de los que resolvieron correctamente las tres pruebas tenían la misma cortedad de miras que les hacía preferir disponer de una cantidad más pequeña inmediatamente. Cuando se les preguntó cuánto pagarían por que les entregasen por la noche un libro que habían encargado, los que obtuvieron bajas puntuaciones en el test de reflexión cognitiva estaban dispuestos a pagar el doble que los que obtuvieron altas puntuaciones. Los hallazgos de Frederick sugieren que los personajes de nuestro psicodrama son «personalidades» diferentes. El Sistema 1 es impulsivo e intuitivo, y el Sistema 2 tiene capacidad de razonamiento y es prudente, pero al menos en algunas personas es también perezoso. Reconocemos diferencias significativas entre individuos: unos están más cerca de su Sistema 2, y otros están más cerca de su Sistema 1. Este sencillo test resultó ser uno de los mejores predictores del pensamiento perezoso.

Keith Stanovich y su viejo colaborador Richard West introdujeron originalmente los términos Sistema 1 y Sistema 2 (hoy prefieren hablar de procesos de Tipo 1 y de Tipo 2). Stanovich y sus colegas pasaron décadas estudiando diferencias entre individuos respecto al género de problemas de que trata este libro. Se plantearon de muchas maneras diferentes una cuestión básica: ¿qué hace a algunas personas más propensas que a otras a los sesgos de los juicios? Stanovich publicó sus conclusiones en un libro titulado *Rationality and the Reflec-*

tive Mind, que ofrece un enfoque atrevido y particular del tema de este capítulo. En él hace una nítida distinción entre dos partes del Sistema 2 —la distinción es tan nítida que habla de «mentes» separadas—. Una de estas mentes (la llama algorítmica) practica el pensamiento lento y el cálculo exigente. Algunos individuos son mejores que otros en estas tareas cerebrales; son los que sobresalen en los tests de inteligencia y los que son capaces de pasar de una tarea a otra con rapidez y eficiencia. Sin embargo, Stanovich arguye que la inteligencia elevada no hace a las personas inmunes a los sesgos. Hay otra capacidad implicada que él denomina racionalidad. El concepto que Stanovich tiene de una persona racional es similar al de lo que antes he llamado una persona «diligente». El núcleo de su argumento es que la *racionalidad* debe distinguirse de la *inteligencia*. Desde su punto de vista, el pensamiento superficial o «perezoso» es una imperfección en la mente reflexiva, un fracaso de la racionalidad. Esta es una idea atractiva y que da que pensar. En su apoyo, Stanovich y sus colegas descubrieron que la pregunta del bate y la pelota y otras por el estilo son indicadores algo mejores de nuestra propensión a los errores cognitivos que las mediciones convencionales de la inteligencia,[17] como los tests CI. El tiempo dirá si la distinción entre inteligencia y racionalidad puede conducir a nuevos descubrimientos.

HABLANDO DE CONTROL

«Ella no tuvo que esforzarse para permanecer cuatro horas dedicada a su tarea. Se encontraba en un estado de fluir.»

«Su ego estaba agotado después de un largo día de reuniones. Por eso volvió a usar los modos de operar convencionales en vez de estudiar detenidamente el problema.»

«No se molestó en pensar si lo que decía tenía algún sentido. ¿Tenía un Sistema 2 perezoso o estaba demasiado fatigado?»

«Desafortunadamente, tiende a decir lo primero que se le ocurre. Es probable que no soporte la demora de la gratificación. Débil Sistema 2.»

4

La máquina asociativa[1]

Para dar comienzo a nuestra exploración de las sorprendentes operaciones del Sistema 1, lea el lector las siguientes palabras:

Plátanos   Vómito

Muchas cosas le habrán sucedido en el último o los dos últimos segundos. Por su mente habrán pasado imágenes y recuerdos desagradables. Su rostro se habrá contraído ligeramente en una expresión de disgusto, y habrá apartado este libro de forma imperceptible. Sus pulsaciones habrán aumentado, el vello de sus brazos se habrá erizado un poco, y sus glándulas sudoríparas se habrán activado. En suma, habrá respondido a la palabra que le desagradaba con una versión atenuada de la manera en que reaccionaría en una situación real. Todo esto ha sido completamente automático, fuera de su control.[2]

No hay ninguna razón particular para ello, pero su mente automáticamente ha establecido una secuencia temporal y una relación causal entre las palabras *plátanos* y *vómito*, creándose una vaga representación en la que los plátanos producen náuseas. Como resultado, experimenta una aversión temporal a los plátanos (no se preocupe, se le pasará). El estado de su memoria ha cambiado de una particular manera: ahora se encuentra especialmente preparado para reconocer y responder a objetos y conceptos asociados a «vómito», como malestar o náuseas, y palabras asociadas a «plátano», como amarillo y fruta, y quizá manzanas y fresas.

El vómito se produce de manera natural en contextos específicos, como cuando se tiene una resaca o una indigestión. El lector también estará especialmente dispuesto a reconocer palabras asociadas a otras causas del mismo desafortunado trance. Además, su Sistema 1 ha advertido el hecho de que la yuxtaposición de las dos palabras es poco común; probablemente nunca se la habrá encontrado. Y le ha causado cierta sorpresa.

Esta compleja constelación de respuestas se ha producido con rapidez, de manera automática y sin esfuerzo. No la quería y no ha podido pararla. Es una operación del Sistema 1. Los acontecimientos que se han producido como resultado de su visión de las palabras, lo han hecho en virtud de un proceso denominado activación asociativa: ideas que han sido evocadas suscitan muchas otras en toda una cascada de actividad en su cerebro. La característica esencial de este complejo de aconteceres mentales es su coherencia. Cada elemento está conectado, y sustenta y fortalece a los demás. La palabra evoca recuerdos que provocan emociones que a su vez provocan expresiones faciales y otras reacciones, como ponerse tenso y hacer gestos de rechazo. La expresión facial y el gesto de rechazo intensifican las sensaciones a las que están vinculados, y estas sensaciones refuerzan ideas compatibles. Todo esto sucede con rapidez, y todo a la vez, mostrando un patrón de autorrefuerzo de respuestas cognitivas, emocionales y físicas que integra una diversidad; se lo ha calificado de *asociativamente coherente*.

En uno o dos segundos, el lector ha realizado de manera automática e inconsciente una notable hazaña. Esta ha empezado con un suceso totalmente inesperado, su Sistema 1 ha aprehendido todo cuanto ha podido la situación —dos simples palabras extrañamente yuxtapuestas—, vinculando las palabras en una relación causal; ha evaluado la posible amenaza (fácil de moderar) y ha creado un contexto para futuros desarrollos preparándole para los acontecimientos que se habrían producido más probablemente; también ha creado un contexto para el acontecimiento presente considerando lo sorprendente que le resultaba. El lector ha terminado tan informado sobre el pasado y tan preparado para el futuro como podía estarlo.

Un aspecto llamativo de lo que ha sucedido es que su Sistema 1 ha tratado la mera conjunción de dos palabras como representación de una realidad. Su cuerpo ha reaccionado con una réplica atenuada de una reacción a algo real, y la respuesta emocional y el retroceso físico son parte de la interpretación del acontecimiento. Como los científicos cognitivos han subrayado en años recientes, la cognición se encarna; pensamos también con el cuerpo, no solo con el cerebro.[3]

El mecanismo que causa estos procesos mentales se conoce desde hace mucho tiempo; es la asociación de ideas. Todos sabemos por experiencia que las ideas se siguen unas de otras en nuestra mente consciente de una manera bastante ordenada. Los filósofos británicos de los siglos XVII y XVIII estudiaron las reglas que explican estas secuencias. En *Investigación sobre el entendimiento humano*, publicado en 1748, el filósofo escocés David Hume redujo a tres los principios de la asociación: semejanza, contigüidad en el tiempo y en el espacio y causalidad. Nuestro concepto de asociación ha cambiado radicalmente desde los tiempos de Hume, pero sus tres principios todavía constituyen un buen punto de partida.

Haré una amplia exposición de lo que es una idea. Una idea puede ser concreta o abstracta, y puede expresarse de muchas maneras: como verbo, como nombre, como adjetivo o como puño cerrado. Los psicólogos conciben las ideas como nudos de una extensa red llamada memoria asociativa, en la que cada idea está vinculada a muchas otras. Hay diferentes tipos de vínculos: los de las causas con sus efectos (virus → resfriado); los de las cosas con sus propiedades (lima → verde); los de las cosas con las categorías a que pertenecen (plátano → fruta). Hemos avanzado por un camino que deja atrás a Hume, y ya no nos representamos la mente atravesada por una secuencia de ideas conscientes, una detrás de otra. Una idea que ha sido activada no solo evoca otra idea. Activa muchas ideas que a su vez activan otras más. Por otra parte, solo unas pocas de las ideas activadas quedan registradas en la conciencia; la mayoría de las operaciones del pensamiento asociativo son silenciosas, ocultan a nuestro yo consciente. La idea de que tenemos un acceso limitado a las operaciones de nuestra mente es difícil de aceptar porque resulta extraña a nuestra experiencia, pero es una verdad: sabemos mucho menos de nosotros mismos de lo que naturalmente creemos.

LAS MARAVILLAS DEL «PRIMING»

Como es común en la ciencia, el primer gran avance en nuestra comprensión del mecanismo de asociación fue una mejora en un método de medición. Hasta hace unas pocas décadas, la única manera de estudiar asociaciones era hacer a muchas personas preguntas de este tenor: «¿Cuál es la primera palabra que le viene a la mente cuando oye la palabra DÍA?». Los investigadores anotaban la frecuencia de respuestas como «noche», «soleado» o «largo». En la década de 1980, los psicólogos descubrieron que la audición de una palabra produce cambios inmediatos y mensurables en la fácil manera en que muchas palabras relacionadas pueden ser evocadas. Si recientemente hemos leído u oído la palabra COMER, estaremos temporalmente más dispuestos a completar el fragmento de palabra JA_ÓN como JAMÓN que como JABÓN. Lo contrario sucedería si hubiéramos visto antes la palabra LAVAR. A esto lo denominamos *efecto de priming*, que aquí consiste en que la idea de COMER da primacía a la idea de JAMÓN, y que LAVAR prima a JABÓN.[4]

Los efectos de esta primacía o predisposición llamada *priming* revisten diversas formas. Si tenemos en la mente la idea de COMER (seamos o no conscientes de ello), reconoceremos más rápidamente de lo normal la palabra JAMÓN pronunciada en un susurro o escrita con una letra borrosa. Y, por supuesto, estaremos predispuestos a dar primacía no solo a la idea de jamón, sino a una multitud de ideas relacionadas con la comida, incluidas las de tenedor, hambre, grasa, dieta y galleta. Y si en nuestra última comida estuvimos sentados a una mesa del restaurante que bailaba, estaremos también predispuestos a primar la palabra bailar en este sentido. Además, las ideas primadas tienen cierta capacidad para primar otras ideas, aunque más débilmente. La activación se propaga como ondas en un estanque por una pequeña parte de la extensa red de ideas asociadas. Trazar el mapa de estas ondas es ahora una de las ocupaciones más apasionantes de la investigación psicológica.

Otro avance importante en nuestra comprensión de la memoria fue el descubrimiento de que el *priming* no se limita a conceptos y palabras. Naturalmente, no podemos saberlo por la experiencia consciente, pero hemos de aceptar la extraña idea de que nuestras acciones y emociones pueden ser primadas por acontecimientos de los que no somos conscientes. En un experimento que rápidamente se convirtió en un clásico, el psicólogo John Bargh y sus colaboradores pidieron a estudiantes de la Universidad de Nueva York —la mayoría entre dieciocho y veinte años— que formaran frases de cuatro palabras tomadas de un conjunto de cinco (por ejemplo, «amarillo, encuentra, lo, él, instantáneamente»).[5] De un grupo de estudiantes, la mitad de las frases formadas tenían mezcladas palabras asociadas a la ancianidad, como *Florida, olvido, calvo, canas* o *arrugas*. Cuando terminaron la tarea, se envió a los jóvenes participantes a realizar otro experimento en un despacho que estaba más lejos en dirección al vestíbulo. Esta corta distancia era el objetivo del experimento. Los investigadores midieron discretamente el tiempo que se tomaron para ir de un extremo a otro del pasillo. Como Bargh había predicho, los jóvenes que habían construido una frase con palabras relativas a la vejez caminaron hacia el vestíbulo más despacio que los demás.

El «efecto Florida» comprende dos etapas de *priming*. En la primera, el conjunto de palabras prima ideas de edad avanzada, aunque no se use la palabra *viejo*; en la segunda, estas ideas priman una conducta como la de caminar despacio, que se asocia a la edad. Todo esto sucede sin que el individuo sea consciente. Cuando más tarde se preguntó a los estudiantes, ninguno de ellos dijo haber notado que las palabras encerraban un tema común, y todos aseguraron que nada de lo que hicieron después del primer experimento pudo haber sido influido por las palabras que habían encontrado. La idea de la edad avanzada no se introdujo en su mente consciente, y sin embargo había influido en sus acciones. Este notable efecto de *priming* —la influencia de una idea en una acción— se conoce como efecto ideomotor. Aunque el lector no sea consciente de ello, la lectura de este párrafo le habrá predispuesto también a él. Si ha tenido la necesidad de levantarse de la silla e ir en busca de un vaso de agua, lo habrá hecho un poco más despacio de lo normal, a menos que le desagrade la idea de la vejez, en cuyo caso las investigaciones sugieren que se habrá levantado un poco más deprisa de lo normal.

El vínculo ideomotor también actúa en sentido inverso. En una universidad alemana se ha realizado un estudio que constituye la imagen especular del primer experimento que llevaron a cabo Bargh y sus colegas en Nueva York. En él se pidió a unos estudiantes que caminaran alrededor de una sala durante 5 minutos a un ritmo de 30 pasos por minuto, que era un tercio del ritmo normal. Después de esta breve experiencia, los participantes eran mucho más rápidos en reconocer palabras relacionadas con la vejez,[6] como *olvido*, *mayor* y *solo*. Los efectos recíprocos del *priming* tienden a producir una reacción coherente: si hemos sido predispuestos a pensar en la edad avanzada, tendemos a actuar como en ella, y actuar así refuerza la idea de la misma.

Los vínculos recíprocos son comunes en la red asociativa. Divertirnos, por ejemplo, tiende a hacernos sonreír, y sonreír tiende a hacer que nos sintamos en un estado placentero. Tome el lector un lápiz y manténgalo entre los dientes durante unos pocos segundos con el extremo de la goma de borrar a su derecha y la punta a su izquierda. Ahora ponga el lápiz, moviéndolo con los labios por el extremo de la goma de borrar, de forma que la punta mire hacia delante. Probablemente no sea consciente de que una de estas acciones ha obligado a su rostro una vez a reír y la otra a torcer el gesto. En un experimento se pidió a estudiantes universitarios valorar el humor de los dibujos de *The Far Side*, de Gary Larson,[7] mientras sostenían un lápiz con la boca. Los que estaban «sonriendo» (sin ser conscientes de ello) consideraron los dibujos más divertidos que los que estaban «torciendo el gesto». En otro experimento, personas a cuyos rostros se hizo adoptar un gesto adusto (frunciendo el entrecejo) dieron una mejor respuesta emocional a imágenes duras,[8] niños desnutridos, personas riñendo, víctimas mutiladas de accidentes.

Gestos simples y comunes pueden también influir de manera inconsciente en nuestros pensamientos y sentimientos. En una demostración, se pidió a unas cuantas personas que escucharan unos mensajes a través de unos auriculares nuevos.[9] Se les dijo que el propósito de este experimento era comprobar la calidad de un equipo de audio y se les pidió que movieran la cabeza repetidamente para comprobar algunas distorsiones del sonido. A la mitad de los participantes se les pidió que movieran la cabeza de arriba abajo, mientras que a los restantes se les pidió que la movieran de un lado a otro. Los mensajes que oían eran comentarios de la radio. Los que movieron la cabeza de arriba abajo (un gesto de asentimiento) tendían a aceptar el contenido del mensaje que oían, pero los que meneaban la cabeza tendían a rechazarlo. De nuevo no tenían conciencia, y mostraban la relación habitual entre una actitud de rechazo o de aceptación y su expresión física común. Se comprende por qué la admonición común de «te sientas como te sientas, actúa siempre con calma y corrección» es un buen consejo: es probable que nos veamos recompensados con una sensación real de tranquilidad y correcto actuar.

PRIMACÍAS QUE NOS GUÍAN

Algunos estudios sobre efectos de *priming* han hecho descubrimientos que amenazan la imagen de nosotros mismos como autores conscientes y autónomos de nuestros juicios y nuestras elecciones. Por ejemplo, la mayoría de nosotros concebimos una votación como un acto deliberado que refleja nuestros valores y nuestras estimaciones en asuntos de política y no es influido por aspectos irrelevantes. Por ejemplo, nuestro voto no debe verse afectado por la ubicación del centro electoral, pero lo hace. Un estudio realizado en el año 2000 sobre pautas de votación en distritos electorales de Arizona demostró que el apoyo a propuestas para fundar más colegios era significativamente mayor si el centro electoral estaba en un colegio que si estaba en otro lugar cercano.[10] Un experimento separado demostró que exhibir imágenes de aulas y vestuarios de colegios también aumentaba la tendencia de los participantes a apoyar las iniciativas a favor de los colegios. El efecto de las imágenes fue mayor que la diferencia entre padres y otros votantes. El estudio del *priming* partió en cierta manera de las demostraciones iniciales que hacían recordar a personas mayores caminando más despacio. Ahora sabemos que los efectos de *priming* pueden llegar a cada recoveco de nuestras vidas.

Las cosas que hacen recordar el dinero producen algunos efectos perturbadores. En un experimento se mostró a los participantes una lista de cinco palabras con las que se les pidió construir una frase de cuatro que tuviera por tema el dinero («elevado, un, salario, mostrador, pagar»). Otras primacías inducidas fueron mucho más sutiles, incluyendo la presencia al fondo de un objeto irrelevante relacionado con el dinero, como un fajo de billetes de *monopoly* sobre una mesa, o un ordenador con un salvapantallas de billetes de dólar flotando en el agua.

Las personas inducidas a primar el dinero se vuelven más independientes de lo que lo serían sin el impulso asociativo. Perseveran casi el doble de tiempo en intentar resolver un problema muy difícil antes de pedir ayuda al experimentador, en una clara demostración de autoconfianza acrecentada. Las personas inducidas a primar el dinero son, pues, más egoístas: en uno de los experimentos estuvieron mucho menos dispuestas a pasar un tiempo ayudando a un estudiante que fingía estar confundido sobre una tarea experimental. Cuando un experimentador hizo caer torpemente un montón de lápices al suelo, los participantes con el dinero en la mente (inconscientemente) recogieron menos lápices. En otro experimento de la serie se dijo a los participantes que en breve conocerían y tendrían una conversación con otra persona, y se les pidió colocar dos sillas mientras el experimentador llevaba a aquella persona. Los participantes inducidos a primar el dinero eligieron permanecer a mayor distancia que sus compañeros no predispuestos (118 frente a 80 cm). Los estudiantes que primaban el dinero también mostraron mayor preferencia por estar solos.

El tema general de estos resultados es que la idea de dinero prima el individualismo: una renuencia a implicarse con otros, a depender de otros o a atender requerimientos de otros. La psicóloga que hizo esta notable investigación, Kathleen Vohs,[11] tomó la loable decisión de abstenerse de discutir las implicaciones de sus hallazgos, dejando esa tarea a sus lectores. Sus experimentos son profundos; sus hallazgos sugieren que vivir en una cultura que nos envuelve con cosas que nos recuerdan el dinero puede modelar nuestro comportamiento y nuestras actitudes de un modo que desconocemos y del que no podemos sentirnos orgullosos. Algunas culturas recuerdan con frecuencia el respeto, otras recuerdan costantemente a sus miembros que Dios los ve, y algunas sociedades hacen que se prime la obediencia con grandes imágenes del Amado Líder. ¿Puede caber al-

guna duda de que los ubicuos retratos del líder nacional en las sociedades dictatoriales no solo transmiten la sensación de que «el Gran
Hermano nos observa», sino también ocasionar una restricción real
del pensamiento espontáneo y de la acción independiente?

Las evidencias de los estudios sobre el *priming* sugieren que recordar a las personas su condición de mortales aumenta la atracción
por la ideas autoritarias, que pueden resultar tranquilizadoras en el
contexto del terror a la muerte.[12] Otros experimentos han confirmado las intuiciones freudianas sobre el papel de los símbolos y las
metáforas en las asociaciones inconscientes. Consideremos, por ejemplo, los ambiguos fragmentos de palabras __SEO y JA__N. Las personas a las que recientemente se les ha pedido pensar en una acción
de la que se avergonzarían, es más probable que lean PASEO y JA-
BÓN, y menos que lean DESEO y JAMÓN. Además, el mero pensamiento de apuñalar por la espalda a un compañero de trabajo las
predispone más a comprar jabón, desinfectante o detergente que pilas, zumos o pirulís. Sentir que la propia conciencia está manchada
parece provocar el deseo de limpiar el propio cuerpo, un impulso
que ha recibido el nombre de «efecto Lady Macbeth».[13]

El aseo es muy específico de las partes del cuerpo implicadas en
un pecado. A los participantes en un experimento se les indujo a
«mentir» a una persona imaginaria, por teléfono o por correo electrónico. En un test consecutivo sobre preferencias entre varios productos, las personas que habían mentido al teléfono prefirieron un
enjuague bucal al jabón,[14] y las que habían mentido por correo electrónico prefirieron el jabón al enjuague.

Cuando describo ante un público estos estudios sobre el *priming*,
la reacción de la audiencia es a menudo de incredulidad. Esto no es
nada sorprendente: el Sistema 2 cree que es él el que manda y que
conoce las razones de sus elecciones. Es probable que preguntas como
las siguientes afloren a la mente del lector: ¿cómo es posible que manipulaciones tan triviales del contexto tengan efectos tan grandes?
¿Demuestran estos experimentos que estamos completamente a merced de cualquier cosa que el entorno nos haga primar en cada momento? Por supuesto que no. Los efectos de *priming* son fuertes, pero
no necesariamente extensos. Entre un centenar de votantes, solo

unos pocos cuyas preferencias iniciales eran inciertas emitirán votos diferentes respecto al asunto del colegio si su distrito electoral está ubicado en un colegio que si lo está en una iglesia, pero un pequeño porcentaje podrá determinar una elección.

La idea en que aquí hemos de centrarnos es que la incredulidad no es una opción. Los resultados no son invenciones, ni carambolas estadísticas. No tenemos otra elección que la de aceptar que las principales conclusiones de estos estudios son verdaderas. Y aún más importante es que debemos aceptar que se cumplen en nosotros mismos. Si a cualquiera de nosotros nos muestran un salvapantallas de billetes de dólar flotantes, probablemente también habríamos recogido menos lápices para ayudar a un torpe desconocido. Nos cuesta creer que estos resultados sean aplicables a nosotros porque no corresponden a nada que encontremos en nuestra experiencia subjetiva. Pero nuestra experiencia subjetiva consiste en gran medida en la historia que el Sistema 2 nos cuenta sobre las cosas que nos acontecen. Los fenómenos de *priming* brotan de nuestro Sistema 1, al cual no tenemos acceso consciente.

Concluiré con una demostración perfecta de un efecto de *priming* que tuvo lugar en la cocina de una oficina perteneciente a una

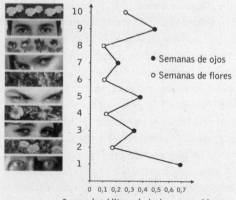

£ pagadas / litros de leche consumidos

Figura 4

universidad británica.[15] Durante muchos años, el personal de esta oficina había pagado por el té o el café que él mismo se servía durante el día dejando el dinero en una caja u *honesty box*. Se había colocado una lista con sugerencias de precios. Un día se colocó sin aviso ni explicación, justo encima de la lista de precios, un póster alargado. Durante diez semanas, el póster presentaba cada semana una imagen nueva, de flores o de ojos que parecían mirar directamente al observador. Nadie comentó estas nuevas decoraciones, pero las contribuciones a la caja cambiaron significativamente. Los pósters y las cantidades de dinero que la gente dejó en aquella caja (relativas a la cantidad consumida) se muestran en la figura 4. Vale la pena echarles un vistazo.

La primera semana del experimento (que puede verse en la parte inferior de la figura), unos ojos muy abiertos miran fijamente a quien se sirve el té o el café, cuya contribución media era de 70 peniques por litro de leche. La segunda semana, el póster muestra flores, y las contribuciones medias son de alrededor de 15 peniques. La tendencia continuaba. Los usuarios de la cocina contribuyeron de media con casi tres veces más dinero en las «semanas de ojos» que en las «semanas de flores». Era evidente que un recordatorio puramente simbólico con el que uno se sentía observado empujaba a la gente a comportarse de distinta manera. Como se esperaba, este efecto se producía sin la menor conciencia. ¿Creerá ahora el lector que él mismo también habría tenido el mismo comportamiento?

Hace algunos años, el psicólogo Timothy Wilson escribió un libro con el sugerente título de *Strangers to Ourselves*. Acabo de presentarle al lector el extraño que hay en él mismo,[16] que puede hacerse con el control de muchas cosas que él ejecuta, aunque raramente lo vislumbre. El Sistema 1 le crea impresiones que a menudo se introducen en sus creencias y es fuente de los impulsos que frecuentemente determinan sus elecciones y sus actos. Ofrece una interpretación tácita de lo que sucede en él y en su entorno, vinculando el presente al pasado reciente y a las expectativas sobre el futuro inmediato. Contiene el modelo de mundo que instantáneamente evalúa acontecimientos como normales o sorprendentes. Es la fuente de sus juicios intuitivos, rápidos y a menudo precisos. Y casi todo esto lo hace sin que el lector tenga conciencia de sus actividades. El Sistema 1 es también, como veremos en los capítulos siguientes, el origen de muchos de los errores sistemáticos de sus intuiciones.

HABLANDO DEL «PRIMING»

«Ver a toda esta gente de uniforme no prima la creatividad.»

«El mundo es mucho menos comprensible de lo que usted cree. La coherencia viene la mayoría de las veces de la manera de trabajar su mente.»

«Fueron preparados para encontrar defectos, y eso es exactamente lo que encontraron.»

«Su Sistema 1 construyó una historia, y su Sistema 2 se la creyó. Esto nos ocurre a todos.»

«El lápiz me hacía sonreír, y de hecho me siento mejor.»

5

Facilidad cognitiva

Siempre que estamos conscientes, y tal vez cuando no lo estamos, múltiples cálculos se desarrollan en nuestro cerebro, que mantiene y actualiza el estado de las respuestas a algunas preguntas clave: ¿sucede algo nuevo? ¿Hay algún peligro? ¿Van bien las cosas? ¿Debo reconducir mi atención? ¿Necesito esforzarme más para realizar esta tarea? Podemos pensar en una cabina de mando con un conjunto de indicadores que muestran los valores actuales de cada una de esas variables esenciales. Estas evaluaciones las lleva a cabo automáticamente el Sistema 1, y una de sus funciones es determinar si el Sistema 2 exige un esfuerzo extra.

Uno de estos indicadores es la *facilidad cognitiva*, y su rango se encuentra entre «facilidad» y «tensión».[1] La facilidad es un signo de que las cosas van bien; no hay riesgos, no hay novedades importantes, no hace falta reconducir la atención o emplear esfuerzo. La tensión indica que existe un problema que requerirá mayor movilización del Sistema 2. Sucede entonces lo contrario: experimentamos *tensión cognitiva*. La tensión cognitiva es afectada por el nivel actual de esfuerzo y la presencia de demandas no satisfechas. Pero es sorprendente que un único indicador de facilidad cognitiva esté conectado a una vasta red de *inputs* y *outputs* diversos.[2] La figura 5 de la página 85 cuenta esta historia.

La figura sugiere que una frase impresa con letras claras, o que ha sido repetida, o que ha sido primada, será fluidamente procesada con facilidad cognitiva. Escuchar a alguien cuando estamos de buen humor, o cuando nos ponemos un lápiz transversal en la boca para «sonreír», también induce facilidad cognitiva.

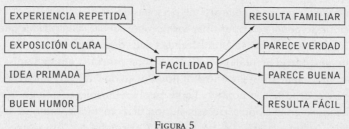

Figura 5
Causas y consecuencias de la facilidad cognitiva

Las diversas causas de la facilidad o de la tensión tienen efectos intercambiables. En un estado de facilidad cognitiva es probable que nos encontremos de buen humor, nos guste lo que vemos, creamos lo que oímos, confiemos en nuestras intuiciones y sintamos que la situación actual es cómoda y familiar. También es probable que nuestros pensamientos sean relativamente informales y superficiales. Pero cuando nuestro estado es de tensión, es más probable que estemos alerta y seamos suspicaces, que dediquemos más esfuerzos a lo que estamos haciendo, nos sintamos menos cómodos y cometamos menos errores, pero también que seamos menos intuitivos y menos creativos de lo normal.

ILUSIONES DE RECUERDO

La palabra ilusión nos trae a la mente ilusiones visuales, pues todos estamos familiarizados con imágenes que engañan. Pero la visión no es el único dominio de las ilusiones; también la memoria es susceptible de ellas, y más generalmente el pensamiento.

David Stenbill, Monica Bigoutski, Shana Tirana. Acabo de inventarme estos nombres. Si el lector encuentra alguno de ellos en los próximos cinco minutos, probablemente recordará dónde los ha leído. Sabe y sabrá durante unos minutos que no son nombres de celebridades menores. Pero suponga que pocos días después se le muestra una larga lista de nombres que incluye los de algunas celebridades menores y nombres «nuevos» de personas de las que nunca ha oído hablar; se pondrá a comprobar los nombres de las celebridades que hay en la lista. Existe una probabilidad nada desdeñable de que identifique a David Stenbill como una persona conocida, aunque no sabrá (por supuesto) si encontró su nombre en un contexto cinematográfico, deportivo o político. Larry Jacoby, el primer psicólogo que demostró en el laboratorio esta ilusión de la memoria, tituló su artículo sobre ella «Becoming Famous Overnight».[3] ¿Cómo sucede esto? Empiece el lector preguntándose cómo sabe si alguien es o no famoso. En algunos casos de personas realmente famosas (o de celebridades pertenecientes a un ámbito que le interese), tendrá una ficha mental con abundante información acerca de una persona: Albert Einstein, Bono o Hillary Clinton, por ejemplo. Pero no tendrá ficha con información sobre David Stenbill si encuentra su nombre dentro de unos días. Todo lo que tendrá es una sensación de familiaridad: ha visto ese nombre en alguna parte.

Jacoby formuló el problema con insuperable precisión: «La experiencia de familiaridad tiene la cualidad simple, pero poderosa, de ser "algo pasado" que parece indicar que es un reflejo directo de una experiencia anterior».[4] Esta cualidad de algo pasado es una ilusión. La verdad es que, como Jacoby y muchos seguidores suyos han demostrado, el nombre de David Stenbill nos parecerá familiar si lo vemos *porque lo veremos más claramente*. Las palabras que ha visto antes se vuelven más fáciles de ver de nuevo; podemos identificarlas mejor que otras palabras si se nos muestran muy brevemente o enmascaradas por ruidos, y las leeremos más deprisa (en unas pocas centésimas de segundo) que otras palabras. En suma, experimentamos mayor facilidad cognitiva para percibir una palabra que hemos visto con anterioridad, y es esta sensación de facilidad la que nos deja la impresión de familiaridad.[5]

La figura 5 sugiere una manera de comprobar esto. Elegir una palabra completamente nueva, la hace más fácil de ver, y será más probablemente reconocida como familiar si es inconscientemente primada mostrándola durante unos milisegundos poco antes del test, o si se la muestra destacándola mucho más que algunas otras palabras de la lista. Este vínculo también opera en la otra dirección. Imaginemos que se nos muestra una lista de palabras más o menos desenfocadas. Unas se ven muy borrosas, y otras menos, y nuestra tarea es identificar las palabras que se ven con más claridad. Una palabra que hayamos visto recientemente nos parecerá más clara que otras palabras que no nos son familiares. Como indica la figura 5, los diversos modos de inducir facilidad o tensión cognitivas son intercambiables; no podemos saber con exactitud qué es lo que hace a las cosas cognitivamente fáciles o difíciles. Así es como se produce la ilusión de familiaridad.

ILUSIONES DE VERDAD

«Nueva York es una gran ciudad de Estados Unidos.» «La Luna orbita alrededor de la Tierra.» «Un pollo tiene cuatro patas.» En todos estos casos recibimos rápidamente mucha cantidad de información relacionada, y en casi todos se nos señala una dirección. Antes de leer esto ya sabíamos que las dos primeras frases son verdaderas y la última falsa. Hemos de observar, sin embargo, que la frase «Un pollo tiene tres patas» es más obviamente falsa que «Un pollo tiene cuatro patas». Nuestra maquinaria asociativa ralentiza el juicio sobre la última frase anunciando el hecho de que muchos animales tienen cuatro patas, y quizá también el de que en los supermercados a menudo se venden patas de pollo en bandejas de cuatro. El Sistema 2 ha dejado pasar esta información, quizá cuando consideraba que la pregunta sobre Nueva York era demasiado fácil o cuando comprobaba el significado de *orbita*.

Recuerde el lector la última vez que hizo un examen de conducir. ¿Es verdad que se necesita un permiso especial para conducir un vehículo que pesa más de tres toneladas? Quizá se preparara seriamente y pueda recordar el lado de la página en la que apareció la respuesta, así como la lógica que había detrás de ella. No fue ciertamente así como yo pasé las pruebas de conducir cuando me mudé a otro estado. Lo que hice fue leer rápidamente y solo una vez el cuadernillo de normas y esperar lo mejor. Conocía algunas de las respuestas por la experiencia que había adquirido conduciendo durante mucho tiempo. Pero había preguntas para las que no se me ocurrieron respuestas buenas, aunque todo lo que tenía que hacer era dejarme llevar por la facilidad cognitiva. Cuando la respuesta parecía familiar, pensaba que probablemente sería verdadera. Y cuando parecía nueva (o improbable), la rechazaba. La impresión de familiaridad la produce el Sistema 1, y el Sistema 2 se basa en esta impresión para emitir un juicio verdadero/falso.

La lección de la figura 5 es que las ilusiones predecibles se producen inevitablemente cuando un juicio se basa en una impresión de facilidad o de tensión cognitivas. Cualquier cosa que haga más fácil a la máquina asociativa funcionar sin complicaciones producirá también creencias sesgadas. Una manera segura de hacer que la gente se crea falsedades es la repetición frecuente, porque la familiaridad no es fácilmente distinguible de la verdad. Las instituciones y los *marketers* autoritarios siempre han tenido conocimiento de este hecho. Pero han sido los psicólogos los que han descubierto que no es necesario repetir la frase entera que afirma un hecho o una idea para hacer que parezca verdadera. Personas que repetidamente oyeron la frase «la temperatura corporal de un pollo» estuvieron más dispuestas a aceptar como verdad la afirmación de que «la temperatura corporal de un pollo es de 62 °C» (u otro número arbitrario).[6] La familiaridad de una frase de esa afirmación fue suficiente para que esta resultase familiar, y por consiguiente verdadera. Si no hay manera de recordar el origen de la afirmación, ni de relacionarla con otras cosas conocidas, no queda otra opción que la de quedarse con la sensación de facilidad cognitiva.

CÓMO ESCRIBIR UN MENSAJE PERSUASIVO

Suponga el lector que quiere escribir un mensaje que sus receptores puedan creer. Por supuesto, su mensaje será verdadero, pero esto no es siempre suficiente para que la gente crea que es verdadero. Es perfectamente legítimo que busque la facilidad cognitiva y la utilice en su beneficio, y los estudios sobre las *ilusiones de verdad* le proporcionan sugerencias específicas que pueden ayudarle a lograr este objetivo.

El principio general es que cualquier cosa que pueda hacer para reducir la tensión cognitiva lo ayudará. Así, lo primero sería maximizar la legibilidad. Compare estas dos frases:

Adolf Hitler nació en 1892.
Adolf Hitler nació en 1887.

Ambas son falsas (Hitler nació en 1889), pero los experimentos han demostrado que la primera es más probable que sea creída. Otro consejo: si su mensaje va a imprimirse, utilice papel de buena calidad para maximizar el contraste entre los caracteres y el fondo. Si usa colores, es más probable que le crean si su texto aparece impreso en azul celeste o en rojo que en tonos medios de verde, amarillo o azul pálido.

Si le preocupa que el mensaje parezca creíble e inteligente, no utilice un lenguaje complicado cuando bastaría un lenguaje sencillo. Mi colega de Princeton Danny Oppenheimer refutó un mito prevaleciente entre los estudiantes sobre el vocabulario que los profesores encuentran más impactante. En un artículo titulado «Consequences of Erudite Vernacular Utilized Irrespective of Necessity: Problems with Using Long Words Needlessly» demostró que la formulación de ideas familiares en un lenguaje pretencioso se toma como un signo de escasa inteligencia y baja credibilidad.[7]

Además de hacer que su mensaje resulte sencillo, procure que sea un mensaje que se pueda recordar. Ponga sus ideas en verso, si puede; será más probable que se consideren verdaderas. Los participantes en un experimento muy citado leyeron decenas de aforismos poco familiares, tales como:

Las penalidades borran las hostilidades.
Pequeños golpes derriban grandes robles.
Una falta confesada está medio reparada.

Otros estudiantes leyeron alguno de los mismos proverbios transformados en versiones no rimadas:

Las penalidades unen a los enemigos.

Pequeños golpes de hacha derriban grandes árboles.

Una falta admitida está medio reparada.

Se atribuyó a estos aforismos más agudeza cuando venían rimados que cuando no lo estaban.[8]

Finalmente, si cita una fuente, elija una con un nombre que sea fácil de pronunciar. En un experimento se pidió a los participantes valorar las posibilidades que ofrecían unas compañías turcas ficticias sobre la base de informes de dos agencias de Bolsa.[9] Para cada opción, uno de los informes provenía de una agencia de nombre fácil de pronunciar (por ejemplo, Artan), y el otro de una agencia de nombre poco afortunado (por ejemplo, Taahhut). Los informes estaban a veces en desacuerdo. El mejor procedimiento para los observadores habría sido sacar un promedio de los dos informes, pero no fue esto lo que hicieron. Dieron mucho más valor al informe de Artan que al de Taahhut. Recuerde que el Sistema 2 es perezoso, y el esfuerzo mental causa aversión. Los receptores de su mensaje preferirán estar a ser posible lejos de todo lo que les sugiera esfuerzo, incluida una fuente de nombre complicado.

Todos estos son buenos consejos. Pero no nos entusiasmemos. El papel de calidad, los colores brillantes y la rima o el lenguaje sencillo no serán de mucha ayuda si el mensaje es a todas luces absurdo, o si contradice hechos que sus lectores saben que son verdaderos. Los psicólogos que hacen estos experimentos no creen que la gente sea estúpida o se lo crea todo. Lo que los psicólogos creen es que todos nos pasamos buena parte de nuestras vidas guiados por las impresiones del Sistema 1, y que a menudo no sabemos el origen de esas impresiones. ¿Cómo sabemos que una afirmación es verdadera? Si está fuertemente vinculada por la lógica o la asociación a otras creencias o preferencias que mantenemos, o proviene de una fuente en la que confiamos y nos gusta, experimentaremos una sensación de facilidad cognitiva. El problema es que puede haber otras causas de nuestra sensación de facilidad —incluidos la calidad de la letra y el ritmo atrayente de la prosa—, y no hay una manera sencilla de encontrar la fuente de nuestras sensaciones. Este es el mensaje de la figura 5: la sensación de facilidad o de tensión tiene múltiples causas, y es difícil separarlas. Difícil, pero no imposible. Podemos dejar sin efecto algunos de los factores superficiales que producen ilusiones de verdad si estamos lo suficientemente motivados para hacerlo. Pero, en la mayoría de las ocasiones, el perezoso Sistema 2 aceptará las sugerencias del Sistema 1 y seguirá su camino.

TENSIÓN Y ESFUERZO

La simetría de muchas conexiones asociativas ha sido un tema dominante en la discusión de la coherencia asociativa. Como hemos visto anteriormente, las personas que «sonríen» o «fruncen el ceño» colocándose un lápiz en la boca o sujetando una bolita entre sus cejas están predispuestas a experimentar las emociones que el ceño fruncido y la sonrisa normalmente expresan. La misma reciprocidad autorreforzadora encontramos en estudios de facilidad cognitiva. Por un lado se experimenta tensión cognitiva cuando se ejecutan operaciones esforzadas del Sistema 2. Por otro lado, la sensación de tensión cognitiva, cualquiera que sea su origen, tiende a movilizar al Sistema 2, haciendo que el individuo deje de abordar los problemas de un modo intuitivo y despreocupado y lo haga de otro más implicado y analítico.[10]

Antes se ha mencionado el problema del bate y la pelota como un test de la tendencia de las personas a responder preguntas con la primera idea que les pasa por la cabeza sin contrastarla. El test de reflexión cognitiva de Shane Frederick se compone del problema del bate y la pelota y de otros dos, todos elegidos porque suscitan una respuesta intuitiva inmediata que es incorrecta. Los otros dos ítems del test son:

Si 5 máquinas tardan 5 minutos en hacer 5 cacharros, ¿cuánto tardarían 100 máquinas en hacer 100 cacharros?

100 minutos   o   5 minutos

En un lago hay una zona con nenúfares. Todos los días la zona duplica su tamaño. Si la zona tarda 48 días en cubrir todo el lago, ¿cuánto tardaría en cubrir la mitad del lago?

24 días   o   47 días

Las respuestas correctas a ambos problemas figuran en una nota al pie de esta página.* Los experimentadores reclutaron a 40 estudiantes de Princeton para hacer el test de reflexión cognitiva (TRC). La mitad de ellos leyó los problemas en una letra pequeña y una impresión gris y desdibujada. Eran legibles, pero la letra provocaba tensión cognitiva. Los resultados fueron inequívocos: el 90 por ciento de los estudiantes que leyeron el TRC con letra normal cometieron al menos un error en el test, pero el porcentaje bajó al 35 por ciento cuando la letra era apenas legible. Ha leído bien el lector: el resultado fue mejor con la letra mala. La tensión cognitiva, cualquiera que sea su origen, moviliza al Sistema 2, que es más probable que rechace la respuesta intuitiva sugerida por el Sistema 1.

EL PLACER DE LA FACILIDAD COGNITIVA

Un artículo titulado «Mind at Ease Puts a Smile on the Face» describe un experimento en el que se mostró brevemente a los participantes unas fotos de objetos.[11] Se hizo que algunas de estas fotos resultasen fáciles de reconocer mostrando los contornos del objeto justo antes de mostrar la imagen entera, pero tan brevemente que dichos contornos nunca se percibieron. Las reacciones emocionales se midieron registrando impulsos eléctricos de músculos faciales, registrando, por tanto, cambios de expresión que eran demasiado leves y breves para ser detectables por los observadores. Como se esperaba, los participantes mostraron una leve sonrisa y el entrecejo relajado cuando las fotos era fáciles de ver. Que la facilidad cognitiva se asocie a sensaciones buenas parece ser un rasgo característico del Sistema 1.

* 5 y 47.

Como era de esperar, las palabras fácilmente pronunciables provocaban una actitud favorable. A las compañías con nombres pronunciables les va mejor que a otras la primera semana después de emitir sus acciones, aunque el efecto desaparece con el tiempo. Acciones con símbolos comerciales pronunciables (como KAR o LUNMOO) sobrepasan a aquellas con nombres incómodos, como PXG o RDO, y parecen tener una pequeña ventaja durante cierto tiempo.[12] Un estudio realizado en Suiza reveló que los inversores creían que las acciones con nombres fluidos como Emmi, Swissfirst y Comet les darían más beneficios que aquellas con nombres fonéticamente contundentes como Geberit o Ypsomed.[13]

Como hemos visto en la figura 5, la repetición induce facilidad cognitiva y una cómoda sensación de familiaridad. El famoso psicólogo Robert Zajonc dedicó buena parte de su carrera al estudio de la relación entre la repetición de un estímulo arbitrario y el ligero afecto que los individuos acaban tomándole. Zajonc la llamó *efecto de mera exposición*.[14] Una demostración que se llevó a cabo utilizando los periódicos estudiantiles de la Universidad de Michigan y de la Universidad del Estado de Michigan es uno de mis experimentos favoritos.[15] Durante varias semanas apareció en la portada del periódico un recuadro que contenía una de las siguientes palabras turcas (o que suenan a turco): *kadirga*, *saricik*, *biwonjni*, *nansoma* e *iktitaf.* La frecuencia con que las palabras se repetían variaba: una de ellas se mostró una sola vez, y las demás aparecieron en dos, cinco, diez o veinticinco ocasiones separadas. (Las palabras que aparecían más a menudo en uno de los periódicos universitarios eran las que menos aparecían en el otro.) No se dio ninguna explicación, y a las preguntas de los lectores se respondió diciendo que «la persona que utiliza el recuadro desea permanecer en el anonimato».

Cuando la misteriosa serie de palabras cesó, los investigadores enviaron cuestionarios a las comunidades universitarias preguntando por las impresiones que producía cada palabra: si «significa algo "bueno" o algo "malo"». Los resultados fueron espectaculares: las palabras que aparecieron con más frecuencia fueron acogidas mucho más favorablemente que las que aparecieron una vez o dos. Esta conclusión ha sido confirmada por muchos otros experimentos, en los que se utilizaron ideogramas chinos, caras y polígonos construidos aleatoriamente.

El efecto de mera exposición no depende de la experiencia consciente de familiaridad. De hecho, no depende en absoluto de la conciencia: se produce cuando las palabras o las fotos que se repiten son mostradas con tanta rapidez que los observadores nunca son conscientes de haberlas visto. Estos terminan relacionando las palabras o las fotos mostradas más frecuentemente. Ha quedado claro que el Sistema 1 puede responder a impresiones de aconteceres de los que el Sistema 2 no es consciente. Y no hay duda de que el efecto de mera exposición es realmente más pronunciado en el caso de estímulos que el individuo nunca ve conscientemente.[16]

Zajonc argumentó que, en las vinculaciones, el efecto de repetición es un hecho biológico tan importante como profundo, y que se da también en todos los animales. Para sobrevivir en un mundo lleno de peligros, un organismo debe reaccionar con recelo a un estímulo nuevo, si no retirarse con temor. Las posibilidades de supervivencia son escasas para un animal que no sea desconfiado con la novedad. Sin embargo, también tiene valor adaptativo la desaparición de la cautela inicial si el estímulo es realmente seguro. El efecto de mera exposición se produce, a juicio de Zajonc, cuando la exposición repetida a un estímulo no tiene consecuencias nocivas. Tal estímulo se convertirá eventualmente en una señal de seguridad, y la seguridad es buena. Por otra parte, este argumento no se limita a los humanos. Para demostrarlo, uno de los ayudantes de Zajonc expuso dos conjuntos de huevos de gallina fertilizados a diferentes sonidos. Después de la eclosión, los polluelos daban menos señales de temor cuando se los expuso al sonido que habían oído mientras estaban dentro del cascarón.[17]

Zajonc hizo un elocuente resumen de su programa de investigación:

> Las consecuencias de las exposiciones repetidas benefician al organismo en sus relaciones con el entorno inmediato, animado e inanimado. Permiten al organismo distinguir objetos y hábitats que son seguros de aquellos otros que no lo son, y constituyen la base más primitiva de

los vínculos sociales. Y, por consiguiente, son también la base de la organización y la cohesión sociales, las fuentes básicas de la estabilidad psicológica y social.[18]

El vínculo entre emoción positiva y facilidad cognitiva en el Sistema 1 tiene una larga historia evolutiva.

FACILIDAD, ESTADO DE ÁNIMO E INTUICIÓN

Hacia 1960, un joven psicólogo llamado Sarnoff Mednick creyó haber identificado la esencia de la creatividad. Su idea era tan simple como poderosa: la creatividad es memoria asociativa que trabaja excepcionalmente bien. Desarrolló un test, llamado test de asociación remota (TAR), que todavía se emplea a menudo en los estudios sobre la creatividad.

Para poner un ejemplo fácil, considere el lector las siguientes palabras:

casita   Suiza   pastel

¿Puede pensar en alguna palabra que pueda asociarse a estas tres? Probablemente se le haya ocurrido la palabra *queso*. Ahora pruebe con estas otras:

lanzamiento   luz   misil

Este problema es más difícil, pero tiene una sola respuesta correcta que todo el mundo conoce, aunque menos del 20 por ciento de una muestra de estudiantes la encontró antes de 15 segundos. La respuesta es *cielo*. Por supuesto, no toda tríada de palabras tiene una solución.[19] Por ejemplo, para las palabras *sueño*, *pelota* y *libro* no hay una asociación compartida que todo el mundo reconozca como válida.

Varios equipos de psicólogos alemanes que han estudiado el TAR en años recientes han presentado descubrimientos notables sobre la facilidad cognitiva. Uno de los equipos planteó dos cuestiones: ¿pueden las personas sentir que una tríada de palabras tiene una solución antes de saber cuál es? ¿Cómo influye el estado de ánimo en la ejecución de esta tarea? Para averiguarlo, primero hicieron a algunos de sus sujetos un bien y a otros un mal pidiéndoles que durante unos minutos pensaran en episodios felices y desgraciados de sus vidas. Luego presentaron a dichos sujetos una serie de tríadas, la mitad de ellas vinculadas (como *lanzamiento*, *luz* y *misil*), y la otra mitad no vinculadas (como *sueño*, *pelota* y *libro*), pidiéndoles presionar una o dos teclas muy rápidamente para indicar su impresión sobre si la tríada estaba vinculada. El tiempo permitido para hacerlo, de 2 segundos, era demasiado breve para que la solución efectiva viniera a la mente de cualquier persona.

La primera sorpresa fue que las impresiones de las personas a este respecto son mucho más certeras de lo que serían si fuesen casuales. Yo encuentro esto asombroso. Una sensación de facilidad cognitiva es aparentemente generada por una señal casi imperceptible de la máquina asociativa, la cual «sabe» que las tres palabras son coherentes (comparten una asociación) mucho antes de que la asociación se revele.[20] El papel de la facilidad cognitiva en el juicio fue confirmado experimentalmente por otro equipo alemán: todas las manipulaciones que aumentan la facilidad cognitiva (el *priming*, una letra clara, la preexposición de palabras) aumentan la tendencia a ver las palabras vinculadas.[21]

Otro descubrimiento notable es el poderoso efecto del estado de ánimo en este acto intuitivo. Los experimentadores calcularon un «índice de intuición» para medir el grado de acierto. Y descubrieron que, poniendo a los participantes de buen humor antes del test a base de pensar en cosas alegres, el grado de acierto se incrementaba en más del doble.[22] Un resultado todavía más impresionante es que los sujetos desgraciados eran completamente incapaces de realizar con algún acierto la tarea intuitiva; sus conjeturas no eran mejores que las hechas al azar. El estado de ánimo afecta de modo evidente a las operaciones del Sistema 1: cuando estamos incómodos o tristes, perdemos la sintonía con nuestra intuición.

Estos hallazgos refuerzan nuestro convencimiento, cada vez mayor, de que el buen humor, la intuición, la creatividad, la credulidad y la confianza en el Sistema 1 forman un grupo.[23] En el polo opuesto, la tristeza, la cautela, el recelo, el proceder de forma analítica y el esfuerzo aumentado también van juntos. El buen humor relaja el control del Sistema 2 sobre la acción: estando de buen humor, nos volvemos más intuitivos y más creativos, pero también menos cautelosos y más propensos a los errores lógicos. El buen humor es una señal de que las cosas van bien en general, de que el entorno es seguro, de que todo está en orden y podemos bajar la guardia. El estado de ánimo negativo nos dice que las cosas no marchan del todo bien, que algo puede amenazarnos y que debemos estar vigilantes. La facilidad cognitiva puede ser tanto causa como consecuencia de una sensación placentera.

El test de asociación remota tiene más cosas que contarnos sobre el vínculo entre facilidad cognitiva y afecto positivo. Considere el lector por un momento estas dos tríadas de palabras:

| sueño | correo | interruptor |
| sal | profundo | espuma |

Puede que no lo sepa, pero unas mediciones de la actividad eléctrica en los músculos de su rostro probablemente habrían revelado una leve sonrisa cuando leía la segunda tríada, que es coherente (la solución es *mar*). Esta reacción de sonreír[24] a la coherencia aparece en sujetos a los que nada se les dice sobre las asociaciones del caso; simplemente se les muestra una tríada de palabras dispuesta verticalmente y se les pide que presionen la barra espaciadora después de haberla leído. La impresión de facilidad cognitiva que conlleva la presentación de una tríada coherente parece ser en sí misma ligeramente placentera.

Las evidencias que tenemos sobre las sensaciones buenas, la facilidad cognitiva y la intuición de la coherencia son, como dicen los científicos, correlacionales, pero no necesariamente causales. Es cierto que la facilidad cognitiva y la sonrisa van juntas. Pero ¿conducen las sensaciones buenas realmente a intuiciones de coherencia? La respuesta es sí. La prueba la tenemos en un ingenioso enfoque experimental que se ha vuelto cada vez más popular. En un experimento se

contó a algunos participantes una historia superpuesta que constituía
una interpretación alternativa de sus buenas sensaciones: sobre la música que sonaba en sus auriculares se les dijo que «unos estudios previos habían demostrado que esa música influía en las reacciones emocionales de los individuos».[25] Esta historia elimina por completo la
intuición de coherencia. Las conclusiones fueron que la breve respuesta emocional que sigue a la presentación de una tríada de palabras (placentera si la tríada es coherente, y no placentera si no lo es) es realmente la base de los juicios sobre la coherencia. Nada hay aquí que el
Sistema 1 no pueda hacer. Se esperan cambios emocionales, y como
no son sorprendentes, no están vinculados causalmente a las palabras.

Esta es una de las mejores investigaciones psicológicas que jamás
se han hecho por su combinación de técnicas experimentales y por
sus resultados, que son a la vez sólidos y en extremo sorprendentes.
En las últimas décadas hemos aprendido muchas cosas sobre las operaciones automáticas del Sistema 1. Mucho de lo que hoy sabemos
habría sonado a ciencia ficción hace treinta o cuarenta años. Nadie
hubiera imaginado antes que unos caracteres defectuosamente im-
presos influyeran en los juicios de verdad y mejoraran el resultado
cognitivo, o que una respuesta emocional a la facilidad cognitiva de
una tríada de palabras actuara de mediadora de impresiones de coherencia. La psicología ha recorrido un largo camino.

Hablando de la facilidad cognitiva

«No rechacéis sus planes comerciales solo porque la letra sea difícil de leer.»

«Tendremos que creerlo, pues lo han repetido muchas veces, pero debemos pen-
sarlo bien.»

«La familiaridad crea vínculos. Es un efecto de mera exposición.»

«Hoy estoy de muy buen humor, y mi Sistema 2 está más flojo que de costumbre.
Hoy debo ser especialmente cuidadoso.»

6

Normas, sorpresas y causas

Hemos expuesto las características y funciones centrales del Sistema 1 y del Sistema 2 con un tratamiento más detallado del Sistema 1. Mezclando libremente metáforas, podemos decir que en nuestras cabezas tenemos una muy poderosa computadora, no muy rápida en comparación con los estándares convencionales de *hardware*, pero capaz de representar la estructura de nuestro mundo mediante varios tipos de vínculos asociativos dentro de una vasta red de varios tipos de ideas. La propagación de la activación en la máquina asociativa es automática, pero nosotros (Sistema 2) tenemos cierta capacidad para controlar la búsqueda en nuestra memoria, y también para programarla de modo que la detección de un acontecimiento en el entorno pueda atraer nuestra atención. Aquí entraremos en más detalles sobre las maravillas y las limitaciones de lo que el Sistema 1 puede hacer.

Juzgando la normalidad

La función principal del Sistema 1 es mantener y actualizar un modelo de nuestro mundo personal que representa lo que en él es normal. El modelo está construido con asociaciones que vinculan ideas sobre circunstancias, aconteceres, acciones y consecuencias que concurren con alguna regularidad, unas veces al mismo tiempo y otras en un intervalo relativamente corto. Una vez formados y reforzados estos vínculos, el patrón de ideas asociadas representa la estructura de los aconteceres de nuestras vidas, y esta determina nuestra interpretación del presente y nuestras expectativas para el futuro.

Un aspecto esencial de nuestra vida mental es la capacidad para la sorpresa, y la sorpresa misma es el indicador más sensible de nuestro modo de entender el mundo y de lo que de él esperamos. Hay dos clases principales de sorpresa. Algunas expectativas son activas y conscientes; por ejemplo, si estamos esperando que suceda algo en particular. Cuando se acerca determinada hora, podemos estar esperando que suene el timbre para abrir la puerta a nuestro hijo que vuelve del colegio; y al ir a abrirla, esperamos oír una voz familiar. Nos sorprende que algo activamente esperado no suceda. Pero hay una categoría muy extensa de eventos que pasivamente esperamos que puedan ocurrir; no los esperamos propiamente, pero no nos sorprenden cuando ocurren. Son acontecimientos normales en una situación determinada, aunque no lo suficiente probables para ser esperados activamente.

Una simple casualidad puede hacer que su recurrencia resulte menos sorprendente. Hace algunos años, mi mujer y yo pasábamos unas vacaciones en una pequeña isla turística de la Gran Barrera de Coral. En aquella isla solo había cuarenta habitaciones. Cuando fuimos a comer nos sorprendió encontrar a una persona conocida, un psicólogo llamado Jon. Nos saludamos amigablemente y comentamos la coincidencia. Jon abandonó la isla al día siguiente. Un par de semanas después estábamos en un teatro de Londres. Después de que las luces se apagaran, un espectador rezagado se sentó junto a mí. Cuando llegó el intermedio y las luces volvieron a encenderse, vi que mi vecino era Jon. Mi mujer y yo comentamos luego que fuimos simultáneamente conscientes de dos hechos: el primero, que aquella coincidencia era más notable que la primera; y el segundo, que la sorpresa de encontrar a Jon por segunda vez era distinta de la que experimentamos la primera vez. Evidentemente, el primer encuentro había cambiado algo la idea de Jon en nuestras mentes. Ahora era «el psicólogo que aparece cuando viajamos». Nosotros (Sistema 2) sabíamos que esta era una idea absurda, pero nuestro Sistema 1 había hecho que pareciera casi normal encontrar a Jon en sitios extraños. Habríamos experimentado mayor sorpresa si hubiéramos encontrado a otro conocido distinto de Jon en la butaca contigua de un teatro de Londres. Según el cálculo de probabilidades, encontrar a Jon en el teatro era mucho menos probable que encontrar a alguno de nuestros cientos de conocidos; sin embargo, encontrar a Jon parecía más normal.

En ciertas condiciones, las expectativas pasivas se tornan enseguida activas, como comprobamos en otra coincidencia. Un domingo por la mañana de hace algunos años estábamos conduciendo de la ciudad de Nueva York a Princeton, como veníamos haciendo cada semana durante mucho tiempo, cuando presenciamos algo nada corriente: un coche en llamas en la cuneta. Cuando el domingo siguiente llegamos al mismo tramo de la carretera, vimos otro coche también ardiendo. Nuevamente nos dimos cuenta de que la sorpresa que experimentamos en la segunda ocasión era distinta de la que habíamos recibido en la primera. Aquel tramo era ahora «el sitio donde los coches se incendian». Como las circunstancias de aquella recurrencia eran las mismas, el segundo incidente era suficiente para crear una expectativa activa: durante meses, quizá durante años, después de aquel suceso nos acordamos de los coches incendiados cada vez que pasábamos por aquel lugar de la carretera, y estábamos preparados para ver otro (que, naturalmente, nunca más vimos).

El psicólogo Dale Miller y yo escribimos un ensayo en el que intentamos explicar cómo ciertos acontecimientos llegan a ser percibidos como normales o anormales. Recurriré a un ejemplo de nuestra descripción de la «teoría de lo normal», aunque mi interpretación de esta teoría ha cambiado un poco:

Un cliente de un restaurante de moda que casualmente mira a las personas sentadas a una mesa vecina advierte que la primera que prueba la sopa hace como una mueca de dolor. La normalidad de una multitud de aconteceres se verá alterada por este incidente. Ahora no será sorprendente que el primer cliente en probar la sopa se sobresalte cuando le toque un camarero; tampoco será sorprendente que otro cliente reprima un grito cuando pruebe la sopa de la misma sopera. Estos acontecimientos y muchos otros parecerán más normales de lo que lo habrían sido en otras circunstancias, pero no necesariamente porque confirmen expectativas. Más bien parecerán normales porque evocan el episodio original, lo extraen de la memoria y son interpretados en conjunción con él.[1]

Imagine el lector que él mismo es el observador del restaurante. Se sorprenderá de la extraña reacción del primer cliente al probar la sopa, y se sorprenderá nuevamente de su reacción exagerada al tocarlo el camarero. Pero el segundo suceso anormal traerá al primero de la memoria, y ambos juntos tendrán sentido. Los dos sucesos se ajustan a un patrón en el que el cliente es una persona que se halla excepcionalmente tensa. Por otra parte, si la siguiente cosa que sucede después del gesto del primer cliente es que otro cliente rechaza la sopa, estas dos sorpresas quedarán vinculadas, y seguramente se echará la culpa a la sopa.

«¿Cuántos animales de cada especie introdujo Moisés en el arca?» La cantidad de personas que advierte la falsedad de esta pregunta es tan escasa que se ha hablado de la «ilusión de Moisés». No fue Moisés quien introdujo los animales en el arca, sino Noé. Como el incidente del cliente y la sopa, la ilusión de Moisés se explica fácilmente con la teoría de lo normal. La idea de los animales entrando en el arca determina un contexto bíblico, y Moisés no es anormal en este contexto. No se espera positivamente a la figura Moisés, pero la mención de su nombre no es sorprendente. A ello contribuye también que Moisés y Noé compartan dos vocales y tengan el mismo número de sílabas. Como en las tríadas que producen facilidad cognitiva, inconscientemente detectamos coherencia asociativa entre «Moisés» y «arca», y así admitimos enseguida la pregunta. Si en esta pregunta sustituimos Moisés por George W. Bush, tendremos un chiste político malo, pero no una ilusión.

Cuando algo de cemento no cuadra en el contexto actual de ideas activadas, el sistema detecta una anomalía, como acabamos de ver en el caso anterior. El lector no tendrá una idea particular de lo que viene después de *algo*, pero en cuanto ha leído la palabra *cemento*, ha sabido que era anormal en la frase anterior. Estudios sobre respuestas del cerebro han demostrado que las alteraciones de la normalidad son detectadas con una rapidez y una sutilidad asombrosas. En un experimento reciente, los participantes oyeron esta frase: «La tierra gira alrededor del problema cada día». Y se detectó un patrón característico en la actividad del cerebro que comenzaba dentro de las dos primeras décimas de segundo después de oír la extraña palabra. Aún más notable es que la misma respuesta del cerebro se produzca con la misma celeridad cuando se oye una voz masculina que dice: «Creo que estoy embarazada, porque esta mañana siento mareos», o cuando una voz de alguien de clase alta dice: «Tengo un gran tatuaje en mi espalda».[2] Una gran cantidad de conocimiento del mundo debe ser inmediatamente movilizado para reconocer la incongruencia: es necesario identificar la voz como la de alguien de clase alta y confrontarla con la generalización de que los grandes tatuajes no son comunes entre la clase alta.

Somos capaces de comunicarnos con los demás porque nuestro conocimiento del mundo y nuestro uso de las palabras son en gran medida cosas compartidas. Si hablo de una mesa sin más especificaciones, se supondrá que se trata de una mesa normal. Todos sabemos con certeza que su superficie es más o menos plana y que mide mucho menos de 6 metros. Tenemos *normas* para un gran número de categorías, y estas normas nos proporcionan la base para la detección inmediata de anomalías tales como hombres preñados y aristócratas tatuados.

Para apreciar el papel de las normas en la comunicación, considere el lector la frase siguiente: «El gran ratón se subió a la trompa del pequeño elefante». Puede contar con las normas que ya tiene relativas al tamaño de los ratones y de los elefantes, que no son muy distintas de las mías. Las normas especifican un tamaño tipo o medio de estos animales, y también contienen información sobre el rango de variabilidad dentro de las categorías. Es muy improbable que él o yo tengamos en los ojos de nuestra mente la imagen de un ratón más grande que un elefante paseándose sobre un elefante más pequeño que un ratón. Ambos visualizamos separadamente, pero a la vez, un ratón más pequeño que un zapato andando encima de un elefante más grande que un sofá. El Sistema 1, que entiende el lenguaje, tiene acceso a unas normas relativas a categorías que especifican el rango de valores plausibles tanto como los casos más típicos.

Visiones de causas e intenciones

«Los padres de Fred llegaron tarde. El servicio de comidas a domicilio estaba a punto de llegar. Fred estaba enfadado.» Sabemos por qué Fred estaba enfadado, y que no era porque aquel servicio iba a llegar de un momento a otro. En nuestra red de asociaciones, el enfado y la falta de puntualidad están vinculados como un efecto a su posible causa, pero no hay vínculo alguno entre el enfado y la idea de esperar al servicio de comidas. Cuando leemos la frase, construimos al instante una historia coherente; enseguida sabemos cuál es la causa del enfado de Fred. Encontrar estas relaciones causales es parte de la comprensión de una historia, y esto es una operación automática del Sistema 1. El Sistema 2, el yo consciente, recibe y acepta la interpretación causal.

Una historia de *El cisne negro*, de Nassim Taleb, ilustra esta búsqueda automática de la causalidad. Cuenta que los precios de los bonos empezaron a subir el día de la captura de Sadam Husein en su escondrijo de Irak. Al parecer, aquella mañana los inversores estaban buscando activos más seguros, y el servicio Bloomberg News sacó este titular: EL TESORO ESTADOUNIDENSE SUBE; PUEDE QUE LA CAPTURA DE HUSEIN NO FRENE EL TERRORISMO. Media hora después, los precios de los bonos cayeron, y el titular revisado rezaba: EL TESORO ESTADOUNIDENSE BAJA; LA CAPTURA DE HUSEIN INCREMENTA EL ATRACTIVO DE LOS ACTIVOS DE RIESGO. Obviamente, la captura de Husein era el acontecimiento del día, y como la manera de buscar automáticamente causas conforma nuestro pensamiento, aquel acontecimiento estaba destinado a ser la explicación de lo que sucedía en el mercado aquel día. Los dos titulares parecen superficialmente explicaciones de lo que sucedió en el mercado, pero una frase que puede explicar dos consecuencias contradictorias no explica nada en absoluto. De hecho, todo lo que los titulares hacen es satisfacer nuestra necesidad de coherencia: se supone que un gran acontecimiento tiene consecuencias, y las consecuencias necesitan causas que las expliquen. Tenemos información limitada sobre lo que sucedió aquel día, y el Sistema 1 es experto en encontrar una serie causal coherente que vincule los fragmentos de conocimiento de que dispone.

Léase esta frase:

Después de pasar un día contemplando hermosas vistas en las calles atestadas de Nueva York, Jane descubrió que había perdido su billetera.

Cuando a las personas que habían leído esta breve historia (junto con muchas otras) se las sometió por sorpresa a un test de memoria, la palabra *carterista* apareció asociada a la historia mucho más que la palabra *vistas*, a pesar de que esta última figuraba en la frase y la primera no.[3] Las reglas de la coherencia asociativa nos dicen lo que sucedió. El caso de una billetera perdida pudo evocar muchas causas distintas: la billetera se cayó del bolso, quedó olvidada en el restaurante, etcétera. Sin embargo, cuando las ideas de una billetera perdida, Nueva York y la gente se yuxtaponen, conforman juntas la explicación de que un carterista fue la causa. En la historia de la sopa sorpresa, la consecuencia —que otro cliente también haga una mueca al probar la sopa o la reacción extrema de la primera persona en probarla cuando le tocó el camarero— da lugar a una interpretación asociativamente coherente de la sorpresa inicial, componiendo una historia plausible.

En 1945, el psicólogo y aristócrata belga Albert Michotte publicó un libro (traducido al inglés en 1963) que daba la vuelta a siglos de pensamiento sobre la causalidad, remontándose al menos hasta la revisión a que Hume sometió la asociación de ideas. La idea comúnmente aceptada era que inferimos causalidad física de observaciones repetidas de correlaciones entre acontecimientos. Todos hemos tenido miríadas de experiencias en las que veíamos un objeto en movimiento tocando a otro objeto, que inmediatamente empieza a moverse, a menudo (pero no siempre) en la misma dirección. Esto es lo que sucede cuando una bola de billar choca con otra, y es también lo que sucede cuando tiramos un jarrón al rozarnos con él. Michotte tenía una idea diferente: argüía que *vemos* la causalidad tan directamente como vemos los colores. Para probarlo creó unos episodios en los que un cuadrado negro dibujado sobre un papel se mueve; entra en contacto con otro cuadrado, que inmediatamente comienza a moverse. Los observadores saben que no hay contacto físico real, pero aun así tienen una poderosa «ilusión de causalidad». Si el segundo objeto empieza a moverse inmediatamente, dicen que ha sido «empujado» por el primero. Algunos experimentos han demostrado que niños de seis meses ven la secuencia de sucesos como una relación de causa-efecto, y manifiestan sorpresa cuando la secuencia es alterada.[4] Es evidente que estamos predispuestos desde que nacemos a tener impresiones de causalidad que no dependen de razonamientos sobre patrones de causación. Son productos del Sistema 1.

En 1944, casi al mismo tiempo que Michotte publicaba sus demostraciones sobre la causalidad física, los psicólogos Fritz Heider y Mary-Ann Simmel emplearon un método similar al de Michotte para demostrar la percepción de la causalidad intencional. Hicieron una película que duraba un minuto y cuarenta segundos en la que vemos un triángulo grande, un triángulo pequeño y un círculo moviéndose alrededor de lo que parece la forma esquemática de una casa con la puerta abierta. Los espectadores ven un gran triángulo agresivo acosando a un pequeño triángulo y a un círculo aterrorizado, y al círculo y al pequeño triángulo sumando fuerzas para derrotar al acosador; también observan mucha interacción cerca de la puerta, y luego un final explosivo.[5] La percepción de intención y la emoción son irresistibles; solo las personas que padecen autismo no la tienen. Naturalmente, todo esto sucede enteramente en nuestra mente. Nuestra mente está preparada para, y deseosa de, identificar agentes y dotarlos de personalidad e intenciones específicas, y ven en sus actos manifestaciones de propensiones individuales. De nuevo es aquí evidente que hemos nacido preparados para hacer atribuciones intencionales: niños de menos de un año identifican agresores y víctimas,[6] y esperan que un perseguidor emplee la manera más directa para alcanzar la cosa que esté persiguiendo.

La experiencia de la acción voluntaria y libre está bastante separada de la causalidad física. Aunque sea nuestra mano la que echa la sal, no pensamos en términos de una cadena de causación física. Experimentamos estos hechos como causados por una decisión que toma un *yo* incorpóreo que deseaba añadir sal a su comida. Mucha gente encuentra natural describir su alma como fuente y causa de sus acciones. El psicólogo Paul Bloom presentó en 2005 en un artículo de *The Atlantic* la idea provocativa de que nuestra disposición innata a separar la causalidad física de la intencional explica la casi universalidad de las creencias religiosas. Observaba que «percibimos el mundo de los objetos como esencialmente separado del mundo de las mentes, lo cual hace que veamos cuerpos sin alma y almas sin cuerpo». Los dos modos de causación que estamos preparados para percibir hacen que sea natural en nosotros aceptar las dos creencias centrales de muchas religiones: una divinidad inmaterial es la causa última del mundo físico, y almas inmortales controlan temporalmente nuestros cuerpos mientras vivimos, cuerpos que abandonamos cuando morimos.[7] A juicio de Bloom, los dos conceptos de causalidad fueron conformados separadamente por fuerzas evolutivas, asentando el origen de la religión en la estructura del Sistema 1.

La prominencia de las intuiciones causales es un tema recurrente en este libro porque la gente tiende a aplicar el pensamiento causal de manera inapropiada a situaciones que requieren un razonamiento estadístico. El pensamiento estadístico saca conclusiones sobre casos particulares de propiedades de categorías y conjuntos. Desafortunadamente, el Sistema 1 no tiene capacidad para este modo de razonar; el Sistema 2 puede aprender a pensar estadísticamente, pero pocas personas reciben la capacitación necesaria.

La psicología de la causalidad es la base de mi decisión de describir procesos psicológicos con metáforas de agentes y escasa preocupación por la consistencia. Unas veces me refiero al Sistema 1 como a un agente con ciertos rasgos y preferencias, y otras veces como una máquina asociativa que representa la realidad mediante una compleja red de vínculos. El sistema y la máquina son ficciones; la razón para usarlas es que se adecuan a la manera que tenemos de pensar sobre las causas. Los triángulos y círculos de Heider no son realmente agentes; es muy fácil y muy natural pensarlos de esa manera. Es una cuestión de economía mental. Cuento con que al lector (como a mí) le resulte más fácil pensar la mente si describimos lo que en ella sucede en términos de carácter y de intenciones (los dos sistemas) y a veces en términos de regularidades mecánicas (la máquina asociativa). No pretendo convencer a nadie de que los sistemas son reales, del mismo modo que Heider no pretendía que nadie creyera que el triángulo grande es realmente agresivo.

HABLANDO DE NORMAS Y CAUSAS

«Cuando el segundo aspirante también resultó ser un viejo amigo mío, no me sorprendí mucho. Una experiencia nueva necesita muy poca repetición para que se considere normal.»

«Cuando examinemos la reacción a estos productos, asegurémonos de que no nos fijemos exclusivamente en el promedio. Hemos de considerar todo el rango de reacciones normales.»

«Ella no puede aceptar que simplemente tuvo mala suerte; necesita una historia causal. Acabará pensando que alguien saboteó intencionadamente su trabajo.»

7

Una máquina para saltar a las conclusiones

El gran humorista Danny Kaye dijo una frase que me ha acompañado desde la adolescencia. Hablando de una mujer que le disgustaba, dijo: «Su posición favorita es la de al lado de sí misma, y su deporte favorito, el salto a las conclusiones». La frase surgió, recuerdo, en mi primera conversación con Amos Tversky sobre la racionalidad de las intuiciones estadísticas, y ahora creo que hace una descripción certera del funcionamiento del Sistema 1. Saltar a las conclusiones es algo eficiente si es probable que las conclusiones sean correctas y los costes de un error ocasional aceptables, y si el salto ahorra mucho tiempo y esfuerzo. Saltar a las conclusiones es arriesgado cuando la situación no es familiar, es mucho lo que uno se juega y no hay tiempo para obtener más información. Estas son las circunstancias en las que son probables errores intuitivos que una intervención deliberada del Sistema 2 podría prevenir.

Olvido de la ambigüedad y supresión de la duda

Figura 6

¿Qué tienen en común los tres objetos de la figura 6? La respuesta es que los tres son ambiguos. El lector seguramente habrá leído en el de la izquierda ABC, y en el de la derecha 12 13 14, pero los ítems medios en ambos objetos son idénticos. Puede haber leído A 13 C o 12 B 14, pero no lo ha hecho. ¿Por qué no? La misma forma es leída como una letra en un contexto de letras, y como un número en un contexto de números. El contexto entero ayuda a determinar la interpretación de cada elemento. La forma es ambigua, pero ha saltado a una conclusión sobre su identidad y no se ha dado cuenta de la ambigüedad que ha resuelto.

Con respecto a Ann, el lector probablemente ha imaginado una mujer que piensa en el dinero mientras se dirige a un edificio con cajeros y cámaras acorazadas. Pero esta interpretación plausible no es la única posible; la frase es ambigua. Si la frase anterior hubiera sido «Estuvieron flotando suavemente corriente abajo», habría imaginado una escena completamente diferente. Al haber pensando en un río, no habría asociado la palabra *banco* al dinero. En ausencia de un contexto explícito, el Sistema 1 genera solamente un contexto probable. Sabemos que es el Sistema 1 porque en estos casos no nos damos cuenta de la elección o de la posibilidad de otra interpretación. A menos que hayamos practicado recientemente el piragüismo, es más probable que hayamos empleado más tiempo yendo a bancos que flotando en ríos, y ello determina la forma de resolver la ambigüedad. Cuando no está seguro, el Sistema 1 apuesta por una respuesta, y las apuestas las guía la experiencia. Las reglas de estas apuestas son inteligentes: los acontecimientos recientes y el contexto actual tienen el máximo peso en el momento de optar por una interpretación. Cuando ningún acontecimiento reciente nos viene a la mente, actúan recuerdos más lejanos. Entre nuestras experiencias más tempranas y recordables está el abecedario; por eso no se nos ocurre leer A13C.

El aspecto más importante de ambos ejemplos es que hacemos una elección definitiva, pero no lo sabemos. El lector solo ha considerado una interpretación, y no ha sido consciente de la ambigüedad. El Sistema 1 no examina alternativas que rechaza, o simplemente el hecho de que había alternativas. La duda consciente no figura en el repertorio del Sistema 1; esta requiere tener en la mente al mismo tiempo interpretaciones incompatibles que demandan esfuerzo mental. La incertidumbre y la duda son dominios del Sistema 2.

INCLINACIÓN A LA CREENCIA Y A LA CONFIRMACIÓN

El psicólogo Daniel Gilbert, muy conocido como el autor de *Tropezar con la felicidad*, escribió una vez un artículo titulado «How Mental Systems Believe», en el que desarrolló una teoría de la creencia y la incredulidad que se remontaba hasta el filósofo del siglo XVII Baruch Spinoza. Gilbert sostenía que la comprensión de una frase ha de empezar con un intento de creerla; primero hemos de saber lo que la idea significaría si fuese verdadera. Solo entonces decidimos si creerla o no. El intento inicial de creer es una operación automática del Sistema 1, que implica la construcción de la mejor interpretación posible de la situación. Incluso una frase sin sentido, arguye Gilbert, suscitará una creencia inicial. Consideremos este ejemplo: «Pescado blanco come caramelos». Probablemente seamos conscientes de unas vagas impresiones de pescado y de caramelos como un proceso automático de la memoria asociativa que busca vínculos entre las dos ideas, los cuales podrían tener o no sentido.

Gilbert contempla la incredulidad como resultado de una operación del Sistema 2, y para demostrarlo da cuenta de un elegante experimento.[1] Se mostró a los participantes aserciones sin sentido como «Una dinca es una llama», seguidas a los pocos segundos de una sola palabra, «verdadero» o «falso». Más tarde se sometió a un test su memoria de las frases que habían sido etiquetadas de «verdaderas». Una de las condiciones del experimento fue pedir a los sujetos que, durante la tarea, retuvieran dígitos en la memoria. El trastorno que esto suponía para el Sistema 2 tuvo un efecto selectivo: hizo difícil «no creer» enunciados falsos. En un test posterior de memoria, los participantes, exhaustos, terminaron pensando que muchas de las frases falsas eran verdaderas. La moraleja es importante: cuando el Sistema 2 se compromete en otra operación, creeremos cualquier cosa. El Sistema 1 es crédulo, tiende a creer, y el Sistema 2 se encarga de dudar y no creer, pero el Sistema 2 está a veces ocupado, y a menudo es perezoso. Hay, pues, evidencias de que las personas son más susceptibles de ser influidas por mensajes persuasivos vacuos, como los publicitarios, cuando están cansadas o agotadas.

Las operaciones de la memoria asociativa contribuyen a una inclinación general a la confirmación. Cuando, por ejemplo, nos preguntan «¿Es Sam simpático?», nos vendrán a la mente ejemplos del comportamiento de Sam diferentes de los que nos vendrían si nos hubieran preguntado «¿Es Sam antipático?». Un intento deliberado de confirmar evidencias, conocido como *estrategia de contrastación positiva*, es también la manera en que el Sistema 2 contrasta una hipótesis. Contrariamente a las reglas de los filósofos de la ciencia, que aconsejan contrastar hipótesis intentando refutarlas, la gente (y los propios científicos con bastante frecuencia) busca datos que puedan ser compatibles con las creencias que actualmente tiene. Este sesgo confirmatorio del Sistema 1 favorece la aceptación acrítica de sugerencias y la exageración de la probabilidad de acontecimientos extremos e improbables. Si se nos pregunta sobre la probabilidad de que un tsunami alcance California en los próximos treinta años, las imágenes que nos vienen a la mente serán probablemente imágenes de tsunamis del estilo que Gilbert usa para frases sin sentido, como «Pescado blanco come caramelos». Propenderemos a sobrestimar la probabilidad de un desastre.

COHERENCIA EMOCIONAL EXAGERADA (EFECTO HALO)

Si nos gusta la política del presidente, es probable que nos guste su voz y su apariencia. La tendencia a gustarnos (o disgustarnos) todo de una persona —incluyendo cosas que no hemos observado— es conocida como efecto halo. La denominación se ha utilizado en psicología durante un siglo, pero no se ha extendido al lenguaje cotidiano. Y es una lástima, porque el efecto halo es una buena denominación para los sesgos comunes, que desempeñan un papel importante en la conformación de nuestra manera de ver a las personas y las situaciones. Uno de los modos de representarnos el mundo que el Sistema 1 genera es más simple y más coherente que la cosa real.

Imaginemos que en una fiesta conocemos a una mujer llamada Joan de trato agradable y carácter afable. Su nombre nos sonará entonces como el de alguien que estaría dispuesto a hacer una contribución a una organización benéfica. ¿Qué sabemos de la generosidad de Joan? La respuesta correcta es que no sabemos realmente nada, porque hay pocas razones para creer que la gente que es agradable en situaciones sociales es también generosa con las organizaciones benéficas. Pero nos gusta Joan, y cuando pensamos en ella nos acompaña la sensación de que es una persona agradable. También nos gustan la generosidad y la gente generosa. Por asociación, estaremos ahora predispuestos a creer que Joan es generosa. Y ahora que creemos que es generosa, probablemente Joan nos guste más de lo que nos gustaba antes, puesto que a los atributos agradables hemos añadido el de la generosidad.

En el caso de Joan, la evidencia real de la generosidad se pierde, y rellenamos el hueco que deja con una suposición que se adecua a nuestra respuesta emocional. En otras situaciones, la evidencia se acumula gradualmente, y la interpretación es modelada por la emoción que acompaña a la primera impresión. En un estudio clásico e imperecedero de la psicología, Solomon Asch presentó descripciones de dos personas y pidió comentarios sobre su personalidad.[2] ¿Qué piensa usted de Alan y de Ben?

Alan: inteligente-diligente-impulsivo-crítico-testarudo-envidioso.
Ben: envidioso-testarudo-crítico-impulsivo-diligente-inteligente.

Si somos como la mayoría de las personas, habremos visto a Alan mucho más favorecido que a Ben. Los rasgos iniciales de la lista cambian el verdadero significado de los rasgos que vienen después. La tozudez de una persona inteligente es vista como algo poco menos que justificable, y hasta puede realmente inspirar respeto, pero la inteligencia en una persona envidiosa y testaruda la hace más peligrosa. El efecto halo es también un ejemplo de ambigüedad suprimida: como la palabra *banco*, el adjetivo *testarudo* es ambiguo, y será interpretado de una manera que lo haga coherente con el contexto.

Ha habido muchas variaciones en este tema de investigación. Los participantes en un estudio consideraron en primer lugar los tres primeros adjetivos que describen a Alan; luego consideraron los tres últimos, que, se les dijo, calificaban a otra persona. Cuando los participantes hubieron imaginado a los dos individuos, se les preguntó si era plausible que los seis adjetivos describieran a la misma persona, y la mayoría pensó que era imposible.[3]

La secuencia en la que observamos características de una persona viene a menudo determinada por el azar. Pero la secuencia importa, porque el efecto halo aumenta la significación de las primeras impresiones, a veces hasta el punto de que la información siguiente es en su mayor parte despreciada. En los comienzos de mi carrera de profesor, puntuaba trabajos de examen de los alumnos de la manera convencional. Corregía de una vez la prueba escrita en un cuaderno y leía todos los trabajos del alumno uno tras otro al tiempo que los puntuaba. Luego obtenía el total y continuaba con el siguiente alumno. Eventualmente notaba que mis evaluaciones de los trabajos en cada cuaderno eran sorprendentemente homogéneas. Empecé a sospechar que mis puntuaciones manifestaban un efecto halo, y que la primera pregunta que puntuaba tenía un efecto desproporcionado en la calificación total. El mecanismo era simple: si había dado una puntuación alta a la primera respuesta, concedía al alumno el beneficio de la duda siempre que encontraba luego una frase vaga o ambigua. Esto parecía razonable. Seguramente un alumno que había hecho bien el primer trabajo no cometería un error estúpido en el segundo. Pero había un serio problema con mi manera de proceder. Si un alumno había escrito dos trabajos, uno bueno y otro flojo, terminaría con diferentes calificaciones finales dependiendo de qué trabajo leyera primero. Había dicho a los alumnos que los dos trabajos eran igual de importantes, pero no era verdad: el primero tenía mucha mayor repercusión en la puntuación final que el segundo, lo cual era inaceptable.

Entonces adopté un nuevo procedimiento. En vez de leer los cuadernos uno tras otro, leí y puntué las respuestas de todos los alumnos a la primera pregunta para luego ir a la pregunta siguiente. Me aseguré de anotar todas las puntuaciones al dorso de la página del cuaderno con el fin de que no estuvieran (inconscientemente) sesgadas cuando leyera el segundo trabajo. Poco después de emplear el nuevo método, observé algo desconcertante: la confianza en mis calificaciones era mucho menor que antes. El motivo era que frecuentemente experimentaba una inquietud que era nueva para mí. Cuando estaba decepcionado con el segundo trabajo de un alumno e iba al dorso de la página del cuaderno a poner una puntuación baja, ocasionalmente descubría que había puesto una puntuación alta al primer trabajo del mismo alumno. También advertí una tentación a reducir la discrepancia cambiando la calificación que todavía no había escrito, y encontré difícil seguir la simple regla de no ceder nunca a aquella tentación. Mis notas de los trabajos de un único alumno a menudo variaban dentro de un rango considerable. La falta de coherencia hizo que me sintiera inseguro y frustrado.

Estaba menos satisfecho y con menos confianza en mis notas de lo que lo estaba antes, pero reconocí que eso era una buena señal, una indicación de que el nuevo procedimiento era superior. La consistencia que antes me había complacido era espuria; me creaba una sensación de facilidad cognitiva, y mi Sistema 2 estaba contento de aceptar perezosamente la nota final. Al dejar que la primera pregunta me influyera tanto a la hora de evaluar las siguientes, me ahorraba la disonancia de encontrar al mismo alumno respondiendo muy bien unas preguntas y mal otras. La incómoda incongruencia que se me reveló cuando pasé al nuevo procedimiento era real; reflejaba lo inadecuado de utilizar una sola pregunta como medida de lo que el estudiante sabía y la escasa fiabilidad de mi puntuación.

El procedimiento que adopté para dominar el efecto halo se ajusta a un principio general: ¡no hay que correlacionar el error! Para entender cómo actúa este principio, imagine el lector que a un gran número de observadores se les muestra tarros de vidrio llenos de peniques y se les reta a adivinar el número de peniques de cada tarro. Como James Surowiecki observó en su *best seller* titulado *Cien mejor que uno*,[4] este es el tipo de tarea que los individuos hacen muy mal, pero que un conjunto de juicios individuales lo hace sorprendentemente bien. Unos individuos sobrestiman el verdadero número, y otros lo subestiman, pero cuando muchos juicios son promediados, el resultado tiende a ser bastante exacto. El mecanismo es muy sencillo: todos los individuos miran el mismo tarro, y todos sus juicios tienen una base común. Por otra parte, los errores que unos individuos cometen son independientes de los errores que cometen otros, y (en ausencia de un sesgo sistemático) tienden a la media de cero. Sin embargo, la magia de la reducción del error solo actúa cuando las observaciones son independientes y los errores no guardan correlación. Si los observadores comparten un sesgo, la agregación de juicios no lo reducirá. Si se permite a los observadores influir efectivamente unos en otros, el tamaño de la muestra se reduce, y con él la precisión de la estimación del grupo.

Para derivar la información más útil de múltiples fuentes de evidencia se debe siempre intentar hacer que esas fuentes sean independientes unas de otras. Esta regla es parte de un procedimiento limpio. Cuando hay múltiples testigos de un acontecimiento, estos no deben discutirlo antes de dar su testimonio. El objetivo no es solo prevenir la connivencia de testigos hostiles, sino también prevenir que testimonios no sesgados influyan unos en otros. Los testigos que intercambian sus experiencias tenderán a cometer errores similares en su testimonio, reduciendo el valor total de la información que proporcionan. Eliminar la redundancia de las fuentes de información es siempre una buena idea.

El principio de los juicios independientes (y los errores sin correlación) tiene aplicaciones directas en la forma de actuar en las reuniones, en la cual los ejecutivos de organizaciones pasan muchos de sus días de trabajo. Una simple regla puede ser de ayuda: antes de discutir un asunto, hay que pedir a todos los miembros del comité que escriban un breve resumen de su posición. Este proceder hace buen uso del valor de la diversidad de conocimientos y opiniones dentro del grupo. La práctica común de la discusión abierta da demasiada importancia a las opiniones de quienes hablan primero, que se colocan en primera fila y dejan a los demás detrás de ellos.

LO QUE VEMOS ES TODO LO QUE HAY (WYSIATI)

Uno de mis recuerdos favoritos de los primeros años de trabajo con Amos es una comedia que a él le encantaba representar. En una perfecta imitación de uno de los profesores con los que había estudiado filosofía siendo estudiante, Amos decía en hebreo con un marcado acento alemán: «Nunca debes olvidar el *Primado del Es*». Lo que su profesor quería decir exactamente con esa frase nunca estuvo claro para mí (y creo que tampoco para Amos), pero las bromas de Amos siempre tenían gracia. Recordaba la vieja frase (y eventualmente también yo) siempre que tropezábamos con la notable asimetría existente entre las maneras en que nuestras mentes trataban la información disponible en el momento y la información que no tenemos.

Un aspecto fundamental del diseño de la máquina asociativa es que representa solo ideas activadas. La información no extraída (inconscientemente) de la memoria podría no existir. El Sistema 1 se distingue por construir la mejor historia posible que incorpore ideas activadas en el momento, pero no tiene en cuenta (no puede tener en cuenta) la información que no posee.

La medida del éxito del Sistema 1 es la coherencia de la historia que se ocupa en crear. La cantidad y la cualidad de los datos en los que la historia se basa son en gran parte irrelevantes. Cuando la información es escasa, cosa que comúnmente ocurre, el Sistema 1 opera como una máquina de saltar a las conclusiones. Consideremos la frase siguiente: «¿Será Mindik una buena líder? Ella es inteligente y fuerte...». Una respuesta nos viene enseguida a la mente, y es sí. Escogemos la mejor respuesta basada en la muy limitada información disponible, pero adelantamos acontecimientos. ¿Qué pasaría si los dos siguientes adjetivos fuesen *corrupta* y *cruel*?

Fijémonos en lo que no hacemos cuando por un momento imaginamos a Mindik como una líder. No empezamos preguntando «¿Qué necesitaría saber antes de formarme una opinión sobre la calidad del liderazgo de alguien?». El Sistema 1 actúa solo y por su cuenta desde el primer adjetivo: ser inteligente es bueno, y ser inteligente y fuerte es muy bueno. Esta es la mejor historia que puede construirse a partir de dos adjetivos, y el Sistema 1 la despliega con una gran facilidad cognitiva. La historia será revisada si le llega nueva información (como la de que Mindik es corrupta), pero ni espera esta información, ni experimenta la menor incomodidad subjetiva. Y en él permanece un sesgo que favorece la primera impresión.

La combinación de un Sistema 1 que busca la coherencia y un Sistema 2 perezoso supone que el Sistema 2 aprobará muchas creencias intuitivas que reflejan directamente las impresiones generadas por el Sistema 1. Por supuesto, el Sistema 2 también es capaz de una aproximación más sistemática y cuidadosa a los hechos, y de examinar una lista de datos que debe comprobar antes de tomar una decisión, por ejemplo, cuando queremos comprar una casa y buscamos deliberadamente una información que no tenemos. Sin embargo, hay que esperar que el Sistema 1 influya incluso en las decisiones más cuidadosas. Su *input* nunca cesa.

El salto a las conclusiones sobre la base de una evidencia limitada es tan importante para entender el pensamiento intuitivo, y aparece tan a menudo en este libro, que usaré una incómoda abreviatura: WYSIATI, que son las iniciales de «what you see is all there is». El Sistema 1 es radicalmente insensible a la cualidad y a la cantidad de información que da lugar a las impresiones y las intuiciones.

Amos y dos de sus alumnos de Stanford informaron sobre un estudio que se apoya directamente en WYSIATI, y en el que se observaba la reacción de personas a las que se daba una prueba parcial y lo sabían.[5] Se presentó a los participantes escenarios jurídicos como el siguiente:

> El día 3 de septiembre, el demandante, David Thornton, de cuarenta y tres años y representante sindical del campo, estuvo presente en el economato n.º 168 haciendo una visita sindical rutinaria. A los diez minutos de su llegada, un gerente del economato se encaró con él y le dijo que ya no podía hablar con los empleados en el pasillo del economato, y que tenía que verlos en una sala trasera durante el descanso. Esta disposición estaba permitida en el contrato sindical del economato, pero nunca antes se había impuesto. Como Mr. Thorn-

ton se opusiera, se le dijo que podía elegir entre cumplir con esa disposición, abandonar el economato o ser arrestado. En ese momento, Mr. Thornton indicó al gerente que siempre se le había permitido hablar con los empleados en el pasillo durante diez minutos mientras no perturbara la actividad, y que antes que cambiar el procedimiento de su visita rutinaria prefería ser arrestado. El gerente llamó entonces a la policía, que esposó a Mr. Thornton por entrar sin autorización en el economato. Después de ser multado e introducido en un calabozo durante un breve período, todos sus cargos fueron anulados. Mr. Thornton ha demandado al economato por inducir a un falso arresto.

Además de presentar este material, que todos los participantes leyeron, varios grupos asistieron a unas demostraciones de los abogados de las dos partes. Naturalmente, el abogado del representante sindical describió el arresto como un intento de intimidación, mientras que al abogado del economato arguyó que las conversaciones en el economato perturbaban la actividad, y que el gerente actuó como debía. Algunos participantes escucharon a ambas partes, como si fuesen miembros de un jurado. Y los abogados no añadieron más información útil de la que pueda inferirse del caso.

Los participantes eran plenamente conscientes del montaje, y los que escucharon solo a una de las partes pudieron haber generado fácilmente el argumento de la otra parte. Sin embargo, la presentación de pruebas por una de las partes tuvo un efecto muy pronunciado en los juicios. Además, los participantes que asistieron a la exposición de una parte tuvieron más confianza en sus juicios que los que asistieron a las de ambas partes. Y esto es justo lo que se esperaría si la confianza que las personas experimentan viene determinada por la coherencia de la historia que tratan de construir a partir de la información de que disponen. Lo que importa para una buena historia es la consistencia de la información, no que esta sea completa. A menudo veremos que conocer poco hace más fácil encajar cualquier cosa que conozcamos en un diseño coherente.

WYSIATI facilita el logro de la coherencia y de la facilidad cognitiva que nos hace aceptar una afirmación como verdadera. Ello explica que podamos pensar con rapidez y seamos capaces de dar sentido a cierta información parcial en un mundo complejo. Muchas veces la historia coherente que componemos está lo suficientemente cerca de la realidad para sustentar una acción razonable. Sin embargo, invocaré a WYSIATI para poder explicar una larga y variada lista de sesgos en juicios y elecciones, entre muchos otros los siguientes:

- La confianza excesiva: como la regla de WYSIATI implica, ni la cantidad, ni la cualidad de la evidencia cuentan mucho en la confianza subjetiva. La confianza que los individuos tienen en sus creencias depende sobre todo de la cualidad de la historia que pueden contar acerca de lo que ven, aunque lo que ven sea poco. A menudo dejamos de tener en cuenta la posibilidad de que falte la evidencia que podría ser crucial en nuestro juicio; lo que vemos es todo lo que hay. Además, nuestro sistema asociativo tiende a decidirse por un modo coherente de activación y suprime la duda y la ambigüedad.

- Efectos marco: maneras diferentes de presentar la misma información a menudo provocan emociones diferentes. La afirmación de que «las probabilidades de supervivencia un mes después de la cirugía son del 90 por ciento» hace que nos sintamos más seguros que la de que «la mortalidad un mes después de la cirugía es del 10 por ciento». De modo similar, los embutidos de los que se especifica que están en un «90 por ciento libres de grasa» nos atraen más que si se especifica que tienen un contenido del «10 por ciento de grasa». La equivalencia entre formulaciones alternativas es transparente, pero el individuo normalmente ve solo una formulación, y lo que ve es todo lo que hay.

- Tasa base ignorada: redordemos a Steve, el tipo tímido y retraído del que tantos piensan que podría ser un bibliotecario. La descripción de una personalidad es realista y vívida, y aunque sepamos que hay más agricultores del sexo masculino que del sexo femenino, este hecho estadístico es casi seguro que no nos venga a la mente la primera vez que consideremos la cuestión. Lo que vemos es todo lo que hay.

HABLANDO DE SALTAR A LAS CONCLUSIONES

«Ella no sabe nada de las capacidades administrativas de esta persona. Todo lo que hace en su favor es el efecto halo de una buena presentación.»

«Antes de cualquier discusión, evitemos correlacionar errores cuando obtengamos juicios separados sobre el asunto. Tendremos más información si partimos de evaluaciones independientes.»

«Tomaron esta importante decisión basándose en un buen informe de un consultor. WYSIATI, lo que vemos es todo lo que hay. Parece que no se dieron cuenta de la escasa información que tenían.»

«No querían más información que pudiera estropear su historia. WYSIATI.»

8

Cómo se forman los juicios

No hay límite para el número de preguntas que podemos responder, tanto si son preguntas que alguien nos hace como si son preguntas que nos hacemos a nosotros mismos. Ni hay límite para el número de atributos que podemos evaluar. Somos capaces de contar el número de letras mayúsculas de esta página, comparar la altura de las ventanas de nuestra casa con las de la que está al otro lado de la calle y evaluar los méritos políticos de nuestro senador en una escala que va de lo excelente a lo desastroso. Las preguntas son enviadas al Sistema 2, que orientará la atención y buscará en la memoria para encontrar respuestas. El Sistema 2 recibe preguntas o las genera: en ambos casos dirige la atención y busca en la memoria para encontrar las respuestas. El Sistema 1 opera de manera diferente. Continuamente observa lo que sucede fuera y dentro de la mente, y continuamente genera evaluaciones de diversos aspectos de la situación sin intención específica y con poco o ningún esfuerzo. Estas *evaluaciones básicas* desempeñan un importante papel en el juicio intuitivo, porque son fácilmente sustituidas por cuestiones más difíciles —esta es la idea esencial del enfoque de la heurística y los sesgos—. Otros dos rasgos del Sistema 1 también apoyan la sustitución de un juicio por otro. Uno es la capacidad de trasladar valores a otras dimensiones en respuesta a una pregunta que la mayoría considera fácil: «Si Sam fuese tan alto como inteligente, ¿cómo sería de alto?». Luego tenemos la escopeta mental. La intención del Sistema 2 de responder a una pregunta específica o evaluar un atributo particular de la situación, automáticamente desencadena otros cómputos, incluidas las evaluaciones básicas.

Evaluaciones básicas

El Sistema 1 ha sido diseñado por la evolución para llevar a cabo una evaluación continua de los principales problemas que un organismo tiene que resolver para sobrevivir: ¿cómo están las cosas? ¿Se presenta un peligro o una gran oportunidad? ¿Está todo en orden? ¿Debo acercarme o huir? Puede que estas preguntas sean menos acuciantes para un ser humano en un entorno urbano que para una gacela en la sabana, pero hemos heredado los mecanismos neuronales que evolucionaron para llevar a cabo continuas evaluaciones del nivel de riesgo, y que no han sido cancelados. Las situaciones son constantemente evaluadas como buenas o malas, que aconsejan la huida o permiten la aproximación. El buen humor y la facilidad cognitiva son los equivalentes humanos de las evaluaciones de la seguridad y la familiaridad.

Para un ejemplo específico de *evaluación básica*, consideraremos la capacidad de distinguir en un instante al amigo del enemigo. Ello contribuye a las posibilidades de supervivencia en un mundo peligroso, y una capacidad especializada como esta ciertamente se ha desarrollado. Alex Todorov, colega mío de Princeton, ha analizado las raíces biológicas de los juicios rápidos sobre lo seguro que puede ser relacionarse con un extraño.[1] Ha demostrado que estamos dotados de la capacidad de evaluar, con una sola mirada a un rostro extraño, dos hechos potencialmente cruciales relativos a esa persona: si es dominante (y, por ende, potencialmente peligrosa) o si es digna de confianza, si sus intenciones son más probablemente amistosas u hostiles.[2] La forma del rostro proporciona los datos para evaluar el carácter dominante; un mentón «poderoso», cuadrado, es uno de estos datos. La expresión facial (rostro sonriente o adusto) proporciona los datos para evaluar las intenciones del extraño. La combinación de un mentón cuadrado y una boca grande pueden anunciar problemas.[3] El acierto en la lectura del rostro está lejos de ser completo: los mentones redondos no son indicadores fiables de un carácter inofensivo, y las sonrisas pueden (hasta cierto punto) ser falsas. Con todo, una capacidad imperfecta para evaluar a extraños supone una ventaja para la supervivencia.

Este viejo mecanismo ha encontrado un nuevo uso en el mundo moderno: tiene cierta influencia en el voto de la gente. Todorov mostró a sus alumnos fotos de rostros masculinos, a veces durante solo una décima de segundo, y les pidió que asignaran a los rostros varios atributos, incluidas la afabilidad y la competencia. Los observadores estuvieron bastante de acuerdo en las asignaciones. Los rostros que Todorov mostró no formaban una serie preparada al azar: eran los retratos de campaña de políticos que competían por cargos electos. Todorov comparó luego los resultados de las elecciones con las atribuciones de competencia que los estudiantes de Princeton habían hecho basándose en una breve exposición de fotografías sin contexto político alguno. En cerca del 70 por ciento de las elecciones a senador, congresista y gobernador, el ganador fue el candidato cuyo rostro había obtenido una alta calificación en competencia. Este llamativo resultado pronto sería confirmado en las elecciones generales celebradas en Finlandia, en elecciones de zonas de Inglaterra y en varias contiendas electorales en Australia, Alemania y México.[4] Sorprendentemente (al menos para mí), las atribuciones de competencia en el estudio de Todorov fueron mucho más predictivas de los resultados de las votaciones que las atribuciones de afabilidad.

Todorov ha observado que la gente juzga la competencia combinando las dos dimensiones de fortaleza y honradez. Los rostros que irradian competencia combinan un mentón fuerte con una sonrisa que parece inspirar cierta confianza. No hay pruebas de que estos rasgos faciales permitan realmente predecir cómo los políticos desempeñarán sus cargos. Pero estudios de la respuesta cerebral al hecho de ganar y perder determinados candidatos demuestran que estamos biológicamente predispuestos a rechazar candidatos que carecen de los atributos que valoramos; en este estudio, los perdedores se relacionaban con indicios más fuertes de respuesta emocional (negativa). Este es un ejemplo de lo que en los capítulos siguientes denominaré *heurística del juicio*. Los votantes intentan formarse una impresión de lo bueno que sería un candidato en el desempeño de su cargo, y recurren a la evaluación más simple, hecha de forma apresurada y automática, que queda a disposición del Sistema 2 cuando este debe tomar una decisión.

Los politólogos siguieron el estudio inicial de Todorov e identificaron una categoría de votantes para los que las preferencias automáticas del Sistema 1 son particularmente susceptibles de desempeñar un papel importante. Encontraron lo que estaban buscando entre los votantes políticamente no formados que veían mucho la televisión. Como se esperaban, el efecto de competencia facial en la votación era unas tres veces mayor en votantes con escasa información y adictos a la televisión que en otros mejor informados que veían menos la televisión.[5] Evidentemente, la importancia relativa del Sistema 1 como determinante del voto no es la misma en todo el mundo. Ya veremos otros ejemplos de tales diferencias individuales.

El Sistema 1 entiende el lenguaje, por supuesto, y entender depende de las evaluaciones básicas que rutinariamente se realizan como parte de la percepción de eventos y la comprensión de mensajes. Estas evaluaciones incluyen cálculos de similaridad y representatividad, atribuciones de causalidad y estimaciones de la disponibilidad de asociaciones y ejemplos. Se llevan a cabo incluso en ausencia de un conjunto específico de tareas, aunque los resultados se usen para satisfacer demandas de tareas cuando se presenten.[6]

La lista de evaluaciones básicas es larga, pero no todo posible atributo es evaluado. Observe el lector brevemente el ejemplo de la figura 7.

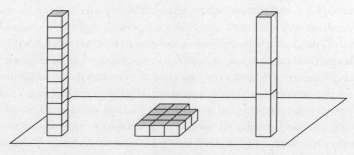

FIGURA 7

Una simple ojeada deja una impresión inmediata de muchas características de lo que se muestra. Sabemos que las dos torres son igual de altas y más semejantes entre sí que la torre de la izquierda lo es a la formación de bloques del medio. Sin embargo, no sabemos de forma inmediata que el número de bloques de la torre de la izquierda es el mismo que el número de bloques dispuestos en el suelo, y no tenemos una impresión de la altura de la torre que podríamos levantar con ellos. Para confirmar que el número de bloques es el mismo, necesitaríamos contar los de ambos conjuntos y comparar los resultados, una actividad que solo el Sistema 2 puede realizar.

Conjuntos y prototipos

Otro ejemplo. Consideremos la siguiente pregunta: ¿cuál es la longitud media de las líneas de la figura 8?

FIGURA 8

Esta pregunta es fácil, y el Sistema 1 la responde casi sin proponérselo. Los experimentos han demostrado que una fracción de segundo es suficiente para que cualquier persona registre la longitud media de un conjunto de líneas con considerable precisión. Además, la exactitud de estos juicios no se resiente cuando el observador está cognitivamente ocupado con una tarea de la memoria. No sabríamos necesariamente concretar la media en pulgadas o centímetros, pero seríamos muy exactos en ajustar la longitud de otra línea para que coincida con la media. El Sistema 2 no necesita formar una impresión de la norma de longitud para un conjunto de líneas. El Sistema 1 lo hace, automáticamente y sin esfuerzo, en el mismo momento en que registra el color de las líneas y el hecho de que no son paralelas. También podemos tener una impresión inmediata del número de objetos de un conjunto; exactamente si hay cuatro o menos objetos, y aproximadamente si hay más.

Y ahora otra pregunta: ¿cuál es la longitud total de las líneas de la figura 8? Esta es una experiencia diferente, pues el Sistema 1 no tiene sugerencias que ofrecer. La única manera de responder a esta pregunta es activar el Sistema 2, que hará una laboriosa estimación de la media, contará las líneas y multiplicará la longitud media por el número de líneas.

El fracaso del Sistema 1 en el intento de calcular en un instante la longitud total del conjunto de líneas nos parecerá obvio; nunca se nos ocurriría pensar que podríamos hacerlo. Este es, de hecho, un ejemplo de una importante limitación de este sistema. Como el Sistema 1 representa categorías mediante un prototipo o un conjunto característico de ejemplos, se desenvuelve bien con las medias, pero mal con las sumas. La extensión de la categoría, el número de ejemplos que contiene, tiende a ser ignorada en los juicios sobre lo que denominaré *variables de suma*.

A los participantes en uno de los numerosos experimentos que promovió el litigio que siguió al desastroso derrame de petróleo del *Exxon Valdez*[7] se les preguntó si estaban dispuestos a pagar redes para cubrir manchas de petróleo en las que a menudo se asfixiaban aves migratorias. Diferentes grupos de participantes manifestaron su disposición a pagar para salvar a 2.000, 20.000 o 200.000 pájaros. Si salvar pájaros fuese un bien económico, sería una variable de suma: salvar 200.000 pájaros valdría mucho más que salvar 2.000. De hecho, las aportaciones medias de los tres grupos fueron 80, 78 y 88 dólares respectivamente. El número de pájaros crea una diferencia muy pequeña. Los participantes reaccionaron más bien, en los tres grupos, a un prototipo: la imagen atroz de un pájaro embadurnado de espeso alquitrán con sus plumas pegadas. En estos contextos emocionales, el completo olvido de la cantidad se ha confirmado en numerosas ocasiones.

EQUIVALENCIA DE INTENSIDADES

Las preguntas sobre la felicidad, la popularidad del presidente, el castigo que merecen los delitos financieros y las posibilidades de un político comparten una importante característica: todas se refieren a una dimensión subyacente de intensidad o cantidad que permite el uso de la palabra *más*: más feliz, más popular, más severo o más enérgico (para un político). Por ejemplo, el futuro político de un candidato puede estar dentro de un rango que va desde el «Ella puede ser derrotada en las primarias» hasta el «Ella será un día presidenta de Estados Unidos».

Encontramos aquí una nueva aptitud del Sistema 1. Una escala subyacente de intensidad permite establecer *equivalencias* entre diversas dimensiones. Si los crímenes fuesen colores, el asesinato sería un rojo más intenso que el del robo. Si los crímenes se expresasen musicalmente, los crímenes en masa se ejecutarían en *fortissimo*, mientras que las deudas acumuladas en tíquets de aparcamientos serían un suave *pianissimo*. Y, por supuesto, tendríamos sensaciones similares respecto a la intensidad de las penas. En experimentos clásicos, los individuos ajustaban la intensidad de un sonido a la severidad de los crímenes; otros lo hacían a la severidad de las penas previstas por la ley. Si oyésemos dos notas, una para el crimen y la otra para el castigo, tendríamos un sentimiento de injusticia si la primera sonase con mucha más intensidad que la segunda.[8]

Consideremos un ejemplo que volveremos a encontrar más adelante:

> Julie leía con fluidez cuando tenía cuatro años.

La proeza de Julie cuando era niña puede ponerse en correspondencia con las siguientes escalas de intensidad:

> ¿Qué estatura tendría un hombre que fuese tan alto como la precoz Julie?

¿1,80 metros? Demasiado bajo. ¿2,20 metros? Quizá demasiado alto. Buscamos una estatura que sea tan notable como la proeza de leer a los cuatro años. Cosa muy notable, pero no extraordinaria. Leer a los cinco meses sí sería algo extraordinario, tanto como un hombre que midiera 2,50 metros.

¿Qué nivel de ingresos de su profesión equivale al de lectura de Julie?

¿Qué crimen es tan grave como la precoz Julie?

¿Qué GPA en una de las ocho mejores universidades estadounidenses equivale al nivel de lectura de Julie?

No es muy difícil, ¿verdad? Además, podemos estar seguros de que nuestras correspondencias serán bastante parecidas a las de otras personas de nuestro ámbito cultural. Veremos que cuando se pide a la gente que aventure el promedio de calificaciones (GPA) de Julie a partir de la información sobre la edad en que aprendió a leer, responde traduciendo de una escala a otra y hallando la correspondencia en el GPA. Y veremos también por qué este modo de predicción mediante correspondencias es estadísticamente malo; aunque perfectamente natural para el Sistema 1, y en la mayoría de las personas (excepto los estadísticos) también aceptable para el Sistema 2.

LA ESCOPETA MENTAL

El Sistema 1 efectúa muchos cálculos al mismo tiempo. Algunos de ellos son evaluaciones rutinarias que se producen continuamente. Siempre que tenemos los ojos abiertos, nuestro cerebro calcula en una representación tridimensional la disposición de lo que tenemos en nuestro campo de visión, completa las formas de los objetos y determina su posición en el espacio y su identidad. No se requiere intención alguna para que esta operación se ponga en marcha y para que estemos continuamente atentos a las alteraciones que puedan sufrir nuestras expectativas. En contraste con estas evaluaciones rutinarias, hay otros cálculos que se efectúan solo cuando son precisos: no evaluamos continuamente lo contentos o sanos que nos sintamos, y si nos interesa la política, no evaluamos continuamente lo que el presidente pueda hacer. Los juicios ocasionales son voluntarios. Los producimos solo cuando tenemos intención de juzgar algo.

No contamos automáticamente el número de sílabas de cada palabra que leemos, pero podemos hacerlo si queremos. Sin embargo, el control sobre los cálculos intencionados está lejos de ser minucioso: a menudo calculamos mucho más de lo que queremos o necesitamos. Llamo a este exceso de cálculo *escopeta mental*. Es imposible apuntar a un único punto con una escopeta porque esta dispara perdigones que se dispersan, y al Sistema 1 le resulta cuando menos igual de difícil no hacer más de lo que el Sistema 2 le encarga hacer. Dos experimentos sobre los que leí hace mucho tiempo sugieren esta imagen.

Los participantes en un experimento escuchaban pares de palabras con la instrucción de presionar una tecla con la mayor rapidez posible cuando advertían que las palabras rimaban.[9] La rima en dos de estos pares de palabras era

HIEDRA-PIEDRA
HIERBA-CIERVA

La diferencia es aquí obvia porque estamos viendo los dos pares de palabras. HIERBA rima con CIERVA, pero la ortografía es distinta. Los participantes solo oían las palabras, pero estaban influenciados por la ortografía. Fueron más o menos lentos en reconocer la rima de las palabras cuando su ortografía discrepaba. Aunque las instrucciones hablaban solo de comparar sonidos, los participantes compararon también la ortografía, y la discrepancia en esta dimensión irrelevante ralentizaba la tarea. La intención de responder a una pregunta suscitaba otra pregunta que no solo era superflua, sino que iba en detrimento de la tarea principal.

En otro estudio, los participantes escuchaban una serie de frases con la instrucción de presionar una tecla con la mayor rapidez posible para indicar que la frase era literalmente verdadera, y otra tecla cuando la frase no era literalmente verdadera.[10] ¿Cuáles son las respuestas correctas a las siguientes frases?

Algunas carreteras son serpientes.
Algunos trabajos son serpientes.
Algunos trabajos son cárceles.

Las tres frases son literalmente falsas. Sin embargo, probablemente muchos noten que la segunda es más obviamente falsa que las demás; los tiempos de reacción registrados en el experimento confirmaron una diferencia sustancial. La razón de esta diferencia es que las dos frases difíciles pueden ser metafóricamente verdaderas. Nuevamente encontramos aquí que la intención de efectuar un cálculo atrae otro. Y nuevamente aquí, la respuesta correcta prevalecía en medio del conflicto, pero el conflicto con la respuesta irrelevante perturbaba la tarea. En el capítulo siguiente veremos que la combinación de escopeta mental y correspondencia de intensidades explica que tengamos juicios intuitivos sobre muchas cosas de las que sabemos poco.

Hablando de juicios

«Considerar a las personas atractivas o no atractivas es una evaluación básica. Lo hacemos automáticamente, nos lo propongamos o no, y eso influye en nosotros.»

«En el cerebro hay circuitos que evalúan el carácter dominante por la forma del rostro. Él tiene aspecto de líder.»

«El castigo no será tal a menos que su intensidad corresponda al crimen, del mismo modo que podemos establecer una equivalencia entre la intensidad de un sonido y el brillo de una luz.»

«Era un claro ejemplo de escopeta mental. Se le preguntó si pensaba que la compañía se hallaba financieramente saneada, pero no podía olvidar que le gustaban sus productos.»

9

Respondiendo a una pregunta más fácil

Un aspecto notable de nuestra vida mental es que raramente nos quedamos sin saber qué responder. Es cierto que en ocasiones nos enfrentamos a una pregunta como «17 × 24 = ?», cuya respuesta no nos viene inmediatamente a la mente, pero estos momentos en que nos quedamos mudos son raros. El estado normal de nuestra mente es que tengamos sensaciones y opiniones intuitivas sobre casi todas las cosas que se nos ponen delante. Nos gustan o nos disgustan personas mucho antes de saber nada sobre ellas; confiamos o desconfiamos de extraños sin saber por qué; sentimos que una empresa tendrá éxito sin analizarla. Las digamos o no, a menudo tenemos respuestas a preguntas que no acabamos de entender basadas en supuestas evidencias que no podemos ni explicar ni defender.

Sustituyendo preguntas

Voy a ofrecer una sencilla descripción del modo en que generamos opiniones intuitivas sobre asuntos complejos. Cuando no encontramos pronto una respuesta satisfactoria a una pregunta difícil, encontramos una pregunta relacionada más fácil y la respondemos. Llamo a la operación de responder a una pregunta en lugar de otra *sustitución*. También adopto los siguientes términos:

La pregunta original nos pide una evaluación que intentamos hacer.

La pregunta heurística es la pregunta más simple que respondemos en su lugar.

La definición técnica de *heurística* nos dice que se trata de un procedimiento sencillo que nos ayuda a encontrar respuestas adecuadas, aunque a menudo imperfectas, a preguntas difíciles. La palabra tiene la misma raíz que *eureka*.

La idea de esta sustitución surgió tempranamente en mi trabajo con Amos, y era el núcleo de lo que sería el enfoque de la heurística y los sesgos. Nos preguntábamos cómo la gente puede hacer juicios de probabilidad sin conocer con precisión lo que es la probabilidad. Concluimos que la gente tiene que simplificar de algún modo esta tarea imposible, y nos pusimos a buscar cómo lo hace. Nuestra respuesta fue que cuando se le pide juzgar probabilidades, la gente realmente juzga algo y cree que ha juzgado sobre probabilidades. El Sistema 1 hace a menudo este movimiento cuando se enfrenta a preguntas difíciles en el caso de que se le ocurra una pregunta heurística relacionada que sea más fácil.

Sustituir una pregunta por otra puede ser una buena estrategia para resolver problemas difíciles, y George Pólya trató de la sustitución en su clásico *How to Solve It*: «Si no puede resolver un problema, hay otro problema más fácil que sí puede resolver: encuéntrelo». Las heurísticas de Pólya son procedimientos estratégicos deliberadamente implementados por el Sistema 2. Pero las heurísticas de que trato en este capítulo no son elegidas; son una consecuencia de la escopeta mental, del control impreciso que tenemos sobre la puntería de nuestras respuestas a preguntas.

Consideremos las preguntas listadas en la columna de la izquierda de la tabla 1. Son preguntas difíciles, y antes de generar una respuesta razonada a cualquiera de ellas, debemos ocuparnos de otros asuntos difíciles. ¿Cuál es el significado de la felicidad? ¿Cuál será el rumbo más probable que tome la política en los próximos seis meses? ¿Cuáles son las sentencias normales para otros delitos financieros? ¿Cómo es de dura la competición a que se enfrenta el candidato? ¿Qué otras causas ambientales o de otra índole deben considerarse? Abordar seriamente estas cuestiones es de todo punto impracticable.

Pero no estamos limitados a dar respuestas perfectamente razonadas a preguntas. Hay una alternativa heurística al razonamiento cuidadoso que unas veces da buen resultado y otras veces conduce a serios errores.

Pregunta original	*Pregunta heurística*
¿Con cuánto contribuiría usted a salvar una especie en peligro?	¿Cuánto me emociono cuando pienso en los delfines que mueren?
¿Cómo está de contento con su vida estos días?	¿Cuál es mi estado de ánimo en estos momentos?
¿Qué popularidad alcanzará el presidente de aquí a seis meses?	¿Cuál es la popularidad del presidente en estos momentos?
¿Cómo habría que castigar a los asesores financieros que se aprovechan de los ancianos?	¿Cuánta indignación siento cuando pienso en los depredadores financieros?
Esta mujer se presenta a las primarias. ¿Hasta dónde llegará en la política?	¿Tiene esta mujer aspecto de ganadora en política?

Tabla 1

La escopeta mental hace que resulte fácil generar respuestas prontas a preguntas difíciles sin exigir demasiado al Sistema 2. Las preguntas de la parte derecha de la lista tienen más posibilidades de encontrar respuesta, puesto que es más fácil responderlas. Los sentimientos que despiertan los delfines y los taimados financieros, el estado de ánimo actual, las impresiones sobre las aptitudes políticas del candidato a las primarias o el prestigio actual del presidente ocuparán inmediatamente la mente. Las preguntas heurísticas proporcionan una respuesta hecha a cada una de las difíciles preguntas originales.

Algo falta todavía en esta historia: las respuestas necesitan ajustarse a las preguntas originales. Por ejemplo, mis sentimientos sobre las matanzas de delfines deben expresarse en dólares. Otra capacidad del Sistema 1, la de encontrar equivalencias de intensidad, se presta a resolver este problema. Recordemos que los sentimientos y la contribución en dólares entran en escalas de intensidad. Puedo tener sentimientos más o menos intensos en relación con los fines y hay una contribución que equivale a la intensidad de mis sentimientos. La cantidad en dólares que me vendrá a la mente será una cantidad equivalente. Equivalencias similares de intensidad son posibles para todas las preguntas. Por ejemplo, las aptitudes políticas de un candidato pueden ir de lo patético a lo extraordinario, y la escala del éxito político puede ir del grado más bajo del «Ella será derrotada en las primarias» al más alto del «Ella será un día presidenta de Estados Unidos».

El proceso automático de la escopeta mental y las equivalencias de intensidad proporcionan una o más respuestas a preguntas fáciles que pueden sobreponerse a la pregunta original. En ocasiones se operará la sustitución, y una respuesta heurística será aprobada por el Sistema 2. Naturalmente, el Sistema 2 tiene la oportunidad de rechazar esta respuesta intuitiva, o de modificarla incorporando otra información. Sin embargo, un Sistema 2 perezoso sigue la senda del mínimo esfuerzo y aprueba una respuesta heurística casi sin pararse a considerar si es en verdad apropiada. No nos quedaremos sin saber qué decir, no tendremos que trabajar demasiado, y no notaremos que no hemos respondido a la pregunta que nos han hecho. Por otra parte, no nos daremos cuenta de que la pregunta original era difícil por haber acudido enseguida a nuestra mente una respuesta intuitiva.[1]

La heurística 3-D

Observe el lector este dibujo de tres hombres y responda a la pregunta que sigue.

Figura 9

Tal como aparece impresa en la página, ¿es la figura de la derecha más grande que la figura de la izquierda?

Enseguida le vendrá a la mente la respuesta obvia: la figura de la derecha es más grande. Pero si toma una regla y mide las dos figuras, descubrirá que las dos figuras tienen exactamente el mismo tamaño. La impresión de su tamaño relativo es dominada por una poderosa ilusión que ilustra muy bien el proceso de sustitución.

El pasillo en el que se ven las figuras está dibujado en perspectiva, y parece conducir a un plano profundo. El sistema perceptual automáticamente interpreta el dibujo como una escena tridimensional, no como una imagen impresa en la superficie plana del papel. En la interpretación 3-D, la persona de la derecha está más lejos y es más grande que la de la izquierda. Para la mayoría de las personas, la impresión del tamaño 3-D es abrumadora. Solo los artistas plásticos y los fotógrafos expertos han desarrollado la habilidad de ver el dibujo como un objeto sobre el plano de la página. Para los demás, la sustitución es inevitable: la impresión dominante de tamaño en 3-D dicta el juicio del tamaño en 2-D. La ilusión es debida a una heurística 3-D.

Aquí se produce una auténtica ilusión, no un malentendido sobre la pregunta. El lector sabe que la pregunta se refiere al tamaño de las figuras del dibujo impreso en la página. De habérsele pedido estimar el tamaño de las figuras, sabemos por otros experimentos que su estimación habría sido en pulgadas, no en pies. No se ha confundido sobre la pregunta, pero está influido por la respuesta a una pregunta que no se le ha hecho: «¿Cuánto miden los tres hombres?».

La operación esencial de la heurística —la sustitución del tamaño tridimensional por el bidimensional— se ha producido automáticamente. En el dibujo hay aspectos que sugieren una interpretación en 3-D. Estos aspectos son irrelevantes para la tarea propuesta —el juicio sobre el tamaño de la figura en la página— y los habría ignorado, pero no ha podido. El sesgo asociado a la heurística es que los objetos que parecen hallarse más distantes, parecen también más grandes en la página. Como este ejemplo ilustra, un juicio basado en una sustitución inevitablemente será sesgado de una manera predecible. En este caso, esto acontece tan profundamente en el sistema perceptual que sencillamente no puede evitarse.

LA HEURÍSTICA DEL ESTADO DE ÁNIMO Y LA FELICIDAD

Un estudio realizado con estudiantes alemanes es uno de los mejores ejemplos de sustitución.[2] El estudio a que se prestaron los jóvenes participantes incluía las dos preguntas siguientes:

¿Se siente muy feliz estos días?
¿Cuántas invitaciones tuvo el mes pasado?

En los experimentos interesaba la correlación entre las dos respuestas. ¿Dirán los estudiantes que afirmaron haber tenido muchas invitaciones que son más felices que los que dijeron haber tenido pocas? Sorprendentemente no: la correlación entre las respuestas fue casi cero. Era evidente que las invitaciones no eran lo primero en que los estudiantes pensaron cuando se les pidió evaluar su grado de felicidad. Otro grupo de estudiantes leyó las mismas preguntas, pero en orden inverso:

¿Cuántas invitaciones tuvo el mes pasado?
¿Se siente muy feliz estos días?

Esta vez, los resultados fueron completamente distintos. En esta secuencia, la correlación entre el número de invitaciones y la felicidad era casi tan alta como pueden serlo las correlaciones entre mediciones psicológicas.[3] ¿Qué sucedió?

La explicación es sencilla, y un buen ejemplo de sustitución. Se veía que las invitaciones no ocupaban un lugar central en la vida de estos estudiantes (en el primer estudio, felicidad e invitaciones no eran correlativas), pero cuando se les pidió pensar en su vida sentimental, ellos mostraron a todas luces una reacción emocional. Los estudiantes que recibieron muchas invitaciones recordaron un aspecto feliz de sus vidas, mientras que los que no recibieron ninguna recordaron que se sentían solos y rechazados. Las emociones que la pregunta de las invitaciones hizo aflorar estaban todavía en la mente de cada uno cuando llegó la interrogación sobre su felicidad en general.

La psicología de lo que sucedió es perfectamente análoga a la psicología de la ilusión del tamaño de la figura 9. Ser «feliz estos días» no es una evaluación natural o fácil. Una buena respuesta requiere un buena cantidad de reflexión. Sin embargo, los estudiantes a los que se preguntó sobre las invitaciones no necesitaron pensar mucho, puesto que ya tenían en la mente una respuesta a una pre-

gunta relacionada: la de si eran felices en su vida amorosa. Sustitu-
yeron la pregunta que se les hizo por otra para la que tenían ya una
respuesta.

Como se ha hecho en el caso de la ilusión, también aquí podemos preguntarnos: ¿estaban los estudiantes confundidos? ¿Pensaban
realmente que las dos preguntas —la que se les hizo y la que contes-
taron— eran sinónimas? Por supuesto que no. Los estudiantes no
perdieron temporalmente su capacidad de distinguir la vida sentimental de la vida como un todo. Si se les hubiera preguntado por los
dos conceptos, habrían dicho que son cosas diferentes. Pero no se les
preguntó si dichos conceptos eran diferentes. Se les preguntó si eran
felices, y el Sistema 1 tuvo su pronta respuesta.

El caso de las invitaciones no es único. El mismo patrón encontramos si la pregunta sobre la felicidad en general viene inmediatamente precedida de una pregunta sobre las relaciones de los estudiantes con sus padres o sobre su situación económica. En ambos
casos, la satisfacción en un aspecto particular domina las declaraciones sobre la felicidad.[4] Una pregunta emocionalmente significativa
que alterase el estado de ánimo de una persona tendría el mismo
efecto. WYSIATI. El estado mental presente predomina claramente
cuando las personas evalúan su felicidad.[5]

LA HEURÍSTICA DEL AFECTO

El predominio de las conclusiones sobre los argumentos es más pronunciado cuando hay emociones implicadas. El psicólogo Paul Slovic ha propuesto una *heurística del afecto*, en la que el individuo deja
que sus simpatías y antipatías determinen sus creencias sobre el
mundo. Nuestras preferencias políticas determinan los argumentos
que consideramos convincentes. Si nos gusta la actual política sani-
taria, creeremos que sus beneficios son sustanciales y sus costes más
razonables que los costes de otras políticas alternativas. El que sea un
halcón en su actitud hacia otras naciones, probablemente piense que
estas son relativamente débiles y deban someterse a la voluntad de
su país. El que sea una paloma, probablemente piense que son fuer-

tes y no sea fácil coaccionarlas. La actitud emocional frente a cosas tales como los alimentos irradiados, la carne roja, la energía nuclear, los tatuajes o las motocicletas determina las creencias sobre sus beneficios y sus riesgos. Si nos disgusta alguna de estas cosas, es probable que creamos que sus riesgos son mayores y sus beneficios desdeñables.

La primacía de las conclusiones no significa que la mente esté completamente cerrada y que las opiniones sean totalmente inmunes a la información y al razonamiento sensato. Las creencias, y por tanto la actitud emocional, pueden cambiar (al menos un poco) cuando se aprende que el riesgo de una actividad rechazada es menor de lo que se pensaba. Sin embargo, la información que demuestra que los riesgos son menores cambiará también la percepción de los beneficios (para mejor) si en la información recibida no se dice nada de los beneficios.[6]

Vemos aquí una nueva faceta de la «personalidad» del Sistema 2. Hasta ahora lo he descrito principalmente como un monitor más o menos aquiescente que da una considerable libertad al Sistema 1. También he presentado el Sistema 2 como un personaje activo en la búsqueda deliberada en la memoria, en cálculos complejos, en comparaciones, en planificaciones y en elecciones. En el problema del bate y la pelota, y en muchos otros ejemplos de interacción entre los dos sistemas, el Sistema 2 aparecía como el responsable último por su capacidad de resistir las sugerencias del Sistema 1, ralentizar las cosas e imponer el análisis lógico. La autocrítica es una de las funciones del Sistema 2. Pero en el contexto de las actitudes, el Sistema 2 es más un apologista de las emociones del Sistema 1 que un crítico de esas emociones; que las aprueba más que las refrena. Su búsqueda de información y de argumentos se ciñe generalmente a la información que sea compatible con las creencias existentes, no con la intención de examinarlas. Aquí, un Sistema 1 activo, que busca la coherencia, sugiere soluciones a un Sistema 2 poco exigente.

Hablando de sustitución y de heurísticas

«¿Todavía recordamos la pregunta que intentamos responder o la hemos sustituido por otra más fácil?»

«La pregunta que hemos de responder es la de si esta candidata puede triunfar. Y la que parece que estemos respondiendo es la de si queda bien en las entrevistas. No la sustituyamos.»

«Le gusta el proyecto, y por eso piensa que sus costes son bajos y sus beneficios altos. Bonito ejemplo de heurística del afecto.»

«Estamos usando los resultados del año pasado como una heurística para predecir el valor de la firma en los próximos años. ¿Es esta heurística lo bastante buena? ¿Qué otra información necesitamos?»

La tabla que a continuación mostramos contiene una lista de características que hemos atribuido al Sistema 1. Cada uno de sus enunciados, que describe las actividades de este sistema, sustituye a otro técnicamente más preciso, pero más difícil de entender, a fin de que su comprensión sea rápida y automática. Espero que esta lista de rasgos ayude al lector a desarrollar un sentido intuitivo en relación con la «personalidad» del ficticio Sistema 1. Como le ha sucedido con otros personajes que ya conoce, el lector tendrá intuiciones de lo que el Sistema 1 haría en diferentes circunstancias, y la mayoría de esas intuiciones serán correctas.

Características del Sistema 1

- genera impresiones, sensaciones e inclinaciones; cuando estas son aprobadas por el Sistema 2, se convierten en creencias, actitudes e intenciones;
- opera rápida y automáticamente, con poco o ningún esfuerzo, y ninguna sensación de control voluntario;
- puede ser programado por el Sistema 2 para movilizar la atención cuando un hecho particular es detectado (búsqueda);
- tras un adecuado entrenamiento, produce respuestas especiales y genera intuiciones especiales;
- crea una estructura coherente de ideas activadas en la memoria asociativa;
- asocia una sensación de facilidad cognitiva a ilusiones de verdad, sensaciones placenteras y vigilancia reducida;
- distingue lo sorprendente de lo normal;
- infiere e inventa causas e intenciones;
- ignora la ambigüedad y elimina la duda;
- se inclina siempre a creer y confirmar;
- exagera la consistencia emocional (efecto halo);
- se centra en la evidencia existente e ignora la evidencia ausente (WYSIATI);
- genera un conjunto limitado de evaluaciones básicas;
- representa conjuntos con normas y prototipos, no íntegra;

- establece equivalencias entre escalas de intensidades (por ejemplo, entre tamaño y volumen sonoro);
- calcula más de lo deseado (escopeta mental);
- en ocasiones sustituye una pregunta difícil por otra más fácil (heurística);
- es más sensible a los cambios que a los estados (teoría de las perspectivas);*
- da más importancia a las probabilidades bajas;*
- muestra una sensibilidad disminuida a la cantidad (psicofísica);*
- responde más a las pérdidas que a las ganancias (aversión a las pérdidas);*
- formula problemas de decisión restringidos, aislados de otros;*

* Rasgo expuesto con detalle en la cuarta parte.

Segunda parte
HEURÍSTICAS Y SESGOS

10

La ley de los pequeños números

Un estudio sobre la incidencia de cáncer renal en los 3.141 condados de Estados Unidos revela una pauta sorprendente. Los condados
en los que la incidencia de cáncer renal es más baja son en su mayoría rurales, con escasa densidad de población y pertenecientes a estados tradicionalmente republicanos del Medio Oeste, el Sur y el Oeste. ¿Qué se puede pensar de esto?

La mente del lector ha estado muy activa en los últimos segundos, y esta actividad es principalmente una operación de su Sistema 2. De manera deliberada ha buscado en la memoria y ha formulado hipótesis. Ha hecho un esfuerzo; sus pupilas se han dilatado y su
corazón ha aumentado las pulsaciones en un grado apreciable. Pero
su Sistema 1 no ha estado ocioso: la operación del Sistema 2 depende
de los hechos y las sugestiones obtenidos de la memoria asociativa.
Tal vez haya rechazado la idea de que la política republicana protege
del cáncer renal. Muy probablemente haya acabado centrándose en el
hecho de que los condados con baja incidencia de cáncer son en su
mayoría rurales. Los ingeniosos estadísticos Howard Wainer y Harris
Zwerling, gracias a los cuales conocí este ejemplo, comentaron: «Es
fácil y tentador inferir que las bajas tasas de cáncer se deben simplemente a la vida sana propia de la forma de vida rural, sin polución
atmosférica, sin contaminación de las aguas y con acceso a alimentos
frescos y sin aditivos».[1] Esto tiene perfecto sentido.

Consideremos ahora los condados en los que la incidencia de
cáncer renal es más alta. Estos condados tienden a ser en su mayoría rurales, con escasa densidad de población y pertenecientes a estados tradicionalmente republicanos del Medio Oeste, el Sur y el

Oeste. Wainer y Zwerling comentaron medio en broma: «Es fácil inferir que las altas tasas de cáncer pueden deberse simplemente a la pobreza propia de la forma de vida rural, sin acceso a una buena asistencia médica, con una dieta rica en grasas y un exceso de alcohol y tabaco». Sin duda algo está mal aquí. La vida rural no puede explicar tanto la incidencia alta como la incidencia baja de cáncer renal.

El factor clave no es que los condados sean rurales o predominantemente republicanos. Es que los condados rurales tienen escasa población. Y la principal lección que hemos de aprender no es de epidemiología, sino sobre la difícil relación que existe entre nuestra mente y la estadística. El Sistema 1 es muy hábil en una forma de pensamiento; automáticamente y sin esfuerzo identifica relaciones causales entre acontecimientos, aunque esas relaciones sean a veces espurias. Cuando el lector ha visto lo que se decía sobre los condados con alta incidencia de cáncer, enseguida ha supuesto que esos condados se diferencian de otros por alguna razón, y que tiene que haber una causa que explique tal diferencia. Pero, como veremos, el Sistema 1 es inútil cuando se enfrenta a hechos «puramente estadísticos», que cambian la probabilidad de los resultados, pero no los causa.

Un acontecimiento azaroso no proporciona, por definición, una explicación por sí solo, pero recopilaciones de hechos azarosos se comportan de una forma altamente regular. Imaginemos una gran urna llena de bolas. E imaginemos una persona muy paciente (o un robot) que extrae a ciegas 4 bolas de la urna, anota el número de bolas rojas de la muestra, devuelve las bolas a la urna y vuelve a hacer la misma operación varias veces. Si resumimos los resultados, observaremos que el resultado «2 rojas y 2 blancas» se obtiene (casi exactamente) 6 veces más que el resultado «4 rojas» o «4 blancas». Esta proporción es un hecho matemático. Podemos predecir los resultados de muestreos repetidos en una urna con la misma confianza con que podemos predecir lo que sucederá si golpeamos un huevo con un mazo. No podemos predecir detalles de cómo quedará la cáscara después de hacerla añicos, pero podemos estar seguros de una idea general. Solo hay una diferencia: la sensación de causación cumplida que experimentamos cuando pensamos en un mazo golpeando un huevo está completamente ausente cuando pensamos en los muestreos.

Hay un hecho estadístico relacionado que es relevante en el ejemplo del cáncer. Ante la misma urna se turnan dos personajes muy pacientes que cuentan las bolas. Jack extrae 4 bolas en cada prueba, y Jill 7 bolas. Los dos toman nota cada vez que observan una muestra homogénea —todas blancas o todas rojas. Si están el tiempo suficiente, Jack observará estos resultados extremos más a menudo que Jill— en un factor de 8 (los porcentajes esperados son 12,5 por ciento y 1,56 por ciento). Aquí no hay mazo ni causación, sino de nuevo un hecho matemático: las muestras de 4 bolas dan resultados extremos más a menudo que las muestras de 7 bolas.

Imaginemos ahora la población de Estados Unidos como una urna gigantesca llena de bolas. Algunas bolas están marcadas con las iniciales CR de cáncer renal. Extraemos muestras de bolas y poblamos con ellas cada condado. Las muestras rurales serán menores que otras. Como en el juego de Jack y Jill, los resultados extremos (muy alta y/o muy baja tasa de cáncer) se encontrarán más probablemente en los condados poco poblados. A esto se reduce toda la historia.

Hemos empezado con un hecho que demandaba una causa: la incidencia de cáncer renal varía ampliamente entre los condados, y las diferencias son sistemáticas. La explicación que he ofrecido es estadística: los resultados extremos (altos y bajos) son más probables en muestras pequeñas que en muestras grandes. Esta explicación no es causal. La población menor de un condado ni causa ni previene el cáncer; simplemente permite que la incidencia de cáncer sea más alta (o más baja) que en una población mayor. La verdad última es que aquí no hay nada que explicar. La incidencia de cáncer no es en verdad más baja o más alta de lo normal en un condado con escasa población. Quizá parezca que esto es así en un año determinado simplemente por un accidente de la muestra. Si repetimos el análisis al año siguiente, observaremos el mismo patrón general de resultados extremos en las muestras pequeñas, pero los condados donde el cáncer era común el año anterior no tendrán necesariamente una alta incidencia el año presente. Si esto es así, las diferencias entre condados densamente poblados y rurales no cuentan en realidad como hechos: son lo que los científicos llaman artefactos, observaciones que son enteramente producto de algún aspecto del método de investigación —en este caso, producto de las diferencias en el tamaño de la muestra.

La historia que acabo de contar quizá haya sorprendido al lector, pero no es una revelación. Habrá comprendido bien que los resultados de muestras grandes merecen más confianza que los de muestras pequeñas, y seguramente las personas poco familiarizadas con la estadística hayan oído hablar de la ley de los grandes números. Pero «saber» de algo no es un asunto de sí-no, y el lector verá que las siguientes observaciones se le pueden aplicar:

- La propiedad «escasamente poblados» no le ha parecido enseguida tan relevante cuando ha leído la historia epidemiológica.
- Se ha quedado al menos un poco sorprendido ante la gran diferencia entre las muestras de 4 y de 7.
- Y ahora necesita hacer un esfuerzo mental para darse cuenta de que las dos frases siguientes significan exactamente lo mismo:
  - Las muestras grandes son más precisas que las muestras pequeñas.
  - Las muestras pequeñas arrojan resultados extremos con más frecuencia que las muestras grandes.

La primera afirmación tiene visos de ser verdadera, pero hasta que la segunda afirmación ha mostrado su sentido intuitivo, no ha entendido la primera.

La segunda frase: sí, el lector sabe que los resultados de muestras grandes son más precisos, pero ahora se da cuenta de que no lo sabía muy bien.

Pero el lector no es el único. El primer estudio que Amos y yo hicimos juntos mostraba que incluso los investigadores más perspicaces tienen pobres intuiciones y una idea bastante vaga de los efectos de las muestras.

LA LEY DE LOS PEQUEÑOS NÚMEROS

Mi colaboración con Amos a principios de la década de 1970 comenzó con una discusión sobre la pretensión de que quienes no se han ejercitado en la estadística tienen que ser buenos «estadísticos intuitivos». Amos nos habló a mi seminario y a mí de investigadores de la Universidad de Michigan que en general eran optimistas sobre la capacidad de la estadística intuitiva. Yo tenía mis propias ideas acerca de esta pretensión, y me lo tomé como algo personal: hacía poco había descubierto que no era un buen estadístico intuitivo, y no creí que fuera peor que otros.

Para un psicólogo investigador, la variación de las muestras no es una curiosidad; es un fastidio y un costoso obstáculo que convierte la realización de cada proyecto de investigación en una apuesta. Supongamos que queremos confirmar la hipótesis de que el vocabulario de las niñas de seis años es mayor que el vocabulario de un niño de la misma edad. La hipótesis es cierta en la población en general; el vocabulario medio de las niñas es sin duda más amplio. Sin embargo, existe una gran diversidad de niñas y niños, y con un poco de suerte podríamos seleccionar una muestra en la que la diferencia fuese inconcluyente, o en la que los niños puntuasen realmente más alto. Para el investigador, este resultado es costoso, porque habrá dedicado tiempo y esfuerzo para terminar fracasando en la confirmación de una hipótesis que de hecho es verdadera. Utilizar una muestra suficientemente grande es la única manera de reducir este riesgo. Los investigadores que escogen una muestra demasiado pequeña se quedan a merced de la suerte.

El riesgo de error puede estimarse para una muestra dada mediante un procedimiento muy simple. Sin embargo, tradicionalmente los psicólogos no hacen cálculos para decidir sobre el tamaño de una muestra. Utilizan su juicio, que por lo común está viciado. Un artículo que leí poco antes del debate con Amos demostraba el error en el que los investigadores incurren (todavía lo hacen) con una observación espectacular. El autor señalaba que los psicólogos comúnmente eligen muestras tan pequeñas que se exponen a un riesgo de fracaso del 50 por ciento en la confirmación de sus hipótesis aun siendo verdaderas.[2] Ningún investigador en su sano juicio aceptaría semejante riesgo. Una explicación plausible era que las decisiones de los psicólogos sobre el tamaño de las muestras reflejaban concepciones intuitivas falsas y frecuentes sobre las variaciones de amplitud de las muestras.

El artículo me impresionó porque explicaba algunos problemas que había tenido en mi propia investigación. Como la mayoría de los psicólogos dedicados a la investigación, había elegido rutinariamente muestras que eran demasiado pequeñas, y a menudo había obtenido resultados que no tenían sentido. Y entonces supe por qué: los resultados extraños eran en realidad artefactos de mi método de investigación. Mi error era particularmente embarazoso porque enseñaba estadística y sabía cómo calcular el tamaño de la muestra para reducir el riesgo de fracaso a un nivel aceptable. Pero nunca había elegido un tamaño por medio de un cálculo. Como mis colegas, había confiado en la tradición y en mi intuición para planificar mis experimentos, y nunca había pensado seriamente sobre el asunto. Cuando Amos visitó mi seminario, había llegado ya a la conclusión de que mis intuiciones eran deficientes, y en el curso del seminario no tardamos en estar de acuerdo en que los optimistas de Michigan estaban equivocados.

Amos y yo nos pusimos a averiguar si era el único idiota o un miembro de una mayoría de idiotas haciendo una prueba con investigadores seleccionados por su aptitud matemática para saber si cometerían errores similares. Confeccionamos un cuestionario que describía de forma realista situaciones de la investigación, incluidas duplicaciones de experimentos realizados con éxito. Pedí a los investigadores que eligieran tamaños de muestras para evaluar los riesgos de fracaso a los que los exponían sus decisiones, y para aconsejar a hipotéticos licenciados en la planificación de su investigación. Amos recopiló las respuestas de un grupo de participantes sofisticados (entre ellos los autores de dos libros de estadística) en una reunión de la Sociedad de Psicología Matemática. Los resultados eran claros: yo no era el único idiota. Cada uno de los errores que había cometido era compartido por una gran mayoría de nuestros investigados. Era evidente que hasta los expertos prestaban una atención insuficiente al tamaño de las muestras.

Amos y yo titulamos el primer artículo que escribimos juntos «Belief in the Law of Small Numbers».[3] Explicamos medio en broma que «las intuiciones sobre muestreos aleatorios parecen satisfacer la ley de los pequeños números, que dice que la ley de los grandes números se aplica también a los pequeños números». Asimismo incluimos una recomendación enfáticamente formulada: que los investigadores consideren sus «intuiciones estadísticas con la debida suspicacia y, siempre que sea posible, sustituyan la impresión que puedan tener por el cálculo».[4]

UNA INCLINACIÓN A LA CONFIANZA FRENTE A LA DUDA

> En un sondeo telefónico sobre 300 personas de la tercera edad, el 60 por ciento apoya al presidente.

Si el lector tuviera que resumir lo que dice esta frase en exactamente tres palabras, ¿cuáles serían? Casi con certeza elegiría «ancianos apoyan presidente». Estas palabras expresan lo fundamental del asunto. Los detalles omitidos del sondeo, esto es, que se hiciera por teléfono con una muestra de 300 personas, no tienen interés en sí mismos; proporcionan una información de fondo que llama poco la atención. Su resumen habría sido el mismo si el tamaño de la muestra hubiera sido diferente. Por supuesto, un número completamente absurdo llamaría su atención («un sondeo telefónico sobre 6 [o 60 millones] de votantes mayores...»). Pero, a menos que sea un profesional, el lector no reaccionará de forma muy diferente a una muestra de 150 o a otra de 3.000. Este es el significado de la afirmación de que «la gente no es adecuadamente sensible al tamaño de la muestra».

El mensaje del sondeo contiene información de dos clases: la historia y la fuente de la historia. Por supuesto, el lector se habrá centrado en la historia más que en la fiabilidad de los resultados. Pero cuando la fiabilidad es obviamente baja, el mensaje queda desacreditado. Si se le dice que «un grupo partidista ha dirigido un sondeo viciado y sesgado para demostrar que los mayores apoyan al presidente...», lógicamente rechazará los hallazgos del sondeo, y dejará de creerlos. El sondeo partidista y sus resultados falsos se convertirán en una nueva historia de mentiras políticas. El lector puede decidir no creer en mensajes tan claros y contundentes como ese. Pero ¿discriminará suficientemente entre «Leí en *The New York Times*...» y «Oí junto al dispensador de agua...»? ¿Puede su Sistema 1 distinguir grados de creencia? El principio de WYSIATI sugiere que no.

Como he dicho antes, el Sistema 1 no se inclina hacia la duda. Suprime la ambigüedad y de manera espontánea construye historias lo más coherentes posible. A menos que el mensaje sea inmediatamente negado, las asociaciones que provoca se impondrán como si el mensaje fuese verdadero. El Sistema 2 es capaz de dudar, porque puede tener presentes posibilidades incompatibles al mismo tiempo. Sin embargo, sostener la duda es una tarea más dura que deslizarse en la certeza. La ley de los pequeños números es una manifestación de una inclinación general que favorece la certeza frente a la duda, y que reaparecerá de muchas maneras en los capítulos siguientes.

La fuerte inclinación a creer que estas muestras pequeñas reflejan fielmente la población de la que son tomadas es también parte de una historia más amplia: somos proclives a exagerar la consistencia y la coherencia de lo que vemos. La fe exagerada de los investigadores en lo que puede aprenderse de unas pocas observaciones está íntimamente relacionada con el efecto halo, la sensación que a menudo tenemos de lo que sabemos y entendemos de una persona de la que realmente conocemos muy poco. El Sistema 1 va por delante de los hechos construyendo una rica imagen con retazos de evidencia. Una máquina de saltar a las conclusiones actuará como si creyese en la ley de los pequeños números. Más generalmente, producirá una representación de la realidad que tiene gran sentido.

Causa y casualidad

La maquinaria asociativa busca causas. La dificultad que tenemos con las regularidades estadísticas es que estas demandan un enfoque diferente. En vez de centrarse en la manera en que se produjo el suceso en cuestión, el punto de vista estadístico lo relaciona con lo que podría haber sucedido en lugar de lo que sucedió. Nada en particular hizo que se produjera lo que se produjo; la posibilidad vino dada entre sus alternativas.

Nuestra predilección por el pensamiento causal nos expone a serios errores en la evaluación de la aleatoriedad de sucesos realmente aleatorios. Para poner un ejemplo, tomemos el sexo de seis niños nacidos uno tras otro en un hospital. La secuencia de niños y niñas es obviamente aleatoria; los sucesos son independientes unos de otros, y el número de niños y niñas que nacieron en el hospital en las últimas horas no tiene efecto alguno sobre el sexo de la siguiente criatura. Consideremos ahora tres posibles secuencias (M = masculino, F = femenino):

MMMFFF

FFFFFF

MFMMFM

¿Son estas secuencias igual de probables? La respuesta intuitiva —«¡por supuesto que no!»— es falsa. Como los sucesos son independientes y los resultados M y F son (aproximadamente) igual de probables, cualquier posible secuencia de seis nacimientos es tan probable como cualquier otra. Ahora que sabemos que esta conclusión es verdadera, seguirá siendo contraintuitiva porque solo la tercera secuencia parece aleatoria. Como era de esperar, se juzga que la secuencia MFMMFM es mucho más probable que las otras dos. Somos buscadores de patrones, creyentes en un mundo coherente en el que las regularidades (como una secuencia de seis niñas) no se producen accidentalmente, sino como efecto de la causalidad mecánica o de la intención de alguien. No esperamos ver una regularidad producida por un proceso aleatorio, y cuando detectamos que lo que sucede puede constituir una regla, enseguida rechazamos la idea de que el proceso sea realmente aleatorio. Los procesos aleatorios producen muchas secuencias que convencen a las personas de que el proceso no es aleatorio después de todo. Podemos comprender que asumir la causalidad pueda haber constituido una ventaja en nuestra evolu-

ción. Es parte de la actitud de vigilancia general que hemos heredado de nuestros antepasados. Estamos automáticamente pendientes de
la posibilidad de que el entorno haya cambiado. Los leones pueden
aparecer de manera aleatoria en la llanura, pero sería más seguro advertir y reaccionar a un aparente aumento en la frecuencia de aparición de manadas de leones, aunque ello se deba realmente a fluctuaciones de un proceso azaroso.

La difundida mala comprensión de la aleatoriedad tiene a veces
consecuencias significativas. En nuestro artículo sobre la representatividad, Amos y yo citamos al estadístico William Feller, que ilustró la
facilidad con que la gente ve pautas donde no existen. Durante el intenso bombardeo de Londres en la Segunda Guerra Mundial, generalmente se creyó que los bombardeos podrían no ser aleatorios porque un mapa de los impactos revelaba la existencia de llamativas
zonas indemnes. Algunos sospecharon que en estas zonas no afectadas
había espías alemanes.[5] Un cuidadoso análisis estadístico reveló que la
distribución de los impactos era la habitual de un proceso aleatorio, y
la habitual también en provocar una fuerte impresión de que no se
producía al azar. «Para el ojo no entrenado —observa Feller—, la
aleatoriedad aparece como regularidad o tendencia a la agrupación.»

Pronto tuve ocasión de aplicar lo que había aprendido de Feller.
La guerra del Yom Kippur estalló en 1973, y mi única contribución
importante al esfuerzo bélico fue aconsejar a altos oficiales de la
Fuerza Aérea Israelí que detuvieran una investigación. La guerra en
el aire le fue al principio bastante mal a Israel por el inesperado buen
empleo de los misiles tierra-aire egipcios. Las bajas fueron elevadas,
y parecían distribuidas de forma irregular. Me hablaron de dos escuadrones que despegaron de la misma base, uno de los cuales perdió cuatro aparatos, mientras que el otro no perdió ninguno. Se inició una investigación con la esperanza de entender qué hizo mal el
escuadrón desafortunado. No había previamente ninguna razón para
pensar que uno de los escuadrones fuera más eficaz que el otro, y no
se observaron diferencias en las operaciones, aunque, por supuesto,
las biografías de los pilotos diferían en muchos aspectoss aleatorios,
incluida, recuerdo, la frecuencia con que regresaban entre las misio-
nes y algo acerca de la manera de realizar los partes de las mismas. Mi

consejo era que el mando debía aceptar que las diferencias en los resultados se debían al ciego azar, y que había que acabar con los interrogatorios a los pilotos. Razoné que la suerte era la respuesta más plausible; que una búsqueda aleatoria de una causa nada obvia era inútil, y que, mientras tanto, los pilotos del escuadrón que había sufrido pérdidas no necesitaban la carga adicional de hacerles sentir que ellos y sus amigos muertos eran los culpables.

Unos años después, Amos y sus alumnos Tom Gilovich y Robert Vallone causaron un gran revuelo con un estudio sobre las malas interpretaciones de la aleatoriedad en el baloncesto.[6] El «hecho» de que los jugadores ocasionalmente tengan buena mano es en general aceptado por jugadores, entrenadores y aficionados. La inferencia es irresistible: un jugador hace tres o cuatro canastas una tras otra, y no podemos evitar el juicio causal de que este jugador es ahora bueno, con una propensión temporalmente aumentada a marcar tantos. Los jugadores de ambos equipos se adaptan a este juicio; es más probable que los compañeros de equipo pasen el balón a ese jugador y la defensa se duplique. Los análisis de miles de secuencias de lanzamientos condujeron a una conclusión decepcionante: no hay algo así como una buena mano en el baloncesto profesional, ni en los lanzamientos desde el campo ni en los de faltas. Por supuesto, algunos jugadores son más precisos que otros, pero la secuencia de logros y lanzamientos fallidos satisface todos los tests de aleatoriedad. La buena mano está enteramente en los ojos de los espectadores, que con demasiada rapidez perciben orden y causalidad en la aleatoriedad. La buena mano es una ilusión cognitiva masiva y extendida.

La reacción del público a esta investigación es una parte de la historia. La prensa se hizo eco del estudio por su conclusión sorprendente, y la respuesta general fue de incredulidad. Cuando al famoso entrenador de los Boston Celtics, Red Auerbach, le hablaron de Gilovich y su estudio, respondió: «Quién es ese tipo? Habrá hecho un estudio. Pero me trae sin cuidado». La tendencia a ver patrones en lo aleatorio es abrumadora, ciertamente más impresionante que un tipo haciendo un estudio.

La ilusión de los patrones afecta a nuestras vidas de muchas maneras fuera del baloncesto. ¿Cuántos años esperaríamos antes de concluir que un asesor financiero es un verdadero experto? ¿Cuántas buenas adquisiciones necesitaría hacer una junta directiva para que creamos que su presidente tiene una extraordinaria aptitud para cerrar tratos? La respuesta a estas preguntas es simplemente que si seguimos a nuestra intuición, erraremos con más frecuencia que si no lo hacemos, clasificando falsamente un suceso aleatorio como sistemático. Estamos demasiado dispuestos a rechazar la creencia de que mucho de lo que vemos en la vida es azar.

He comenzado este capítulo con el ejemplo de la incidencia de cáncer en Estados Unidos. El ejemplo figura en un libro destinado a profesores de estadística, pero gracias a él me enteré de la existencia de un divertido artículo de los dos estadísticos antes citados, Howard Wainer y Harris Zwerling. Su ensayo se centraba en el caso de una gran inversión, de 1.700 millones de dólares, que la Fundación Gates hizo para seguir indagando en las características de los colegios que ofrecen mejor educación. Muchos investigadores han buscado el secreto del éxito en la educación identificando los mejores colegios con la esperanza de descubrir lo que los distingue de los demás. Una de las conclusiones del estudio era que la mayoría de estos colegios son, de promedio, pequeños. En un estudio de 1.662 colegios de Pensilvania, por ejemplo, 6 de los 50 mejores eran pequeños, lo que supone una sobrerrepresentación en un factor de 4. Estos datos animaron a la Fundación Gates a hacer sustanciales inversiones en la creación de pequeños colegios, en ocasiones dividiendo colegios grandes en unidades más pequeñas. Al menos la mitad de una docena de otras instituciones destacadas, como la Fundación Annenberg y la Pew Charitable Trust, se unieron al esfuerzo, al igual que el programa de pequeñas comunidades educativas del Departamento de Educación de Estados Unidos.

Esto seguramente tendrá para muchos su sentido intuitivo. Es fácil construir una historia causal que explique por qué los colegios pequeños son capaces de proporcionar una educación mejor y formar colegiales de alto rendimiento, dándoles más atención personal y estímulo del que recibirían en los colegios grandes. Desafortunadamente, el análisis causal es inútil porque los hechos son falsos. Si los estadísticos que informaron a la Fundación Gates se hubieran preguntado por las características de los peores colegios, habrían encontrado que los malos colegios también tienden a ser más pequeños que la media. La verdad es que los colegios pequeños no son mejores por término medio; son simplemente más variables. Los colegios grandes, dicen Wainer y Zwerling, tienden a arrojar mejores resultados, especialmente en los grados superiores, donde se da una notable variedad de opciones curriculares.

Gracias a los recientes avances en psicología cognitiva, ahora podemos ver claramente lo que Amos y yo solo pudimos entrever: la ley de los pequeños números es parte de dos grandes historias sobre el funcionamiento de la mente.

- La confianza exagerada en las muestras pequeñas es solo un ejemplo de una ilusión más general; prestamos más atención al contenido de los mensajes que a la información sobre su fiabilidad, y como resultado terminamos adoptando una visión del mundo que nos rodea más simple y coherente de lo que justifican los datos. Saltar a las conclusiones es un deporte que en el mundo de nuestra imaginación es más seguro de lo que lo es en la realidad.
- La estadística arroja muchas observaciones que parecen pedir explicaciones causales, pero que ellas mismas no nos guían hacia tales explicaciones. Muchas cosas que suceden en el mundo son debidas al azar, incluidos los accidentes de los muestreos. Las explicaciones causales de acontecimientos aleatorios son inevitablemente falsas.

Hablando de la ley de los pequeños números

«Sí, los estudios han producido tres películas de éxito desde que el nuevo director se puso al frente. Pero es demasiado pronto para afirmar que el director tiene buena mano.»

«No creeré que el nuevo operador es un genio hasta que no consulte a un estadístico que pueda valorar la posibilidad de que su logro sea un suceso aleatorio.»

«La muestra de observaciones es demasiado pequeña para hacer inferencia alguna. No sigamos la ley de los pequeños números.»

«Pienso mantener en secreto los resultados del experimento hasta que no tengamos una muestra lo suficientemente grande. De otro modo, sufriremos presiones para llegar a una conclusión prematura.»

11

Anclas

En una ocasión Amos y yo pergeñamos una rueda de la fortuna. Marcaba de 0 a 100, pero la habíamos construido de manera que se parase solo en los números 10 o 65. Luego reclutamos a estudiantes de la Universidad de Oregón para que participaran en nuestro experimento. Uno de nosotros estaría frente a un grupo pequeño, haría girar la rueda y pediría a los integrantes del grupo anotar el número en el que la rueda se parase, que sería el 10 o el 65. Luego les haríamos dos preguntas:

> ¿Es el porcentaje de naciones africanas entre los miembros de la ONU mayor o menor que el número que acaba de escribir?

> ¿Cuál es su mejor estimación del porcentaje de naciones africanas en la ONU?

El giro de una rueda de la fortuna —y aun el de una que no esté trucada— posiblemente no pueda aportar información útil sobre nada, y los participantes en nuestro experimento pudieron simplemente haber ignorado esto. Pero no lo ignoraron. Las estimaciones medias de los que vieron 10 y 65 fue del 25 por ciento y del 45 por ciento, respectivamente.

El fenómeno que estábamos estudiando es tan común y tan importante en la vida cotidiana que el lector seguramente conocerá su nombre: se trata del *efecto ancla*. Este se produce cuando las personas consideran un valor particular para una cantidad desconocida antes de estimar esa cantidad. Lo que aquí sucede es uno de los resultados más fiables y sólidos de la psicología experimental: las estimaciones están cerca del número que las personas consideraban, de ahí la imagen de un ancla. Si a alguien se le pregunta si Gandhi tenía más de ciento cuatro años cuando murió, terminará haciendo una estimación más alta de la edad a que murió de la que habría hecho si la pregunta ancla hubiera hablado de treinta y cinco años. Si alguien considera cuánto pagaría por una casa, estará influido por el precio que se le pide. La misma casa le parecerá más valiosa si su precio establecido es alto que si es bajo, aunque esté determinado a resistir la influencia de ese número; y así podríamos continuar, la lista de efectos ancla es interminable. Cualquier número que se le pida al lector considerar como posible solución a un problema de estimación inducirá un efecto ancla.

No éramos los primeros en observar los efectos ancla, pero nuestro experimento era la primera demostración de su absurdo: los juicios de la gente estaban influidos por un número obviamente no informativo. No había manera de considerar razonable el efecto ancla de una rueda de la fortuna. Amos y yo publicamos los detalles del experimento en nuestro artículo de *Science*, el cual refiere uno de los hallazgos más conocidos de los que informamos en aquella revista.

Solo había un problema: Amos y yo no estábamos del todo de acuerdo en la psicología del efecto ancla. Él defendía una interpretación, y yo prefería otra, y nunca encontramos una manera de fijar un argumento. El problema quedó finalmente resuelto unas décadas después gracias a los esfuerzos de numerosos investigadores. Ahora está claro que tanto Amos como yo teníamos razón. Dos mecanismos diferentes producen efectos ancla, uno por cada sistema. Hay una forma de anclaje que ocurre en un proceso deliberado de ajuste, una operación del Sistema 2. Y hay un anclaje que ocurre en un efecto de *priming*, una manifestación automática del Sistema 1.

El anclaje como ajuste

Amos defendía la idea de una heurística de anclar-y-ajustar como una estrategia para estimar cantidades inciertas: esta empieza con un número de anclaje, evalúa si es demasiado alto o demasiado bajo y gradualmente ajusta la estimación «moviéndolo» mentalmente desde el anclaje. El ajuste suele finalizar de manera prematura, porque el proceso se para cuando ya no se está seguro de que haya que seguir moviendo. Décadas después de nuestro desacuerdo y años después de la muerte de Amos, dos psicólogos que habían trabajado cerca de Amos durante sus carreras, Eldar Shafir y Tom Gilovich, junto con sus alumnos —¡los nietos intelectuales de Amos!—, ofrecieron de forma independiente una prueba convincente de este proceso.

Para hacerse una idea, tome el lector una hoja de papel y trace una línea de 2½ pulgadas hacia arriba, sin regla, empezando por abajo de la hoja. Luego tome otra hoja y empiece a trazar desde arriba de la hoja un línea hacia abajo hasta que quede a 2½ pulgadas de abajo. Compare las líneas. Es muy posible que su primera estimación de 2½ pulgadas sea menor que la segunda. La razón es que no sabe lo que mide exactamente esa línea; hay un rango de incertidumbre. Se habrá parado cerca de abajo de la zona de incertidumbre cuando ha empezado desde abajo de la hoja, y cerca de arriba de la zona cuando lo ha hecho desde arriba. Robyn LeBoeuf y Shafir hallaron varios ejemplos de este mecanismo en la experiencia diaria. El ajuste insuficiente explica muy bien por qué tendemos a conducir demasiado deprisa cuando pasamos de la carretera a las calles urbanas, especialmente si hablamos con alguien mientras conducimos. El ajuste insuficiente es también una fuente de tensión entre padres desesperados y adolescentes que ponen la música a todo volumen en su habitación. LeBoeuf y Shafir apuntan que «un chico que excepcionalmente baja con la mejor intención el volumen de la música cuando sus padres le piden que ponga la música a un volumen "razonable", puede fallar en hacer un ajuste suficiente desde un ancla alta, y sentir que sus padres no están reconociendo sus sinceros intentos de satisfacerles».[1] El conductor y el chico hacen sus ajustes deliberadamente, y ambos fallan en ajustar lo suficiente.

Consideremos ahora las siguientes preguntas:

¿Cuándo se convirtió George Washington en presidente?

¿Cuál es la temperatura de ebullición del agua en la cima del monte Everest?

Lo primero que nos ocurre cuando consideramos cada una de estas preguntas es que un ancla nos viene a la mente, que sabemos que esta es falsa, y que sabemos cuál es la dirección de la respuesta correcta. Sabemos perfectamente que George Washington se convirtió en presidente después de 1776, y sabemos también que la temperatura de ebullición del agua en la cima del Everest está por debajo de los 100 °C. Hemos de hacer un ajuste en la dirección apropiada encontrando argumentos que nos aparten del ancla. Como en el caso de las líneas, seguramente nos detendremos cuando ya no estemos seguros de si debemos continuar, en el límite de la zona de incertidumbre.

Nick Epley y Tom Gilovich encontraron pruebas de que el ajuste es un intento deliberado de hallar razones para apartarse del ancla: las personas a las que se les pidió negar con la cabeza cuando oían el valor del ancla, se apartaban aún más del ancla, como si la rechazasen, y las que tenían que asentir con la cabeza mostraron un mejor anclaje.[2] Epley y Gilovich también confirmaron que el ajuste es una operación esforzada. La gente ajusta menos (se queda más cerca del ancla) cuando sus recursos mentales están agotados,[3] bien porque su memoria esté cargada de cifras, o bien porque esté ligeramente ebria. El ajuste insuficiente es un fallo de un Sistema 2 débil o perezoso.

Ahora sabemos que Amos tenía razón en al menos algunos casos de anclaje que implican un ajuste deliberado por parte del Sistema 2 en una dirección específica a partir de un ancla.

EL ANCLAJE COMO EFECTO DE «PRIMING»

Cuando Amos y yo debatíamos sobre el anclaje, yo estaba de acuerdo en que a veces se produce el ajuste, pero me sentía inquieto. El ajuste es una actividad deliberada y consciente, pero en la mayoría de los casos de anclaje no hay experiencia subjetiva que corresponda a esta acción. Considere el lector estas dos preguntas:

¿Tenía Gandhi más o menos de ciento cuarenta y cuatro años cuando murió?

¿Qué edad tenía Gandhi cuando murió?

¿Ha hecho su estimación ajustándola por debajo de ciento cuarenta y cuatro? Probablemente no, pero el número absurdamente elevado todavía afecta a su estimación. Yo tenía el presentimiento de que el anclaje era un caso de sugestión. Tal es la palabra que usamos cuando alguien nos hace ver, oír o sentir algo a través de la mente. Por ejemplo, la pregunta «¿Siente usted ahora ligeramente dormida su pierna izquierda?» consigue que bastantes personas digan que, en efecto, sienten su pierna izquierda un poco rara.

Amos era más conservador que yo respecto a los presentimientos, y sostenía correctamente que apelar a la sugestión no nos ayudaba a entender el anclaje, porque no sabíamos cómo explicar la sugestión. Tuve que reconocer que tenía razón, pero nunca fui un entusiasta de la idea del ajuste insuficiente como causa única del efecto ancla. Hicimos muchos experimentos inconcluyentes en un esfuerzo por entender el anclaje, pero fracasamos y acabamos abandonando la idea de escribir más sobre el tema.

El problema que nos venció está ahora resuelto, porque el concepto de sugestión ya no es oscuro: la sugestión es un efecto de *priming* que suscita selectivamente una evidencia compatible. Ni por un momento ha creído el lector que Gandhi viviera ciento cuarenta y cuatro años, pero su maquinaria asociativa ha generado con seguridad la impresión de una persona muy anciana. El Sistema 1 entiende frases intentando hacerlas verdad, y la activación selectiva de pensamientos compatibles produce una familia de errores sistemáticos que nos hacen crédulos y proclives a dar demasiado crédito a cualquier cosa. Ahora podemos ver por qué Amos y yo no comprendimos que había dos tipos de anclaje: las técnicas de investigación y las teorías que necesitábamos aún no existían. Las desarrollaron más tarde otras personas. Sin duda en muchas situaciones se da un proceso que semeja la sugestión: el Sistema 1 hace cuanto puede por construir un mundo en el que el ancla es el número verdadero. Esta es una de las manifestaciones de coherencia asociativa que he descrito en la primera parte de este libro.

Los psicólogos alemanes Thomas Mussweiler y Fritz Strack ofrecieron las demostraciones más convincentes del papel de la coherencia asociativa en el anclaje.[4] En un experimento hicieron una pregunta ancla sobre temperatura: «¿Está la temperatura media anual de Alemania por encima o por debajo de los 20 °C?». O bien: «¿Está la temperatura media anual de Alemania por encima o por debajo de los 5 °C?».

Luego se mostró brevemente a todos los participantes unas palabras que debían identificar. Los investigadores observaron que los 20 °C hacían más fácil reconocer palabras relacionadas con el verano (como *sol* y *playa*), y los 5 °C hacían más fácil reconocer palabras relacionadas con el invierno (como *hielo* y *esquí*). La activación selectiva de recuerdos compatibles explica el anclaje: los números altos y bajos activan en la memoria diferentes conjuntos de ideas. Las estimaciones de la temperatura anual se inspiraban en estas muestras sesgadas de ideas, y estaban, por tanto, también sesgadas. En otro elegante estudio en la misma línea se preguntó a los participantes sobre el precio medio de los coches alemanes. Un ancla alta selectivamente primó las marcas de lujo (Mercedes, Audi), mientras que un ancla baja primó marcas de utilitarios (Volkswagen). Antes hemos visto que cualquier acción de primar algo tenderá a evocar información que sea compatible con ella. Tanto la sugestión como el anclaje tienen su explicación en la misma operación automática del Sistema 1. Aunque entonces yo no sabía cómo probar esto, mi presentimiento sobre la relación entre el anclaje y la sugestión resultó acertado.

EL ÍNDICE DE ANCLAJE

Muchos fenómenos psicológicos pueden demostrarse experimentalmente, pero pocos pueden medirse de verdad. El efecto ancla es una excepción. El anclaje puede medirse, y este es un efecto extraordinario. A algunos visitantes del Exploratorium de San Francisco se les hizo estas dos preguntas:[5]

¿Es la altura de la secuoya más alta mayor o menor de 1.200 pies?
¿Cuál es su estimación de la altura de la secuoya más alta?

En este experimento, el «ancla alta» era 1.200 pies. Para otros participantes, la primera pregunta presentaba un «ancla baja» de 180 pies. La diferencia entre las dos anclas era de 1.020 pies.

Como era de esperar, los dos grupos hicieron estimaciones medias muy distintas: 844 y 282 pies. La diferencia era de 562 pies. El índice de anclaje es simplemente la ratio de las dos diferencias (562/1.020) expresada en porcentajes: 55 por ciento. La medida del anclaje sería del 100 por ciento para quienes adoptan ciegamente el ancla como una estimación, y cero para quienes son capaces de ignorarla por completo. El valor del 55 por ciento que se observó en este ejemplo es típico. Valores similares se han observado en muchas otras tareas.

El efecto de anclaje no es una curiosidad de laboratorio; puede ser igual de vigoroso en el mundo real. En un experimento realizado hace algunos años se ofreció a unos agentes inmobiliarios la oportunidad de tasar una casa que estaba a la venta. Visitaron la casa y examinaron un folleto con toda clase de información que incluía un precio de oferta. La mitad de los agentes vieron un precio que era sustancialmente más alto que el precio de cotización de la casa; la otra mitad vio un precio que era sustancialmente más bajo.[6] Cada agente dio su opinión sobre un precio de compra razonable para la casa, así como el precio más bajo por el que estaría dispuesto a vender la casa si él fuese su propietario. Luego se preguntó a los agentes sobre los factores que habían influido en sus juicios. Sorprendentemente, el precio de oferta no fue uno de esos factores; los agentes presumían de ser capaces de ignorarlo. E insistieron en que el precio de cotización no afectó a sus respuestas; pero se equivocaban: el efecto ancla fue del 41 por ciento. Era evidente que los profesionales eran casi tan susceptibles de los efectos de anclaje como los estudiantes de una escuela de negocios sin experiencia inmobiliaria, cuyo índice de anclaje fue del 48 por ciento. La única diferencia entre los dos grupos era que los estudiantes reconocían la influencia del ancla, mientras que los profesionales negaban tal influencia.

Pueden observarse poderosos efectos de anclaje en las decisiones que la gente toma en relación con el dinero, como cuando elige con cuánto contribuir a una causa. Para demostrar este efecto, informamos a los participantes en un estudio del Exploratorium acerca del daño medioambiental causado por los buques petroleros en el océano Pacífico y les preguntamos si estaban dispuestos a hacer una contribución anual «para salvar a 50.000 aves marinas que anidan en tierra de los pequeños vertidos de petróleo cerca de la costa del Pacífico hasta que se encontrara la manera de prevenir los vertidos o de exigir a los propietarios de los petroleros que paguen por la operación». Esta pregunta requiere un equivalente en intensidad, por eso se pidió a los participantes que determinaran la cantidad de dólares a que ascendería una contribución que correspondiera a la intensidad de sus sentimientos sobre la situación de las aves marinas. A algunos de los visitantes se les hizo primero una pregunta ancla: «¿Estaría dispuesto a pagar 5 dólares...», antes de hacerles la pregunta directa de con qué cantidad contribuirían.

Cuando no se mencionaba ningún ancla, los visitantes del Exploratorium —generalmente sensibles a los problemas medioambientales— dijeron que estarían dispuestos a pagar 64 dólares de media. Cuando la cantidad de anclaje era de solo 5 dólares, las contribuciones fueron de un promedio de 20 dólares, y cuando el ancla era desmesurada, de 400 dólares, la disposición a pagar ascendió a 143 dólares de promedio.

La diferencia entre los grupos de ancla alta y de ancla baja era de 123 dólares. El efecto de anclaje era superior al 30 por ciento, indicando que el incremento de la solicitud inicial en 100 dólares daba un resultado de 30 dólares de media en la disposición a pagar.

Efectos similares o mayores de anclaje se han obtenido en numerosos estudios sobre estimaciones y disposiciones a pagar. Por ejemplo, a unos residentes franceses de la muy contaminada región de Marsella se les preguntó qué aumento del coste de la vida aceptarían si pudieran vivir en una región menos contaminada. El efecto de anclaje fue superior al 50 por ciento en este estudio. Los efectos de anclaje son fácilmente observables en el comercio online, donde a menudo se ofrece el mismo ítem a diferentes precios en *buy now*. La «estimación» en subastas de arte es también un ancla que influye en la primera puja.

Hay situaciones en las que el anclaje parece razonable. Después de todo, no es sorprendente que personas a las que se hacen preguntas difíciles se agarren a algo, y el ancla es un asidero de cierta solidez. Si no sabemos casi nada sobre los árboles de California y nos preguntan si una secuoya puede medir más de 1.200 pies, podemos inferir que este número no está demasiado lejos de la verdad. Suponemos que alguien que conoce la verdadera altura habrá ideado la pregunta, de modo que el ancla puede ser una indicación valiosa. Sin embargo, un hallazgo clave de la investigación sobre el anclaje es que las anclas que son obviamente aleatorias pueden ser tan efectivas como potencialmente informativas. Cuando utilizamos una rueda de la fortuna para estimaciones de la proporción de naciones africanas en la ONU, el índice de anclaje fue del 44 por ciento, dentro del rango de efectos observados con anclas que muy bien podrían ser tomadas como indicaciones. Efectos de anclaje de magnitud similar han sido observados en experimentos en los que los últimos dígitos del número de la Seguridad Social de los participantes eran usados como ancla (por ejemplo, para estimar el número de médicos de su ciudad). La conclusión es clara: las anclas no producen sus efectos porque la gente crea que son informativos.

El poder de las anclas aleatorias se ha demostrado en algunos casos inquietantes. Jueces alemanes con una media de más de cincuenta años de experiencia en los tribunales leyeron primero la descripción de una mujer que había sido sorprendida robando, luego echaron un par de dados que habían sido preparados para que los resultados fuesen un 3 o un 9.[7] Cuando los dados se detenían, se pidió a los jueces que sentenciaran a la mujer a una pena de prisión mayor o menor, en meses, que el número que mostraban los dados. Finalmente se pidió a los jueces que especificaran la pena exacta de prisión que impondrían a la ladrona. Los que habían sacado un 9 decidieron sentenciarla, de media, a 8 meses, y los que sacaron un 3, a 5 meses; el efecto de anclaje fue del 50 por ciento.

Usos y abusos de los anclajes

A estas alturas, el lector ya estará convencido de que los efectos de anclaje —a veces debidos al *priming*, y a veces a un ajuste insuficiente— están en todas partes. Los mecanismos psicológicos que produce el anclaje nos hacen mucho más sugestionables de lo que la mayoría de nosotros querríamos. Ni que decir tiene que hay bastantes personas que están dispuestas, y son capaces de hacerlo, a explotar nuestra credulidad.

Los efectos de anclaje explican por qué, por ejemplo, el racionamiento arbitrario es una estratagema eficaz de marketing. Hace pocos años, los clientes de un supermercado de Sioux City, Iowa, encontraron una promoción de la sopa Campbell's al 10 por ciento de su precio normal. Durante unos días, un letrero del estante decía: LÍMITE DE 12 POR PERSONA. Otros días, el letrero decía: SIN LÍMITE POR PERSONA.[8] Los clientes adquirieron una media de 7 latas cuando el límite estaba en vigor, el doble de las que compraron cuando se quitó el límite. El anclaje no es la única explicación. El racionamiento implica que los artículos vuelen de los estantes y que los compradores sientan cierta urgencia en aprovisionarse. Pero también sabemos que la mención de 12 latas como posible compra producirá un anclaje aunque el número lo genere una ruleta.

La misma estrategia entra en juego en la negociación del precio de una casa cuando el vendedor hace el primer movimiento fijando el precio de cotización. Como en muchos juegos, mover primero es una ventaja en las negociaciones con salida única; por ejemplo, cuando hay un único precio fijado entre un comprador y un vendedor. Como el lector habrá experimentado, la primera vez que se regatea en un bazar el ancla inicial tiene un efecto poderoso. Mi consejo a los estudiantes cuando impartía clases de negociación era que si pensaban que la otra parte había hecho una propuesta abusiva, no se opusieran con una contraoferta igual de abusiva, abriendo una brecha que sería difícil de salvar en posteriores negociaciones. En vez de eso debían montar una escena, enfurecerse o amenazar con hacerlo, y dejar claro —a sí mismos tanto como a la otra parte— que no continuarían la negociación con esa cifra sobre la mesa.

Los psicólogos Adam Galinsky y Thomas Mussweiler propusieron formas más sutiles de resistir el efecto de anclaje en negociaciones.[9] Pidieron a unos negociadores experimentales centrar su atención y buscar en su memoria argumentos contra el ancla. La instrucción de activar el Sistema 2 tuvo éxito. Por ejemplo, el efecto de anclaje se reduce o elimina si el que mueve el segundo centra su atención en la oferta mínima que el oponente aceptaría, o bien en los costes que supondrían para el oponente no lograr llegar a un acuerdo. En general, la estrategia de «pensar en contrario» aplicada deliberadamente sería una buena defensa contra los efectos de anclaje, puesto que niega el reclutamiento sesgado de pensamientos que producen tales efectos.

Finalmente, se puede probar a transformar el efecto de anclaje en un problema de dimensión pública: el de la magnitud de los perjuicios en casos de agravio personal. Las indemnizaciones correspondientes son a veces muy grandes. Las empresas que son objeto frecuente de tales demandas, como hospitales y compañías químicas, han presionado para poner límites a las indemnizaciones. Antes de leer este capítulo, el lector quizá pensase que limitar las indemnizaciones era ciertamente bueno para potenciales demandados, pero ahora no estará tan seguro. Considere el efecto de limitar las indemnizaciones a un millón de dólares. La regla sería eliminar todas las indemnizaciones grandes, pero el ancla también aumenta la magnitud de muchas indemnizaciones que, de otro modo, serían mucho menores.[10] Casi con seguridad beneficiaría a quienes cometen graves infracciones y a las grandes empresas mucho más que a las pequeñas.

El anclaje y los dos sistemas

Los efectos de las anclas aleatorias tienen mucho que decirnos sobre las relaciones entre el Sistema 1 y el Sistema 2. Los efectos de anclaje siempre se han estudiado en tareas de juicio y elección, que son finalmente completadas por el Sistema 2. Sin embargo, el Sistema 2 trabaja con datos que son extraídos de la memoria en una operación automática e involuntaria del Sistema 1. El Sistema 2 es, por tanto, susceptible de recibir la influencia sesgante de anclas que hacen que cierta información sea más fácil de extraer. Además, el Sistema 2 no tiene control sobre el efecto ni conocimiento del mismo. Los participantes que han sido expuestos a anclas aleatorias o absurdas (como la muerte de Gandhi a los ciento cuarenta y cuatro años) niegan con rotundidad que esa información, obviamente inútil, pueda haber influido en su estimación, pero se equivocan.

En nuestra exposición de la ley de los pequeños números hemos visto que un mensaje, a menos que sea inmediatamente rechazado como una simple mentira, tendrá el mismo efecto en el sistema asociativo con independencia de su fiabilidad. Lo esencial del mensaje es la historia que cuenta, basada en cualquier información disponible, aunque la cantidad de información sea escasa y su cualidad pobre: WYSIATI. Cuando leemos una historia sobre el rescate heroico de un alpinista herido, el efecto en nuestra memoria asociativa es en gran parte el mismo si la historia es una noticia de la prensa o la sinopsis de una película. El anclaje es un resultado de esta activación asociativa. Poco importa que la historia sea o no verdadera o creíble. El potente efecto de las anclas aleatorias es un caso extremo de este fenómeno, pues un ancla aleatoria obviamente no proporciona ninguna información.

Páginas atrás he expuesto la abrumadora variedad de efectos de *priming* en los que el pensamiento y la conducta pueden ser influidos por estímulos a los que no prestamos ninguna atención y de los que no somos en absoluto conscientes. La principal moraleja de la investigación del *priming* es que nuestros pensamientos y nuestro comportamiento están influidos por el entorno del momento mucho más de lo que sabemos o queremos. Numerosas personas consideran los resultados del *priming* nada creíbles por no corresponder a su experiencia subjetiva. Y muchas otras consideran los resultados desazonadores porque se oponen a la sensación subjetiva de la acción y la autonomía personales. Si el contenido de un salvapantallas en un ordenador cualquiera puede afectar nuestra disposición a ayudar a extraños sin que seamos conscientes de ello, ¿cuál es nuestra libertad? Los efectos de anclaje se nos oponen de la misma manera. Siempre somos conscientes del ancla, y hasta le prestamos atención, pero no sabemos hasta qué punto guía y condiciona nuestro pensamiento, puesto que no podemos imaginar cómo habríamos pensado si el ancla hubiera sido diferente (o hubiera estado ausente). Con todo, asumiríamos que una cifra puesta sobre la mesa ha tenido un efecto de anclaje en nosotros, y si lo que arriesgamos es mucho, nos movilizaremos (movilizaremos nuestro Sistema 2) para combatir el efecto.

HABLANDO DE ANCLAS

«La empresa que queremos adquirir nos envía su plan de negocios con los ingresos esperados. No debemos dejar que ese número influya en nuestro pensamiento. Dejémoslo de lado.»

«Los planes van acompañados de las mejores expectativas. Evitemos el anclaje en planes si podemos predecir resultados reales. Pensar en las maneras en que los planes podrían salir mal es un modo de hacerlo.»

«Nuestro propósito en la negociación es anclarlos en ese número.»

«Dejemos claro que si esa es la propuesta, las negociaciones han terminado. No queremos empezar por ahí.»

«Los abogados del demandado presentan un frívolo informe en el que mencionan una cantidad ridículamente baja de perjuicios,[11] y tienen al juez anclado en ella.»

12

La ciencia de la disponibilidad

Amos y yo tuvimos nuestro año más productivo en 1971-1972, que pasamos en Eugene, Oregón. Fuimos invitados por el Instituto de Investigación de Oregón, que albergaba a varios futuros astros de todos los campos en que trabajábamos —juicios, decisiones e intuición predictiva—. Nuestro principal anfitrión era Paul Slovic, que había sido compañero de clase de Amos en Ann Arbor y era amigo de toda la vida. Paul iba camino de ser el psicólogo líder entre los estudiosos del riesgo, una posición que mantendría durante décadas y que le depararía numerosos reconocimientos a lo largo de su carrera. Paul y su mujer, Roz, nos introdujeron en el ambiente de Eugene, y pronto nos vimos haciendo lo que todo el mundo en Eugene: *jogging*, barbacoas y llevando a los niños a los partidos de baloncesto. Trabajamos duro, llevando a cabo numerosos experimentos y escribiendo nuestros artículos sobre las heurísticas del juicio. Por las noches escribía *Atención y esfuerzo*. Fue un año muy intenso.

Uno de nuestros proyectos era el estudio de lo que denominamos *heurística de la disponibilidad*. Pensábamos en dicha heurística cuando nos preguntábamos por lo que la gente hace cuando quiere estimar la frecuencia de una categoría, como la de «las personas que se divorcian después de los sesenta años» o la de «las plantas peligrosas». La respuesta era sencilla: los ejemplos de la clase son extraídos de la memoria, y si su obtención es fácil y fluida, la categoría se juzgará extensa. Definimos la heurística de la disponibilidad como el proceso de juzgar la frecuencia por «la facilidad con que los ejemplos vienen a la mente».[1] La definición parecía clara cuando la formulamos, pero el concepto de disponibilidad lo fuimos perfeccionando con el tiempo. Cuando estudiamos la disponibilidad, aún no habíamos desarrollado el enfoque de los dos sistemas, y no hicimos ningún intento de determinar si esa heurística es una estrategia deliberada para resolver problemas o una operación automática. Ahora sabemos que en ella están implicados los dos sistemas.

Una cuestión que pronto consideramos era la de cuántos ejemplos deben extraerse para tener la impresión de que estos acuden fácilmente a la mente. Ahora conocemos la respuesta: ninguno. Pongamos un ejemplo: piense el lector en el número de palabras que pueden formarse con estas dos filas de letras.

XUZONLCJM
TAPCERHOB

Casi inmediatamente, sin poner ningún ejemplo, sabe que una fila ofrece bastantes más posibilidades que la otra, probablemente en un factor de 10 o más. Del mismo modo que no necesita recordar noticias concretas para tener una buena idea de la frecuencia relativa con que diferentes países han aparecido en las noticias el año pasado (Bélgica, China, Francia, Congo, Nicaragua, Rumanía…).

La heurística de la disponibilidad, como otras heurísticas del juicio, sustituye una pregunta por otra: intentamos estimar la extensión de una categoría o la frecuencia de un suceso, pero manifestamos la impresión de la facilidad con que nos vienen ejemplos a la mente. La sustitución de preguntas produce inevitablemente errores sistemáticos. Mediante un sencillo procedimiento podemos descubrir cómo la heurística conduce a sesgos: listar factores diferentes de la frecuencia que hace fácil encontrar ejemplos. Cada factor de la lista será una fuente potencial de sesgos. He aquí algunos ejemplos:

- Un suceso notable que atrae nuestra atención será fácilmente extraído de la memoria. Los divorcios entre celebridades de Hollywood y los escándalos sexuales de los políticos atraen mucha atención, y los casos acudirán fácilmente a la mente. Es probable que exageremos la frecuencia de divorcios en Hollywood y de escándalos sexuales de los políticos.

• Un suceso dramático que aumenta temporalmente la disponibilidad en su categoría. Un choque de aviones con gran cobertura mediática alterará temporalmente nuestras sensaciones sobre la seguridad en los vuelos. Los accidentes permanecerán por un tiempo en nuestras mentes después de haber visto un coche ardiendo a un lado de la carretera, y el mundo será durante ese tiempo un lugar peligroso.

• Experiencias personales, fotografías y cuadros vívidos estarán más disponibles que las cosas que experimentan otros, o que unas simples palabras o estadísticas. Un error judicial que nos afecte socavará nuestra confianza en el sistema judicial más que un caso similar que hayamos leído en el periódico.

Es posible resistirse a esta nutrida serie de sesgos en disponibilidad potencial, pero es una tarea tediosa. Hemos de hacer el esfuerzo de reconsiderar nuestras impresiones e intuiciones preguntándonos cuestiones como «¿Creemos que los robos cometidos por adolescentes son un problema mayor solo porque se han dado unos pocos casos en nuestro barrio?», o «¿Es posible que no necesite vacunarme contra la gripe porque ninguna de las personas que conozco tuvo gripe el año pasado?». Mantener la vigilancia frente a los sesgos es muy aburrido, pero la posibilidad de evitar un error que no nos conviene justifica el esfuerzo.

Uno de los estudios más conocidos sobre la disponibilidad sugiere que el ser conscientes de nuestros propios sesgos puede contribuir a la armonía matrimonial, y probablemente a la de otras relaciones estrechas. En un famoso estudio se preguntó a unos cónyuges: «¿Cuál ha sido su contribución personal, expresada en porcentajes, a mantener las cosas ordenadas?». También tuvieron que responder a preguntas similares, como ocuparse de «sacar la basura», «organizar reuniones sociales», etcétera. ¿Alcanzarán las contribuciones que uno se atribuye el 100 por ciento, o más o menos?[2] La explicación es un simple *sesgo de disponibilidad*: cada cónyuge recuerda sus esfuerzos y contribuciones individuales con mucha más claridad que los del otro, y la diferencia de disponibilidad lleva a una diferencia en la frecuencia juzgada. El sesgo no es necesariamente interesado: cada uno de los cónyuges también sobrestimó su contribución a las disputas, aunque algo menos que sus contribuciones a crear un ambiente más deseable. El mismo sesgo contribuye a la observación común de que muchos miembros de un equipo de trabajo sienten que han hecho más que el resto y que los demás no agradecen lo suficiente sus contribuciones personales.

En general no soy optimista respecto al potencial de control personal de los sesgos, pero hay una excepción. La oportunidad de eliminar con éxito un sesgo existe porque las circunstancias en que se plantea el reconocimiento de un mérito son fáciles de identificar, y ello porque cuando varias personas sienten a la vez que sus esfuerzos no son debidamente reconocidos se crean tensiones. La mera observación de que hay más del 100 por ciento de méritos para repartir es a veces suficiente para calmar los ánimos. Siempre es bueno acordarse de cada individuo. A veces haremos más que los demás, pero es útil saber que posiblemente tengamos esa sensación cuando cada miembro del equipo también la tiene.

LA PSICOLOGÍA DE LA DISPONIBILIDAD

Un importante avance en la comprensión de la heurística de la disponibilidad se produjo a principios de la década de 1990, cuando un grupo de psicólogos alemanes dirigidos por Norbert Schwarz[3] se hicieron una interesante pregunta: ¿cómo afecta la petición de listar un número especificado de ejemplos a las impresiones que tienen las personas sobre la frecuencia de una categoría? Imagine el lector que él es un sujeto en este experimento:

> Haga primero una lista de seis ejemplos en los que se mostró firme y seguro de sí mismo.
> Luego evalúe en qué grado está usted seguro de sí mismo.

Imagine que se le han pedido doce ejemplos de comportamiento firme y seguro (un número que la mayoría de la gente encuentra difícil). ¿Será su opinión sobre esos rasgos del carácter diferente?

Schwarz y sus colegas observaron que la tarea de listar ejemplos puede mejorar los juicios sobre el carácter por dos caminos diferentes:

- por el número de ejemplos obtenidos;
- por la facilidad con que acuden a la mente.

La petición de listar doce ejemplos enfrenta a los dos factores determinantes entre sí. Por una parte, el lector acaba de obtener un número importante de casos en los que se mostró seguro de sí. Por otra parte, mientras que los primeros tres o cuatro ejemplos probablemente le vinieran fácilmente a la mente, es casi seguro que ha tenido que luchar para que le vinieran los últimos y poder formar el conjunto de doce; aquí el flujo ha sido bajo. ¿Qué cuenta más, la cantidad obtenida o la facilidad y la fluidez en la obtención?

De la lucha salió un claro ganador: las personas que acababan de listar doce ejemplos se consideraron a sí mismas menos seguras que las que habían listado solo seis. Además, los participantes a los que se había pedido listar doce casos en los que *no* se mostraron seguros de sí mismos terminaron considerándose muy seguros de sí mismos. Quien no puede encontrar fácilmente ejemplos de comportamiento sumiso, es probable que concluya que no es en absoluto sumiso. Las personas que se clasificaron a sí mismas estaban dominadas por la facilidad con que los ejemplos habían acudido a su mente. La experiencia de obtener ejemplos de manera fluida inspiró el número obtenido.

Una demostración aún más directa del papel de esta fluidez la ofrecieron otros psicólogos del mismo grupo.[4] Todos los participantes en su experimento listaron seis ejemplos de comportamiento seguro (o no seguro) mientras mantenían una expresión facial especificada. A los «sonrientes» se les había pedido contraer el músculo cigomático, lo cual produce una leve sonrisa; a los «ceñudos» se les había pedido fruncir el ceño. Como el lector ya sabe, el ceño fruncido normalmente acompaña a la tensión cognitiva, y el efecto es simétrico: cuando se pide a alguien fruncir el ceño mientras hace una tarea, de hecho intenta esforzarse más y experimenta mayor tensión cognitiva. Los investigadores anticiparon que los ceñudos tendrían más dificultad en obtener ejemplos de comportamiento seguro, y por tanto se clasificarían a sí mismos como relativamente carentes de seguridad. Y así fue.

Los psicólogos disfrutan con los experimentos que arrojan resultados paradójicos, y han aplicado con entusiasmo el descubrimiento de Schwarz. Por ejemplo, la gente

- cree que usa sus bicicletas con menos frecuencia después de recordar muchos ejemplos que si ha recordado pocos;
- tiene menos confianza en una selección cuando se le pide dar más argumentos para respaldarla;
- tiene menos confianza en que un suceso pueda evitarse después de listar otras posibles maneras de evitarlo;
- le impresiona menos un coche después de listar muchas de sus ventajas.

Un profesor de la UCLA halló una ingeniosa manera de explotar el sesgo de disponibilidad. Pidió a distintos grupos de estudiantes listar maneras de mejorar la clase, y varió el número requerido de mejoras. Como esperaba, los estudiantes que habían listado más maneras de mejorar la clase dieron a esta una calificación más alta.

Pero el hallazgo más interesante de esta investigación paradójica acaso sea que la paradoja no siempre es detectada: a veces las personas se dejan llevar por el contenido más que por la facilidad de obtención. La prueba de que verdaderamente entendemos un patrón de conducta es que sabemos cómo invertirlo. Schwarz y sus colegas aceptaron este reto de descubrir las condiciones en las cuales se produce esta inversión.

La facilidad con que los ejemplos de seguridad en sí mismo acuden a la mente del sujeto cambia durante la ejecución de la tarea. Los primeros ejemplos son fáciles, pero su obtención pronto se vuelve difícil. Por supuesto, el sujeto también espera que la fluidez decaerá gradualmente, pero la caída de la fluencia entre seis y doce ejemplos parece más marcada de lo que el participante esperaba. Los resultados sugieren que los participantes hacen una inferencia: si voy a tener muchos más problemas de los que esperaba que se me presentasen para poner ejemplos de mi seguridad, entonces no puedo sentirme muy seguro. Hay que señalar que esta inferencia se basa en una sorpresa, una fluidez que es menor de lo esperado. La heurística de la disponibilidad que el sujeto aplica se describe mejor como una heurística «de la no disponibilidad inexplicable».

Schwarz y sus colegas razonaron que podían desbaratar la heurística proporcionando a los sujetos una explicación de la fluidez de obtención que experimentaron. Dijeron a los participantes que oirían música de fondo mientras recordaban ejemplos, y que la música afectaría a la ejecución de la tarea de extracción de la memoria. A algunos sujetos se les dijo que la música les ayudaría, y a otros que verían disminuida la fluidez. Como predijeron, los participantes cuya experiencia de la fluidez fue «explicada» no la usaron como heurística, y los sujetos a los que se les dijo que la música haría más difícil la obtención de ejemplos se consideraron igual de seguros cuando obtuvieron doce ejemplos que cuando obtuvieron seis. Otras historias se han usado con el mismo resultado: los juicios dejan de estar influidos por la facilidad de obtención cuando se da a la experiencia de la fluidez una explicación falsa, como la presencia de cajas de texto curvadas o rectas, el color de fondo de la pantalla u otros factores irrelevantes que los experimentadores idearon.[5]

El proceso que conduce al juicio a través de la disponibilidad, tal como lo he descrito, parece implicar una compleja cadena de razonamientos. Los sujetos tienen una experiencia de fluidez disminuida conforme van poniendo ejemplos. Evidentemente tienen expectativas sobre la rapidez a que la fluidez disminuye, y esas expectativas son falsas: la dificultad con que se les ocurren nuevos ejemplos aumenta con más rapidez de la que esperan. Es la baja fluidez inesperada lo que hace que los sujetos a los que se pidió doce ejemplos se describan a sí mismos como poco seguros. Cuando la sorpresa se elimina, la baja fluidez ya no influye en el juicio. El proceso parece consistir en un complejo conjunto de inferencias. ¿Es el automático Sistema 1 capaz de él?

La respuesta es que de hecho no se necesita un razonamiento complejo. Entre las características básicas del Sistema 1 se cuenta su capacidad para generar expectativas y sorprenderse cuando estas son defraudadas. El sistema también busca las posibles causas de una sorpresa, y en general halla una posible causa entre sorpresas recientes. Además, el Sistema 2 puede recomponer sobre la marcha las expectativas del Sistema 1, con lo que un suceso que normalmente sería sorprendente se vuelve casi normal. Supongamos que nos dicen que el niño de tres años que vive al lado lleva frecuentemente una chistera cuando va en su cochecito. Nos sorprenderá menos que lo veamos luego con esa chistera que si lo hubiésemos visto sin que nadie nos los contara. En el experimento de Schwarz se menciona la música de fondo como posible causa de dificultad en la obtención de ejemplos. La dificultad de obtener doce ejemplos deja entonces de ser una sorpresa, y por tanto es menos probable que sea evocada en la tarea de juzgar sobre la seguridad.

Schwarz y sus colegas descubrieron que los sujetos personalmente implicados en el juicio es más probable que se fijen el número de ejemplos que extraen de la memoria y menos probable que lo hagan con fluidez. En un experimento reclutaron a dos grupos de estudiantes para un estudio sobre los riesgos para la salud cardíaca. La mitad de los estudiantes tenían un historial familiar de enfermedad cardíaca, y se esperó que se tomaran la tarea más seriamente que los que no tenían ese historial. A todos se les pidió recordar tres u ocho hábitos de su rutina diaria que pudieran afectar a su salud cardíaca (a algunos se les preguntó por hábitos de riesgo y a otros por hábitos preventivos).[6] Los estudiantes sin historial familiar de enfermedades del corazón manifestaron cierta despreocupación en la tarea, y siguieron la heurística de la disponibilidad. Los estudiantes a los que resultó difícil encontrar ocho ejemplos de hábitos de riesgo se sentían relativamente seguros, y los que lucharon para obtener ejemplos de hábitos preventivos sentían que su salud peligraba. Los estudiantes con antecedentes familiares de afecciones cardíacas mostraron el patrón contrario: se sentían más seguros cuando obtenían muchos ejemplos de hábitos preventivos, y más en peligro cuando obtenían muchos ejemplos de hábitos arriesgados. Entre ellos era también más frecuente sentir que su forma de vida futura se vería afectada por la experiencia de evaluar su riesgo.

La conclusión es que la facilidad con que los ejemplos acuden a la mente es una heurística del Sistema 1, que es reemplazada por una focalización en el contenido cuando el Sistema 2 está más comprometido. Múltiples líneas de evidencia convergen en la conclusión de que las personas que se dejan guiar por el Sistema 1 son mucho más propensas a los sesgos de disponibilidad que las que se hallan en estado de mayor atención. Las siguientes son situaciones en las que las personas «se dejan llevar por la corriente», movidas mucho más por la facilidad de obtención que por el contenido que obtienen:

- cuando están al mismo tiempo comprometidas con otra tarea que requiere esfuerzo;[7]
- cuando están de buen humor porque acaban de pensar en un episodio feliz de su vida;[8]
- cuando dan una baja puntuación en una escala de depresión;[9]
- cuando son principiantes que creen[10] saber del tema de la tarea, en contraste con los verdaderos expertos;[11]
- cuando dan una alta puntuación en una escala de confianza en la intuición;[12]
- cuando son (o se les hace sentirse) poderosas.[13]

Encuentro el último hallazgo particularmente intrigante. Los autores anteponen en su artículo una cita célebre: «No paso demasiado tiempo sometiendo a votación por el mundo mi manera de actuar para que me digan si es la correcta. Acabo de conocer cómo me siento» (George W. Bush, noviembre de 2002). Los autores querían demostrar que la confianza en la intuición solo es un rasgo personal en parte. Únicamente con recordarles a determinadas personas que hubo un tiempo en que tuvieron poder aumenta la confianza aparente en su propia intuición.

Hablando de la disponibilidad

«Solo porque el mes pasado dos aviones chocaron en pleno vuelo, ella prefiere ahora tomar el tren. Eso es una tontería. El riesgo no ha cambiado realmente; es un sesgo de disponibilidad.»

«Él subestima los riesgos de la contaminación interior porque en los medios hay pocas historias que hablen de ella. Es un efecto de disponibilidad. Debería echar un vistazo a las estadísticas.»

«Ella ha visto demasiadas películas de espías últimamente, por eso ve conspiraciones en todas partes.»

«El director ha cosechado un éxito tras otro, por eso no le viene fácilmente a la mente la idea del fracaso. El sesgo de disponibilidad le está volviendo demasiado confiado.»

13

Disponibilidad, emoción y riesgo

Los estudiosos del riesgo no tardaron en ver que la idea de disponibilidad era relevante para su especialidad. Ya antes de que nuestro trabajo se publicase, el economista Howard Kunreuther, que entonces se hallaba en los comienzos de una carrera dedicada al estudio del riesgo y de las prevenciones, observó que los efectos de la disponibilidad ayudan a explicar los patrones de contratación de seguros y de acción preventiva después de un desastre. Las víctimas y sus allegados sienten gran preocupación después de un desastre. Después de cada terremoto importante, los californianos se muestran por un tiempo dispuestos a contratar seguros y adoptar medidas de protección y mitigación. Refuerzan sus calderas para reducir los daños que puedan causarles los temblores, sellan las puertas del sótano para evitar inundaciones y mantienen los dispositivos de emergencia en buen estado. Pero los recuerdos de un desastre se atenúan con el tiempo, y con ellos la preocupación y la diligencia. La dinámica de la memoria ayuda a explicar los ciclos recurrentes de desastre, preocupación y creciente confianza, tan familiares a los estudiosos de las grandes emergencias.

Kunreuther también observó que las acciones preventivas, tanto las de los individuos como las de los gobiernos, suelen estar diseñadas para ser las adecuadas al peor desastre que se haya sufrido. Ya en el Egipto faraónico, las sociedades se fijaban en las marcas que dejaban las inundaciones de los ríos que periódicamente crecían, y siempre estaban preparados para ellas, al parecer asumiendo que las crecidas no superarían la marca de altura existente. Difícilmente nos vienen a la mente imágenes de un desastre peor.

DISPONIBILIDAD Y AFECTO

Los estudios más influyentes sobre los sesgos de disponibilidad los realizaron nuestros amigos de Eugene, donde a Paul Slovic y su inseparable colaboradora Sarah Lichtenstein se unió nuestro antiguo alumno Baruch Fischhoff. Ellos llevaron a cabo una investigación pionera sobre la percepción pública de riesgos que incluía un estudio que se ha convertido en ejemplo estándar de análisis del sesgo de disponibilidad. Pidieron a los participantes en su estudio que consideraran pares de causas de muerte: diabetes y asma o derrames y accidentes. Para cada par, los sujetos indicaron la causa más frecuente y estimaron la proporción de las dos frecuencias. Los juicios fueron comparados con estadísticas de salud de la época. He aquí una muestra de sus hallazgos:

- Los derrames causan casi el doble de muertes que todos los accidentes juntos, pero el 80 por ciento de los participantes juzgaron que las muertes por accidentes eran más probables.
- Los tornados se consideraron causas de muerte más frecuentes que el asma, aunque esta causa 20 veces más muertes.
- Se juzgó la muerte por rayos menos probable que la muerte por botulismo, aunque esta es 52 veces más frecuente.
- La muerte por enfermedad es 18 veces más probable que la muerte por accidentes, pero se juzgó que ambas eran igual de probables.
- La muerte por accidentes se juzgó más de 300 veces más probable que la muerte por diabetes, pero la verdadera proporción es 1:4.

La lección es clara: las estimaciones de causas de muerte están distorsionadas por su cobertura mediática. La cobertura misma se halla sesgada hacia la novedad y el dramatismo. Los medios no solo modelan, sino que son modelados por lo que interesa al público. Sus editores no pueden ignorar las demandas del público, que quiere que determinados asuntos y puntos de vista reciban una amplia cobertura. Los sucesos poco habituales (como el botulismo) atraen una atención desproporcionada, y por eso se perciben como más habituales de lo que realmente son. El mundo que imaginamos no es una réplica precisa de la realidad; nuestras expectativas sobre la frecuencia de los acontecimientos están distorsionadas por la prevalencia y la intensidad emocional de los mensajes que nos llegan.

Las estimaciones sobre causas de muerte son una representación casi directa de la activación de ideas en la memoria asociativa y un buen ejemplo de sustitución. Pero Slovic y sus colegas llegaron a una visión más profunda: vieron que la facilidad con que las ideas de diversos riesgos acuden a la mente y las reacciones emocionales a dichos riesgos se hallaban inextricablemente enlazadas. Las ideas y las imágenes aterradoras nos vienen con particular facilidad, y las ideas fluidas y vívidas de peligros exacerban el temor.

Como ya se ha mencionado, Slovic acabó desarrollando la noción de una heurística del afecto en la que las personas hacen juicios y toman decisiones consultando sus emociones: ¿me gusta esto?, ¿lo odio?, ¿qué es lo que siento cuando veo esto? En muchos aspectos de la vida, dice Slovic, la gente se forma opiniones y hace elecciones que expresan directamente sus sentimientos y su tendencia básica a buscar o evitar algo, a menudo sin saber que lo hacen. La heurística del afecto es un ejemplo de sustitución en la que la respuesta a una pregunta sencilla (¿qué siento?) sirve de respuesta a otra más difícil (¿qué pienso?). Slovic y sus colegas relacionaron sus planteamientos con la obra del neurocientífico Antonio Damasio, que había propuesto que las evaluaciones emocionales de hechos, los estados somáticos y las tendencias a la búsqueda y a la evitación asociados a ellos desempeñan un papel capital como guías de las decisiones. Damasio y sus colegas observaron que las personas que no manifiestan las emociones apropiadas antes de decidir, a veces debido a daños cerebrales, tienen una singular capacidad para tomar buenas decisiones.[1] La incapacidad para hacerse guiar por un «miedo saludable» a las malas consecuencias es un defecto funesto.

En una convincente demostración de las operaciones de la heurística del afecto, la investigación del equipo de Slovic recogió opiniones sobre diversas tecnologías, como la fluoración de las aguas, las plantas químicas, los conservantes de alimentos y los automóviles. Pidió a los participantes listar los beneficios y los riesgos de cada tecnología,[2] y observó una correlación altamente negativa y nada plausible entre dos estimaciones que hicieron: el grado de beneficio y el grado de riesgo que atribuyeron a las tecnologías. Cuando mostraban una disposición favorable a una tecnología, le atribuían grandes beneficios y un riesgo asombrosamente escaso, y cuando una tecnología no era de su agrado, pensaban solo en sus inconvenientes, y escasamente tenían en cuenta las ventajas. Como las tecnologías estaban ordenadas de buenas a malas, no era necesario establecer difíciles equilibrios. Las estimaciones de riesgos y beneficios eran aún más contundentes cuando los participantes consideraban riesgos y beneficios bajo la presión del tiempo. Sorprendentemente, los miembros de la Sociedad Británica de Toxicología respondieron de manera similar: encontraban escasos beneficios en sustancias o tecnologías que pensaban que eran peligrosas, y viceversa.[3] El afecto consistente es un elemento central de lo que he denominado coherencia asociativa.

La mejor parte del experimento vino después. Una vez concluido el estudio inicial, los participantes leyeron breves pasajes con argumentos en favor de diversas tecnologías. A unos se les ofreció argumentos que se centraban en los numerosos beneficios de una tecnología y a otros argumentos que subrayaban el bajo nivel de riesgo. Los mensajes resultaron efectivos y cambiaron el efecto emocional de las tecnologías. El hallazgo más llamativo fue que las personas que habían recibido un mensaje que celebraba los beneficios de una tecnología modificaron sus creencias sobre los riesgos. Aunque no habían recibido evidencias relevantes, la tecnología que en ese momento estimaban más que antes también la percibían como menos peligrosa. De manera similar, los participantes a los que solo se les dijo que los riesgos de una tecnología eran menores se formaron una opinión más favorable de sus beneficios. La implicación es clara: como dijo el psicólogo Jonathan Haidt en otro contexto, «el rabo emocional menea al perro racional».[4] La heurística del afecto simplifica nuestras vidas creando un mundo más bonito que la realidad. Las tecnologías buenas tienen poco coste en el mundo imaginario en que habitamos, mientras que las malas carecen de beneficios, y todas las decisiones son fáciles. Pero no hace falta decir que en el mundo real a menudo hemos de establecer difíciles equilibrios entre beneficios y costes.

EL PÚBLICO Y LOS EXPERTOS

Es probable que Paul Slovic sepa más que nadie acerca de las peculiaridades del juicio humano sobre el riesgo. Su obra ofrece un retrato no muy favorecedor del ciudadano y la ciudadana medios: guiados por la emoción más que por la razón, avasallados con facilidad por detalles triviales e inadecuadamente sensibles a las diferencias entre probabilidades bajas y probabilidades insignificantes. Slovic también ha estudiado a los expertos, que son claramente superiores en el manejo de números y magnitudes. Los expertos muestran en buena parte, si bien de forma atenuada, los mismos sesgos que el resto de los humanos, pero a menudo sus juicios y preferencias en relación con los riesgos divergen de los de las demás personas.

Las diferencias entre los expertos y el público se explican en parte por los sesgos en los juicios de los legos, pero Slovic centra su atención en situaciones en las que las diferencias reflejan un auténtico conflicto de valores. Pone de relieve que los expertos a menudo miden los riesgos por el número de vidas (o años de vida) que se pierden, mientras que el público hace distinciones más sutiles, por ejemplo entre una «buena muerte» y una «mala muerte», o entre fatalidades sobrevenidas accidentalmente y muertes que se producen en actividades voluntarias, como el esquí. Estas distinciones legítimas son ignoradas a menudo en estadísticas que solo cuentan casos. Partiendo de estas observaciones, Slovic arguye que el público tiene un concepto más rico de los riesgos que los expertos. Por eso se opone resueltamente a la idea de que los expertos deben mandar y sus opiniones han de aceptarse sin objeción cuando están en conflicto con las opiniones y los deseos de otros ciudadanos. Cuando los expertos y el público no coincidan en sus prioridades, dice Slovic, «cada parte debe respetar las ideas y la inteligencia de la otra».

En su deseo de despojar a los expertos del control exclusivo de la política de riesgos, Slovic ha lanzado un reto al fundamento mismo de la rama en que es experto: la idea de que el riesgo es objetivo.

El «riesgo» no existe «ahí fuera», independientemente de nuestras mentes y nuestra cultura, esperando que alguien lo mida. Los seres humanos han inventado el concepto de «riesgo» para poder entender y sobrellevar los peligros y las incertidumbres de la vida. Aunque estos peligros sean reales, no hay algo así como el «riesgo real» o el «riesgo objetivo».[5]

Para ilustrar esto, Slovic hace una lista de nueve maneras de determinar el riesgo de muerte asociado a la emisión de sustancias tóxicas a la atmósfera, desde las «muertes por millón de habitantes» hasta las «muertes por millón de dólares gastados en la fabricación del producto». Su idea es que la evaluación del riesgo depende de la elección de una medida, con la posibilidad obvia de que la elección pueda haber estado guiada por la preferencia por un resultado u otro. Y concluye que «definir el riesgo es, por tanto, un ejercicio de poder». ¡Quién iba a pensar que alguien pudiera sacar estas espinosas consecuencias políticas partiendo de estudios experimentales de la psicología del juicio! Sin embargo, la política se ocupa últimamente de la gente, de lo que desea y de lo que es mejor para ella. Todo asunto político encierra unos presupuestos sobre la naturaleza humana, en particular sobre las elecciones que las personas puedan hacer y las consecuencias de sus elecciones para ellas mismas y para la sociedad.

Otro estudioso y amigo a quien admiro mucho, Cass Sunstein, está en total desacuerdo con la postura de Slovic sobre las ideas diferentes de expertos y ciudadanos, y defiende el papel de los expertos como baluarte contra los excesos «populistas». Sunstein es uno de los primeros especialistas en temas jurídicos de Estados Unidos, y comparte con otras autoridades en su profesión el atributo de la audacia intelectual. Sabe que puede dominar rápidamente y por entero cualquier ámbito del saber, y ha dominado muchos, incluidos la psicología del juicio y de la elección y aspectos de la regulación y la política de los riesgos. Su idea es que el sistema de regulación existente en Estados Unidos adolece de una muy pobre definición de las prioridades, lo cual refleja una reacción a las presiones públicas más que resultados de cuidadosos análisis objetivos. Sunstein parte de la idea de que la regulación del riesgo y la intervención gubernamental para reducir riesgos deberían atenerse a una ponderación racional de costes y beneficios, y de que las unidades naturales para su análisis son el número de vidas salvadas (o acaso el número de años de vida salvados, que da más peso a la salvación de jóvenes) y el coste en dólares para la economía. La pobre regulación dilapida vidas y dinero, y ambos elementos pueden medirse objetivamente. Sunstein no ha sido persuadido por el argumento de Slovic de que el riesgo y su medición son subjetivos. Muchos aspectos de la evaluación de riesgos pueden debatirse, pero cree en la objetividad que la ciencia, los expertos y la reflexión cuidadosa pueden alcanzar.

Sunstein llega a creer que las reacciones sesgadas a los riesgos son una fuente importante de prioridades erráticas y fuera de lugar en la política pública. Legisladores y reguladores pueden ser en gran medida responsables de las inquietudes irracionales de los ciudadanos, debido tanto a sus susceptibilidades políticas como a que también ellos son propensos a los mismos sesgos cognitivos que los demás ciudadanos.

Sunstein y un colaborador suyo, el magistrado Timur Kuran, inventaron un nombre para el mecanismo por el cual los sesgos afluyen a las políticas: la *cascada de disponibilidad*.[6] Ambos comentan que, en el contexto social, «todas las heurísticas son iguales, pero la disponibilidad es más igual que las demás». Tienen en mente una noción ampliada de heurística en la que la disponibilidad proporciona una heurística para juicios distintos de los de frecuencia. En particular, la importancia de una idea es a menudo juzgada por la fluidez (y la carga emocional) con que acude a la mente.

Una cascada de disponibilidad es una cadena autosostenida de acontecimientos que puede comenzar por reportajes de los medios sobre un acontecimiento relativamente menor y llegar hasta el pánico colectivo y la intervención del gobierno a gran escala. En ocasiones, los reportajes de los medios sobre un riesgo captan la atención de un segmento de la opinión pública, a la que deja alarmada y preocupada. Esta reacción emocional se convierte en un acontecimiento en sí mismo, que da lugar a una cobertura adicional en los medios que a su vez produce una mayor preocupación y repercusión. El círculo es a veces acelerado deliberadamente por «empresarios de la disponibilidad», individuos u organizaciones que trabajan para asegurar un flujo continuo de noticias preocupantes. El peligro va exagerándose cuando los medios compiten con titulares que llaman la atención. Los científicos y otros grupos que intentan hacer perder el miedo y el horror crecientes atraen poco la atención de la sociedad, que casi siempre se muestra hostil: quien diga que el peligro ha sido exagerado, será sospechoso de estar vinculado con «abyectas maniobras». El asunto adquiere importancia política por estar en la mente de todo el mundo, y la respuesta del sistema político está guiada por la intensidad del sentimiento público. La cascada de disponibilidad ha redefinido ahora las prioridades. Otros riesgos y otras maneras de emplear los recursos para el bien público han pasado todos a un segundo plano.

Kuran y Sunstein se centraron en dos ejemplos que todavía hoy son controvertidos: el asunto de Love Canal y la llamada amenaza Alar. En Love Canal, unos residuos tóxicos enterrados salieron a la superficie durante una lluviosa estación de 1979, causando una contaminación del agua que sobrepasaba con mucho los límites establecidos, así como un olor pestilente. Uno de los enojados y temerosos residentes de la comunidad, Lois Gibbs, fue particularmente activo en el intento de mantener el interés por el problema. La cascada de disponibilidad se desplegó de acuerdo con el guión estándar. En su apogeo hubo historias diarias sobre Love Canal; los científicos que intentaban convencer de que los peligros se habían exagerado fueron ignorados o acallados; ABC News emitió un programa titulado *The Killing Ground*, y féretros vacíos del tamaño de bebés desfilaron ante la asamblea legislativa. Un gran número de residentes fueron realojados a expensas del gobierno, y el control de los residuos tóxicos se convirtió en el mayor problema medioambiental de la década de 1980. La legislación que ordenaba la limpieza de los lugares contaminados, denominada CERCLA,[7] estableció un superfondo que muchos consideraron un importante logro de la legislación medioambiental. Pero era muy costoso, y hubo quienes afirmaron que la misma cantidad de dinero podría haber salvado muchas más vidas si se hubiera empleado en atender otras prioridades. Las opiniones sobre lo que realmente sucedió en Love Canal se hallan todavía muy divididas, y al parecer las acusaciones de perjuicios reales a la salud no fueron probadas. Kuran y Sunstein escribieron sobre la historia de Love Canal presentándola casi como un pseudoacontecimiento, mientras que, en la otra cara del debate, los ecologistas todavía hablan del «desastre de Love Canal».

Las opiniones también están divididas en el segundo ejemplo que Kuran y Sunstein utilizaron para ilustrar su concepto de cascada de disponibilidad: el incidente Alar, conocido por los detractores de las inquietudes medioambientales como la «alarma Alar», de 1989. Alar es una sustancia química con la que se rociaron manzanas para regular su crecimiento y mejorar su aspecto. La alarma se inició con noticias de la prensa según las cuales esta sustancia química, ingerida en grandes dosis, producía tumores cancerosos en ratas y ratones. Las noticias lógicamente atemorizaron a la opinión pública, y sus temores incitaron a realizar una cobertura mediática más amplia, el mecanismo básico de una cascada de disponibilidad. El asunto acaparó los informativos y produjo espectaculares efectos mediáticos, como el testimonio de la actriz Meryl Streep ante el Congreso. La industria frutícola sufrió grandes pérdidas, pues las manzanas y los productos derivados de ellas provocaban temor. Kuran y Sunstein citan a un ciudadano que llamó por teléfono para preguntar «si era más seguro tirar el zumo de manzana por el desagüe o llevarlo al vertedero como un residuo tóxico». El fabricante retiró el producto, y la Agencia de Alimentos y Medicamentos (FDA) lo prohibió. La investigación posterior confirmó que la sustancia podía tener un riesgo muy pequeño como posible cancerígeno, pero el incidente Alar fue sin duda una reacción enormemente exagerada a un problema menor. El efecto de red del incidente en la salud pública resultó más perjudicial que otra cosa, pues hizo que se consumieran menos manzanas buenas.

El caso Alar ilustra una limitación básica de la capacidad de nuestra mente para considerar pequeños riesgos: o los ignoramos por completo o les damos demasiada importancia, no hay término medio.[8] Cualquier padre o madre que se haya quedado despierto esperando a su hija adolescente que vuelve tarde de una fiesta reconocerá este sentimiento. Aunque sepa que realmente no hay (casi) nada de qué preocuparse, no podrá evitar las imágenes de desgracias que le acuden a la mente. Como ha argumentado Slovic, el grado de preocupación no es adecuadamente sensible a la probabilidad del daño; imaginamos el numerador —la historia trágica que veíamos en los informativos— y no pensamos en el denominador. Sunstein ha acuñado la expresión «olvido de la probabilidad» para describir este patrón. La combinación del olvido de la probabilidad con los mecanismos sociales de las cascadas de disponibilidad conduce inevitablemente a una enorme exageración de amenazas menores, a veces con consecuencias importantes.

En el mundo de hoy, los terroristas son quienes más destacan en el arte de inducir cascadas de disponibilidad. Con unas pocas horrendas excepciones, como el 11-S, el número de víctimas de ataques terroristas es muy pequeño en proporción con el de otras causas de muerte. Incluso en países que han sido el blanco de intensas campañas terroristas, como Israel, el número semanal de víctimas casi nunca se aproxima al número de muertes por accidentes de tráfico. La diferencia la crean la disponibilidad de los dos riesgos y la facilidad y la frecuencia con que nos vienen a la mente. Las imágenes horripilantes, repetidas sin cesar en los medios, ponen nervioso a cualquiera. Sé por experiencia que entonces es difícil razonar en un estado de completa calma. El terrorismo habla directamente al Sistema 1.

¿Cuál es mi postura en el debate entre mis amigos? Las cascadas de disponibilidad son reales e indudablemente distorsionan las prioridades en la asignación de los recursos públicos. Cass Sunstein buscaría mecanismos que aislasen de las presiones públicas a quienes toman decisiones, permitiendo así que la asignación de los recursos la decidan expertos imparciales con una visión más amplia de todos los riesgos y de los recursos disponibles para reducirlos. Paul Slovic confiaría mucho menos en los expertos y algo más en el público que Sunstein, y señala que aislar a los expertos de las emociones de la opinión pública produce políticas que la sociedad rechazará, una si-

tuación imposible en una democracia. Ambos son innegablemente
sensatos, y estoy de acuerdo con los dos.

Comparto la inquietud que le produce a Sunstein la influencia
de los temores irracionales y las cascadas de disponibilidad en la política pública en la esfera del riesgo. Pero también comparto la creencia de Slovic de que los temores propagados, aun si son irracionales,
no deben ignorarlos quienes establecen esa política. Racional o no,
el temor es perjudicial y debilitante, y quienes establecen dicha política deben hacer todo lo posible para proteger a la opinión pública
del miedo, no solo de los peligros reales.

Slovic subraya con razón la resistencia de la sociedad a la idea de
unas decisiones tomadas por expertos no elegidos y poco responsables. Además, las cascadas de disponibilidad pueden suponer un beneficio a largo plazo al llamar la atención sobre ciertas clases de riesgos y aumentar la magnitud total del presupuesto para la reducción
de riesgos. El incidente de Love Canal pudo provocar la asignación de
recursos excesivos para la manipulación de los residuos tóxicos, pero
también tuvo un efecto más general al elevar el nivel de prioridad de
los problemas medioambientales. La democracia es inevitablemente
turbia, en parte porque las heurísticas de la disponibilidad y del afecto que guían las creencias y actitudes del ciudadano están inevitablemente sesgadas, aunque en general apuntan en la dirección correcta.
La psicología debe informar el diseño de políticas de riesgo que
combinen el conocimento de los expertos y las emociones e intuiciones de la sociedad.

HABLANDO DE CASCADAS DE DISPONIBILIDAD

«Ella está encantada con una innovación que produce grandes beneficios y ningún
coste. Sospecho que se trata de la heurística del afecto.»

«He aquí una cascada de disponibilidad: un fiasco inflado por los medios y la opinión pública hasta saturar nuestras pantallas de televisión y convertirse en un
tema del que cualquiera habla.»

14

La especialidad de Tom W.

Examinemos el siguiente planteamiento:

Tom W. es un estudiante de la principal universidad de nuestro estado. Ordene los siguientes nueve campos de especialización según la probabilidad de que Tom W. sea ahora un estudiante de alguno de estos campos. Utilice 1 para el más probable y 9 para el menos probable:

administración de empresas;
informática;
ingeniería;
humanidades y educación;
derecho;
medicina;
biblioteconomía;
ciencias físicas y biológicas;
ciencias sociales y asistencia social.

Lo que se nos pide es fácil, pues inmediatamente nos damos cuenta de que la cantidad relativa de matriculaciones en los diferentes campos es la clave de la solución. Suponemos que Tom W. ha sido elegido al azar entre los estudiantes de la universidad, igual que se extrae una bola de una urna. Para decidir si es más probable que una bola extraída sea roja o verde, necesitamos saber cuántas bolas de cada color hay en la urna. La proporción de bolas de un tipo particular recibe el nombre de *tasa base*. Así, la tasa base de humanidades y educación en este ejercicio es la proporción de estudiantes de este campo entre todos los estudiantes. A falta de información específica sobre Tom W., consideraremos las tasas base y supondremos que es más probable que se matricule en humanidades y educación que en informática o biblioteconomía, puesto que hay más estudiantes de humanidades y educación que de las otras dos especialidades. Usar la información de la tasa base es el recurso obvio cuando no se nos proporciona ninguna otra información.

Ahora viene una tarea que nada tiene que ver con tasas base.

Lo que sigue es un esbozo de la personalidad de Tom W. redactado por un psicólogo durante el último curso de Tom en el instituto sobre la base de tests psicológicos de validez incierta:

Tom W. tiene una inteligencia superior, aunque carece de auténtica creatividad. Tiene necesidad de orden y claridad, y prefiere los sistemas ordenados y bien pensados en los que cada detalle tenga su lugar apropiado. Su redacción es más bien insulsa y mecánica, ocasionalmente animada por algunos tópicos y destellos de imaginación propios de la ciencia ficción. Tiene un fuerte impulso a la competencia. Parece tener poco interés y poca simpatía por los demás, y no disfruta en el trato con otros. Centrado en sí mismo, tiene sin embargo un profundo sentido moral.

Tome ahora una hoja de papel y ordene los nueve campos de especialización listados más adelante por la similitud de la descripción de Tom W. con el estudiante tipo en cada uno de esos campos. Utilice 1 para el más probable y 9 para el menos probable.

El lector avanzará en el capítulo si intenta hacer rápidamente esta tarea: una vez leído el informe sobre Tom W., ha de hacer un juicio sobre las diversas especialidades.

Lo que se le pide es bien simple. Requiere que escoja, o quizá construya, un estereotipo de estudiante en los diferentes campos. Cuando el experimento se hizo por primera vez, a principios de la década de 1970, la ordenación media fue la siguiente. Probablemente la suya no sea muy diferente:

1. informática;
2. ingeniería;
3. administración de empresas;
4. ciencias físicas y biológicas;
5. biblioteconomía;
6. derecho;
7. medicina;
8. humanidades y educación;
9. ciencias sociales y asistencia social.

Probablemente haya puesto informática entre los más idóneos por las muestras de simpleza («algunos tópicos»). De hecho, la descripción de Tom W. estaba escrita para ajustarse a este estereotipo. Otra especialidad que la mayoría colocó en los primeros puestos es ingeniería («sistemas ordenados y bien pensados»). Probablemente, el lector pensara que Tom W. no se corresponde con su idea de las ciencias sociales y la asistencia social («poco interés y poca simpatía por los demás»). Los estereotipos profesionales parecen haber cambiado poco en los últimos cuarenta años desde que hice la descripción de Tom W.

La tarea de ordenar las nueve carreras es compleja y ciertamente requiere de la disciplina y la organización secuencial de que solo el Sistema 2 es capaz. Pero las insinuaciones colocadas en la descripción (los tópicos y otras) servían al propósito de activar una asociación con un estereotipo, que es una actividad automática del Sistema 1.

Las instrucciones para esta tarea de similaridad requerían una comparación de la descripción de Tom W. con los estereotipos de varios campos de especialización. Para los fines de esta tarea, la exactitud de la descripción —si es o no un verdadero retrato de Tom W.— es irrelevante. También lo es el conocimiento de las tasas base de varios campos. La similitud de un individuo con el estereotipo de un grupo no resulta afectada por el tamaño del grupo. El lector ha podido así comparar la descripción de Tom con una imagen de los estudiantes de biblioteconomía, aunque no haya tal departamento en la universidad.

Si el lector examina de nuevo a Tom, verá que se ajusta bien a los estereotipos de algunos pequeños grupos de estudiantes (informáticos, bibliotecarios, ingenieros) y bien poco a los grupos más grandes (humanidades y educación, ciencias sociales y asistencia social). Por algo los participantes colocaron casi siempre los dos campos mayoritarios muy abajo. Tom W. fue intencionadamente ideado como un carácter «antitasa base», que se ajusta muy bien a los campos con pocos integrantes, y muy poco a las especialidades más solicitadas.

PREDECIR POR LA REPRESENTATIVIDAD

La tercera tarea de la serie se realizó con estudiantes de psicología, y es la única tarea crítica: ordenar los campos de especialización según la probabilidad de que Tom W. sea ahora un estudiante de alguno de esos campos. Los miembros de este grupo de predicción conocían los hechos estadísticos relevantes: estaban familiarizados con las tasas base de los diferentes campos y sabían que la fuente de la descripción de Tom W. no era muy fidedigna. Pero esperábamos que se centraran exclusivamente en la similaridad de la descripción con los estereotipos —a esto lo llamamos *representatividad*—, ignorando las tasas base y las dudas sobre la veracidad de la descripción. Ellos destacarían la especialidad menos solicitada —informática— como muy probable porque a ella le correspondería el grado más alto de representatividad.

Amos y yo trabajamos duro durante el año que pasamos en Eugene, y en ocasiones permanecí en el estudio durante toda la noche. Una de mis tareas para una de aquellas noches era hacer una descripción que enfrentara la representatividad a las tasas base. Tom W. fue el fruto de mis desvelos, y terminé la descripción en las primeras horas del amanecer. La primera persona que acudió al trabajo aquella mañana fue nuestro colega y amigo Robyn Dawes, que era un estadístico muy experimentado y un escéptico sobre la validez del juicio intuitivo. Si alguien tenía que considerar la relevancia de la tasa base, debía ser Robyn. Llamé a Robyn, le mostré el tema que acababa de redactar y le pedí que adivinara la profesión de Tom W.

Todavía recuerdo su sonrisa burlona cuando dijo con cierta vacilación: «¿Informático?». Fue un momento feliz, el poderoso había caído. Por supuesto, Robyn reconoció inmediatamente su error en cuanto mencioné la «tasa base», pero no había pensado con espontaneidad en ella. Aunque sabía tanto como el que más sobre el papel de las tasas base en la predicción, no lo tuvo en cuenta cuando le presenté la descripción de una personalidad individual. Como esperaba, sustituyó la probabilidad que se le pidió evaluar por un juicio de representatividad.

Posteriormente, Amos y yo reunimos respuestas a la misma pregunta de 114 estudiantes de psicología de tres grandes universidades, todos los cuales habían asistido a varios cursos de estadística. No nos decepcionaron. Sus ordenaciones de los nueve campos por probabilidad no diferían de las clasificaciones por similitud con el estereotipo. En este caso, la sustitución fue perfecta: no hubo indicio de que los participantes hicieran otra cosa que juzgar por la representatividad. La cuestión de la probabilidad era difícil, pero la cuestión de la similaridad era más fácil, y se respondió a esta en lugar de aquella. Este es un serio error, porque los juicios de similitud y los de probabilidad no están sujetos a las mismas reglas lógicas. Es totalmente aceptable en los juicios de similitud que estos no resulten afectados por las tasas base, y tampoco por la posibilidad de que la descripción sea inexacta, pero quien ignora las tasas base y las evidencias en evaluaciones de probabilidad necesariamente cometerá errores.

El concepto «la probabilidad de que Tom W. estudie informática» no es sencillo. Lógicos y estadísticos no están de acuerdo sobre su significado, y algunos dirán que no tiene significado alguno. Para muchos expertos es una medida del grado subjetivo de creencia. Hay hechos de los que estamos seguros, por ejemplo de que el sol saldrá mañana, y otros que consideramos imposibles, como que todo el océano Pacífico se hiele de repente. Luego hay muchos otros, como que nuestro vecino sea informático, a los que asignamos un grado intermedio de creencia, que es la probabilidad para nosotros de que se dé ese caso.

Lógicos y estadísticos han establecido definiciones de la probabilidad, todas muy precisas, que compiten entre sí. Mas para los legos la probabilidad es una noción vaga, relacionada con la incertidumbre, la propensión, la posibilidad y la sorpresa. La vaguedad no es una particularidad de este concepto, ni tampoco especialmente problemática. Sabemos más o menos lo que decimos cuando usamos una palabra como *democracia* o *belleza*, y la gente con quien hablamos entiende más o menos lo que queremos decir. En todos los años que pasé haciendo preguntas sobre la probabilidad de sucesos, nadie levantó la mano para preguntarme: «¿Qué entiende usted por probabilidad?», como habrían hecho si yo les hubiera pedido evaluar un concepto extraño, como el de la globalidad de algo. Cada uno actuaba como si supiera cómo responder a mis preguntas, y todos suponíamos que habría sido improcedente pedirles una explicación de lo que significa la palabra.

Las personas a las que se pide evaluar probabilidades no se quedan paradas porque no intentan juzgar la probabilidad en el sentido en que estadísticos y filósofos usan la palabra. Una pregunta sobre la probabilidad de algo activa una escopeta mental que genera respuestas a preguntas más fáciles. Una de estas respuestas más fáciles es una evaluación automática de la representatividad, una rutina en la comprensión del lenguaje. La afirmación (falsa) de que «los padres de Elvis Presley querían que su hijo fuese dentista» resulta un tanto graciosa, porque la discrepancia entre la imagen de Presley y la de un dentista es detectada automáticamente. El Sistema 1 genera una impresión de similitud sin pretenderlo. La heurística de la representatividad está implicada cuando alguien dice «Ella quiere ganar las elecciones; ya ve, es una ganadora», o «Él quería ser algo más que un profesor universitario; demasiados tatuajes». Confiamos en la representatividad cuando juzgamos el liderazgo potencial de un candidato a un cargo por la forma de su mentón o la manera vigorosa de hablar.

Aunque es algo común, la predicción por representatividad no es estadísticamente óptima. El *best seller* de Michael Lewis *Moneyball* es una historia sobre la ineficacia de este modo de predicción. Los comentaristas profesionales de béisbol tradicionalmente predicen el éxito de posibles jugadores en parte por su complexión y su aspecto. El protagonista del libro de Lewis es Billy Beane, el entrenador de

los Oakland A's, que tomó la impopular decisión de replicar a los comentaristas y seleccionar jugadores basándose en una estadística de
sus logros en el pasado. Los jugadores que los A's ficharon no resultaron muy caros, pues otros equipos los habían rechazado porque su
aspecto no era el deseado. El equipo pronto obtuvo resultados exce-
lentes a un bajo coste.

LOS PECADOS DE LA REPRESENTATIVIDAD

Juzgar la probabilidad por la representatividad tiene importantes ventajas: las impresiones intuitivas que esta produce son a menudo —en
realidad, son por lo general— más exactas de lo que serían las estimaciones de posibilidades.

- En la mayoría de las ocasiones, las personas que se muestran
  amables son realmente amables.
- Un atleta profesional que sea muy alto y delgado es mucho
  más probable que juegue a baloncesto que a fútbol.
- Quien tiene un doctorado es más probable que esté suscrito a
  The New York Times que quien ha finalizado su educación en
  el instituto.
- Es más probable que los chicos jóvenes se muestren agresivos
  con las mujeres mayores.

En todos estos casos, y en muchos otros, hay cierto grado de verdad en los estereotipos que guían los juicios de representatividad, y las
predicciones que siguen esta heurística pueden ser exactas. En otras
situaciones, los estereotipos son falsos, y la heurística de la representatividad inducirá a error, especialmente si hace que las personas igno-
ren la información de la tasa base, que apunta en otra dirección. Incluso cuando la heurística tiene cierta validez, la confianza exclusiva
en ella está asociada a graves pecados contra la lógica estadística.

Un pecado de la representatividad es la disposición excesiva a
predecir acontecimientos improbables (baja tasa base). He aquí un
ejemplo: vemos a una persona leyendo *The New York Times* en el me-

tro de Nueva York. ¿Cuál de las siguientes es la mejor apuesta sobre el desconocido lector?

> Posee un doctorado.
> No tiene un título universitario.

La representatividad nos dirá que apostemos por el doctorado, pero esto no es necesariamente lo más sensato. Debemos considerar seriamente la segunda alternativa, puesto que hay más no titulados que doctores entre los que leen en el metro de Nueva York. Y si tenemos que adivinar si una mujer descrita como «una tímida y amante de la poesía»[1] estudia literatura china o administración de empresas, hemos de optar por la última opción. Incluso si todos los estudiantes de literatura china fuesen tímidos y amantes de la poesía, es casi seguro que habría más amantes tímidos de la poesía en la mucho mayor población de estudiantes de administración de empresas.

En determinadas condiciones, las personas sin preparación estadística son muy capaces de usar tasas base en predicciones. En la primera versión del problema de Tom W., que no da detalles sobre él, es obvio para cualquiera que la probabilidad de que Tom W. sea estudiante de un campo particular es simplemente la frecuencia que da la tasa base de matriculaciones en ese campo. Pero el interés por las tasas base evidentemente desaparece cuando se describe la personalidad de Tom W.

Amos y yo creíamos inicialmente, sobre la base de nuestra anterior evidencia, que la información de la tasa base *siempre* será ignorada cuando se dispone de información sobre el ejemplo específico, pero que esta conclusión era demasiado terminante. Los psicólogos han dirigido muchos experimentos en los que la información de la tasa base se proporciona explícitamente como parte del problema, y muchos de los participantes son influidos por esta tasa base aunque casi siempre tenga para ellos más peso la información sobre el caso individual que la mera estadística.[2] Norbert Schwarz y sus colegas demostraron que pedir a las personas que «piensen como un estadístico» mejoraba el uso de la información de la tasa base, mientras que pedirles que «piensen como un médico» producía el efecto contrario.[3]

Un experimento realizado hace pocos años con universitarios de Harvard arrojó un resultado que me sorprendió: la activación mejorada del Sistema 2 producía una mejora de la exactitud predictiva en el problema de Tom W. El experimento combinaba el viejo problema con una variante moderna de fluidez cognitiva. Se pidió a la mitad de los estudiantes que hincharan los carrillos durante la tarea, y al resto que fruncieran el ceño.[4] Esto último, como hemos visto, en general aumenta la vigilancia del Sistema 2 y reduce el exceso de confianza y la dependencia de la intuición. Los estudiantes que hincharon los carrillos (una expresión emocionalmente neutra) repitieron los resultados originales. Pero, como los autores del experimento habían predicho, los que fruncieron el ceño mostraron cierta sensibilidad a las tasas base. Este es un hallazgo instructivo.

Cuando se hace un juicio intuitivo incorrecto hay que acusar tanto al Sistema 1 como al Sistema 2. El Sistema 1 sugiere la intuición incorrecta, y el Sistema 2 la aprueba y la expresa en un juicio. Hay dos posibles razones para el fallo del Sistema 2: ignorancia o pereza. Hay personas que ignoran las tasas base porque creen que son irrelevantes cuando poseen información particular. Y hay otras que cometen el mismo error porque no se centran en la tarea. Si fruncir el ceño introduce alguna diferencia, la pereza parece ser la verdadera explicación de la indiferencia hacia las tasas base, al menos entre los universitarios de Harvard. Su Sistema 2 «sabe» que las tasas base son relevantes hasta cuando no se mencionan, pero solo aplican este conocimiento cuando ponen especial atención en la tarea.

El segundo pecado de la representatividad es la insensibilidad a la cualidad de la evidencia. Recuerde el lector la regla del Sistema 1: WYSIATI. En el ejemplo de Tom W. lo que activó su maquinaria asociativa es una descripción de Tom que podrá ser o no un retrato fiel. Es probable que la caracterización de Tom como alguien que tiene «poco interés y poca simpatía por los demás» bastase para convencerle (a él y a la mayoría de los lectores) de que era muy improbable que Tom fuese un estudiante de ciencias sociales o de asistencia social. ¡Pero se le dijo explícitamente que no debía confiar en la descripción!

Seguro que en principio comprendió que la información sin valor no debía tratarse de modo diferente que una carencia total de información, pero WYSIATI hace muy difícil aplicar este principio. A menos que decida rechazar de inmediato la evidencia (por ejemplo, pensando que la ha recibido de un embustero), su Sistema 1 automáticamente procesará la información disponible como si fuese verdadera. Hay algo que puede hacer cuando tenga dudas sobre la cualidad de la evidencia: haga que sus juicios de probabilidad estén cerca de la tasa base. No espere que este ejercicio de disciplina resulte fácil: requiere un importante esfuerzo de autovigilancia y autocontrol.

Para la respuesta correcta al planteamiento de Tom W. es preciso estar primero muy cerca de nuestras creencias previas, y luego reducir ligeramente las probabilidades inicialmente altas de los campos muy poblados (humanidades y educación, ciencias sociales y asistencia social) y aumentar un poco las probabilidades inicialmente bajas de las especialidades raras (biblioteconomía, informática). El lector no está precisamente donde estaría si no hubiera sabido nada en absoluto sobre Tom W., pero la pequeña evidencia de que dispone no es de fiar, de modo que la tasa base debe dominar sus estimaciones.

CÓMO DISCIPLINAR LA INTUICIÓN

Nuestro concepto de la probabilidad de que mañana llueva es nuestro grado subjetivo de creencia, pero no debemos creer cualquier cosa que nos venga a la mente. Para que sean útiles, nuestras creencias deben someterse a la lógica de la probabilidad. Así, si creemos que hay una posibilidad del 40 por ciento de que mañana llueva en algún momento, hemos de creer que hay una probabilidad del 60 por ciento de que no llueva, y no debemos creer que hay una probabilidad del 50 por ciento de que mañana temprano llueva. Y si creemos que la probabilidad de que el candidato X sea elegido presidente es de un 30 por ciento, y la de que sea reelegido si gana la primera vez es de

un 80 por ciento, entonces hemos de creer que las probabilidades de
que sea elegido dos veces seguidas son del 24 por ciento.

Las «reglas» relevantes para casos como el problema de Tom W. las
proporciona la estadística bayesiana. Este influyente enfoque moderno
de la estadística recibe el nombre de un ministro inglés del siglo XVIII,
el reverendo Thomas Bayes, que se cree hizo la primera gran aportación a un gran problema: la lógica de la manera en que hemos de
cambiar de parecer a la luz de la evidencia. La regla de Bayes[5] especifica cómo las creencias previas (en los ejemplos de este capítulo, las tasas base) deben ser combinadas con la diagnosticidad de la evidencia,
el grado en que esta favorece a la hipótesis sobre la alternativa. Por
ejemplo, si creemos que el 3 por ciento de los estudiantes están ma-
triculados en informática (la tasa base), y creemos también que la descripción de Tom W. es 4 veces más probable para un estudiante de
este campo que de otros campos, la regla de Bayes nos dice que debemos creer que la probabilidad de que Tom W. sea un informático es
del 11 por ciento. Si la tasa base hubiera sido el 80 por ciento, el nuevo grado de creencia sería el 94,1 por ciento. Y así siempre.

Los detalles matemáticos no son relevantes en este libro. Hay dos
ideas que hemos de tener en cuenta sobre el razonamiento bayesiano y sobre el modo en que tendemos a arruinarlo. La primera es que
las tasas base importan incluso en presencia de evidencia sobre el
caso en cuestión. Esto muchas veces no es intuitivamente obvio. La
segunda es que las impresiones intuitivas de diagnosticidad de la evidencia son a menudo exageradas. La combinación de WYSIATI y
coherencia asociativa tiende a hacernos creer en historias que nos inventamos nosotros mismos. Las claves esenciales del disciplinante razonamiento bayesiano pueden resumirse de manera sencilla:

- Anclar nuestro juicio de probabilidad en un resultado de una
  tasa base plausible.
- Cuestionar la diagnosticidad de nuestra evidencia.

Ambas ideas son sencillas. Para mí fue un shock darme cuenta de
que nunca me habían enseñado cómo implementarlas, y de que todavía no me parezca normal hacerlo.

Hablando de la representatividad

«El césped está muy cuidado, el recepcionista parece competente y el mobiliario es bonito, pero esto no significa que sea una compañía bien gestionada. Espero que el consejo de administración no juzgue por la representatividad.»

«Parece que este lanzamiento no puede fallar, pero la tasa base de éxito en la industria es extremadamente baja. ¿Cómo sabemos que en este caso es distinto?»

«Ellos siguen cometiendo el mismo error: predecir sucesos raros a partir de una evidencia pobre. Cuando la evidencia es pobre, no hay que apartarse de las tasas base.»

«Sé que este informe es absolutamente negativo, y podría estar basado en una evidencia sóllda. Pero ¿podemos estar seguros? Debemos tener presente esta incertidumbre en nuestros juicios.»

15

Linda: menos es más

El más conocido y controvertido de nuestros experimentos presentaba a una dama ficticia llamada Linda. Amos y yo ideamos el problema de Linda para ofrecer una evidencia concluyente del papel de las heurísticas en el juicio y de su incompatibilidad con la lógica.[1] Así describimos a Linda:

> Linda tiene treinta y un años, es soltera, franca y muy brillante. Se especializó en filosofía. De estudiante le preocupaban mucho los asuntos de discriminación y justicia social, y también participó en manifestaciones antinucleares.

Quienes oían esta descripción en los años ochenta, siempre sonreían, porque enseguida adivinaban que Linda había asistido a la Universidad de California en Berkeley, que entonces era famosa por sus estudiantes radicales y políticamente comprometidos. En uno de nuestros experimentos presentamos a los participantes una lista de ocho posibles escenarios para Linda. Como en el problema de Tom W., unos ordenaron los escenarios por representatividad y otros por probabilidad. El problema de Linda es similar, pero con un giro particular.

> Linda es profesora de primaria.
> Linda trabaja en una librería y recibe clases de yoga.
> Linda milita en el movimiento feminista.
> Linda presta asistencia social en psiquiatría.
> Linda es un miembro de la Liga de Mujeres Votantes.
> Linda es cajera de un banco.

Linda es corredora de seguros.
Linda es cajera y activista del movimiento feminista.

Aquí se muestra su edad de distintas maneras. La Liga de Mujeres Votantes ya no es tan célebre como lo fue antaño, y la idea de un «movimiento» feminista resulta un tanto pintoresca, un testimonio del cambio en el estatus de las mujeres a lo largo de los últimos treinta años. Pero, incluso en la era de Facebook, todavía es fácil percibir el consenso casi perfecto de los juicios: Linda encaja muy bien en el tipo de la feminista activa, bastante bien en el de alguien que trabaja en una librería y recibe clases de yoga, y muy poco en el de la cajera de un banco o en el de la corredora de seguros.

Centrémonos ahora en los ítems críticos de la lista: ¿parece Linda más una cajera de banco o una cajera de banco que milita en el movimiento feminista? Cualquiera estará de acuerdo en que Linda se ajusta más a la idea de una «cajera de banco feminista» que al estereotipo de las cajeras de banco. La cajera estereotipada no es una militante feminista, y añadir este detalle a la descripción hace que la historia sea más coherente.

El giro radica en los juicios de probabilidad, porque hay una relación lógica entre los dos escenarios. Piénsese en términos de los diagramas de Venn. El conjunto de las cajeras de banco feministas está enteramente incluido en el conjunto de las cajeras de banco, pues cada cajera feminista es una cajera más. Por consiguiente, la probabilidad de que Linda sea una cajera feminista *tiene* que ser más baja que la de que sea una cajera de banco. Si especificamos un posible suceso con mayor detalle, solo podemos bajar su probabilidad. El problema crea así un conflicto entre la intuición de representatividad y la lógica de la probabilidad.

Nuestro experimento inicial era un experimento entre sujetos. Cada participante vio un conjunto de siete casos que incluían solo uno de los ítems críticos («cajera de un banco» o «cajera feminista de un banco»). Unos ordenaron los casos por similaridad y otros por probabilidad. Como en el problema de Tom W., las ordenaciones medias por semejanza y por probabilidad fueron idénticas; en ambas, «cajera feminista de banco» estaba más arriba que «cajera de un banco».

Continuamos el experimento utilizando un modelo de «dentro del sujeto». Preparamos un cuestionario igual que el anterior pero con «cajera de un banco» en la sexta posición de la lista, y «cajera feminista de un banco» en la última posición. Estábamos convencidos de que los sujetos notarían la relación entre los dos casos, y que sus ordenaciones serían consistentes con la lógica. Tan seguros estábamos de ello que creímos que no valía la pena hacer un experimento especial. Mi ayudante estaba ocupada en otro experimento del laboratorio, y pidió a los sujetos completar el nuevo cuestionario de Linda mientras y firmarlo poco antes de pagarles.

En una bandeja de la mesa de mi ayudante había acumulados unos diez cuestionarios antes de que casualmente les echara un vistazo y descubriera que todos los sujetos habían considerado «cajera feminista de un banco» como más probable que «cajera de un banco». Me quedé tan sorprendido que todavía conservo una «memoria flash» del color gris de la mesa metálica y de dónde se hallaba todo el mundo cuando hice aquel descubrimiento. No tardé en llamar a Amos presa de una gran excitación para contarle lo que había encontrado: habíamos enfrentado la lógica a la representatividad, ¡y la representatividad había ganado!

Dicho en el lenguaje de este libro, habíamos observado un fallo del Sistema 2; nuestros participantes tuvieron una buena oportunidad de detectar la relevancia de la regla lógica, pues ambos casos se habían colocado en la misma ordenación, y la desaprovecharon. Cuando ampliamos el experimento, encontramos que el 89 por ciento de los universitarios de nuestra muestra infringían la lógica de la probabilidad. Estábamos convencidos de que los participantes versados en estadística lo harían mejor; por eso aplicamos el mismo cuestionario a estudiantes de doctorado del programa de teoría de la decisión de la Stanford Graduate School of Business, todos los cuales habían asistido a varios cursos avanzados de probabilidad, estadística y teoría de la decisión. Nuevamente nos quedamos sorprendidos: el 85 por ciento de esos participantes también consideraron «cajera feminista de un banco» tan probable como «cajera de un banco».

En lo que más tarde calificamos de intentos «cada vez más desesperados» de eliminar el error, introdujimos grandes grupos en el problema de Linda y les hicimos esta sencilla pregunta:

¿Cuál de las alternativas es más probable?
Linda es cajera de un banco
Linda es cajera de un banco y activista del movimiento feminista.

Esta versión del problema hizo a Linda famosa en algunos círculos, y supuso años de controversia. Entre el 85 y el 90 por ciento de los universitarios de varias importantes universidades eligieron la segunda opción, contra toda lógica. Sorprendentemente, los pecadores parecían no sentir vergüenza. Cuando pregunté con cierta indignación a mi gran clase universitaria: «¿No comprenden que han infringido una regla lógica elemental?», uno de la última fila gritó: «¿Y qué?», y una estudiante que cometió el mismo error se explicó diciendo: «Pensaba que usted me pedía mi opinión».

La palabra *falacia* se usa en general cuando fallamos en la aplicación de una regla lógica que es obviamente relevante. Amos y yo introdujimos la idea de una *falacia de conjunción*, que es aquella en que se incurre cuando se hace una conjunción de dos eventos (aquí, cajera de banco y feminista) para que resulte más probable que uno de ellos (cajera de banco) en una comparación directa.

Como en la ilusión de Müller-Lyer, la falacia sigue ejerciendo su atracción aun después de reconocerla como tal. El naturalista Stephen Jay Gould describió su propia lucha con el problema de Linda. Por supuesto, conocía la respuesta correcta, y aun así escribió: «Un pequeño homúnculo sigue brincando en mi cabeza y gritándome: "Pero ella no puede ser una cajera de un banco; lee la descripción"».[2] El pequeño homúnculo era, naturalmente, el Sistema 1 de Gould, que le hablaba en tono insistente. (La terminología de los dos sistemas aún no había sido introducida cuando escribió aquello.)

La respuesta correcta a la versión reducida del problema de Linda fue mayoritaria en solo uno de cuatro estudios: el 64 por ciento de un grupo de estudiantes de ciencias sociales de Stanford y de Berkeley juzgaron correctamente que «cajera feminista de un banco» era menos probable que «cajera de un banco». En la versión original, con sus ocho casos (véase *supra*), solo el 15 por ciento de un grupo similar de estudiantes habían hecho esta elección. La diferencia es instructiva. La versión ampliada separaba los dos casos críticos mediante un ítem interpuesto (corredora de seguros), y los lectores juzgaron cada caso independientemente, sin compararlos. La versión reducida, por el contrario, requería una comparación explícita que movilizaba al Sistema 2 y permitía a la mayoría de los estudiantes versados en estadística evitar la falacia. Desafortunadamente, no analizamos el razonamiento de la sustancial minoría (36 por ciento) de este grupo preparado que eligió de manera incorrecta.

Los juicios de probabilidad que nuestros participantes hicieron, tanto en el problema de Tom W. como en el de Linda, son exactamente juicios de representatividad (similitud a estereotipos). La representatividad pertenece a un conjunto de evaluaciones básicas estrechamente relacionadas que tal vez sean generadas juntas. Los casos más representativos se combinan con la descripción de la personalidad para producir las historias más coherentes. Las historias más coherentes no son necesariamente las más probables, pero son *plausibles*, y el incauto confunde fácilmente las nociones de coherencia, plausibilidad y probabilidad.

La sustitución acrítica de la probabilidad por la plausibilidad tiene efectos perniciosos en los juicios cuando los escenarios se usan como herramientas de predicción. Consideremos estos dos escenarios, que fueron presentados a diferentes grupos, con una petición de evaluar su probabilidad:

En algún lugar de América del Norte se producirá el próximo año una inundación masiva en la que perecerán ahogadas más de 1.000 personas.

Algún día del próximo año se producirá en California un terremoto que causará una inundación en la que perecerán ahogadas más de 1.000 personas.

El escenario del terremoto de California es más plausible que el escenario de América del Norte, aunque su probabilidad es ciertamente menor. Como era de esperar, los juicios de probabilidad dieron más valor al escenario más rico y detallado, contrariamente a la lógica. Esta es la trampa de los futurólogos y sus clientes: añadir detalles a escenarios los hace más persuasivos, pero menos verdaderos según la probabilidad.

Para apreciar el papel de la plausibilidad, consideremos las siguientes preguntas:

> ¿Qué alternativa es más probable?
> Mark tiene pelo.
> Mark tiene el pelo rubio.

y

> ¿Qué alternativa es más probable?
> Jane es profesora.
> Jane es profesora y va a trabajar.

Las dos preguntas tienen la misma estructura lógica que el problema de Linda, pero no causan ninguna falacia, pues la descripción más detallada es solo más detallada, no es más plausible, o más coherente, o una historia mejor. La evaluación de la plausibilidad y la coherencia no sugiere una respuesta a la pregunta por la probabilidad. En ausencia de una intuición que compita con ella, la lógica prevalece.

MENOS ES MÁS, A VECES INCLUSO EN EVALUACIÓN CONJUNTA

Christopher Hsee, de la Universidad de Chicago, pidió poner precio a unos lotes de vajilla ofrecidos en una liquidación hecha en un almacén local donde los lotes regularmente costaban entre 30 y 60 dólares. En su experimento había tres grupos. A uno se le mostraron los lotes abajo detallados; Hsee etiquetó esto de *evaluación conjunta* porque permitía una comparación de los dos lotes. A los otros dos grupos se les mostró solo uno de los dos lotes; esto era una *evaluación simple.* La evaluación conjunta es un experimento dentro del sujeto, y la evaluación simple lo es entre sujetos.

	Lote A: 40 unidades	Lote B: 24 unidades
Platos	8, todos en buen estado	8, todos en buen estado
Cuencos para sopa/ensalada	8, todos en buen estado	8, todos en buen estado
Platos de postre	8, todos en buen estado	8, todos en buen estado
Tazas	8, 2 rotas	
Platos pequeños	8, 7 rotos	

Suponiendo que los artículos de los dos lotes sean de la misma calidad, ¿cuáles merecen la pena? La pregunta es fácil. Vemos que el lote A contiene todos los artículos del lote B más otros siete intactos, y *necesariamente* se valorará más. Y, efectivamente, los participantes en el experimento de evaluación conjunta de Hsee estaban dispuestos a pagar un poco más por el lote A: 32 dólares frente a los 30 dólares del lote B.

Los resultados se invirtieron en la evaluación simple, en la que el lote B costaba mucho más que el lote A: 33 dólares frente a 23 dólares. Sabemos por qué sucedió esto. Los lotes (incluidos los de vajilla) se presentan según normas y prototipos. Podemos notar inmediatamente que el valor medio de los artículos es mucho más bajo en el lote A que en el lote B porque nadie desea pagar por artículos deteriorados. Si el valor medio domina la evaluación, no es sorprendente que el lote B sea más valorado. Hsee llamó al patrón resultante *menos es más*. Retirando 16 ítems del lote A (7 de ellos intactos), su valor aumenta.

El hallazgo de Hsee fue replicado por el economista John List en un mercado real de tarjetas de béisbol. List subastó lotes de diez tarjetas de valor alto, y otros lotes idénticos a los que se añadieron tres tarjetas de menor valor. Como en el experimento de los lotes de vajilla, los lotes más grandes se valoraron más que los más pequeños en evaluación conjunta, pero menos en evaluación simple. Desde el punto de vista de la teoría económica, este resultado es problemático: el valor económico de parte de un lote de vajilla o de una colección de tarjetas de béisbol es una variable de suma. Añadir al lote un ítem positivamente valorado solo puede incrementar su valor.

El problema de Linda y el problema de los lotes tienen exactamente la misma estructura. La probabilidad, como el valor económico, es una variable de suma, como ilustra el siguiente ejemplo:

probabilidad (Linda es cajera) = probabilidad (Linda es cajera feminista) + probabilidad (Linda es cajera no feminista).

Esta es la razón de que, como en el estudio de los lotes de Hsee, las evaluaciones simples del problema de Linda producen un patrón de menos es más. El Sistema 1 saca la media en lugar de añadir, y así, si las cajeras de banco no feministas son retiradas del conjunto, la probabilidad subjetiva aumenta. Pero la naturaleza sumativa de la variable es menos obvia en la probabilidad que en el dinero. Como resultado, la evaluación conjunta elimina el error solo en el experimento de Hsee, no en el experimento de Linda.

Linda no es el único error de conjunción que ha sobrevivido a la evaluación conjunta. Encontramos violaciones similares de la lógica en muchos otros juicios. En uno de estos estudios se pidió a los participantes ordenar de más probable a menos probable cuatro posibles resultados del próximo torneo de Wimbledon. Björn Borg era el jugador de tenis dominante cuando se llevó a cabo el estudio. Y estos eran los posibles resultados:

A. Borg ganará el partido.
B. Borg perderá el primer set.
C. Borg perderá el primer set, pero ganará el partido.
D. Borg ganará el primer set, pero perderá el partido.

Los ítems críticos son B y C. B es el caso más inclusivo, y su probabilidad tiene que ser más alta que la de un evento que lo incluya. En contra de la lógica, pero no de la representatividad o la plausibilidad, el 72 por ciento asignaron a B una probabilidad más baja que a C, otro ejemplo de menos es más en una comparación directa. De nuevo, el escenario juzgado más probable era incuestionablemente más plausible, una más coherente adecuación a todo lo conocido sobre el mejor tenista del mundo.

Para prevenir la posible objeción de que la falacia de la conjunción se debe a una mala interpretación de la probabilidad, planteamos un problema que requería juicios de probabilidad, pero en el que los eventos no se describían con palabras y el término *probabilidad* no aparecía. Presentamos a los participantes un dado regular de seis caras con cuatro caras verdes y dos rojas que se lanzaría 20 veces. Se les mostraron tres secuencias de verdes (V) y rojos (R), y se les pidió que escogieran una. Ganarían (hipotéticamente) 25 dólares si salía la secuencia elegida. Las secuencias eran las siguientes:

1. RVRRR
2. VRVRRR
3. VRRRRR

Como el dado tenía el doble de caras verdes que de rojas, la primera secuencia es poco representativa, como Linda simplemente cajera. La segunda secuencia, en la que hay seis lanzamientos, se ajusta más a lo que esperaríamos del dado, porque contiene dos V. Sin embargo, esta secuencia se construyó añadiendo una V al comienzo de la primera secuencia, de modo que solo puede ser menos probable que la primera. Este es el equivalente no verbal de Linda cajera feminista. Como en el estudio de Linda, dominaba la representatividad. Casi dos tercios de los participantes prefirieron apostar por la secuencia 2 frente a la secuencia 1. Sin embargo, cuando se les presentaron argumentos a favor de las dos elecciones, una gran mayoría encontró el argumento correcto (que favorece la secuencia 1) más convincente.

El siguiente problema supuso un gran avance, pues al final encontramos una condición en la que la incidencia de la falacia de la conjunción se redujo mucho. Dos grupos de sujetos vieron las variantes, ligeramente diferentes, del mismo problema:

Se ha realizado un estudio con una muestra de varones adultos de todas las edades y ocupaciones en la Columbia Británica. Haga su mejor estimación de los siguientes valores:	Se ha realizado un estudio con una muestra de 100 varones adultos, de todas las edades y ocupaciones, en la Columbia Británica. Haga su mejor estimación de los siguientes valores:
¿Qué porcentaje de los hombres estudiados ha tenido uno o más ataques cardíacos?	¿Cuántos de los 100 participantes han tenido uno o más ataques cardíacos?
¿Qué porcentaje de los hombres estudiados tiene más de cincuenta y cinco años y ha tenido uno o más ataques cardíacos?	¿Cuántos de los 100 participantes tienen más de cincuenta y cinco años y han tenido uno o más ataques cardíacos?

La incidencia de errores fue del 65 por ciento en el grupo que leyó la versión de la izquierda y de solo el 25 por ciento en el grupo que leyó la versión de la derecha.

¿Por qué la pregunta «Cuántos de los 100 participantes...» es mucho más fácil que la pregunta «Qué porcentaje...»? Una posible explicación es que la referencia a 100 individuos permite que la mente se haga una representación espacial. Imaginemos que a un gran número de individuos se les pide dividirse en grupos dentro de una sala: «Aquellos cuyos apellidos comiencen con las letras A-L deben agruparse en la esquina izquierda». Y luego los demás. La relación de inclusión es ahora obvia, y podemos ver que los individuos cuyos apellidos comienzan con la letra C constituirán un subconjunto del grupo que ocupa la esquina izquierda. En la pregunta del estudio médico, las víctimas de ataques cardíacos terminan en una esquina de la sala, y algunas de ellas tienen menos de cincuenta y cinco años. No todo el mundo compartirá esta imagen particularmente vívida, pero muchos experimentos posteriores han demostrado que la representación de la frecuencia, como ya sabemos, hace fácil apreciar que un grupo está incluido del todo en el otro. La solución al problema parece ser que una pregunta que empieza con «¿Cuántos?» hace que pensemos en individuos, y no así la misma pregunta cuando empieza con «¿Qué porcentaje?».

¿Qué hemos aprendido de estos estudios sobre operaciones del Sistema 2? Una conclusión que no es nueva es que el Sistema 2 no está enteramente alerta. Los estudiantes que participaron en nuestros estudios de la falacia de la conjunción «conocían» bien la lógica de los diagramas de Venn, pero no la aplicaban debidamente ni cuando se les ponía delante toda la información relevante. El absurdo del patrón de «menos es más» era obvio en el estudio de Hsee sobre los lotes de vajilla, y es fácilmente reconocible en la representación de «¿Cuántos?», pero no lo reconocieron los miles de personas que habían incurrido en la falacia de la conjunción en el problema original de Linda y en otros parecidos. En todos estos casos, la conjunción parecía plausible, y esto era suficiente para que el Sistema 2 diera su aprobación.

La pereza del Sistema 2 es parte de la historia. Si sus próximas vacaciones dependieran de él, y si se les hubiera dado un tiempo indefinido para atender a la lógica y no responder hasta estar seguros de sus respuestas, creo que la mayoría de nuestros sujetos habrían evitado la falacia de la conjunción. Pero sus vacaciones no dependían de una respuesta correcta; le dedicaron muy poco tiempo, y se quedaron tan anchos tras responder como si solo se les hubiera «pedido su opinión». La pereza del Sistema 2 es un hecho importante de la vida, y la observación de que la representatividad puede bloquear la aplicación de una regla lógica obvia tiene también su interés.

El rasgo más notable de la historia de Linda es su contraste con el estudio de los elementos deteriorados de la vajilla. Los dos problemas tienen la misma estructura, pero arrojan resultados diferentes. Las personas que ven el lote de vajilla que incluye elementos rotos, le ponen un precio muy bajo; su conducta refleja una regla de la intuición. Las que ven los dos lotes, aplican la regla lógica de que más elementos solo pueden añadir valor. La intuición gobierna los juicios en la situación entre sujetos; las reglas lógicas, en la evaluación conjunta. En el problema de Linda, por el contrario, la intuición a menudo vence a la lógica incluso en la evaluación conjunta, aunque identificamos algunas situaciones en las que la lógica prevalece.

Amos y yo creímos que las flagrantes violaciones de la lógica de la probabilidad que habíamos observado en problemas transparentes eran interesantes y valía la pena informar de ellas a nuestros colegas. También creímos que los resultados reforzarían nuestro argumento sobre el poder de las heurísticas del juicio y que persuadirían a quienes dudaran. En esto estábamos bastante equivocados. Por el contrario, el problema de Linda se convertiría en un caso práctico del uso de normas en las controversias.

El problema de Linda atrajo mucho la atención, y también atrajo como un imán a los críticos de nuestra concepción de los juicios. Como ya habíamos hecho nosotros, los investigadores idearon combinaciones de instrucciones y orientaciones que reducían la incidencia de la falacia; algunos arguyeron que, en el contexto del problema de Linda era razonable para los sujetos entender la palabra «probabilidad» como si significase «plausibilidad». Estos argumentos a veces llegaban a sugerir que toda nuestra empresa iba desencaminada: si una particular ilusión cognitiva podía debilitarse o explicarse de modo convincente, podría ocurrir lo mismo con otras.[3] Este razonamiento pasa por alto el único rasgo de la falacia de la conjunción que supone un conflicto entre intuición y lógica. La evidencia que habíamos acumulado a favor de las heurísticas en el experimento entre sujetos (incluidos los estudios sobre Linda) no fue cuestionada; fue simplemente obviada, y su notoriedad disminuida por una atención exclusiva a la falacia de la conjunción. El efecto global del problema de Linda se tradujo en un aumento de la visibilidad de nuestro trabajo para el público en general y una pequeña mella en la credibilidad de nuestro planteamiento entre los especialistas. Eso no era lo que habíamos esperado.

Quien asista a un juicio, observará que los abogados usan dos estilos de crítica: para echar por tierra un caso, manifiestan dudas sobre los principales argumentos en su favor, y para desacreditar a un testigo, se centran en la parte más débil del testimonio. Centrarse en la parte más débil es también normal en los debates políticos. No creo que esto sea lo apropiado en las controversias científicas, pero he llegado a aceptar como un hecho de la vida que las normas del debate en las ciencias sociales no prohíban el estilo argumentativo propio de la política, en especial cuando están en juego asuntos mayores —y la prevalencia de los sesgos en el juicio humano es un asunto mayor.

Hace unos años mantuve una amigable conversación con Ralph Hertwig, un crítico implacable del problema de Linda, con quien había colaborado en un vano intento de resolver nuestras diferencias.[4] Le pregunté por qué él y otros habían decidido centrarse exclusivamente en la falacia de la conjunción, sin fijarse en otros hallazgos que respaldaban con más solidez nuestra posición. Respondió sonriendo que «era más interesante», y añadió que el problema de Linda había atraído tanta atención que no teníamos motivo para quejarnos.

Hablando de menos es más

«Ellos imaginaron un escenario muy complicado e insistieron en calificarlo de altamente probable. No lo es. Solo es una historia plausible.»

«Añadieron un regalo barato a un producto caro, y así lo hicieron poco atractivo. En este caso, menos es más.»

«En la mayoría de las situaciones, una comparación directa hace a la gente más cautelosa y más lógica, pero no siempre. A veces, la intuición vence a la lógica incluso cuando tenemos la respuesta correcta delante de los ojos.»

16

Las causas triunfan sobre la estadística

Considere el lector la siguiente situación y repare en su propia respuesta intuitiva a la pregunta.

> Una noche, un taxi provocó un accidente, tras el cual se dio a la fuga. En la ciudad operan dos compañías de servicio de taxis, la Verde y la Azul.
>
> Se dan los siguientes datos:
>
> • El 85 por ciento de los taxis de la ciudad son verdes, y el 15 por ciento azules.
> • Un testigo identificó al taxi como azul. El tribunal comprobó la veracidad del testigo en las mismas circunstancias que se dieron la noche del accidente, y concluyó que el testigo identificó correctamente cada uno de los dos colores en el 80 por ciento de las ocasiones, y falló en el 20 por ciento.
>
> ¿Cuál es la probabilidad de que el taxi implicado en el accidente fuera azul y no verde?

Este es un problema típico de inferencia bayesiana. Hay dos ítems de información: una tasa base y la declaración imperfectamente fidedigna de un testigo. En ausencia de un testigo, la probabilidad de que el taxi implicado sea azul es del 15 por ciento, que es la tasa base de este caso. Si las dos compañías fuesen igual de grandes, la tasa base sería poco informativa, y habría que considerar solo la veracidad del testigo para concluir que la probabilidad es del 80 por ciento. Las dos fuentes de información pueden combinarse en la regla de Bayes. La respuesta correcta es entonces el 41 por ciento.[1] Sin embargo, podemos adivinar lo que la gente hace cuando se enfrenta a este problema: ignora la tasa base y se queda con el testimonio. La respuesta más común es entonces el 80 por ciento.

ESTEREOTIPOS CAUSALES

Considere el lector ahora una variación de la misma historia en la que la presentación de la tasa base ha sido alterada.

Se dan los siguientes datos:

- Las dos compañías operan con el mismo número de taxis, pero los verdes están implicados en el 85 por ciento de los accidentes.
- La información relativa al testigo es como en la versión anterior.

Las dos versiones del problema son matemáticamente indistinguibles, pero psicológicamente son bastante diferentes. Quienes leen la primera versión no saben cómo usar la tasa base y a menudo la ignoran. Por el contrario, quienes leen la segunda versión dan una importancia considerable a la tasa base, y su juicio no está en general muy lejos de la solución bayesiana.[2] ¿Por qué?

En la primera versión, la tasa base de los taxis azules es un hecho estadístico relativo a los taxis de la ciudad. Una mente ávida de historias causales no encuentra nada a qué aferrarse: ¿cómo el número de taxis verdes y azules de la ciudad puede causar que un taxista provoque un accidente y se dé a la fuga?

En la segunda versión, por el contrario, los conductores de los taxis verdes causan más de 5 veces más accidentes que los de los taxis azules. La conclusión es inmediata: ¡los taxistas verdes tienen que ser unos locos imprudentes! Así nos habremos formado un estereotipo de los verdes imprudentes, que aplicaremos a conductores desconocidos de la compañía. El estereotipo se ajusta con facilidad a la historia causal porque la imprudencia es un hecho causalmente relevante atribuible a los taxistas. En esta versión hay dos historias causales que hay que combinar o reconciliar. La primera es el choque y la fuga, que naturalmente suscita la idea de que un imprudente conductor verde fue el responsable. La segunda es la declaración del testigo, que asegura que el taxi era azul. Las inferencias a partir de las dos historias sobre el color del automóvil son contradictorias y más o menos se anulan mutuamente. Las probabilidades para los dos colores son aproximadamente iguales (la estimación bayesiana es del 41 por ciento y refleja el hecho de que la tasa base de los taxis verdes es un poco mayor que la fiabilidad del testigo que dijo haber visto un taxi azul).

El ejemplo del taxi ilustra dos tipos de tasas base. Las *tasas base estadísticas* son hechos relativos a la población a la que pertenece un caso, pero no son relevantes para el caso individual. Las *tasas base causales* cambian nuestra idea sobre cómo llegó a producirse el caso individual. Los dos tipos de información de estas tasas base se tratan de modo diferente:

- A las tasas base estadísticas se les da generalmente menos importancia, y a veces son ignoradas si se dispone de información específica sobre el caso.
- Las tasas base causales son tratadas como información sobre el caso individual y son fácilmente combinadas con otra información específica de un caso.

La versión causal del problema del taxi presenta la forma de un estereotipo: los taxistas verdes son peligrosos. Los estereotipos son aserciones sobre el grupo que se aceptan (al menos provisionalmente) como hechos que caracterizan a cada miembro. He aquí dos ejemplos:

> La mayoría de los alumnos de este instituto de suburbio van a la universidad.
> La afición al ciclismo está muy extendida en Francia.

Estos enunciados son fácilmente interpretados en el sentido de que atribuyen una propensión a miembros individuales del grupo y sirven para una historia causal. Muchos alumnos de este instituto concreto de suburbio son aplicados y capaces de acceder a la universidad, presumiblemente porque en este instituto se dan algunas condiciones beneficiosas para el estudio. Y en la cultura y en la vida social francesas hay fuerzas que hacen que muchos franceses se interesen por el ciclismo. Recordaremos estos hechos cuando pensemos en la probabilidad de que un alumno concreto del instituto ingrese en la universidad, o cuando pensemos en sacar a relucir el Tour de Francia en la conversación con un francés que acabamos de conocer.

Estereotipo es una palabra mal vista en nuestra cultura, pero aquí la uso en un sentido neutral. Una de las características básicas del Sistema 1 es que representa categorías como normas y ejemplos prototípicos. Así es como pensamos en caballos, neveras y oficiales de la policía de Nueva York; conservamos en la memoria una representación de uno o más miembros «normales» de cada una de estas categorías. Cuando las categorías son sociales, estas representaciones reciben el nombre de estereotipos. Algunos estereotipos son perniciosamente falsos, y la construcción hostil de estereotipos puede tener consecuencias atroces, pero los hechos psicológicos no pueden evitarse: los estereotipos, verdaderos o falsos, son nuestra manera de pensar en categorías.

El lector puede advertir la ironía. En el contexto del problema del taxi, la falta de atención a la información de la tasa base es un error cognitivo, un fracaso en el razonamiento bayesiano, y la confianza en las tasas base causales es siempre deseable. Estereotipar a los taxistas verdes mejora la exactitud del juicio. Pero en otros contextos, como los de los arrendamientos o las descripciones personales, hay una estricta norma social contra los estereotipos que la legislación ha recogido. Y así debe ser. En contextos sociales sensibles, no queremos sacar conclusiones posiblemente erróneas sobre un individuo a partir de estadísticas sobre el grupo a que pertenece. Consideramos moralmente deseable que se tomen las tasas base como hechos estadísticos sobre el grupo más que como presunciones sobre individuos. En otras palabras, rechazamos las tasas base causales.

La norma social contra los estereotipos, incluida la oposición a las tipificaciones, ha sido sumamente beneficiosa para la creación de una sociedad más civilizada e igualitaria. Pero es útil recordar que el rechazo de los estereotipos válidos inevitablemente produce juicios subóptimos. La resistencia al estereotipo es una posición moral loable, pero la idea simplista de que esta resistencia no tiene coste alguno es errónea. Vale la pena pagar sus costes si el fin es lograr una sociedad mejor, pero negar que esos costes existan en beneficio de la satisfacción moral y de lo políticamente correcto no es científicamente defendible. La confianza en la heurística del afecto es común en los argumentos que tienen una carga política. Las posiciones que favorecemos no tienen coste alguno, y aquellas a las que nos oponemos no producen ningún beneficio. Deberíamos corregir esto.

SITUACIONES CAUSALES

Amos y yo construimos las variantes del problema del taxi, si bien no inventamos la potente noción de tasas base causales; la tomamos del psicólogo Icek Ajzen. En un experimento, Ajzen mostró brevemente a los participantes unas viñetas que describían a algunos estudiantes que se habían presentado a un examen en Yale y les pidió que juzgaran para cada estudiante la probabilidad de que hubiera aprobado el examen. La manipulación de las tasas base causales fue muy sencilla: Ajzen contó a un grupo que los estudiantes que había visto pertenecían a una clase en la que el 75 por ciento pasó el examen, y a otro grupo que los mismos estudiantes habían estado en una clase en la que solo aprobó el 25 por ciento. Esta es una poderosa manipulación, pues la tasa base de aprobados sugiere la inferencia inmediata de que el examen que solo el 25 por ciento de la clase aprobó habría sido harto difícil. La dificultad de un examen es, desde luego, uno de los factores causales que determinan el resultado de cada alumno. Como era de esperar, los sujetos de Ajzen fueron muy sensibles a las tasas base causales, y se juzgó que cada estudiante aprobaría más probablemente en la situación más propicia, con mayor porcentaje de aprobados, que en la más adversa, con mayor porcentaje de suspensos.

Ajzen utilizó un ingenioso método para sugerir una tasa base no causal. Dijo a los sujetos que los estudiantes que habían visto procedían de una muestra construida mediante la selección de estudiantes que habían aprobado o suspendido el examen. Por ejemplo, la información sobre el grupo con un alto número de suspensos rezaba así:

> Al investigador le interesaban sobre todo las causas del fracaso, y formó una muestra en la que el 75 por ciento había suspendido el examen.

Note el lector la diferencia. Esta tasa base es un hecho puramente estadístico relativo al conjunto del que se tomaron los casos. No tiene nada que ver con la pregunta, que es la de si el estudiante individual superó la prueba o fracasó en ella. Como era de esperar, las tasas base explícitamente consignadas produjeron ciertos efectos sobre el juicio, pero su repercusión fue mucho menor que la de las tasas base causales estadísticamente equivalentes. El Sistema 1 puede tratar con historias en las que los elementos están causalmente relacionados, pero es débil en el razonamiento estadístico. Para quien piense bayesianamente, las versiones son, desde luego, equivalentes. Estaríamos tentados de concluir que hemos llegado a una conclusión satisfactoria: se han usado las tasas base causales y se han (más o menos) ignorado los hechos meramente estadísticos. El siguiente estudio, sin duda uno de mis favoritos, muestra que la situación es bastante más compleja.

¿PUEDE ENSEÑARSE ESTA PSICOLOGÍA?

Los taxistas imprudentes y el examen sumamente difícil ilustran dos inferencias que la gente puede hacer a partir de tasas base causales: un rasgo estereotipado que se atribuye a un individuo y un aspecto significativo de la situación que afecta a un resultado individual. Los participantes en los experimentos hicieron las inferencias correctas y mejoraron sus juicios. Desafortunadamente, las cosas no siempre marchan tan bien. El experimento clásico que ahora describiré demuestra que la gente no hará una inferencia que entre en conflicto con otras creencias a partir de la información de la tasa base. Ello apoya la incómoda conclusión de que enseñar psicología es casi siempre una pérdida de tiempo.

El experimento lo llevaron a cabo hace mucho tiempo el psicólogo social Richard Nisbett y su alumno Eugene Borgida en la Universidad de Michigan.[3] Ellos hablaron a unos estudiantes del renombrado «experimento de ayuda» que se había llevado a cabo hacía poco años en la Universidad de Nueva York. Los participantes en aquel experimento fueron conducidos a unas cabinas individuales e invitados a hablar por un intercomunicador sobre su vida y sus problemas personales. Tenían que hablar por turnos durante unos dos minutos. Solo un micrófono estaba conectado en cada turno. Había seis participantes en cada grupo, uno de los cuales era un actor. El actor habló primero, recitando un guión preparado por los experimentadores. Describía sus problemas adaptados a la vida en Nueva York, y admitió con patente embarazo que era proclive a los ataques, especialmente cuando sufría de estrés. Los demás participantes tuvieron luego su turno. Cuando el micrófono volvió a estar desconectado para el actor, este empezó a agitarse y a decir incoherencias, anunciando que iba a sufrir un ataque, y pidió que alguien lo ayudara. Las últimas palabras que dijo fueron: «¿Pue-de alguien ayu-dar-me, ah, ah, ah [sonidos de asfixia]? Me voy a mo-rir… me voy a mo-rir. Un ata-que [asfixia, luego silencio]». En ese momento, el micrófono del siguiente participante se activó automáticamente, y nada se oyó del individuo que se podía estar muriendo.

¿Qué cree el lector que hicieron los participantes en el experimento? Los participantes supieron que uno de ellos sufrió un ataque y pidió ayuda. Los hubo que posiblemente hubieran llegado a responder, y quizá alguno pudo sentirse más seguro dentro de su cabina. Estos fueron los resultados: solo cuatro de los quince participantes respondieron inmediatamente a la llamada de auxilio. Seis no salieron de su cabina, y cinco solo lo hicieron después de que la «víctima del ataque» parecía que se había asfixiado. El experimento demuestra que los individuos se sienten exonerados de toda responsabilidad cuando saben que otros han oído la misma petición de auxilio.[4]

¿Le sorprenden al lector estos resultados? Es muy probable. La mayoría de los humanos pensamos que somos personas decentes que correríamos a auxiliar a alguien en una situación semejante, y esperamos que otras personas decentes hagan lo mismo. La finalidad del experimento era, como vemos, demostrar que esta suposición es errónea. Incluso personas normales y decentes no se apresuran a ayudar a nadie cuando esperan que otros se encarguen de la nada agradable situación de presenciar un ataque. Y tales personas somos también usted y yo.

¿Compartiríamos las siguientes afirmaciones?: «Cuando leí el procedimiento del experimento de la ayuda, pensé que yo habría ayudado inmediatamente al desconocido, aunque es probable que me viera solo asistiendo a la víctima de un ataque. Seguramente estaba equivocado. Si me viera en una situación en la que otras personas tuvieran ocasión de prestar ayuda a alguien, yo no daría un paso. La presencia de esas otras personas reduciría mi sentido de la responsabilidad personal más de lo que al principio imaginaba». Esto es lo que un profesor de psicología espera que aprendamos. ¿Habríamos hecho nosotros las mismas deducciones?

El profesor de psicología que describe el experimento de la ayuda quiere que los estudiantes vean la baja tasa base como causal, igual que en el caso del examen ficticio de Yale. En ambos casos quiere que deduzcan que una tasa sorprendentemente alta de fracaso implica un examen demasiado difícil. La lección que quiere que los estudiantes aprendan es que un aspecto potente de la situación, como la difusión de la responsabilidad, induce a personas normales y decentes como ellos a mantenerse en una sorprendente actitud de abstención.

Cambiar nuestras ideas sobre la naturaleza humana es difícil, y cambiar a peor las ideas sobre uno mismo todavía lo es más. Nisbett y Borgida presumían que los estudiantes resistirían la situación y lo desagradable de ella. Naturalmente, los estudiantes serían capaces de, y estarían dispuestos a, enumerar los detalles del experimento de la ayuda en un test, y repetirían la interpretación «oficial» en términos de difusión de la responsabilidad. Pero ¿cambiarían realmente sus creencias sobre la naturaleza humana? Para saberlo, Nisbett y Borgida les mostraron vídeos de breves entrevistas supuestamente realizadas a dos personas que habían participado en el estudio de Nueva York. Las entrevistas eran cortas y anodinas. Los entrevistados parecían personas amables, normales, decentes. Hablaban de sus aficiones, sus actividades en los ratos libres y sus planes para el futuro, que eran enteramente convencionales. Después de visionar el vídeo de una entrevista, los estudiantes debían adivinar con qué presteza esa persona había acudido en ayuda del desconocido enfermo.

Para aplicar el razonamiento bayesiano a la tarea asignada a los estudiantes, primero hemos de preguntarnos por lo que presumimos acerca de los dos individuos sin haber visto sus entrevistas. Esta pregunta la contesta una consulta a la tasa base. Se nos ha dicho que solo 4 de los 15 participantes en el experimento se apresuraron a ayudar tras la primera petición de auxilio. La probabilidad de que un participante no identificado haya asistido inmediatamente al desconocido es, por tanto, del 27 por ciento. Nuestra creencia previa respecto a cualquier participante no especificado sería que este no se apresuró a auxiliar al desconocido. La lógica bayesiana nos exige luego que ajustemos nuestro juicio a la luz de alguna información relevante sobre el individuo. Sin embargo, los vídeos fueron cuidadosamente diseñados para ser poco informativos; nada había en ellos que hiciera suponer que los individuos hubieran ayudado más o menos que un estudiante elegido al azar. En ausencia de nueva información útil, la solución bayesiana es quedarse en las tasas base.

Nisbett y Borgida pidieron a dos grupos de estudiantes que vieran los vídeos y predijeran el comportamiento de los dos individuos. A los estudiantes del primer grupo se les habló solo del procedimiento del experimento de la ayuda, no de los resultados. Sus predicciones reflejaban sus concepciones sobre la naturaleza humana y su idea de la situación. Como era de esperar, predijeron que los dos individuos acudirían raudos a auxiliar a la víctima del ataque. El segundo grupo de estudiantes conocía tanto el procedimiento del experimento como sus resultados. La comparación de las predicciones de los dos grupos da una respuesta a una importante pregunta:

¿aprendieron los estudiantes de los resultados del experimento de la ayuda algo que hubiera cambiado significativamente su modo de pensar? La respuesta es tajante: nada en absoluto. Sus predicciones sobre los dos individuos no se distinguían de las de los estudiantes que no tuvieron conocimiento de los resultados estadísticos del experimento. Ellos conocían la tasa base del grupo del que los individuos procedían, pero siguieron estando convencidos de que las personas que veían en el vídeo habrían estado más que dispuestas a auxiliar al extraño enfermo.

Para los profesores de psicología, las implicaciones de este estudio son desalentadoras. Cuando enseñamos a nuestros alumnos aspectos del comportamiento de las personas en el experimento de la ayuda, esperamos que aprendan algo que no sabían antes; deseamos que cambie su manera de pensar sobre el comportamiento de las personas en una situación particular. Este objetivo no se alcanzó en el estudio de Nisbett y Borgida, y no hay razón para creer que los resultados habrían sido diferentes si hubieran elegido otro experimento psicológico con sorpresa. De hecho, Nisbett y Borgida informaron de unos resultados similares cuando enseñaban aspectos de otro estudio en el que una ligera presión social hizo que los participantes aceptaran electrochoques mucho más dolorosos de lo que la mayoría de nosotros (y de ellos) habríamos esperado. Los estudiantes que no adquirieron una nueva percepción del poder del entorno social no han aprendido nada del valor del experimento. Las predicciones que hicieron sobre desconocidos elegidos al azar, o sobre su propio comportamiento, indican que no cambiaron su opinión sobre cómo se habrían comportado. En palabras de Nisbett y Borgida, los estudiantes «se eximieron tranquilamente» (y sus amigos y conocidos) de sacar conclusiones de experimentos que los sorprendían. Pero los profesores de psicología no deben desesperarse, pues Nisbett y Borgida informan de una manera de conseguir que sus alumnos aprecien lo esencial del experimento de la ayuda. Formaron un nuevo grupo de estudiantes y les explicaron el procedimiento del experimento, pero sin contarles los resultados del grupo. Mostraron a los estudiantes los dos vídeos y simplemente les dijeron que los dos individuos que acababan de ver no habían auxiliado al desconocido, y luego les pidieron adivinar los resultados globales. El final fue espectacular: las suposiciones de los estudiantes fueron sorprendentemente acertadas.

Para enseñar a los estudiantes una psicología que no conozcan previamente, es preciso sorprenderles. Pero ¿qué puede sorprenderles? Nisbett y Borgida advirtieron que cuando presentaban a sus alumnos un hecho estadístico sorprendente, estos no intentaban siquiera aprender algo de él. Pero que cuando se sorprendía a los alumnos con casos concretos —dos buenas personas que no habían ayudado—, inmediatamente hacían una generalización e inferían que ayudar es más difícil de lo que habían pensado. Nisbett y Borgida resumen los resultados en una frase memorable:

> La nula disposición de los sujetos a deducir lo particular de lo general solo la contrarrestaba su disposición a inferir lo general de lo particular.

Una conclusión de suma importancia. Las personas a las que se logra sorprender con hechos estadísticos sobre el comportamiento humano pueden impresionarse hasta el punto de contar a sus amigos lo que han oído, pero esto no significa que su concepción del mundo haya cambiado realmente. El test de aprendizaje psicológico busca saber si nuestra comprensión de situaciones que encontramos ha cambiado, no si hemos conocido un nuevo hecho. Existe una profunda brecha entre nuestro pensamiento estadístico y nuestro pensamiento sobre casos individuales. Los resultados estadísticos con una interpretación causal producen un mayor efecto sobre nuestro pensamiento que la información no causal. Pero ni la estadística causal más persuasiva modificará creencias largamente sustentadas o creencias enraizadas en la experiencia personal. Por otra parte, los casos concretos sorprendentes causan un fuerte impacto y son una herramienta más eficaz para enseñar psicología debido a que la incongruencia debe resolverse e insertarse en una historia causal. Esta es la razón de que este libro dirija sus preguntas personalmente al lector. Es más probable que el lector aprenda algo si se sorprende de su propio comportamiento que si se le habla de los hechos sorprendentes que encontramos en la gente en general.

Hablando de causas y estadística

«No podemos suponer que aprendan realmente algo de la mera estadística. Mostrémosles uno o dos casos concretos y representativos para así influir en su Sistema 1.»

«No debe preocuparnos que esta información estadística sea ignorada. Al contrario: la usaremos directamente para alimentar un estereotipo.»

17

Regresión a la media

Uno de los «eurekas» que más satisfacción me dio en toda mi carrera fue el que pronuncié mientras enseñaba a instructores de vuelo de la Fuerza Aérea Israelí la psicología de un entrenamiento eficaz. Les hablé de un importante principio del entrenamiento útil: las recompensas por los avances son más eficaces que los castigos por los errores. Esta proposición la respaldan muchos resultados obtenidos en investigaciones con palomas, ratas, humanos y otros animales.

Cuando concluí mi entusiasta discurso, uno de los instructores más avezados del grupo levantó la mano e hizo una breve observación. Empezó diciendo que recompensar los avances sería bueno para los pájaros, pero que no era lo mejor para los cadetes de vuelo. Estas fueron sus palabras: «En muchas ocasiones felicito a los cadetes por su limpia ejecución de algunas maniobras acrobáticas. En la siguiente ocasión que tienen que ejecutar la misma maniobra, suelen hacerla mal. Por otra parte, a menudo grito a algún cadete a través del auricular por su mala ejecución, y en general suelen mejorar al siguiente intento. No nos diga, por favor, que las recompensas son buenas y los castigos no lo son, porque la verdad es todo lo contrario».

Tuve entonces un feliz momento de iluminación: vi bajo una nueva luz un principio de la estadística que había estado enseñando durante años. El instructor tenía razón, ¡pero también estaba completamente equivocado! Su observación era astuta y correcta: era probable que a las ocasiones en que elogiaba una ejecución siguieran otras en que la ejecución fuera decepcionante, y que a la reprimenda siguiera normalmente una mejora. Pero la inferencia que había hecho sobre la eficacia de la recompensa y del castigo se salía por completo de su marco. Lo que él había observado se conoce como *regresión a la media*, que en este caso se debe a fluctuaciones aleatorias en la calidad de la ejecución. Naturalmente, él solo felicitaba a un cadete si su ejecución era mejor que la media. Pero lo más probable era que el cadete tuviera suerte en un intento particular y, por tanto, pudiera hacerlo mal con independencia de que le felicitaran o no. De modo parecido, el instructor solo gritaba por los auriculares del cadete cuando la ejecución era especialmente mala y, por tanto, mejorable con independencia de lo que el instructor hiciera. El instructor había relacionado una interpretación causal con las inevitables fluctuaciones de un proceso aleatorio.

El desafío exigía una respuesta, pero una lección de álgebra de la predicción no habría sido recibida con mucho entusiasmo. En su lugar eché mano de la tiza para dibujar un blanco en el suelo. Luego pedí a cada oficial de la sala que volviera la espalda al blanco y le arrojara dos monedas una tras otra sin mirarlo. Medimos las distancias al blanco y anotamos en la pizarra los dos resultados de cada participante. Después ordenamos de mejor a peor los resultados del primer intento. Parecía que la mayoría (no todos) de los que lo habían hecho mejor la primera vez lo hicieron peor en el segundo intento, y que los que lo habían hecho mal en el primer intento por lo general mejoraron en el segundo. Expliqué a los instructores que lo que estaban viendo en la pizarra coincidía con lo que habíamos oído sobre la ejecución de las maniobras acrobáticas en intentos sucesivos: a la mala ejecución seguía normalmente una mejora, y a la buena ejecución un empeoramiento, sin que el elogio o la reprimenda tuvieran aquí nada que ver.

El descubrimiento que hice aquel día fue que los instructores de vuelo estaban atrapados en una desafortunada contingencia: como reprendían a los cadetes cuando su ejecución era pobre, estos solían ser felicitados por una mejora posterior aunque la reprimenda hubiese sido realmente ineficaz. Pero los instructores no eran los únicos en pasar por este trance. Me había tropezado con un hecho importante de la condición humana: el *feedback* a que la vida nos somete es perverso. Como tendemos a ser agradables con los demás cuando nos complacen, y desagradables cuando no lo hacen, somos estadísticamente castigados por ser amables y recompensados por ser desagradables.

TALENTO Y SUERTE

Hace unos años, John Brockman, editor de la revista online *Edge*, preguntó a varios científicos cuál era su «ecuación favorita». Esta fue mi contribución:

> Éxito = talento + suerte.
> Gran éxito = un poco más de talento + un cúmulo de suerte.

La idea nada sorprendente de que la suerte a menudo contribuye al éxito tiene consecuencias sorprendentes cuando la aplicamos a los dos primeros días de un torneo de golf de alto nivel. Para simplificar las cosas, supongamos que en estos dos días, la puntuación media de los competidores fue de 72 a par. Nos centraremos en un jugador que lo hizo muy bien el primer día, obteniendo una puntuación de 66. ¿Qué podemos aprender de esta excelente puntuación? Una deducción inmediata es que el golfista tiene más talento que el participante medio del torneo. La fórmula para el éxito indica que otra deducción está igualmente justificada: el golfista que lo hizo tan bien el día 1 probablemente tuviera aquel día una suerte superior a la media. Si aceptamos que el talento y la suerte contribuyen al éxito, la conclusión de que el golfista tuvo suerte está tan justificada como la conclusión de que el golfista tiene talento.

Del mismo modo, si nos centramos en un jugador que aquel día puntuó 5 sobre par, tenemos razones para deducir que es más bien flojo *y* tuvo un mal día. Por supuesto, sabemos que ninguna de estas deducciones es verdadera. Es muy posible que el jugador que puntuó 77 tenga auténtico talento, pero tuviera un día excepcionalmente malo. Aunque son inciertas, las siguientes deducciones a partir de las puntuaciones del día 1 son plausibles y serán correctas con más frecuencia que erróneas.

puntuación por encima de la media en el día 1 = talento por encima de la
media + suerte aquel día

y

puntuación por debajo de la media en el día 1 = talento por debajo de la
media + mala suerte aquel
día.

Supongamos ahora que conocemos la puntuación de un golfista el día 1 y nos piden predecir la puntuación el día 2. Si esperamos
que el golfista mantenga el mismo nivel de talento el segundo día,
nuestra mejor predicción será «por encima de la media» para el primer jugador y «por debajo de la media» para el segundo jugador.
Naturalmente, la suerte es otra cosa. Como no hay manera de predecir la suerte del jugador el segundo día (o cualquier día), nuestra
mejor predicción habrá de ser que tendrá una suerte media, ni buena ni mala. Esto significa que en ausencia de otra información, nuestra mejor predicción sobre la puntuación del jugador el día 2 no será
una repetición de su actuación del día 1. Esto es lo máximo que podemos decir:

- El golfista que lo hizo bien el día 1 es probable que lo vuelva
  a hacer bien el día 2, pero menos que la primera vez, porque
  la suerte inusitada que tuvo el día 1 es poco probable que se
  repita.
- El golfista que lo hizo mal el día 1 probablemente quede por
  debajo de la media el día 2, pero mejorará, porque su probable mala racha posiblemente no continúe.

También esperamos que la diferencia entre los dos golfistas se
reduzca el segundo día, aunque nuestra mejor predicción es que el
primer jugador lo siga haciendo mejor que el segundo.

Mis alumnos se quedaban siempre sorprendidos al escuchar que
la actuación predicha para el día 2 sería más moderada y estaría más
cerca de lo normal que la evidencia en que se basa (la puntuación

del día 1). Tal es la razón de que este patrón reciba el nombre de regresión a la media. Cuanto más extrema es la puntuación original, mayor es la regresión que esperamos, puesto que una puntuación excepcionalmente buena sugiere un día de mucha suerte. Pocos de los golfistas que puntuaron 66 el día 1 lo harán mejor el segundo día si su suerte mejora. La mayoría lo harán peor, pues su suerte no seguirá estando por encima de lo normal.

Ahora vayamos en dirección contraria a la de la flecha del tiempo. Pongamos a los jugadores en su actuación del día 2 y fijémonos en su actuación del día 1. Observaremos exactamente el mismo patrón de regresión a la media. Los golfistas que lo hicieron mejor el día 2 probablemente tuvieran suerte aquel día, y la mejor suposición es que hayan tenido menos suerte y lo hayan hecho menos bien el día 1. El hecho de que observemos esta regresión cuando presumimos un evento anterior a partir de un evento posterior tendría que convencernos de que dicha regresión no tiene una explicación causal.

Los efectos de regresión son ubicuos, y por eso imaginamos historias causales para explicarlos. Un ejemplo bien conocido es la «maldición del *Sports Illustrated*», la pretensión de que un atleta cuya imagen aparece en la portada de la revista está condenado a tener una mala actuación en la temporada siguiente. A menudo se ofrecen como explicaciones el exceso de confianza y la presión de las grandes expectativas. Pero esta maldición tiene una explicación más simple: un atleta que aparezca en la portada de *Sports Illustrated* tiene que haberlo hecho excepcionalmente bien en la temporada precedente, tal vez con la ayuda de un golpe de suerte, y la suerte es caprichosa.

Casualmente estuve viendo el campeonato de saltos de esquí de los Juegos Olímpicos de Invierno mientras escribía con Amos un artículo sobre la predicción intuitiva. Cada atleta tiene dos saltos, y los resultados de ambos se combinan para obtener la puntuación final. Me dejó sorprendido oír lo que decía el comentarista deportivo mientras los atletas se preparaban para el segundo salto: «Noruega ha hecho un gran primer salto; estará tenso esperando poder mantener su puesto, y probablemente lo haga peor»; o «Suecia ha hecho un mal primer salto, y ahora sabe que no tiene nada que perder y estará relajado, y esto lo ayudará a hacerlo mejor». Era obvio que el comentarista había advertido la regresión a la media y se había inventado una historia causal para la que no existía evidencia alguna. La historia en sí podría ser verdadera. Es posible que si midiéramos el pulso de los atletas antes de cada salto encontrásemos que se hallan efectivamente más relajados después de un mal primer salto. Y es posible que no. Debemos recordar que el cambio entre el primer salto y el segundo no necesita una explicación causal. Es una consecuencia matemáticamente inevitable del hecho de que la suerte desempeñó su papel en el resultado del primer salto. No es una historia muy satisfactoria —todos preferiríamos una explicación causal—, pero es lo que hay.

PARA ENTENDER LA REGRESIÓN

Unas veces no detectado, y otras erróneamente explicado, el fenómeno de la regresión es extraño a la mente humana. Tanto, que no fue identificado y entendido hasta doscientos años después de la teoría de la gravitación y del cálculo diferencial. Fue además uno de los mejores intelectos británicos del siglo XIX el que dio cuenta de él, y ello con gran dificultad.

La regresión a la media fue descubierta y denominada, bien avanzado el siglo XIX, por sir Francis Galton, primo segundo de Charles Darwin y renombrado erudito. Podemos comprender su emoción por el descubrimiento en un artículo que publicó en 1886 con el título de «Regression towards Mediocrity in Hereditary Stature», que informa de mediciones de tamaños en generaciones sucesivas de semillas y en comparaciones de estaturas de niños con las de sus padres. Sobre sus estudios de las semillas escribió lo siguiente:

> Arrojaron resultados que se asemejaban notablemente, y los utilicé como base para una conferencia ante la Royal Institution el 9 de febrero de 1877. Estos experimentos parecían indicar que las semillas de los descendientes no tienden a asemejarse en tamaño a las semillas progenitoras, sino a ser siempre de tamaño menor, a ser más peque-

ñas que las progenitoras si estas eran grandes, y a ser más grandes que las progenitoras, si estas eran muy pequeñas. [...] Los experimentos demostraban además que la regresión filial del promedio a la medianía era directamente proporcional a la desviación parental de ella.

Obviamente, Galton esperaba que su docta audiencia de la Royal Institution —la sociedad de investigación independiente más antigua del mundo— quedase tan sorprendida como él de su «notable observación». Pero lo verdaderamente notable fue que lo que le había sorprendido era una regularidad estadística que es tan común como el aire que respiramos. Efectos de regresión pueden encontrarse en cualquier parte, pero no los reconocemos como lo que son. Se ocultan a la visión corriente. A Galton le llevó varios años encontrar el camino desde su descubrimiento de la regresión filial del tamaño hasta la noción más general de que la regresión inevitablemente se da cuando la correlación entre dos mediciones es menos que perfecta, y necesitó la ayuda del estadístico más brillante de su época para llegar a esta conclusión.[1]

Uno de los escollos que Galton tuvo que superar fue el problema de la medición de la regresión entre variables medidas en escalas diferentes, como el peso y tocar el piano. Esto se lleva a cabo utilizando la población como referencia estándar. Imaginemos que el peso y el tocar el piano se han medido en 100 niños de todos los grados de la escuela primaria, y que han sido clasificados de más a menos en cada medición. Si Jane queda la tercera en piano y la vigésimo séptima en peso, corresponde decir que es mejor pianista que alta. Hagamos algunas suposiciones que simplifiquen las cosas:

A cualquier edad:

- Tocar bien el piano depende solo de las horas semanales de práctica.
- El peso depende solo del consumo de helados.
- El consumo de helados y las horas semanales de práctica no guardan relación.

Ahora, utilizando rangos (o *puntuaciones estándar,*[2] como prefieren los estadísticos), podemos escribir estas ecuaciones:

peso = edad + consumo de helados
clasificación en piano = edad + horas semanales de práctica.

Podemos ver que habrá regresión a la media si predecimos la clasificación en piano a partir del peso, o viceversa. Si todo lo que sabemos de Tom es que ocupa el puesto duodécimo en peso (bastante por encima de la media), podemos inferir (estadísticamente) que probablemente sea mayor que la media y que probablemente consuma más helados que otros niños. Si todo lo que sabemos de Barbara es que ocupa el puesto octogésimo quinto en piano (muy por debajo de la media del grupo), podemos inferir que probablemente sea más pequeña y que probablemente practique menos que la mayoría de los niños.

El *coeficiente de correlación* entre dos mediciones, que varía entre 0 y 1, es una medida de la influencia relativa de los factores que comparten. Por ejemplo, cada uno de nosotros compartimos la mitad de nuestros genes con cada uno de nuestros padres, y los rasgos en los que los factores ambientales tienen una influencia relativamente escasa, como la estatura, la correlación entre padre e hijo no está lejos de .50.[3] Los siguientes ejemplos de coeficientes nos valdrán para apreciar el significado de la medición de la correlación:

- La correlación entre el tamaño de objetos medidos con precisión en unidades inglesas o en unidades del sistema métrico es 1. Un factor que influya en una medición, influye también en la otra; el 100 por ciento de los determinantes es compartido.
- La correlación entre la estatura y el peso declarados entre varones estadounidenses adultos es .41.[4] Si incluimos a mujeres y niños, la correlación sería mucho mayor, puesto que el sexo y la edad de los individuos influyen en su peso y su estatura, aumentando la influencia relativa de los factores compartidos.

- La correlación entre las puntuaciones del SAT y del GPA* universitario es aproximadamente .60. Pero la correlación entre pruebas de aptitud y el éxito en instituciones universitarias es mucho más baja, debido en gran parte a que la aptitud varía poco en este grupo seleccionado. Si todos tienen una aptitud similar, es improbable que las diferencias en esta medición desempeñen un papel significativo en las mediciones del éxito.
- La correlación entre ingresos y nivel educativo en Estados Unidos es aproximadamente .40.[5]
- La correlación entre los ingresos familiares y los cuatro últimos dígitos del número de teléfono es 0.

A Francis Galton le llevó varios años entender que la correlación y la regresión no son dos conceptos; son diferentes perspectivas del mismo concepto.[6] La regla general es sencilla, pero tiene consecuencias sorprendentes: siempre que la correlación entre dos puntuaciones sea imperfecta, habrá regresión a la media. Para ilustrar la idea de Galton utilizaremos una proposición que casi todo el mundo encontrará no poco interesante:

> Las mujeres muy inteligentes tienden a casarse con hombres menos inteligentes que ellas.

Podemos iniciar una buena conversación en una velada buscando una explicación, y nuestros amigos participarán con gusto. Incluso personas que han accedido a algunas estadísticas espontáneamente interpretarán la proposición en términos causales. Algunas pensarán en mujeres muy inteligentes que procuran evitar la competencia con hombres igualmente inteligentes, o que se sienten obligadas a buscar un arreglo en la elección de su cónyuge porque los hombres inteligentes no quieren competir con mujeres inteligentes. Y más explicaciones rocambolescas que saldrán a la luz en una velada que se precie. Consideremos ahora el siguiente enunciado:

* SAT: Scholastic Assessment Test (prueba de madurez universitaria); GPA: Grade Point Average (promedio de calificaciones). *(N. del T.)*

La correlación entre coeficientes de inteligencia de cónyuges es menos que perfecta.

Este enunciado es obviamente verdadero y no tiene ningún interés. ¿Quién esperaría que la correlación fuese perfecta? No hay nada que explicar aquí. Pero el enunciado que encontramos interesante y el enunciado que encontramos trivial son algebraicamente equivalentes. Si la correlación entre la inteligencia de los cónyuges es menos que perfecta (y si, considerando los valores medios, hombres y mujeres no difieren en inteligencia), entonces es matemáticamente inevitable que mujeres muy inteligentes se casen con hombres que serán de media menos inteligentes que ellas (y viceversa, naturalmente). La regresión a la media que aquí se observa no puede ser más interesante o más explicable que la correlación imperfecta.

Probablemente muchos simpaticen con la lucha de Galton con el concepto de regresión. El estadístico David Freedman solía decir que si el tema de la regresión aparece en un proceso criminal o civil, la parte que deba explicar al jurado la regresión perderá el caso. ¿Por qué es tan difícil hacerlo? La razón principal de esta dificultad es un tema recurrente de este libro: nuestra mente se halla fuertemente predispuesta a las explicaciones causales y no se lleva bien con la «mera estadística». Cuando un suceso llama nuestra atención, la memoria asociativa buscará su causa; más precisamente, la activación desplegará de manera automática alguna causa que se encuentre almacenada en la memoria. Las explicaciones causales se suscitarán cuando se detecte regresión, pero serán erróneas porque la verdad es que la regresión a la media tiene una explicación, pero no una causa. El suceso que atrae nuestra atención en el torneo de golf es el frecuente deterioro de la actuación de los golfistas que lo hicieron muy bien el día 1. La mejor explicación de esto es que esos golfistas tuvieron una suerte inusitada aquel día, pero esta explicación carece de la fuerza causal que nuestra mente prefiere. No hay duda de que pagamos muy bien a personas que nos proporcionen explicaciones interesantes de efectos de regresión. Un comentarista económico que correctamente anuncie que «el negocio irá mejor este año porque no fue muy bien el año pasado», es probable que su presencia en el programa sea breve.

Nuestras dificultades con el concepto de regresión tienen su origen tanto en el Sistema 1 como en el Sistema 2. Sin especial instrucción, y en unos pocos casos después de alguna instrucción estadística, la relación entre correlación y regresión permanece oscura. El Sistema 2 encuentra difícil entenderla y aprenderla. Esto es debido en parte a la insistente demanda de interpretaciones causales, la cual es un rasgo del Sistema 1.

> Niños deprimidos tratados con una bebida energética mejoraron durante un período de tres meses.

Este titular de periódico me lo he inventado, pero el hecho del que informa es cierto: si durante un tiempo tratamos a un grupo de niños deprimidos con una bebida energética, mostrarán una mejora clínicamente significativa. También ocurre que los niños deprimidos que pasan algún tiempo haciendo el pino o abrazando a un gato durante veinte minutos al día mostrarán asimismo una mejora. La mayoría de los lectores de esta clase de titulares automáticamente deducirán que la bebida energética o abrazar a un gato producen una mejora, pero esta conclusión está totalmente injustificada. Los niños deprimidos constituyen un grupo extremo, pues están más deprimidos que la mayoría de los niños, y los grupos extremos regresan a la media con el tiempo. La correlación entre niveles de depresión y ocasiones sucesivas de prueba es menos que perfecta, y por eso habrá regresión a la media: los niños deprimidos estarán algo mejor con el tiempo incluso si no abrazan a los gatos ni toman Red Bull. Para concluir que una bebida energética —o cualquier otro tratamiento— es efectivo, hemos de comparar un grupo de pacientes que reciben ese tratamiento con un «grupo de control» que no reciba tratamiento alguno (o, mejor, que reciba un placebo). Se espera que el grupo de control mejore solo por regresión, y la finalidad del experimento es determinar si los pacientes tratados mejoran más de lo que la regresión pueda explicar.

Las interpretaciones causales (incorrectas) de los efectos de regresión no se limitan a los lectores de la prensa popular. El estadístico Howard Wainer ha confeccionado una larga lista de investigadores eminentes que cometieron el mismo error, confundir la mera correlación con la causación.[7] Los efectos de regresión son una fuente corriente de problemas en la investigación, y los científicos experimentados sienten un sano temor a caer en la trampa de la inferencia causal no justificada.

Uno de mis ejemplos favoritos de los errores de la predicción intuitiva es una adaptación del excelente texto de Max Bazerman *Judgment in Managerial Decision Making*:

> Usted es analista de ventas de una cadena de almacenes. Todos los almacenes son similares en tamaño y en selección de artículos, pero sus ventas difieren según la ubicación, la competencia y los factores aleatorios. Le entregan los resultados de 2011 y le piden predecir las ventas para 2012. Se le ha indicado que acepte la predicción global de unos economistas de que las ventas se incrementarán en un 10 por ciento. ¿Cómo completaría la siguiente tabla?

Almacén	2011	2012
1	11.000.000 de dólares	_____
2	23.000.000 de dólares	_____
3	18.000.000 de dólares	_____
4	29.000.000 de dólares	_____
Total	81.000.000 de dólares	89.100.000 de dólares

Si ha leído este capítulo, el lector sabe que la solución obvia de sumar el 10 por ciento a las ventas de cada almacén es errónea. Espera que las predicciones sean regresivas, lo cual requiere sumar más del 10 por ciento a las sucursales de bajo rendimiento y sumar menos del 10 por ciento (o incluso restar) a las demás. Pero si pregunta a otras personas, es probable que se quede perplejo: ¿por qué las molesta con una cuestión tan obvia? Pero, como Galton descubrió después de ímprobos esfuerzos, el concepto de regresión está lejos de ser obvio.

Hablando de regresión a la media

«Ella dice que la experiencia le ha enseñado que la crítica es más efectiva que precisa. No entiende que todo se debe a la regresión a la media.»

«Quizá su segunda entrevista no fuera tan estupenda como la primera porque tenía miedo de decepcionarnos, pero es más probable que su primera entrevista fuera inusitadamente buena.»

«Nuestra proyección es buena pero no perfecta, de modo que debemos anticipar la regresión. No tendría que sorprendernos que los mejores candidatos a menudo defrauden nuestras expectativas.»

18

Domesticando las predicciones intuitivas

La vida nos depara muchas ocasiones de hacer predicciones. Los economistas predicen inflación y desempleo, los analistas financieros predicen beneficios, los expertos militares predicen el número de bajas, los capitalistas aventurados evalúan rentabilidades, los editores y los productores predicen las respuestas del público, los constructores estiman el tiempo requerido para realizar proyectos, los chefs anticipan la demanda de las especialidades de sus menús, los ingenieros estiman la cantidad de hormigón necesaria para levantar un edificio y los jefes de bomberos calculan el número de camiones cisterna necesarios para apagar un incendio. En nuestra vida privada predecimos la reacción de nuestro cónyuge a una proposición o nuestra futura adaptación a un nuevo empleo.

Algunos juicios predictivos, como los que hacen los ingenieros, se basan en gran parte en tablas de datos, cálculos precisos y análisis explícitos de resultados observados en ocasiones similares. Otros implican a la intuición y al Sistema 1 en dos variedades principales. Algunas intuiciones se basan primordialmente en aptitudes y pericias adquiridas en experiencias repetidas. Los juicios y las decisiones rápidos y automáticos de los ajedrecistas, los jefes de bomberos y los médicos que Gary Klein ha descrito en *Sources of Power* y en otras obras, ilustran esas intuiciones en las que la solución a un problema concreto acude rauda a la mente porque se han reconocido escenas que resultan familiares.

Otras intuiciones, que a veces son subjetivamente indistinguibles de las primeras, brotan de esa operación heurística que a menudo sustituye una pregunta difícil por otra más fácil. Los juicios intuitivos pueden hacerse con toda confianza incluso si se basan en evaluaciones no regresivas de evidencias pobres. Por supuesto, muchos juicios, especialmente en el ámbito de una profesión, son influidos por una combinación de análisis e intuición.

INTUICIONES NO REGRESIVAS

Recordemos a una persona que ya hemos conocido:

> Julie es actualmente profesora en una universidad del estado. Leía con fluidez cuando contaba cuatro años de edad. ¿Cuál es su calificación media (GPA)?

A las personas que están familiarizadas con el mundo educativo estadounidense, enseguida se les ocurrirá un número que estará entre 3,7 y 3,8. ¿Por qué? Aquí encontramos dos operaciones del Sistema 1.

- La búsqueda de una relación causal entre la evidencia (la lectura de Julie) y el acierto en el pronóstico (su GPA). Esta relación puede ser indirecta. En este ejemplo, la precocidad en la lectura y un GPA alto son indicadores de su talento académico. Tiene que haber alguna relación. Nosotros (nuestro Sistema 2) probablemente rechacemos por irrelevante un informe que nos diga que Julie ganó un concurso de cazar moscas o destacó como levantadora de pesos en la universidad. El proceso es, en efecto, dicotómico. Somos capaces de rechazar información por irrelevante o por falsa, pero adjuntar una pequeña debilidad a la evidencia no es algo que el Sistema 1 pueda hacer. Como resultado, las predicciones intuitivas son casi completamente insensibles a la cualidad real con valor predictivo de la evidencia. Cuando se advierte una relación, como en el caso de la precocidad de Julie, se da el WYSIATI: nuestra memoria asociativa construye rápida y automáticamente la mejor historia posible a partir de la información disponible.

- Resulta también que la evidencia es evaluada en relación con una norma relevante. ¿Cuál es el grado de precocidad de una niña que lee con fluidez a los cuatro años? ¿Qué clasificación relativa o percentil corresponde a esta capacidad? El grupo con el que se compara a la niña (podemos llamarlo grupo de referencia) no está bien especificado, pero es la regla en la forma común de hablar: si alguien que se ha licenciado en la universidad es calificado de «muy inteligente», casi no necesitaremos preguntar: «Cuando usted dice "muy inteligente", ¿cuál es el grupo de referencia en el que está pensando?».

- El paso siguiente implica una sustitución y una equivalencia de intensidad. La evaluación de una evidencia poco sólida de capacidad cognitiva en la infancia es sustituida por la respuesta a una pregunta sobre el GPA. Se asignará el mismo percentil al GPA de Julie que a su capacidad como lectora precoz.

- La pregunta especificaba que la respuesta debe darse en la escala del GPA, que requiere otra operación de equivalencia de intensidad a partir de una impresión general de los méritos académicos de Julie hasta el GPA que case con la evidencia de su talento. El paso final es la traducción de una impresión sobre el nivel académico de Julie al GPA que le correspondería.

La equivalencia de intensidad genera predicciones tan extremas como la evidencia en que se basan, y nos mueve a dar la misma respuesta a dos preguntas muy diferentes.

> ¿Cuál es el percentil de Julie en precocidad lectora?
> ¿Cuál es el percentil de Julie en el GPA?

Ahora reconocemos fácilmente que todas estas operaciones son características del Sistema 1. Las he listado aquí en una secuencia ordenada de pasos, pero, naturalmente, la propagación de la activación a la memoria asociativa no se produce de esta manera. Hemos de imaginar un proceso de propagación de la activación inicialmente provocado por la evidencia y la pregunta, que se realimenta a sí mismo y que finalmente se decide por la solución más coherente posible.

Amos y yo pedimos a los participantes en un experimento que juzgaran sobre las descripciones de ocho nuevos estudiantes universitarios supuestamente hechas por un tutor sobre la base de unas entrevistas a alumnos de primer curso. Cada descripción se componía de cinco calificativos, como en el ejemplo siguiente:

Inteligente, seguro de sí mismo, culto, trabajador, curioso.

Solicitamos a algunos participantes que respondieran a dos preguntas:

¿Qué impresión le produce esta descripción respecto a la aptitud académica?

¿Qué porcentaje de las descripciones de los nuevos estudiantes cree que le causan la mejor impresión?

Las preguntas requieren evaluar la evidencia comparando la descripción con la norma de las descripciones que los tutores hacen de los estudiantes. La existencia real de tal norma es digna de mención. Aunque seguramente no sepamos cómo la adquirimos, tenemos un sentido bastante claro del entusiasmo que la descripción pueda transmitir: el tutor cree que tal estudiante es bueno, pero no especialmente bueno. Hay todavía espacio para adjetivos más intensos que *inteligente* (*brillante, creativo*), *culto* (*preparado, entendido, muy instruido*) y *trabajador* (*entregado, perfeccionista*). El veredicto: para figurar muy probablemente en el 15 por ciento superior, pero no tanto en el 3 por ciento superior. En tales juicios hay un consenso de impresiones, al menos dentro de una determinada cultura.

A los demás participantes en nuestro experimento se les hizo otras preguntas:

¿Cuál es su estimación de la puntuación media que obtendrá el estudiante?

¿Cuál es el porcentaje de estudiantes nuevos que obtienen un GPA más alto?

Necesitamos otra mirada para detectar la sutil diferencia existente entre los dos pares de preguntas. La diferencia sería obvia, pero no lo es. En contraste con las primeras preguntas, que nos pedían solamente evaluar la evidencia, el segundo par de preguntas encierra un gran margen de incertidumbre. La pregunta se refiere al aprovechamiento real del nuevo estudiante al acabar el curso. ¿Qué ha sucedido durante el curso desde que se llevó a cabo la entrevista? ¿Con qué exactitud podemos predecir el aprovechamiento real del estudiante en el primer curso universitario utilizando cinco adjetivos? ¿Acertaría plenamente el tutor si predijera el GPA basándose en la entrevista?

El objetivo de este estudio era comparar, en un caso, los juicios en percentiles que los participantes hicieron al evaluar la evidencia, y, en otro, cuando predijeron el resultado final. Los resultados son fáciles de resumir: los juicios fueron idénticos. Aunque los dos pares de preguntas difieren (uno es sobre la descripción y el otro sobre el futuro aprovechamiento académico del estudiante), los participantes los trataron como si fuesen lo mismo. Como en el caso de Julie, la predicción del futuro no es distinguida de una evaluación de la evidencia actual, se hacen equivaler predicción y evaluación. Acaso esta sea la mejor evidencia que poseemos del papel de la sustitución. Se pide a los sujetos que hagan una predicción, y lo que estos hacen es sustituirla por la evaluación de una evidencia sin reparar en que la pregunta que responden no es la que se les hizo. Este proceso infaliblemente genera predicciones sistemáticamente sesgadas; estas ignoran por completo la regresión a la media.

Durante mi servicio militar en las Fuerzas Armadas de Israel, pasé algún tiempo adscrito a una unidad que seleccionaba candidatos para el entrenamiento de oficiales sobre la base de una serie de entrevistas y tests de campo. El criterio elegido para una predicción acertada era la calificación final de un cadete en la escuela de oficiales. Se sabía que la validez de las clasificaciones era bastante limitada (contaré más cosas sobre esto en un capítulo posterior). La unidad seguía existiendo años después, cuando era profesor y colaboraba con Amos en el estudio del juicio intuitivo. Tenía buenos contactos con los integrantes de la unidad, y les pedí que me hicieran un favor. Aparte del sistema habitual de calificaciones que utilizaban para evaluar a los candidatos, les pregunté por su parecer sobre la calificación que obtendría cada uno de los futuros cadetes en la escuela de oficiales. Ellos reunieron algunos cientos de predicciones. Los oficiales que habían hecho las predicciones estaban todos familiarizados con el sistema de calificaciones a base de letras que la escuela aplicaba a sus cadetes y con las proporciones aproximadas de A, B, etcétera, entre ellos. Los resultados fueron espectaculares: la frecuencia relativa de letras A y B en las predicciones era casi idéntica a las frecuencias en las calificaciones finales de la escuela.

Estos hallazgos constituyen un ejemplo convincente tanto de sustitución como de equivalencia de intensidades. Los oficiales que hicieron las predicciones fallaron por completo a la hora de discriminar entre dos tareas:

- su misión habitual, que era evaluar la actuación de los candidatos durante su estancia en la unidad;
- la tarea que les había pedido realizar, que era la de hacer una predicción actual de una calificación futura.

Simplemente habían traducido sus propias calificaciones a la escala usada en la escuela de oficiales aplicando la equivalencia de intensidad. Una vez más, el fracaso en encarar la (considerable) incertidumbre de sus predicciones les había llevado a hacer predicciones que eran de todo punto no regresivas.

UNA CORRECCIÓN PARA LAS PREDICCIONES INTUITIVAS

Volvamos a Julie, nuestra lectora precoz. He expuesto la manera correcta de predecir su GPA en el capítulo anterior. Como he hecho allí para el caso del golf en días sucesivos y para el del peso respecto a la habilidad pianística, escribiré una fórmula esquemática con los factores que determinan la edad de lectura y las calificaciones en la universidad:

edad de lectura = factores compartidos + factores específicos de la edad de lectura = 100 por ciento;
GPA = factores compartidos + factores específicos del GPA = 100 por ciento.

Los factores compartidos implican la aptitud genéticamente determinada, el grado en el cual la familia apoya los intereses académicos y alguna otra causa de que las mismas personas sean lectoras precoces en la infancia y tengan éxito académico en la juventud. Por supuesto, hay muchos factores que afectarían a uno de estos resultados y no al otro. Julie podría haber sido obligada a leer tempranamente por unos padres demasiado ambiciosos, podría haber tenido un amor desgraciado que habría hecho que sus notas en la universidad descendieran, podría haber sufrido un accidente de esquí en la adolescencia que la hubiera dejado ligeramente impedida, etcétera.

Recordemos que la correlación entre dos mediciones —en el caso que nos ocupa, la edad de lectura y el GPA— es igual a la proporción de factores compartidos entre sus determinantes. ¿Cómo evaluar esta proporción? Mi evaluación más optimista es del 30 por ciento. Suponiendo esta estimación, tenemos todo lo que necesitamos para hacer una predicción no sesgada. Las siguientes son unas instrucciones para hacerlo en cuatro sencillos pasos:

1. Empezar con una estimación del GPA promedio.
2. Determinar el GPA que equivalga a la impresión que nos dé la evidencia.
3. Estimar la correlación entre nuestra evidencia y el GPA.
4. Si la correlación es .30, movernos al 30 por ciento de la distancia desde el promedio al GPA equivalente.

El paso 1 nos da la línea base, el GPA que habríamos predicho si no nos hubieran dicho nada acerca de Julie fuera del hecho de que está en el último curso. En ausencia de información, habría predicho la media. (Esto es similar a asignar la probabilidad de la tasa base de estudiantes de administración de empresas cuando no se nos dice nada acerca de Tom W.). El paso 2 es nuestra predicción intuitiva, que establece una correspondencia con nuestra evaluación de la evidencia. El paso 3 nos traslada de la línea base a nuestra intuición, pero la distancia a que nos está permitido movernos depende de nuestra estimación de la correlación. En el paso 4 concluimos con una predicción que está influida por nuestra intuición, pero es mucho más moderada.[1]

Este tratamiento de la predicción es general. Podemos aplicarlo siempre que necesitemos predecir una variable cuantitativa, como el GPA, obtener beneficios de una inversión o que una compañía crezca. El tratamiento construye sobre nuestra intuición, pero la modera haciéndola regresar a la media. Cuando tengamos buenas razones para confiar en la exactitud de nuestra predicción intuitiva —una fuerte correlación entre la evidencia y la predicción—, el ajuste será pequeño.

Las predicciones intuitivas necesitan ser corregidas porque no son regresivas y, por tanto, están sesgadas. Supongamos que en un torneo de golf predigo para cada jugador que su puntuación del día 2 será la misma que la del día 1. Esta predicción no permite la regresión a la media: los jugadores que lo hicieron bien el día 1 lo harán, de promedio, menos bien el día 2, y los que no lo hicieron tan bien, mejorarán. Si, en última instancia, los comparásemos con los resultados reales, encontraríamos que las predicciones no regresivas están sesgadas. Estas son normalmente demasiado optimistas para los que lo hicieron mejor el primer día y demasiado pesimistas para los que tuvieron un mal comienzo. Las predicciones son tan extremas como la evidencia. De manera similar, si utilizamos los logros en la infancia para predecir las notas en la universidad sin que nuestras predicciones regresen a la media, será más frecuente que nos decepcionen los resultados académicos de los lectores precoces y nos sorprendan gratamente las notas de los que aprendieron a leer relativamente tarde.

Las predicciones intuitivas corregidas eliminan estos sesgos, de suerte que la sobrestimación y la subestimación del valor real en las predicciones (de valores tanto altos como bajos) son casi igual de probables. Todavía cometeremos errores una vez eliminados los sesgos de nuestras predicciones, pero estos errores serán menores y no favorecerán ni a los resultados altos ni a los bajos.

¿UNA DEFENSA DE LAS PREDICCIONES EXTREMAS?

Páginas atrás he introducido el personaje de Tom W. para ilustrar predicciones de resultados diferenciados, como el campo de especialización o la nota de un examen, las cuales se expresan asignando una probabilidad a un evento especificado (o, en este caso, ordenando resultados de mayor a menor probabilidad). También he descrito un procedimiento que contrarresta los sesgos comunes de la predicción diferenciada: ignorancia de las tasas base e insensibilidad a la cualidad de la información.

Los sesgos que encontramos en predicciones expresadas en una escala, como el GPA o los beneficios de una empresa, son similares a los sesgos observados en juicios de probabilidades o de resultados. Los procedimientos correctores también son similares:

- Ambos contienen una predicción de línea de base que hacemos cuando no sabemos nada del asunto. En el caso categorial era la tasa base. En el caso numérico es el promedio en la categoría pertinente.
- Ambos contienen una predicción intuitiva que expresa el número que nos viene a la mente, sea una probabilidad o un GPA.
- En ambos casos, tendemos a hacer una predicción intermedia entre la línea de base y nuestra respuesta intuitiva.
- Cuando no disponemos de evidencia útil, nos quedamos en la línea de base.
- En el extremo opuesto, nos quedamos en nuestra predicción inicial. Esto ocurre, naturalmente, solo si seguimos confiando

enteramente en nuestra predicción inicial después de una revisión crítica de la evidencia que la respalda.

• En la mayoría de los casos encontraremos alguna razón para dudar de que la correlación entre nuestro juicio intuitivo y la verdad sea perfecta, y terminaremos en algún punto entre los dos polos.

Este procedimiento es una aproximación a los resultados probables de un análisis estadístico apropiado. En caso de acierto, nos moverá hacia predicciones no sesgadas, hacia evaluaciones razonables de probabilidad, y moderará las predicciones de resultados numéricos. Los dos procedimientos tienen por finalidad encarar el mismo sesgo: las predicciones intuitivas tienden a ser confiadas en exceso y francamente extremas.

La corrección de nuestras predicciones intuitivas es una tarea del Sistema 2. Hace falta un notable esfuerzo para encontrar la categoría pertinente de referencia, estimar la predicción de la línea de base y evaluar la cualidad de la evidencia. El esfuerzo solo está plenamente justificado cuando lo que nos jugamos es mucho y tenemos particular interés en no cometer errores. Además, sabemos que corregir nuestras intuiciones puede complicarnos la vida. Una característica de las predicciones no sesgadas es que permiten predecir eventos raros o extremos si la información es muy buena. Si esperamos que nuestras predicciones tengan una validez modesta, nunca vaticinaremos un resultado que sea raro o esté lejos de la media. Si nuestras predicciones no están sesgadas, nunca tendremos la gratificante experiencia de acertar cuando anunciamos la ocurrencia de un caso extremo. Nunca podremos decir «Me lo imaginaba» cuando nuestro mejor alumno de derecho llegue a magistrado del Tribunal Supremo, o cuando un proyecto empresarial que nos parecía muy prometedor tenga efectivamente un gran éxito comercial. Dadas las limitaciones de la evidencia, nunca podremos predecir que un alumno sobresaliente en el instituto será un brillante estudiante en Princeton. Por la misma razón, nadie haría caso a un capitalista aventurado que en las primeras etapas de realización de su proyecto dijera que la probabilidad de que este salga bien es «muy alta».

Debemos tomarnos en serio las objeciones al principio de moderación de las predicciones intuitivas, puesto que la ausencia de sesgos no siempre es lo más importante. La preferencia por predicciones no sesgadas está justificada si todos los errores de predicción son considerados de la misma manera con independencia de su dirección. Pero hay situaciones en las que un tipo de error es mucho peor que otro. Cuando un capitalista aventurado busca la «próxima gran oportunidad», el riesgo de dejar escapar el próximo Google o Facebook es mucho más importante que hacer una modesta inversión en un proyecto que acabará fracasando. El objetivo de los capitalistas aventurados es apreciar correctamente los casos extremos aun a costa de sobrestimar las perspectivas de muchas otras operaciones. Para un banquero conservador que conceda grandes créditos, el riesgo de que un único prestatario quiebre sería mayor que el riesgo de denegárselos a aspirantes a clientes suyos que cumplirían con sus obligaciones. En tales casos, el uso de un lenguaje extremo («muy buenas perspectivas», «alto riesgo de impago») puede tener alguna justificación por el consuelo que proporciona incluso si la información en que esos juicios se basan es de una validez modesta.

Para una persona racional, las predicciones no sesgadas y moderadas no constituyen ningún problema. Después de todo, el capitalista aventurado, pero racional, sabe que incluso las iniciativas más prometedoras tienen una posibilidad de éxito más bien moderada. Su objetivo es hacer las apuestas más prometedoras entre todas las que se le ofrecen, y no siente la necesidad de hacerse ilusiones sobre las perspectivas de una iniciativa empresarial en la que planea invertir. De manera similar, los individuos racionales que predicen los ingresos de una empresa no se ceñirán a un único número; considerarán el rango de incertidumbre en torno al resultado más probable. Una persona racional invertirá una gran suma en una iniciativa empresarial que posiblemente fracase, siempre que los beneficios del éxito sean lo bastante grandes, y sin engañarse sobre las posibilidades de tal éxito. Pero no todos somos racionales, y algunos podemos necesitar la seguridad de unas estimaciones distorsionadas para evitar la parálisis. Pero si al aceptar predicciones extremas preferimos hacernos ilusiones, haremos bien en ser conscientes de nuestro capricho.

Acaso la contribución más valiosa de los procedimientos correctivos que propongo sea que estos exigen reflexionar sobre lo que sabemos. Utilizaré un ejemplo familiar al mundo académico, pero sus analogías con otras esferas de la vida son inmediatas. Un departamento va a contratar a un joven profesor, y desea elegir al que ofrezca mejores perspectivas de productividad científica. La comisión encargada ha reducido la elección a dos candidatas:

> Kim obtuvo hace poco su licenciatura. Sus recomendaciones son extraordinarias, ha hecho una disertación muy brillante y en las entrevistas ha dejado a todo el mundo impresionado. No tiene antecedentes significativos de productividad científica.

> Jane ha ocupado un puesto posdoctoral en los últimos tres años. Ha sido muy productiva, y sus antecedentes en investigación son excelentes, pero en su disertación y en sus entrevistas ha estado menos brillante que Kim.

La elección intuitiva favorece a Kim, porque causó muy buena impresión y... WYSIATI. Pero también ocurre que hay mucha menos información sobre Kim que sobre Jane. Esto nos devuelve a la ley de los pequeños números. La muestra de información es en el caso de Kim más reducida que en el caso de Jane, y en las muestras pequeñas es mucho más probable que los datos extremos resalten más. Los datos de las muestras pequeñas gozan de una mayor preferencia, de modo que hemos de procurar que nuestra predicción respecto al futuro rendimiento de Kim regrese mucho más a la media. Si tenemos en cuenta el hecho de que sea más probable que Kim regrese a la media más que Jane, podríamos terminar seleccionando a Jane aunque ella nos impresione menos. En el contexto de esta selección académica, yo votaría por Jane, pero tendría que esforzarme por dominar mi impresión intuitiva de que Kim es más prometedora. Es más natural, y en cierto modo más agradable, seguir nuestras intuiciones que actuar contra ellas.

Es fácil imaginar problemas similares en contextos diferentes, como el de un capitalista aventurado eligiendo entre inversiones en dos iniciativas empresariales que operan en mercados diferentes. Una de ellas sacará un producto cuya demanda puede estimarse con bastante precisión. La otra es más interesante e intuitivamente prometedora, pero sus perspectivas son más inciertas. Que la valoración de las perspectivas de la segunda iniciativa siga siendo superior si se incluye como factor la incertidumbre, es una cuestión que merece una meticulosa consideración.

LA REGRESIÓN CONSIDERADA ENTRE LOS DOS SISTEMAS

Las predicciones extremas y la disposición a predecir raros eventos a partir de una evidencia poco sólida son manifestaciones del Sistema 1. Para la maquinaria asociativa es natural que haya correspondencia entre las predicciones extremas y las evidencias extremas perceptibles en que aquellas se basan; así actúa la sustitución. Y para el Sistema 1 es natural generar juicios demasiado confiados, pues, como hemos visto, la confianza viene determinada por la coherencia de la mejor historia que podamos contar partiendo de la evidencia. Pero atención: nuestras intuiciones generarán predicciones demasiado extremas, y estaremos inclinados a confiar excesivamente en ellas.

La regresión es también un problema del Sistema 2. La idea misma de la regresión a la media resulta extraña y difícil de transmitir y comprender. Galton tardó mucho tiempo en entenderla. Muchos profesores de estadística temen la clase en la que aparece este tema, y sus alumnos a menudo terminan teniendo tan solo una vaga idea de este concepto crucial. Este es un caso en el que el Sistema 2 requiere un entrenamiento especial. Hacer que las predicciones se correspondan con la evidencia no solo es algo que hacemos intuitivamente; también nos parece razonable hacerlo. No conseguiremos entender la regresión partiendo de la experiencia. Y como hemos visto en el caso de los instructores de vuelo, aunque identifiquemos una regresión, haremos una interpretación causal que resulta casi siempre errónea.

Hablando de predicciones intuitivas

«El concepto de esta iniciativa empresarial tuvo una extraordinaria acogida, pero no hemos de esperar que la siga teniendo en el futuro. Aún le queda un largo camino hasta implantarse en el mercado, y hay mucho espacio para la regresión.»

«Nuestra predicción intuitiva es muy favorable, pero quizá lo sea demasiado. Hemos de tener en cuenta la fortaleza de nuestra evidencia y hacer que la predicción regrese a la media.»

«Esta inversión tal vez sea una buena idea, aunque nuestra predicción más certera haya de ser la de su fracaso. No digamos que creemos que vaya a ser un nuevo Google.»

«He leído un estudio sobre esta marca, y parece que es excelente. Con todo, puede que sea algo casual. Consideremos solo las marcas con un gran número de estudios y elijamos la que nos parezca mejor.»

Tercera parte
EXCESO DE CONFIANZA

19

La ilusión de entender

Al financiero, filósofo y estadístico Nassim Taleb se le ha considerado también un psicólogo. En *El cisne negro* introdujo la noción de *falacia narrativa*[1] para describir cómo historias dudosas del pasado conforman nuestras opiniones sobre el mundo y lo que esperamos del futuro. Las falacias narrativas surgen inevitablemente de nuestro continuo intento de dar sentido al mundo. Las historias explicativas que la gente halla convincentes son simples; son más concretas que abstractas; otorgan mayor significación al talento, a la estupidez y a las intenciones que al azar, y se centran en unos pocos acontecimientos llamativos que sucedieron más que en otras incontables cosas que no llegaron a suceder. Cualquier acontecimiento reciente y reseñable es candidato a constituir el núcleo de una narración causal. Taleb sugiere que los humanos constantemente nos engañamos construyendo explicaciones endebles del pasado que creemos verdaderas.

Las buenas historias proporcionan una explicación coherente de las acciones e intenciones de las personas. Siempre estamos dispuestos a interpretar el comportamiento como una manifestación de propensiones generales y rasgos de la personalidad, causas que enseguida relacionamos con efectos. El efecto halo al que me he referido páginas atrás contribuye a la coherencia, puesto que nos inclina a establecer una correspondencia entre nuestro parecer sobre todas las cualidades de una persona y nuestro juicio relativo a un atributo particularmente significativo.[2] Si, por ejemplo, pensamos que un lanzador de béisbol es apuesto y atlético, es probable que asimismo lo consideremos bueno lanzando la pelota.[3] Los halos también pueden ser negativos: si pensamos que un jugador es feo, es probable que subestimemos su capacidad atlética. El efecto halo contribuye a que nuestras narraciones explicativas sean simples y coherentes exagerando la consistencia de evaluaciones: la buena gente solo hace cosas buenas y la mala solo cosas malas. El enunciado «Hitler amaba a los perros y a los niños» es chocante por muchas veces que lo hayamos oído, porque cualquier rasgo amable en alguien tan maligno contraría las expectativas puestas por el efecto halo. Las inconsistencias reducen la sencillez de nuestro pensamiento y la claridad de nuestros sentimientos.

Un relato persuasivo crea una ilusión de inevitabilidad. Pensemos en la historia de Google, en cómo se convirtió en un gigante de la industria tecnológica. Dos estudiantes creativos en el Departamento de Informática de la Universidad de Stanford idearon un sistema mejor de búsqueda de información en internet. Buscaron y obtuvieron financiación para fundar una compañía y tomaron una serie de decisiones que rindieron sus frutos. En pocos años, la empresa que crearon es una de las más cotizadas de Estados Unidos, y aquellos dos estudiantes se cuentan hoy entre las personas más ricas del planeta. En una ocasión que se haría memorable tuvieron una inmensa suerte, lo cual hace que su historia sea aún más persuasiva: al año de haber fundado Google, quisieron vender su compañía por menos de un millón de dólares, pero el comprador consideró el precio demasiado elevado.[4] La sola mención de esta anécdota hace más fácil subestimar las múltiples formas en que la suerte determinó el resultado final.

Una historia detallada especificaría las decisiones de los fundadores de Google, pero para nuestro propósito basta con decir que casi todas las decisiones que tomaron dieron buen resultado. Un relato más completo describiría las acciones de las empresas que Google derrotó. Los desventurados competidores aparecerían como ciegos, lentos y por completo ineptos en relación con aquella amenaza que finalmente los arrollaría.

He contado esta historia de una forma intencionadamente esquemática, pero se trata de una historia bastante buena. Desarrollada con más detalle, nos dejaría la sensación de que entendemos qué es lo que hizo que Google tuviera aquel éxito; también sentiríamos que hemos aprendido una valiosa lección general sobre lo que hace que un negocio fructifique. Desafortunadamente, hay buenas razones para creer que nuestra sensación de haber entendido y aprendido de la historia de Google es en gran medida ilusoria. La prueba última de la validez de una explicación es si esta hubiera hecho predecible el acontecimiento. Ninguna historia del improbable éxito de Google podría someterse a esta prueba, puesto que ninguna historia puede incluir las miríadas de eventos que hubieran producido un resultado diferente. La mente humana no tolera los fiascos. El hecho de que muchos de los acontecimientos producidos implicaran elecciones nos mueve aún más a exagerar el papel de las aptitudes y subestimar la parte de suerte en los resultados. Como todas las decisiones críticas dieron buen resultado, el historial sugiere una presciencia casi perfecta, pero la mala suerte pudo haber trastocado alguno de los pasos que condujeron al éxito. El efecto halo da el último toque: un aura de invencibilidad envuelve a los protagonistas de la historia.

Como cuando vemos a un piragüista que desciende por un río sortear uno tras otro los peligros de los rápidos, el desarrollo de la historia de Google es emocionante por el constante riesgo de ruina. Sin embargo, hay una diferencia instructiva entre ambos casos. El piragüista ha pasado por los rápidos cientos de veces. Ha aprendido a reconocer los peligros de las aguas revueltas delante de él y a anticipar los obstáculos. Ha aprendido a hacer los cambios de postura pertinentes para mantenerse a flote. Los jóvenes tienen pocas oportunidades de aprender a crear una compañía gigante, y pocas ocasiones de evitar los escollos ocultos, de introducir una brillante innovación en una empresa que compite con otras. Es evidente que en la historia de Google hubo mucha aptitud, pero la suerte desempeñó en el acontecer real un papel más importante de lo que se supone cuando es contada. Y cuanto mayor es la suerte, tanto menos hay que aprender.

Aquí se cumple sobre todo la poderosa regla de WYSIATI. La limitada información de que disponemos no puede bastarnos, porque en ella no está todo. Construimos la mejor historia posible partiendo de la información disponible, y si la historia es buena, la creemos. Paradójicamente, es más fácil construir una historia coherente cuando nuestro conocimiento es escaso, cuando las piezas del rompecabezas no pasan de unas pocas. Nuestra consoladora convicción de que el mundo tiene sentido descansa sobre un fundamento seguro: nuestra capacidad casi ilimitada para ignorar nuestra ignorancia.

He oído decir que muchas personas «sabían perfectamente que la crisis financiera de 2008 era inevitable antes de que esta se produjera». En esta afirmación hay una palabra muy discutible que habría que desterrar de nuestro vocabulario en las discusiones sobre acontecimientos de gran calado. La palabra es, ciertamente, *sabían*. Algunas personas pensaban que se avecinaba una crisis, pero eso no era algo que supieran. Ahora dicen que lo sabían porque la crisis es ya un hecho. Aquí hay un uso indebido de un importante concepto. En nuestro lenguaje cotidiano empleamos la palabra *saber* solo cuando lo que sabemos es verdad y podemos probar que lo es. Podemos saber algo solo si es verdadero y puede conocerse. Pero quienes pensaban que habría una crisis (que son menos de los que ahora recuerdan haberlo pensado) no podían probarlo de forma concluyente. Muchas personas inteligentes y bien informadas que estaban muy atentas al futuro de la economía no creían que fuera inminente una catástrofe; de este hecho deduzco que la crisis no era entonces predecible. Lo perverso del uso del verbo *saber* en este contexto no es que algunas personas creyeran en una presciencia que no poseen, sino que el lenguaje supone que el mundo es más cognoscible de lo que realmente es. Ello contribuye a perpetuar una perniciosa ilusión.

El núcleo de la ilusión es que creemos entender el pasado, lo cual supone que también el futuro puede conocerse, pero la verdad es que entendemos el pasado menos de lo que creemos. *Saber* no es la única palabra que fomenta la ilusión. En su uso corriente, las palabras *intuición* y *premonición* también se reservan para pensamientos que tuvimos en el pasado y que luego resultaron verdaderos. Una afirmación como la de que «tuve la premonición de que el matrimonio no duraría, pero me equivoqué» suena extraño, como toda afirmación sobre una intuición que finalmente resultó falsa. Para pensar con claridad en el futuro necesitamos depurar el lenguaje que empleamos para caracterizar las creencias que tuvimos en el pasado.

LOS COSTES SOCIALES DE LA VISIÓN RETROSPECTIVA

La mente que inventa relatos sobre el pasado se comporta como un órgano destinado a dotarlo de sentido. Cuando sucede algo que no hemos predicho, inmediatamente ajustamos nuestra visión del mundo para dar en él acomodo a la sorpresa. Imaginémonos a nosotros mismos antes de un partido de rugby entre dos equipos que tienen el mismo historial de victorias y derrotas. El partido ha terminado, y un equipo ha destrozado al otro. En nuestro modelo, ahora revisado, del mundo el equipo ganador es más fuerte que el perdedor, y nuestra visión tanto del pasado como del futuro ha quedado alterada por una nueva percepción. Aprender de las sorpresas es algo sin duda razonable, pero puede tener algunas consecuencias peligrosas.

Una limitación general de la mente humana es su insuficiente capacidad para reconocer estados pasados del conocimiento o creencias que han cambiado. Una vez que adoptamos una nueva visión del mundo (o de una parte de él), inmediatamente perdemos buena parte de nuestra capacidad para recordar lo que solíamos creer antes de que nuestro pensamiento cambiara.

Muchos psicólogos han estudiado lo que sucede cuando los individuos cambian sus ideas. Tras elegir un tema en el que las mentes no están totalmente seguras —la pena de muerte, pongamos por caso—, el experimentador registra con cuidado las actitudes personales. A continuación, los participantes ven u oyen un persuasivo mensaje a favor o en contra, y después el experimentador registra de nuevo las actitudes; estas suelen estar entonces más próximas al mensaje persuasivo que han visto u oído. Finalmente, los participantes refieren la opinión que tenían antes. Esta tarea resulta sorprendentemente difícil. Cuando se pide a la gente reconstruir sus creencias anteriores, lo que hace es salvar las actuales —un ejemplo de sustitución—, y no pocas personas pueden creer que una vez pensaron de manera diferente.[5]

Nuestra incapacidad para reconstruir creencias pretéritas inevitablemente hará que subestimemos el grado en que acontecimientos del pasado nos sorprendieron. Baruch Fischhoff fue el primero en demostrar este efecto de «sabía todo lo que iba a ocurrir» o *sesgo de la retros-*

pección siendo estudiante en Jerusalén. Junto con Ruth Beyth (también estudiante nuestra), Fischhoff organizó una encuesta antes de que el presidente Nixon visitara China y la Unión Soviética en 1972. Los encuestados asignaron probabilidades a quince posibles resultados de las iniciativas diplomáticas de Nixon. ¿Estaría dispuesto Mao Zedong a recibir a Nixon? ¿Obtendría China el reconocimiento diplomático de Estados Unidos? Tras décadas de enemistad, ¿se pondrían Estados Unidos y la Unión Soviética de acuerdo en alguna cuestión importante?[6]

Al regresar Nixon de sus viajes, Fischhoff y Beyth pidieron a las mismas personas que recordaran la probabilidad que originalmente habían asignado a cada uno de los quince posibles resultados. Y lo que resultó fue muy claro. Si un posible acontecimiento se había producido, los encuestados exageraron la probabilidad que le habían asignado anteriormente. Y si el posible acontecimiento no se había producido, los participantes recordaron equivocadamente que siempre lo habían considerado improbable. Además, los experimentos mostraron que los participantes tendían a exagerar el acierto no solo de sus predicciones originales, sino también de las que hicieron los demás. Resultados similares se han encontrado respecto a otros acontecimientos que llamaban la atención pública, como el proceso de O. J. Simpson por asesinato y las acusaciones contra el presidente Bill Clinton. La tendencia a revisar la historia de nuestras creencias a la luz de acontecimientos reales genera una poderosa ilusión cognitiva.

El sesgo de la retrospección tiene efectos perniciosos en las evaluaciones de quienes toman decisiones. Induce a los observadores a evaluar el carácter de una decisión no por lo adecuado de la misma, sino según sea bueno o malo su resultado.[7] Consideremos una intervención quirúrgica de poco riesgo en la que se produce un accidente impredecible que causa la muerte del paciente. Después del hecho, un jurado se inclinará a creer que la operación era en realidad arriesgada y que el médico que la ordenó debió de tener conocimiento de ello. Este sesgo hace casi imposible evaluar debidamente una decisión conforme a las creencias que eran razonables cuando se tomó la decisión.

La retrospección es particularmente cruel con quienes toman decisiones como agentes de otros: médicos, asesores financieros, jugadores de tercera base en el béisbol, comandantes, trabajadores sociales, diplomáticos, políticos. Tendemos a culpabilizar a quienes deciden por buenas unas decisiones que tuvieron un mal resultado y a no reconocerles medidas acertadas que solo parecen obvias después de aplicadas. Hay aquí un claro *sesgo del resultado*. Cuando los resultados son malos, los clientes suelen culpar a sus agentes por no haber visto el aviso que tenían escrito delante, olvidando que estaba escrito con una tinta invisible que solo después se hará visible. Las acciones que al principio parecen prudentes pueden parecer después irresponsables o negligentes. Tomando un caso jurídico real, se preguntó a estudiantes de California si la ciudad de Duluth, en Minnesota, tendría que asumir el considerable coste de alquilar e instalar en un puente un detector permanente que la protegiera del peligro de que unos detritos pudieran acumularse y bloquear el libre curso de la corriente. A un grupo se le mostró solo la evidencia disponible en el momento en que la ciudad tomó una decisión; el 24 por ciento de los integrantes de este grupo creyeron que Duluth debía correr con los gastos de instalar un detector para prevenir inundaciones. Al segundo grupo se le informó de que los detritos habían bloqueado el río y causado una inundación con daños importantes; el 56 por ciento de los integrantes de este otro grupo dijeron que la ciudad debió instalar el detector, aunque se les había pedido explícitamente que no dejaran que la retrospección influyera en su juicio.[8]

Cuanto peores son las consecuencias, tanto mayor es el sesgo de la retrospección. En el caso de una catástrofe como la del 11-S estamos especialmente dispuestos a creer que los funcionarios que no supieron prevenirla fueron negligentes o estuvieron ciegos. El 10 de julio de 2001, la Agencia Central de Inteligencia (CIA) obtuvo la información de que al-Qaeda estaría planeando un gran ataque contra Estados Unidos. George Tenet, director de la CIA, no transmitió la información al presidente George W. Bush, sino a la consejera de Seguridad Nacional Condoleezza Rice. Cuando más tarde se produjeron los hechos, Ben Bradlee, el legendario director ejecutivo de *The Washington Post*, declaró: «Me parece elemental que quien ha tenido conocimiento de un asunto que va a determinar la historia, se dirija al presidente». Pero el 10 de julio nadie sabía —o no podía saberse—

que esa información del servicio de inteligencia acabaría determinando la historia.[9]

Como la observancia de los procedimientos establecidos es difícil en una segunda estimación, los órganos decisorios, que cuentan con que sus decisiones serán examinadas retrospectivamente, quedan estancados en las soluciones burocráticas, y en una renuencia extrema a asumir riesgos.[10] Cuando los litigios por mala praxis se hicieron comunes, los médicos modificaron sus procedimientos de muchas maneras: ordenaron más pruebas, derivaron más casos a los especialistas y aplicaron tratamientos convencionales aunque sirvieran de poco. Estas acciones protegían a los médicos más que beneficiaban a los pacientes, potenciando los conflictos por interés. La responsabilidad acrecentada tiene sus pros y sus contras.

Aunque la retrospección y el sesgo del resultado generalmente fomentan el temor al riesgo, también proporcionan inmerecidas recompensas a quienes de manera irresponsable buscan el riesgo, como un general o un empresario que hacen una apuesta temeraria y ganan. Los jefes y dirigentes que han tenido suerte nunca son sancionados por haber asumido riesgos excesivos. Por el contrario, se piensa que gracias a su olfato y previsión anticiparon su éxito, y las personas sensibles que dudaban de ellos son vistas retrospectivamente como mediocres, tímidas y pusilánimes. Unas cuantas apuestas arriesgadas pueden conferir a un líder insensato un halo de presciencia y audacia.

Recetas para el éxito

La maquinaria del Sistema 1, que a todo da sentido, nos hace ver el mundo más ordenado, predecible y coherente de lo que realmente es. La ilusión de que uno ha entendido el pasado alimenta la ilusión de que puede predecir y controlar el futuro. Estas ilusiones son reconfortantes. Reducen la ansiedad que experimentaríamos si reconociéramos francamente las incertidumbres de la existencia. Todos tenemos necesidad del mensaje tranquilizador de que las acciones tienen consecuencias previsibles y de que el éxito recompensará la prudencia y el valor. Muchos estatutos empresariales están hechos para satisfacer esta necesidad.

¿Influyen los dirigentes y las prácticas administrativas en los resultados que las empresas obtienen en los mercados? Por supuesto que sí, y sus efectos han sido confirmados en investigaciones sistemáticas que evaluaron objetivamente las características de los dirigentes y sus decisiones y las relacionaron con los consiguientes resultados empresariales. En un estudio, los directores fueron caracterizados por las estrategias de las compañías que dirigieron antes de ocupar su cargo actual, así como por las normas y los procedimientos de gestión que adoptaron después de ocuparlo.[11] Los directores influyen en el rendimiento, pero los efectos son mucho menores de lo que la lectura de la prensa económica nos hace imaginar.

Los investigadores calibran esta relación usando un coeficiente de correlación que varía entre 0 y 1. El coeficiente es definido previamente (en relación con la regresión a la media) por el grado en que dos mediciones son determinadas por factores compartidos. Una estimación muy generosa de la correlación entre el éxito de la empresa y la capacidad de su director puede ser tan alta como .30, que indica un 30 por ciento de correspondencia. Para apreciar la importancia de este número, considérese la siguiente pregunta:

> Supongamos muchos pares de empresas. Las dos empresas de cada par son por lo general similares, pero el director de una de ellas es mejor que el de la otra. ¿Con qué frecuencia observaremos que la empresa con el director más capaz es la que tiene más éxito?[12]

En un mundo bien ordenado y predecible, la correlación sería perfecta (1), y el director más capaz estaría al frente de la empresa más próspera en el 100 por ciento de los pares. Si el éxito relativo de empresas similares viniera enteramente determinado por factores que el director no controla (la suerte, si se quiere), observaríamos que la empresa más próspera la dirige en el 50 por ciento de los casos el director menos capaz. Una correlación de .30 implica que encontraríamos al director más capaz al frente de la empresa más próspera en alrededor del 60 por ciento de los pares; una mejora de solo

10 puntos porcentuales sobre la estimación aleatoria poco contribuye al culto a la personalidad de los dirigentes que tan a menudo observamos.

Si esperábamos que este valor fuese más alto —y casi todos los esperamos—, deberíamos tomarlo como una indicación de que somos proclives a sobrestimar la previsibilidad del mundo en que vivimos. No nos equivoquemos: aumentar las posibilidades de éxito de 1:1 a 3:2 supone una importante ventaja, lo mismo en el atletismo que en el ámbito empresarial. Pero desde la perspectiva de los analistas, un director que tuviera tan escaso control del rendimiento no sería alguien especialmente admirable ni aunque a su empresa le fuesen bien las cosas. Es difícil imaginar a gente haciendo cola en las librerías de los aeropuertos para comprar un libro que describa de manera encomiable las prácticas de dirigentes empresariales que, por lo general, apenas dominan las casualidades. Los consumidores están ávidos de un mensaje claro sobre lo que determina el éxito y el fracaso empresariales, y necesitan historias que ofrezcan claves para entenderlos, por ilusorias que estas sean.

En su penetrante libro *The Halo Effect*,[13] Philip Rosenzweig, profesor de una escuela de negocios con sede en Suiza, nos muestra la demanda de certeza ilusoria tal como aparece en dos géneros populares de la literatura empresarial: historias de ascensión (comunes) y caída (ocasionales) de individuos y compañías reales y análisis de las diferencias entre las empresas exitosas y las menos exitosas. Concluye que las historias de éxitos y fracasos exageran sistemáticamente la repercusión del estilo en la dirección y de las prácticas de gestión en los resultados empresariales, por lo que su mensaje raramente resulta útil.

Para apreciar lo que aquí sucede, imaginemos que pedimos a expertos en gestión empresarial, como los ejecutivos, que comenten la reputación del director de una compañía. Ellos son perfectamente conscientes de que hace poco la compañía ha prosperado o decaído. Como hemos visto en el caso de Google, esta conciencia genera un halo. Es probable que se diga del director de una compañía exitosa que es flexible, metódico y decidido. Imaginemos que ha transcurrido un año y las cosas han ido a peor. El mismo ejecutivo será entonces calificado de confuso, rígido y autoritario. Ambas descripciones parecen adecuadas al momento: sería poco menos que absurdo decir de un dirigente con éxito que sus ideas son confusas, o de un líder con dificultades que es flexible y metódico.

El efecto halo es tan poderoso que probablemente nos resistamos ahora a la idea de que la misma persona y el mismo comportamiento parezcan metódicos cuando las cosas van bien y rígidos cuando las cosas pintan mal. El efecto halo nos hace invertir la relación causal hacia atrás: tendemos a creer que la empresa fracasa porque su director es rígido, cuando la verdad es que este parece rígido porque la empresa fracasa. Así es como nacen las ilusiones del entendimiento.

El efecto halo y el sesgo del resultado se combinan para explicar la extraordinaria atracción por los libros que tratan de extraer alguna moraleja operativa del examen sistemático del éxito empresarial. Uno de los ejemplos más conocidos de este género es la obra de Jim Collins y Jerry Porras titulada *Empresas que perduran*. El libro contiene un análisis exhaustivo de dieciocho pares de compañías en competencia en las cuales una tuvo más éxito que la otra. Los datos para estas comparaciones son evaluaciones de varios aspectos de la cultura empresarial, la estrategia y las prácticas de gestión. «Creemos que todos los directores, gerentes y empresarios del mundo deben leer este libro —proclaman los autores—. Usted puede forjar una compañía visionaria.»[14]

El mensaje básico de *Empresas que perduran* y otros libros similares es que las buenas prácticas en la gestión empresarial pueden identificarse, y que esas buenas prácticas son recompensadas con unos buenos resultados. Ambos mensajes son exageraciones. La comparación de empresas que han tenido más o menos éxito es en buena medida una comparación entre empresas que han tenido más o menos suerte. Conociendo la importancia del factor suerte, el lector se mostrará particularmente suspicaz cuando vea que de la comparación entre empresas exitosas y menos exitosas se deriven patrones demasiado consistentes. En presencia del azar, los patrones regulares solo pueden ser espejismos.

Teniendo presente el papel capital del factor suerte, las cualidades de las prácticas de liderazgo y de gestión no pueden deducirse sin más del éxito observado. Aunque supiéramos perfectamente que un director es capaz de visiones acertadas y de una competencia extraordinaria, no podríamos predecir el comportamiento de la compañía con más exactitud que el resultado de lanzar una moneda al aire.[15] Por lo general, lo que en rentabilidad corporativa y cotización separa a las empresas boyantes de las menos afortunadas, que es el objeto de estudio de *Empresas que perduran*, se quedó en casi nada en el período que siguió a este estudio. Y la rentabilidad media de las compañías identificadas en el famoso *En busca de la excelencia* descendió asimismo en poco tiempo.[16] Un estudio sobre «las compañías más admiradas» publicado en *Fortune* encontró que, en un período de unos veinte años, las empresas con las peores calificaciones obtuvieron rendimientos mucho mayores que la mayoría de las empresas admiradas.[17]

Posiblemente el lector se sienta tentado de pensar en explicaciones causales para estas observaciones: quizá las empresas exitosas estén satisfechas de sí mismas y las menos exitosas intenten mejorar por todos los medios. Pero esta es una manera equivocada de pensar sobre lo sucedido. Lo que generalmente las separa tiene que reducirse, porque la distancia original se debía en buena medida a la suerte, que contribuyó tanto al éxito de las empresas prósperas como a la posición rezagada de las demás. Ya nos encontramos con este hecho estadístico de la vida: la regresión a la media.[18]

Las historias de ascensos y caídas persiguen la sintonía con los lectores ofreciéndoles lo que la mente humana necesita: un mensaje simple de triunfo y fracaso que identifica causas claras e ignora el papel determinante de la suerte y la inevitabilidad de la regresión. Estas historias inducen a mantener una ilusión de entendimiento impartiendo lecciones de un valor poco duradero a lectores demasiado ansiosos de creer en ellas.

HABLANDO DE RETROSPECCIONES

«El error parece obvio, pero se trata de una apreciación retrospectiva. No podemos saber nada de antemano.»

«Él cree estar aprendiendo mucho de esta historia de éxito, que es demasiado bonita. Se ha tragado una falacia narrativa.»

«Ella no tiene razón alguna para decir que la empresa está mal gestionada. Todo lo que sabe es que sus acciones han caído. Se trata de un sesgo de los resultados, que es en parte una retrospección y en parte un efecto halo.»

«No dejemos que el sesgo de los resultados nos confunda. Fue una decisión estúpida aunque el resultado fuera bueno.»

20

La ilusión de validez

El Sistema 1 está hecho para saltar a conclusiones a partir de una evidencia escasa, y no para medir la distancia de sus saltos. El WYSIATI hace que solo cuente la evidencia que se tiene. Y debido a la confianza que genera la coherencia, la confianza subjetiva que tenemos en nuestras opiniones refleja la coherencia de la historia que el Sistema 1 y el Sistema 2 han construido. La cantidad de evidencia y su cualidad no sirven de mucho, puesto que con una evidencia pobre se puede construir una buena historia. Para algunas de nuestras creencias más importantes no tenemos la menor evidencia fuera de que las personas a las que queremos y en las que confiamos mantengan esas creencias. Si tenemos en cuenta lo poco que sabemos, la confianza que tenemos en nuestras creencias resulta absurda, y esto es esencial.

La ilusión de validez

Hace muchas décadas pasé un tiempo que me pareció largo bajo un sol abrasador contemplando a grupos de sudorosos soldados que trataban de resolver un problema. Entonces estaba haciendo mi servicio nacional en el ejército israelí. Había terminado mis estudios universitarios de psicología, y después de un año de oficial de infantería fui asignado al departamento de psicología del ejército, donde una de mis obligaciones esporádicas era colaborar en la evaluación de candidatos para el entrenamiento de oficiales. Utilizábamos métodos que habían sido desarrollados por el ejército británico en la Segunda Guerra Mundial.

En un campo de obstáculos se puso en práctica una prueba denominada de «desafío del grupo sin líder». Ocho candidatos que no se conocían entre ellos y sin las insignias de su rango, simplemente con etiquetas numeradas para su identificación, tenían que levantar del suelo un largo tronco y acercarlo a un muro de seis pies de altura. El grupo tenía que pasar al otro lado del muro sin que el tronco tocase el suelo ni el muro, y sin que nadie tocase tampoco el muro. Si algo de esto sucedía, debían comunicarlo y empezar de nuevo.

Había más de una manera de resolver el problema. Una solución corriente para el equipo consistía en pasar a varios hombres al otro lado arrastrándose sobre el poste mantenido en ángulo como una caña de pescar gigante por los demás miembros del grupo. O bien algunos soldados se subían a hombros de otros y saltaban. El último hombre tenía luego que saltar al poste, mantenido en determinado ángulo por el resto del grupo, trepar a lo largo del mismo mientras los demás los mantenían, a él y al poste, suspendidos y saltar con seguridad al otro lado. El fracaso era común en este punto, que requería empezar de nuevo.

Mientras un colega y yo observábamos los ejercicios, nos fijábamos en quién se hacía cargo de los mismos, en quién intentaba dirigirlos pero era rechazado, y en cómo cada soldado contribuía a los esfuerzos del grupo. Nos fijábamos en los que parecían testarudos, dóciles, arrogantes, pacientes, irascibles o propensos a desistir. A veces observábamos actitudes competitivas y rencorosas cuando alguien cuya idea había sido rechazada por el grupo ya no colaboraba debidamente. Y nos fijábamos en las reacciones que se producían en momentos de crisis: la de quien reprendía a un compañero cuyo error había hecho que el grupo fracasara, o la de quien pretendía dirigir las operaciones cuando el equipo, exhausto, tenía que empezar de nuevo. En aquel estado de estrés advertíamos que se revelaba la verdadera naturaleza de cada hombre. Nuestra impresión sobre el carácter de cada candidato era tan directa y convincente como el color del cielo.

Después de observar cómo los candidatos hacían varios intentos, teníamos que resumir nuestras impresiones sobre la capacidad de liderazgo de los soldados y determinar con puntuaciones numéricas a quién había que elegir para entrenar a los oficiales. Pasábamos algún tiempo discutiendo cada caso y revisando nuestras impresiones. La tarea no era difícil, pues sentíamos que ya habíamos visto la capacidad de liderazgo de cada soldado. Algunos se habían mostrado como líderes natos, otros como peleles o payasos, y otros más como individuos mediocres, aunque no como unos inútiles. Muy pocos llegaron a parecer tan débiles para que los descartáramos como candidatos al rango de oficial. Cuando nuestras múltiples observaciones de cada candidato convergían en una historia coherente, confiábamos por completo en nuestras evaluaciones y sentíamos que lo que habíamos visto anticipaba directamente un futuro. El soldado que sobresalía cuando el grupo se encontraba en apuros y dirigía a este en la operación de pasar por encima del muro era el líder del momento. La idea más natural respecto a lo que haría en los entrenamientos o en el combate era que su acción sería tan eficaz como lo había sido frente al muro. Otra predicción parecería inconsistente con la evidencia que teníamos delante de los ojos.

Como nuestras impresiones sobre lo que cada soldado había hecho eran por lo general claras y coherentes, nuestras predicciones formales eran definitivas. Por lo general se nos ocurría una única puntuación, y raras veces teníamos dudas o entraban nuestras impresiones en conflicto. Estábamos bastante dispuestos a afirmar: «Este nunca lo hará», «Aquel es mediocre, pero puede hacerlo bien» o «Él será la estrella». No sentíamos necesidad de cuestionar, moderar o dejar en suspenso nuestras previsiones. Pero si dudábamos, estábamos preparados para reconocer que «algo puede siempre suceder». Estábamos dispuestos a reconocerlo porque, a pesar del carácter definitivo de nuestras impresiones sobre cada uno de los candidatos, sabíamos con certeza que nuestras previsiones eran en buena medida inútiles.

La evidencia de que no podíamos prever con seguridad el éxito de nadie era abrumadora. Cada pocos meses teníamos una sesión dedicada a revisar nuestras impresiones en la que nos informaban de lo que en ese momento estaban haciendo los cadetes en la escuela de entrenamiento de oficiales y podíamos comparar nuestras evaluaciones con las opiniones de los mandos que los habían observado durante un tiempo. La historia era siempre la misma: nuestra capacidad para predecir comportamientos en la escuela era insignificante. Nuestras previsiones no eran estimaciones ciegas, si bien no mucho mejores que estas.

Después de recibir las nuevas noticias nos sentimos durante un tiempo desanimados. Pero se trataba del ejército. Útil o no, había una rutina con la que había que cumplir y había órdenes que obedecer. Al día siguiente llegó otra remesa de candidatos. Los llevamos al campo de obstáculos, los pusimos delante del muro, levantaron el tronco y en pocos minutos veíamos revelada su verdadera naturaleza tan claramente como antes. La deprimente verdad sobre el valor de nuestras predicciones no tuvo repercusión en nuestra manera de evaluar a los candidatos, y un muy pequeño efecto en la confianza que teníamos en nuestros juicios y predicciones sobre los individuos.

Lo que sucedió fue algo muy notable. La evidencia global de nuestros fracasos previos debía haber minado nuestra confianza en nuestros juicios sobre los candidatos, pero no fue así. Debía haber hecho que moderáramos nuestras predicciones, pero no lo hizo. Sabíamos que, como un hecho general, nuestras predicciones apenas eran mejores que las estimaciones al azar, pero continuábamos sintiendo y actuando como si cada una de nuestras predicciones específicas fuese válida. Me acordé de la ilusión de Müller-Lyer, en la que sabemos que las líneas tienen la misma longitud, pero las seguimos viendo con longitudes diferentes. Quedé tan impresionado con la analogía que acuñé un término para aquella experiencia: la *ilusión de validez*.

Había descubierto mi primera ilusión cognitiva.

Décadas más tarde, pude ver muchos de los temas centrales de mi pensamiento —y de este libro— en aquella vieja experiencia. Nuestras expectativas sobre el futuro comportamiento de los soldados eran un claro ejemplo de sustitución, y de heurística de la representatividad en particular. Tras observar durante una hora el comportamiento de un soldado en una situación artificial, creíamos saber cómo afrontaría los retos del entrenamiento de oficiales y del liderazgo en el combate. Nuestras predicciones eran de todo punto no regresivas;

no teníamos reserva alguna en predecir fracasos o grandes éxitos a partir de una evidencia endeble. Esto era un claro ejemplo de WYSIATI. Teníamos impresiones persuasivas sobre el comportamiento que observábamos, y ninguna manera de representar nuestra ignorancia de los factores que eventualmente determinan cómo actuará el candidato como oficial.

Mirando atrás, la parte más impresionante de la historia es que nuestro conocimiento de la regla general —la de que no podemos predecir nada— no tenía ningún efecto en nuestra confianza en relación con los casos individuales. Ahora puedo ver que nuestra reacción era similar a la de los estudiantes de Nisbett y Borgida cuando se les decía que la mayoría de las personas no ayudan a los extraños que sufren un ataque. Ellos ciertamente creían en la estadística que les mostraban, pero las tasas base no influían en sus juicios respecto a si un individuo que veían en un vídeo ayudaría o no a un desconocido. Como Nisbett y Borgida demostraron, las personas son a menudo renuentes a deducir lo particular de lo general.

La confianza subjetiva en un juicio no es una evaluación razonada de la probabilidad de que tal juicio sea correcto. La confianza es un sentimiento que refleja la coherencia de la información y la facilidad cognitiva de su procesamiento. Es razonable tomarse en serio el reconocimiento de la incertidumbre, pero las afirmaciones de confianza plena nos dicen ante todo que un individuo ha construido en su mente una historia coherente, no necesariamente que la historia sea verdadera.

LA ILUSIÓN DE APTITUD INVERSORA

En 1984, Amos y yo visitamos con nuestro amigo Richard Thaler una empresa de Wall Street. La persona que nos recibió, un gestor de inversiones, nos había invitado para hablar sobre el papel de los sesgos del juicio en las inversiones. Mis conocimientos sobre finanzas eran tan escasos que no sabía qué preguntarle, pero recuerdo unas frases. «Cuando usted vende acciones —le pregunté—, ¿quién las compra?» Me respondió mirando vagamente a la ventana para indicarme que esperaba que el comprador fuese alguien muy parecido a él. Eso me resultaba extraño: ¿qué hace que una persona compre y otra venda? ¿Qué creen los vendedores que saben que los compradores no sepan?

Desde entonces, mis preguntas sobre la compraventa de acciones se inscriben en lo que parece un gran enigma: una importante industria parece reposar en gran parte sobre una *ilusión de sagacidad*. Cada día se intercambian miles de millones de participaciones en un proceso en el que muchas personas compran acciones y otras las venden. No es raro que en un solo día más de 100 millones de acciones de un mismo origen cambien de manos. La mayoría de los compradores y los vendedores saben que todos ellos tienen la misma información; ellos intercambian las acciones principalmente porque tienen opiniones diferentes. Los compradores piensan que el precio es muy bajo y que acaso suba, mientras que los vendedores piensan que el precio es alto y acaso baje. El enigma es por qué compradores y vendedores piensan que el precio actual está equivocado. ¿Qué les hace creer que saben más sobre cuál debería ser el precio que el propio mercado? En la mayoría de ellos, esta creencia es una ilusión.

La teoría estándar que explica cómo funciona el mercado bursátil es aceptada en sus líneas generales por todas las personas que trabajan en la industria. En el ámbito de las inversiones, todo el mundo ha leído el fantástico libro de Burton Malkiel *Un paseo aleatorio por Wall Street*. La idea central de Malkiel es que el precio de las acciones incorpora todo el conocimiento disponible acerca del valor de la compañía y las mejores predicciones acerca del futuro de las acciones. Si algunos creen que el precio de unas acciones será mañana más alto, comprarán hoy más. Y esto hará que su precio suba. Si en un mercado todas las acciones tuvieran el precio correcto, nadie esperaría ganar o perder con su intercambio. Los precios perfectos no dejan margen a la sagacidad, pero protegen a los insensatos de su propia insensatez. Mas ahora sabemos que la teoría no es muy correcta. Muchos inversores individuales pierden sistemáticamente en este mercado, algo que un chimpancé lanzador de dardos no igualaría. La primera demostración de esta sorprendente conclusión la aportó Terry Odean, un profesor de finanzas de la Universidad de California en la que fue alumno mío.[1]

Odean comenzó estudiando de los registros de una agencia 10.000 cuentas bursátiles de inversores individuales de un período de siete años. Pudo analizar cada transacción que los inversores ejecutaron a través de esta firma, que fueron alrededor de 163.000. Tal abundancia de datos permitió a Odean identificar todos los ejemplos en los que un inversor vendió algunas de sus acciones y poco después compró otras. En estas operaciones, el inversor revelaba que él (la mayoría de los inversores son varones) tenía una idea definitiva sobre el futuro de las dos compañías: esperaba que las acciones que decidió comprar subirían más que las que decidió vender.

Para determinar si estas ideas tenían fundamento, Odean comparó la rentabilidad de las acciones que el inversor había vendido con la de las que había comprado en el curso de un año después de la transacción. Los resultados fueron inequívocamente malos. De promedio, las participaciones que los individuos vendieron subieron más que las que compraron con un margen muy sustancial: 3,2 puntos porcentuales por año, bien lejos y por encima de los importantes costes de la ejecución de ambas operaciones.

Es importante recordar que esta es una afirmación sobre promedios: unos individuos lo hicieron mucho mejor y otros mucho peor. Pero está claro que, para la gran mayoría de los inversores individuales, darse una ducha y no hacer nada habría sido una determinación mejor que poner en práctica las ideas que les vinieron a la mente. Estudios posteriores de Odean y su colega Brad Barber respaldaron esta conclusión. En un artículo titulado «Trading Is Hazardous to Your Wealth» demostraron que, de media, los inversores más activos obtenían los peores resultados, mientras que los inversores cuyas transacciones eran menos frecuentes obtenían los beneficios más elevados. En otro artículo titulado «Boys Will Be Boys» demostraron que los varones actuaban sobre la base de ideas inútiles con una frecuencia notablemente mayor que las mujeres, y que, como resultado, las mujeres obtenían en sus inversiones mejores resultados que los hombres.[2]

Naturalmente, en cada transacción siempre hay alguien al otro lado; en general son instituciones financieras e inversores profesionales dispuestos a sacar ventaja de los errores que los particulares cometen cuando deciden vender unas acciones y comprar otras. Estudios ulteriores de Barber y Odean han arrojado luz sobre estos errores. Los inversores individuales se encierran en el beneficio vendiendo «ganadoras», acciones que se han apreciado desde que fueron adquiridas,[3] y se aferran a las perdedoras. Desafortunadamente para ellos, a corto plazo las ganadoras recientes tienden a comportarse mejor que las perdedoras recientes, de modo que los individuos venden las acciones que no deben. Y compran también las que no deben. Los inversores individuales se congregan prediciblemente en torno a compañías que atraen su atención porque salen en las noticias. Los inversores profesionales son más selectivos con las noticias.[4] Estos hallazgos justifican hasta cierto punto la etiqueta de «dinero inteligente» que los profesionales de las finanzas utilizan para caracterizar sus inversiones.

Aunque los profesionales son capaces de sacar a los aficionados una cantidad considerable de dinero,[5] pocos inversionistas, si hay alguno, poseen la aptitud requerida para ganarle al mercado año tras año de manera sistemática. Los inversores profesionales, incluidos los gestores de fondos, no superan una prueba básica de aptitud: la persistencia del éxito. El diagnóstico respecto a la existencia de alguna aptitud es la constancia de las diferencias individuales en los aciertos. La lógica es simple: si las diferencias individuales en un año determinado se deben enteramente a la suerte, la valoración de inversionistas y fondos variará de manera errática, y la correlación entre año y año será cero. Pero donde existe aptitud, las valoraciones serán más estables. La persistencia de diferencias individuales es la medida con que se confirma la existencia de capacidades entre jugadores de golf, vendedores de coches o cobradores de las autopistas de peaje.

Las inversiones inmobiliarias corren a cargo de profesionales muy experimentados y muy laboriosos que compran y venden tratando de obtener los mejores resultados posibles para sus clientes. No obstante, los datos de más de cincuenta años de estudios son concluyentes: en una gran mayoría de estos inversionistas, la selección de stocks se parece más al juego de dados que al póquer. Es típico que, en un año, al menos dos de cada tres inversiones inmobiliarias rindan por debajo del conjunto del mercado.[6]

Más importante aún es que la correlación de los resultados de las inversiones inmobiliarias entre un año y otro sea muy pequeña, apenas superior a cero. El éxito en un año determinado es aquí la mayoría de las veces fruto de la suerte: una tirada afortunada de dados. Existe un acuerdo general entre los investigadores en que casi todos los inversionistas, lo sepan o no —y pocos son los que lo saben—, están jugando un juego de azar. La experiencia subjetiva de los inversionistas es que están haciendo conjeturas con cierta base en una situación de gran incertidumbre. Pero en mercados muy eficientes, estas conjeturas no son más certeras que las hechas a ciegas.

Hace unos años se me presentó una oportunidad única de examinar de cerca la ilusión de sagacidad financiera. Me habían invitado a hablar a un grupo de asesores financieros de una empresa que ofrecía asesoramiento y otros servicios a clientes acaudalados. Solicité algunos datos para preparar mi ponencia, y me proporcionaron un pequeño tesoro: una hoja de cálculo que resumía los resultados de inversiones realizadas por unos veinticinco asesores anónimos en ocho años consecutivos. Las cuentas por asesor y año eran, en cada uno de ellos (la mayoría eran varones), el principal factor determinante de sus dividendos al cabo de un año. Clasificar a los asesores por sus resultados anuales y determinar si había entre ellos diferencias persistentes en aptitud, y si los mismos asesores obtenían regularmente mejores rentabilidades para sus clientes año tras año, fue tarea fácil.[7]

Para responder a esta pregunta, calculé los coeficientes de correlación entre las clasificaciones por cada par de años: el año 1 con el año 2, el año 1 con el 3, y así sucesivamente hasta el año 7 con el 8. En total fueron 28 coeficientes de correlación, uno por cada par de años. Conocía la teoría y estaba preparado para encontrar pocas evidencias de persistencia de aptitudes. Todavía me sorprendía que la media de las 28 correlaciones fuese .01. En una palabra: cero. No se encontraron correlaciones consistentes que indicasen diferencias de aptitud. Los resultados se asemejaban a lo que se esperaría de un juego de dados, no de un juego de inteligencia.

Nadie en la firma parecía ser consciente de la naturaleza del juego que sus inversores estaban jugando. Los propios asesores creían que eran profesionales competentes desempeñando una profesión seria, y eso creían también sus superiores. La noche anterior al seminario, Richard Thaler y yo cenamos con algunos de los principales ejecutivos de la firma, que son los que deciden según la magnitud de los dividendos. Les pedimos que estimaran la correlación entre año y año en las estimaciones de asesores individuales. Ellos creían conocer lo que ocurriría y sonrieron cuando dijeron: «No muy altas» o «La rentabilidad sin duda fluctúa». Pero enseguida vi con claridad que ninguno esperaba que la correlación media fuese cero.

Nuestro mensaje a los ejecutivos era que, al menos cuando se gestionan carteras de acciones, la firma recompensaba la suerte como si fuese una aptitud. Esto habría sido algo chocante para ellos, pero no lo fue. No hubo señal de que no nos creyeran. ¿Cómo no nos hubieran creído? Porque habíamos analizado sus propios resultados, y ellos eran lo bastante perspicaces para ver unas implicaciones que nosotros cortésmente nos abstuvimos de detallar. Todos continuamos con calma nuestra cena, y no dudé de que nuestras conclusiones y sus implicaciones eran rápidamente barridas bajo la alfombra, y de que la vida en la firma continuaría como antes. La ilusión de aptitud no es solo una aberración individual; está profundamente arraigada en la cultura industrial. Los hechos que desafían tales asunciones básicas —amenazando los medios de vida y la autoestima de las personas— simplemente no son asimilados. La mente no los digiere. Esto es cierto en particular en los estudios estadísticos sobre rentabilidades que proporcionan información de tasa base, y que la gente de ordinario ignora cuando choca con sus impresiones personales emanadas de la experiencia.

A la mañana siguiente informamos a los asesores de nuestras conclusiones, y su respuesta fue igualmente vacua. Su propia experiencia en el ejercicio de juzgar con cuidado sobre problemas complejos era para ellos mucho más convincente que un oscuro hecho estadístico. Cuando todo terminó, uno de los ejecutivos con los que había cenado la noche anterior me llevó al aeropuerto. Me contó con cierto tono defensivo: «He hecho muchas cosas buenas por la firma, y nadie puede quitármelas». Sonreí y me quedé callado. Pero pensé: «Bueno, esta mañana te las he quitado. Si tu éxito se ha debido principalmente a la suerte, ¿qué crédito mereces por ello?».

¿Qué sustenta las ilusiones de aptitud y de validez?

Las ilusiones cognitivas pueden ser más tenaces que las ilusiones visuales. Lo que hemos aprendido de la ilusión de Müller-Lyer no cambia nuestra manera de ver las líneas, pero sí nuestra actitud. Ahora sabemos que no podemos confiar en nuestra impresión respecto a la longitud de las líneas con extremos añadidos, y también sabemos que en la figura de Müller-Lyer no podemos confiar en lo que vemos. Si nos preguntan sobre la longitud de las líneas, responderemos con nuestra opinión informada, no con la ilusión que seguimos experimentando. En contraste con ello, cuando mis colegas y yo aprendimos en el ejército que la validez de nuestros tests de evaluación del liderazgo era escasa, aceptamos intelectualmente ese hecho, pero ello no repercutió en nuestras impresiones ni en nuestras acciones posteriores. La respuesta que encontramos en la firma financiera era aún más extrema. Estaba convencido de que el mensaje que Thaler y yo transmitimos tanto a los ejecutivos como a los gestores de carteras era confinado a un oscuro rincón de la memoria donde no pudiera causar ningún perjuicio.

¿Por qué los inversores, tanto los aficionados como los profesionales, se obstinan en creer que pueden hacerlo mejor que el mercado mismo, contrariamente a lo que dice una teoría económica que la mayoría de ellos aceptan y a lo que podrían aprender de una evaluación desapasionada de su experiencia personal? Muchos de los temas tratados en los capítulos anteriores reaparecen en la explicación de la prevalencia y la persistencia de una ilusión de aptitud en el mundo de las finanzas.

La causa psicológica más poderosa de la ilusión es ciertamente que las personas que hacen inversiones están traduciendo a la práctica unas aptitudes muy superiores. Consultan datos y previsiones económicos, examinan informaciones sobre rentas y hojas de balances, estiman la calidad de la dirección y evalúan la competencia. Todo esto es un trabajo serio que requiere una amplia formación, y las personas que lo llevan a cabo adquieren experiencia directa (y válida) en el empleo de estas habilidades. Desafortunadamente, la aptitud para evaluar las perspectivas económicas de una empresa no es suficiente para que una inversión tenga éxito, puesto que la cuestión clave es la de si la información sobre la empresa viene ya incorporada al valor de sus acciones. Por lo que vemos, los inversores carecen de aptitud para responder a esta cuestión, pero parecen ignorar su ignorancia. Tal como había descubierto observando a los cadetes en el campo de obstáculos, la confianza subjetiva de los inversores es un sentimiento, no un juicio. Nuestra manera de entender fruto de la facilidad cognitiva y de la coherencia asociativa asienta firmemente en el Sistema 1 la confianza subjetiva.

Finalmente, las ilusiones de validez y de aptitud se sustentan en una poderosa cultura profesional. Sabemos que las personas pueden mantener una fe inquebrantable en una afirmación, por absurda que sea, cuando se sienten respaldadas por una comunidad de creyentes con su misma mentalidad. Dada la cultura profesional de la comunidad financiera, no es sorprendente que un gran número de individuos pertenecientes a este mundo crean hallarse entre los pocos elegidos que son capaces de hacer algo que ellos creen que otros no pueden hacer.

LAS ILUSIONES DE LOS ENTENDIDOS

La idea de que el futuro es impredecible es debilitada cada día por la facilidad con que explicamos el pasado. Como señaló Nassim Taleb en *El cisne negro*, nuestra tendencia a construir —y creérnoslas— narraciones del pasado hace que nos resulte difícil aceptar los límites de nuestra capacidad predictiva. Todo cobra sentido en una retrospección, un hecho que los entendidos en finanzas explotan cada mañana cuando dan cuenta convincente de los acontecimientos del día. Y no puede sorprendernos la poderosa intuición de que, en una retrospección, lo que hoy confiere sentido era ayer predecible. La ilusión de que entendemos el pasado fomenta el exceso de confianza en nuestra capacidad para predecir el futuro.

La imagen tan a menudo empleada de la «marcha de la historia» supone orden y dirección. Las marchas, a diferencia del vagar o del paseo, no se hacen al azar. Creemos que somos capaces de explicar el pasado fijándonos en grandes movimientos sociales o en desarrollos culturales y tecnológicos, o bien en las intenciones y las capacidades de unos pocos grandes hombres. La idea de que los grandes acontecimientos históricos vienen determinados por la suerte nos resulta espantosa, aunque es demostrablemente verdadera. Es difícil pensar en la historia del siglo XX, con sus grandes movimientos sociales, sin traer a la memoria el papel que desempeñaron Hitler, Stalin y Mao Zedong. Pero hubo un momento, justo antes de que un óvulo fuese fertilizado, en que hubo un 50 por ciento de probabilidad de que el embrión del que sería Hitler pudo haber sido femenino. Componiendo los tres eventos, hubo una probabilidad de uno a ocho de un siglo XX sin alguno de los tres grandes villanos, y es imposible argüir que la historia habría sido aproximadamente la misma sin su presencia. La fertilización de estos tres óvulos tuvo consecuencias trascendentales, y se burla de la idea de que los desarrollos a largo plazo son predecibles.

Pero la ilusión de la predicción válida siempre permanecerá intacta, un hecho que saben explotar personas cuyo oficio es la predicción, no solo los expertos financieros, sino también los entendidos en negocios y en política. Las emisoras de televisión y de radio, así como los periódicos, tienen su plantel de expertos cuyo oficio es comentar el pasado reciente y augurar el futuro. Espectadores y lectores tienen la impresión de que están recibiendo información de algún modo privilegiada, o al menos especialmente perspicaz. Y no hay duda de que los entendidos y sus promotores creen sinceramente que están ofreciendo tal información. Philip Tetlock, un psicólogo de la Universidad de Pensilvania, explicó estas llamadas predicciones de expertos en un estudio que durante veinte años marcó un hito y que en 2005 publicó en su libro *Expert Political Judgment: How Good Is It? How Can We Know?* Tetlock sentó las bases para una futura discusión sobre este tema.

Tetlock entrevistó a 284 personas que en los medios de comunicación hacían «comentarios o daban consejos en relación con tendencias políticas y económicas». Tetlock les pidió que estimaran las probabilidades de que en un futuro no muy lejano ocurrieran determinados acontecimientos tanto en zonas del mundo en las que estaban especializadas como en regiones que conocían menos. ¿Sería Gorbachov destituido tras un golpe de Estado? ¿Iría Estados Unidos a una guerra en el golfo Pérsico? ¿Qué país sería el siguiente gran mercado emergente? Tetlock reunió un total de más de 80.000 predicciones. También preguntó a los expertos cómo llegaron a sus conclusiones, cómo reaccionaron cuando sus predicciones resultaron equivocadas y cómo evaluaron los hechos que no respaldaban sus posiciones. Se había pedido a los participantes que estimaran las probabilidades de tres resultados alternativos para cada caso: la persistencia del *statu quo*, algo más de libertad política o crecimiento económico, o bien menos de ambas cosas.

Los resultados fueron demoledores. Los expertos se equivocaron más de lo que lo habrían hecho si simplemente hubieran asignado iguales probabilidades a cada uno de los potenciales resultados. En otras palabras, personas que se pasaban y se ganaban la vida estudiando un tema particular hacían predicciones con menos aciertos que los de unos monos lanzando dardos, como si hubieran distribuido sus elecciones uniformemente sobre las opciones. Incluso en las regiones que más conocían, los expertos no fueron mucho mejores que los no especialistas.

Los que saben más predicen ligeramente mejor que los que saben menos. Pero los que más saben son a menudo menos de fiar. La razón es que la persona que adquiere más conocimientos desarrolla una ilusión de su aptitud algo mejorada, lo cual hace que tenga un exceso de confianza poco realista. «Llegamos a un punto en que observamos una disminución desconcertantemente rápida de los aciertos predictivos marginales —escribe Tetlock—. En esta época de hiperespecialización académica no hay razón para suponer que los colaboradores de los diarios de mayor tirada —distinguidos politólogos, especialistas en determinados campos de estudio, economistas, etc.— apenas sean mejores en la "lectura" de situaciones emergentes que periodistas o lectores atentos de *The New York Times*.»[8] Cuanto más famoso el predictor, descubrió Tetlock, más extravagantes son las previsiones. «Los expertos muy solicitados —escribe— son más confiados que aquellos colegas suyos que se ganan la vida lejos de los focos.»

Tetlock también encontró que los expertos se resistían a admitir que estuvieran equivocados, y cuando no tuvieron más remedio que admitir el error, pusieron toda una serie de excusas: se habían equivocado solo en el momento, se había producido un acontecimiento impredecible o se habían equivocado, pero por motivos justificados. Los expertos son después de todo seres humanos. Los deslumbra su propia brillantez y aborrecen estar equivocados. A los expertos les pierde no lo que creen, sino el modo en que lo creen, dice Tetlock, que emplea la terminología del ensayo de Isaiah Berlin sobre Tolstói titulado «El erizo y el zorro». Los erizos «saben muchísimo», y tienen una teoría sobre el mundo; explican aconteceres particulares dentro de un marco coherente, se erizan con impaciencia contra aquellos que no ven las cosas a su manera y confían plenamente en sus previsiones. Son también especialmente renuentes a admitir el error. Para los erizos, una predicción fallida está casi siempre «fuera del momento» o «muy cerca de la verdad». Son dogmáticos y claros, que es precisamente lo que a los productores de televisión les gusta ver en los programas. Dos erizos situados en lados opuestos y atacando las ideas idiotas del adversario hacen un buen espectáculo.

Los zorros, por el contrario, piensan de un modo más complejo. No creen que haya una gran cosa que guíe la marcha de la historia (por ejemplo, es difícil que acepten la opinión de que Ronald Reagan pusiera fin él solo a la guerra fría yendo con la cabeza en alto frente a la Unión Soviética). Los zorros más bien reconocen que la realidad emerge de las interacciones de muchos agentes y fuerzas diferentes, incluido el ciego azar, que con frecuencia genera procesos impredecibles de gran calado. En el estudio de Tetlock fueron los zorros los que más puntuaron, aunque sus resultados fuesen todavía muy pobres. Es menos probable que los zorros sean invitados, frente a los erizos, a participar en los debates televisivos.

No es un fallo del experto: el mundo es difícil

El asunto principal de este capítulo no es que las personas que intentan predecir el futuro cometan muchos errores; esto huelga decirlo. La primera lección es que los errores de predicción son inevitables porque el mundo es impredecible. La segunda es que la excesiva confianza subjetiva no puede valer como indicador de acierto alguno (la confianza escasa puede tener más valor informativo).

Las tendencias a corto plazo pueden predecirse, y los comportamientos y los éxitos pueden predecirse con bastante exactitud a partir de comportamientos y éxitos anteriores. Pero no hemos de esperar que la actuación en el entrenamiento de oficiales y en el combate sea predecible a partir del comportamiento en un campo de obstáculos; el comportamiento en estas pruebas y en el mundo real viene determinado por muchos factores específicos de una situación particular. Si se retira a un miembro prepotente de un grupo de ocho candidatos, la personalidad de todos y cada uno parecerá cambiar. Si se hace que la bala de un tirador se desvíe unos pocos centímetros, la actuación de un oficial se transformará. No niego la validez de todas las pruebas; si una prueba predice un resultado importante con una validez de .20 o .30, la prueba ha de utilizarse. Pero no hemos de esperar más. Poco o nada podemos esperar de los inversionistas de Wall Street que creen que acertarán más que el propio mercado en su predicción de los precios futuros. Y no debemos esperar mucho de los entendidos que hacen predicciones a largo plazo, aunque puedan tener valiosas percepciones del futuro cercano. Es hora de trazar claramente la línea que separa el futuro acaso predecible del futuro lejano e impredecible.

Hablando de la aptitud ilusoria

«Él sabe que los datos existentes indican que la evolución de esta enfermedad es en la mayoría de los casos impredecible. ¿Cómo puede mostrarse tan confiado en este caso? Esto suena a ilusión de validez.»

«Ella tiene una historia coherente que explica todo lo que conoce, y la coherencia la hace sentirse bien.»

«¿Qué le hace creer que es más listo que el propio mercado? ¿No es esto una ilusión de aptitud?»

«Ella es un erizo. Tiene una teoría que lo explica todo, y esta teoría le crea la ilusión de que entiende el mundo.»

«La cuestión no es si estos expertos están capacitados. La cuestión es si su mundo es predecible.»

21

Intuiciones «versus» fórmulas

Paul Meehl era un personaje extraño y genial, y uno de los psicólogos más versátiles del siglo XX. Entre los departamentos en los que ocupó un puesto de profesor en la Universidad de Minnesota figuran los de psicología, derecho, psiquiatría, neurología y filosofía. También escribió sobre religión, ciencia política y aprendizaje en las ratas. Sutil investigador en estadística y furibundo crítico de las vacuidades de la psicología clínica, Meehl era también un psicoanalista practicante. Escribió profundos ensayos sobre los fundamentos filosóficos de la investigación psicológica que yo casi memoricé cuando era estudiante. Nunca hablé con Meehl, pero era uno de mis héroes de la época en que leí su *Clinical vs. Statistical Prediction: A Theoretical Analysis and a Review of the Evidence*.

En el breve volumen que más tarde llamó «mi librito perturbador», Meehl examinó los resultados de 20 estudios que habían analizado si las *predicciones clínicas* basadas en las impresiones subjetivas de profesionales experimentados eran más certeras que las predicciones *estadísticas* hechas combinando unas pocas estimaciones o clasificaciones con una regla. En un estudio clásico, tutores experimentados predijeron las notas de estudiantes novatos al final del año lectivo. Los tutores entrevistaron a cada estudiante durante cuarenta y cinco minutos. También habían tenido acceso a notas universitarias, a varias pruebas de aptitud y a un informe personal de cuatro páginas. El algoritmo estadístico usaba solo una fracción de esta información: las notas universitarias y una prueba de aptitud. Sin embargo, la fórmula estuvo más acertada que 11 de los 14 tutores. Meehl informó de resultados en general similares en una variedad de otras predicciones, incluidas las de violación de la libertad condicional, los éxitos en el entrenamiento de pilotos y la reincidencia en delitos.

No es sorprendente que el libro de Meehl provocara escándalo e incredulidad entre los psicólogos clínicos, y la controversia que suscitó ha dado origen a una corriente de investigación que aún hoy, más de cincuenta años después de su publicación, sigue su curso. El número de estudios que refieren comparaciones entre predicciones clínicas y predicciones estadísticas ha aumentado en un 2 por ciento, pero el estado del debate entre algoritmos y humanos no ha cambiado. Alrededor de un 60 por ciento de los estudios han demostrado un acierto significativamente mayor de los algoritmos. De las demás comparaciones hubo un empate en aciertos, pero un vínculo como este significa aquí un triunfo de las reglas estadísticas, cuyo uso es normalmente mucho menos complicado que los juicios de los expertos. Ninguna excepción fue documentada de manera convincente.

El rango de clases de predicciones se ha expandido hasta incluir variables médicas, como la supervivencia de pacientes con cáncer, la duración de estancias hospitalarias, el diagnóstico de enfermedades cardíacas y la susceptibilidad de los recién nacidos al síndrome de la muerte súbita; mediciones económicas, como las perspectivas de éxito en nuevas iniciativas empresariales, la evaluación de riesgos crediticios en bancos y el grado de satisfacción futura de empleados con su carrera; cuestiones de interés para agencias gubernamentales, como estimaciones de la idoneidad de padres adoptivos, las probabilidades de reincidencia entre delincuentes juveniles y las posibilidades de otras formas de conducta violenta; y resultados misceláneos, como la evaluación de trabajos científicos, ganadores de partidos de béisbol y los precios futuros del vino de Burdeos. En cada uno de estos dominios se da un grado importante de incertidumbre e impredecibilidad. Nosotros los describimos como «entornos de baja validez». En cada uno de estos casos, el acierto de los expertos fue igualado o excedido por un simple algoritmo.

Como señaló Meehl con justificado orgullo treinta años después de publicar su libro, «no hay controversia en ciencias sociales que exhiba un cuerpo tan nutrido de estudios cualitativamente diversos que de modo tan uniforme vaya en la misma dirección que este».[1]

El economista de Princeton y especialista en vinos Orley Ashenfelter ha ofrecido una convincente demostración del poder de la estadística para superar a los expertos de mayor renombre mundial. Ashenfelter quiso predecir el valor futuro de los vinos de Burdeos a partir de la información disponible en el año en que se produjeron. La cuestión es importante, pues los vinos tardan años en adquirir su máxima calidad, y los precios de los vinos maduros de la misma viña varían de modo espectacular entre las distintas cosechas; las botellas rellenadas solo doce meses después pueden diferir en precio en un factor de 10 o más.[2] La capacidad de predecir los futuros precios tiene una valor sustancial, pues los inversores compran vino, lo mismo que compran arte, contando con que su valor se apreciará.

Hay un acuerdo general en que el efecto cosecha puede deberse simplemente a variaciones del clima durante la temporada de fermentación de la uva. Los mejores vinos son los que se producen cuando el verano es cálido y seco, lo que en cierto modo hace a la industria del vino de Burdeos beneficiaria del calentamiento global. A esta industria también la benefician las primaveras húmedas, que incrementan la cantidad sin afectar mucho a la calidad. Ashenfelter convirtió este saber convencional en una fórmula estadística que predice el precio de un vino —para una propiedad concreta y a una edad determinada— a partir de los valores de tres factores climáticos: la temperatura media durante la estación estival o de crecimiento, la cantidad de lluvia en el tiempo de la cosecha y el volumen total de precipitaciones durante el invierno anterior. Su fórmula permite hacer predicciones certeras del futuro por años y hasta decenios. Y, desde luego, predice los futuros precios con mucha más exactitud de lo que los precios actuales de los vinos jóvenes permiten predecir. Este nuevo ejemplo del «patrón de Meehl» desafía a las aptitudes de los expertos, cuyas opiniones determinan los primeros precios. También desafía a la teoría económica según la cual los precios reflejan toda información disponible, incluido el clima. La fórmula de Ashenfelter es extremadamente exacta; la correlación entre sus predicciones y los precios reales es superior a .90.

¿Por qué los expertos son inferiores a los algoritmos? Una razón, que Meehl sospechaba, es que los expertos tratan de pasar por listos, piensan fuera de la realidad y, para hacer sus predicciones, consideran complejas combinaciones de factores. La complejidad puede contar en los casos raros, pero lo más frecuente es que reduzca la validez. Es mejor la simple combinación de factores. Varios estudios han demostrado que los humanos son en su capacidad de predicción, la base de sus decisiones, inferiores a una fórmula predictiva, y lo son aun conociendo el valor sugerido por la fórmula. Creen que pueden invalidar la fórmula porque poseen información adicional sobre el caso, pero lo más frecuente es que se equivoquen. Según Meehl, pocas son las circunstancias en las cuales es una buena idea sustituir la fórmula por un juicio. En un famoso experimento imaginario describió una fórmula que predecía si una persona concreta iría al cine por la noche, y advirtió que había que ignorar la fórmula si se recibía la información de que dicha persona se había roto una pierna por la mañana. A esto se le puso el nombre de «regla de la pierna rota». Lo determinante en este caso es, naturalmente, que romperse una pierna es algo raro y decisivo.

Otra razón de la inferioridad del juicio experto es que los humanos son incorregiblemente inconsistentes cuando hacen juicios sumarios sobre información compleja. Cuando se les pide evaluar dos veces la misma información, frecuentemente dan respuestas diferentes. Los radiólogos experimentados que dictaminan si una radiografía de tórax es «normal» o «anormal» se contradicen el 20 por ciento de las distintas ocasiones en que observan la misma placa.[3] Un estudio de 101 auditores independientes a los que se les pidió que evaluaran la fiabilidad de las auditorías empresariales internas reveló un grado similar de inconsistencia.[4] Un examen de 41 estudios distintos sobre la fiabilidad de los juicios de auditores, patólogos, psicólogos, organizadores de eventos y otros profesionales sugiere que este nivel de inconsistencia es habitual hasta cuando se vuelve a evaluar un caso a los pocos minutos.[5] Los juicios dudosos no pueden ser predictores válidos de nada.

Es probable que tan extendida inconsistencia se deba a la extrema dependencia del contexto en que se halla el Sistema 1. Sabemos por estudios sobre el *priming* que estímulos inadvertidos de nuestro entorno ejercen una influencia sustancial en nuestros pensamientos y nuestras acciones. Estas influencias fluctúan entre un momento y otro. El breve placer de una fresca brisa en un día caluroso fácilmente puede volvernos más positivos y optimistas respecto a cualquier cosa que estemos evaluando en ese momento. Las perspectivas de un recluso para que reciba la libertad condicional pueden cambiar significativamente durante el tiempo que transcurre entre pausas sucesivas para comer que el juez tenga previsto hacer.[6] Como nuestro conocimiento directo de lo que sucede en nuestra mente es escaso, jamás sabremos si podríamos haber hecho un juicio diferente o tomado una decisión diferente en circunstancias solo ligeramente diferentes. Las fórmulas no tienen estos problemas. Recibiendo los mismos datos, siempre nos darán la misma respuesta. Cuando la predecibilidad es escasa —como lo es en la mayoría de los estudios examinados por Meehl y sus seguidores—, la inconsistencia destruye toda validez predictiva.

La investigación sugiere una conclusión sorprendente: para maximizar el acierto en las predicciones, deben fiarse las decisiones finales a las fórmulas, especialmente en entornos de baja validez. En las decisiones de admisión en facultades de medicina, por ejemplo, la determinación final la toman con frecuencia los miembros de la facultad que entrevistan al candidato. La evidencia es fragmentaria, pero hay razones de peso para una conjetura: es probable que una entrevista reduzca la capacidad de un procedimiento de selección si los entrevistadores son también quienes toman la decisión final de admitir al candidato. Como los entrevistadores confían demasiado en sus intuiciones, darán mucha más importancia a sus impresiones personales y mucha menos a otras fuentes de información que reducen su validez.[7] De manera parecida, los expertos que evalúan la calidad de un vino inmaduro para predecir su futuro tienen una fuente de información que casi con seguridad empeora más que mejora las cosas: ellos pueden catar el vino. Aparte, naturalmente, de que, en el caso de que conociesen bien los efectos del clima en la calidad del vino, no serían capaces de mantener la consistencia de una fórmula.

El desarrollo más importante en este campo desde la obra original de
Meehl es el famoso artículo de Robyn Dawe titulado «The Robust
Beauty of Improper Linear Models in Decision Making».[8] La práctica estadística dominante en las ciencias sociales consiste en asignar valores a los diferentes predictores utilizando un algoritmo denominado
de regresión múltiple, ahora integrado en el software convencional.
La lógica de la regresión múltiple es irrebatible: encuentra la fórmula
óptima para crear una combinación ponderada de los predictores. Sin
embargo, Dawes observó que el complejo algoritmo estadístico añade poco o nada. Uno puede hacerlo igual de bien seleccionando una
serie de puntuaciones que tengan alguna validez para predecir el resultado y ajustando los valores para hacerlos comparables (utilizando
puntuaciones o rangos estándar). Es probable que una fórmula que
combine estos predictores, todos con el mismo peso, sea tan acertada
en la predicción de nuevos casos como la fórmula de la regresión
múltiple, que era óptima en la muestra original. Investigaciones más
recientes han ido más lejos: las fórmulas que asignan igual significación a todos los predictores son a menudo superiores, puesto que no
se ven afectadas por accidentes del muestreo.[9]

El sorprendente éxito de los esquemas en los que se asigna el
mismo peso o significación tiene una importante implicación práctica: es posible desarrollar algoritmos útiles sin investigación estadística previa. Las fórmulas en las que simplemente se asigna el mismo
peso y se basan en estadísticas existentes o en el sentido común son
con frecuencia muy buenos predictores de resultados significativos.
En un ejemplo memorable, Dawes demostró que la siguiente fórmula predice bien la estabilidad marital:

frecuencia con que se hace el amor menos frecuencia de las peleas.

Deseo que al lector no le salga un número negativo.

La importante conclusión de esta investigación es que un algoritmo escrito al dorso de un sobre es a menudo suficientemente bueno para competir con una fórmula con una ponderación óptima, y
ciertamente para superar en acierto el juicio de un experto. Esta lógica puede aplicarse en muchos ámbitos, desde la selección de ac-

ciones por gestores de carteras hasta elecciones de tratamientos médicos por doctores o pacientes.

Una aplicación clásica de este enfoque es un simple algoritmo que ha salvado la vida a cientos de miles de niños. Los tocólogos siempre habían sabido que un niño que no respira normalmente a los pocos minutos de nacer corre un riesgo elevado de sufrir algún daño cerebral o de morir. Hasta que la anestesióloga Virginia Apgar no intervino en 1953, médicos y comadronas no tenían más que su ojo clínico para determinar si un bebé estaba en peligro. Los distintos profesionales se fijaban en diferentes aspectos. Unos se fijaban en si había problemas respiratorios, mientras que otros atendían a la prontitud con que el bebé lloraba. Sin un procedimiento estandarizado, las señales de peligro pasaban a menudo inadvertidas, y muchos recién nacidos morían.

Un día, durante el desayuno, un residente médico le preguntó a la doctora Apgar cómo haría una estimación sistemática del estado de un recién nacido. «Es fácil —respondió—, lo haría así.» Apgar anotó cinco variables (pulso, respiración, reflejos, tono muscular y color) y tres puntos (0, 1 o 2, según la vigorosidad de cada signo).[10] Al darse cuenta de que esto podía constituir un gran avance que cualquier sala de partos podía emplear, la doctora Apgar comenzó a aplicar su regla en los niños un minuto después de su nacimiento. Un bebé con una puntuación total de 8 o más estaría sonrosado, se movería, lloraría, haría muecas y tendría 100 o más pulsaciones: estaría en buena forma. Un bebé con una puntuación de 4 o menos podría estar cianótico, débil y pasivo, y sus pulsaciones serían lentas o débiles: necesitaría atención inmediata. Aplicando la puntuación de Apgar, el personal de las salas de parto disponía por fin de estándares consistentes para determinar si los bebés tenían problemas, y la fórmula se consideró una importante contribución a la reducción de la mortalidad infantil. El test de Apgar se sigue utilizando todos los días en las salas de partos. El reciente *El efecto checklist* de Atul Gawande ofrece muchos otros ejemplos de las virtudes de las listas de control y las reglas sencillas.[11]

LA HOSTILIDAD HACIA LOS ALGORITMOS

Los psicólogos clínicos respondieron desde el principio a las ideas de Meehl con hostilidad e incredulidad. Queda claro que estaban presos de una ilusión de aptitud, en este caso de capacidad para hacer predicciones a largo plazo. Reflexionando sobre esta reacción, es fácil apreciar la facilidad con que la ilusión concuerda con el rechazo de los psicólogos clínicos al estudio de Meehl.

La evidencia estadística de la inferioridad clínica contradice la experiencia cotidiana de los psicólogos clínicos sobre la calidad de sus juicios. Los psicólogos que trabajan con pacientes tienen muchos presentimientos en cada sesión de terapia; anticipan cómo responderá el paciente a una intervención y auguran lo que le sucederá. Muchos de estos presentimientos se confirman, ilustrando la realidad de su aptitud clínica.

El problema es que los juicios correctos implican predicciones a corto plazo en el contexto de la entrevista terapéutica, algo en lo que los terapeutas pueden tener años de práctica. Las tareas en las que suelen fallar son las que requieren predicciones a largo plazo sobre el futuro del paciente. Estas predicciones son mucho más difíciles, y hasta lo que consiguen las mejores fórmulas es más bien modesto, puesto que son tareas que los psicólogos clínicos nunca han tenido ocasión de aprender verdaderamente, y tardarían años en reaccionar, pues las sesiones clínicas no les permiten hacerlo de modo instantáneo. Sin embargo, la línea que separa lo que los psicólogos clínicos pueden hacer bien y lo que no pueden hacer del todo bien no es obvia, y desde luego no es obvia para ellos. Saben que son capaces, pero no necesariamente conocen los límites de su capacidad. Así, no es sorprendente que la idea de que una combinación mecánica de unas pocas variables pueda dominar la sutil complejidad del juicio humano les parezca a los clínicos experimentados obviamente falsa.

En el debate acerca de las virtudes de la predicción clínica y de la predicción estadística siempre ha estado presente una dimensión moral. El método estadístico, escribió Meehl, era criticado por los psicólogos clínicos experimentados, que lo calificaban de «mecánico, atomístico, aditivo, corto, árido, artificial, irreal, arbitrario, incompleto, muerto, pedantesco, fragmentario, trivial, forzado, estático, superficial, rígido, estéril, académico, pseudocientífico y ciego». El método clínico, en cambio, era alabado por sus valedores, que lo calificaban de «dinámico, global, valioso, holístico, sutil, empático, configurativo, modélico, organizado, rico, profundo, auténtico, sensible, refinado, real, vivo, concreto, natural, fiel a la vida y comprensivo».

Esta es una actitud que todos podemos reconocer. Cuando un ser humano compite con una máquina, sea John Henry con el martillo de vapor en la montaña o el genio del ajedrez Garry Kaspárov enfrentado a la computadora Deep Blue, nuestras simpatías están con nuestro semejante. La aversión a los algoritmos que toman decisiones que afectan a los seres humanos está arraigada en la clara preferencia que muchas personas tienen por lo natural frente a lo sintético o artificial. Si se les preguntara si comerían antes una manzana cultivada con abono orgánico que otra cultivada con fertilizantes artificiales, la mayoría de ellas preferirían la manzana «cien por cien natural». Incluso después de informarles de que las dos manzanas tienen el mismo sabor y el mismo valor nutritivo, y son iguales de sanas, la mayoría preferirían la manzana natural.[12] Hasta los fabricantes de cerveza han descubierto que pueden incrementar sus ventas añadiendo a las etiquetas que el producto es «cien por cien natural» o «sin conservantes».

La fuerte resistencia a la desmitificación de los expertos la ilustra la reacción de la industria vinícola europea ante la fórmula de Ashenfelter para predecir el precio de los vinos de Burdeos. La fórmula de Ashenfelter respondía a una demanda: con ella podía esperarse que en todas partes los amantes del vino quedaran agradecidos por mejorar de manera fehaciente la posibilidad de identificar los que serían los mejores vinos. Pues no. La respuesta en círculos franceses, informó *The New York Times*, fue «algo entre violento e histérico». Ashenfelter informa de un enófilo que calificó sus conclusiones de «ridículas y absurdas». Otro se mofó diciendo que era «como juzgar películas sin haberlas visto realmente».

El prejuicio contra los algoritmos aumenta cuando las decisiones son trascendentales. Meehl comentó: «No sé cómo atenuar el horror que algunos clínicos parecen experimentar cuando prevén que se vaya a negar el tratamiento a un caso tratable porque una ecuación "ciega y mecánica" lo desclasifique». Por contraste, Meehl y otros partidarios de los algoritmos han argüido que, si han de tomarse decisiones importantes, es poco ético quedarse en juicios intuitivos cuando se dispone de un algoritmo que cometerá menos errores. Su argumento racional es convincente, pero se enfrenta a una realidad psicológica pertinaz: para la mayoría de las personas, la causa de un error es importante. El caso de un niño que muera porque un algoritmo ha cometido un error es más penoso que el de la misma tragedia producida a consecuencia de un error humano, y la diferencia de intensidad emocional es traducida enseguida a preferencia moral.

Afortunadamente, es probable que la hostilidad hacia los algoritmos se atenúe conforme su aplicación a la vida cotidiana continúe expandiéndose. Cuando buscamos libros o música generalmente disfrutamos, y apreciamos las recomendaciones que genera el software. Y contamos con que las decisiones sobre límites de crédito se hacen sin intervención directa de algún juicio humano. Estamos cada vez más sujetos a directrices que tienen la forma de simples algoritmos, como la proporción entre los niveles de colesterol bueno y colesterol malo que hemos de procurar alcanzar. El público es hoy muy consciente de que las fórmulas pueden acertar más que los humanos en ciertas decisiones críticas del mundo del deporte, como la de cuánto ha de pagar un equipo profesional de rugby a los jugadores principiantes o cuándo despejar un *fourth down*. La lista creciente de tareas asignadas a algoritmos podría paliar el malestar que la mayoría de las personas sienten cuando se encuentran con el patrón de resultados que Meehl describió en su perturbador librito.

Aprendiendo de Meehl

En 1955, siendo un teniente de veintiún años de las Fuerzas Armadas de Israel, se me encargó crear un sistema de entrevistas para todo el ejército. Quien se pregunte cómo una responsabilidad como aquella recayó sobre alguien tan joven, debe tener en cuenta que entonces el Estado de Israel existía desde hacía solo siete años; todas sus instituciones se hallaban en construcción, y alguien tenía que construirlas. Por extraño que hoy parezca, mi condición de licenciado en psicología probablemente me calificara como el psicólogo mejor preparado del ejército. Mi supervisor directo, un brillante investigador, era un licenciado en química.

Cuando se me asignó aquella misión existía ya un modelo de entrevista. Cada soldado reclutado en el ejército hacía una batería de tests psicométricos, y cada hombre considerado apto para el combate era entrevistado para valorar su personalidad. La finalidad era asignar al recluta una puntuación de aptitud general para el combate y determinar entre varios cuerpos del ejército —infantería, artillería, acorazados, etc.— el que mejor se adecuaba a su personalidad. Los propios entrevistadores eran jóvenes reclutas seleccionados para aquella tarea por su inteligencia y su interés en el trato con la gente. En su mayoría eran mujeres, que en aquella época estaban exentas del combate. Entrenados en unas pocas semanas en la labor de llevar a cabo una entrevista de quince a veinte minutos de duración, eran animados a tratar un determinado rango de temas y formarse una opinión general sobre el comportamiento del recluta en el ejército.

Desafortunadamente, las segundas evaluaciones ya habían indicado que el procedimiento de la entrevista era poco menos que inútil para predecir el futuro comportamiento de los reclutas. Se me ordenó diseñar una entrevista que resultase más útil, pero que no requiriese más tiempo. También se me pidió poner a prueba la nueva entrevista y evaluar su idoneidad. Desde la perspectiva de un profesional serio, yo no estaba más cualificado para esta tarea de lo que lo estaba para construir un puente sobre el Amazonas.

Afortunadamente había leído el «librito» de Meehl, que se había publicado hacía solo un año. Su argumento me había convencido de que las simples reglas estadísticas son superiores a los juicios «clínicos» intuitivos. Concluí que la entrevista entonces en uso había fallado al menos en parte porque permitía a los entrevistadores hacer lo que les parecía más interesante, que era aprender cosas sobre la dinámica de la vida mental del entrevistado. Debíamos, por el contrario, usar el tiempo limitado de que disponíamos para obtener la máxima información específica posible sobre la vida del entrevistado en su ambiente normal. Otra lección que aprendí de Meehl fue que debíamos abandonar el procedimiento por el que las evaluaciones globales que el entrevistador hacía del recluta determinaban la decisión final. El libro de Meehl sugería que no había que confiar en tales evaluaciones, y que tenían más validez los resúmenes estadísticos de atributos evaluados por separado.

Me decidí por un procedimiento en el que los entrevistadores evaluasen varios rasgos relevantes de la personalidad y puntuar cada uno por separado. La puntuación final de la aptitud para el combate se calcularía con una fórmula estándar que no incluyera nada de los entrevistadores. Confeccioné una lista de seis características que me parecían relevantes para el comportamiento en una unidad de combate, entre ellas la «responsabilidad», la «sociabilidad» y la «hombría». Luego compuse para cada rasgo una serie de cuestiones fácticas sobre la vida del individuo antes de su alistamiento, como el número de oficios distintos que este había desempeñado, cómo había sido de regular y puntual en su trabajo o en sus estudios, con qué frecuencia se reunía con sus amigos y su interés y participación en deportes, entre otras. La idea era evaluar lo más objetivamente posible cuáles eran las cualidades del recluta en cada dimensión vital.

Centrándome en cuestiones estandarizadas, fácticas, esperaba combatir el efecto halo, en el que impresiones al principio favorables influyen en los juicios posteriores. Como una precaución más contra los halos pedí a los entrevistadores que examinaran los seis rasgos en una secuencia fija, puntuando cada uno en una escala de cinco puntos antes de ir al siguiente. Y nada más. Informé a los entrevistadores de que no debía preocuparles la futura capacidad del recluta para la vida militar. Su única misión era recabar datos relevantes sobre su pasado y utilizar esa información para puntuar cada dimensión personal. «Su función es hacer cuantificaciones seguras —les dije—; déjenme a mí la validez predictiva», añadí pensando en la fórmula que estaba ideando para combinar sus valoraciones específicas.

Los entrevistadores estuvieron a punto de amotinarse. A aquellos jóvenes les desagradó que alguien apenas mayor que ellos les ordenara dejar a un lado su intuición y atenerse exclusivamente a cuestiones fácticas. Uno de ellos se quejó diciéndome: «¡Usted quiere convertirnos en robots!». Pero yo me había comprometido con mi tarea. «Hagan las entrevistas exactamente como les he indicado —les dije—, y cuando hayan terminado, cumplan su deseo: cierren los ojos, imaginen al recluta como un soldado y denle una puntuación de 1 a 5.»

Varios cientos de entrevistas se llevaron a efecto siguiendo el nuevo método, y pocos meses después reunimos las evaluaciones del comportamiento de los soldados hechas por los oficiales que los mandaban en las unidades a las que habían sido destinados. Los resultados nos dejaron muy satisfechos. Como el libro de Meehl había sugerido, el nuevo procedimiento en las entrevistas suponía una mejora sustancial sobre el antiguo. La suma de nuestras seis puntuaciones predecían el comportamiento de los soldados con mucho más acierto que las evaluaciones globales del método anterior, aunque estuvieran lejos de alcanzar la perfección. Habíamos progresado de lo «totalmente inútil» a lo «moderadamente útil».

Pero me esperaba una gran sorpresa: el juicio intuitivo que a los entrevistadores les venía a la mente en el ejercicio de «cerrar los ojos» era también muy acertado, tanto como la suma de las seis puntuaciones específicas. De este descubrimiento recibí una lección que nunca he olvidado: la intuición añade un valor incluso en la entrevista de selección con razón ridiculizada, pero solo después de reunir de forma disciplinada información objetiva y puntuar con la misma disciplina los rasgos separadamente. Creé una fórmula que daba a la evaluación hecha al «cerrar los ojos» el mismo peso que a la suma de las seis puntuaciones. Una lección más general que aprendí de este episodio fue la de no confiar sin más en el juicio intuitivo —ni en el mío ni en el ajeno—, pero tampoco desecharlo.

Unos cuarenta y cinco años después, tras ganar el premio Nobel de Economía, fui durante una breve temporada una celebridad menor en Israel. En una de mis visitas, alguien tuvo la idea de escoltarme alrededor de mi antigua base militar, que todavía albergaba la unidad que entrevistaba a nuevos reclutas. Me presentaron a la oficial al mando de la Unidad de Psicología, que describió sus métodos para las entrevistas, los cuales no habían cambiado mucho desde que introduje el sistema que había diseñado; resultó que había una cantidad considerable de investigaciones que indicaban que las entrevistas to-

davía eran eficaces. Cuando concluía su descripción del modo de
llevar a cabo las entrevistas, la oficial añadió: «Y entonces les decimos: "Cierren los ojos"».

HÁGALO USTED MISMO

El mensaje de este capítulo es fácilmente aplicable a tareas distintas
de la de tomar decisiones relativas al personal de un ejército. Poner
en práctica los procedimientos de una entrevista en el espíritu de
Meehl y Dawes requiere relativamente poco esfuerzo, pero mucha
disciplina. Supongamos que necesitamos contratar a un representante comercial para nuestra empresa. Si somos serios y de verdad deseamos contratar a la persona más indicada para esa profesión, hemos
de hacer lo siguiente: primero, escoger unas cuantas características
que sean prerrequisitos para el éxito en ese puesto (competencia técnica, personalidad tratable, formalidad, etc.). Procuremos que no sean
demasiadas; seis dimensiones es un buen número. Estas características
escogidas han de ser lo más independientes posible unas de otras, y
hemos de sentir que podemos evaluarlas con certeza haciendo unas
pocas preguntas sobre datos fácticos. A continuación, hacer una lista
de estas preguntas para cada característica y pensar cómo puntuarlas,
por ejemplo en una escala de 1 a 5. Hemos de tener una idea de lo
que podamos decir que es «muy flojo» o «muy satisfactorio».

Estos preparativos deben llevarnos una media hora, una pequeña inversión de tiempo que puede suponer una diferencia importante en cuanto a las cualidades de las personas que contratamos.
Para evitar el efecto halo, hemos de reunir información sobre una
característica cada vez, puntuando cada una antes de pasar a otra. No
saltemos de una a otra. Para evaluar a cada candidato, hay que tener
en cuenta las seis puntuaciones. Como nos corresponde tomar la decisión final, no debemos poner en práctica lo de «cerrar los ojos».
Propongámonos firmemente contratar al candidato cuya puntuación
final sea más alta aunque haya otro que también nos guste; intentemos resistir nuestro deseo de imaginar que el primero se ha roto una
pierna para cambiarlo por ese otro. Hay una gran cantidad de inves-

tigación que nos hace una promesa: es mucho más probable que encontremos al mejor candidato si nos atenemos a este procedimiento que si hacemos lo que la gente normalmente hace en estas situaciones, que es llevar a cabo la entrevista sin prepararla y basar la elección en un juicio puramente intuitivo del tipo «Le miré a los ojos y me gustó lo que vi».

Hablando de juicios «versus» fórmulas

«Siempre que podamos sustituir el juicio humano por una fórmula, al menos hemos de considerar esa posibilidad.»

«Él piensa que sus juicios son complejos y sutiles, pero es probable que una simple combinación de puntos lo haga mejor.»

«Decidamos primero qué importancia dar a los datos que tenemos sobre lo que los candidatos han realizado en el pasado. Si no lo hacemos, daremos una importancia excesiva a las impresiones que nos dejen las entrevistas.»

22

La intuición experta: ¿cuándo podemos confiar en ella?

Las controversias profesionales hacen salir lo peor del profesorado universitario. Las revistas científicas publican ocasionalmente intercambios que con frecuencia comienzan con la crítica de uno a la investigación de otro, seguida de una réplica y una contrarréplica. Siempre he pensado que estos intercambios son una pérdida de tiempo. Sobre todo cuando la crítica original está severamente formulada, la réplica y la contrarréplica son por lo común ejercicios de lo que he llamado sarcasmo para principiantes y sarcasmo avanzado. Las réplicas raramente conceden algo a una crítica mordaz, y es poco menos que insólito que una contrarréplica admita que la crítica original estaba equivocada o era de algún modo errónea. En algunas pocas ocasiones he respondido a críticas que pensaba que eran malas interpretaciones porque abstenerse de responder puede interpretarse como que concedo mi supuesto error, pero jamás he considerado instructivos los intercambios hostiles. Buscando otra manera de tratar los desacuerdos, me he embarcado en unas cuantas «colaboraciones con adversarios», en las cuales los especialistas que no están de acuerdo en temas científicos lo están en escribir conjuntamente un artículo sobre sus diferencias, y a veces hacen investigaciones conjuntas. En situaciones particularmente tensas, la investigación es moderada por un árbitro.[1]

Mi colaboración más satisfactoria y productiva con un adversario fue la que efectué con Gary Klein, líder intelectual de una asociación de especialistas y profesionales a los que no les gusta el tipo de trabajo que yo hago. Estos se llaman a sí mismos estudiosos de la

Naturalistic Decision Making (decisión naturalista) o NDM, y la mayoría de ellos colaboran en organizaciones donde a menudo estudian cómo trabajan los expertos. Los de la NDM rechazan con firmeza la focalización en los sesgos por parte del enfoque de las heurísticas y los sesgos. Critican este modelo por considerar que se preocupa demasiado de los defectos y se funda en experimentos artificiales más que en el estudio de las personas reales que hacen cosas que les importan. Son profundamente escépticos sobre la validez del uso de rígidos algoritmos para reemplazar al juicio humano, y Paul Meehl no es precisamente uno de sus héroes. Gary Klein ha articulado de forma bien elocuente esta posición durante muchos años.[2]

Difícilmente será esta la base de una bella amistad, pero este es un aspecto más de la historia. Nunca he creído que la intuición esté siempre equivocada. También había sido un admirador de los estudios de Klein sobre la pericia de los bomberos desde que por primera vez vi el borrador de un artículo que él escribió en los años setenta, y me había impresionado su libro *Sources of Power*, gran parte del cual analiza cómo los profesionales experimentados desarrollan capacidades intuitivas. Lo invité a colaborar en un esfuerzo por trazar el límite que separa las maravillas de la intuición de sus fallos. Él estaba intrigado por la idea, y ambos llevamos a cabo el proyecto, sin certeza alguna de que saliera bien. Nos propusimos responder a una pregunta muy específica: ¿cuándo podemos confiar en un profesional experimentado que pretende estar dotado de intuición? Era obvio que Klein estaría más dispuesto a confiar, y yo me mostraría más escéptico. Pero ¿podríamos estar de acuerdo en algunos principios en nuestra respuesta a esta pregunta general?

Durante siete u ocho años mantuvimos muchas discusiones, resolvimos bastantes desacuerdos, casi reñimos más de una vez, hicimos muchos apuntes, nos hicimos amigos y finalmente publicamos un artículo conjunto con un título que cuenta toda la historia: «Conditions for Intuitive Expertise: A Failure to Disagree». No encontramos asuntos reales en los que estuviéramos en desacuerdo, pero no estábamos realmente de acuerdo.

MARAVILLAS Y FALLOS

El *best seller* de Malcolm Gladwell titulado *Inteligencia intuitiva* apareció mientras Klein y yo trabajábamos en un proyecto, y fue tranquilizador estar de acuerdo en ello. El libro de Gladwell comienza con la memorable historia de unos expertos en arte frente a un objeto descrito como un espléndido ejemplo de un *kurós*, la escultura de un joven caminando.[3] Varios de los expertos mostraban reacciones puramente viscerales: sentían que la estatua era falsa, pero no eran capaces de explicar qué era lo que había en esta que les inquietaba. Todos los que leyeron el libro —lo hicieron millones de personas— recuerdan esta historia como un triunfo de la intuición. Los expertos estaban de acuerdo en que sabían que la escultura era falsa sin saber explicar por qué, la definición misma de intuición. La historia parece suponer que un estudio sistemático de la pista que guiaba a los expertos habría fracasado, pero Klein y yo rechazamos tal conclusión. Desde nuestro punto de vista, esa investigación era necesaria, y si se hubiera realizado debidamente (y Klein sabe cómo hacerla), quizá se habría llevado a buen término.

Aunque muchos lectores del ejemplo del *kurós* seguramente compartían un concepto casi mágico de la intuición experta, esta no era la postura de Gladwell. En uno de los capítulos describe un rotundo fracaso de la intuición: los estadounidenses eligieron al presidente Harding, cuya única cualificación para el puesto era su porte. Alto y fornido, era la imagen perfecta de un líder fuerte y decidido. La gente votó a alguien que parecía fuerte y decidido sin otra razón más para creer que lo era. De la sustitución de una cuestión por otra surgió una predicción intuitiva de lo que Harding haría como presidente. El lector de este libro esperaría que tal intuición se mantuviera con toda la confianza.

LA INTUICIÓN COMO RECONOCIMIENTO

Las primeras experiencias que conformaron las opiniones de Klein sobre la intuición fueron en todo diferentes de las mías. Mis ideas se formaron en la observación de la ilusión de validez en mí mismo y en la lectura de las demostraciones que aportó Paul Meehl sobre la inferioridad de la predicción clínica. Por contraste, las ideas de Klein se formaron en sus primeros estudios sobre los jefes de los bomberos (los que mandan en equipos de extinción de incendios). Klein los observaba cuando luchaban contra el fuego, y más tarde entrevistaba al jefe para que le revelara sus pensamientos en el momento de tomar decisiones. Como Klein los describió en nuestro artículo conjunto, él y sus colaboradores

> investigaban cómo los jefes podían tomar decisiones acertadas sin comparar opiniones. La hipótesis inicial era que los jefes habrían restringido sus análisis a un par de opciones, pero esta hipótesis resultó incorrecta. En realidad, los jefes solían pensar en una única opción, y esta era todo lo que necesitaban. Podían recurrir al repertorio de patrones de actuación que habían reunido durante más de una década de experiencia tanto real como virtual para identificar una opción apropiada, que era la primera que consideraban. Evaluaban esta opción mediante una simulación mental para ver si podía resultar eficaz en la situación a la que se enfrentaban. [...] Si la línea de actuación que estaban considerando parecía apropiada, la pondrían en práctica. Si tenía puntos flacos, la modificarían. Y si no les resultaba fácil modificarla, se volverían hacia la siguiente opción más apropiada y repetirían el procedimiento hasta hallar una línea de actuación convincente.

Klein elaboró esta descripción en una teoría de la decisión que denominó *recognition-primed decision model* (modelo de decisión con primacía del reconocimiento) o RPD, que aplica a los bomberos, pero también describe actuaciones de expertos en otros dominios, incluido el del ajedrez. El proceso involucra tanto al Sistema 1 como al Sistema 2. La fase siguiente es un proceso deliberado en el que el plan es mentalmente estimulado para comprobar si valdrá, una operación del Sistema 2. El modelo de decisión intuitiva como patrón de reconocimiento desarrolla ideas que presentó hace tiempo Herbert Simon, acaso el único especialista reconocido y admirado como un héroe y una figura fundamental por todos los clanes y tribus rivales en el estudio de la decisión.[4] En la introducción he citado la definición que Herbert Simon da de la intuición, pero conviene que la repita ahora: «La situación ofrece la ocasión; esta ofrece al experto acceso a información almacenada en la memoria, y la información ofrece la respuesta. La intuición no es ni más ni menos que el reconocimiento.»[5]

Esta tajante afirmación reduce la magia aparente de la intuición a la experiencia cotidiana de la memoria. Nos maravilla la historia del bombero que súbitamente sintió la necesidad de escapar de una casa en llamas poco antes de que esta se derrumbara porque sabía intuitivamente que corría peligro «sin saber cómo lo sabía».[6] Pero desconocemos cómo sabemos inmediatamente que una persona que vemos al entrar en una sala es nuestro amigo Peter. La moraleja de la observación de Simon es que el misterio de saber sin saber no es un aspecto distintivo de la intuición; es la norma de la vida mental.

ADQUIRIENDO APTITUDES

¿Cómo puede la información que da soporte a la intuición ser «almacenada en la memoria»? Ciertos tipos de intuiciones se adquieren con gran rapidez. Hemos heredado de nuestros antepasados una gran facilidad para aprender cuando algo nos atemoriza. Y una experiencia es a menudo suficiente para que se cree una aversión o un temor durante largo tiempo. Muchos de nosotros tenemos una memoria visceral de un único plato sospechoso que todavía nos hace evitar volver a cierto restaurante. Todos nosotros nos ponemos tensos cuando nos acercamos a un sitio en el que tuvo lugar un suceso desagradable aunque no haya razón para esperar que se repita. En mi caso, uno de esos lugares es el tramo de acceso al aeropuerto de San Francisco, donde hace años un conductor enfurecido me siguió desde la autopista, bajó la ventanilla y me soltó una sarta de obscenidades. Nunca supe cuál fue la causa de su odio, pero recuerdo su voz siempre que llego a aquel punto en mi camino hacia el aeropuerto.

Mi memoria del incidente del aeropuerto es consciente y explica perfectamente las emociones que se desencadenan con ella. Pero en muchas ocasiones podemos sentirnos intranquilos en un sitio concreto o, cuando alguien utiliza un giro o una frase determinados, sin que tengamos memoria consciente del acontecimiento desencadenante. En una retrospección diremos que esta intranquilidad es una intuición si le sigue una mala experiencia. Esta modalidad de aprendizaje emocional se halla íntimamente relacionada con lo que sucedía en los célebres experimentos de condicionamiento que realizó Pávlov, en los cuales los perros aprendían a reconocer el sonido de una campanilla como señal de que iban a comer. Lo que los perros de Pávlov aprendían puede describirse como una esperanza aprendida. Los miedos aprendidos se adquieren aún más fácilmente.

El miedo también puede aprenderse —muy fácilmente, por cierto— con palabras más que con experiencias. El bombero que tuvo aquel «sexto sentido» del peligro sin duda había tenido muchas ocasiones de discutir y reflexionar sobre tipos de fuegos a los que aún no se había enfrentado, y de imaginar qué situaciones podrían darse y cómo debía reaccionar. Recuerdo haber visto cómo un joven oficial al mando de sección, sin experiencia alguna de combate, se ponía tenso mientras conducía a las tropas por un angosto barranco porque le habían enseñado a identificar el terreno como lugar preferido para las emboscadas. No hace falta mucha repetición para aprender.

El aprendizaje emocional puede ser rápido, pero la condición de «experto» suele tardar mucho tiempo en desarrollarse. La adquisición de esta condición en tareas complejas, como la del maestro de ajedrez, las del baloncesto profesional o las del bombero, es intrincada y lenta porque ser un experto en un dominio no es una aptitud única, sino una gran serie de miniaptitudes. El ajedrez es un buen ejemplo. Un jugador experto puede entender al instante una posición compleja, pero se requieren años para alcanzar tal nivel de aptitud. Estudios sobre maestros del ajedrez han demostrado que se requieren al menos 10.000 horas de práctica entregada (equivalentes a seis años jugando al ajedrez durante cinco horas diarias) para alcanzar el nivel máximo.[7] Durante esas horas de intensa concentración, un ajedrecista serio se familiariza con miles de configuraciones, consistente cada una en una disposición de piezas relacionadas que pueden amenazarse y defenderse entre sí.

Aprender en el ajedrez hasta alcanzar un alto nivel puede compararse a aprender a leer. El principiante se esfuerza por reconocer las letras y juntarlas en sílabas y palabras, pero el buen lector adulto percibe oraciones enteras. Un lector experto también ha adquirido la capacidad para juntar elementos familiares en una nueva combinación, y al instante puede «reconocer» y pronunciar correctamente una palabra que nunca antes ha visto. En el ajedrez, las combinaciones recurrentes de piezas relacionadas equivalen a las letras, y una posición es una palabra larga o una frase.

Un lector experimentado que la ve por vez primera será capaz de leer la estrofa inicial de «Jabberwocky» de Lewis Carroll con ritmo y entonación perfectos, y también con placer:

> 'Twas brillig, and the slithy toves
> Did gyre and gimble in the wabe:
> All mimsy were the borogoves,
> And the mome raths outgrabe.*

Llegar a ser un experto en el ajedrez es más difícil y más lento que aprender a leer, pues en el «alfabeto» del ajedrez hay más letras, y las «palabras» constan de muchas letras. Pero, tras miles de horas de práctica, los ajedrecistas son capaces de leer al momento una situación. Los pocos movimientos que les vienen a la mente son casi siempre enérgicos y a veces creativos. Pueden entender una «palabra» que nunca han visto, y pueden encontrar una manera nueva de interpretar otra que les resulta familiar.

EL ENTORNO DE LAS APTITUDES

Klein y yo nos dimos cuenta enseguida de que estábamos de acuerdo tanto en la naturaleza de la aptitud intuitiva como en el modo en

---

* Asardecía y las pegájiles tovas / giraban y scopaban en las humeturas; / misébiles estaban las lorogolobas, / superrugían las memes cerduras. Traducción de M. Rosenberg y D. Samoilovich, *Diario de poesía*, 43, Buenos Aires, 1997. *(N. del T.)*

que se adquiere. Nos faltaba estarlo en nuestra cuestión clave: ¿cuándo podemos confiar en un profesional seguro de sí mismo que dice tener una intuición?

Finalmente concluimos que nuestro desacuerdo se debía en parte al hecho de que pensábamos en expertos diferentes. Klein había pasado mucho tiempo con jefes de bomberos, enfermeras de clínicas y otros profesionales con auténtica experiencia. Yo había pasado mucho tiempo pensando en psicólogos clínicos, inversionistas y politólogos que trataban de hacer predicciones a largo plazo sin base alguna. No era sorprendente que su actitud más corriente se caracterizase por la confianza y el respeto, mientras que la mía llevase la marca del escepticismo. Él estaba más dispuesto a confiar en los expertos que reivindicaban su intuición porque, me decía, los verdaderos expertos conocen los límites de sus conocimientos. Yo estaba de acuerdo en que existen muchos pseudoexpertos que no tienen una idea de lo que están haciendo (la ilusión de validez) y, como una proposición general, en que la confianza subjetiva es por lo común demasiado alta y a menudo nada informativa.

Antes he cifrado la confianza de las personas en una creencia en dos impresiones: la de facilidad cognitiva y la de coherencia. Confiamos cuando la historia que nos contamos a nosotros mismos nos viene a la mente con facilidad y no hay en ella contradicciones ni escenarios que se opongan. Pero ni la facilidad ni la coherencia garantizan que una creencia mantenida con confianza sea verdadera. La máquina asociativa está hecha para suprimir la duda y suscitar ideas e información que sean compatibles con la historia dominante en el momento. Una mente que siga el principio de WYSIATI sentirá demasiado fácilmente una gran confianza si ignora lo que no conoce. Por eso no es sorprendente que muchos de nosotros seamos tan propensos a tener una gran confianza en intuiciones infundadas. Klein y yo terminamos estando de acuerdo en un principio importante: la confianza que las personas tengan en sus intuiciones no es una guía segura para conocer su validez. En otras palabras, no debemos confiar en nadie —incluidos nosotros mismos— que nos indique lo mucho que debemos confiar en su juicio.

Si la confianza subjetiva no es de fiar, ¿cómo podemos evaluar la probable validez de un juicio intuitivo? ¿Cuándo reflejan los juicios la auténtica condición de experto? ¿Cuándo acusan una ilusión de validez? La respuesta viene de dos condiciones básicas para adquirir una aptitud:

- un entorno que sea lo suficientemente regular para ser predecible;
- una oportunidad de aprender estas regularidades a través de una práctica prolongada.

Cuando se satisfacen estas condiciones, es probable que las intuiciones sean aptas. El ajedrez es un ejemplo extremo de entorno regular, pero el bridge y el póquer también encierran altas regularidades estadísticas capaces de apoyar una aptitud. Médicos, enfermeras, atletas y bomberos se enfrentan asimismo a situaciones complejas pero, en lo fundamental, ordenadas. Las intuiciones certeras que Gary Klein ha descrito se deben a relaciones con un alto grado de validez que el Sistema 1 del experto ha aprendido a usar aunque el Sistema 2 no haya aprendido a nombrarlos. En cambio, los inversionistas y los politólogos, que hacen predicciones a largo plazo, operan en un entorno de validez cero. Sus fallos reflejan la impredecibilidad fundamental de los acontecimientos que intentan predecir.

Algunos entornos son peor que irregulares. Robin Hogarth describió entornos «perversos» en los que es probable que los profesionales aprendan lecciones falsas de la experiencia. Hogarth toma de Lewis Thomas el ejemplo de un médico de principios del siglo xx que a menudo tenía la intuición de que algunos pacientes iban a contraer el tifus. Desafortunadamente, comprobaba su presentimiento palpando la lengua del paciente sin lavarse las manos entre un paciente y otro. Mientras sus pacientes enfermaban uno tras otro, el médico estaba cada vez más convencido de tener un ojo clínico infalible. Sus predicciones eran certeras, pero no porque poseyera una particular intuición profesional.

Los psicólogos clínicos de Meehl no eran unos ineptos, y sus fallos no se debían a falta de talento. Sus resultados eran pobres porque tenían encomendadas tareas carentes de una solución sencilla. El aprieto en que se veían no era tan extremo como el entorno de validez cero de la previsión política a largo plazo, pero operaban en situaciones de validez baja que no permitían acertar mucho. Sabemos que tal es el caso porque los mejores algoritmos estadísticos, aunque aciertan más que los juicios humanos, nunca lo harán en gran medida. Los estudios de Meehl y sus seguidores nunca presentaron una demostración «aplastante», un solo caso en el que a los psicólogos clínicos se les escapara por completo un elemento de alto grado de validez que el algoritmo detectara. Un fallo tan extremo es improbable, puesto que el aprendizaje humano suele ser eficiente. Si existe un elemento altamente predictivo, los observadores humanos lo encontrarán si tienen la mínima oportunidad. Los algoritmos estadísticos superan con mucho a los humanos en entornos con ruido, por dos razones: la probabilidad de que detecten elementos débilmente válidos es mayor que en los juicios humanos, y todavía mayor la de que mantengan un modesto nivel de acierto utilizando esos elementos de manera consistente.

Es un error culpar a nadie de fracasar en sus predicciones en un mundo impredecible. Sin embargo, sería justo culpar a profesionales por creer que pueden tener éxito en una tarea imposible. Las pretensiones de tener intuiciones correctas en una situación impredecible significan cuando menos engañarse, y a veces algo peor. En ausencia de elementos válidos, los «éxitos» de la intuición unas veces se deben a la suerte y otras son mentiras. Quien encuentre esta conclusión sorprendente, es porque todavía sigue creyendo que la intuición es algo mágico. Hay que recordar esta regla: no puede confiarse en la intuición en ausencia de regularidades estables en el entorno.

RETROALIMENTACIÓN Y PRÁCTICA

Algunas regularidades del entorno son más fáciles de descubrir y utilizar que otras. Pensemos en cómo cada cual tiene su estilo en el

uso de los frenos del coche. Conforme dominamos el arte de tomar
las curvas, aprendemos gradualmente cuándo soltar el acelerador y
cuándo y con qué presión pisar el freno. Las curvas difieren, y la diversidad que observamos mientras aprendemos nos garantiza que finalmente estemos preparados para frenar a tiempo y con la fuerza
precisa en cualquier curva que nos encontremos. Las condiciones
para aprender esta habilidad son ideales, pues cada vez que tomamos
una curva obtenemos una retroalimentación inmediata e inequívoca:
la pequeña recompensa por un giro suave o la pequeña penalización
por alguna dificultad en la conducción del coche cuando pisamos el
freno con demasiada fuerza o con demasiada poca. Las situaciones a
que se enfrenta un práctico de un puerto maniobrando con grandes
buques no son menos regulares, pero es mucho más difícil adquirir
habilidad con la experiencia pura y simple debido a la tardanza con
que las acciones muestran sus resultados visibles. Que los profesionales tengan oportunidad de desarrollar capacidades intuitivas desde
la experiencia, depende esencialmente de la cualidad y la rapidez de
esta retroalimentación, así como de la suficiencia de las oportunidades prácticas.

Ser experto no es poseer una única aptitud; es poseer un conjunto de aptitudes, y un mismo profesional puede ser un gran experto en algunas de las tareas de su dominio y seguir siendo un principiante en otras. Durante el tiempo que tardan en llegar a ser unos
expertos, los jugadores de ajedrez «lo han visto todo» (o casi todo),
pero en este aspecto el ajedrez es una excepción. Los cirujanos pueden ser mucho más competentes en unas operaciones que en otras.
Además, algunos aspectos de determinadas tareas de un profesional
son mucho más fáciles de aprender que otras. Los psicoterapeutas
tienen abundantes oportunidades de observar las reacciones inmediatas de pacientes a lo que ellos les dicen. La retroalimentación les
permite desarrollar la capacidad de encontrar intuitivamente las palabras y el tono capaces de calmar el enojo, infundir confianza o centrar la atención del paciente. Por otra parte, los terapeutas no tienen
oportunidad de identificar el tipo de tratamiento general más idóneo
para los distintos pacientes. Esta retroalimentación que obtienen de
los resultados que a largo plazo observan en sus pacientes es escasa,

tardía o (por lo general) inexistente, y en algunos casos demasiado ambigua para respaldar un aprendizaje basado en la experiencia.

Entre las especialidades médicas, la de los anestesistas se beneficia de una buena retroalimentación porque los efectos de sus acciones suelen manifestarse pronto. Los radiólogos, en cambio, obtienen poca información sobre la exactitud de los diagnósticos que hacen y sobre las patologías que no llegan a detectar. Los anestesistas se hallan así en mejor posición para desarrollar capacidades intuitivas de utilidad. Si un anestesista dice: «Tengo la impresión de que algo va mal», todo el mundo en la sala de operaciones ha de estar preparado para una emergencia.

Nuevamente aquí, como en el caso de la confianza subjetiva, los expertos pueden no conocer los límites de su particular experiencia. Un psicoterapeuta experimentado sabe que es capaz de entender lo que sucede en la mente de su paciente y puede intuir lo que el paciente le va a decir. Y está tentado de concluir que también puede anticipar el estado del paciente al cabo de un año, pero esta conclusión no está tan justificada. La anticipación a corto plazo y la predicción a largo plazo son tareas diferentes, y el terapeuta ha tenido oportunidad de aprender a hacer lo primero, mas no lo segundo. De forma similar, un experto financiero podrá tener aptitudes para muchos aspectos de su actividad, mas no para invertir con éxito en acciones, y un experto en el Medio Oeste conocerá muchas cosas, mas no el futuro. El psicólogo clínico, el inversionista y el entendido tienen capacidad intuitiva para algunas de sus tareas, pero no han aprendido a identificar las situaciones y las tareas en las que la intuición los engañará. Los límites no reconocidos de la aptitud profesional explican por qué los expertos confían tanto en sí mismos.

EVALUAR LA VALIDEZ

Al término de nuestra colaboración, Gary Klein y yo estábamos de acuerdo en una respuesta general a nuestra pregunta inicial: ¿cuándo podemos confiar en un profesional seguro de sí mismo que dice tener una intuición? Nuestra conclusión fue que en la mayoría de los casos es posible distinguir intuiciones probablemente válidas de otras que probablemente sean falaces. Como en el juicio sobre si una obra de arte es auténtica o falsa, haremos mejor en descubrir la procedencia de la obra que en examinarla. Si el entorno es lo suficientemente regular y el juicio ha tenido ocasión de conocer sus regularidades, la maquinaria asociativa reconocerá situaciones y generará predicciones y decisiones de forma rápida y segura. Podemos confiar en las intuiciones ajenas si se dan estas condiciones.

Desafortunadamente, la memoria asociativa también genera intuiciones subjetivamente convincentes que son falsas. Quien haya seguido los progresos que ha hecho en el ajedrez un jovencísimo talento, sabrá que la perfección en el juego no se adquiere de la noche a la mañana, y que en el camino hacia esta perfección se cometen con toda naturalidad algunos errores. Cuando evaluemos la intuición de un experto, hemos de considerar siempre si ha habido una oportunidad adecuada de aprender incluso en un entorno regular.

En un entorno menos regular o de baja validez, nos acogemos a las heurísticas del juicio. El Sistema 1 es a menudo capaz de producir respuestas rápidas a preguntas difíciles mediante una sustitución que crea coherencia donde no la hay. La pregunta a la que se responde no es la pregunta original, y la respuesta rápida puede ser lo suficientemente plausible como para pasar por la relajada e indulgente revisión del Sistema 2. Podemos desear predecir el futuro comercial de, por ejemplo, una compañía y creer que es eso lo que estamos juzgando, cuando en realidad nuestra evaluación está dominada por nuestras impresiones sobre la energía y la competencia de sus actuales ejecutivos. Como la sustitución se produce de manera automática, a menudo no conocemos el origen de un juicio que nosotros (nuestro Sistema 2) aprueba y adopta. Si ese juicio es el único que nos viene a la mente, puede ser subjetivamente indistinguible de juicios válidos que hacemos con la confianza de un experto. Tal es la razón de que la confianza subjetiva no sea un buen diagnóstico para nuestro acierto: los juicios que responden a la pregunta falsa también pueden hacerse con la mayor confianza.

El lector se preguntará por qué a Gary Klein y a mí se nos ocurrió inmediatamente la idea de evaluar la intuición de un experto estimando la regularidad de su entorno y su historial de aprendizaje —dejando casi siempre de lado la confianza que pudiera sentir— y cómo pensábamos responder a esta pregunta. Estas son buenas preguntas, pues las líneas maestras de la solución nos eran patentes desde el comienzo. Sabíamos desde el principio que los jefes de bomberos y las enfermeras pediátricas estarían a un lado de la línea divisoria que separa las intuiciones válidas de las que no lo son, y los especialistas estudiados por Meehl al otro lado, junto con los inversionistas y los entendidos.

Es difícil reconstruir algo que nos ocupó durante años, con largas horas de discusión, constantes intercambios de borradores y cientos de correos electrónicos sobre términos, y que más de una vez estuvimos a punto de abandonar. Y esto es lo que siempre sucede cuando un proyecto concluye razonablemente bien: una vez que se llega a la conclusión principal, nos parece que siempre fue obvia.

Como sugiere el título de nuestro artículo, Klein y yo estábamos menos en desacuerdo de lo que esperábamos, y compartimos las soluciones en casi todas las cuestiones sustanciales que se nos plantearon. Pero también descubrimos que nuestras anteriores diferencias eran algo más que una discrepancia intelectual. Teníamos actitudes, emociones y gustos diferentes, y estos cambiaron muy poco a lo largo de los años. Esto era obvio en las cosas que encontrábamos divertidas e interesantes. Klein todavía se incomoda cuando se menciona la palabra *sesgo*, y todavía disfruta con historias en las que los algoritmos o los procedimientos formales conducen a decisiones a todas luces absurdas. Yo tiendo a ver los fracasos ocasionales de los algoritmos como oportunidades para mejorarlos. Por otra parte, encuentro más placer que Klein en las ocasiones en que expertos arrogantes, que pretenden poseer poderes intuitivos en situaciones de validez cero, reciben su merecido. Pero, sin duda, encontrar tanto acuerdo intelectual como el que encontramos es a la larga más importante que las persistentes diferencias emocionales, que han permanecido.

Hablando de la intuición experta

«¿Cómo es de experto en esta particular tarea? ¿Cuánta práctica tiene?»

«¿Realmente él cree que el entorno de estas iniciativas es suficientemente regular para justificar una intuición contraria a las tasas base?»

«Ella tiene mucha confianza en su decisión, pero la confianza subjetiva es un indicador muy pobre del acierto de un juicio».

«¿Realmente tiene una oportunidad de aprender? ¿Era rápida y clara la retroalimentación en sus juicios?»

23

La visión desde fuera

Pocos años después de comenzar mi colaboración con Amos convencí a algunos funcionarios del Ministerio de Educación de Israel de la necesidad de un plan de estudios para enseñar teoría del juicio y de la decisión en las universidades. El equipo que formé para diseñar el plan de estudios y escribir un libro de texto para el mismo incluía a varios profesores con experiencia, a algunos de mis alumnos de psicología y a Seymour Fox, entonces decano de la Escuela Universitaria Hebrea de Educación, que era un experto en el diseño de planes de estudio.

Después de reunirnos cada viernes por la tarde durante un año, habíamos elaborado un detallado programa de estudios, escrito un par de capítulos e impartido algunas lecciones de muestra en el aula. Todos sentíamos que habíamos hecho importantes progresos. Un día en que estábamos discutiendo los procedimientos para estimar cantidades inciertas, se me ocurrió la idea de poner en práctica un ejercicio. Pedí a todos que hicieran por escrito una estimación del tiempo que se tardaría en someter un borrador terminado del libro de texto a la aprobación del Ministerio de Educación. Aquí apliqué un procedimiento que ya habíamos planificado para incorporarlo a nuestro plan de estudios: la manera idónea de obtener información de un grupo no es comenzar con una discusión pública, sino reunir de manera confidencial los juicios de cada persona. Este procedimiento hace mejor uso de los conocimientos de que disponen los miembros del grupo que la práctica común de la discusión abierta. Reuní las estimaciones y escribí los resultados en la pizarra. Estos fueron resultados de alrededor de dos años escasos;

el plazo más corto fue de un año y medio, y el más largo de dos años y medio.

Luego se me ocurrió otra idea. Me dirigí a Seymour, nuestro experto en programas de estudios, y le pregunté si sabía de otros equipos similares al nuestro que hubieran desarrollado un plan de estudios empezando desde cero. Era un momento en que se habían introducido varias innovaciones pedagógicas, como las «matemáticas modernas», y Seymour dijo que eran muy pocos. Luego le pregunté si conocía con algún detalle la historia de esos equipos, y me respondió que estaba familiarizado con varios. Le pregunté si pensaba que esos equipos habían hecho tantos progresos como nosotros. ¿Cuánto tiempo a partir de entonces les llevaría concluir su trabajo en los libros de texto?

Se quedó en silencio, y cuando al fin habló, me pareció que estaba ruborizado por la vergüenza que le causaba su respuesta: «¿Sabe? Nunca antes me había dado cuenta, pero la verdad es que no todos los equipos que alcanzaron una etapa comparable a la nuestra culminaron su tarea. Una parte importante de esos equipos no consiguió terminar su trabajo».

Aquello era preocupante; nunca habíamos considerado la posibilidad del fracaso. Mi preocupación aumentó, y le pregunté por el porcentaje que representaba aquella parte. «Alrededor del 40 por ciento», respondió. El pesimismo parecía empañarlo todo en aquella habitación. La siguiente pregunta era obligada: «Y los que terminaron —le pregunte—, ¿cuánto tiempo tardaron?». «No creo que haya habido algún grupo que hiciera su trabajo en menos de siete años —respondió—, ni alguno que haya tardado más de diez.»

Me aferré a una esperanza: «Si compara nuestras capacidades y recursos con los de los demás grupos, ¿qué tal somos nosotros? ¿Cómo nos valoraría en comparación con esos equipos?». Seymour no titubeó mucho esta vez. «Estamos por debajo de la media —dijo—, aunque no mucho.» Eso fue una sorpresa para todos nosotros, incluido Seymour, cuya anterior estimación había sido buena dentro del consenso optimista del grupo. Hasta que me atreví a decirle que en su mente no existía relación alguna entre su conocimiento de la historia de otros equipos y su previsión de nuestro futuro.

Nuestro estado mental cuando oímos a Seymour no lo describe bien la expresión «sabíamos». Sin duda, todos nosotros «sabíamos» que un mínimo de siete años y un 40 por ciento de posibilidades de fracasar era una previsión más plausible de la suerte de nuestro proyecto que los números que habíamos anotado en nuestros papeles pocos minutos antes. Pero no reconocíamos lo que ya conocíamos. La nueva previsión todavía nos parecía irreal, pues no podíamos imaginar que la culminación de un proyecto que parecía tan fácil de llevar a cabo debiera esperar tanto tiempo. No teníamos ninguna bola de cristal que nos mostrara la extraña cadena de acontecimientos improbables que nos esperaba en el futuro. Todos veíamos un plan razonable que culminaría con la terminación de un libro al cabo de uno o dos años, lo cual estaba en conflicto con el dato estadístico que indicaba que otros grupos habían fracasado o se habían tomado un tiempo absurdamente largo para cumplir su misión. Lo que habíamos oído era información de tasa base, de la que debimos haber deducido una historia causal; si tantos grupos fracasaron, y los que tuvieron éxito tardaron tanto, confeccionar un plan de estudios sería con seguridad mucho más difícil de lo que habíamos pensado. Pero esta deducción habría entrado en conflicto con nuestra experiencia directa del progreso que habíamos hecho. La estadística que Seymour nos mostraba la tratamos como normalmente se tratan las tasas base: se toma nota de ellas y enseguida se dejan de lado.

Aquel día tendríamos que haber desistido. Ninguno de nosotros estaba dispuesto a invertir seis años de trabajo en un proyecto con un 40 por ciento de probabilidad de fracaso. Aunque nos dábamos cuenta de que perseverar no era razonable, la advertencia recibida no nos dio una razón persuasiva para abandonar. Después de unos minutos de desganado debate, nos reunimos todos y proseguimos como si nada hubiese pasado. El libro se concluyó ocho (¡!) años después. Entonces yo no vivía en Israel y hacía tiempo que ya no era miembro de aquel equipo, el cual culminó el trabajo tras múltiples vicisitudes impredecibles. El entusiasmo inicial con que el Ministerio de Educación acogió la idea se había desvanecido cuando el texto se entregó para no utilizarse jamás.

Este embarazoso episodio es una de las experiencias más instructivas que he tenido en mi vida profesional. De él terminé aprendiendo tres lecciones. La primera se me hizo inmediatamente patente: me había encontrado con la diferencia entre dos enfoques radicalmente dispares de la predicción, que más tarde Amos y yo etiquetaríamos como la visión desde dentro y la visión desde fuera.[1] La segunda lección fue que nuestras previsiones iniciales de unos dos años para ultimar el proyecto encerraba una falacia en su planificación. Nuestras estimaciones estaban más cerca del mejor de los casos que una estimación realista. Más me costó aceptar la tercera lección, que he denominado de la perseverancia irracional: la locura que aquel día cometimos de no desistir del proyecto. Teníamos que elegir, y lo que hicimos fue abandonar la racionalidad en vez de la empresa.

ENCERRADOS EN LA VISIÓN DESDE DENTRO

Aquel lejano viernes, nuestro experto en planes de estudios hizo dos juicios sobre el mismo problema y halló dos soluciones muy diferentes.[2] La *visión desde dentro* era la única que todos nosotros, Seymour incluido, espontáneamente adoptamos para estimar el futuro de nuestro proyecto. Nos centramos en nuestras circunstancias específicas, y buscamos evidencias en nuestras propias experiencias. Teníamos un plan demasiado esquemático: sabíamos cuántos capítulos íbamos a escribir, y teníamos una idea de lo que tardaríamos en hacerlo por el tiempo que nos había llevado escribir los dos que ya habíamos concluido. El más cauto de nosotros probablemente habría añadido, como margen de error, unos meses más a su estimación.

Esta extrapolación fue un error. Estábamos haciendo una predicción basada en la información que teníamos delante de nosotros —WYSIATI—, pero los capítulos que habíamos empezado a escribir eran seguramente más fáciles que los demás, y nuestro compromiso con el proyecto era entonces máximo. Pero el principal problema era que nos equivocamos al permitir algo que, como Donald Rumsfeld lo llamó con una expresión que se hizo famosa, «no sabemos que no sabemos». Aquel día no existía ninguna manera de prever la sucesión de acontecimientos que harían que el proyecto se alargase tanto tiempo. Los divorcios, las enfermedades y las dificultades de coordinación con la burocracia, que retrasaban el trabajo, no podían preverse. Estos acontecimientos no solo hicieron que la redacción de los capítulos se retrasara; también fueron la causa de que hubiera largos períodos en los que los progresos fueron escasos o nulos. Lo mismo cabe decir, desde luego, de otros equipos que Seymour conocía. Los miembros de estos equipos fueron igualmente incapaces de imaginar los acontecimientos que los forzarían a tomarse siete años hasta culminar, o finalmente no poder hacerlo, un proyecto que sin duda habrían pensado que era perfectamente factible. Como nosotros, no tenían idea de las contingencias que habrían de encarar. Había muchas maneras de que un plan fracasara, y aunque era demasiado improbable que alguien previniera la mayoría de ellas, la probabilidad de que en un gran proyecto *algo* salga mal siempre es alta.

La segunda pregunta que le hice a Seymour apartó su atención de nosotros y la dirigió hacia una clase de casos similares. Seymour estimó la tasa base del éxito en esta clase de referencia: 40 por ciento de fracaso y de siete a diez años para concluir. Su estudio, que era informal, no alcanzaba los estándares científicos de la evidencia, pero proporcionaba una base razonable para una predicción sobre una línea de base razonable: la predicción que hacemos sobre un caso cuando no sabemos nada de él excepto la categoría a la que pertenece. Como hemos visto páginas atrás, la *predicción de línea de base* es un anclaje para ulteriores ajustes. Si se nos pide estimar la estatura de una mujer de la que solo sabemos que vive en la ciudad de Nueva York, nuestra predicción de línea de base será nuestra mejor estimación de la estatura media de las mujeres de esta ciudad. Y cuando se nos da información específica del caso, por ejemplo que el hijo de esa mujer es el pívot del equipo de baloncesto de su universidad, ajustaremos nuestra estimación en un sentido que la aleje de la media. La comparación que hizo Seymour entre nuestro equipo y otros sugería que la predicción de nuestro resultado era ligeramente peor que la predicción de línea de base, que ya era desalentadora.

La espectacular exactitud de la predicción hecha desde fuera en nuestro problema fue sin duda una casualidad, y no debe contar como evidencia de la validez de la *visión desde fuera*. El argumento a favor de la visión desde fuera debe presentarse sobre aspectos generales: si la clase de referencia es correctamente elegida, la visión desde fuera nos dará una indicación sobre dónde situarla, y podrá sugerirnos, como sucedió en nuestro caso, que en la visión desde dentro las predicciones no están cerca de ese lugar.

Para un psicólogo, la discrepancia entre los dos juicios de Seymour es sorprendente. Seymour tenía en la cabeza todo el conocimiento requerido para estimar la estadística de una clase de referencia correcta, pero hizo su estimación inicial sin utilizar ese conocimiento. La predicción de Seymour, hecha desde dentro, no era un ajuste a partir de la predicción de línea base, la cual no se le había ocurrido. Estaba basada en circunstancias particulares de nuestros esfuerzos. Como los participantes en el experimento de Tom W., Seymour conocía la tasa base pertinente, pero no pensó en aplicarla.

A diferencia de Seymour, el resto del equipo no tuvo acceso a la visión desde fuera, y no podía haber hecho una predicción razonable de línea de base. Pero es notable que no echáramos en falta información sobre otros equipos para hacer nuestras estimaciones. Mi exigencia de una visión desde fuera sorprendió a todos, incluso a mí mismo. Es un patrón común: las personas que tienen información sobre un caso individual raramente sienten la necesidad de conocer la estadística de la clase a que el caso pertenece.

Si eventualmente se nos presentase la ocasión de adoptar la visión desde fuera, todos la ignoraríamos. Podemos reconocer lo que aquí nos sucede; es algo similar al experimento que indica la inutilidad de enseñar psicología. Cuando los alumnos de Nisbett y Borgida hacían predicciones sobre casos individuales acerca de los cuales tenían poca información (una breve y vaga entrevista), desatendían completamente los resultados globales que acababan de conocer. La «pálida» información estadística es descartada de forma rutinaria cuando es incompatible con las impresiones personales sobre un caso.[3] En su competencia con la visión desde dentro, la visión desde fuera lo tiene ciertamente difícil.

La preferencia por la visión desde dentro tiene a veces un trasfondo moral. En cierta ocasión hice a mi primo, un distinguido abo-

gado, una pregunta sobre una clase de referencia: «¿Cuál es la probabilidad de que el demandado gane en casos como este?». Su seca respuesta de que «cada caso es único» fue acompañada de una mirada
que dejaba claro que encontraba mi pregunta inoportuna y superficial. El arrogante énfasis en la unicidad de los casos es también común en la medicina, a pesar de los recientes avances en una medicina basada en la evidencia que tiene en consideración una segunda
opinión. Las estadísticas médicas y las predicciones de línea de base
aparecen cada vez con más frecuencia en conversaciones entre pacientes y médicos. Sin embargo, en la profesión médica persiste la
ambivalencia en relación con la visión desde fuera, que se expresa en
las inquietudes que producen los procedimientos impersonales guiados por estadísticas y listas de control.[4]

LA FALACIA DE LA PLANIFICACIÓN

A la luz de la predicción desde fuera y del resultado final de la misma, las estimaciones originales que hicimos aquel viernes por la tarde parecen poco menos que ilusorias. Esto no debe sorprendernos:
las predicciones demasiado optimistas sobre los resultados de proyectos las encontramos en todas partes. Amos y yo acuñamos el término *falacia de la planificación*[5] para describir planes y previsiones que

- se acercan de manera poco realista a un escenario que representa el mejor de los casos;
- pueden mejorarse consultando estadísticas de casos similares.

Los ejemplos de la falacia de la planificación abundan en las experiencias de individuos, gobiernos y empresas. La lista de historias
de horror es interminable.

- En julio de 1997 se estimó que los costes del propuesto nuevo edificio del Parlamento escocés en Edimburgo serían de
  40 millones de libras.[6] En junio de 1999, el presupuesto para
  dicho edificio fue de 109 millones de libras. En abril de 2000,

los legisladores impusieron un «techo de gastos» de 195 millones de libras. En noviembre de 2001, pidieron una estimación
del «coste final», que se fijó en 241 millones de libras. Esta estimación del coste final se incrementó en dos ocasiones en 2002,
quedando al final del año en 294,6 millones de libras. Volvió a
incrementarse en tres ocasiones más en 2003, alcanzando los
375,8 millones de libras. El edificio se concluyó en 2004 con
un coste final de unos 431 millones de libras.

• Un estudio realizado en 2005 examinó proyectos ferroviarios
emprendidos en todo el mundo entre los años 1969 y 1998.
En más del 90 por ciento de los casos se sobrestimó el número de pasajeros que usaron este sistema. Aunque el número de
pasajeros fue rebajándose y las sucesivas rebajas se dieron a conocer, las previsiones no mejoraron durante esos treinta años;
los planificadores sobrestimaron la media de personas que usa-
rían los nuevos proyectos ferroviarios en el 106 por ciento, y
el coste medio rebasó el 45 por ciento. Aunque las evidencias
se acumulaban, los expertos jamás se atuvieron a ellas.[7]

• En 2002, un sondeo hecho a propietarios estadounidenses de
viviendas que habían remodelado sus cocinas encontró que estos esperaban que el trabajo les costaría una media de 18.658
dólares; en realidad, terminaron pagando una media de 38.769
dólares.[8]

El optimismo de planificadores y de quienes toman decisiones
no es la única causa de esos incrementos. A las empresas dedicadas a
reformas de cocinas y a las armas no les cuesta admitir (aunque sí a
sus clientes) que lo normal es que obtengan la mayor parte de sus
beneficios con adiciones al plan original. En estos casos, los fracasos
en las predicciones reflejan la incapacidad de los clientes para imaginar en qué medida se incrementarán sus deseos con el tiempo. Y terminan pagando mucho más de lo que pagarían si hubieran hecho
planes más realistas y se hubieran ceñido a ellos.

Los errores en los presupuestos iniciales no siempre son ino-
centes. A los autores de planes poco realistas con frecuencia los mueve el deseo de que su plan sea aprobado —por sus superiores o por

un cliente—, y se amparan en el conocimiento de que los proyectos raras veces se abandonan sin terminarlos porque los costes se incrementen o los plazos venzan.[9] En estos casos, la mayor responsabilidad por no evitar la falacia de la planificación recae en quienes deciden, en quienes aprueban el plan. Mientras no reconozcan la necesidad de una visión desde fuera, incurrirán en la falacia de la planificación.

MITIGANDO LA FALACIA DE LA PLANIFICACIÓN

El diagnóstico de, y el remedio para, la falacia de la planificación no han cambiado desde aquel viernes por la tarde, pero la puesta en práctica de la idea viene de muy lejos. El renombrado experto danés en planificación Bent Flyvbjerg, hoy en la Universidad de Oxford, hizo un convincente resumen a este respecto:

> La tendencia prevaleciente a infravalorar o ignorar la información sobre las distribuciones es tal vez la principal fuente de errores en la predicción. Los planificadores deberían esforzarse por encuadrar el problema de la predicción de forma que facilite la utilización de toda la información disponible sobre las distribuciones.

Este puede considerarse el único consejo importante para aumentar el grado de acierto en la predicción cuando se utilizan métodos mejorados. Utilizar esta información sobre distribuciones procedente de otras operaciones similares a la que es objeto de predicciones significa adoptar una perspectiva «desde fuera», y esta es la cura que tiene la falacia de la planificación.

El tratamiento de la falacia de la planificación ha recibido hoy una denominación técnica: *predicción con clase de referencia*, y Flyvbjerg la ha aplicado a proyectos de transporte en diversos países. En la aplicación de esta perspectiva desde fuera se utiliza un gran banco de datos que proporciona información sobre planes y resultados de cientos de proyectos hechos en todo el mundo y puede utilizarse para proporcionar información estadística sobre probables incrementos de costes y de tiempo, además de sobre el probable bajo desempeño de proyectos de diferentes tipos.

El método de predicción que Flyvbjerg aplica es similar a las prácticas recomendadas para superar la indiferencia ante la tasa base, y consiste en:

1. Identificar una clase de referencia apropiada (reformas de cocinas, grandes proyectos ferroviarios, etc.).
2. Obtener las estadísticas de la clase de referencia (en costes por milla de vía ferroviaria, o en el porcentaje en que los desembolsos exceden el presupuesto). Utilizar las estadísticas para generar una predicción de línea de base.
3. Utilizar información específica sobre el caso para ajustar la predicción de línea de base cuando hay razones particulares para esperar que el sesgo optimista sea más o menos pronunciado en este proyecto que en otros del mismo tipo.

Los análisis de Flyvbjerg tenían por objetivo orientar a las autoridades que encargan proyectos públicos proporcionándoles estadísticas sobre incrementos de costes en proyectos similares. Quienes toman las decisiones necesitan estimaciones realistas de los costes y los beneficios de una propuesta antes de tomar la decisión final de aprobarla. También pueden desear una estimación de las reservas que necesitan para hacer frente al incremento de los costes, aunque estas precauciones a menudo resultan en profecías autocumplidas. Como dijo un funcionario a Flyvbjerg: «Una reserva es para los contratados lo que la carne roja para los leones: la devorarán».

Las organizaciones afrontan el desafío de controlar la tendencia de los ejecutivos a competir en recursos para presentar planes demasiado optimistas. Una organización bien llevada recompensará a los planificadores por su ejecución precisa, y los penalizará por no haber anticipado las dificultades ni haber tenido en cuenta las dificultades que no habían podido anticipar, por no saber que no sabían.

Decisiones y errores

Lo de aquel viernes por la tarde ocurrió hace más de treinta años. A menudo he pensado en ello, y lo he mencionado varias veces cada año en conferencias. Algunos amigos míos se aburrían con la historia, pero yo continuaba recibiendo nuevas lecciones de ella. Casi cincuenta años después de que por primera vez escribiera con Amos sobre la falacia de la planificación, volví sobre el tema con Dan Lovallo. Juntos esbozamos una teoría de la decisión en la que el sesgo optimista era una fuente importante de riesgos. En el modelo racional estándar de la economía, las personas asumen riesgos porque las posibilidades son favorables; aceptan alguna probabilidad de un costoso fracaso porque la probabilidad del éxito es suficiente. Pero nosotros proponíamos una idea alternativa.

Cuando predicen los resultados de proyectos arriesgados, los ejecutivos son muy fácilmente víctimas de la falacia de la planificación. Toman por su cuenta decisiones basadas en un optimismo ilusorio más que en una consideración racional de ganancias, pérdidas y probabilidades. Sobrestiman los beneficios y subestiman los costes. Construyen escenarios para el éxito mientras pasan por alto el potencial de errores y cálculos equivocados. Como resultado, promueven iniciativas que difícilmente tienen cabida en un presupuesto, o en el plazo que les dan, o en el rendimiento esperado, o simplemente no pueden completar.

Visto desde esta perspectiva, las personas a menudo (no siempre) deciden llevar a cabo proyectos arriesgados porque son demasiado optimistas respecto a las contingencias que habrán de afrontar. Volveré sobre esta idea varias veces en este libro, que probablemente contribuya a explicar por qué los humanos pleitean, por qué empiezan guerras y por qué abren pequeños negocios.

Historia de un fracaso

Durante muchos años pensé que el punto esencial de la historia de los planes de estudios era lo que yo había aprendido con mi amigo

Seymour: que su mejor estimación sobre el futuro de nuestro proyecto no estaba conformada por lo que él sabía sobre proyectos similares. Quedé muy bien contando la historia en la que yo representaba
el papel de interrogador agudo y astuto psicólogo. Solo recientemente comprendí que en realidad había representado los papeles del
mayor necio y del líder inepto.

El proyecto fue una iniciativa mía, y por tanto también era mía
la responsabilidad de garantizar que fuera viable y que sus problemas
más importantes los discutiera todo el equipo; pero fallé en esta
prueba. Mi problema no era la falacia de la planificación. Me había
curado de esta falacia en cuanto escuché la argumentación estadística de Seymour. Si me hubieran presionado, habría dicho que nuestras anteriores estimaciones habían sido absurdamente optimistas.
Y de presionarme aún más, habría admitido que habíamos iniciado
el proyecto a partir de premisas incorrectas, y que al menos debimos
considerar con seriedad la opción de reconocer la derrota e irnos a
casa. Pero nadie me presionó, y no hubo discusión; estuvimos tácitamente de acuerdo en continuar sin una previsión explícita de lo que
duraría nuestro esfuerzo. Esto nos resultó fácil, pues no habíamos hecho tal previsión para comenzar con ella. Si cuando comenzamos
hubiéramos tenido una razonable predicción de línea de base, no habríamos contado con ella, y además ya habíamos dedicado demasiado trabajo; un ejemplo de la falacia del coste irrecuperable,[10] que
examinaré con más detenimiento en la parte siguiente de este libro.
Nos habría resultado embarazoso —especialmente a mí— abandonar en aquel momento, y no parecía que hubiera una razón impe-
riosa para hacerlo. Es más fácil cambiar de dirección en una crisis,
pero aquello no era una crisis, sino solo la revelación de nuevos datos sobre el comportamiento de los humanos que no conocíamos. La
visión desde fuera era más fácil de ignorar que las malas noticias sobre nuestro propio trabajo. Como mejor puedo describir nuestro estado es diciendo que era como una especie de letargo, un no querer
pensar en lo que sucedería. Así que proseguimos el trabajo. No hubo
más intentos de planificación racional durante el tiempo que fui
miembro del equipo, una omisión particularmente perturbadora para
un equipo dedicado a enseñar racionalidad. Espero ser hoy más pru-

dente; de hecho, he adquirido el hábito de buscar la visión desde fuera. Pero hacerlo nunca será lo natural.

HABLANDO DE LA VISIÓN DESDE FUERA

«Él lo está viendo desde dentro. Debería olvidarse de su caso y observar lo que sucedió en otros casos.»

«Ella es víctima de la falacia de la planificación. Se imagina el mejor escenario, pero hay muchas maneras diferentes de que un plan fracase, y no puede prevenirlas todas.»

«Supongamos que usted no sabía nada sobre este particular caso legal, salvo que se trataba de la demanda de una persona contra un cirujano por mala praxis. ¿Cuál sería su predicción de línea de base? ¿Cuántos de estos casos se han ganado en los tribunales? ¿Cuántos terminaron en un acuerdo? ¿Cuáles son las indemnizaciones? ¿El caso que nos ocupa es más convincente o más endeble que otras reclamaciones similares?»

«Estamos haciendo una inversión adicional porque no estamos dispuestos a admitir el fracaso. Este es un ejemplo de falacia del coste irrecuperable.»

24

El motor del capitalismo

La falacia de la planificación solo es una de las manifestaciones de un sesgo optimista omnipresente. Casi todos los humanos vemos el mundo más benigno de lo que realmente es, nuestras capacidades más estimables de lo que realmente son, y los fines que perseguimos más fáciles de lograr de lo que realmente son. También tendemos a exagerar nuestra capacidad para predecir el futuro, lo cual fomenta un optimista exceso de confianza. Por sus consecuencias para las decisiones, el sesgo optimista puede muy bien considerarse el más destacable de los sesgos cognitivos. Como el sesgo optimista lo mismo puede bendecirnos que condenarnos, quien sea optimista por temperamento, debería ser precavido en medio de su contento.

OPTIMISTAS

El optimismo es algo normal, pero algunos afortunados son más optimistas que el resto. Quien está genéticamente dotado de un sesgo optimista, casi no necesita que le digan que es una persona con suerte, se siente ya afortunado.[1] La actitud optimista es en buena medida heredada, y es parte de una disposición general al bienestar, que quizá incluya una preferencia por el lado positivo de las cosas.[2] Si al optimista se le concediera un deseo para su hijo, consideraría seriamente que este fuese también optimista. Los optimistas son normalmente alegres y felices y, por ende, populares; se recuperan de los fracasos y las penurias, las posibilidades de que caigan en una depresión son reducidas, su sistema inmunitario es más fuerte, cuidan más de su salud, se sienten más sanos que otros, y de hecho la longevidad es más probable en ellos. Un estudio sobre personas que exageraban con los años que esperaban vivir hasta más allá de las predicciones actuariales, demostró que trabajaban más horas, eran más optimistas respecto a sus futuros ingresos, y que era más probable que volvieran a casarse después de un divorcio (el clásico «triunfo de la esperanza sobre la experiencia»),[3] además de estar personalmente preparados para cualquier cosa. Por supuesto, el don del optimismo solo se ofrece a individuos levemente predispuestos y capaces de «acentuar lo positivo» sin perder el sentido de la realidad.

Los individuos optimistas desempeñan un papel desproporcionado en nuestras vidas. Sus decisiones marcan una diferencia; ellos son los inventores, los empresarios y los líderes políticos y militares, no gente común. Han llegado donde están buscando desafíos y arriesgándose. Tienen talento y han tenido suerte, casi con certeza más de lo que reconocen. Es probable que sean optimistas por temperamento. Un estudio sobre fundadores de pequeños negocios concluyó que los empresarios confían más en la vida que los directivos de nivel medio.[4] Sus experiencias del éxito les han confirmado la fe que siempre han tenido en sus juicios y su capacidad para controlar acontecimientos. La admiración de los demás refuerza su confianza en sí mismos.[5] Este razonamiento nos conduce a una hipótesis: es probable que las personas que más influyen en las vidas de los demás sean optimistas y demasiado confiadas, y asuman más riesgos de los que ellas mismas contabilizan.[6]

Los hechos sugieren que una predisposición optimista desempeña un papel significativo —a veces, el papel dominante— cada vez que individuos o instituciones asumen voluntariamente riesgos importantes. Y es más frecuente que quienes se arriesgan subestimen las contingencias y se esfuercen lo suficiente por averiguar cuáles pueden ser esas contingencias. Como malinterpretan los riesgos, los empresarios optimistas a menudo creen que son prudentes cuando en realidad no lo son. Su confianza en el éxito futuro alimenta una actitud positiva que los ayuda a obtener recursos de otros, levantar la moral de sus empleados y mejorar sus perspectivas de prevalecer. Cuando la acción es necesaria, el optimismo, incluso en su variedad ligeramente ilusoria, puede resultar positivo.

ILUSIONES EMPRESARIALES

En Estados Unidos, las posibilidades de que un pequeño negocio sobreviva a los cinco años son de un 35 por ciento. Pero los individuos que montan tales negocios no creen que las estadísticas se puedan aplicar a ellos. Un estudio concluyó que los empresarios estadounidenses tienden a creer que la marcha de su negocio es prometedora: su estimación media de las posibilidades de éxito para «un negocio como el suyo» era del 60 por ciento, casi el doble del valor verdadero. El sesgo era más cegador cuando estimaban las posibilidades de su propia empresa. Por lo menos el 81 por ciento de los empresarios estimaban sus probabilidades de éxito en 7 de 10 o incluso más, y el 33 por ciento de ellos sostenían que la probabilidad de fracasar era cero.[7]

La dirección de este sesgo no es nada sorprendente. Si entrevistásemos a alguien que recientemente hubiera abierto un restaurante italiano, no esperaríamos que hubiese subestimado sus perspectivas de éxito o hubiera tenido un pobre concepto de su capacidad como restaurador. Pero debemos preguntarnos: ¿habría invertido tanto tiempo y dinero si hubiera hecho un esfuerzo razonable por conocer las posibilidades, o hubiera conocido las posibilidades (el 60 por ciento de los nuevos restaurantes cierran a los tres años) y las hubiese considerado con atención? Probablemente no se le habría ocurrido la idea de ver las cosas desde fuera.

Uno de los beneficios de un temperamento optimista es la perseverancia para hacer frente a los obstáculos. Pero la perseverancia puede resultar costosa. Una impresionante serie de estudios realizados por Thomas Åstebro arroja luz sobre lo que sucede cuando los optimistas reciben malas noticias. Obtuvo sus datos de una organización canadiense —el Programa de Asistencia al Inventor— que se sostiene con una pequeña cuota y proporciona a los inventores una estimación objetiva de las perspectivas comerciales de su idea. Las evaluaciones se basan en puntuaciones cuidadosamente calculadas para cada invento conforme a 37 criterios, entre ellos la necesidad del producto, el coste de su producción y las tendencias estimadas de la demanda. Los analistas resumen sus perspectivas en una letra, siendo la D y la E indicadoras de fracaso, una predicción que hacen para más del 70 por ciento de los inventos que les llegan. Las predicciones de fracaso son sorprendentemente acertadas: solo 5 de 411 proyectos que obtuvieron la nota más baja consiguieron la comercialización, y ninguno tuvo éxito.[8]

Las noticias desalentadoras llevaron a alrededor de la mitad de los inventores a abandonar su proyecto después de recibir una nota que inequívocamente predecía el fracaso. Sin embargo, el 47 por ciento de ellos continuaron invirtiendo esfuerzo después de que se les asegurara que su proyecto era inviable, y, en su promedio, estos individuos perseverantes (u obstinados) duplicaron sus pérdidas iniciales antes de abandonarlo. Es bien significativo que la perseverancia después de los consejos disuasorios fuese relativamente común entre los inventores que obtuvieron una alta puntuación en una estimación de su personal grado de optimismo, estimación en la que los inventores suelen puntuar más que la población general. En términos generales, los rendimientos por invención privada fueron escasos, «más bajos que los rendimientos de capital privado y de títulos de alto riesgo». Más generalmente, los beneficios financieros del autoempleo son mediocres: con idéntica cualificación, uno obtiene rendimientos medios más altos vendiendo sus propias capacidades a empleadores que estableciéndose por su cuenta. Los datos sugieren que el optimismo es algo muy extendido, pertinaz y costoso.[9]

Los psicólogos han confirmado que, en su mayoría, los humanos creen de verdad que son superiores a casi todos los demás en las cosas más apreciadas —en el laboratorio están dispuestos a apostar pequeñas cantidades de dinero por esa creencia—.[10] La creencia en la propia superioridad tiene, lógicamente, consecuencias notables en el mercado. Los directivos de grandes empresas hacen en ocasiones importantes apuestas en costosas fusiones y adquisiciones, y las hacen en la creencia errónea de que ellos pueden manejar los activos de otra compañía mejor que los propietarios de la misma. El mercado de acciones responde por lo común rebajando el valor de la empresa adquirida, pues la experiencia ha demostrado que los esfuerzos para integrar grandes empresas resultan con más frecuencia baldíos que fructíferos. Las adquisiciones insensatas han encontrado una explicación en la «hipótesis del orgullo desmedido»: los ejecutivos de la empresa que hace la adquisición son sencillamente menos competentes de lo que ellos creen.[11]

Los economistas Ulrike Malmendier y Geoffrey Tate identificaron a los directivos optimistas por la cantidad de acciones de su empresa que poseían personalmente, y observaron que los líderes más optimistas asumían riesgos excesivos. Se endeudaban antes que buscar el modo de que el capital afluyera, y en ellos era más probable que en otros «pagar más por las compañías a adquirir y llevar a cabo fusiones que arruinan los valores».[12] Sorprendentemente, las acciones de la compañía adquirente se resentían bastante más en las fusiones si el directivo era, a juicio del autor, demasiado optimista. Al parecer, el mercado de acciones es capaz de identificar a los directivos demasiado confiados. Esta observación exonera a los directivos de una acusación tanto como les lanza otra: los líderes de empresas que hacen apuestas dudosas no las hacen porque utilicen dinero de otros. Por el contrario, asumen riesgos mayores cuando personalmente más se juegan. El perjuicio que causan los directivos demasiado confiados se agrava cuando la prensa económica los unge como celebridades; los datos indican que los galardones que la prensa más prestigiosa concede al directivo les salen caros a los accionistas. El autor escribe: «Observamos que las firmas con directivos que han recibido galardones acusan después un menor rendimiento en términos de cotizaciones y de operaciones. Al mismo tiempo, sus compensaciones se incrementan, y dedican más tiempo a actividades fuera de la compañía, como escribir libros y hacer de consejeros en otros lugares, y es común que se dediquen a gestionar ganancias».[13]

Hace muchos años, mi mujer y yo buscábamos alojamiento en la isla de Vancouver para pasar allí nuestras vacaciones. Encontramos un motel interesante, pero desierto, junto a una carretera con escaso tránsito en medio de un bosque. Los propietarios eran una joven y encantadora pareja que no tardaron en contarnos su vida. Habían sido profesores de un colegio en la provincia de Alberta, y habían decidido cambiar de vida. Gastaron sus ahorros en la compra de aquel motel construido hacía diez años. Nos contaron sin ironía ni timidez que habían podido comprarlo barato «porque sus seis o siete propietarios anteriores no habían conseguido sacarlo adelante». También nos hablaron de sus planes de pedir un préstamo para hacer que el establecimiento fuera más atractivo construyendo un restaurante junto a él. No tuvieron necesidad de explicar por qué esperaban realizar sus planes donde seis o siete habían fracasado. Un hilo común de audacia y optimismo une a la gente que intenta crear negocios, desde los propietarios de hoteles hasta los directivos *superstar*.

El riesgo que asumen los emprendedores optimistas sin duda contribuye al dinamismo económico de una sociedad capitalista aunque los más arriesgados terminen desilusionados. Sin embargo, Marta Coelho, de la London School of Economics, ha señalado las dificultades de naturaleza política que los fundadores de pequeños negocios encuentran cuando piden al gobierno que los apoye en decisiones que tal vez acaben mal. ¿Debería el gobierno proporcionar créditos a los aspirantes a empresarios cuyos negocios probablemente entren en bancarrota a los pocos años? A muchos economistas que estudian la conducta humana les parecen bien los procedimientos «libertarios-paternalistas» que ayudan a los particulares a incrementar sus ahorros más de lo que estos lograrían por sí solos. La pregunta de si el gobierno debería apoyar, y de qué manera, a los pequeños negocios no tiene una respuesta que satisfaga a todos.

IGNORANCIA DE LA COMPETENCIA

Resulta tentador explicar el optimismo empresarial por el pensamiento ilusorio, pero la emoción es solo una parte de la historia. Los sesgos cognitivos desempeñan aquí un importante papel, en especial el aspecto del Sistema 1 que designamos con las siglas WYSIATI.

- Nos concentramos en nuestro objetivo, ancla o plan, e ignoramos las tasas base pertinentes, y así incurrimos en la falacia de la planificación.
- Nos concentramos en lo que queremos y podemos hacer, sin atender a los planes y las aptitudes de otros.
- Al explicar el pasado y predecir el futuro, nos concentramos en el papel causal de la aptitud e ignoramos el papel de la suerte. De ahí que fácilmente incurramos en la *ilusión del control*.
- Nos concentramos en lo que conocemos e ignoramos lo que no conocemos, lo cual nos hace confiar demasiado en nuestras creencias.

La observación de que «el 90 por ciento de los conductores creen que son mejores que la media» es una conclusión psicológica bien establecida que forma parte ya de nuestra cultura y que a menudo aparece como un buen ejemplo del efecto, más general, de creer estar por encima de la media. Sin embargo, la interpretación de esta conclusión ha cambiado en años recientes, pasando del auto-engrandecimiento al sesgo cognitivo.[14] Consideremos estas dos preguntas:

¿Es usted un buen conductor?
¿Es usted mejor que el conductor medio?

La primera pregunta es fácil de responder: la mayoría de los conductores dicen al instante que sí. La segunda pregunta es más difícil, y para la mayoría casi imposible de responder de forma seria y correcta, ya que requiere una estimación de la calidad media de los conductores. A estas alturas del libro no es ninguna sorpresa que las personas respondan a una pregunta difícil haciéndolo a otra más fácil. Se comparan a sí mismas con el promedio sin pensar siquiera en cuál es dicho promedio. La prueba de la interpretación cognitiva del efecto de sentirse por encima de la media es que si a alguien se le hace una pregunta sobre una tarea que encuentra difícil (para muchos de nosotros podría ser esta: «¿Es usted mejor que el común entablando conversaciones con extranjeros?»), está dispuesto a conceder que está por debajo de la media. El resultado final es que la gente tiende a ser demasiado optimista sobre su capacidad relativa para una actividad que realiza medianamente bien.

He tenido varias oportunidades de hacer a impulsores y participantes de una iniciativa innovadora la siguiente pregunta: ¿hasta qué punto dependerán los resultados de su esfuerzo de lo que usted haga en su empresa? Evidentemente, esta es una pregunta fácil; la respuesta es instantánea, y en mi pequeña muestra nunca ha representado menos del 80 por ciento. Aun sin estar seguros de su éxito, estos audaces individuos piensan que su destino está enteramente en su manos. Y sin duda están en un error: el resultado de una iniciativa depende tanto de sus esfuerzos como de lo que hagan sus competidores y de los vaivenes del mercado. Pero el WYSIATI desempeña aquí su papel, y por supuesto los empresarios se centran en lo que mejor conocen: sus planes y acciones, y las amenazas y oportunidades más inmediatas, como la disponibilidad de fondos. De sus competidores conocen menos, y por eso les parece natural imaginar un futuro en el que la competencia sea un problema menor.

Colin Camerer y Dan Lovallo, que acuñaron la expresión de ignorancia de la competencia, ilustraron este defecto con una cita del presidente de los Estudios Disney. Una vez le preguntaron por qué tantas películas costosísimas (como *Memorial Day* o *Independence Day*) se estrenaban en los mismos días, y respondió con estas palabras:

> Orgullo. Orgullo. Si uno solo piensa en su propio negocio, piensa esto: «Tengo un buen departamento de historias y tengo un buen departamento de marketing, y voy a hacer esto y lo otro». Pero no crea usted que todo el mundo piensa de la misma manera. Un fin de semana al año tendrá cinco películas proyectándose, y ciertamente no habrá público suficiente para todas.

La cándida respuesta habla de orgullo, pero no muestra ninguna arrogancia, ni presume de superioridad sobre los estudios de la competencia. La competencia simplemente no cuenta en la decisión, en la cual una pregunta difícil ha sido sustituida por otra más fácil. La pregunta que pide una respuesta es esta: si consideramos lo que otros podrán hacer, ¿cuánta gente verá nuestra película? La pregunta que los ejecutivos del estudio se hacían es más simple, y se relaciona con el conocimiento de que más fácilmente disponían: tenemos una buena película y una buena organización. ¿Basta esto para sacarla al mercado? Los procesos de WYSIATI y de sustitución del Sistema 1, tan familiares para nosotros, ignoran a la competencia y el efecto de sentirse por encima de la media. La consecuencia de ignorar a la competencia es un exceso: los competidores que entran en el mercado son más de los que el mercado puede soportar, con lo que el resultado medio es una pérdida.[15] El resultado es decepcionante para el neófito que entra en el mercado, pero el efecto en el conjunto de la economía puede ser positivo. Y Giovanni Dosi y Dan Lovallo dicen de las empresas que fracasan, pero señalan nuevos mercados a competidores más cualificados, que son «mártires optimistas»; buenas para la economía, pero malas para sus inversores.

EXCESO DE CONFIANZA

Durante unos cuantos años, profesores de la Universidad Duke llevaron a cabo un estudio en el que los agentes financieros de grandes corporaciones estimaban los datos del índice Standard & Poor para el año siguiente. Los profesores de dicha universidad reunieron 11.600 de estas predicciones y examinaron sus aciertos. La conclusión fue clara: los agentes financieros de las grandes corporaciones no tenían ninguna pista sobre el futuro a corto plazo del mercado bursátil; la correlación entre sus estimaciones y el valor real era algo menos que cero. Cuando decían que el mercado descendería, era ligeramente más probable que creciera. Estas conclusiones no son sorprendentes. La verdadera mala noticia es que los directivos no sabían que sus predicciones carecían de valor.

Además de sus estimaciones sobre los datos de Standard & Poor, los participantes hicieron otras dos estimaciones: un valor del que estaban seguros en un 90 por ciento sería demasiado alto, y otro del que estaban seguros en un 90 por ciento sería demasiado bajo. El rango entre los dos valores se denomina «intervalo de confianza del 80 por ciento», y los rendimientos que quedan fuera de este intervalo son etiquetados como «sorpresas». Un individuo que establece intervalos de confianza en múltiples ocasiones espera que alrededor del 20 por ciento de los rendimientos sean sorpresas. Como frecuentemente sucede en estos ejercicios, hubo demasiadas sorpresas; su incidencia fue del 67 por ciento, más de 3 veces superior a lo esperado. Esto demuestra que los agentes financieros confiaban demasiado en su capacidad para predecir el comportamiento del mercado. El *exceso de confianza* es otra manifestación del WYSIATI: cuando estimamos una cantidad, nos basamos en información que recordamos y construimos una historia coherente en la que la estimación tiene sentido. Tener en cuenta la información que no recordamos —o que quizá nunca hemos conocido— es imposible.

Los autores calcularon los intervalos de confianza que habrían reducido la incidencia de sorpresas al 20 por ciento. Los resultados fueron sorprendentes. Para que se mantuviera la tasa de sorpresas al nivel deseado, los agentes financieros tenían que haber dicho, año tras año, que «hay un 80 por ciento de posibilidades de que el dato de Standard & Poor del año siguiente estaría entre −10 por ciento y +30 por ciento. El intervalo de confianza que de verdad refleja el conocimiento de los agentes (más precisamente, su ignorancia) es más de 4 veces mayor que los intervalos que ellos establecen.

La psicología social hace aquí acto de presencia, pues la respuesta que ofrecería un agente veraz sería sencillamente ridícula. Un agente financiero que informa a sus colegas de que «existe la posibilidad de que los datos de Standard & Poor estén entre −10 por ciento y +30 por ciento» puede estar seguro de que se reirán de él fuera de la sala. El amplio intervalo de confianza es una confesión de ignorancia que no puede ser socialmente aceptable en alguien a quien se paga para que esté informado en asuntos financieros. Aunque supieran lo poco que saben, los ejecutivos serían penalizados por admitir tales cosas. El presidente Truman pidió una vez un «economista manco» que tuviera una posición clara; estaba harto de los economistas que continuamente le decían: «Pero, por otra parte...».

Las organizaciones que confían en la palabra de expertos demasiado confiados pueden esperar consecuencias negativas. El estudio sobre los directivos reveló que los que se mostraban más confiados y optimistas respecto al índice de Standard & Poor eran también confiados y optimistas en cuanto a las perspectivas de su empresa, y continuaban asumiendo más riesgos que los demás. Como argumentó Nassim Taleb, la apreciación inadecuada de la incertidumbre del entorno inevitablemente hace que los agentes económicos asuman riesgos que deberían evitar. Sin embargo, el optimismo es muy valorado, socialmente y en el mercado; personas y empresas recompensan a quienes proporcionan información peligrosamente engañosa más que a quienes cuentan la verdad. Una de las lecciones de la crisis financiera que condujo a la gran recesión es que hay períodos en los que la competencia entre organizaciones y entre expertos crea poderosas fuerzas que favorecen la ceguera colectiva para el riesgo y la incertidumbre.

Las presiones sociales y económicas que favorecen el exceso de confianza no se limitan a la predicción financiera. Hay otros profesionales que tienen que asimilar el hecho de que de un experto digno de este nombre se espere siempre que se muestre confiado. Philip Tetlock observó que los expertos demasiado confiados eran los que más invitaciones recibían para figurar en los informativos. La confianza excesiva parece que también es endémica en la medicina. Un estudio sobre pacientes que murieron en la UCI comparó resultados de autopsias con diagnósticos que los médicos habían hecho cuando los pacientes aún vivían. También los médicos acusaban un exceso de confianza. El resultado fue que «lo médicos que creían estar "completamente seguros" de su diagnóstico *ante mortem* estaban equivocados en el 40 por ciento de los casos».[16] También aquí el exceso de confianza de los expertos es alentado por sus clientes: «Que los médicos se muestren inseguros, se interpreta, por lo general, como una manifestación de incapacidad y una señal de vulnerabilidad. La confianza tiene más valor que la incertidumbre, y existe una censura contra toda manifestación de incertidumbre ante los pacientes».[17] Los expertos que reconozcan la magnitud de su ignorancia ya pueden esperar que los sustituyan por competidores más confiados que ellos, que pronto se ganarán el crédito de sus clientes. La apreciación no sesgada de la incertidumbre es uno de los pilares de la racionalidad, pero no es esto lo que las personas y organizaciones quieren. En circunstancias peligrosas, la extrema incertidumbre es paralizante, y admitir que no hacemos sino meras estimaciones es particularmente inaceptable cuando es mucho lo que está en juego. Actuar sobre la base de unos supuestos conocimientos es a menudo la solución preferida.

Cuando los factores emocionales, cognitivos y sociales que apoyan el optimismo exagerado constituyen juntos un brebaje embriagador, en ocasiones inducen a los individuos a asumir riesgos que evitarían si conociesen las probabilidades. No hay pruebas de que los que se arriesgan en el ámbito económico tengan un inusitado deseo de jugarse muchas cosas; son sencillamente menos conscientes de los riesgos que los más tímidos. Dan Lovallo y yo utilizamos la expresión «predicciones aventuradas y decisiones tímidas» para describir el trasfondo de las acciones arriesgadas.[18]

Los efectos del optimismo exagerado sobre las decisiones tienen, en los mejores casos, sus pros y sus contras, pero la contribución del optimismo a una buena práctica es sin duda positiva. El principal beneficio del optimismo es que resiste los reveses. Según Martin Seligman, fundador de la psicología positiva, una «explicación al estilo optimista» aumenta la capacidad de resistencia y defiende la imagen que uno tiene de sí mismo. El estilo optimista implica esencialmente la creencia en el éxito y una menor culpabilización por los fracasos. Este estilo puede enseñarse, al menos hasta cierto grado, y Seligman ha documentado los efectos del ejercicio de diversas ocupaciones caracterizadas por la frecuencia del fracaso, como la de vender seguros a domicilio (una actividad común antes de aparecer internet). Si un ama de casa enojada le da a uno de estos vendedores un portazo en las narices, la idea de que «era una mujer horrible» es claramente superior a la de que «soy un inepto como vendedor». Siempre he creído que la investigación científica es otro dominio en el que una forma de optimismo es esencial para el éxito: todavía estoy buscando un científico que sea incapaz de exagerar la importancia de lo que está haciendo, y creo que alguien que no se hiciese ilusiones sobre su importancia languidecería en la repetición de la experiencia de sus abundantes pequeños fracasos y sus raros éxitos, que es el destino de la mayoría de los investigadores.

El «pre mortem»: un remedio parcial

¿Puede el optimismo que resulta del exceso de confianza ser superado mediante ejercicios? En esto no soy optimista. Ha habido numerosos intentos de enseñar a suspender la confianza en intervalos en los que, con solo unos pocos informes de fuentes modestas, quedase reflejada la imprecisión de sus juicios. Un ejemplo frecuentemente citado es el de los geólogos de la Royal Dutch Shell* que redujeron su exceso de confianza en sus estimaciones de posibles lugares de perforación después de enseñarles múltiples casos pasados cuyos resultados se conocieron.[19] En otras situaciones, el exceso de confianza fue mitigado (pero no eliminado) animando a quienes juzgaban sobre algo a considerar hipótesis alternativas. Sin embargo, el exceso de confianza es una consecuencia directa de aspectos del Sistema 1, el cual puede ser domado, pero no derrotado. El principal obstáculo es que la confianza subjetiva viene determinada por la coherencia de la historia que uno ha construido, no por la calidad y la cantidad de la información en que se sustenta.

Las organizaciones son más capaces que los individuos de domar el optimismo. La mejor manera de hacerlo es la que ideó Gary Klein, mi «colaborador adversario», que generalmente defiende la decisión basada en la intuición frente al papel de los sesgos y es típicamente hostil a los algoritmos. Klein etiquetó su propuesta como el *pre mortem*. El procedimiento es simple: cuando la organización ha tomado una decisión importante, pero no la ha ejecutado formalmente, Klein propone que un grupo de individuos entendidos e informados sobre esa decisión se reúna en una breve sesión. La premisa de la sesión es una breve alocución: «Imaginemos que ha transcurrido un

---

* Compañía Real Holandesa Shell. Empresa de hidrocarburos anglo-holandesa. *(N. del T.)*

año. Habíamos puesto en práctica el plan tal como ahora lo conocemos. El resultado fue un desastre. Tómense, por favor, 5 o 10 minutos para escribir una breve historia de tal desastre».

La idea de Gary Klein del *pre mortem* suele suscitar un entusiasmo inmediato. Después de que yo la describiera de manera informal en una sesión celebrada en Davos, alguien que estaba detrás de mí me susurró: «Solo por esto ha merecido la pena venir a Davos» (luego me enteré de que aquella persona era el director de una importante corporación internacional). El *pre mortem* tiene dos ventajas principales: frena el pensamiento grupal que afecta a tantos equipos cuando parece que se va a tomar una decisión y libera la imaginación de los individuos entendidos en un sentido muy necesario.

Cuando un equipo converge en una decisión —y especialmente si surge un líder—, las dudas manifestadas sobre el acierto de la acción planeada se desvanecen, y eventualmente son tratadas como pruebas de escasa lealtad al equipo y sus líderes. La desaparición de las dudas contribuye al exceso de confianza en un grupo donde solo los que apoyan la decisión tienen voz. La principal virtud del *pre mortem* es que legitima las dudas. Además, anima a quienes apoyan la decisión a buscar posibles riesgos que no habían considerado antes. El *pre mortem* no es una panacea, y no proporciona una protección completa contra las sorpresas desagradables, pero enseña una manera de reducir el perjuicio que puede ocasionar un plan sometido a los sesgos del WYSIATI y al optimismo acrítico.

HABLANDO DE OPTIMISMO

«Sufren una ilusión de control. Subestiman completamente los obstáculos.»

«Parece que son un caso agudo de ignorancia del competidor.»

«Es un caso de exceso de confianza. Creen saber más de lo que realmente saben.»

«Deberíamos tener una sesión de *pre mortem*. Alguien puede imaginar un peligro que no hemos tenido en cuenta.»

Cuarta parte
ELECCIONES

25

Los errores de Bernoulli

Un día de principios de la década de 1970, Amos me pasó un ensayo mimeografiado de un economista suizo llamado Bruno Frey que discutía los supuestos psicológicos de la teoría económica. Me acuerdo hasta del color de las cubiertas: rojo oscuro. Bruno Frey apenas recuerda haberlo escrito, pero yo todavía puedo recitar su primera frase: «El agente de la teoría económica es racional y egoísta, y sus gustos no cambian».

Me quedé estupefacto. Mis colegas economistas trabajaban en el edificio de al lado, pero no había apreciado la profunda diferencia entre nuestros mundos intelectuales. Para un psicólogo es evidente que las personas no son ni enteramente racionales, ni enteramente egoístas, y que sus gustos son cualquier cosa menos estables. Nuestras dos disciplinas parecían estudiar especies diferentes, que el especialista en conducta económica Richard Thaler bautizaría luego como econos y humanos.

A diferencia de los econos, los humanos que los psicólogos conocen tienen un Sistema 1. Su visión del mundo se halla limitada por la información de que disponen en un momento dado (WYSIATI), y por eso no pueden ser tan consistentes y lógicos como los econos. En ocasiones son generosos, y a menudo están dispuestos a aportar algo al grupo al que están adscritos. Y a menudo también tienen alguna idea de lo que quieren hacer el próximo año o al día siguiente. Esta era una oportunidad para un diálogo entre las dos disciplinas. No podía prever que mi carrera se caracterizaría por este diálogo.

Poco después de que me enseñara el artículo de Frey, Amos sugirió que nuestro próximo proyecto fuese un estudio sobre la toma de decisiones. Yo no sabía casi nada del tema, pero Amos era un experto en él y una figura estelar en ese campo, y me dijo que podía darme clases. Siendo aún un estudiante universitario, había colaborado en un libro de texto, *Mathematical Psychology*,[1] y me aconsejó leer unos cuantos capítulos que pensaba serían una buena introducción.

Pronto comprendí que nuestro tema de estudio sería el de las actitudes de los humanos ante opciones arriesgadas, y que trataríamos de responder a una pregunta específica: ¿qué reglas rigen las elecciones entre distintos juegos simples y entre juegos y cosas seguras?

Los juegos simples (como los que anuncian un «40 por ciento de posibilidades de ganar 300 dólares») son para los estudiosos de la decisión lo que la mosca de la fruta para los genetistas. Las elecciones entre estos juegos proporcionan un modelo sencillo que comparte aspectos importantes con las decisiones más complejas que los investigadores tratan de entender. Los juegos representan el hecho de que las consecuencias de las elecciones nunca son ciertas. Hasta los resultados ostensiblemente seguros son inciertos: cuando firmamos el contrato de compra de un piso, no sabemos el precio al que más tarde podremos venderlo, ni tampoco que el hijo de nuestro vecino se pone temprano a tocar la tuba. Todas las elecciones importantes que hacemos en nuestras vidas van acompañadas de alguna incertidumbre, y esta es la razón de que los estudiosos de la decisión tengan la esperanza de que algunas de las lecciones aprendidas en la situación-modelo sean aplicables a problemas más interesantes de la vida corriente. Pero es obvio que la razón principal de que los teóricos de la decisión estudien los juegos simples es que eso es lo que hacen otros teóricos de la decisión.

Este campo de especialización tenía una teoría, la teoría de la utilidad esperada, que era el fundamento del modelo del agente racional, y es hasta hoy la teoría más importante en las ciencias sociales. La teoría de la utilidad esperada no se concibió como un modelo psicológico; era una lógica de la elección basada en las reglas elementales (axiomas) de la racionalidad. Consideremos este ejemplo:

Si usted prefiere una manzana a un plátano,

entonces

también preferirá un 10 por ciento de posibilidades de ganar una manzana a un 10 por ciento de posibilidades de ganar un plátano.

La manzana y el plátano representan objetos de elección (que también pueden ser juegos), y el 10 por ciento de posibilidades representa una probabilidad. El matemático John von Neumann, una de las grandes figuras intelectuales del siglo XX, y el economista Oskar Morgenstern derivaron su teoría de la elección racional entre juegos de unos pocos axiomas. Los economistas adoptaron la teoría de la utilidad esperada con una doble función: como una lógica que prescribe cómo han de tomarse decisiones y como una descripción de la manera en que los econos hacen elecciones. Pero Amos y yo éramos psicólogos, y nos proponíamos entender cómo los humanos hacen realmente elecciones arriesgadas sin presuponer nada sobre su racionalidad.

Adoptamos la rutina de conversar durante muchas horas al día, a veces en nuestros despachos, y a menudo en largos paseos por las tranquilas calles de la bella ciudad de Jerusalén. Como habíamos hecho cuando estudiamos el juicio, nos embarcamos en un cuidadoso examen de nuestras propias preferencias intuitivas. Pasábamos el tiempo inventando problemas sencillos de decisión y preguntándonos cómo elegiríamos nosotros. Por ejemplo:

¿Qué prefiere usted?

A. Lanzar una moneda. Si sale cara, ganará 100 dólares, y si sale cruz no ganará nada.

B. Recibir 46 dólares en mano.

No intentábamos caracterizar la elección más racional o ventajosa; queríamos entender la elección intuitiva, la única que entonces considerábamos tentadora. Casi siempre seleccionábamos la misma opción. En este ejemplo, los dos habríamos elegido la opción segura, y el lector probablemente haría lo mismo. Cuando estábamos plenamente de acuerdo en una elección, creíamos —casi siempre correctamente, como se nos demostraba— que la mayoría de los humanos compartirían nuestra preferencia, y proseguíamos como si poseyésemos una sólida prueba. Por supuesto sabíamos que luego necesitaríamos verificar nuestras intuiciones, pero adoptando los papeles tanto del experimentador como del sujeto éramos capaces de movernos con rapidez.

Cinco años después de iniciar nuestro estudio de los juegos concluimos un ensayo que titulamos «Prospect Theory: An Analysis of Decision under Risk». Nuestra teoría estaba cortada por el mismo patrón de la teoría de la utilidad, pero se apartaba de ella en aspectos fundamentales. Y lo más importante: nuestro modelo era puramente descriptivo, y su objetivo era documentar y explicar las sistemáticas vulneraciones de los axiomas de la racionalidad en las elecciones entre juegos. Presentamos nuestro ensayo a la revista *Econometrica*, que publicaba importantes artículos teóricos sobre economía y teoría de la decisión. La elección de esta publicación se reveló importante; si hubiéramos publicado el mismo trabajo en una revista de psicología, seguramente habría tenido escasa repercusión en la teoría económica. Pero nuestra decisión no obedecía a ningún deseo de influir en la teoría económica; *Econometrica* era precisamente la revista donde en el pasado se habían publicado los mejores artículos sobre teoría de la decisión, y nosotros aspirábamos a ocupar un lugar junto a ellos. En esta elección, como en muchas otras, estuvimos afortunados. La teoría de las perspectivas resultó ser el trabajo más importante que jamás habíamos realizado, y nuestro artículo figura entre los más citados en las ciencias sociales. Dos años después publicamos en *Science* una explicación de los efectos marco: los grandes cambios de preferencias que en ocasiones causan las variaciones intrascendentes en la formulación de un problema de elección.

Durante los primeros cinco años estuvimos analizando la manera en que los seres humanos toman decisiones, y establecimos una decena de aspectos de las elecciones entre opciones arriesgadas. Varios de estos aspectos estaban en flagrante contradicción con la teoría de la utilidad esperada. Algunos se habían observado antes, y unos pocos eran nuevos. Luego elaboramos una teoría que modificaba la teoría de la utilidad esperada lo bastante para explicar nuestra serie de observaciones. Era la teoría de las expectativas.

Nuestro planteamiento del problema entraba en un campo de la psicología llamado psicofísica, fundado y así denominado por el psicólogo y místico alemán Gustav Fechner (1801-1887). Fechner estaba obsesionado con la relación entre mente y materia. Por un lado, hay una magnitud física que puede variar, como la energía de una luz, la frecuencia de un sonido o una cantidad de dinero. Por otro lado, hay una experiencia subjetiva de la luminosidad, el tono o el valor. Misteriosamente, las variaciones de la magnitud física producen variaciones en la intensidad o la cualidad de la experiencia subjetiva. El proyecto de Fechner era encontrar las leyes psicofísicas que relacionan la magnitud subjetiva en la mente del observador con la magnitud objetiva en el mundo material. Fechner propuso que, para muchas dimensiones, la función es logarítmica, lo que simplemente significa que un incremento de la intensidad de un estímulo en un factor dado (digamos que 1,5 o 10 veces) siempre produce el mismo incremento en la escala psicológica. Si la energía de un sonido aumenta de 10 a 100 unidades de energía física, la intensidad psicológica aumenta en 4 unidades, y un ulterior incremento de la intensidad del estímulo de 100 a 1.000 incrementará la intensidad psicológica también en 4 unidades.

EL ERROR DE BERNOULLI

Fechner sabía muy bien que no era el primero que buscaba una función que relacionase la intensidad psicológica con la magnitud física del estímulo. En 1738, el científico suizo Daniel Bernoulli anticipó el razonamiento de Fechner y lo aplicó a la relación entre el valor psicológico o moral del dinero (ahora denominado *utilidad*) y la cantidad real del mismo. Argumentó que un obsequio de 10 ducados tiene la misma utilidad para alguien que ya tiene 100 ducados que un obsequio de 20 ducados para alguien que posee una suma de 200 ducados. Bernoulli tenía razón, desde luego: normalmente hablamos de cambios en nuestros ingresos expresándolos en porcentajes, como cuando decimos que a alguien «le subieron el sueldo en un 30 por ciento». La idea es que una subida del 30 por ciento puede suscitar

una respuesta psicológica similar en el rico y en el pobre, algo que
no hará un incremento de 100 dólares.[2] Como en la ley de Fechner,
la respuesta psicológica a una modificación en los ingresos es inver-
samente proporcional a los ingresos iniciales, y esto nos lleva a la
conclusión de que la utilidad es una función logarítmica. Si esta función es cierta, la misma distancia psicológica separa 100.000 de 1 millón de dólares que 10 millones de 100 millones de dólares.[3]

Bernoulli partió de su intuición psicológica sobre la utilidad de
la riqueza para proponer un enfoque radicalmente nuevo de la evaluación en los juegos, que es un tema importante para los matemáticos de hoy. Antes de Bernoulli, los matemáticos suponían que en los
juegos se estimaba el valor esperado: una valoración media de los posibles resultados, cada uno de los cuales es estimado por su probabilidad. El valor esperado de, por ejemplo,

80 por ciento de posibilidades de ganar 100 dólares y 20 por ciento de
ganar 10
    es 82 dólares (0,8 × 100 + 0,2 × 10).

Ahora hagámonos la siguiente pregunta: ¿qué preferiríamos recibir como regalo, este juego u 80 dólares en mano? Casi todo el mundo preferirá el dinero seguro. Si los seres humanos valorasen las perspectivas inciertas por su valor esperado, preferirían el juego, porque
82 dólares son más que 80. Pero Bernoulli se daba cuenta de que los
individuos no evalúan verdaderamente los juegos de esta manera.

Bernoulli observó que la mayoría de los humanos aborrecen el
riesgo (la posibilidad de recibir lo menos posible), y si se les ofrece
elegir entre un juego y una cantidad igual al valor que esperan, ele-
girán lo seguro. De hecho, una decisión tomada con aversión al riesgo será la de elegir aquello seguro que es menor que el valor esperado, pagando un recargo por evitar la incertidumbre. Cien años antes
de Fechner, Bernoulli inventó la psicofísica para explicar esta aversión al riesgo. Su idea era simple: las elecciones de los individuos no
se basan en valores dinerarios, sino en los valores psicológicos de los
resultados, en sus utilidades. El valor psicológico de un juego no es,
por tanto, la estimación media de las posibles ganancias dinerarias,

sino el valor medio de las utilidades de esos resultados, cada uno estimado por su probabilidad.

La tabla 3 muestra una versión de la función de utilidad que Bernoulli calculó; presenta la utilidad de diferentes niveles de riqueza, desde 1 millón hasta 10 millones. Podemos ver que añadir 1 millón a un capital de 1 millón supone un incremento de 20 puntos de utilidad, pero que añadir 1 millón a un capital de 9 millones supone un incremento de solo 4 puntos.

Capital (millones)	1	2	3	4	5	6	7	8	9	10
Unidades de utilidad	10	30	48	60	70	78	84	90	96	100

TABLA 3

Bernoulli propuso que la disminución del valor marginal (dicho en la jerga moderna) de una suma de dinero es lo que explica la aversión al riesgo, la común preferencia que los humanos por lo general muestran por lo seguro frente a un juego favorable de valor esperado igual o ligeramente más alto. Consideremos esta elección:

Iguales posibilidades de tener 1 millón   Utilidad: $(10 + 84)/2 = 47$
o 7 millones

O

Tener 4 millones con certeza   Utilidad: 60

El valor esperado del juego y «lo seguro» son iguales en ducados (4 millones), pero las utilidades psicológicas de las dos opciones son diferentes debido a la disminución de la utilidad de la suma: el incremento de la utilidad de 1 millón a 4 millones es de 50 unidades, pero un incremento igual de 4 a 7 millones aumenta la utilidad de la suma en solo 24 unidades. La utilidad del juego es de $94/2 = 47$ (la utilidad de sus dos resultados, cada uno estimado por su probabilidad de 1/2). La utilidad de 4 millones es 60. Como 60 es más que 47, un individuo con esta función de utilidad preferirá lo seguro. La idea de Bernoulli era que una decisión que disminuya la utilidad marginal de una suma será evitada por aversión al riesgo.

El ensayo de Bernoulli es un prodigio de brillantez y concisión. Bernoulli aplicó su nuevo concepto de utilidad esperada (que llamó «expectativa moral») para calcular cuánto estaría dispuesto a pagar un comerciante en San Petersburgo por asegurar un envío desde Amsterdam si «está seguro de que, en esa época del año, de un centenar de barcos que navegan de Amsterdam a San Petersburgo cinco suelen naufragar». Su función de utilidad explicaba por qué la gente pobre compra seguridad y por qué la gente rica se la vende. Como podemos ver en la tabla, la pérdida de 1 millón causa una pérdida de 4 puntos de utilidad (de 100 a 96) para alguien que tiene 10 millones, y una pérdida mucho mayor, de 18 puntos (de 48 a 30) para alguien que empieza con 3 millones. El hombre más pobre pagará gustosamente un recargo por transferir el riesgo al hombre más rico, que es lo que sucede con los seguros. Bernoulli también ofreció una solución a la famosa «paradoja de San Petersburgo»,[4] en la que individuos a los que se les ofrece jugar un juego cuyo valor esperado es infinito (en ducados) están dispuestos a gastarse solo unos pocos ducados en él. Lo más impresionante es que su análisis de las actitudes arriesgadas en términos de preferencia por la riqueza ha resistido la prueba del tiempo: casi trescientos años después, sigue empleándose en análisis económico.

Lo más notable de esta teoría es su longevidad, puesto que contiene un serio error. Los errores de una teoría raras veces radican en lo que esta sostiene explícitamente; se ocultan en lo que la teoría ignora o supone de modo tácito. Consideremos como ejemplo las siguientes situaciones:

Hoy, Jack y Jill tienen 5 millones cada uno.
Ayer, Jack tenía 1 millón, y Jill 9 millones.
¿Están igual de felices? (¿disfrutan de la misma utilidad?).

La teoría de Bernoulli supone que lo que hace a los individuos más o menos felices es la utilidad de su riqueza. Jack y Jill tienen la misma fortuna, y la teoría afirma que ambos estarán igual de contentos, pero no hace falta tener estudios de psicología para saber que hoy Jack está eufórico y Jill, abatido. Sabemos también que Jack estaría mucho más contento que Jill incluso si hoy tuviera solo 2 millones y Jill los 5. La teoría de Bernoulli tiene entonces que estar en un error.

La felicidad que Jack y Jill experimentan viene determinada por el reciente *cambio* en su fortuna, un cambio relativo a los diferentes estados de la misma que definen sus puntos de referencia (1 millón en Jack, 9 millones en Jill). Esta dependencia de una referencia está presente en la sensación y en la percepción. Un mismo sonido puede resultarnos muy alto o muy bajo, dependiendo de si viene precedido de un susurro o un rugido. Para predecir la experiencia subjetiva del volumen sonoro no basta con conocer su energía absoluta; necesitamos saber el sonido de referencia con que automáticamente lo comparamos. De modo similar, necesitamos conocer el tono del fondo antes de poder predecir si un parche gris en un tejido parecerá claro u oscuro. Y necesitamos conocer la referencia antes de poder predecir la utilidad de una cantidad de dinero.

Otro ejemplo de lo que la teoría de Bernoulli pasa por alto es el siguiente:

> Anthony posee actualmente 1 millón.
> Betty posee actualmente 4 millones.

Se ha ofrecido a ambos elegir entre un juego y dinero seguro.

> El juego: las mismas posibilidades de terminar ganando 1 millón o 4 millones
> 0
> El dinero seguro: 2 millones

En la explicación de Bernoulli, Anthony y Betty se encuentran ante la misma alternativa: la riqueza esperada será de 2,5 millones si aceptan el juego, y de 2 millones si prefieren la opción del dinero seguro. Bernoulli habría esperado, por tanto, que Anthony y Betty hicieran la misma elección, pero esta predicción es incorrecta. Aquí nuevamente falla la teoría porque no tiene en cuenta los *puntos de referencia* diferentes desde los cuales Anthony y Betty consideran sus opciones. Si nos ponemos en el lugar de Anthony y en el de Betty, enseguida veremos que la riqueza actual desempeña un papel muy importante. Uno y otro pueden pensar las siguientes cosas:

> Anthony (que actualmente posee 1 millón): «Si elijo el dinero seguro, mi fortuna se duplicará con certeza. Es una opción muy atractiva. Pero también puedo aceptar un juego con iguales posibilidades de cuadruplicar mi fortuna o no ganar nada».

> Betty: (que actualmente posee 4 millones): «Si elijo el dinero seguro, pierdo con certeza la mitad de mi fortuna, lo cual sería horrible. Pero también puedo aceptar un juego con iguales posibilidades de perder tres cuartos de mi fortuna o no perder nada».

Podemos presentir que Anthony y Betty harán elecciones diferentes, ya que la opción de los 2 millones seguros haría feliz a Anthony y desgraciada a Betty. Hay que señalar también cómo la opción del dinero *seguro* difiere de la *peor* de las opciones del juego: para Anthony es la diferencia entre duplicar su fortuna y no ganar nada; para Betty es la diferencia entre perder la mitad de su fortuna y perder tres cuartos de la misma. Es muy probable que Betty considere sus posibilidades como hacen otros cuando se ven ante opciones muy malas. Tal como he presentado ambos casos, ni Anthony ni Betty piensan en el estado de su fortuna. Anthony piensa en ganancias y Betty en pérdidas. Los resultados psicológicos que ellos prevén son completamente diferentes, pero los posibles estados de sus fortunas son iguales.

Dado que en el modelo de Bernoulli no cuenta la idea del punto de referencia, la teoría de la utilidad esperada no representa el hecho obvio de que el resultado que es bueno para Anthony es malo para Betty. Su modelo puede explicar la aversión de Anthony al riesgo, pero no puede explicar la arriesgada preferencia de Betty por el juego, una conducta que a menudo se ha observado en empresarios y en generales cuando todas sus opciones son malas.

¿No es todo esto bastante obvio? No nos costaría nada imaginarnos a Bernoulli inventando ejemplos similares y elaborando una teoría más compleja para darles acomodo. Mas, por alguna razón, no lo hizo. Tampoco nos costaría imaginarnos a colegas suyos de su época manifestando su desacuerdo con él, o a estudiosos posteriores poniéndole objeciones tras leer su ensayo; por alguna razón, ni unos ni otros lo hicieron.

Es un misterio que una concepción de las estimaciones de utilidad tan vulnerable a estos obvios contraejemplos sobreviviera tanto tiempo. Solo puedo explicarlo por una flaqueza intelectual que a menudo he observado en mí mismo. La llamo ceguera inducida por la teoría: cuando hemos aceptado una teoría y la hemos usado como herramienta en nuestro pensamiento, es extraordinariamente difícil apreciar sus fallos. Si en alguna ocasión observamos algo que no parece ajustarse al modelo, suponemos que ha de haber una perfecta explicación que de algún modo se nos escapa. Concedemos a la teoría el beneficio de la duda porque confiamos en la comunidad de expertos que la han aceptado. Sin duda muchos estudiosos habrán pensado en alguna ocasión en casos como el de Anthony y Betty, o el de Jack y Jill, y casualmente habrán notado que estos casos no cuadran con la teoría de la utilidad. Pero no los examinan hasta el punto de decir: «Esta teoría contiene un serio error, pues ignora el hecho de que la utilidad depende de los antecedentes de la fortuna presente, y no solo de esta».[5] Como observó el psicólogo Daniel Gilbert, descreer de algo es una tarea muy difícil, y el Sistema 2 enseguida se fatiga.

Hablando de los errores de Bernoulli

«Hace tres años estaba muy contento con una prima de 200.000 dólares, pero su sueldo ha aumentado desde entonces un 20 por ciento, por lo que necesita una prima más alta para obtener la misma utilidad.»

«Ambos candidatos están dispuestos a aceptar el sueldo que les ofrecemos, pero no quedarán igual de satisfechos, porque sus puntos de referencia son diferentes. Ella tiene actualmente un sueldo mucho más alto.»

«Ella lo ha demandado para obtener la pensión por alimentos. Le gustaría encontrar un empleo, pero prefiere ir a juicio. No tiene nada de extraño: solo puede ganar, y esto quiere decir que tiene aversión al riesgo. Las opciones que él tiene son, en cambio, todas malas, por eso no tiene más remedio que correr el riesgo.»

26

Teoría de las perspectivas

Amos y yo dimos con el error capital de la teoría de Bernoulli gracias a una combinación de competencia e ignorancia. Por sugerencia de Amos, leí un capítulo de su libro que describía experimentos en los que destacados profesores habían medido la utilidad del dinero pidiendo a personas que eligieran entre juegos en los que el participante podía ganar o perder unos pocos centavos. Los experimentadores medían la utilidad del dinero modificándolo dentro de un rango de menos de un dólar. Ello les planteaba algunas cuestiones. ¿Es plausible suponer que los individuos evalúan los juegos en pequeñas diferencias en la cantidad de dinero? ¿Qué cabe esperar que se aprenda sobre la psicofísica de la riqueza estudiando reacciones a las ganancias y a las pérdidas de unos centavos? Recientes desarrollos de la teoría psicofísica han sugerido que si queremos estudiar el valor subjetivo de la riqueza, hemos de hacer preguntas directas sobre esta, no sobre cambios en ella.[1] Yo no conocía la teoría de la utilidad lo bastante como para que el respeto hacia ella me cegara, y esta teoría me tenía intrigado.

Cuando Amos y yo nos reunimos al día siguiente, le expuse mis dificultades, que eran vagas ideas, y no algo que hubiera descubierto. Esperaba que me las aclarase y me explicase por qué el experimento que me había intrigado tenía sentido, pero no hizo nada de esto; la relevancia de la moderna psicofísica era para él algo sin más obvio. Recordó que el economista Harry Markowitz, que más tarde ganaría el premio Nobel por sus trabajos sobre las finanzas, había propuesto una teoría en la cual las utilidades iban asociadas a cambios en los capitales más que al estado de los mismos. La idea de Markowitz había circulado durante un cuarto de siglo sin haber recibido mucha atención, pero nosotros enseguida concluimos que esta teoría nos marcaba el camino, y que la que nosotros planeábamos desarrollar presentaría los resultados como ganancias o pérdidas, no como estados de patrimonios. Desvelar la percepción y la ignorancia en la teoría de la decisión fue un gran paso en nuestra investigación.

Pronto nos dimos cuenta de que habíamos superado un caso serio de ceguera inducida por una teoría, pues la idea que habíamos rechazado la considerábamos no solo falsa, sino también absurda. Nos divirtió comprobar que no podíamos estimar nuestro patrimonio en decenas de miles de dólares. La idea de derivar actitudes ante pequeños cambios a partir de la utilidad de los patrimonios nos parecía ya indefendible. Uno sabe que ha avanzado realmente en una teoría cuando ya no puede explicar por qué durante tanto tiempo no fue capaz de ver lo obvio. Y todavía se necesitan años para examinar las implicaciones de concebir los resultados como ganancias y pérdidas.

En la teoría de la utilidad se estima la utilidad de una ganancia comparando las utilidades de dos estados de una suma. La utilidad de, por ejemplo, un extra de 500 dólares cuando el patrimonio es de 1 millón de dólares sería la diferencia entre la utilidad de 1.000.500 y la utilidad de 1 millón. Y si se posee la primera suma, la desutilidad de perder 500 dólares sería de nuevo la diferencia entre las utilidades de los dos estados patrimoniales. En esta teoría, las utilidades de ganancias y pérdidas solo pueden diferir en su signo (+ o −). No hay modo de representar el hecho de que la desutilidad de perder 500 dólares podría ser mayor que la utilidad de ganar la misma suma, y sin duda lo es. Como cabía esperar en una situación de ceguera inducida por una teoría, las posibles diferencias entre ganancias y pérdidas ni se esperaban, ni se estudiaban. Se suponía que la diferencia entre ganancias y pérdidas no tenía ningún significado, y por eso no se examinaba.

Amos y yo no vimos inmediatamente que fijarnos en los cambios en las sumas nos permitía explorar un nuevo dominio. Nos interesaban sobre todo las diferencias entre juegos con alta o baja probabilidad de ganar. Un día, Amos hizo un comentario casual: «¿Y qué hay de las pérdidas?». Pronto descubrimos que, cambiando el punto de vista, nuestra tan familiar aversión al riesgo era sustituida por la búsqueda del riesgo. Consideremos estos dos problemas:

> Problema 1: ¿Qué elige usted?
> Recibir 900 dólares O el 90 por ciento de posibilidades de ganar 1.000 dólares.

> Problema 2: ¿Qué elige usted?
> Perder 900 dólares O el 90 por ciento de posibilidades de perder 1.000 dólares.

En el problema 1 probablemente mostremos aversión al riesgo, como lo mostrarían la gran mayoría de los humanos. El valor subjetivo de una ganancia de 900 dólares es ciertamente mayor que el del 90 por ciento del valor de una ganancia de 1.000 dólares. En este problema, la elección producto de la aversión al riesgo no habría sorprendido a Bernoulli.

Examinemos ahora la preferencia en el problema 2. Quien sea como la mayoría de los humanos, elegirá el juego. La explicación de esta búsqueda del riesgo es la imagen especular de la explicación que señala la aversión al riesgo en el problema 1: el valor (negativo) de la pérdida de 900 dólares es mucho mayor que el 90 por ciento del valor (negativo) de la pérdida de 1.000 dólares. La pérdida segura suscita mucha aversión, y ello hace que se asuma el riesgo. Más adelante veremos que las evaluaciones de las probabilidades (90 por ciento *versus* 100 por ciento) también contribuyen a la aversión al riesgo en el problema 1 y a la preferencia por el juego en el problema 2.

No éramos los primeros en notar que los humanos buscan el riesgo cuando todas sus opciones son malas, pero la ceguera inducida por la teoría prevalecía. Como la teoría dominante no facilitaba una manera plausible de acomodar actitudes diferentes frente al riesgo para ganancias y pérdidas, el hecho de que las actitudes difirieran debía ignorarse. En contraste con esto, nuestra decisión de considerar los resultados como ganancias y pérdidas nos llevó a centrarnos precisamente en esta discrepancia. Proceder a contrastar las actitudes frente al riesgo con las perspectivas favorables y desfavorables pronto se reveló como un importante avance: encontramos una manera de demostrar el error central en el modelo de elección de Bernoulli. Veamos ahora lo siguiente:

Problema 3: a lo que usted ya posee se le han añadido 1.000 dólares. Ahora le pedimos elegir una de estas opciones:

50 por ciento de posibilidades de ganar 1.000 dólares O recibir 500 dólares.

Problema 4: a lo que usted ya posee se le han añadido 2.000 dólares. Ahora le pedimos elegir una de estas opciones:

50 por ciento de posibilidades de perder 1.000 dólares O perder 500 dólares.

Podemos confirmar fácilmente que, en términos de estados finales de las sumas —lo único que importa en la teoría de Bernoulli—, los problemas 3 y 4 son idénticos. En ambos casos hay que elegir entre las mismas dos opciones: tener la certeza de aumentar la fortuna que se posee en 1.500 dólares o aceptar un juego en el que se tienen las mismas posibilidades de aumentarla en 1.000 o en 2.000 dólares. En la teoría de Bernoulli, por lo tanto, los dos problemas supondrían similares preferencias. Si atendemos a nuestras intuiciones, probablemente advirtamos lo que otras personas hicieron.

- En la primera elección, una gran mayoría prefirió el dinero seguro.
- En la segunda elección, una gran mayoría prefirió el juego.

El hallazgo de las diferentes preferencias en los problemas 3 y 4 fue un contraejemplo decisivo de la idea principal de la teoría de Bernoulli. Si la utilidad de una suma de dinero es lo único que importa, entonces de formulaciones claramente equivalentes del mismo problema deberían resultar idénticas elecciones. La comparación de los problemas pone de relieve el importantísimo papel del punto de referencia desde el cual se evalúan las opciones. En el problema 3, el punto de referencia es superior en 1.000 dólares a la suma actual

y en 2.000 dólares en el problema 4. En el problema 3, la suma de
1.500 dólares supone, por tanto, una ganancia de 500 dólares, mientras que en el problema 4 supone una pérdida. Obviamente, es fácil
imaginar otros ejemplos del mismo tipo. La historia de Anthony tenía una estructura similar.

¿Cuánta atención prestamos en el regalo de 1.000 o 2.000 dólares que se nos hizo antes de hacer la elección? Si somos como la mayoría de las personas, apenas lo habremos advertido. No había ciertamente razón alguna para fijarse en él, pues el regalo está incluido en
el punto de referencia, y los puntos de referencia son generalmente
ignorados. Sabemos algo sobre nuestras preferencias que los teóricos
de la utilidad no saben: que nuestras actitudes frente al riesgo no serían diferentes si la suma que tenemos en nuestro bolsillo fuese más
alta o más baja en unos cuantos miles de dólares (a menos que estemos en la miseria).Y también sabemos que nuestras actitudes ante las
ganancias y las pérdidas no se derivan de la evaluación que hagamos
de nuestro patrimonio. La razón por la que nos gusta la idea de ganar
100 dólares y nos disgusta la idea de perder 100 dólares no es
que estas sumas modifiquen la que ya poseemos. Nos gusta ganar y
nos disgusta perder, y es casi seguro que nos disguste perder más que
nos guste ganar.

Los cuatro problemas ponen de relieve el fallo existente en el
modelo de Bernoulli. Su teoría es demasiado simple y carece de la
parte emotiva. La variable en ella ausente es el *punto de referencia*, el
estado anterior con relación al cual se evalúan ganancias y pérdidas.
En la teoría de Bernoulli necesitamos conocer solamente el estado
de nuestro patrimonio para determinar su utilidad, pero en la teoría de
las perspectivas necesitamos conocer también el estado de referencia.
La teoría de las perspectivas es, por ende, más compleja que la teoría
de la utilidad. En la ciencia se contempla la complejidad como un
coste que ha de justificarlo un conjunto suficientemente rico de predicciones nuevas y (preferiblemente) interesantes de hechos que la
teoría existente no puede explicar.Y este era el desafío al que debíamos responder.

Aunque Amos y yo no trabajábamos con el modelo de los dos
sistemas de la mente, está claro que, como ahora sabemos, hay tres as-

pectos cognitivos en el corazón de la teoría de las perspectivas. Aspectos que desempeñan un papel esencial en la evaluación de resultados en las finanzas y son comunes a muchos procesos automáticos de la percepción, el juicio y la emoción. Y aspectos que deben considerarse como características operativas del Sistema 1.

- La evaluación es relativa a un punto de referencia neutral que en ocasiones viene a su vez referido a un «nivel de adaptación». Es fácil componer una demostración convincente de este principio. Coloquemos tres cuencos alineados. Llenemos de agua muy fría el cuenco de la izquierda y de agua caliente el de la derecha. El agua del de en medio ha de estar a temperatura ambiente. Sumerjamos una mano en el del agua fría y la otra en el del agua caliente durante un minuto, y luego las dos manos en el cuenco que está en medio. Sentiremos la misma temperatura caliente en una mano y fría en la otra. En los resultados de las finanzas, el punto de referencia habitual es el *statu quo*, pero también puede ser el resultado que esperamos, o quizá el resultado al que creemos tener derecho, por ejemplo, el aumento o la bonificación que nuestros colegas reciben. Los resultados mejores que los puntos de referencia son ganancias, y los que están por debajo del punto de referencia, pérdidas.
- El principio de disminución de la sensibilidad es aplicable tanto a dimensiones sensoriales como a la evaluación de los cambios en nuestro patrimonio. Encender una luz muy tenue produce un gran efecto en una habitación oscura. Pero ese mismo incremento de la luz puede resultar indetectable en una habitación bien iluminada. Parejamente, la diferencia subjetiva entre 900 y 1.000 dólares es mucho menor que la diferencia entre 100 y 200 dólares.
- El tercer principio es el de la aversión a la pérdida. Directamente comparadas o estimadas unas respecto de las otras, las pérdidas pesan más que las ganancias. Esta asimetría en la fuerza de las expectativas o las experiencias positivas y las negativas tiene una historia en el contexto de la evolución. Los or-

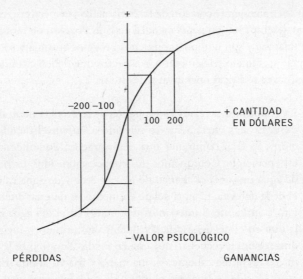

FIGURA 10

ganismos que responden a las amenazas con más urgencia que a las oportunidades, tienen mejores posibilidades de sobrevivir y reproducirse.

La figura 10 ilustra los tres principios que rigen la evaluación de resultados.[2] Si la teoría de las perspectivas tuviese una bandera, podría llevar dibujada esta imagen. La gráfica muestra el valor psicológico de las ganancias y las pérdidas, que son las «portadoras» del valor en la teoría de las perspectivas (a diferencia de lo que sucede en el modelo de Bernoulli, en el que los estados de las sumas de dinero son los portadores del valor). La gráfica tiene dos partes distintas, una a la derecha y otra a la izquierda respecto a un punto de referencia neutral. Un aspecto ostensible de ella es que tiene forma de S, la cual representa la disminución de la sensibilidad a las ganancias y a las pérdidas. Y también es evidente que las dos curvas de la S no son simétricas. La pendiente de la función cambia de manera abrupta en el punto de referencia: la respuesta a las pérdidas es más enérgica que la respuesta a las ganancias correspondientes. Ello expresa la aversión a la pérdida.

AVERSIÓN A LA PÉRDIDA

Muchas de las opciones que se nos presentan en la vida están «mezcladas»: hay en ellas un riesgo de perder y una oportunidad de ganar, y hemos de decidir si aceptar el juego o rechazarlo. Los inversores que evalúan una iniciativa, los abogados que se preguntan si presentan una demanda, los generales que en una guerra consideran una ofensiva y los políticos que han de decidir si van a presentarse a las elecciones a un cargo, todos tienen sus posibilidades de victoria o derrota. He aquí un ejemplo de perspectiva mezclada: examine el lector su reacción a la siguiente pregunta.

> Problema 5: Se le ofrece el juego de lanzar una moneda.
> Si la moneda muestra cruz, pierde 100 dólares.
> Si la moneda muestra cara, gana 150 dólares.
> ¿Es atractivo este juego? ¿Aceptaría jugar?

Antes de elegir, debe buscar el equilibrio entre el beneficio psicológico de recibir 150 dólares y el coste psicológico de perder 100 dólares. ¿Qué impresión tiene? Aunque el valor esperado del juego es obviamente positivo, porque se gana más que se pierde, es probable que no le guste, como a la mayoría de las personas. El rechazo de este juego es un acto del Sistema 2, pero los momentos críticos son respuestas emocionales generadas por el Sistema 1. Para la mayoría de la gente, el temor a perder 100 dólares es más intenso que la esperanza de ganar 150 dólares. Muchas de estas observaciones nos hicieron concluir que «las pérdidas pesan más que las ganancias», y que los humanos sienten *aversión a la pérdida*.

El lector puede medir su grado de aversión a la pérdida haciéndose la siguiente pregunta: ¿cuál es la ganancia mínima que necesito para llegar a un equilibrio y tener una posibilidad idéntica de perder 100 dólares? Para muchas personas, la respuesta es unos 200 dólares, dos veces el valor de la pérdida. Varios experimentos han estimado la «ratio de aversión», y comúnmente la han situado en un rango de 1,5 a 2,5.[3] Por supuesto, se trata de un valor medio; hay personas con mucha más aversión a la pérdida que otras. Los profesionales del riesgo en los mercados financieros son más tolerantes con las pérdidas, quizá porque no responden emocionalmente a cada fluctuación. Cuando se pidió a los participantes en un experimento que pensaran «como un operador», su aversión a la pérdida se atenuó, y su reacción emocional a las mismas (medida por un indicador fisiológico de excitación emocional) se redujo drásticamente.[4]

Para examinar la propia ratio de aversión que uno siente a la pérdida en distintas apuestas, consideremos las siguientes preguntas. Ignoremos toda consideración social y no intentemos parecer ni atrevidos ni cautelosos, y atendamos únicamente al impacto subjetivo de la posible pérdida y la ganancia que la compensaría.

- Consideremos un juego con un 50 por ciento de posibilidades en el que podemos perder 10 dólares. ¿Cuál es la ganancia mínima que haría al juego atractivo? Decir que 10 dólares significa ser indiferente al riesgo, y dar un número menor de 10 significa que se busca el riesgo, mientras que una respuesta de más de 10 indica aversión a la pérdida.
- ¿Y en el caso de una posible pérdida de 500 dólares lanzando una moneda? ¿Qué posible ganancia se requeriría para compensarla?
- ¿Y en el caso de una pérdida de 2.000 dólares?

Quien haga este ejercicio es probable que observe que su coeficiente de aversión a la pérdida tiende a aumentar cuando las apuestas suben, aunque no de manera espectacular. Naturalmente, todas las apuestas cesan cuando la posible pérdida es ruinosa, o si el propio nivel de vida se ve amenazado. En estos casos, el coeficiente de aversión a la pérdida es muy grande, y hasta puede hacerse infinito; hay riesgos que nadie acepta, con independencia de la cantidad de millones que se podrían ganar si se tiene suerte.

Una nueva ojeada a la figura 10 puede ayudarnos a prevenir una confusión común. En este capítulo he hecho dos suposiciones que algunos lectores acaso encuentren contradictorias:

- En juegos en los que son posibles ganancias y pérdidas, la aversión a la pérdida provoca elecciones con gran aversión al riesgo.
- En las malas elecciones, en las cuales una pérdida segura es comparada a una pérdida mayor que es meramente probable, la disminución de la sensibilidad provoca la búsqueda del riesgo.

No existe tal contradicción. En el caso mixto de pérdidas y ganancias, la posible pérdida pesa dos veces más que la posible ganancia, como puede comprobarse comparando las pendientes de la función del valor de pérdidas y ganancias. En el caso desfavorable, el curso de la curva del valor (disminución de la sensibilidad) provoca la búsqueda del riesgo. El malestar por perder 900 dólares es más del 90 por ciento del malestar por perder 1.000 dólares. Ambas ideas son la esencia de la teoría de las perspectivas.

La figura 10 muestra un cambio abrupto en la pendiente de la función del valor cuando las ganancias se convierten en pérdidas, ya que incluso cuando la cantidad en riesgo es minúscula en comparación con la que ya se posee, la aversión a la pérdida es considerable. ¿Es plausible que las actitudes ante los estados de los patrimonios puedan explicar la extrema aversión a pequeños riesgos? Un ejemplo impresionante de ceguera inducida por una teoría es que este fallo evidente en la teoría de Bernoulli no lo advirtieron los estudiosos durante más de doscientos cincuenta años. En 2000, el economista conductual Matthew Rabin probó matemáticamente que los intentos de explicar la aversión a la pérdida por la utilidad del patrimonio son absurdos y están condenados al fracaso, y su prueba atrajo la atención. El teorema de Rabin[5] demuestra que cualquiera que rechace un juego favorable con pequeñas apuestas, matemáticamente alcanzará en algún juego mayor un nivel irrisorio de aversión al riesgo. Rabin apunta, por ejemplo, que la mayoría de los humanos rechazan el siguiente juego:

50 por ciento de posibilidades de perder 100 dólares y 50 por ciento de
posibilidades de ganar 200 dólares.

Luego demuestra que, de acuerdo con la teoría de la utilidad, un
individuo que rechace este juego también rechazará este otro juego:[6]

50 por ciento de posibilidades de perder 200 dólares y 50 por ciento de
posibilidades de ganar 20.000 dólares.

Pero, naturalmente, nadie que esté en su juicio rechazará este
juego. En un fructífero artículo que escribieron sobre la prueba,
Matthew Rabin y Richard Thaler comentaron que el juego mayor
«tuvo un resultado esperado de 9.900 dólares, con exactamente cero
posibilidades de perder más de 200 dólares. Hasta un pésimo abogado le hubiera declarado a uno legalmente incapacitado por rechazar
este juego».[7]

Acaso llevados por su entusiasmo, concluyeron su artículo recordando el famoso sketch de Monty Python, en el que un cliente
frustrado intenta devolver un loro muerto a una tienda de mascotas.
El cliente emplea una larga serie de frases para describir el estado del
ave, concluyendo con un «este es un ex loro». Y Rabin y Thaler aña-
den: «Es hora de que los economistas reconozcan que la utilidad esperada es una ex hipótesis». Muchos economistas vieron esta frívola
afirmación casi como una blasfemia. Pero la ceguera inducida por
una teoría, que en este caso hace aceptar la utilidad de un patrimonio como explicación de las actitudes ante pequeñas pérdidas, puede
ser legítimamente objeto de un comentario humorístico.

PUNTOS CIEGOS DE LA TEORÍA DE LAS PERSPECTIVAS

En esta parte del libro he ponderado las virtudes de la teoría de las
perspectivas y criticado el modelo racional de la teoría de la utilidad
esperada. Ha llegado el momento de hacer balance.

La mayoría de los estudiantes de economía han oído algo acerca de la teoría de las perspectivas y de la aversión a la pérdida, pero

es poco probable encontrar estos términos en el índice de un texto introductorio de economía. A veces me duele esta omisión, pero en realidad es bastante razonable, dado el papel central de la racionalidad en la teoría económica básica. La mayor parte de los conceptos y resultados convencionales que se enseñan a los estudiantes son fácilmente explicados porque se supone que los econos no cometen errores estúpidos. Esta suposición es en verdad necesaria, y la introducción de los humanos de la teoría de las perspectivas, cuyas evaluaciones de resultados son poco razonables y miopes, la socavaría.

Hay buenas razones para mantener la teoría de las perspectivas fuera de los textos introductorios. Los conceptos básicos de economía son herramientas intelectuales esenciales que no es fácil utilizar aun con sus suposiciones simplificadas y poco realistas acerca de la naturaleza de los agentes económicos que interaccionan en los mercados. Plantearse cuestiones acerca de estas suposiciones nada más introducidas sería crear confusión, y acaso provocar desmoralización. Es razonable considerar que lo primero es ayudar a los estudiantes a hacerse con las herramientas básicas de la disciplina. Además, el fracaso de la racionalidad que la teoría de las perspectivas asume es a menudo irrelevante para las predicciones de la teoría económica, que trabajan con gran precisión en ciertas situaciones y proporcionan buenas aproximaciones en muchas otras. Pero, en algunos contextos, la diferencia es ya importante: los humanos que describe la teoría de las perspectivas actúan movidos por el impacto emocional inmediato de las ganancias y las pérdidas, sin pensar en perspectivas a largo plazo de riqueza y utilidad global.

En mi discusión de los fallos del modelo de Bernoulli, que ha permanecido incuestionado durante más de dos siglos, he subrayado la ceguera inducida por la teoría, pero obviamente esta ceguera no se limita a la teoría de la utilidad esperada. La teoría de las perspectivas tiene sus propios fallos, y la ceguera, inducida por la teoría, para tales fallos ha contribuido a su aceptación como la principal alternativa a la teoría de la utilidad.

Consideremos la suposición, presente en la teoría de las perspectivas, de que el punto de referencia, generalmente el *statu quo*, tiene valor cero. Esta suposición parece razonable, pero conduce a algunas consecuencias absurdas. Consideremos detenidamente las siguientes perspectivas. ¿Cuál de ellas sería la preferida?

- A. una posibilidad entre un millón de ganar 1 millón de dólares.
- B. 90 por ciento de posibilidades de ganar 12 dólares y 10 por ciento de posibilidades de no ganar nada.
- C. 90 por ciento de posibilidades de ganar 1 millón de dólares y 10 por ciento de posibilidades de no ganar nada.

No ganar nada es un posible resultado en los tres casos, y la teoría de las perspectivas asigna el mismo valor a este resultado en los tres casos. No ganar nada es el punto de referencia, y su valor es cero. ¿Concuerdan estas afirmaciones con la experiencia? Desde luego que no. No ganar nada es un no evento en los dos primeros casos, y tiene sentido asignarle un valor cero. Por el contrario, no ganar nada en el tercer caso es en extremo decepcionante. Igual que un aumento de sueldo prometido de un modo informal, la alta probabilidad de ganar la gran suma de dinero define un nuevo y provisional punto de referencia. En relación con las expectativas creadas, no ganar nada se experimentará como una gran pérdida. La teoría de las perspectivas no tiene nada que hacer con este hecho, puesto que no permite cambiar el valor de un resultado (en este caso, no ganar nada) cuando es altamente improbable o cuando la alternativa es muy valorable. Dicho llanamente, la teoría de las perspectivas no puede incorporar la desilusión. Pero la desilusión y la anticipación de la desilusión son reales, y no poder reconocerlas es, obviamente, un fallo como el que ilustran los contraejemplos que he expuesto para criticar la teoría de Bernoulli.

La teoría de las perspectivas y la teoría de la utilidad no tienen en cuenta el arrepentimiento. Ambas teorías comparten la suposición de que las opciones que se tienen en una elección son evaluables por separado, independientemente, y de que se selecciona la opción de valor más alto. Esta suposición es falsa, como demuestra el siguiente ejemplo.

Problema 6: elegir entre el 90 por ciento de posibilidades de ganar 1 millón de dólares O recibir 50 dólares.

Problema 7: elegir entre el 90 por ciento de posibilidades de ganar 1 millón de dólares O recibir 150.000 dólares.

Comparemos la pena anticipada de elegir el juego y *no* ganar en los dos casos. En los dos casos, no ganar supone una desilusión, pero en el problema 7 la pena potencial la agrava saber que si uno elige el juego y pierde, se arrepentirá de la «codiciosa» decisión que tomó desdeñando un regalo seguro de 150.000 dólares. En el arrepentimiento, la experiencia de un resultado depende de una opción que se podría haber elegido pero no se hizo.

Varios economistas y psicólogos han propuesto modelos de decisión basados en las emociones del arrepentimiento y la desilusión.[8] Hay que decir que estos modelos han ejercido menos influencia que la teoría de las perspectivas. Y la razón es instructiva: las emociones del arrepentimiento y la desilusión son reales, y los individuos que deciden sin duda anticipan estas emociones cuando hacen sus elecciones. El problema es que las teorías del arrepentimiento hacen pocas predicciones interesantes que las distingan de la teoría de las perspectivas, que tiene la ventaja de ser más sencilla. La complejidad de la teoría de las perspectivas era más aceptable en competencia con la teoría de la utilidad esperada porque predice observaciones que la teoría de la utilidad esperada no puede explicar.

Unas suposiciones más ricas y realistas no son suficientes para que una teoría tenga éxito. Los científicos usan las teorías como una bolsa de herramientas útiles, y no aceptarán la carga de una bolsa más pesada a menos que las nuevas herramientas sean verdaderamente útiles. La teoría de las perspectivas fue aceptada por muchos especialistas no porque fuese «verdadera», sino porque los conceptos que añadía a la teoría de la utilidad, sobre todo el de punto de referencia y el de aversión al riesgo, merecía la pena adoptarlos; estos permitían hacer nuevas predicciones que resultaban verdaderas. Tuvimos suerte.

Hablando de la teoría de las perspectivas

«Siente una aversión extrema a la pérdida, que le hace infravalorar oportunidades muy favorables.»

«Teniendo en cuenta su abultado patrimonio, su respuesta emocional a ganancias y pérdidas triviales carece de sentido.»

«En él, las pérdidas pesan el doble que las ganancias, lo cual es normal.»

27

El efecto de dotación

Probablemente el lector haya visto la figura 11 o una prima hermana suya aunque nunca haya asistido a una clase de economía. La gráfica muestra el «mapa de indiferencia» de un individuo hacia dos bienes.

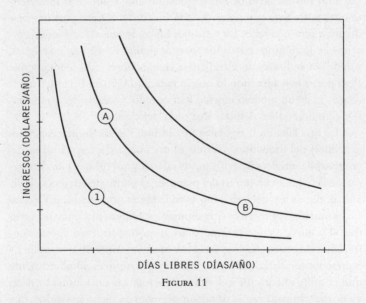

DÍAS LIBRES (DÍAS/AÑO)

FIGURA 11

Los estudiantes aprenden en las clases introductorias de economía que cada punto del mapa especifica una combinación particular de ingresos y días de vacaciones. Cada «curva de indiferencia» conecta las combinaciones de los dos bienes, que son igualmente deseables, que tienen la misma utilidad. Las curvas se convertirían en rectas paralelas si las personas estuviesen dispuestas a «vender» días de vacaciones y obtener ingresos extras al mismo precio, con independencia de los ingresos y del tiempo vacacional de que disfruten. La forma convexa indica reducción de la utilidad marginal: cuantos más días libres se tienen, tanto menos le interesa a nadie un día extra de ocio, y cada día añadido tiene menos valor que el precedente. De forma similar, cuanto mayores son los ingresos, tanto menos le interesa a nadie un dólar extra, y la cantidad que uno está dispuesto a dar por un día extra de ocio aumenta.

Todas las partes de una curva de indiferencia son igual de atractivas. Esto es literalmente lo que la indiferencia significa: todo nos da igual cuando estamos en una curva de indiferencia. Así, si A y B están en la misma curva de indiferencia de uno, a uno le es indiferente estar entre ambas, y no necesitará incentivo alguno para moverse de una a otra, o al revés. En todos los libros de texto de economía escritos en los últimos cien años aparece alguna versión de esta figura, y muchos millones de estudiantes la han observado atentamente. Pero pocos han advertido lo que le falta. También aquí, la fuerza y la elegancia de un modelo teórico han cegado a estudiantes y especialistas, impidiéndoles detectar una seria deficiencia.

Lo que falta en la figura es una indicación de los ingresos y los días libres del individuo.[1] Si uno es un asalariado, los términos del contrato de empleo especifican un salario y un número de días vacacionales, que es un punto del mapa. Es el punto de referencia individual, el *statu quo* del individuo, pero la figura no lo muestra. Y como no lo muestra, los teóricos que dibujan esta figura nos invitan a creer que el punto de referencia no tiene importancia. Pero ahora sabemos que sí la tiene. Aquí aparece de nuevo el error de Bernoulli. La representación de las curvas de indiferencia suponen implícitamente que la utilidad para un individuo concreto en un momento dado viene determinada por la situación presente de dicho individuo, que el pasado es irrelevante, y que la evaluación que aquel hace de una posible ocupación no depende de los términos de la ocupación actual. Estas suposiciones no son nada realistas, en este caso y en muchos otros.

La omisión en el mapa de indiferencia del punto de referencia es un caso sorprendente de ceguera inducida por una teoría, pues a menudo encontramos casos en los que el punto de referencia obviamente importa. En las negociaciones laborales, ambas partes dan por sobrentendido que el punto de referencia es el contrato existente, y que las negociaciones se centrarán en peticiones mutuas de concesiones en relación con este punto de referencia. El papel de la aversión a la pérdida en una negociación se da también por sobrentendido: hacer concesiones perjudica. Todos tenemos suficiente experiencia personal del papel del punto de referencia. Quien haya cambiado de trabajo o de lugar, o solo haya considerado tales cambios, seguramente recordará que las características del nuevo puesto se cifraban en ventajas o desventajas en comparación con la situación anterior. También habrá notado que, en esta evaluación, las desventajas predominaban sobre las ventajas, que actuaba la aversión a la pérdida. Es difícil aceptar cambios a peor. Por ejemplo, el sueldo mínimo que los desempleados aceptarían por un nuevo empleo es, de promedio, el 90 por ciento de su sueldo antiguo, y desciende en menos del 10 por ciento en un período de un año.[2]

Para apreciar la fuerza que el punto de referencia ejerce en las elecciones, imaginemos a dos personajes, Albert y Ben, dos «gemelos hedónicos» que tienen idénticos gustos y trabajos iguales, con pequeños ingresos y poco tiempo libre. Sus actuales circunstancias corresponden al punto marcado con 1 en la figura 11. Su empresa les ofrece dos posiciones mejores, A y B, y deja a su albedrío quién preferirá que le aumenten el sueldo en 10.000 dólares anuales (posición A) y quién preferirá un día extra de vacaciones pagadas al mes (posición B). Como a ambos les da lo mismo, lanzan una moneda. Albert obtiene el aumento y Ben, el día libre extra. Pasa un tiempo hasta que los dos se acostumbran a sus nuevas posiciones. Ahora la compañía les dice que pueden intercambiarlas si lo desean.

La teoría convencional representada en la figura supone que las preferencias son estables a lo largo del tiempo. Las posiciones A y B son igual de atractivas para ambos gemelos, y a estos les bastará un pequeño incentivo, o ninguno, para intercambiarlas. Por el contrario, la teoría de las perspectivas afirma que los dos gemelos preferirán

con toda seguridad permanecer como están. Esta preferencia por el
statu quo es una consecuencia de la aversión al riesgo.

Vayamos con Albert. Inicialmente se hallaba en la posición 1 de
la gráfica, y desde este punto de referencia se encuentra con estas dos
opciones igual de atractivas:

> Pasa a A: se le aumenta el sueldo en 10.000 dólares anuales
>
> O
>
> Pasa a B: 12 días extras de vacaciones al año.

En la posición A, el punto de referencia de Albert cambia, y si
considera la posibilidad de cambiar a B, la elección que haga tendrá
una nueva estructura:

> Permanece en A: ni gana ni pierde nada
>
> O
>
> Pasa a B: 12 días extras de vacaciones al año y un recorte salarial de
> 10.000 dólares al año

Ya hemos imaginado la experiencia subjetiva de la aversión a la
pérdida. Podemos apreciarla en este ejemplo: un recorte salarial de
10.000 dólares es una mala noticia. Aunque ganar 12 días de vacaciones es tan atractivo como ganar 10.000 dólares más, esta ganancia
de tiempo libre no es suficiente para compensar una pérdida de
10.000 dólares al año. Albert permanecerá en A, porque en ese cambio la desventaja pesa más que la ventaja. Podemos aplicar el mismo
razonamiento a Ben, que también querrá mantener su posición, porque la pérdida de su ahora precioso tiempo libre pesa más que el beneficio de la retribución extra.

Este ejemplo aclara dos aspectos de la elección que el modelo
convencional de las curvas de indiferencia no predice. En primer lugar, los gustos no son inalterables; varían con el punto de referencia.
En segundo lugar, las desventajas de un cambio pesan más que las
ventajas, induciendo un sesgo que favorece el *statu quo*. Naturalmente, la aversión al riesgo no implica que jamás se prefiera cambiar de
situación; los beneficios de una oportunidad pueden exceder hasta a

las pérdidas que más pesen. La aversión a la pérdida implica solamente que las elecciones están fuertemente sesgadas en favor de la
situación de referencia (y generalmente sesgadas para favorecer cambios más pequeños que grandes).

Los mapas convencionales de indiferencia y la representación de
los resultados como estados patrimoniales en Bernoulli comparten
una suposición errónea: la de que, en una situación determinada, la
utilidad depende solamente del estado que crea dicha situación, y no
resulta afectada por nada del pasado. Corregir este error ha sido uno
de los principales logros de la economía conductual.

El efecto de dotación

La pregunta de cuándo se inició un planteamiento o un movimiento nuevos es a menudo difícil de responder, pero el origen de lo que
ahora se conoce como economía conductual puede especificarse
con precisión. A principios de la década de 1970, Richard Thaler, a
la sazón estudiante en el muy conservador Departamento de Economía de la Universidad de Rochester, empezó a concebir ideas he-
réticas. Thaler siempre estuvo dotado de un agudo ingenio y una
vena irónica, y siendo estudiante se divertía anotando observaciones
de conductas que el modelo de la conducta económica racional no
podía explicar. Se complacía sobre todo en poner de manifiesto la
irracionalidad económica de sus profesores, uno de los cuales era
particularmente representativo.

El profesor R (que ahora se ha revelado que era Richard Rosett,
que llegó a ser decano de la Escuela de Negocios de la Universidad
de Chicago) era un firme creyente en la teoría económica estándar,
además de un refinado enófilo. Thaler observó que el profesor R era
muy reacio a vender una botella de su colección, aun al precio de
100 dólares (¡de 1975!). El profesor R compraba vinos en subastas,
pero nunca habría pagado más de 35 dólares por un vino de aquella
calidad. Ni compraba ni vendía a precios entre 35 y 100 dólares. Esta
gran distancia no es consistente con la teoría económica, en la que
se espera que el profesor tenga un valor único para la botella. Si una

botella determinada valía para él 50 dólares, estaba dispuesto a venderla por una cantidad superior a 50 dólares. Si no poseía esa botella, estaba dispuesto a pagar alguna cantidad no superior a 50 dólares.[3] El precio justo y aceptable de venta y el precio justo y aceptable de compra habrían tenido que ser idénticos, pero el precio mínimo de venta (100 dólares) era mucho más alto que el precio máximo de compra (35 dólares). Como si la sola posesión de aquel bien incrementara su valor.

Richard Thaler encontró muchos ejemplos de lo que llamó *efecto de dotación*, especialmente en relación con bienes que no son regularmente objeto de comercio. Podemos imaginarnos fácilmente en una situación similar. Supongamos que alguien tiene una entrada comprada al precio normal de 200 dólares para un concierto muy popular cuyas entradas se han agotado. Es un ferviente fan y habría estado dispuesto a pagar hasta 500 dólares por una entrada. Ahora que tiene su entrada, se entera por internet de que otros fans que son más ricos que él y están desesperados le ofrecen 3.000 dólares. ¿La venderá? Si hace como la mayoría del público cuando las entradas se han agotado, no la venderá. Su precio de venta más bajo estará por encima de los 3.000 dólares, y su precio máximo de compra será de 500 dólares. Este es un ejemplo de efecto de dotación, y quien crea en la teoría económica estándar se sentirá perplejo.[4] Thaler buscaba una explicación que pudiera aclarar semejantes perplejidades.

La casualidad quiso que Thaler se encontrara en una conferencia con uno de nuestros antiguos alumnos, que le proporcionó un primer borrador de la teoría de las perspectivas. Thaler cuenta que leyó el manuscrito con gran entusiasmo, pues enseguida se dio cuenta de que la función del valor con aversión a la pérdida que presentaba la teoría de las perspectivas podía explicar el efecto de dotación y algunos otros problemas de su colección. La solución fue abandonar la idea convencional de que el profesor R tenía una única utilidad para el estado de *poseer* una botella particular. La teoría de las perspectivas sugería que la disposición a comprar o vender la botella depende del punto de referencia, si el profesor posee o no la botella en ese momento. Si la posee, el profesor considera la pena de *desprenderse* de la botella. Si no la posee, considera el placer de *conseguir-*

la. Los valores serían iguales debido a la aversión a la pérdida: el dolor de desprenderse de una botella de tan buen vino es mayor que el placer de conseguir una botella de un vino igual de bueno.[5] Recordemos la gráfica de pérdidas y ganancias del capítulo anterior. La pendiente de la función es más pronunciada en el dominio negativo; la respuesta a una pérdida es más intensa que la respuesta a la ganancia correspondiente. Esta era la explicación del efecto de dotación que Thaler había estado buscando. Y la primera aplicación de la teoría de las perspectivas a un problema económico parece ahora que fue un hito en el desarrollo de la economía conductual.

Thaler solicitó pasar un año en Stanford cuando supo que Amos y yo estaríamos allí. Durante este productivo período aprendimos mucho unos de otros y nos hicimos amigos. Siete años después, él y yo tuvimos otra oportunidad de pasar un año juntos y proseguir el diálogo entre la psicología y la economía. La Fundación Russell Sage, que durante mucho tiempo fue el principal patrocinador de la economía conductual, concedió una de sus primeras becas a Thaler para que pasara un año conmigo en Vancouver. Durante aquel año trabajamos en estrecha relación con un economista local, Jack Knetsch, con quien compartimos un intenso interés por el efecto de dotación, las reglas de equidad económica y la sabrosa comida china.

El punto de partida de nuestra investigación era que el efecto de dotación no es universal. Si alguien nos pide que le cambiemos un billete de 5 dólares por cinco de uno, le daremos esos cinco sin sensación alguna de pérdida. Tampoco experimentamos ninguna aversión a la pérdida cuando compramos unos zapatos. El comerciante que nos da los zapatos a cambio de dinero desde luego no siente que haya perdido nada. Los zapatos que nos proporciona han sido siempre, desde su punto de vista, unos voluminosos representantes de un dinero que espera obtener de un consumidor. Además, es probable que no sintamos como una pérdida el pago al comerciante, porque el dinero que pagamos era para nosotros un representante de los zapatos que teníamos intención de comprar. Estos casos de comercio rutinario no son en lo esencial diferentes del cambio de un billete de 5 dólares por cinco de uno. En los intercambios comerciales rutinarios no se da ninguna aversión a la pérdida.

¿Qué es lo que distingue a estas transacciones comerciales de la renuencia del profesor R a vender su vino, o de la renuencia de los que poseen las entradas de la Super Bowl a venderlas incluso a un precio elevado?[6] Un rasgo distintivo es que los zapatos que el comerciante nos vende y el dinero de nuestro presupuesto que destinamos a comprarlos están «para ser intercambiados». Las dos partes tienen la intención de cambiar unos bienes por otros. Otra clase de bienes, como el vino y las entradas de la Super Bowl, están destinados a un «uso», a ser consumidos o bien disfrutados. Nuestro tiempo libre y el nivel de vida que nuestros ingresos nos permiten tampoco son objeto de venta o intercambio.

Knetsch, Thaler y yo nos pusimos a diseñar un experimento que ilustrase el contraste entre los bienes destinados al uso y los destinados al intercambio. Un aspecto del diseño de nuestro experimento lo tomamos de Vernon Smith, el fundador de la economía experimental, con quien muchos años después compartiría el premio Nobel. Empleando este método, se reparte entre los participantes en un «mercado» un número limitado de vales. Algunos participantes que poseen un vale al final del experimento pueden canjearlo por dinero en efectivo. En este canje, los valores difieren para cada individuo, a fin de representar el hecho de que los bienes con que se comercia en los mercados son más valiosos para unas personas que para otras. El mismo vale puede tener un valor de 10 dólares para una persona, y de 20 para otra, y un intercambio a cualquier precio entre esos valores será ventajoso para ambas.

Smith llevó a efecto vívidas demostraciones de lo bien que funcionan los mecanismos básicos de la provisión y la demanda. Unos individuos hacen sucesivas ofertas públicas de compra o venta de los vales, y otros responden públicamente a cada oferta. Cada cual observa estos intercambios y se fija en el precio al que los vales cambian de manos. Los resultados son tan regulares como los de una demostración en física. Tan necesariamente como el agua corre cuesta abajo, aquellos que poseen un vale de escaso valor para ellos (porque la cantidad por la que se canjean es baja) terminan vendiéndolo con ganancia a alguien que los valore más. Cuando los intercambios concluyen, los vales están en manos de quienes pueden obtener del experimentador la mayor cantidad de dinero por ellos. ¡La magia de los mercados ha actuado! Además, la teoría económica predice correctamente tanto el precio final que el mercado fijará como el número de vales que cambiarán de manos. Si se asignan vales al azar a la mitad de los participantes en ese mercado, la teoría predice que la mitad de los vales cambiarán de manos.[7]

En nuestro experimento utilizamos una variación del método de Smith. Cada sesión comenzó con varias rondas de venta de vales que reproducían perfectamente la conclusión de Smith. El número estimado de ventas fue, por lo general, muy parecido o idéntico a la cantidad predicha por la teoría estándar. Naturalmente, los vales tenían valor solo porque podían intercambiarse por dinero de la caja del experimentador; no tenían valor alguno de uso. Luego constituimos un mercado similar en el que había un objeto al que esperábamos que los participantes dieran un valor de uso: una bonita taza de café decorada con la insignia de la universidad donde lleváramos a cabo los experimentos. El valor de la taza era de unos 6 dólares (y hoy podría valer el doble de esa cantidad). Se distribuyeron las tazas al azar entre la mitad de los participantes. Los vendedores tenían su taza delante de ellos, y los compradores eran invitados a mirar la taza de su vecino; todas mostraban el precio al que podían comprarse. Los compradores tenían que usar su propio dinero para adquirir una taza. Los resultados fueron espectaculares: el precio medio de venta era más o menos el doble del precio medio de compra, y el número estimado de compras fue de menos de la mitad del número predicho por la teoría estándar. La magia del mercado no actuaba en el caso de un bien cuyos propietarios esperaban usar.

Luego realizamos una serie de experimentos utilizando variantes del mismo procedimiento, y siempre obtuvimos los mismos resultados. Mi experimento favorito es uno en el que a los dos grupos de los vendedores y los compradores añadimos un tercero, el de los optadores. A diferencia de los compradores, que tenían que gastarse su propio dinero para adquirir el bien, los optadores podían recibir o bien una taza, o bien una suma de dinero, e indicaban la cantidad de dinero que desearían recibir en vez del bien. Estos fueron los resultados:

Vendedores	7,12 dólares
Optadores	3,12 dólares
Compradores	2,87 dólares

La brecha entre vendedores y optadores es notable, pues estos de hecho coinciden en las opciones. Si yo soy un vendedor, puedo volver a casa o bien con una taza, o bien con un dinero, y si soy un optador, tengo exactamente las mismas opciones. Los efectos a largo plazo de la decisión son idénticos para los dos grupos. La única diferencia consiste en la emoción del momento. El alto precio que los vendedores fijan refleja la renuencia a dar un objeto que ellos poseen, una renuencia que puede observarse en bebés que se agarran con fuerza a un juguete y muestran una gran agitación cuando se lo quitan. La aversión a la pérdida es inherente a las evaluaciones automáticas del Sistema 1.

Compradores y optadores fijan precios similares, aunque los compradores tienen que pagar por la taza, que es gratis para los optadores. Esto es lo que esperaríamos si los compradores no experimentaran el coste de la taza como una pérdida. Imágenes obtenidas del cerebro confirman la diferencia. Vender bienes que uno normalmente usa, activa regiones del cerebro asociadas al disgusto o la pena. Comprar también activa esas áreas, pero solo cuando los precios se consideran demasiado elevados, cuando sentimos que un vendedor está recibiendo un dinero que excede el valor de cambio. Las imágenes del cerebro también indican que comprar a precios particularmente bajos es algo placentero.[8]

El precio que los vendedores ponen a la taza es un poco más del doble del valor que le dan los optadores y los compradores. La ratio está muy próxima al coeficiente de aversión a la pérdida en la elección arriesgada, como podríamos esperar si la misma función del valor para ganancias y pérdidas de dinero se aplicara a las decisiones tanto arriesgadas como no arriesgadas.[9] Una ratio de 2:1 ha aparecido en estudios sobre diversos dominios económicos, incluida la respuesta de amas de casa a modificaciones de precios. Como diría un economista, los clientes tienden a incrementar sus compras de huevos, zumos de naranja o pescado cuando los precios bajan, y a reducir esas compras cuando los precios suben; pero, en contraste con las predicciones de la teoría económica, la magnitud que adquiere el efecto del aumento de los precios (que en relación con el precio de referencia son pérdidas) es más o menos el doble de la que adquiere el efecto de las ganancias.[10]

El experimento de las tazas ha llegado a ser, junto con un experimento más sencillo del que Jack Knetsch informó en la misma época, la demostración estándar del efecto de dotación. Knetsch pidió a dos clases rellenar un cuestionario, y las recompensó con un obsequio que tuvieron delante mientras duró el experimento. En una sesión, el premio fue una cara estilográfica y en otra, una tableta de chocolate suizo. Al terminar la clase, el experimentador mostró el obsequio alternativo y permitió a todo el mundo intercambiar el suyo por el de otro. Solo un 10 por ciento de los participantes optaron por cambiar su obsequio. La mayoría de los que habían recibido la estilográfica se quedaron con ella y los que habían recibido el chocolate tampoco cedieron.

PENSAR COMO UN COMERCIANTE

Las ideas fundamentales de la teoría de las perspectivas son que existen puntos de referencia y que las pérdidas pesan más que las ganancias correspondientes. Observaciones hechas en mercados reales y reunidas durante años ilustran el poder de estos conceptos.[11] Un estudio sobre el mercado de apartamentos de propiedad horizontal en Boston realizado durante un período poco favorable arrojó unos resultados particularmente reveladores.[12] Los autores de aquel estudio compararon el comportamiento de propietarios de unidades similares que habían comprado sus viviendas a diferentes precios. Para un agente racional, el precio de la compra sería algo irrelevante; el valor efectivo en el mercado sería lo único importante. No así para humanos en un mercado inmobiliario deprimido. Los propietarios con un punto de referencia elevado, que, por ende, se arriesgan a pérdidas mayores, pusieron un precio más alto a su vivienda, por lo que tuvieron que esperar mucho tiempo para vender su casa y finalmente recibir más dinero.

La demostración original de una asimetría entre los precios de venta y los precios de compra (o, más precisamente, entre vender y elegir) fue muy importante para la aceptación inicial de las ideas de punto de referencia y aversión a la pérdida. Pero en ellas se da por sobrentendido que los puntos de referencia son lábiles, especialmente en situaciones de laboratorio poco habituales, y que el efecto de dotación puede eliminarse cambiando el punto de referencia.

No se espera efecto alguno de dotación cuando los propietarios contemplan sus bienes como portadores de un valor para futuros intercambios, una actitud muy difundida en el comercio rutinario y en los mercados financieros. El economista experimental John List, que ha estudiado las reuniones para comerciar con tarjetas de béisbol, encontró que los novatos eran reacios a desprenderse de las tarjetas que tenían, pero que esta resistencia finalmente desaparecía con la experiencia de la compraventa. Más sorprendente fue que List encontrara un gran efecto de experiencia comercial en el efecto de dotación para bienes nuevos.[13]

En una de aquellas reuniones, List mostró un letrero que invitaba a la gente a participar en un breve estudio por el que sería compensada con un pequeño obsequio: una taza de café o una barra de chocolate del mismo valor. Los obsequios se repartieron al azar. Cuando los voluntarios estaban a punto de abandonar, List les dijo a cada uno de ellos: «Le hemos regalado una taza [o una barra de chocolate], pero, si lo desea, puede usted cambiarla por una barra de chocolate [o una taza]». En lo que fue una exacta réplica del experimento anterior de Jack Knetsch, List encontró que solo el 18 por ciento de los no experimentados en aquellas prácticas estaban dispuestos a cambiar su obsequio por el otro. En agudo contraste con ellos, los experimentados no mostraron señal alguna de un efecto de dotación: el 48 por ciento de ellos hicieron el intercambio. Al menos en aquel entorno comercial, en el que el intercambio era la norma, no se mostraron reacios a hacer intercambios.

Jack Knetsch también realizó experimentos en los que sutiles manipulaciones hicieron desaparecer el efecto de dotación.[14] Los participantes mostraron un efecto de dotación solo de un modo pasajero antes de que se mencionase la posibilidad de hacer intercambios. Los economistas con una idea convencional de la persuasión estarían tentados de decir que Knetsch había pasado demasiado tiempo junto a psicólogos, puesto que su manipulación experimental acusaba interés por las variables que los psicólogos sociales esperan que sean importantes. La verdad es que los intereses metodológicos de los economistas y los psicólogos experimentales, muy diferentes, se han manifestado no poco en ulteriores debates sobre el efecto de dotación.[15]

Los participantes veteranos parece que aprendieron a hacerse la pregunta correcta: ¿cuánto deseo *tener* esa taza comparada con otras cosas que podría tener en lugar de ella? Esta es una pregunta que se hacen los econos, y con ella no hay efecto de dotación, puesto que la asimetría entre el placer de recibir y la pena de dar es irrelevante.

Estudios recientes sobre la psicología de la «decisión en situación de pobreza» sugieren que los pobres constituyen otro grupo en el que no se espera encontrar el efecto de dotación. En la teoría de las perspectivas, ser pobre es vivir por debajo del propio punto de referencia. Hay bienes que los pobres necesitan y no pueden permitirse, por lo que se hallan siempre «en pérdidas». Las pequeñas sumas de dinero que reciben las perciben, por tanto, como pérdidas reducidas, no como ganancias. El dinero ayuda a escalar un poco hacia el punto de referencia, pero los pobres siempre permanecen en la parte más empinada de la curva del valor.

Las personas pobres piensan como comerciantes, pero la dinámica es aquí bien distinta.[16] A diferencia de los comerciantes, los pobres no son indiferentes a las diferencias entre ganar y perder. Su problema es que todas sus elecciones lo son entre pérdidas. El dinero gastado en un bien significa la pérdida de otro bien que podrían haber adquirido en lugar del primero. Para el pobre, los costes son pérdidas.

Todos conocemos a personas para las que gastar es doloroso, aunque objetivamente estén en una posición bastante acomodada. También puede haber diferencias culturales en la actitud hacia el dinero, y especialmente hacia el gasto en caprichos y lujos menores, como una taza decorada. Esta diferencia puede explicar la gran discrepancia existente entre los resultados del «estudio de las tazas» en

Estados Unidos y en el Reino Unido.[17] Los precios de compra y de venta divergen sustancialmente en experimentos realizados con muestras de estudiantes de Estados Unidos, pero las diferencias son mucho menores entre los realizados con estudiantes ingleses. Queda bastante por aprender sobre el efecto de dotación.

HABLANDO DEL EFECTO DE DOTACIÓN

«No se preocupó de saber cuál de los dos puestos obtendría, pero al día siguiente de que se hiciera el anuncio, no estaba dispuesta a cambiarlo. ¡Efecto de dotación!»

«Estas negociaciones no van a ningún lado, pues a ambas partes les resulta difícil hacer concesiones aun pudiendo obtener algo a cambio. Las pérdidas pesan más que las ganancias.»

«Cuando subieron sus precios, la demanda se desvaneció.»

«No soporta la idea de vender su casa por menos dinero del que pagó por ella. Es la aversión a la pérdida.»

«Es un avaro: cada dólar que gasta es para él una pérdida.»

28

Malos eventos

El concepto de aversión a la pérdida es sin duda la aportación más importante de la psicología a la economía conductual. Esto no deja de ser extraño, pues la idea de que las personas evalúan muchos resultados como ganancias y pérdidas, y de que las pérdidas pesan más que las ganancias, no sorprende a nadie. Amos y yo a menudo nos reíamos de que estuviéramos embarcados en el estudio de un tema sobre el que nuestras abuelas sabían tanto. Pero, en realidad, sabíamos más que nuestras abuelas, y ahora podemos situar la aversión a la pérdida en el contexto del modelo más general de los dos sistemas de la mente, y más específicamente de un enfoque biológico y psicológico en el que la negatividad y la huida dominan sobre la positividad y la aproximación. También podemos averiguar las consecuencias de la aversión a la pérdida en observaciones sorprendentemente variadas: solo las pérdidas de dinero son compensadas cuando los bienes se pierden en su transporte; los intentos de reformas a gran escala fracasan muy a menudo; y los golfistas profesionales golpean la pelota con más precisión por par que por birdie. Lista como era, a mi abuela le habrían sorprendido las predicciones específicas que permiten obtener una idea general que ella consideraba obvia.

PREDOMINIO DE LA NEGATIVIDAD

FIGURA 12

Las pulsaciones del lector han aumentado cuando ha visto la figura de la izquierda.[1] Lo han hecho incluso antes de especificar lo que le ha parecido tan espeluznante de la figura. Al cabo de un rato ha reconocido los ojos de una persona aterrorizada. Los ojos de la derecha, empequeñecidos por las mejillas alzadas por una sonrisa, expresan contento, y son mucho menos inquietantes. Estas dos imágenes fueron presentadas a personas mientras se les hacía un escáner cerebral. Se les mostró cada una durante menos de 2/100 de segundo, siendo inmediatamente enmascaradas con «ruido visual», una sucesión aleatoria de cuadrados claros y oscuros. Ninguna de las personas fue consciente de haber visto imágenes de ojos, pero una parte de su cerebro lo supo: la amígdala, cuya función principal es la de actuar como el «centro de las amenazas» del cerebro, aunque también se activa en otros estados emocionales. Las imágenes del cerebro mostraron una intensa respuesta de la amígdala a la figura amenazadora que aquellas personas no reconocieron. La información sobre la probabilidad de una amenaza viajó por un canal neuronal super-rápido que se introdujo directamente, sin pasar por el córtex visual, que da soporte a la experiencia consciente del «ver», en una parte del cerebro que procesa las emociones.[2] El mismo circuito también hace que las caras esquemáticas de irritación (o de potencial amenaza) se procesen de manera más rápida y eficiente que las caras esquemáticas de contento.[3] Algunos experimentadores han informado de que una cara enojada «sobresale» entre una multitud de caras de felicidad, mientras que una sola cara de felicidad no sobresale entre una multitud de caras enojadas.[4] En el cerebro de los humanos y de otros animales hay un mecanismo diseñado para dar prioridad a los eventos malos. Reduciendo a unas pocas milésimas de segundo el tiempo necesario para detectar la presencia de un predador, este circuito mejora las probabilidades de que el animal viva el tiempo suficiente para reproducirse. Las operaciones automáticas del Sistema 1 reflejan esta historia evolutiva. No se ha observado un mecanismo comparable en rapidez para reconocer los eventos buenos. Es obvio que nosotros y nuestros primos los animales somos rápidamente avisados por señales que indican oportunidades de aparearse o de comer, y los anunciantes diseñan vallas publicitarias acordes con este mecanismo.

Pero, en esto, las amenazas son privilegiadas sobre las oportunidades, y así debe ser.

El cerebro responde con rapidez incluso a amenazas puramente simbólicas. Las palabras emocionalmente cargadas atraen enseguida nuestra atención, y las palabras atemorizadoras (*guerra, crimen*) la atraen con más rapidez que las palabras dulces (*paz, amor*). No hay amenaza real, pero el Sistema 1 trata el simple recuerdo de un suceso desagradable como algo amenazador. Como ya hemos visto páginas atrás con la palabra *vómito*, la representación simbólica evoca asociativamente, de forma atenuada, muchas de nuestras reacciones al acontecimiento real, incluidos indicadores fisiológicos de emoción y hasta mínimas tendencias a evitar o a estar cerca, a retroceder o a observar. La sensibilidad a los peligros se extiende al procesamiento de formulaciones de opiniones con las que estamos en radical desacuerdo. Dependiendo de nuestra opinión sobre la eutanasia, por ejemplo, nuestro cerebro tardaría menos de un cuarto de segundo en registrar la «amenaza» contenida en una frase que comience diciendo: «Pienso que la eutanasia es una medida aceptable/inaceptable...».[5]

El psicólogo Paul Rozin, experto en reacciones de repulsión, observó que una sola cucaracha arruina completamente el atractivo de un recipiente lleno de cerezas, pero una cereza no altera en nada un recipiente lleno de cucarachas. Como bien señala, lo negativo anula lo positivo de muchas maneras, y la aversión a la pérdida es una de las muchas manifestaciones de predominio de la negatividad.[6] Otros especialistas resumieron así, en un artículo titulado «Bad Is Stronger Than Good», este hecho: «El impacto de las emociones malas, los padres malos y las reacciones malas es mayor que el de las buenas, y la información de cosas malas es procesada más a fondo que la de cosas buenas. El yo está más motivado para evitar las caracterizaciones negativas de él mismo que para buscar las buenas. Las impresiones y los estereotipos malos se forman con más rapidez y son más resistentes a las refutaciones que los buenos».[7] Y citan a John Gottman, el conocido experto en relaciones matrimoniales, que observó que el éxito a largo plazo de una relación depende mucho más de evitar lo negativo que de buscar lo positivo. Gottman estimaba que una relación estable requiere que las buenas interacciones superen en número a las malas en al menos 5 a 1. Otras asimetrías en el ámbito social son más llamativas. Todos sabemos que una amistad que quizá haya tardado años en forjarse puede arruinarse por un único acto.

Algunas distinciones entre lo bueno y lo malo están integradas en nuestra biología. Los niños vienen al mundo preparados para responder al dolor como algo malo y a lo dulce (hasta cierto punto) como algo bueno. Pero, en muchas situaciones, el límite entre lo bueno y lo malo es un punto de referencia que cambia con el tiempo y depende de las circunstancias inmediatas. Imaginemos a una persona que se encuentra en una fría noche en medio del campo, mal pertrechada para una lluvia torrencial y con la ropa mojada. Un viento frío remata su penosa situación. Va caminando y encuentra una gran roca que le proporciona un refugio frente a la furia de los elementos. El biólogo Michel Cabanac diría que la experiencia de este momento es intensamente placentera, porque su función es, como normalmente lo es la del placer, indicar la manera de lograr una mejora biológicamente relevante de las circunstancias.[8] Sin duda, el placentero alivio no durará mucho, y el caminante pronto volverá a sentir escalofríos detrás de la roca, y su renovado sufrimiento lo llevará a buscar un refugio mejor.

LAS METAS SON PUNTOS DE REFERENCIA

La aversión a la pérdida se refiere a la fuerza relativa de dos motivos: nos mueve mucho más evitar pérdidas que obtener ganancias. Un punto de referencia es en ocasiones el *statu quo*, pero también puede serlo una meta que situamos en el futuro: no alcanzarla es una pérdida y excederla es una ganancia. Como cabe esperar del predominio de la negatividad, los dos motivos no son igual de poderosos.[9] La aversión al fracaso que supone no alcanzar la meta es mucho más fuerte que el deseo de excederla.

Las personas se proponen a menudo metas a corto plazo que se esfuerzan por lograr, mas no necesariamente por exceder. Es probable que reduzcan sus esfuerzos cuando han alcanzado una meta inmediata, con resultados que a veces atentan contra la lógica económica. Los taxistas neoyorquinos, por ejemplo, pueden proponerse obtener determinados ingresos mensuales o anuales, pero la meta que controla sus esfuerzos es normalmente una cantidad diaria de ingresos. Por supuesto, la meta diaria es más fácil de alcanzar (y exceder) unos días que otros. En días lluviosos, un taxi de Nueva York nunca está libre por mucho tiempo, y el taxista alcanza pronto su meta; no es así en días con buen tiempo, en los que los taxis a menudo pierden horas recorriendo las calles en busca de pasaje. La lógica económica supone que los taxistas trabajarán muchas horas en los días lluviosos, y se permitirán algún momento de ocio en los días con tiempo agradable, en los que pueden «comprar» ratos libres a un precio bajo. La lógica de la aversión a la pérdida sugiere lo contrario: los taxistas que se han marcado unos ingresos diarios trabajarán muchas más horas cuando las ganancias son escasas, y se irán a casa pronto los días en que los clientes empapados les supliquen que los lleven a determinado sitio.[10]

Los economistas Devin Pope y Maurice Schweitzer, de la Universidad de Pensilvania, razonaron que el juego del golf proporciona un ejemplo perfecto de punto de referencia: el par. Cada hoyo del campo de golf tiene asociado un número de golpes; el número de par proporciona la línea de base para un buen juego, aunque no sobresaliente. Para un golfista profesional, un birdie (un golpe bajo par) es una ganancia, y un bogey (un golpe sobre par) es una pérdida. Los economistas compararon dos situaciones en que un jugador puede hallarse cuando está cerca del hoyo:

- golpear para evitar un bogey;
- golpear para lograr un birdie.

Cada golpe cuenta en el golf, y en el golf profesional cada golpe cuenta mucho. Pero, de acuerdo con la teoría de las perspectivas, algunos golpes cuentan más que otros. El fracaso en hacer par es una pérdida, pero fallar en un golpe de birdie es prever una ganancia, no una pérdida. Pope y Schweitzer razonaron desde la aversión a la pérdida que los jugadores intentarían golpear la pelota con algo más de empeño para un par (y evitar un bogey) que para un birdie. Analizaron más de 2,5 millones de golpes con exquisito detalle para comprobar esa predicción.

Tenían razón. Fuese fácil o difícil, y a cualquier distancia que estuviesen del hoyo, los jugadores lo hacían mejor cuando golpeaban para un par que para un birdie. La diferencia en su tasa de éxitos cuando iban por el par (para evitar un bogey) o por un birdie era del 3,6 por ciento. Esta diferencia no es trivial. Tiger Woods fue uno de los «participantes» en su estudio. Si en sus mejores años Tiger Woods se las había arreglado para birdies tanto como para par, su puntuación en los torneos había mejorado en un golpe, y sus ganancias en casi 1 millón de dólares por temporada. Estos temibles competidores ciertamente no toman una decisión consciente de aflojar en los birdies, pero su intensa aversión a un bogey contribuye, según parece, a una concentración extra.

El estudio de los golpes de golf ilustra la capacidad de un concepto teórico para ayudar a pensar. ¿Quién hubiera pensado que pudiera ser tan valioso como para pasarse meses analizando golpes de par y birdie? La idea de la aversión a la pérdida, que no sorprende a nadie salvo quizá a algunos economistas, generó una hipótesis precisa y no intuitiva, y llevó a los investigadores a una conclusión que sorprendió a todo el mundo, incluidos los golfistas profesionales.

Defendiendo el «statu quo»

Si nos ponemos a buscarla, encontraremos en casi todas partes la asimétrica intensidad de los motivos para evitar pérdidas y obtener ganancias. Es un aspecto omnipresente en las negociaciones, especialmente en renegociaciones de un contrato existente, que es la situación habitual en las negociaciones laborales y en las discusiones internacionales sobre limitaciones en el comercio de armas. Los términos existentes definen puntos de referencia, y en un cambio propuesto en algún aspecto del acuerdo es inevitable ver una concesión que una parte hace a la otra. La aversión a la pérdida crea una asimetría que hace difícil lograr acuerdos. Las concesiones que alguien me hace a mí son ganancias, pero pérdidas para él; estas le producen mu-

cho más malestar que contento a mí. Es inevitable que les dé un valor mayor del que yo les doy. Lo mismo sucede, desde luego, con las
muy dolorosas concesiones que ese alguien demande de mí, que él
parece no saber valorar lo suficiente. Las negociaciones sobre un bien
que escasea son particularmente difíciles, pues requieren un reparto
de las pérdidas. Suele ser más fácil complacer a otros cuando se ne-
gocia sobre un bien que abunda.

Muchos de los mensajes que los negociadores intercambian en
el curso de sus negociaciones son intentos de comunicar un punto
de referencia y proporcionar un ancla a la parte contraria.[11] Estos
mensajes no siempre son sinceros. Los negociadores a menudo fin-
gen un gran interés por algún bien (acaso misiles de un tipo particular en negociaciones sobre reducciones de armamento), y en realidad
ven ese bien como una ficha y lo que pretenden al final es desprenderse de él en un intercambio. Como los negociadores están influidos por una norma de reciprocidad, una concesión presentada como
perjudicial pide otra igual de perjudicial (y tal vez igual de inautén-
tica) a la otra parte.

Los animales, incluidas las personas, se esfuerzan más por prevenir pérdidas que por obtener ganancias. En el mundo de los animales territoriales, este principio explica el éxito de los defensores. Un
biólogo observó que «cuando el que toma posesión de un territorio
es desafiado por un rival, aquel casi siempre gana en la lucha, por lo
general en cuestión de segundos».[12] En los asuntos humanos, esta
simple regla explica muchas cosas que suceden cuando las instituciones intentan reformarse a sí mismas, así como en las «reorganizacio-
nes» y «reestructuraciones» de compañías y en los esfuerzos por racionalizar una burocracia, simplificar el código fiscal o reducir los
costes sanitarios. Tal como inicialmente se conciben, de los planes de
reforma casi siempre saldrán muchos ganando y algunos perdiendo
mientras se logra una mejora general. Pero si las partes afectadas tienen alguna influencia política, los potenciales perdedores se mostrarán más activos y decididos que los potenciales ganadores, y el de-
senlace resultará sesgado en beneficio suyo e inevitablemente más
caro y menos eficaz de lo planeado al principio. Las reformas incluyen por lo común cláusulas que protegen a los previamente situados,

por ejemplo, cuando las plantillas existentes se reducen por desgaste más que por despido, o cuando las reducciones de salarios y beneficios se aplican solo a los futuros empleados. La aversión a la pérdida es una poderosa fuerza conservadora que favorece los cambios mínimos en el *statu quo* de las vidas de instituciones e individuos. Este conservadurismo contribuye a que el vecindario, el matrimonio y el trabajo permanezcan estables; es la fuerza gravitatoria que hace que nuestras vidas se mantengan cerca del punto de referencia.

Aversión a la pérdida en el ámbito legal

Durante el año que pasamos trabajando juntos en Vancouver, Richard Thaler, Jack Knetsch y yo nos embarcamos en un estudio sobre lo justo en las transacciones económicas, en parte porque estábamos interesados en el tema y en parte también porque teníamos la oportunidad y la obligación de confeccionar un nuevo cuestionario cada semana. El Ministerio de Pesca y Océanos del gobierno canadiense tenía en Toronto un programa para profesionales desempleados, a los que se les pagaba por realizar sondeos por teléfono. El gran equipo de entrevistadores trabajaba todas las noches, y constantemente se necesitaban nuevas preguntas para mantener aquella operación. Por mediación de Jack Knetsch acordamos preparar un cuestionario cada semana, en versiones etiquetadas en cuatro colores. Podíamos preguntar sobre cualquier cosa, con la única limitación de que el cuestionario debía incluir al menos una mención a la pesca para vincularlo a la misión del ministerio. Esto duró muchos meses, y la recogida de datos alcanzó una gran magnitud.

Estudiamos las percepciones sociales de lo que se consideraban conductas irregulares en comerciantes, empleados y arrendadores.[13] Nuestra pregunta más general era la de si el oprobio que causaría una injusticia puede poner límites a la búsqueda del beneficio. La respuesta fue afirmativa. También observamos que las normas morales con las que el público determina lo que las empresas pueden o no pueden hacer establecen una distinción crucial entre pérdidas y ganancias. El principio básico es que el salario, el precio o la renta fijan un punto de referencia que tiene el carácter de un derecho que no puede infringirse. Se consideraba injusto que la empresa impusiera pérdidas a sus clientes o a sus trabajadores con relación a la transacción de referencia a menos que no tuviera más remedio que hacerlo para proteger sus propios derechos. Consideremos este ejemplo:

> Una ferretería ha estado vendiendo palas para la nieve por 15 dólares. Llega una gran tormenta de nieve, y a la mañana siguiente la ferretería sube el precio a 20 dólares.
> ¿Cómo calificaría esta ación?
> Perfectamente lícita   Aceptable   Injusta   Muy injusta

De acuerdo con el modelo económico estándar, la ferretería se comporta de manera apropiada: responde a un incremento de la demanda elevando el precio. Los participantes en la encuesta no coincidían: el 82 por ciento calificaron el acto de injusto o muy injusto. Evidentemente, veían el precio anterior a la tormenta como un punto de referencia y el nuevo precio como una pérdida que la ferretería imponía a sus clientes, no porque tuviera que hacerlo, sino porque podía hacerlo. Aquí vemos que una regla básica de lo justo es que la utilización del poder del mercado para imponer pérdidas a otros es inaceptable. El siguiente ejemplo ilustra esta regla en otro contexto (el valor del dólar debía ajustarse al 100 por ciento de la inflación desde que recabamos aquellos datos en 1984):

> Una pequeña fotocopistería tiene un empleado que ha trabajado allí durante seis meses y gana 9 dólares la hora. La marcha del negocio es satisfactoria, pero una fábrica de la zona ha cerrado y el desempleo ha aumentado. Ahora, otros pequeños negocios han contratado trabajadores de confianza y les pagan 7 dólares la hora por realizar trabajos similares a los del empleado de la fotocopistería, y el propietario de la misma ha rebajado la paga de su empleado a 7 dólares.

Los participantes no aprobaron esta acción: el 83 por ciento la consideraron injusta o muy injusta. Pero una ligera variación en la pregunta clarifica la naturaleza de la obligación del dueño. El trasfondo del comercio que se beneficia en una zona de elevado desempleo es el mismo, pero ahora

el empleado se marcha, y el dueño decide pagar a uno nuevo 7 dólares la hora.

Una gran mayoría (73 por ciento) consideró esta acción aceptable. Parece que el dueño no tiene ninguna obligación moral de pagar 9 dólares la hora. Aquí el derecho es algo personal: el trabajador actual lo tiene a mantener su paga aunque las condiciones del mercado permitan al dueño recortársela. El nuevo empleado no tiene derecho a la paga de referencia del antiguo, por lo que el dueño puede ahora reducir la paga sin riesgo de que lo tachen de injusto.

La empresa tiene también su derecho, que es el de mantener sus beneficios. Si se enfrenta a una pérdida, le es lícito transferirla a otros. Una mayoría sustancial de participantes no creían que fuese injusto que una empresa rebajase las pagas de sus empleados si su rentabilidad disminuía. Describimos esas reglas como definidoras de dos derechos, el de la empresa y el de los individuos con los que esta interacciona. Si la empresa encuentra dificultades, no es injusto que actúe de modo egoísta. No se espera que cargue con parte de las pérdidas; puede trasladarlas a ellos.

Las reglas que rigen lo que la empresa puede hacer para mejorar sus beneficios o evitar su reducción son diferentes. Cuando la empresa podía reducir los costes de producción, las reglas no le exigían compartir la bonanza ni con sus clientes ni con sus empleados. Naturalmente, nuestros participantes preferían que a una empresa le fuese bien, y la consideraban más justa si era generosa cuando sus beneficios aumentaban, pero no tachaban de injusta a una empresa que no los compartiera. Solo mostraban indignación cuando una empresa se aprovechaba de su potestad para rescindir contratos informales con trabajadores o clientes e imponer una pérdida a otros con el fin de incrementar sus beneficios. La tarea central de los estudiosos de la equidad económica no es la de identificar comportamientos ideales, sino la de buscar la línea que separa el comportamiento aceptable de los actos que merecen oprobio y penalización.

No éramos nada optimistas cuando enviamos nuestro informe de esta investigación a la *American Economic Review*. Nuestro artículo era un desafío a algo que entonces aceptaban muchos economistas: que el comportamiento económico se rige por el interés propio, y que las preocupaciones por lo justo son generalmente irrelevantes. Sin embargo, el director de la revista envió nuestro artículo a dos economistas que no estaban atados a las convenciones (más tarde conocimos su identidad; eran los más abiertos y amistosos que el director pudo haber encontrado) para su valoración. El director estuvo acertado. El artículo se cita a menudo, y sus conclusiones han resistido la prueba del tiempo. La investigación más reciente ha respaldado las observaciones sobre la justicia dependiente de una referencia y ha demostrado que las preocupaciones por lo justo son económicamente relevantes, un hecho que nosotros habíamos sospechado pero no probado.[14] Los empresarios que conculcan las reglas de justicia son penalizados con una baja productividad y los comerciantes que adoptan políticas injustas respecto a los precios pueden ver cómo sus ventas se reducen. Las personas que ven en un nuevo catálogo que otro comerciante pide menos por un producto que han adquirido recientemente a un precio más alto, reducen sus futuras compras a aquel proveedor en un 15 por ciento, el cual sufre una pérdida media de 90 dólares por cliente. Los clientes evidentemente perciben el precio más bajo como un punto de referencia, y piensan que han sufrido una pérdida al pagar más de lo que les parece justo. Por otra parte, los clientes que reaccionan con más intensidad son aquellos que adquieren más productos y a precios más altos. Las pérdidas exceden en mucho a las ganancias por unas adquisiciones incrementadas por los bajos precios del nuevo catálogo.

La injusticia que impone pérdidas puede resultar arriesgada si las víctimas están dispuestas a tomar represalias. Además, algunos experimentos han demostrado que personas ajenas que observan un comportamiento injusto a menudo se suman a la penalización. Los neuroeconomistas (científicos que combinan la economía con el estudio del cerebro) han utilizado aparatos de resonancia magnética para examinar los cerebros de personas que demandan la penalización de un extraño por haber sido injusto con otro extraño. Curiosamente, la penalización altruista iba acompañada de un incremento de la actividad en los «centros de placer» del cerebro.[15] Al parecer, su recompensa era aquí la conservación por esta vía del orden social y de las reglas de lo justo. La penalización altruista podría muy bien ser el aglutinante que mantiene la cohesión social. Pero nuestro cerebro no está diseñado para premiar la generosidad con tanta determinación como para castigar la mezquindad. Aquí encontramos de nuevo una marcada asimetría entre pérdidas y ganancias.

La influencia de la aversión a la pérdida y de los derechos se extiende fuera del ámbito de las transacciones financieras. Los juristas no tardaron en reconocer su repercusión en la legislación y en la administración de justicia. David Cohen y Jack Knetsch encontraron en un estudio que llevaron a cabo muchos ejemplos de una nítida distinción entre pérdidas reales y ganancias previstas en las decisiones judiciales.[16] Por ejemplo, un comerciante que ha perdido sus bienes en un transporte tendrá que ser compensado por los costes reales que ello le ha supuesto, pero es inverosímil que sea compensado por los beneficios perdidos. La regla conocida según la cual la propiedad cubre nueve décimas partes de la legislación confirma el estatus moral del punto de referencia. En una discusión más reciente, Eyal Zamir observa provocativamente que la distinción, latente en la legislación, entre restituir pérdidas y compensar por las ganancias previstas, puede estar justificada por los efectos asimétricos sobre el bienestar individual.[17] Si las personas que pierden sufren más que las personas que simplemente no consiguen obtener ganancias, merecerían más protección por parte de las leyes.

HABLANDO DE PÉRDIDAS

«Esta reforma no se aprobará. Los que esperan perder, lucharán más que los que esperan ganar.»

«Cada uno de ellos piensa que las concesiones del otro son menos perjudiciales. Unos y otros están sin duda en un error. Se trata de la asimetría de las pérdidas.»

«Considerarían más fácil renegociar el acuerdo si comprobasen que el todo se halla realmente en expansión. No están asignando pérdidas; están asignando ganancias.»

«Los precios de los alquileres en esta zona han subido hace poco, pero nuestros arrendatarios no creen que sea justo que también a ellos tengamos que subirles los alquileres. Creen que tienen derecho a que se dejen como están.»

«A mis clientes no les disgusta la subida del precio, pues saben que mis costes también se han elevado. Ellos aceptan que yo tenga derecho a mantener mis beneficios.»

29

El patrón de cuatro

Siempre que hacemos una evaluación global de un objeto complejo —un automóvil que podríamos comprar, nuestro hijo político o una situación incierta— sopesamos sus características. Es esta simplemente una recia manera de decir que unas características influyen más que otras en nuestra estimación. Esta estimación la hacemos siempre, seamos o no conscientes de ello; es una operación del Sistema 1. En nuestra evaluación general de un coche podemos dar mayor o menor importancia al consumo de gasolina, al confort o a la apariencia. El juicio que hacemos sobre nuestro yerno dependerá más o menos de lo rico, apuesto o formal que sea. De forma similar, nuestra estimación de una posibilidad incierta evalúa los posibles resultados. Las evaluaciones de determinados aspectos están en correlación con dichos resultados: un 50 por ciento de posibilidades de ganar un millón es mucho más atractivo que un 1 por ciento de posibilidades de ganar esa misma suma. La selección de determinados aspectos es en ocasiones consciente y deliberada. Pero lo más frecuente es que hagamos una evaluación global, de la que se encarga el Sistema 1.

CAMBIAR LAS POSIBILIDADES

Una razón de la popularidad de la metáfora del juego en el estudio de la toma de decisiones es que proporciona una regla natural para dar más o menos importancia a los resultados de una posibilidad: cuanto más probable sea un resultado, tanto mayor peso adquirirá. El valor esperado en un juego es el valor medio de sus resultados, estimado cada uno de ellos por su probabilidad. Por ejemplo, el valor esperado de un «20 por ciento de posibilidades de ganar 1.000 dólares y un 75 por ciento de posibilidades de ganar 100» es 275 dólares. Anteriormente a Bernoulli, los juegos se evaluaban por su valor esperado. Bernoulli mantuvo este método de asignación de relevancia a los resultados, que se conoce como principio de la expectativa, pero lo aplicó al valor psicológico de los resultados. La utilidad de un juego es, en su teoría, el valor medio de las utilidades de sus resultados, cada una estimada por su probabilidad.

El principio de la expectativa no describe correctamente lo que pensamos respecto a las probabilidades relacionadas con posibles riesgos. En los cuatro ejemplos siguientes, las posibilidades de recibir 1 millón de dólares aumentan en un 5 por ciento. ¿Son las novedades igual de buenas en cada caso?

A. De 0 a 5 por ciento
B. De 5 por ciento a 10 por ciento
C. De 60 por ciento a 65 por ciento
D. De 95 por ciento a 100 por ciento

El principio de la expectativa afirma que la utilidad aumenta en cada caso en exactamente un 5 por ciento de la utilidad de recibir 1 millón de dólares. ¿Describe esta predicción las experiencias reales? Por supuesto que no.

Todo el mundo está de acuerdo en que 0 → 5 por ciento y 95 por ciento → 100 por ciento impresionan más que 5 por ciento → 10 por ciento o 60 por ciento → 65 por ciento. Aumentar las posibilidades de 0 a 5 por ciento transforma la situación, introduce una posibilidad que antes no existía: la esperanza de ganar el premio. Es un cambio cualitativo donde 5 → 10 por ciento es solo una mejora cuantitativa. El cambio de 5 por ciento a 10 por ciento duplica la probabilidad de ganar, pero existe un acuerdo general en que el valor psicológico de la posibilidad no se duplica. La gran impresión de 0 → 5 por ciento ilustra el *efecto de posibilidad*, que hace que se valoren resultados muy improbables en una medida desproporcionadamente mayor de la que «merecen». Las personas que compran billetes de lotería en grandes cantidades se muestran dispuestas a pagar mucho más del valor esperado por posibilidades muy reducidas de ganar un premio elevado.

La mejora del 95 por ciento al 100 por ciento es otro cambio cualitativo que produce gran impresión: es el *efecto de certeza*. A resultados que son casi ciertos se les da un valor menor del que su probabilidad justificaría. Para apreciar el efecto de certeza, imaginemos que una persona ha heredado 1 millón de dólares, pero que su ávida hermanastra ha impugnado judicialmente esta herencia. El fallo se espera para el día siguiente. El abogado de aquella persona le asegura que sus argumentos son buenos, y que tiene un 95 por ciento de posibilidades de ganar el caso, pero no se ahorra recordarle que las decisiones judiciales nunca son del todo predecibles. Luego una compañía de ajuste de riesgos se pone en contacto con esa persona y le ofrece comprar su caso por 910.000 dólares; lo toma o lo deja. La oferta es más baja (en 40.000 dólares) que el valor esperado de aguardar al juicio (que es de 950.000 dólares). Pero ¿está segura esa persona de que quiere rechazarla? Si un evento como este se produjera en nuestras vidas, sabríamos que existe una gran industria de «pagos estructurados» dedicada a vender certeza a precios suculentos aprovechando el efecto de certeza.

La posibilidad y la certeza producen efectos igual de poderosos en el dominio de las pérdidas. Cuando una persona querida entra en un quirófano, un 5 por ciento de riesgo de que sea necesario practicarle una amputación es malo, mucho más malo que la mitad de malo en un riesgo del 10 por ciento. Debido al efecto de posibilidad, tendemos a sobrestimar riesgos pequeños y estamos dispuestos a pagar mucho más del valor esperado para eliminarlos por completo. La diferencia psicológica entre un 95 por ciento de riesgo de que ocurra un desastre y la certeza del desastre no parece mayor; el rayo de esperanza de que todo podría ir bien pesa mucho. Sobrestimar las probabilidades pequeñas incrementa el atractivo tanto de los juegos como de las prácticas de compañías aseguradoras.

La conclusión es sencilla: los valores que, en sus decisiones, las personas asignan a determinados resultados no son idénticos a los valores de las probabilidades de esos resultados, en contra del principio de la expectativa. Los resultados improbables son sobrestimados; es el efecto de posibilidad. Y los resultados casi ciertos son subestimados relativamente a la certeza actual. El *principio de la expectativa*, que hace que los valores sean estimados por su probabilidad, encierra una pobre psicología.

Pero esto se pone aún más interesante, porque existe el poderoso argumento de que una persona que toma una decisión y se propone ser racional *tiene* que atenerse al principio de la expectativa. Tal era el punto principal de la versión axiomática de la teoría de la utilidad que Von Neumann y Morgenstern introdujeron en 1944. Ambos probaron que cualquier ponderación de resultados inciertos que no sea estrictamente proporcional a la probabilidad conduce a inconsistencias y otros desastres.[1] Su derivación del principio de la expectativa a partir de axiomas de la elección racional fue inmediatamente reconocida como un gran logro que situaba la teoría de la utilidad esperada en el corazón del modelo del agente racional tanto en la economía como en otras ciencias sociales. Treinta años después, cuando Amos me introdujo en la obra de ambos teóricos, me la presentó como un objeto reverencial. También me introdujo en un famoso desafío a esta teoría.

La paradoja de Allais

En 1952, pocos años después de la publicación de la teoría de Von Neumann y Morgenstern, se celebró en París un encuentro para discutir sobre la economía del riesgo. Allí estuvieron presentes muchos de los más renombrados economistas de la época. Entre los invitados estadounidenses se encontraban los futuros premios Nobel Paul Samuelson, Kenneth Arrow y Milton Friedman, así como el ilustre estadístico Jimmie Savage.

Uno de los organizadores del encuentro de París era Maurice Allais, que unos años después también recibiría el premio Nobel. Allais se proponía demostrar que sus invitados eran susceptibles de incurrir en un efecto de certeza, y que, por consiguiente, vulneraban la teoría de la utilidad esperada y los axiomas de elección racional en que dicha teoría descansaba. Las siguientes disyuntivas son una versión simplificada del problema que Allais ideó.[2] De las opciones propuestas en A y B, ¿cuál elegiría?

> A. 61 por ciento de posibilidades de ganar 520.000 dólares O 63 por ciento de posibilidades de ganar 500.000 dólares

> B. 98 por ciento de posibilidades de ganar 520.000 dólares O 100 por ciento de posibilidades de ganar 500.000 dólares

Si somos como la mayoría de los humanos, preferiremos la opción de la izquierda, la primera, en la disyuntiva A, y la de la derecha, la segunda, en la disyuntiva B. Si estas son nuestras preferencias, habremos cometido un pecado lógico y habremos vulnerado las reglas de la elección racional. Los ilustres economistas reunidos en París cometieron pecados similares en una versión más enrevesada de la «paradoja de Allais».

Para comprender por qué estas elecciones son problemáticas, imaginemos que el resultado viene determinado por una extracción a ciegas de una urna que contiene 100 bolas; ganamos si sacamos una bola roja y perdemos si sacamos una blanca. En la disyuntiva A, casi todo el mundo prefiere la urna de la izquierda, aunque tenga menos bolas rojas, porque la diferencia en el premio impresiona más que la diferencia en las posibilidades de ganar. En la disyuntiva B, una gran mayoría elegirá la urna que garantiza un premio de 500.000 dólares. Además, las dos elecciones resultan cómodas, hasta que entramos en la lógica de la disyuntiva.

Al comparar ambas disyuntivas se verá que las dos urnas de la disyuntiva B son versiones más favorables de las dos urnas de la disyuntiva A, con 37 bolas blancas reemplazadas por otras tantas bolas rojas en cada urna. La mejora a la izquierda es claramente superior a la mejora a la derecha, puesto que cada bola roja ofrece una posibilidad de ganar 520.000 dólares a la izquierda y 500.000 a la derecha. En la primera disyuntiva se empieza prefiriendo la urna de la izquierda, luego mejorada más que la urna de la derecha, ¡pero ahora se prefiere la urna de la derecha! Este patrón de elecciones no tiene ninguna lógica, pero existe una explicación psicológica: el efecto de certeza. El 2 por ciento de diferencia entre el 100 por ciento y el 98 por ciento de posibilidades de ganar en la disyuntiva B no impresiona mucho más que la misma diferencia que hay entre el 63 por ciento y el 61 por ciento en la disyuntiva A.

Como Allais había anticipado, los muy instruidos participantes en el encuentro no advirtieron que sus preferencias vulneraban la teoría de la utilidad hasta el momento en que les recordó que el encuentro estaba a punto de concluir. Allais quiso que lo que les iba a anunciar cayese como una bomba: que los teóricos de la decisión más destacados de todo el mundo tenían preferencias que eran inconsistentes con su propio concepto de la racionalidad. Al parecer, creía que su audiencia, persuadida, abandonaría el enfoque de la que un tanto desdeñosamente etiquetó de «escuela norteamericana» y adoptaría la lógica alternativa de la elección que él había desarrollado. Iba a sufrir una gran decepción.[3]

La mayoría de los economistas poco aficionados a la teoría de la decisión ignoraron el problema de Allais. Como a menudo sucede cuando se desafía una teoría que ha sido ampliamente aceptada y se la considera útil, vieron el problema como una anomalía y continuaron utilizando la teoría de la utilidad esperada como si nada hubiese pasado. En cambio, los teóricos de la decisión —un colectivo en el que se pueden encontrar estadísticos, economistas, filósofos y psicólogos— se tomaron muy en serio el desafío de Allais. Cuando Amos y yo comenzamos nuestro trabajo, uno de nuestros primeros objetivos fue encontrar una explicación psicológica satisfactoria de la paradoja de Allais.

La mayoría de los teóricos de la decisión, particularmente Allais, mantuvieron su creencia en la racionalidad humana e intentaron retorcer las reglas de la elección racional para que permitieran el patrón de Allais. Durante años ha habido múltiples intentos de encontrar una justificación plausible al efecto de certeza, pero ninguno ha resultado convincente. Amos era poco paciente con estos esfuerzos; llamó a los teóricos que intentaban racionalizar las vulneraciones de la teoría de la utilidad «abogados de la confusión». Nosotros íbamos

en otra dirección. Mantuvimos la teoría de la utilidad como una lógica de la elección racional, pero abandonamos la idea de que los
humanos son perfectamente racionales en sus elecciones. Nos propusimos la tarea de desarrollar una teoría psicológica que describiera las elecciones que las personas hacen con independencia de que
sean o no racionales. En la teoría de las perspectivas, los valores decisorios no son idénticos a los valores de las probabilidades.

VALORES DECISORIOS

Muchos años después de que hiciéramos pública la teoría de las
perspectivas, Amos y yo llevamos a cabo un estudio en el que medimos los valores decisorios que explicaban las preferencias de las personas por los juegos con cantidades modestas de dinero. Las estimaciones de las ganancias se muestran en la tabla 4.[4]

Probabilidad (%)	0	1	2	5	10	20	50	80	90	95	98	99	100
Valor decisorio	0	5,5	8,1	13,2	18,6	26,1	42,1	60,1	71,2	79,3	87,1	91,2	100

TABLA 4

Podemos ver que los valores decisorios son en los extremos idénticos a las probabilidades correspondientes: ambos igual a 0 cuando el
resultado es imposible y ambos igual a 100 cuando el resultado es seguro. Pero, cerca de estos puntos, los valores decisorios se apartan ya
notablemente de las probabilidades. En el extremo inferior observamos el efecto de posibilidad: eventos improbables son sobrestimados
en un grado considerable. Por ejemplo, el valor decisorio correspondiente a una posibilidad del 2 por ciento es 8,1. Si las personas cum-
plieran los axiomas de la elección racional, el valor decisorio sería 2:
el evento raro es sobrestimado en un factor de 4. El efecto de certeza
en el otro extremo de la escala de probabilidad es aún más impresionante. Un riesgo del 2 por ciento de *no* ganar el premio reduce la utilidad del juego en un 13 por ciento, de 100 a 87,1.

Para apreciar la simetría entre el efecto de posibilidad y el efecto de certeza, imaginemos primero que tenemos un 1 por ciento de

posibilidades de ganar 1 millón de dólares, y que conoceremos el resultado mañana. Y ahora imaginemos que estamos casi seguros de ganar 1 millón de dólares, pero que hay un 1 por ciento de posibilidades de que no ganemos, y que conoceremos el resultado también mañana. La ansiedad que provoca la segunda situación parece más intensa que la esperanza que suscita la primera. El efecto de certeza es asimismo más intenso que el efecto de posibilidad si el resultado es un desastre quirúrgico en vez de una ganancia en dinero. Comparemos la intensidad con que nos concentramos en el estrecho margen de esperanza en una operación que casi seguramente será fatídica con el temor a un 1 por ciento de riesgo.

La combinación de efecto de certeza y efecto de posibilidad en los dos extremos de la escala de probabilidad inevitablemente viene acompañada de una sensibilidad nada adecuada a las probabilidades intermedias. Podemos ver que el rango de probabilidades entre el 5 por ciento y el 95 por ciento está asociado a un rango bastante más pequeño de valores decisorios (de 13,2 a 79,3), de dos tercios de la racionalidad esperada. Los neurocientíficos han confirmado estas observaciones al encontrar zonas del cerebro que responden a cambios en la probabilidad de ganar un premio. La respuesta del cerebro a las variaciones en las probabilidades es llamativamente similar a los valores decisorios estimados en las elecciones.[5]

Las probabilidades extremadamente bajas o altas (por debajo del 1 por ciento o por encima del 99 por ciento) son un caso especial. Es difícil asignar un valor decisorio único a eventos sumamente raros, puesto que estos son a veces ignorados por completo, asignándoseles así un valor decisorio de cero. Por otra parte, cuando no ignoramos los eventos muy raros, es casi seguro que los sobrestimemos. Casi todo el mundo dedica muy poco tiempo a preocuparse por los accidentes en las centrales nucleares o a fantasear sobre grandes herencias de parientes desconocidos. Pero cuando un evento improbable se convierte en foco de su atención, le confiere mucho más peso del que merece su probabilidad. Además, es casi completamente insensible a las variaciones del riesgo entre probabilidades pequeñas. No distingue con facilidad un riesgo del 0,001 por ciento de padecer un cáncer de un riesgo de 0,00001 por ciento, aunque el prime-

ro se traduzca en 3.000 casos de cáncer para la población de Estados
Unidos y el segundo en 30 casos.

Cuando prestamos atención a una amenaza, nos preocupamos, y los
valores decisorios reflejan el grado de nuestra preocupación. Debido
al efecto de posibilidad, la preocupación no es proporcional a la probabilidad de la amenaza. Reducir o mitigar el riesgo no es lo pertinente; para eliminar la preocupación, es preciso que la probabilidad
baje a cero.

La pregunta que se expone a continuación es una adaptación de
un estudio sobre la racionalidad de las valoraciones de riesgos para la
salud que un equipo de economistas publicó en los años ochenta. En
él se hizo la siguiente encuesta a padres con hijos pequeños.[6]

> Suponga que actualmente utiliza un insecticida en espray que le cues-
> ta 10 dólares el envase y provoca 15 intoxicaciones por inhalación y 15 in-
> toxicaciones infantiles por cada 10.000 envases de espray utilizados.

> Se entera de que existe un insecticida más caro que reduce ambos ries-
> gos a 5 por cada 10.000 envases. ¿Cuánto estaría dispuesto a pagar por él?

Los padres estaban dispuestos a pagar de media 2,38 dólares
más para reducir los riesgos en dos tercios, es decir, a 5, las 15 into-
xicaciones por 10.000 envases. Y estaban también dispuestos a pagar 8,90 dólares, más del triple de la cantidad anterior, para elimi-
narlas completamente. Otras preguntas revelaron que los padres
trataban los dos riesgos (inhalación e intoxicación infantil) como
preocupaciones separadas, y estaban dispuestos a pagar un plus por
la certeza de la completa eliminación de ambos. Este plus es compatible con la psicología de la preocupación, mas no con el modelo racional.[7]

EL PATRÓN DE CUATRO

Cuando Amos y yo comenzamos a trabajar en la teoría de las perspectivas, enseguida llegamos a dos conclusiones: los individuos adscriben valores a ganancias y a pérdidas más que a la riqueza, y los valores decisorios que asignan a resultados son diferentes de los de las probabilidades. Ninguna de estas ideas era enteramente nueva, pero en combinación explicaban un patrón distintivo de preferencias que denominamos patrón de cuatro. La denominación ha arraigado. Las situaciones se ilustran como sigue:

	GANANCIAS	PÉRDIDAS
PROBABILIDAD ALTA	95 por ciento de posibilidades de ganar 10.000 dólares	95 por ciento de posibilidades de perder 10.000 dólares
	Temor a la desilusión	Esperanza de evitar la pérdida
Efecto de certeza	AVERSIÓN AL RIESGO	BÚSQUEDA DEL RIESGO
	Acepta lo desfavorable	Rechaza lo favorable
PROBABILIDAD BAJA	5 por ciento de posibilidades de ganar 10.000 dólares	5 por ciento de posibilidades de perder 10.000 dólares
	Esperanza de gran ganancia	Temor a gran pérdida
Efecto de posibilidad	BÚSQUEDA DEL RIESGO	AVERSIÓN AL RIESGO
	Rechazo de lo favorable	Aceptación de lo desfavorable

FIGURA 13

- Los renglones superiores de cada celda muestran una perspectiva ilustrativa.
- La segunda fila caracteriza la emoción focal que la perspectiva provoca.
- La tercera fila indica cómo se comportan la mayoría de las personas cuando les ofrecen elegir entre un juego y una ganancia (o una pérdida) segura que corresponde a su valor esperado (por ejemplo, entre el 95 por ciento de posibilidades de ganar 10.000 dólares y ganar con certeza 9.500 dólares). Las elecciones se hacen con aversión al riesgo si se prefiere lo seguro y con búsqueda del riesgo si se prefiere el juego.

- La cuarta fila describe las actitudes esperadas de un demandado y de un demandante cuando discuten de la satisfacción por
una demanda civil.

El *patrón de cuatro* preferencias se considera uno de los logros
fundamentales de la teoría de las perspectivas. Tres de las cuatro celdas
son familiares; la cuarta (arriba, a la derecha) era nueva e inesperada.

- La de arriba a la izquierda la discutió Bernoulli: los individuos
sienten aversión al riesgo cuando consideran perspectivas con
una posibilidad importante de obtener una gran ganancia.
Y están dispuestos a aceptar menos del valor esperado de un
juego para confinarse en una ganancia segura.
- El efecto de posibilidad de la celda de abajo a la izquierda explica por qué las loterías son tan populares. Cuando el premio
máximo es muy grande, los compradores de billetes parecen
indiferentes al hecho de que sus posibilidades de ganar sean
minúsculas. Un billete de lotería es el ejemplo máximo del
efecto de posibilidad. Sin un billete de lotería no se puede ganar, y con uno se tiene la posibilidad de ganar, poco importa
que esta posibilidad sea desdeñable o simplemente pequeña.
Lo que la gente adquiere con un billete es, sin duda, más que
una posibilidad de ganar; es el derecho a soñar placentera-
mente con ganar.
- En la celda de abajo a la derecha es donde se paga por un seguro. Las personas están dispuestas a pagar por la seguridad
mucho más que el valor esperado; así es como las compañías
de seguros cubren sus costes y obtienen sus beneficios. También aquí la gente hace algo más que comprar protección contra un desastre improbable; elimina una preocupación y gana
tranquilidad.

Los resultados de la celda de arriba a la derecha nos sorprendieron al principio. Estábamos acostumbrados a pensar en términos de
aversión al riesgo excepto en la celda de abajo a la izquierda, donde se prefieren las loterías. Cuando veíamos malas opciones en nues-

tras elecciones, enseguida comprobábamos que estábamos buscando el riesgo en el dominio de las pérdidas, así como sentíamos aversión al riesgo en el dominio de las ganancias. No éramos los primeros en observar la búsqueda del riesgo cuando las perspectivas son negativas; al menos dos autores habían informado de este hecho, aunque no le daban mucha importancia.[8] Pero éramos afortunados por tener un marco que permitía interpretar fácilmente la búsqueda del riesgo y constituía un hito en nuestro pensamiento. Con él pudimos identificar dos razones de este efecto.

En primer lugar, una disminución de la sensibilidad. La pérdida segura genera mucha aversión, pues la intensidad de la reacción a una pérdida de 900 dólares es más del 90 por ciento de la intensidad de la reacción a una pérdida de 1.000 dólares. El segundo factor puede que sea aún más poderoso: el valor decisorio correspondiente a una probabilidad del 90 por ciento es solo de 71, más bajo que el de la probabilidad. El resultado es que cuando consideramos la elección entre una pérdida segura y un juego con alta probabilidad de una gran pérdida, la disminución de la sensibilidad hace que la aversión a la pérdida segura sea menor, y el efecto de certeza reduce la aversión que pueda suscitar el juego. Los mismos dos factores mejoran el atractivo de la opción segura y reducen el atractivo del juego cuando los resultados son positivos.

La figura de la función del valor y los valores decisorios contribuyen al patrón observado en los renglones superiores de la figura 13. Pero en la fila de abajo, los dos factores operan en direcciones opuestas: la disminución de la sensibilidad continúa favoreciendo la aversión al riesgo en las ganancias y la búsqueda del riesgo en las pérdidas, pero la sobrestimación de las probabilidades bajas supera este efecto y produce el patrón observado de disposición a jugar cuando puede haber ganancias y prudencia cuando puede haber pérdidas.

Muchas situaciones humanas desafortunadas se producen en la celda de arriba a la derecha. Es en ella donde las personas que se ven frente a opciones muy malas juegan a la desesperada, aceptando una alta probabilidad de empeorar las cosas por una pequeña esperanza de evitar una gran pérdida. Esta forma de arriesgarse a menudo hace soportable el resultado desastroso. La idea de aceptar la gran pérdida se-

gura es demasiado dolorosa y la esperanza del alivio, demasiado tentadora como para que uno no tome la delicada decisión de que es
hora de acabar con las pérdidas. Es aquí donde las empresas que pierden el tren de una tecnología superior malgastan los recursos que les
quedan en vanos intentos de ponerse al día. Como la derrota es tan
difícil de aceptar, en las guerras la parte perdedora a menudo continúa combatiendo cuando ya se ha sobrepasado el punto en el que la
victoria de la parte contraria es segura, y solo cuestión de tiempo.

JUGAR A LA SOMBRA DE LA LEY

El especialista en temas jurídicos Chris Guthrie ha ofrecido una convincente aplicación del patrón de cuatro a dos situaciones en las que
el demandante y el demandado en un pleito civil consideran una posible satisfacción. Las situaciones difieren según lo que el demandante pida.

Recordemos una situación que hemos visto antes: una persona
demanda a otra en un pleito civil en el que ha reclamado una importante suma por daños y perjuicios. El desarrollo del juicio le es
favorable, y su abogado le transmite una opinión experta, según la
cual tiene un 95 por ciento de posibilidades de ganar el juicio, pero
añade una reserva: «Nunca conocerá el verdadero resultado hasta que
el jurado no se pronuncie». El abogado le sugiere que acepte el 90
por ciento de la cantidad reclamada. El demandante se encuentra en
la celda de arriba a la izquierda del patrón de cuatro, donde se hace
esta pregunta: «¿Podría asumir una posibilidad, aun pequeña, de que-
darme sin nada? El 90 por ciento de lo reclamado es todavía una
buena cantidad de dinero, y puedo llevármela». En el demandante se
juntan dos emociones, y ambas van en la misma dirección: la atracción por una ganancia segura (y sustancial) y el temor a una desilusión y un arrepentimiento muy intensos si rechaza esa reducción y
pierde el juicio. Puede sentir la presión que, en una situación como
esta, normalmente induce a adoptar una actitud cautelosa. En un
caso importante, el demandante puede experimentar la aversión al
riesgo.

Ahora pasemos a ocupar el puesto del demandado en el mismo caso. Aunque el demandado no ha abandonado por completo la esperanza de una decisión a su favor, se da cuenta de que el juicio no parece que vaya a favorecerle. Los abogados del demandante le han propuesto pagar el 90 por ciento de lo originalmente solicitado, y está claro que no aceptarán menos de esa cantidad. ¿Satisfará esa indemnización o continuará con el caso? Como se enfrenta a una alta posibilidad de perder, su situación es la de la celda de arriba a la derecha. La tentación de seguir luchando es fuerte: el acuerdo que el demandante le ha ofrecido es tan negativo para él como el peor de los resultados del juicio, y todavía tiene esperanza de convencer al jurado. Aquí de nuevo se suscitan dos emociones: la pérdida segura es odiosa y la posibilidad de ganar el juicio, muy atrayente. Un demandado en un caso que le es poco favorable buscará el riesgo, estará dispuesto a jugar antes que aceptar un acuerdo muy desfavorable. En la confrontación entre un demandante que experimenta aversión al riesgo y un demandado que lo busca, el demandado es el más tenaz. La superioridad de la posición del demandado en esta negociación se reflejará en los acuerdos a que se llegue, con el demandante contentándose con menos del resultado estadísticamente esperado del juicio. Esta predicción del patrón de cuatro ha sido confirmada en experimentos realizados con estudiantes de derecho y jueces en activo, y también en análisis de negociaciones reales a la sombra de procesos civiles.[9]

Consideremos ahora un «litigio frívolo» en el que un demandante presenta con argumentos poco sólidos una demanda que muy probablemente el tribunal no acepte. Las dos partes conocen las probabilidades, y saben que, en la negociación de un acuerdo, el demandante recibirá solo una pequeña fracción de la cantidad reclamada. La negociación se sitúa en la fila de abajo del patrón de cuatro, con el demandante en la celda de la izquierda, donde la posibilidad de ganar una cantidad sustanciosa es pequeña; la frívola reclamación es un billete de lotería premiado con una gran suma.[10] En esta situación es natural sobrestimar esta pequeña posibilidad, y acordar una modesta cantidad equivale a ganar seguridad frente a un improbable veredicto adverso. Ahora las direcciones se invierten: el demandante está dispuesto a jugar y el demandado desea seguridad. Los demandantes con reclamaciones frívolas pueden así obtener satisfacciones más generosas de lo que la estadística justifica en estas situaciones.

Las decisiones descritas en el patrón de cuatro tienen razones obvias. En cada uno de los casos podemos identificarnos con los sentimientos que llevan al demandante y al demandado a adoptar una actitud combativa o acomodaticia. Pero, a la larga, las desviaciones respecto del valor esperado pueden resultar costosas. Consideremos una gran organización como lo es la ciudad de Nueva York y supongamos que ha de enfrentarse a 200 juicios «frívolos» al año, cada uno con el 5 por ciento de posibilidades de costarle a la ciudad 1 millón de dólares. Supongamos además que la ciudad pueda resolver cada caso con un pago de 100.000 dólares. La ciudad considera dos políticas alternativas que aplicará a todos esos casos: acuerdo o juicio. (Para simplificar, omito los costes judiciales.)

- Si la ciudad entra en litigio con los 200 casos, perderá 10, y la pérdida total será de 10 millones de dólares.
- Si la ciudad resuelve cada caso con 100.000 dólares, su pérdida total será de 20 millones de dólares.

Con una visión más amplia de muchas decisiones similares, podemos darnos cuenta de que pagar cierta cantidad para evitar un pequeño riesgo de una gran pérdida resulta costoso. Un análisis similar es aplicable a cada una de las celdas del patrón de cuatro: las desviaciones sistemáticas respecto del valor esperado resultan costosas a largo plazo, y esta regla es aplicable tanto a la aversión al riesgo cuanto a la búsqueda del riesgo. La sobrestimación sistemática de resultados improbables —un aspecto de la toma de decisiones de carácter intuitivo— conduce a resultados no deseables.

Hablando del patrón de cuatro

«Está tentado de llegar a un arreglo en esta demanda frívola para evitar una gran pérdida. Si afronta de esta manera muchos problemas similares, sería mejor para él que no diese su brazo a torcer.»

«Nunca dejamos que nuestras vacaciones dependan de un asunto de última hora. Estamos dispuestos a pagar por la certeza.»

«No querrán reducir sus pérdidas mientras exista la posibilidad de invertir la situación. Esto es buscar el riesgo a la vista de una pérdida.»

«Saben que el riesgo de una explosión de gas es minúsculo, pero quieren reducirlo aún más. Aquí obra el efecto de posibilidad, y quieren tranquilidad absoluta.»

30
Eventos raros

He viajado a Israel varias veces en un período en el que los atentados suicidas en el interior de autobuses eran relativamente frecuentes, lo que quiere decir que eran muy raros en términos absolutos. Entre diciembre de 2001 y septiembre de 2004 hubo 23 explosiones con un total de 236 víctimas mortales. El número diario de pasajeros de autobuses en Israel era entonces de aproximadamente 1,3 millones. Para cualquiera de ellos, el riesgo era insignificante, pero el público no lo veía así. La gente evitaba todo lo posible los autobuses, y muchos viajeros se pasaban el tiempo dentro del autobús escrutando ansiosos a sus vecinos por si portaban paquetes o vestían prendas demasiado holgadas que pudieran ocultar una bomba.

No tuve muchas ocasiones de viajar en un autobús, pues utilizaba un coche de alquiler, pero estaba apesadumbrado porque me di cuenta de que mi comportamiento también resultó afectado. Frente a un semáforo en rojo evitaba parar cerca de un autobús, y cuando se encendía la luz verde, arrancaba más deprisa de lo normal. Me sentía avergonzado, porque yo conocía mejor la situación. Sabía que el riesgo era insignificante, y que cualquier efecto del mismo en mis actos me haría asignar un «valor decisorio» desmesuradamente alto a una probabilidad minúscula. Era más probable que resultara herido en un accidente de tráfico que por pararme junto a un autobús. Pero el motivo de que evitara los autobuses no era una preocupación racional por sobrevivir. Me dominaba la experiencia del momento: el hallarme cerca de un autobús me hacía pensar en bombas, y ese pensamiento era incómodo. Evitaba los autobuses porque quería pensar en cualquier otra cosa.

Mi experiencia ilustra los efectos del terrorismo y la razón de que este sea tan eficaz: induce una cascada de disponibilidad. Una imagen en extremo vívida de muertes y estragos, constantemente reforzada por su visión en los medios y la frecuencia con que aparece como tema de conversación, se torna demasiado accesible, en especial cuando se relaciona con una situación específica, como la de ver un autobús. La excitación emocional es de naturaleza asociativa, automática e incontrolada, e impulsa a la acción protectora. El Sistema 2 podrá «saber» que la probabilidad es baja, pero este conocimiento no elimina la incomodidad que uno mismo se crea y el deseo de evitarla.[1] El Sistema 1 no puede desconectarse. La emoción no solo es desproporcionada a la probabilidad; también es insensible al grado exacto de probabilidad. Supongamos que dos ciudades han sido alertadas de la presencia de terroristas suicidas. Los habitantes de una de ellas han recibido la información de que hay dos individuos dispuestos a activar sus bombas. Y los de la otra se han enterado de que hay uno solo dispuesto a cometer el mismo acto. El riesgo en esta segunda es la mitad del de la primera, pero ¿se sienten más seguros?

Muchos comercios de la ciudad de Nueva York venden billetes de lotería, y el negocio es bueno. La psicología de la lotería con grandes premios es similar a la psicología del terrorismo. La emocionante posibilidad de ganar el primer premio es compartida por la comunidad e intensificada por las conversaciones corrientes en el trabajo y en el hogar. El acto de comprar un billete es inmediatamente recompensado con fantasías placenteras, igual que evitar un autobús era inmediatamente recompensado con el alivio de un temor. En ambos casos, la probabilidad real no merece atención alguna; solo la posibilidad cuenta. La formulación original de la teoría de las perspectivas incluía el argumento de que «los eventos muy improbables son o bien ignorados, o bien sobrestimados», pero no especificaba las condiciones bajo las cuales se produce una cosa o la otra, ni proponía una interpretación psicológica de ambas. Mi concepción actual de los valores decisorios ha estado muy influida por recientes investigaciones sobre el papel de las emociones e imágenes vívidas en la toma de decisiones.[2] La sobrestimación de resultados improbables tiene sus raíces en características del Sistema 1 que ahora me son familiares. La emoción y la imagen vívida influyen en la fluencia, la disponibilidad y los juicios de probabilidad, y explican nuestra respuesta exagerada a esos pocos y raros eventos que nunca ignoramos.

SOBRESTIMACIÓN Y MAGNIFICACIÓN

> ¿Cuál es su opinión sobre la probabilidad de que el próximo presidente de Estados Unidos sea el candidato de un tercer partido?

> ¿Cuánto pagaría en una apuesta en la que recibiría 1.000 dólares si el próximo presidente de Estados Unidos es candidato de un tercer partido y nada en caso contrario?

Las dos preguntas son diferentes, pero obviamente están relacionadas. La primera nos pide que estimemos la probabilidad de un evento poco probable. La segunda nos invita a asignar un valor decisorio al mismo evento apostando por él.

¿Cuál es el modo común de juzgar y de asignar valores decisorios? Empezaremos caracterizando dos respuestas sencillas. Estas son las respuestas más simples:

• La gente sobrestima las probabilidades de eventos poco probables.
• La gente magnifica en sus decisiones los eventos improbables.

Aunque la sobrestimación y la magnificación son fenómenos distintos, en ambos obran los mismos mecanismos psicológicos: focalización de la atención, sesgo de confirmación y facilidad cognitiva.

Las descripciones específicas activan la maquinaria asociativa del Sistema 1. Cuando pensamos en la improbable victoria del candidato de un tercer partido, nuestro sistema asociativo actúa en su modo confirmatorio habitual, recuperando selectivamente evidencias, ejem-

plos e imágenes que harían verdadero el juicio. El proceso está sesgado, pero no es una maniobra de la fantasía. Buscamos un escenario
plausible que se ajuste a las limitaciones de la realidad; no imaginamos al hada del Oeste instalando a un presidente de un tercer partido. Nuestro juicio de probabilidad viene en última instancia determinado por la facilidad cognitiva, o fluencia, con que un escenario
plausible nos viene a la mente.

No siempre nos centramos en el evento que nos piden que estimemos. Si el evento es muy probable, nos centramos en su alternativa. Consideremos el siguiente ejemplo:

> ¿Cuál es la probabilidad de que un bebé nacido en nuestro hospital lo-
> cal salga de él en tres días?

Se nos pide que estimemos la probabilidad de que se lleven a
un bebé a casa, pero es casi seguro que nos centraremos en los sucesos que puedan hacer que un bebé *no* salga del hospital en el período normal. Nuestra mente posee la útil capacidad de centrarse
espontáneamente en cualquier cosa que sea extraña, diferente o
poco habitual. Enseguida nos damos cuenta de que es normal que
en Estados Unidos (no todos los estados tienen las mismas normas)
los bebés salgan del hospital dos o tres días después de nacer, y por
eso nuestra atención se fija en la alternativa no normal. El evento
improbable ocupa el foco de atención. La heurística de la disponibilidad no tarda en actuar; nuestro juicio probablemente está determinado por el número de escenarios médicos problemáticos en que
nos vemos envueltos y por la facilidad con que los recordamos.
Como estamos en el modo confirmatorio, se nos da la posibilidad
de que nuestra estimación de la frecuencia de los problemas sea demasiado alta.

Tendemos a sobrestimar la probabilidad de un evento raro cuando la alternativa al mismo no está del todo especificada. Mi ejemplo
favorito proviene de un estudio que realizó el psicólogo Craig Fox
cuando era alumno de Amos.[3] Fox reclutó aficionados al baloncesto
profesional y obtuvo diversos juicios y decisiones relativos al ganador
de las finales de la NBA. Les pidió en particular estimar la probabili-

dad de que cada uno de los ocho equipos participantes ganase la final; la victoria de cada equipo fue el evento focal.[4]

Podemos valorar lo sucedido, pero la magnitud del efecto que Fox observó puede sorprendernos. Imaginemos un aficionado al que se le ha pedido que estime las posibilidades de que los Chicago Bulls ganen el torneo. El evento focal está bien definido, pero su alternativa —que gane uno de los otros siete equipos— es difusa y menos evocable. La memoria y la imaginación del aficionado, operando en el modo confirmatorio, intentan construir una victoria para los Bulls. Cuando luego se pide a la misma persona que estime las posibilidades de los Lakers, la misma activación selectiva actuará a favor de este equipo. Los ocho mejores equipos de baloncesto profesional de Estados Unidos son todos muy buenos, y es posible imaginar un equipo relativamente débil surgiendo entre ellos como campeón. El resultado fue que los juicios de probabilidad generados sucesivamente para los ocho equipos ascendieron al 240 por ciento. No hace falta decir que este patrón es absurdo, pues la suma de las posibilidades de los ocho eventos *tiene* que llegar al 100 por ciento. Este absurdo desaparecía cuando a quienes juzgaban se les preguntaba si el ganador sería de la liga del Este o del Oeste. El evento focal y su alternativa eran igual de específicos en esta pregunta, y los juicios sobre sus probabilidades alcanzaban el 100 por ciento.

Para estimar los valores decisorios, Fox también invitó a los aficionados al baloncesto a apostar por el resultado del torneo. Estos asignaron a cada apuesta un equivalente en dinero (una cantidad lo suficientemente atractiva para hacer la apuesta). El que ganaba la apuesta recibiría un total de 160 dólares. La suma de los equivalentes para los ocho equipos era de 287 dólares. El participante que aceptara ocho apuestas, sufriría una pérdida segura de 127 dólares. Los participantes sabían perfectamente que había ocho equipos en el torneo, y que la ganancia media por apostar a todos ellos no podía exceder de 160 dólares, y sin embargo la magnificaron. Los aficionados no solo sobrestimaron la probabilidad de los eventos focales; también se mostraron muy dispuestos a apostar por ellos.

Estos hallazgos arrojaban nueva luz sobre la falacia de la planificación y otras manifestaciones de optimismo. La ejecución de un plan es algo específico y fácil de imaginar cuando se intenta predecir el resultado de un proyecto. En cambio, la alternativa del fracaso es difusa, pues hay innumerables maneras de que las cosas vayan mal. Los empresarios y los inversores que evalúan perspectivas tienden a sobrestimar sus posibilidades y magnificar sus estimaciones.

RESULTADOS VÍVIDOS

Como hemos visto, la teoría de las perspectivas difiere de la teoría de la utilidad en la relación que sugiere entre probabilidad y valor decisorio. En la teoría de la utilidad, valores decisorios y probabilidades son lo mismo. El valor decisorio de una cosa segura es 100, y el valor que corresponde a una posibilidad del 90 por ciento es exactamente 90, nueve veces más que el valor decisorio de una posibilidad del 10 por ciento. En la teoría de las perspectivas, las variaciones de probabilidad tienen menos efecto sobre los valores decisorios. Un experimento que antes he mencionado encontró que el valor decisorio de una posibilidad del 90 por ciento era de 71,2, y el valor decisorio de una posibilidad del 10 por ciento era de 18,6. La ratio de las probabilidades era 9,0, pero la ratio de los valores decisorios era de solo 3,83, lo cual indicaba una sensibilidad insuficiente a la probabilidad en ese rango. En ambas teorías, los valores decisorios dependen solo de la probabilidad, no del resultado. Ambas teorías predicen que el valor decisorio de un 90 por ciento de posibilidades es el mismo para ganar un premio de 100 dólares, recibir una docena de rosas o sufrir una descarga eléctrica.[5] Esta predicción teórica se ha revelado falsa.

Unos psicólogos de la Universidad de Chicago publicaron un artículo con el atractivo título de «Money, Kisses, and Electric Shocks: On the Affective Psychology of Risk». Su conclusión era que la evaluación de juegos era menos sensible a la probabilidad cuando los resultados (ficticios) eran de naturaleza emocional («conocer y besar a su estrella de cine favorita» o «recibir una dolorosa, aunque no peligrosa, descarga eléctrica») que cuando los resultados eran ganancias o pérdidas de dinero. Este no fue un hallazgo aislado. Otros investigadores, empleando mediciones psicológicas, como las pulsaciones cardíacas, habían encontrado que el temor a una inminente descarga eléctrica no se correlacionaba esencialmente con la probabilidad de recibir tal descarga. La mera posibilidad de una descarga provocaba la respuesta del miedo. El equipo de Chicago propuso que «la imagen afectiva» se imponía a la respuesta a la probabilidad. Diez años después, un equipo de psicólogos de Princeton desafiaba esta conclusión.

El equipo de Princeton argumentó que la baja sensibilidad a la probabilidad que se había observado en resultados de carácter emocional es normal. Los juegos con dinero son la excepción. La sensibilidad a la probabilidad es relativamente alta en estos juegos, puesto que tienen un valor esperado definido.

> ¿Qué cantidad de dinero efectivo es tan atractiva como estos juegos?
> A. 84 por ciento de posibilidades de ganar 59 dólares.
> B. 84 por ciento de posibilidades de recibir una docena de rosas en un jarrón de cristal.

¿Qué observamos aquí? La diferencia más notoria es que la cuestión A es más fácil que la cuestión B. Aquí no dejamos de calcular el valor esperado de la apuesta, pero probablemente sabemos enseguida que no anda lejos de 50 dólares (de hecho, es de 49,56 dólares), y nuestra vaga estimación es suficiente para proporcionarnos un ancla cuando buscamos un premio igual de atractivo. Esta ancla no la encontramos para la cuestión B, que es, por tanto, más difícil de responder. Los participantes también calcularon el equivalente en dinero de juegos con una posibilidad del 21 por ciento de ganar los dos resultados. Como era de esperar, la diferencia entre los juegos de probabilidad alta y los de probabilidad baja era más marcada para el dinero que para las rosas.

Para reforzar su argumento de que la insensibilidad a la probabilidad no la causa la emoción, el equipo de Princeton comparó la disposición a pagar para evitar los juegos:

> 21 por ciento (o 84 por ciento) de posibilidades de pasar un fin de semana pintando un apartamento de tres dormitorios.

21 por ciento (o 84 por ciento) de posibilidades de limpiar tres elementos de un cuarto de baño usado durante un fin de semana.

El segundo resultado es con seguridad más emocional que el primero, pero los valores decisorios de los dos resultados no diferían. Evidentemente, la intensidad de la emoción no es la respuesta.

Otro experimento arrojó un resultado sorprendente. Los participantes recibieron información explícita sobre el precio junto con la descripción verbal del premio. Un ejemplo podría ser

84 por ciento de posibilidades de ganar: una docena de rosas en un jarrón de cristal. Valor: 59 dólares.

21 por ciento de posibilidades de ganar: una docena de rosas en un jarrón de cristal. Valor: 59 dólares.

Es fácil estimar en dinero el valor esperado de estos juegos, pero la adición de un valor específico en dinero no alteraba los resultados: las evaluaciones permanecieron insensibles a la probabilidad incluso tras esta operación. Las personas que imaginaban el regalo como una posibilidad de recibir rosas no utilizaron la información del precio como un ancla en la evaluación del juego. Como a veces dicen los científicos, este es un hallazgo sorprendente que trata de decirnos algo. ¿Qué es lo que trata de decirnos?

Creo que nos indica que una representación rica y vívida del resultado, sea o no emocional, reduce el papel de la probabilidad en la evaluación de una perspectiva incierta. Esta hipótesis sugiere una predicción en la que tengo razonablemente mucha confianza: añadir detalles irrelevantes, pero vívidos, a un resultado en dinero también altera el cálculo. Comparemos las equivalencias en dinero de los siguientes resultados:

21 por ciento (o 84 por ciento) de posibilidades de recibir 59 dólares el próximo lunes.

21 por ciento (o 84 por ciento) de posibilidades de recibir un gran sobre de cartulina azul que contiene 59 dólares el próximo lunes por la mañana.

La nueva hipótesis es que habrá menos sensibilidad a la probabilidad en el segundo caso porque el sobre azul provoca una representación más rica y fluida que la abstracta noción de una suma de dinero. Construimos el evento en nuestra mente, y la imagen vívida del resultado persiste en ella aun si sabemos que su probabilidad es baja. La facilidad cognitiva contribuye asimismo al efecto de certeza: cuando tenemos una imagen vívida de un evento, la posibilidad de que este no se produzca también nos la representamos de forma vívida y la magnificamos. La combinación de un efecto mejorado de posibilidad con un efecto mejorado de certeza deja escaso margen para que los valores decisorios cambien entre las posibilidades del 21 por ciento y del 84 por ciento.

PROBABILIDADES VÍVIDAS

La idea de que la fluidez, la representación vívida y la facilidad de imaginar contribuyen a los valores decisorios tiene el apoyo de otras muchas observaciones. A los participantes en un experimento muy conocido se les invitó a sacar una bola de una de dos urnas cuyas bolas rojas tenían premio:

> La urna A contiene 10 bolas, de las cuales una es roja.
> La urna B contiene 100 bolas, de las cuales 8 son rojas.

¿Qué urna elegir? Las posibilidades de ganar son del 10 por ciento en la urna A, y del 8 por ciento en la urna B, con lo que la elección correcta sería fácil; pero no lo es: entre un 30 por ciento y un 40 por ciento de los estudiantes eligieron la urna con el mayor *número* de bolas rojas, en vez de elegir la urna que ofrece una mayor posibilidad de ganar. Seymour Epstein ha argumentado que los resultados ilustran la manera superficial de procesar características del Sistema 1 (al que llama sistema experiencial).[6]

Como cabría esperar, las elecciones notoriamente insensatas que la gente hace en esta situación han atraído la atención de muchos investigadores. Este sesgo ha recibido varios nombres; siguiendo a Paul

Slovic, lo llamaré *olvido del denominador.* Si nuestra atención es atraída hacia las bolas rojas, no estimaremos el número de bolas no ganadoras con el mismo cuidado. La imagen vívida contribuye al olvido del denominador, al menos tal como yo lo experimento. Cuando pienso en la urna pequeña, veo una única bola roja que contrasta con un fondo vagamente definido de bolas blancas. Y cuando pienso en la urna grande, veo ocho bolas ganadoras que contrastan con un fondo indefinido de bolas blancas que crea una sensación de desesperanza. El vivo contraste de las bolas ganadoras incrementa el valor decisorio de su extracción, aumentando el efecto de posibilidad. Obviamente, lo mismo puede decirse del efecto de certeza. Si tengo un 90 por ciento de posibilidades de ganar un premio, el evento de no ganar resaltará más si 10 de 100 bolas son «perdedoras» que si lo es una de 10.

La idea del olvido del denominador ayuda a explicar por qué distintas maneras de comunicar riesgos varían tanto en sus efectos. Por ejemplo, leemos que «una vacuna que protege a los niños contra una enfermedad fatal tiene un 0,001 por ciento de riesgo de invalidez permanente». El riesgo parece pequeño. Pero consideremos ahora otra descripción del mismo riesgo: «Uno de cada 100.000 niños vacunados sufrirá una invalidez permanente». El segundo enunciado hace en nuestra mente algo que el primero no hace: genera la imagen de un niño discapacitado permanente a causa de la vacuna; los 99.999 niños vacunados que no sufrirán esa secuela han quedado en segundo plano. Como el olvido del denominador permitía predecir, los eventos de baja probabilidad adquieren más peso cuando se describen en términos de frecuencias relativas (¿cuántos?) que cuando se refieren con los términos más abstractos de «posibilidades», «riesgo» o «probabilidad» (¿cuál es su probabilidad?). Como hemos visto, el Sistema 1 se maneja mucho mejor con individuos que con categorías.

El formato del efecto de frecuencia es grande. En un estudio, los participantes que vieron información sobre «una enfermedad que mata a 1.286 personas de cada 10.000» la juzgaron más peligrosa que aquellos a los que se les habló de «una enfermedad que mata al 24,14 por ciento de la población».[7] La primera enfermedad parece más amenazadora que la segunda, aunque su riesgo es de solo la mitad que el de la segunda. En una demostración aún más directa del olvido del denominador, «una enfermedad que mata a 1.286 personas de cada 10.000» se juzgó más peligrosa que una enfermedad que «mata a 24,4 de cada 100». El efecto sin duda se reduciría o desaparecería si se pidiese a los participantes una comparación directa de las dos formulaciones, una tarea que requiere el Sistema 2. Pero la vida es por lo común un experimento entre sujetos en el que solo vemos una formulación cada vez. Haría falta un Sistema 2 excepcionalmente activo para generar formulaciones alternativas a la única que vemos y descubrir que estas piden una respuesta diferente.

Los psicólogos y psiquiatras forenses experimentados no son inmunes a los efectos del formato en que se expresan evaluaciones de riesgos.[8] En un experimento, los participantes, profesionales todos, evaluaron si era seguro dar de alta a un paciente del hospital psiquiátrico, Mr. Jones, con un historial de violencia. La información recibida incluía una estimación experta del riesgo. La misma estadística se describió de dos maneras:

> Se estima que con pacientes como Mr. Jones hay un 10 por ciento de probabilidad de que estos cometan un acto de violencia contra otros durante los primeros meses posteriores al alta.

> Se estima que, de cada 100 pacientes como Mr. Jones, 10 cometerán un acto de violencia contra otros durante los primeros meses posteriores al alta.

El 41 por ciento de los profesionales que vieron el formato de frecuencia denegaron el alta (un porcentaje que casi duplica al de los que vieron el formato de probabilidad, que fue del 21 por ciento). La descripción más vívida genera un valor decisorio más alto para la misma probabilidad.

El poder del formato ofrece oportunidades de manipulación, que personas con determinados intereses saben cómo explotar. Slovic y sus colegas citan un artículo en el que se sostiene que «aproximadamente 1.000 homicidios al año son cometidos en todo el país por individuos con una enfermedad mental grave que no toman su medicación». Otra manera de expresar el mismo hecho es decir que «1.000 de 273 millones de estadounidenses morirán de esa forma cada año». Otra más es informar de que «la probabilidad anual de ser asesinado por un individuo de esa clase es de aproximadamente el 0,00036 por ciento. Y otra más: «1.000 estadounidenses morirán de esta forma cada año, que son menos de un tercio del número de los que morirán por suicidio y alrededor de un cuarto del número de los que morirán de cáncer de laringe». Slovic señala que «estos defensores son muy francos en su motivación: *quieren* asustar a la opinión pública con la violencia que ejercen personas que sufren trastornos mentales, con la esperanza de que su temor se traduzca en una mayor dotación de fondos para los servicios de salud mental».

Un buen abogado que desee poner en duda una prueba de ADN, no le dirá al jurado que «la posibilidad de una falsa concordancia es del 0,1 por ciento». Decir que «una falsa concordancia se da en 1 de cada 1.000 casos con pena capital» es más probable que cruce el umbral de la duda razonable.[9] Los miembros del jurado que oyen estas palabras son invitados a formarse la imagen del individuo que se sienta delante de ellos en la sala como un hombre erróneamente imputado a causa de una prueba falsa de ADN. Por supuesto, el fiscal, favorecerá el marco más abstracto, esperando llenar de decimales las mentes de los miembros del jurado.

DECISIONES APOYADAS EN IMPRESIONES GLOBALES

La prueba sugiere la hipótesis de que la atención focal y resaltar algo contribuyen a la sobrestimación de eventos improbables y la magnificación de resultados igualmente improbables. Lo resaltado destaca aún más con la mera mención de un evento, con su representación vívida y con el formato en que se describe la probabilidad. Ciertamente, hay excepciones en las que focalizar la atención en un evento no aumenta su probabilidad: casos en los que una teoría errónea hace que un evento parezca imposible aunque se piense en él, o casos en los que una incapacidad para imaginar cómo podría producirse determinado evento nos deja convencidos de que no se producirá. La tendencia a la sobrestimación y la magnificación de eventos destacables no es una regla absoluta, pero es grande y poderosa.

En años recientes han despertado mucho interés los estudios sobre la *elección a partir de la experiencia*,[10] los cuales siguen diferentes reglas de las *elecciones a partir de descripciones* que analiza la teoría de las perspectivas. Los participantes en un experimento tipo tienen delante dos botones. Cada botón genera al presionarlo un premio en dinero o ningún premio, y el resultado se establece aleatoriamente de acuerdo con las especificaciones de una perspectiva (por ejemplo, «5 por ciento de posibilidades de ganar 12 dólares» o «95 por ciento de posibilidades de ganar 1 dólar»). El proceso es realmente aleatorio, por lo que no hay ninguna garantía de que la muestra que un participante vea represente con exactitud el arreglo estadístico. Los valores esperados asociados a los dos botones son aproximadamente iguales, pero en uno hay más riesgo (más variabilidad) que en el otro. (Por ejemplo, un botón puede indicar 10 dólares en el 5 por ciento de las pruebas, y otro 1 dólar en el 50 por ciento de las pruebas.) La elección a partir de la experiencia es implementada haciendo que el participante pruebe muchas veces a fin de que pueda observar las consecuencias de presionar un botón u otro. En la prueba crítica, el participante elige uno de los dos botones, y obtiene el resultado de esa elección. La elección a partir de una descripción se lleva a cabo mostrando al sujeto la descripción verbal del riesgo de la perspectiva asociado a cada botón (como «5 por ciento de ganar 12 dólares») y pidiéndole elegir uno. Como se esperaba con la teoría de las perspectivas, la elección a partir de una descripción produce un efecto de posibilidad; los resultados raros son magnificados en comparación con su probabilidad. En contraste con ello, la magnificación nunca se observa en la elección a partir de la experiencia, siendo común la subestimación.

El propósito de la situación experimental de la elección a partir de la experiencia es representar muchas situaciones en las que obtenemos resultados variables de una misma fuente. Un restaurante que normalmente es bueno en ocasiones puede servir una comida espléndida o pésima. La compañía de nuestro amigo es normalmente agradable, pero a veces este se muestra malhumorado y agresivo. California es propensa a los seísmos, pero estos se producen raras veces. Los resultados de muchos experimentos sugieren que los eventos raros no son magnificados cuando tomamos decisiones como la de elegir un restaurante o vaciar la caldera para reducir los daños de un terremoto.

La interpretación de la elección a partir de la experiencia todavía no ha sido establecida,[11] pero hay un acuerdo general sobre una causa mayor de la subestimación de eventos raros, tanto en experimentos como en la vida real: muchos participantes nunca asisten al evento raro. La mayoría de los californianos nunca han experimentado un terremoto importante, y en 2007 ningún banquero experimentó personalmente una crisis financiera devastadora. Ralph Hertwig e Ido Erev señalan que «las posibilidades de eventos raros (como la del estallido de una burbuja inmobiliaria) reciben menos atención de la que merecen según sus probabilidades objetivas».[12] Ambos ponen el ejemplo de la tibia reacción del público a las amenazas al medio ambiente a largo plazo.

Estos ejemplos de olvido son importantes y fácilmente explicables, pero las infravaloraciones también aparecen cuando la gente ha experimentado realmente el evento raro. Supongamos que tengo una complicada pregunta que dos colegas de nuestra planta seguramente me responderán. Conozco a los dos desde hace años, y he tenido muchas ocasiones de observar y experimentar su carácter. Adele es bastante coherente y generalmente amable, aunque no sea nada excepcional en esta dimensión. Brian no es la mayor parte del tiempo tan agradable y amable como Adele, pero en algunas ocasiones ha sido sumamente generoso con su tiempo y sus consejos. ¿A quién recurrir? Consideremos dos posibles fundamentos de esta decisión:

- Es como una elección entre dos juegos. Adele es más cercana y está más segura; la perspectiva de Brian tiende a producir un resultado ligeramente inferior, con baja probabilidad de que sea muy bueno. El evento raro resultará magnificado por un efecto de posibilidad, favoreciendo a Brian.
- Es una elección entre mis impresiones globales de Adele y de Brian. Las buenas y malas experiencias que he tenido han se-

dimentado en mi representación de su comportamiento normal. A menos que el evento raro sea tan extremo que venga a la mente separadamente (una vez Brian insultó de viva voz a un colega que le pidió ayuda), la norma quedará sesgada hacia ejemplos habituales y recientes, favoreciendo a Adele.

En una mente con dos sistemas, la segunda interpretación parece más plausible. El Sistema 1 genera representaciones globales de Adele y Brian que incluyen una actitud emocional y una tendencia a la aproximación o a la evitación. No se necesita más que una comparación de estas tendencias para saber a qué puerta llamar. A menos que el evento raro nos venga a la mente de forma explícita, no será magnificado. Aplicar la misma idea a los experimentos sobre elección a partir de la experiencia es tarea sencilla. Cuando se observan durante un tiempo los dos botones generando resultados, estos desarrollan «personalidades» integradas a las que se vinculan respuestas emocionales.

Las condiciones bajo las cuales eventos raros son ignorados o magnificados se entienden ahora mejor que cuando se ha formulado la teoría de las perspectivas. La probabilidad de un evento raro será sobrestimada (a menudo, no siempre) debido al sesgo confirmatorio de la memoria. Si pensamos en ese evento, intentaremos hacerlo verdadero en nuestra mente. Un evento raro será magnificado si atrae especialmente la atención. La atención separada queda efectivamente garantizada cuando se describen las perspectivas de modo explícito («99 por ciento de posibilidades de ganar 1.000 dólares y 1 por ciento de posibilidades de no ganar nada»). Las preocupaciones excesivas (el autobús en Jerusalén), las imágenes vívidas (las rosas), las representaciones concretas (1 de cada 1.000) y los recordatorios explícitos (como en la elección a partir de una descripción) contribuyen a la magnificación. Y cuando no hay tal magnificación, habrá olvido. Cuando considera probabilidades raras, nuestra mente no está diseñada para ver las cosas correctamente. Estas son malas noticias para los habitantes de un planeta en el que podrían producirse eventos a los que ninguno de ellos ha asistido.

Hablando de eventos raros

«Los tsunamis son muy raros incluso en Japón, pero la imagen de ellos es tan vívida y persuasiva que los turistas no pueden evitar sobrestimar su probabilidad.»

«Es un ciclo de calamidades que nos resulta familiar. Empieza con la exageración y la magnificación, y luego se instala el olvido.»

«No deberíamos centrarnos en un único escenario, o sobrestimaremos su probabilidad. Pensemos en alternativas específicas y hagamos que las probabilidades lleguen al 100 por ciento.»

«Quieren preocupar a la gente con ese riesgo. Esa es la razón de que lo describan hablando de 1 muerto por cada 1.000. Cuentan con el olvido del denominador.»

31

Políticas frente al riesgo

Imaginemos que tenemos que tomar una de dos decisiones concurrentes. Examinemos primero ambas decisiones, y luego tomemos una.

Decisión (i): elegir entre
A. ganar con seguridad 240 dólares
B. 25 por ciento de posibilidades de ganar 1.000 dólares y 75 por ciento de posibilidades de no ganar nada.

Decisión (ii): elegir entre
C. pérdida segura de 750 dólares
D. 75 por ciento de posibilidades de perder 1.000 dólares y 25 por ciento de no perder nada.

Estos problemas de pares de elecciones ocupan un importante puesto en la historia de la teoría de las perspectivas, y tienen cosas nuevas que contarnos acerca de la racionalidad. Leyendo por encima los dos problemas, la reacción inicial ante lo seguro (A y C) es de atracción por la primera opción y aversión por la segunda. La evaluación emocional de «ganar con seguridad» y «pérdida segura» es una reacción automática del Sistema 1, que ciertamente se produce antes de hacer un cálculo más esforzado (y opcional) de los valores esperados de los dos juegos (ganar 250 dólares y perder 750 dólares, respectivamente). La mayor parte de las elecciones de la gente corresponden a predilecciones del Sistema 1, y una gran mayoría prefiere A a B y C a D. Como en muchas otras elecciones que implican probabilidades moderadas o altas, las personas tienden a sentir aversión al riesgo en el dominio de las ganancias y a buscar el riesgo en el dominio de las pérdidas. En el experimento original que Amos y yo llevamos a cabo, el 73 por ciento de los participantes eligieron A en la decisión i, y D en la decisión ii, y solo el 3 por ciento prefirieron la combinación de B y C.

Si se pidiera a alguien que examinase ambas opciones antes de hacer su primera elección, probablemente lo haría así. Pero hay una cosa que sin duda no hará: no calculará los posibles resultados de las cuatro combinaciones de elecciones (A y C, A y D, B y C, B y D) para determinar qué combinación es la mejor. Las preferencias separadas para los dos problemas son intuitivamente convincentes y no hay razón para esperar que puedan traer problemas. Además, combinar los dos problemas de decisión es un ejercicio laborioso que requeriría papel y lápiz para llevarlo a cabo. Nadie lo haría. Consideremos ahora el siguiente problema de elección:

> AD. 25 por ciento de posibilidades de ganar 240 dólares y 75 por ciento de posibilidades de perder 760 dólares.
>
> BC. 25 por ciento de posibilidades de ganar 250 dólares y 75 por ciento de posibilidades de perder 750 dólares.

La elección es fácil. La opción BC *domina* a la opción AD (el término técnico para una opción que es inequívocamente mejor que otra). Sabemos ya lo que sucederá. La opción dominante en AD es la combinación de las dos opciones rechazadas en el primer par de problemas de decisión, la que solo el 3 por ciento de los participantes prefirieron en nuestro estudio original. La opción inferior AD fue la preferida por el 73 por ciento de los participantes.[1]

¿ANCHO O ESTRECHO?

Este conjunto de elecciones tiene mucho que contarnos sobre los límites de la racionalidad humana. Por un lado, nos ayuda a ver la consistencia lógica de las preferencias humanas para lo que es… un espejismo incorregible. Veamos de otro modo el último problema, el fácil. ¿Habrá alguien imaginado la posibilidad de descomponer este problema tan obvio de elección en un par de problemas que llevaría a una gran mayoría a elegir una opción inferior? Porque generalmente es verdad que toda elección sencilla formulada en términos de ganancias y pérdidas puede ser deconstruida de innumerables maneras en una combinación de elecciones de la que resultan preferencias que probablemente sean inconsistentes.

El ejemplo muestra también que resulta costoso sentir aversión al riesgo en las ganancias y buscar el riesgo en las pérdidas. Estas actitudes nos predisponen a pagar un plus por obtener una ganancia segura antes que aceptar un juego, y también a pagar un plus (en valor esperado) para evitar una pérdida segura. Ambos pagos salen del mismo bolsillo, y si hemos de afrontar los dos tipos de problemas a la vez, las actitudes discrepantes no son sin duda lo mejor.

Habría dos maneras de construir las decisiones i y ii:

- marco estrecho: una secuencia de dos decisiones simples consideradas separadamente;
- marco ancho: una única decisión comprehensiva con cuatro opciones.

El marco ancho es obviamente superior en este caso. Pero será superior (o al menos no inferior) en cada uno de los casos en que han de considerarse juntas varias decisiones. Imaginemos una lista, más larga, de 5 decisiones simples (binarias) que han de considerarse simultáneamente. El marco ancho (comprehensivo) consta de una única elección con 32 opciones. El marco estrecho producirá una secuencia de 5 elecciones simples. La secuencia de 5 elecciones será una de las 32 opciones del marco ancho. ¿Será esta la mejor? Quizá, pero no muy probablemente. Un agente racional atenderá, desde luego, al marco ancho, pero los humanos tienden por naturaleza al marco estrecho.

El ideal de consistencia lógica no es, como este ejemplo muestra, alcanzable para nuestra mente limitada. Como somos susceptibles del WYSIATI y aborrecemos el esfuerzo mental, tendemos a tomar decisiones conforme se nos presentan los problemas aun estando específicamente instruidos para considerarlos conjuntamente. No tenemos ni la inclinación ni los recursos mentales para hacer valer la consistencia en nuestras preferencias, y nuestras preferencias no son coherentes —como lo son en el modelo del agente racional— por arte de magia.

El problema de Samuelson

El gran Paul Samuelson —un gigante entre los economistas del siglo xx— le preguntó a un amigo si aceptaría un juego con lanzamiento de moneda en el que podría perder 100 dólares o ganar 200. Su amigo respondió: «No apostaría, porque sentiría la pérdida de 100 dólares más que la alegría de ganar 200. Pero lo haría si me dejases hacer 100 de estas apuestas». A menos que uno sea un teórico de la decisión, probablemente compartirá la intuición del amigo de Samuelson de que jugar muchas veces un juego favorable, pero arriesgado, reduce el riesgo subjetivo. Samuelson encontró interesante la respuesta de su amigo, y se puso a analizarla. Y probó que bajo ciertas condiciones muy específicas, un maximizador de la utilidad que rechace un solo juego tendría que rechazar también la oferta de muchos.

Sorprendentemente, Samuelson no parecía dar importancia al hecho de que esta prueba, sin duda alguna válida, conducía a una conclusión que violaba el sentido común, si no la racionalidad: la oferta de cien jugadas es tan atractiva que ninguna persona sana la rechazaría. Matthew Rabin y Richard Thaler señalaron que «el juego ampliado a cien apuestas con 50-50 posibilidades de perder 100 dólares/ganar 200 tiene un beneficio esperado de 5.000 dólares, con solo 1/2.300 posibilidades de perder algún dinero y 1/62.000 posibilidades de perder más de 1.000 dólares». Evidentemente, quería decir que si la teoría de la utilidad puede ser consistente con una preferencia tan insensata en cualquier circunstancia, algo tiene que fallar en ella como modelo de elección racional. Samuelson no había visto la demostración que hizo Rabin de las absurdas consecuencias de una fuerte aversión a la pérdida en pequeñas apuestas, pero no cabe duda de que no le habría sorprendido. Su disposición a considerar la posibilidad de que rechazar la oferta pudiese ser racional es una prueba del fuerte arraigo del modelo racional.

Supongamos que una función del valor muy simple describe las preferencias del amigo de Samuelson (llamémoslo Sam). Para expresar su aversión a las pérdidas, Sam reescribe la apuesta *después de multiplicar cada pérdida por un factor de 2*. Luego calcula el valor esperado de la apuesta reescrita. He aquí los resultados para uno, dos o tres lanzamientos. Son lo suficientemente instructivos para merecer algún esfuerzo que dilate las pupilas.

		Valor esperado
Un lanzamiento	(50 % de perder 100; 50 % de ganar 200)	50
Pérdidas duplicadas	(50 % de perder 200; 50 % de ganar 200)	0
Dos lanzamientos	(25 % de perder 200; 50 % de ganar 100; 25 % de ganar 400)	100
Pérdidas duplicadas	(25 % de perder 400; 50 % de ganar 100; 25 % de ganar 400)	50
Tres lanzamientos	(12,5 % de perder 300; 37,5 % de ganar 0; 37,5 % de ganar 300; 12,5 % de ganar 600)	150
Pérdidas duplicadas	(12,5 % de perder 600; 37,5 % de ganar 0; 37,5 % de ganar 300; 12,5 % de ganar 600)	112,5

En esta tabla podemos ver que el juego tiene un valor esperado de 50. Sin embargo, un lanzamiento no merece la pena para Sam porque siente que el pesar de perder un dólar es el doble de intenso que el placer de ganar un dólar. Tras reescribir el juego y así reflejar su aversión a la pérdida, Sam se encontrará con que el valor del juego es 0.

Consideremos ahora dos lanzamientos. Las posibilidades de perder han descendido al 25 por ciento. Los dos resultados extremos (perder 200 o ganar 400) se cancelan en su valor; son igual de probables, y las pérdidas pesan dos veces más que las ganancias. Pero el resultado intermedio (una pérdida, una ganancia) es positivo, y así es el juego compuesto como un todo. Ahora podemos ver el coste del marco estrecho y la magia de sumar jugadas. Aquí hay dos jugadas favorables que individualmente tomadas no valen nada para Sam. Si a Sam se le hace la oferta en dos ocasiones separadas, las rechazará en ambas. Pero si une las dos ofertas, juntas tendrán el valor de 50 dólares.

Las cosas van mejor cuando se unen tres jugadas. Los resultados extremos todavía se cancelan, pero se han vuelto menos importantes. El tercer lanzamiento, aunque evaluado en sí mismo no tiene ningún valor, ha añadido 62,50 dólares al valor total del conjunto. Por ahora se le han ofrecido a Sam cinco jugadas, el valor esperado de esta oferta será de 250 dólares, la probabilidad de que Sam pierda algo será del 18,75 por ciento, y su equivalente en dinero será de 203,125 dólares. El aspecto más notable de esta historia es que la aversión de Sam a las pérdidas nunca cede. Sin embargo, añadir jugadas favorables reduce rápidamente la probabilidad de perder, y la repercusión de la aversión a la pérdida en sus preferencias disminuye.

Ahora tengo un sermón preparado para Sam si rechaza el ofrecimiento de un único juego muy favorable jugado una sola vez, y para el lector si comparte su irracional aversión a las pérdidas:

> Simpatizo con su aversión a perder en cualquier juego, pero esta aversión le cuesta mucho dinero. Le pido que considere esta pregunta: ¿Acaso se encuentra usted en su lecho de muerte? ¿Es esta la última oferta de un pequeño juego favorable que usted va a considerar? Es probable que no se le ofrezca exactamente este juego otra vez, pero tendrá muchas oportunidades de considerar atractivos juegos con apuestas muy pequeñas en comparación con su patrimonio. Se hará a sí mismo un gran favor financiero si es capaz de ver cada uno de estos juegos como parte de un conjunto de pequeños juegos y de repetir este mantra que le aproximará en un grado importante a la racionalidad económica: ganará un poco, perderá un poco. La intención prin-

cipal del mantra es controlar su respuesta emocional cuando usted pierda. Si puede confiar en su efectividad, tendrá que recordarlo cuando decida si aceptar o no un pequeño riesgo con un valor esperado positivo. Recuerde los siguientes requisitos cuando repita el mantra:

- El mantra actúa cuando los juegos son realmente independientes unos de otros; no se aplica a múltiples inversiones en la misma industria, que podrían ir mal todas juntas.
- El mantra actúa solo cuando la posible pérdida no le hace preocuparse por su patrimonio total. Si percibe que la pérdida puede ser muy mala para su futuro económico, ¡cuidado!
- El mantra no debe aplicarse a largos procesos, en los que la probabilidad de ganar es muy pequeña por cada apuesta.

Si guarda la disciplina emocional que esta regla requiere, nunca considerará un pequeño juego aisladamente, ni sentirá aversión a las pérdidas en pequeños juegos hasta que se halle en su lecho de muerte, y tampoco entonces.

Este consejo no es imposible de seguir. Operadores experimentados de los mercados financieros conviven con él cada día, protegiéndose del pesar de las posibles pérdidas en un *marco ancho*. Como decía antes, ahora sabemos que es posible que los sujetos experimentales queden casi curados de su aversión a la pérdida (en un contexto particular) induciéndoles a «pensar como un inversor», del mismo modo que los vendedores experimentados de tarjetas de béisbol dejan de ser tan susceptibles de padecer el efecto de dotación como los novatos. Los estudiantes toman decisiones arriesgadas (aceptar o rechazar juegos en los que pueden perder) en experimentos con distintas instrucciones. Bajo las condiciones que imponen los marcos estrechos, se les pidió «tomar cada decisión como si fuese la única» y aceptar sus emociones. Las instrucciones para los marcos anchos de una decisión incluían frases como «Imagínese que es un inversor», «Esto es algo que continuamente hace» y «Tómela como una de muchas decisiones que, sumadas, constituyen una "cartera"». Los experimentadores estimaron la respuesta emocional de los sujetos a ganancias y pérdidas con mediciones psicológicas, incluidas las de los cambios en la conductividad eléctrica de la piel, como se hace con el detector de mentiras. Como era de esperar, el marco ancho atemperaba la reacción emocional a las pérdidas e incrementaba la disposición a asumir riesgos.

La combinación de aversión a la pérdida y marco estrecho es una cruz costosa. Los inversores individuales pueden evitar esa cruz disfrutando de los beneficios emocionales del marco ancho a la vez que se ahorran tiempo y tormentos reduciendo la frecuencia con que comprueban cómo marchan sus inversiones. Estar demasiado atento a las fluctuaciones diarias no es una buena idea, porque el pesar que causan las frecuentes pequeñas pérdidas supera el placer de las igualmente frecuentes pequeñas ganancias. Una cuarta parte cada vez es suficiente, y puede ser más que suficiente para los inversores individuales. Además, es posible mejorar la calidad emocional de la vida evitando de forma deliberada los resultados a corto plazo, pues ello aumenta la calidad tanto de decisiones como de resultados. En el corto plazo, la reacción típica a las malas noticias es el aumento de la aversión a la pérdida. Los inversores que se mueven entre sucesivas retroalimentaciones reciben esas noticias con mucha menos frecuencia, sienten menos aversión al riesgo y terminan enriqueciéndose. Seremos menos proclives a revolver inútilmente nuestra cartera de acciones si no sabemos cómo van cada día (o cada semana, o cada mes) las distintas acciones. Obligarse a no cambiar la propia posición por varios períodos (el equivalente del «encerrarse» en una inversión)[2] mejora el resultado financiero.

POLÍTICAS FRENTE AL RIESGO

Quienes toman decisiones siendo proclives al marco estrecho establecen una preferencia cada vez que afrontan una elección arriesgada. Harían mejor en definir una *política frente al riesgo* que aplicasen de modo rutinario siempre que surja un problema importante. Ejemplos familiares de políticas frente al riesgo son las de «tomar siempre el máximo deducible posible al contratar un seguro» o «nunca adquirir garantías extendidas». Una política frente al riesgo es un marco ancho. En los ejemplos de seguros, esperamos la pérdida ocasional de todo el deducible, o el fallo ocasional de un producto asegurado. El punto relevante es nuestra capacidad para reducir o eliminar el pesar por la pérdida ocasional pensando que la política que nos expuso a ella será casi con certeza financieramente ventajosa a largo plazo.

Una política frente al riesgo que suma decisiones es análoga a la visión desde fuera de los problemas de planificación que he tratado páginas atrás. La visión desde fuera traslada el foco de lo específico de la situación actual a la estadística de los resultados de situaciones similares. La visión desde fuera es un marco ancho para pensar en planes. Una política frente al riesgo es un marco ancho que incluye una particular elección arriesgada en un conjunto de elecciones similares.

La visión desde fuera y una política frente al riesgo son remedios contra dos sesgos diferentes que afectan a muchas decisiones: el optimismo exagerado de la falacia de la planificación y la cautela exagerada inducida por la aversión a la pérdida. Los dos sesgos se oponen entre sí. El optimismo exagerado protege a individuos y organizaciones de los efectos paralizantes de la aversión a la pérdida; la aversión a la pérdida los protege de las temeridades del optimismo derivado del exceso de confianza. El resultado final es bueno para quien toma decisiones. Los optimistas creen que las decisiones que toman son más prudentes de lo que realmente son, y los que toman decisiones desde su aversión a la pérdida rechazan como hay que rechazar propuestas marginales que de otro modo aceptarían. Por supuesto, no hay garantía de que los sesgos se cancelen en cada situación. Una organización que pudiera eliminar el optimismo excesivo y la excesiva aversión a la pérdida debería hacer ambas cosas. Su meta debería ser lograr la combinación de la visión desde fuera y una política frente al riesgo.

Richard Thaler refiere una discusión sobre la toma de decisiones que mantuvo con altos ejecutivos de las 25 divisiones de una gran compañía. Les pidió que considerasen una opción arriesgada en la que tenían las mismas probabilidades de perder gran parte del capital que controlaban o ganar el doble de la misma cantidad. Ninguno de los ejecutivos estaba dispuesto a intentar un juego tan peligroso. Thaler se dirigió entonces al director de la compañía, también presente, y le pidió su opinión. El director respondió sin vacilar: «Me gustaría que todos ellos aceptaran sus riesgos». En el contexto de aquella conversación era natural para el director adoptar un marco ancho que englobase las 25 apuestas. Al igual que Sam y sus 100 lanzamientos, podía contar con la suma estadística para mitigar el riesgo total.

Hablando de políticas frente al riesgo

«Tenemos que decirle que piense como un inversor. Gana un poco, pierde un poco.»

«Decidí evaluar mi cartera de acciones una cuarta parte cada vez. Siento demasiada aversión a la pérdida como para tomar decisiones delicadas a la vista de las fluctuaciones diarias de los precios.»

«Ellos jamás adquieren garantías extendidas. Es su política frente al riesgo.»

«Cada uno de nuestros ejecutivos siente aversión a la pérdida en su particular dominio. Es perfectamente natural, pero el resultado es que la organización no se arriesga lo bastante.»

32

Haciendo cuentas

Excepto el muy pobre, para el que sus ingresos son para sobrevivir, los principales motivos para buscar el dinero no son necesariamente económicos. Para el multimillonario que busca millones extras, y también para quien participa en un proyecto económico experimental que busca los dólares extras, el dinero representa puntos de una escala de éxito y autoestima. Estas recompensas y castigos, promesas y amenazas, están todas en nuestras cabezas. Llevamos una escrupulosa cuenta de ellas. Conforman nuestras preferencias y motivan nuestras acciones, igual que los incentivos que nos ofrece el entorno social. Como resultado, nos negamos a reducir pérdidas cuando hacerlo significaría admitir el fracaso, tendemos a oponernos a acciones que nos harían arrepentirnos y hacemos una distinción ilusoria, pero clara, entre omisión y comisión, entre no hacer y hacer, porque el sentido de la responsabilidad es mayor para unos que para los otros. La instancia última que recompensa o castiga es a menudo emocional: una forma de autotransacción mental que inevitablemente crea conflictos de intereses cuando el individuo actúa como un agente en nombre de una organización.

CONTABILIDAD MENTAL

Richard Thaler ha sentido fascinación durante muchos años por las analogías entre el mundo de la contabilidad y las cuentas mentales que hacemos para organizar y conducir nuestras vidas, con resultados unas veces disparatados y otras veces muy prácticos. De las cuentas mentales hay variedades. Nuestro dinero entra en distintas cuentas que unas veces son físicas y otras solo mentales. Tenemos que gastar dinero y ahorros, considerables ahorros, en la educación de nuestros hijos o en urgencias médicas. Hay una clara jerarquía en nuestra disposición a restar de esas cuentas para subvenir necesidades corrientes. Echamos cuentas con el propósito de controlarnos, como cuando hacemos un presupuesto doméstico, limitamos el consumo diario de café o aumentamos el tiempo dedicado a hacer ejercicio. A menudo pagamos por controlarnos, por ejemplo cuando simultáneamente ingresamos dinero en una cuenta de ahorro y evitamos aumentar la deuda en las tarjetas de crédito. Los econos del modelo del agente racional no recurren a la contabilidad mental: tienen una visión global de los resultados y los mueven incentivos externos. Para los humanos, las cuentas mentales son una forma de março estrecho; tienen las cosas bajo control y las manejan con una mente limitada.

Las cuentas mentales se usan extensamente para llevar una contabilidad. Recordemos que los profesionales del golf lo hacen mejor cuando tratan de evitar un bogey antes que un birdie. De esto podemos sacar la conclusión de que los mejores jugadores de golf llevan una cuenta separada para cada hoyo; de que no llevan una única cuenta general. Un ejemplo irónico que Thaler refiere en un artículo anterior es una de las mejores ilustraciones del modo en que la contabilidad mental afecta al comportamiento:

Dos aficionados planean viajar 40 millas para ver un partido de baloncesto. Uno de ellos pagó su entrada; el otro iba a comprar una entrada cuando la recibió gratis de un amigo. Se anuncia una tormenta de nieve para la noche del partido. ¿Cuál de los dos es más probable que haga frente a la tormenta para ver el partido?

La respuesta es inmediata: sabemos que lo más probable es que sea el aficionado que pagó por su entrada. La contabilidad mental nos proporciona aquí la explicación. Suponemos que los dos aficionados se hicieron su cuenta para el partido que esperaban ver. Perderse el partido cerraría la cuenta con un balance negativo. Con independencia de la manera en que consiguieron su entrada, ambos quedarían decepcionados, pero el balance final sería más negativo para el que compró la entrada, que entonces se quedaría sin el dinero y sin el partido. Como para él quedarse en casa es peor, estará más motivado para ver el partido y, por consiguiente, estará más dispuesto a intentar conducir en medio de la tormenta.[1] Estos son cálculos tácitos de balance emocional, del género de los que el Sistema 1 realiza sin deliberación. Las emociones en que los seres humanos envuelven el estado de sus cuentas mentales no son reconocidas en la teoría económica estándar. Un econo se daría cuenta de que la entrada ya ha sido pagada y no puede devolverla. Su coste es irrecuperable, y al econo le da igual que haya comprado la entrada para el partido o la haya recibido de un amigo (si los econos tienen amigos). Para implementar esta conducta racional, el Sistema 2 tendría que ser consciente de la posibilidad contrafáctica: «¿Viajaría en medio de esta tormenta de nieve si hubiera recibido la entrada gratis de un amigo?». Hace falta una mente activa y disciplinada para hacerse esta difícil pregunta.

Un error análogo aqueja a los inversores cuando venden acciones de su cartera:

Usted necesita dinero para cubrir los costes de la boda de su hija, y tendrá que vender algunas acciones. Recuerda el precio al que compró cada paquete de acciones, y puede identificarlas como «ganadoras», porque actualmente valgan más de lo que pagó por ellas, o como perdedoras. Entre las acciones que posee, las de Blueberry Tiles son ganadoras; si las vende hoy, obtendrá unas ganancias de 5.000 dólares. También posee una inversión igual en Tiffany Motors, que actualmente vale 5.000 dólares menos de lo que pagó por ella. El valor de ambos paquetes de acciones ha permanecido estable en las últimas semanas. ¿Cuál venderá?

Una manera plausible de formular la elección sería esta: «Puedo cerrar la cuenta de Blueberry Tiles y apuntarme un tanto en mis éxitos como inversor. Alternativamente, puedo cerrar la cuenta de Tiffany Motors y añadir un fracaso a mi historial como inversor. ¿Qué debo hacer?». Si el problema se plantea como una elección entre darse una alegría u ocasionarse un perjuicio, ciertamente tendrá que vender Blueberry Tiles y disfrutr de sus proezas como inversor. Como cabía esperar, las investigaciones sobre finanzas han documentado una preferencia masiva por la venta de acciones ganadoras frente a las perdedoras, un sesgo al que se ha colgado una opaca etiqueta: el *efecto de disposición*.[2]

El efecto de disposición es un ejemplo de *marco estrecho*. El inversor ha establecido una cuenta para cada paquete de acciones que compró, y desea cerrar todos y recoger los beneficios. Un agente racional tendría una visión comprehensiva de la cartera, y vendería las acciones que fuera menos probable que subieran en el futuro sin considerar si son ganadoras o perdedoras. Amos me contó una conversación con un asesor financiero que le pidió una lista completa de los paquetes de su cartera con el precio al que cada uno había sido adquirido. Cuando Amos le preguntó educadamente: «¿No se supone que eso no tiene importancia?», el asesor lo miró asombrado. Al parecer, siempre había creído que el estado de la cuenta mental era una consideración válida.

La valoración que Amos hacía de las creencias del asesor financiero era probablemente correcta, pero se equivocaba al desechar el precio de compra como irrelevante. El precio de compra importa, y ha de tenerse en cuenta; hasta los econos han de considerarlo. El efecto de disposición es un costoso sesgo, puesto que la cuestión de vender acciones ganadoras o perdedoras tiene una clara respuesta, y no es verdad que no suponga ninguna diferencia. Si nuestra riqueza es más importante que nuestras emociones inmediatas, venderemos las acciones perdedoras de Tiffany Motors y preservaremos las ganadoras de Blueberry Tiles. Al menos en Estados Unidos, los impuestos constituyen un poderoso incentivo: las pérdidas reducen nuestros impuestos, mientras que vender acciones ganadoras nos los aumentan. Este hecho elemental de la vida financiera lo conocen muy bien todos los inversores estadounidenses y determina las decisiones que toman durante un mes o un año; los inversores venden más acciones perdedoras en diciembre, cuando tienen los impuestos en mente. Las ventajas fiscales están ahí todo el año, pero durante once meses la contabilidad mental prevalece sobre el sentido común financiero. Otro argumento contra la venta de acciones ganadoras es la bien documentada anomalía de los mercados, por la cual las acciones que recientemente ganaron valor es probable que continúen ganándolo al menos durante un tiempo corto. El efecto de red es grande: el retorno extra esperado, después de los impuestos, de vender acciones de Tiffany en vez de las de Blueberry es un 3,4 por ciento superior durante el año siguiente. Cerrar una cuenta mental con una ganancia es gratificante, pero hay que pagar por ello. Este error no lo cometería siempre un econo, y los inversores experimentados que utilizan su Sistema 2 son menos susceptibles de cometerlo que los novatos.[3]

A quien toma una decisión de modo racional solo le interesan las consecuencias futuras de las inversiones actuales. Justificar los errores pasados no figura entre las preocupaciones de los econos. La decisión de invertir recursos adicionales en una cuenta con pérdidas cuando es posible hacer inversiones mejores se conoce como la *falacia de los costes irrecuperables*, un costoso error que se observa en decisiones de grande y pequeña monta. Conducir en medio de la tormenta de nieve porque se ha pagado una entrada es un error de coste irrecuperable.

Imaginemos que una compañía ha gastado ya 50 millones de dólares en un proyecto. La realización del proyecto se está retrasando y las previsiones de sus retornos finales son menos favorables que en el estadio inicial de planificación. Hace falta una inversión adicional de 60 millones para dar una oportunidad al proyecto. Una propuesta alternativa es invertir la misma cuantía en un nuevo proyecto que actualmente parece que reportará beneficios más elevados. ¿Qué hará la compañía? Es demasiado frecuente que una compañía con costes irrecuperables conduzca en medio de la tormenta y siga tirando dinero en vez de aceptar la humillación de cerrar la cuenta de un costoso fracaso. Esta situación se inscribe en la celda de arriba a la derecha del patrón de cuatro (p. 413), donde hay que elegir entre una pérdida segura y un juego poco favorable que a veces es imprudentemente preferido.

La escalada de compromisos con intentos fallidos es un error desde la perspectiva de la firma, no necesariamente desde la perspectiva del ejecutivo que «tiene» un proyecto que naufraga. La cancelación del proyecto dejaría una mancha imborrable en el historial del ejecutivo, y sus intereses personales quedarían posiblemente salva-

guardados si continuase jugando con los recursos de la organización
con la esperanza de recuperar la inversión original, o, al menos, en
un intento de posponer el «día del juicio». Ante los costes irrecuperables, los incentivos del ejecutivo no quedan bien alineados con los
objetivos de la firma y sus accionistas, un tipo familiar de lo que se conoce como *agency problem*.* Los consejos de dirección son muy conscientes de estos conflictos, y a menudo sustituyen a un directivo cargado de responsabilidades por sus decisiones anteriores que se resiste
a reducir pérdidas. Los miembros del consejo no necesariamente
creen que el nuevo directivo sea más competente que aquel a quien
sustituye. Saben que no tiene las mismas cuentas mentales y, por tanto, podrá ignorar los costes irrecuperables de inversiones pasadas al
evaluar las oportunidades presentes.

La falacia de los costes irrecuperables deja a muchas personas
demasiado tiempo ocupando puestos inferiores, soportando desave-
nencias matrimoniales y vinculadas a proyectos de investigación poco
prometedores. A menudo he observado a jóvenes científicos luchando por salvar un proyecto condenado al fracaso cuando podría habér-
seles aconsejado su abandono e iniciar uno nuevo. Afortunadamente, la investigación indica que, al menos en determinados contextos,
la falacia puede vencerse.[4] La falacia de los costes irrecuperables es
identificada y enseñada como un error en cursos de economía y de
negocios, al parecer con buen efecto: hay pruebas de que los estudiantes de estas disciplinas están más dispuestos que otros a alejarse
de un proyecto fallido.

ARREPENTIMIENTO

El arrepentimiento es una emoción, y también una pena que nos
imponemos. El temor a arrepentirse es un factor presente en muchas
de las decisiones que tomamos («No lo hagas, o te arrepentirás» es una
advertencia común), y la experiencia del arrepentimiento nos resul-

---

* «Problema de actuación.» Designa un conflicto de intereses entre los acree-
dores, los accionistas y la dirección de una empresa. *(N. del T.)*

ta familiar. El estado emocional correspondiente lo han descrito muy bien dos psicólogos holandeses, los cuales observaron que el arrepentimiento «se acompaña del sentimiento de que uno debería haber sabido lo que iba a hacer, de un sentimiento de hundimiento, de pensamientos acerca de la equivocación cometida y de oportunidades perdidas, de una tendencia a acusarse y a intentar corregir el error y de la esperanza de deshacer lo ya hecho y tener una segunda oportunidad».[5] El arrepentimiento intenso es lo que experimentamos cuando más fácilmente podemos imaginarnos haciendo algo distinto de lo que hemos hecho.

El arrepentimiento es una de las emociones contrafácticas que desencadena la disponibilidad de alternativas a la realidad consumada. Después de cada accidente de aviación conocemos historias de pasajeros que «no debieron» haber tomado el avión, que encontraron plaza en el último momento, que fueron transferidos de otra línea aérea, o que pensaban volar un día anterior, pero tuvieron que posponer el viaje. La característica común de estas penosas historias es que implican eventos inusuales, y los eventos inusuales son más fáciles de deshacer en la imaginación que los eventos normales. La memoria asociativa contiene una representación del mundo normal y sus reglas. Un evento anormal atrae la atención y activa la idea del evento que habría sido el normal en las mismas circunstancias.

Para apreciar el vínculo entre el arrepentimiento y la normalidad,[6] consideremos la siguiente situación:

> Mr. Brown casi nunca recoge autoestopistas. Ayer llevó en el coche a un hombre que le robó.

> Mr. Smith recoge con frecuencia autoestopistas. Ayer llevó en el coche a un hombre que le robó.

> ¿Cuál de los dos habrá experimentado mayor arrepentimiento después del episodio?

Los resultados no son sorprendentes: el 88 por ciento de los que respondieron a esta pregunta dijeron que Mr. Brown, y el 12 por ciento que Mr. Smith.

El arrepentimiento no es lo mismo que el sentimiento de culpa. A otros participantes se les hizo esta otra pregunta sobre el mismo incidente:

¿Quién será más severamente criticado por otros?

Los resultados: Mr. Brown, 23 por ciento; Mr. Smith, 77 por ciento.

El arrepentimiento y la culpa son fruto de la comparación con una norma, pero las normas relevantes son diferentes. Las emociones que experimentan Mr. Brown y Mr. Smith están dominadas por lo que uno y otro suelen hacer con los autoestopistas. Recoger un autoestopista es algo anormal en Mr. Brown, y casi todo el mundo espera que su arrepentimiento sea más intenso. Pero un observador que juzgue más severamente a ambos hombres comparará sus acciones con normas convencionales de comportamiento razonable y es probable que culpe a Mr. Smith por su costumbre de arriesgarse de forma irrazonable.[7] Estamos tentados de decir que Mr. Smith merecía lo que le ocurrió y que Mr. Brown tuvo mala suerte. Pero Mr. Brown es el único que podría acusarse a sí mismo, puesto que actuó en contra de su costumbre en este caso en concreto.

Quien toma una decisión sabe que puede arrepentirse, y la anticipación de esta dolorosa emoción desempeña un papel importante en muchas decisiones. Las intuiciones sobre un posible arrepentimiento son notablemente uniformes y persuasivas, como ilustra el siguiente ejemplo.[8]

Paul posee acciones de la compañía A. Durante el año pasado consideró cambiarse a la compañía B, pero decidió no hacerlo. Ahora se ha enterado de que habría ganado 1.200 dólares más de haberse pasado a la compañía B.

George poseía acciones de la compañía B. El año pasado se cambió a la compañía A. Ahora se ha enterado de que habría ganado 1.200 dólares más de haber permanecido en la compañía B.

¿Cuál de los dos se habrá arrepentido más?

Los resultados son claros: el 8 por ciento de los que respondieron a la pregunta dijeron que Paul y el 92 por ciento, que George.

Algo curioso, pues las situaciones de los dos inversores son objetivamente idénticas. Ambos poseen ahora acciones de la compañía A, y ambos habrían ganado esa cantidad más si hubieran adquirido las acciones de la compañía B. La única diferencia es que George se quedó donde ahora está por haberse pasado a otra compañía, mientras que Paul sigue estando donde estaba por no hacer nada. Este pequeño ejemplo ilustra una gran historia: los seres humanos esperan tener reacciones emocionales más intensas (el arrepentimiento incluido) frente a un resultado producido por una acción que frente al mismo resultado producido por la inacción. Esto ha hallado confirmación en el contexto del juego: todo el mundo espera estar más contento si juega y gana que si se abstiene de jugar y obtiene la misma cantidad. La asimetría es la misma, por lo menos, en el caso de perder, y se da tanto en el sentimiento de culpa como en el de arrepentimiento.[9] La clave no está en la diferencia entre comisión y omisión, sino en la distinción entre opciones por omisión y acciones que se apartan de la omisión.[10] Cuando nos apartamos de la omisión, podemos fácilmente imaginar la norma, y si la omisión se asocia a malas consecuencias, la discrepancia entre los dos puede ser fuente de emociones dolorosas. La opción por omisión cuando poseemos determinadas acciones no es venderlas, pero la opción por omisión cuando encontramos a nuestro colega por la mañana es saludarlo. Vender acciones y no saludar al colega son desviaciones de la opción por omisión y candidatos naturales al arrepentimiento o la acusación.

En una convincente demostración del poder de las opciones por omisión, los participantes jugaron a una simulación por ordenador de blackjack. Se preguntó a algunos jugadores: «¿Desea pedir?», y a otros: «¿Desea rendirse?». Con independencia de cuál fuese la pregunta, decir que sí estaba asociado a un arrepentimiento mucho mayor que decir que no si el resultado era malo. La pregunta evidentemente sugiere una respuesta por omisión, que es: «No tengo grandes deseos de hacerlo». Es partir de la omisión lo que produce el arrepentimiento. Otra situación en la que la acción es por omisión es la de un entrenador cuyo equipo sale mal parado en su último partido.

Se espera que el entrenador haga un cambio de personal o de estrategia, y un fallo en esto produce sentimientos de culpa y arrepentimiento.[11]

La asimetría en el riesgo de arrepentimiento favorece las elecciones convencionales y la aversión al riesgo. Este sesgo aparece en muchos contextos. Los consumidores a los que se les recuerda que pueden arrepentirse de sus elecciones muestran una preferencia mayor por las opciones convencionales, favoreciendo las marcas frente a los productos genéricos.[12] El comportamiento de los gestores de fondos financieros cuando el año se aproxima a su fin muestra también un efecto de evaluación anticipada: tienden a limpiar sus carteras de acciones no convencionales o cuestionables.[13] Incluso decisiones de vida o muerte pueden resultar afectadas. Un tratamiento médico se ajusta al estándar normal; otro es poco habitual. El médico que prescribe el tratamiento inhabitual corre un riesgo importante de arrepentimiento, culpabilización y tal vez querella. En una visión retrospectiva es más fácil imaginar la elección normal, y la elección anormal es fácil de deshacer. En verdad, un buen resultado contribuirá a la reputación del médico que se atrevió con el tratamiento, pero el beneficio potencial es más pequeño que el coste potencial, pues el éxito es generalmente un resultado más normal que el fracaso.

RESPONSABILIDAD

Las pérdidas pesan dos veces más que las ganancias en diversos contextos: elección entre juegos, efecto de dotación y reacciones a cambios en los precios. El coeficiente de aversión a la pérdida es más alto en ciertas situaciones. En particular, podemos sentir mayor aversión a la pérdida en aspectos de nuestras vidas que son más importantes que el dinero, como la salud.[14] Además, nuestra resistencia a «vender» patrimonios importantes aumenta drásticamente si ello nos hace responsables de un resultado pésimo. El estudio clásico de Richard Thaler sobre el comportamiento de los consumidores[15] incluía un ejemplo persuasivo, ligeramente modificado en la siguiente pregunta:

Usted se ha expuesto a una enfermedad que, de contraerla, moriría rápidamente y sin dolor al cabo de una semana. La probabilidad de que tenga esa enfermedad es de 1/1.000. Existe una vacuna que solo es efectiva antes de que aparezca ningún síntoma. ¿Cuánto es lo máximo que estaría dispuesto a pagar por la vacuna?

Casi todo el mundo está dispuesto a pagar una cantidad importante aunque limitada. Pensar en la posibilidad de morir es desagradable, pero el riesgo es pequeño, y parece poco razonable arruinarse para evitarlo. Ahora consideremos una ligera variación:

Se necesitan voluntarios para investigar la enfermedad arriba citada. Todo lo que se requiere es que se expongan a una posibilidad de 1/1.000 de contraerla. ¿Cuánto es lo mínimo que pediría que le pagasen por presentarse voluntario en este programa? (No se le permite comprar la vacuna.)

Como se podía esperar, los honorarios que los voluntarios reclamaban eran más altos que el precio que estaban dispuestos a pagar por la vacuna. Thaler añade de manera informal que una razón tipo era la de 50:1. El precio de venta, caro en extremo, refleja dos aspectos de este problema. En primer lugar, no se supone que nadie venda su salud; esta transacción no se considera legítima, y la no disposición a comprometerse en ello tiene que expresarla un precio elevado. Y acaso lo más importante, uno será responsable del resultado si este es perjudicial. Uno sabe que si una mañana se despierta con síntomas indicativos de que pronto morirá, sentirá más arrepentimiento en el segundo caso que en el primero, ya que podría haber descartado la idea de vender su salud sin pararse a considerar el precio. Pudo haberse quedado en la opción por omisión y no haber hecho nada, y ahora esta idea contrafáctica lo perseguirá el resto de su vida.

La encuesta que se ha mencionado antes sobre las reacciones de los padres ante un insecticida potencialmente peligroso incluía también una pregunta sobre la disposición a aceptar un riesgo mayor. Se pidió a los encuestados que imaginaran que usaban un insecticida con el que el riesgo de inhalación y de intoxicación infantil se daba en 15 de cada 10.000 envases. Existía un insecticida menos caro con el que el riesgo ascendía de 15 a 16 de 10.000 envases. Se preguntó a los padres por el descuento que les haría pasarse al producto menos caro (y menos seguro). Más de dos tercios de los padres respondieron en esta encuesta que no adquirirían el nuevo producto a ningún precio. Evidentemente, estaban indignados con la idea misma de jugar con la salud de sus hijos por dinero. La minoría que se mostró dispuesta a aceptar un descuento demandaba una cantidad significativamente más alta que la que estaba dispuesta a pagar por una mejora mucho mayor de la seguridad del producto.

Cualquiera puede comprender y simpatizar con la resistencia de los padres a aceptar un incremento del riesgo para sus hijos, aunque sea mínimo, por dinero. Pero no se repara en que esta actitud es incoherente y potencialmente perjudicial para la seguridad de aquellos que se desea proteger. Hasta los padres que más quieren a sus hijos tienen recursos finitos de tiempo y dinero para protegerlos (la cuenta mental de la seguridad de mi hijo tiene un presupuesto limitado), y parece razonable emplear esos recursos de manera que encuentren la mejor utilización. El dinero que podría ahorrarse aceptando un incremento mínimo del riesgo de que un pesticida cause algún daño, cabría emplearlo en reducir la exposición infantil a otros riesgos, por ejemplo comprando una sillita más segura para el coche o tapones para los enchufes. El *tabú* contra la aceptación de un incremento del riesgo no es una manera eficiente de emplear el presupuesto para la seguridad.[16] De hecho, la resistencia puede estar motivada por un temor egoísta al arrepentimiento más que por un deseo de optimizar la seguridad infantil. El pensamiento del «¿y si..?» que le viene a todo padre que deliberadamente hace un cálculo como aquel es una imagen del arrepentimiento y la vergüenza que sentiría en el caso de que el pesticida causase algún daño.

La intensa aversión a cambiar el riesgo incrementado por alguna ventaja desempeña un papel importante en las leyes y regulaciones en materia de riesgo. Esta tendencia es especialmente poderosa en Europa, donde el principio de precaución, que prohíbe toda acción que pueda causar algún perjuicio, es una doctrina ampliamente aceptada.[17] En el contexto regulatorio, el principio de precaución impo-

ne toda la carga probatoria de la seguridad a cualquiera que tome
iniciativas que puedan perjudicar a personas o entornos. Muchos
cuerpos legales internacionales han especificado que la ausencia de
pruebas científicas de daños potenciales no es justificación suficiente para asumir riesgos. Como señala el jurista Cass Sunstein, el principio de precaución es costoso, y si se interpreta de modo estricto,
puede resultar paralizante. A este respecto menciona la impresionante lista de innovaciones que no habrían pasado un test, como «los
aviones, el aire acondicionado, los antibióticos, los automóviles, el
cloro, la vacuna del sarampión, la cirugía a corazón abierto, la radio,
la refrigeración, la vacuna antivariólica y los rayos X». La versión estricta del principio de precaución es obviamente insostenible. Pero la
aversión aumentada a la pérdida es consustancial a una intuición poderosa y ampliamente compartida; esta tiene su origen en el Sistema 1.
El dilema entre las actitudes morales derivadas de una intensa aversión a la pérdida y la gestión eficiente del riesgo no tiene una solución sencilla y convincente.

Cuando nos pasamos buena parte del día anticipando e intentando evitar las emociones negativas, nos las ocasionamos. ¿Cómo tratar seriamente con esas consecuencias intangibles que son los dolores autoin-
fligidos (y las ocasionales recompensas) que experimentamos cuando
repasamos nuestras vidas? Suponemos que esos dolores, tan costosos
para los humanos, no los sufren los econos. Esas penas inspiran acciones que van en detrimento de la economía individual, de la estabilidad política y del bienestar de la sociedad. Pero las emociones del
arrepentimiento y de la responsabilidad moral son reales, y el hecho
de que los econos no las tengan puede no ser relevante.

¿Es razonable permitir que la anticipación del arrepentimiento
influya en nuestras elecciones? La susceptibilidad del arrepentimiento, como la susceptibilidad de ceder a sugestiones, es un hecho de la
vida al que cada uno debe adaptarse. Quien sea un inversor suficientemente rico y prudente en lo esencial, podrá permitirse el lujo de
tener una cartera que minimice la expectativa del arrepentimiento si
no maximiza la acumulación de riqueza.

También podemos tomar precauciones que nos inmunicen contra el arrepentimiento. La más útil tal vez sea la de ser explícito en la anticipación del arrepentimiento. Si cuando las cosas van mal podemos recordar que habíamos considerado la posibilidad de arrepentirnos antes de decidir nada, seguramente sufriremos menos. Asimismo, deberíamos saber que el arrepentimiento y el sesgo de la retrospección van juntos, con lo que cualquier cosa que podamos hacer para impedir la retrospección puede ayudarnos. Mi manera personal de evitar la retrospección es ser o muy concienzudo, o completamente indolente a la hora de tomar una decisión que tenga consecuencias a largo plazo. La retrospección es peor cuando uno se pone a pensar un poco, lo suficiente para decirse después a sí mismo: «Pudiste muy bien elegir mejor».

Daniel Gilbert y sus colegas sostienen provocativamente que los humanos en general anticipan más arrepentimiento del que realmente experimentarán, pues subestiman la eficacia de las defensas psicológicas que desplegarán, y que ellos denominan el «sistema inmunitario psicológico».[18] Por eso recomiendan que no demos demasiada importancia al arrepentimiento; aunque lo sintamos en algún grado, nos dañará menos de lo que pensamos.

HABLANDO DE HACER CUENTAS

«Lleva cuentas mentales separadas para compras en efectivo y a crédito. Constantemente le recuerdo que el dinero es el dinero.»

«Nos agarramos a estas acciones para evitar cerrar nuestra cuenta mental con pérdidas. Es el efecto de disposición.»

«Hemos descubierto en el restaurante un plato excelente, y nunca hacemos nada para evitar el arrepentimiento.»

«El vendedor me mostró la sillita más cara para el coche, que, según él, es la más segura, y no pude comprar un modelo más barato. Es el tabú contra el aumento del riesgo.»

33

Revocaciones

Una persona se encarga de la tarea de establecer indemnizaciones para las víctimas de crímenes violentos. Ahora considera el caso de un hombre que quedó con el brazo derecho inutilizado a consecuencia de una herida de bala. Le dispararon cuando se encontraba en un local comercial de su barrio en el que se estaba produciendo un atraco.

Cerca del domicilio de la víctima había dos comercios, uno de los cuales frecuentaba con más regularidad que el otro. Consideremos dos situaciones:

(i) El atraco tuvo lugar en el local comercial al que la víctima acudía regularmente.[1]

(ii) El local comercial al que la víctima acudía regularmente estaba cerrado por defunción, por lo que tuvo que hacer sus compras en el otro local, donde recibió el disparo.

¿Implica el local en el que el hombre recibió un disparo una diferencia en su indemnización?

La determinación de la indemnización se realiza sobre la base de una evaluación en la que se consideran dos situaciones y se hace una comparación. La persona encargada puede aquí aplicar una regla. Si piensa que la segunda situación merece una indemnización mayor, ha de asignar una cuantía superior.

Existe un acuerdo casi general en la respuesta: la indemnización ha de ser la misma en las dos situaciones. Si la indemnización lo es por una herida importante, ¿por qué la ubicación del local en que ocurrió el atraco ha de suponer alguna diferencia? La evaluación con-

junta de las dos situaciones ofrece a la persona encargada una posibilidad de examinar sus propios principios morales en relación con los
factores que pueden considerarse relevantes para la indemnización
de la víctima. Para casi todo el mundo, la ubicación no es uno de
esos factores. Como en otras situaciones que requieren una comparación explícita, el pensamiento es lento y actúa el Sistema 2.

Los psicólogos Dale Miller y Cathy McFarland, que idearon las
dos situaciones, las presentaron a distintas personas para su evaluación. En su experimento entre sujetos, cada participante veía solo
una situación y le asignaba un valor en dinero. Como seguramente
habrá supuesto el lector, los experimentadores observaron que a la
víctima se le concedía una suma mayor si recibía un disparo en un
local comercial que raramente visitaba que si lo recibía en su local
habitual. El patetismo del caso (primo hermano del arrepentimiento) es un sentimiento contrafáctico suscitado porque el pensamiento
de «si hubiera comprado en su local habitual...» acude raudo a la
mente. Los familiares mecanismos de sustitución y de correspondencia
de intensidad del Sistema 1 traducen la fuerza de la reacción emocional ante la historia contada a una escala dineraria, creando una
gran diferencia en las compensaciones.

La comparación de los dos experimentos revela un agudo contraste. Casi todas las personas que consideran ambas situaciones a la
vez («dentro del sujeto») aprueban el principio de que el patetismo
no es una consideración legítima. Desafortunadamente, el principio
se torna irrelevante cuando las dos situaciones se consideran juntas,
y esta no es la manera en que las cosas se presentan en la vida. Normalmente, las experimentamos en el modo «entre sujetos», en el cual
las alternativas en contraste que pueden influir en la mente están
ausentes y, por supuesto, WYSIATI. Como consecuencia, las creencias que refrendamos en nuestras reflexiones morales no gobiernan
necesariamente nuestras reacciones emocionales, y las intuiciones
morales que ocupan nuestra mente en situaciones diferentes no son
internamente consistentes.

La discrepancia entre una evaluación separada y una evaluación
conjunta del escenario del atraco pertenece a una gran familia de revocaciones del juicio y de la elección.[2] Las revocaciones de la prime-

ra preferencia se descubrieron a principios de la década de 1970, y con los años se ha informado de otros muchos tipos de revocaciones.

Desafíos a la economía

Las revocaciones ocupan un lugar importante en la historia del diálogo entre psicólogos y economistas.[3] De las revocaciones que atrajeron la atención informaron Sarah Lichtenstein y Paul Slovic, dos psicólogos que habían realizado sus estudios de posgrado en la Universidad de Michigan al mismo tiempo que Amos. Ambos llevaron a cabo un experimento sobre preferencias entre distintas apuestas que mostraré en una versión ligeramente simplificada.

> Se le ofrece elegir entre dos apuestas que resolverá una ruleta con 36 números.
> Apuesta A: 11/36 de ganar 160 dólares, 25/36 de perder 15 dólares.
> Apuesta B: 35/36 de ganar 40 dólares, 1/36 de perder 10 dólares.

Se le pide elegir entre una apuesta segura y otra arriesgada: o bien ganar casi con certeza una cantidad modesta, o bien una reducida posibilidad de ganar una cantidad sustancialmente mayor y una alta probabilidad de perder. Prevalece la seguridad, y B es sin duda la elección más común.

Consideremos ahora cada apuesta por separado: si tuviera esta apuesta, ¿cuál es el precio más bajo al que la vendería? Recuerde que no está negociando con nadie, su tarea es determinar el precio más bajo al que estaría dispuesto a ceder la apuesta. Inténtelo. Puede ver que el premio que puede ganar es notable en esta tarea, y que su evaluación de la bondad de esta apuesta está anclada en ese valor. Los resultados respaldan esta conjetura, y el precio de venta es más alto para la apuesta A que para la apuesta B. Se trata de una revocación de la preferencia: se elige B frente a A, pero si se imagina tener solo una de las dos, se dará a A un valor más alto que a B. Como en las situaciones del atraco, la revocación de la preferencia se produce porque, en la evaluación conjunta, la atención se centra en un aspecto de la situación —el hecho de que la apuesta A es mucho menos segura que la apuesta B— que era menos destacable en la evaluación separada. Los aspectos que determinaban la diferencia entre los juicios de las opciones en la evaluación separada —el patetismo de la víctima yendo al otro local comercial y el anclaje en el premio— quedan suprimidos o resultan irrelevantes cuando las opciones son evaluadas de forma conjunta. Es mucho más probable que las reacciones emocionales del Sistema 1 determinen la evaluación por separado; la comparación que se hace en la evaluación conjunta implica siempre una estimación más cuidadosa y esforzada que requiere el Sistema 2.

La revocación de la preferencia puede confirmarla un experimento «dentro del sujeto» en el que los sujetos ponen precios a dos ítems, que son parte de una larga lista, y eligen también entre ellos. Los participantes ignoran la inconsistencia, y sus reacciones cuando se dan cuenta de ella pueden resultar divertidas. Una entrevista hecha en 1968 a un participante en el experimento realizado por Sarah Lichtenstein es un clásico perdurable en este campo. El experimentador habla largo y tendido con un participante desconcertado que elige una apuesta frente a otra, pero luego está dispuesto a pagar dinero por cambiar el ítem que acaba de elegir por el que acaba de rechazar, y el ciclo se repite.[4]

Los racionales econos no son ciertamente susceptibles de revocar preferencias, y el fenómeno era, por tanto, un desafío al modelo del agente racional y la teoría económica construida sobre tal modelo. El desafío pudo haberse ignorado, pero no fue así. Pocos años después de que se informara de las revocaciones de preferencias, dos reputados economistas, David Grether y Charles Plott, publicaron un artículo en la prestigiosa *American Economic Review* en el que informaban de sus propios estudios del fenómeno que Lichtenstein y Slovic habían descrito.[5] Es posible que este fuera el primer hallazgo hecho por psicólogos experimentales que atrajo la atención de economistas. El párrafo introductorio del artículo de Grether y Plott era inusitadamente radical para un trabajo especializado, y su intención era clara: «Dentro de la psicología se ha constituido un cuerpo de datos y teoría que podrían ser de interés para los economistas. Tomados en su exacto valor, los datos son sencillamente inconsistentes con la teoría de la preferencia, y tienen abundantes implicaciones en relación con las prioridades de la investigación en la economía. [...] El presente artículo informa de los resultados de una serie de experimentos diseñados para desacreditar los trabajos de los psicólogos aplicados a la economía».

Grether y Plott listaron trece teorías que podían explicar los hallazgos originales, e informaron de experimentos cuidadosamente diseñados que ponían a prueba esas teorías. Una de sus hipótesis, que —no hace falta decirlo— los psicólogos consideraron condescendiente, era que los resultados se debían a que el experimento lo llevaban a cabo psicólogos. Al final, solo una hipótesis se dejó en pie: los psicólogos tenían razón. Grether y Plott reconocieron que esta hipótesis es la menos satisfactoria desde el punto de vista de la teoría estándar de la preferencia, porque «permite que la elección individual dependa del contexto en el que se llevan a cabo las elecciones»,[6] una clara vulneración de la doctrina de la coherencia.

Se podría pensar que este sorprendente resultado causaría muchas angustiadas revisiones teóricas entre economistas, pues un supuesto básico de su teoría había sido desafiado. Pero las cosas en las ciencias sociales, incluidas la psicología y la economía, no funcionan así. Las creencias teóricas son sólidas, y hace falta mucho más que un hallazgo embarazoso para que unas teorías establecidas sean seriamente cuestionadas.[7] De hecho, el admirablemente franco informe de Grether y Plott tuvo escasa repercusión en las convicciones de los economistas, incluidos tal vez los propios Grether y Plott. Pero contribuyó a que la disposición de la comunidad de economistas a tomarse en serio la investigación psicológica fuese mayor, y de ese modo hizo avanzar notablemente el diálogo fronterizo entre las disciplinas.

CATEGORÍAS

«¿Cuánto mide John?» Si John mide 1,50 metros, su estatura dependerá de la edad; será muy alto si tiene seis años y muy bajo si tiene dieciséis. Nuestro Sistema 1 automáticamente considera la norma pertinente, y automáticamente lo sitúa en la escala de estatura. También somos capaces de establecer correspondencias entre intensidades de distintas categorías y responder a una pregunta como esta: «¿Cómo es de cara la comida de un restaurante que se corresponda con la estatura de John?». Nuestra respuesta dependerá de la edad de John: la comida será mucho menos cara si tiene dieciséis años que si tiene seis.

Pero veamos ahora lo siguiente:

> John tiene seis años. Mide 1,50 metros.
> Jim tiene dieciséis años. Mide 1,55 metros.

En evaluaciones separadas, todo el mundo estará de acuerdo en que John es muy alto y Jim no lo es, porque las normas para cada uno son distintas. Si nos hacen una pregunta de comparación directa como «¿Es John tan alto como Jim?», responderemos que no. Aquí no hay sorpresa alguna, y poca ambigüedad. Pero, en otras situaciones, el proceso en el que los objetos y eventos reclaman su propio contexto de comparación puede inducir a elecciones incoherentes sobre asuntos serios.

No debemos formarnos la idea de que las evaluaciones separadas y conjuntas son siempre inconsistentes, o la de que los juicios son completamente caóticos. Nuestro mundo se divide en categorías para las que tenemos normas, como la de los niños de seis años o la de las mesas. Juicios y preferencias son coherentes dentro de categorías, mas potencialmente incoherentes cuando los objetos que se evalúan pertenecen a categorías distintas. He aquí un ejemplo. Hay que responder a estas tres preguntas:

> ¿Qué le gustan más, las manzanas o los melocotones?
> ¿Qué le gusta más, un filete o un estofado?
> ¿Qué le gustan más, las manzanas o los filetes?

Las preguntas primera y segunda se refieren a ítems que pertenecen a la misma categoría, e inmediatamente sabemos cuál nos gusta más. Además, recurrimos a la misma clasificación para una evaluación separada («¿Cuánto le gustan las manzanas?» y «¿Cuánto le gustan los melocotones?»), porque manzanas y melocotones nos hacen pensar en fruta. No habrá revocación de preferencias, porque se comparan frutas distintas conforme a la misma norma, e implícitamente se comparan una con otra tanto en una evaluación separada como en una evaluación conjunta. En contraste con las preguntas que permanecen dentro de una categoría, no hay una respuesta estable para la comparación entre manzanas y filetes. A diferencia de lo que sucede en la preferencia entre manzanas y melocotones, manzanas y filetes no son sustituibles de forma natural, y no satisfacen la misma necesidad. Unas veces nos apetece un filete y otras una manzana, pero raramente decimos que una cosa nos da lo mismo que la otra.

Imaginemos que recibimos un correo electrónico de una organización en la que generalmente confiamos en el que se nos pide contribuir a una causa:

> En muchas zonas donde se reproducen, los delfines están amenazados por la contaminación, la cual nos hace esperar un descenso de la población de delfines. Se ha creado un fondo especial mediante contribuciones privadas para proporcionar a los delfines zonas de reproducción libres de contaminación.

¿Qué asociaciones suscita este mensaje? Seamos o no plenamente conscientes de ello, nos vendrán a la mente ideas y recuerdos de causas parecidas. Recordaremos en especial proyectos concebidos para preservar especies amenazadas. La evaluación en la dimensión BUENO-MALO es una operación automática del Sistema 1, y nos hemos formado una cruda impresión de la situación de los delfines entre las especies que nos vienen a la mente. El delfín es mucho más simpático que, digamos, el hurón, el caracol o la carpa, ocupa una posición muy favorable en la lista de especies con las que espontáneamente lo comparamos.

La pregunta a la que debemos responder no es la de si nos gustan los delfines más que las carpas; nos han pedido aportar un dinero. Naturalmente, podremos saber por experiencias anteriores que nunca respondemos a esta clase de peticiones. Imaginémonos por unos minutos que respondemos a estos llamamientos.

Como muchas otras cuestiones difíciles, la estimación en dinero puede establecerse por sustitución y correspondencia de intensidad. La cuestión del dinero es difícil, pero siempre habrá otra más fácil. Como nos gustan los delfines, es probable que pensemos que salvarlos es una buena causa. El paso siguiente, que es también automático, genera una determinada cantidad de dólares al traducir la intensidad de nuestra simpatía por los delfines a una escala de aportaciones.[8] Tenemos nuestra propia idea de una escala formada por nuestras contribuciones anteriores a causas medioambientales que puede diferir de la escala de nuestras contribuciones a la política o al equipo de rugby de nuestra alma máter. Sabemos qué cuantía sería para nosotros una contribución «muy grande» y qué cuantías son «grandes», «modestas» y «pequeñas». También tenemos escalas para nuestra actitud respecto a las especies (desde «nos gustan mucho» hasta «nada en absoluto»). Por eso somos capaces de traducir nuestra actitud a una escala de dinero en la que nos movemos automáticamente desde «un montón» hasta «bastante», y dentro de ella determinamos una cantidad concreta en dólares.

Imaginemos ahora que nos hacen este otro llamamiento:

> Entre los trabajadores del campo expuestos al sol durante muchas horas hay una incidencia de cáncer de piel mayor que entre la población general. Un chequeo médico frecuente puede reducir el riesgo. Se va a crear un fondo destinado a promover los chequeos médicos en los grupos de riesgo.

¿Es este un problema urgente? ¿Qué categoría evoca como norma cuando lo estimamos urgente? Si categorizamos de manera automática el problema como un asunto de salud pública, probablemente consideremos que el riesgo de cáncer de piel en los trabajadores del campo no ocupa un puesto muy alto en esta clase de asuntos, que casi con certeza ocupa uno más bajo que el de los delfines en la categoría de las especies amenazadas. Cuando traducimos nuestra impresión de la importancia relativa que pueda tener el asunto del cáncer de piel a una cantidad de dólares, es muy posible que hagamos una contribución más pequeña que la que haríamos para proteger a un animal que consideramos simpático. En algunos experimentos, los delfines merecían, en una evaluación separada, contribuciones en algún grado mayores que los trabajadores del campo.

Consideremos ahora dos causas en evaluación conjunta. ¿Cuál de las dos, la de los delfines o la de los trabajadores del campo, merece una contribución mayor? La evaluación conjunta saca a la luz una característica que no era perceptible en la evaluación separada, pero que una vez detectada es reconocida como decisiva: los agricultores son seres humanos y los delfines no. Algo que, por supuesto, sabíamos, pero que no era relevante para el juicio que hacíamos en una evaluación separada. El hecho de que los delfines no sean humanos no se destacaba porque todos los temas que eran activados en nuestra memoria compartían esa característica. El hecho de que los agricultores sean humanos no se consideraba porque todos los asuntos de salud pública implican a seres humanos. El marco estrecho de la evaluación separada permitía que el tema de los delfines adquiriera mayor intensidad, con el resultado de una mayor tasa de contribuciones por correspondencia de intensidad. La evaluación conjunta cambia la representación que tenemos de los asuntos: la característica «humano *versus* animal» se destaca solo cuando nos representamos ambos conjuntamente. En la evaluación conjunta mostramos una sólida preferencia por los agricultores y una disposición a contribuir a su bienestar sustancialmente mayor que en el caso de la protección de especies no humanas por las que sentimos simpatía. De nuevo aquí, como en los casos de las apuestas y del atraco con herido, los juicios hechos con evaluación separada y con evaluación conjunta no son consistentes entre sí.

Christopher Hsee, de la Universidad de Chicago, ha aportado el siguiente ejemplo de revocación de preferencias entre otros muchos del mismo tipo. Los objetos que hay que evaluar son diccionarios musicales usados.

	Diccionario A	Diccionario B
Año de publicación	1993	1993
Número de entradas	10.000	20.000
Estado	como nuevo	cubiertas rotas; el resto como nuevo

Cuando se presentan los diccionarios para una evaluación separada, el diccionario A es más valorado, pero en una evaluación conjunta la preferencia lógicamente cambia. El resultado ilustra la *hipótesis de la evaluabilidad* de Hsee: el número de entradas no tiene significación en la evaluación separada, porque los números no son «evaluables» en sí mismos. En la evaluación conjunta, en cambio, resulta inmediatamente obvio que el diccionario B es superior en ese atributo, y queda entonces patente que el número de entradas es mucho más importante que el estado de las cubiertas.[9]

REVOCACIONES INJUSTAS

Hay una buena razón para creer que la administración de justicia está plagada de incoherencias predecibles en diversos dominios. La prueba la tenemos en parte en algunos experimentos, entre ellos estudios con juicios simulados, y en parte en la observación de determinados patrones en la legislación, la regulación y la litigación.

En un experimento se pidió a los miembros de un jurado simulado reclutados de registros de jurados de Texas que estimaran los daños punibles en varios casos civiles. Los casos se les presentaron en pares, uno consistente en una demanda por heridas y otro en una demanda por pérdidas económicas. Los miembros del jurado estimaron primero uno de los casos y luego se les mostró el caso con el que estaba emparejado para que los compararan. He aquí un par de casos resumidos:

> Caso 1: Un niño sufrió quemaduras moderadas al prenderse su pijama mientras jugaba con cerillas. La empresa de confección de la que procedía el pijama no había hecho esta prenda suficientemente resistente al fuego.

> Caso 2: Los turbios manejos de un banco hicieron que otro banco perdiera 10 millones de dólares.

La mitad de los participantes juzgaron primero el caso 1 (en evaluación separada) antes de comparar los dos casos en evaluación conjunta. El orden se invirtió para los demás participantes. Los miembros del jurado ficticio concedieron, en evaluaciones separadas, indemnizaciones más elevadas al banco perjudicado que al niño quemado, presumiblemente porque la magnitud de las pérdidas económicas proporcionaba un anclaje más firme.

Pero cuando los casos se consideraron juntos, la simpatía por la víctima individual prevaleció sobre el efecto de anclaje, y los miembros del jurado aumentaron la indemnización al niño para que fuese más alta que la que habían concedido al banco. Al promediar los resultados de varios pares de casos estimados en evaluación conjunta, las indemnizaciones a víctimas de daños personales fueron más del doble que en evaluación separada. Los miembros de los jurados que examinaron separadamente el caso del niño quemado hicieron una oferta que correspondía a la intensidad de sus sentimientos. No pudieron anticipar que la indemnización para él resultaría inadecuada en el contexto de una gran indemnización para una institución financiera. En la evaluación conjunta, la indemnización punitiva al banco permaneció anclada en las pérdidas que este había sufrido, pero la indemnización al niño quemado aumentó, reflejando la indignación que provoca toda negligencia que causa daños a un niño.

Como hemos visto, la racionalidad viene generalmente servida por marcos más amplios y comprehensivos, y la evaluación conjunta es obviamente más amplia que la evaluación separada. Por supuesto, hemos de desconfiar de la evaluación conjunta cuando alguien que controla lo que vemos tiene un interés particular en lo que acabamos eligiendo. Los vendedores pronto aprenden que la manipulación del contexto en el que los clientes ven un producto puede influir sustancialmente en sus preferencias. Excepto en los casos de manipulación deliberada, es de presumir que el juicio comparativo, que necesariamente implica al Sistema 2, sea más estable que las evaluaciones separadas, que a menudo reflejan la intensidad de las respuestas emocionales del Sistema 1. Así, esperaríamos que toda institución que desee obtener juicios reflexivos trataría de proporcionar a quienes juzgan un contexto amplio para las estimaciones de casos individuales. Por eso me sorprendió enterarme por Cass Sunstein de que a los miembros de jurados que valoran perjuicios punibles se les prohíbe expresamente considerar otros casos. El sistema legal, contrariamente al sentido común psicológico, favorece la evaluación separada.

En otro estudio sobre las incoherencias del sistema legal, Sunstein comparó las sanciones administrativas que pueden imponer diversas agencias del gobierno estadounidense, como la Administración de la Seguridad y la Salud en el Trabajo y la Agencia de Protección Medioambiental. Concluyó que «dentro de cada categoría, las sanciones parecen sumamente sensibles, al menos en el sentido de que los perjuicios más graves son sancionados con más severidad. Para las infracciones en materia de seguridad y salud en el trabajo, las mayores sanciones son por infracciones repetidas; les siguen las sanciones por infracciones intencionadas y graves, y las menos severas son por faltas en el cumplimiento del requisito de los registros».[10] Sin embargo, no debe sorprendernos que la magnitud de las sanciones varíe notablemente entre las agencias, y lo haga de una manera que refleja la política y la historia más que cualquier preocupación global por la justicia. La multa por una «infracción grave» de las regulaciones en materia de seguridad laboral tiene un tope de 7.000 dólares, mientras que una infracción de las normas de la Ley de Conservación de Aves Silvestres puede acarrear una multa de hasta 25.000 dólares. Las multas son razonables en el contexto de otras penalizaciones impuestas por cada agencia, pero resultan extrañas si se las compara entre sí. Como en los demás ejemplos de este capítulo, podemos ver lo absurdo solo si se examinan dos casos conjuntamente en un marco ancho. El sistema de sanciones administrativas es coherente dentro de cada agencia, pero incoherente considerado globalmente.

HABLANDO DE REVOCACIONES

«Las unidades inglesas de temperatura no significarán nada para mí mientras no sepa a cuántas unidades de aire acondicionado corresponden. La evaluación conjunta es esencial.»

«Dicen que fue un discurso excelente porque lo compararon con otros suyos. Comparado con otros, fue inferior.»

«A menudo sucede que cuando ampliamos el marco, tomamos decisiones más razonables.»

«Si consideramos los casos aisladamente, es probable que nos mueva una reacción emocional del Sistema 1.»

34

Marcos y realidad

Italia y Francia compitieron en la final de la Copa del Mundo de 2006. Los dos enunciados siguientes describen el resultado: «Ganó Italia». «Perdió Francia». ¿Tienen los dos enunciados el mismo significado? La respuesta depende enteramente de lo que entendamos por *significado*.

Para el razonamiento lógico, las dos descripciones del resultado del encuentro son intercambiables porque designan el mismo estado del mundo. Como dicen los filósofos, sus condiciones de verdad son idénticas: si uno de los enunciados es verdadero, el otro es también verdadero. Así es como los econos entienden las cosas. Sus creencias y preferencias están ligadas a la realidad. Particularmente los objetos de sus elecciones son estados del mundo que no resultan afectados por las palabras elegidas para describirlos.

Hay otro sentido de *significado* conforme al cual «Ganó Italia» y «Perdió Francia» no significan en absoluto lo mismo. En este sentido, el significado de un enunciado es lo que sucede en nuestra maquinaria asociativa cuando lo entendemos. Los dos enunciados provocan asociaciones muy diferentes. «Ganó Italia» evoca representaciones del equipo italiano y de lo que este hizo para ganar. «Perdió Francia» evoca representaciones del equipo francés y de las cosas que este hizo que ocasionaron su derrota, entre ellas el famoso cabezazo que un jugador italiano recibió de la estrella del equipo francés Zidane. Si tenemos en cuenta las asociaciones que suscitan —la manera de reaccionar a ellos el Sistema 1—, los dos enunciados «significan» realmente cosas diferentes. El hecho de que enunciados lógicamente equivalentes provoquen reacciones diferentes hace imposible que los humanos sean tan racionales como los econos.

Marco emocional

Amos y yo pusimos la etiqueta de efectos marco a las influencias injustificadas de una formulación sobre creencias y preferencias.[1] El siguiente es uno de los ejemplos que pusimos:

> ¿Aceptaría un juego que ofrece un 10 por ciento de posibilidades de ganar 95 dólares y un 90 por ciento de posibilidades de perder 5 dólares?

> ¿Pagaría 5 dólares por participar en una lotería que ofrece un 10 por ciento de posibilidades de ganar 100 dólares y un 90 por ciento de posibilidades de no ganar nada?

Antes de nada, tómese un momento el lector para convencerse de que las dos proposiciones son idénticas. En ambas se trata de decidir si aceptar una perspectiva incierta que nos enriquecerá en 95 dólares o nos empobrecerá en 5 dólares. Alguien cuyas preferencias estén ligadas a la realidad daría la misma respuesta a ambas preguntas, pero los individuos como él son raros. Porque hay una versión que atrae muchas más respuestas afirmativas: la segunda. Un mal resultado es mucho más aceptable si viene enmarcado como precio de un billete de lotería que no resultó ganador que si simplemente es descrito como el hecho de perder en un juego. Esto no debe sorprendernos: las *pérdidas* provocan sentimientos más negativos que los *costes*. Las elecciones no están ligadas a la realidad porque el Sistema 1 no está ligado a la realidad.

El problema que ideamos estaba influido por lo que habíamos aprendido de Richard Thaler, que nos contó que cuando era estudiante universitario había colocado en la pizarra un cartel que decía LOS COSTES NO SON PÉRDIDAS. En su primer ensayo sobre el comportamiento del consumidor, Thaler describía el debate sobre si a las estaciones de servicio se les permitiría utilizar precios diferentes para los pagos en efectivo o con tarjeta de crédito.[2] El *lobby* de las tarjetas de crédito presionó cuanto pudo para que los precios diferentes se considerasen ilegales, pero tenía las espaldas cubiertas: la diferencia, de ser permitida, se consideraría un descuento, no un recar-

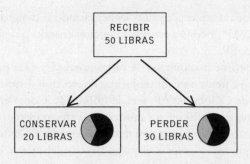

FIGURA 14

go. Su psicología era acertada: la gente está más dispuesta a renunciar a un descuento que a pagar un recargo. Podrán ser ambos económicamente equivalentes, pero no emocionalmente equivalentes.

En un elegante experimento, un equipo de neurocientíficos del University College de Londres combinó un estudio de efectos marco con imágenes grabadas de actividad en distintas zonas del cerebro. Para poder hacer mediciones fiables de la respuesta cerebral, el experimento constaba de muchas pruebas. La figura 14 ilustra las dos fases de una de estas pruebas.

En primer lugar se pide al sujeto que imagine que ha recibido una cantidad de dinero, en este ejemplo 50 libras.

Luego se le pide que elija entre un resultado seguro y jugar a una rueda.

Si la rueda se para en color blanco, «recibe» la cantidad íntegra; si se para en color negro, no recibe nada. El resultado seguro es simplemente el valor esperado del juego, en este caso ganar 20 libras.

Como vemos, el mismo resultado seguro puede enmarcarse de dos maneras diferentes: como CONSERVAR 20 LIBRAS o como PERDER 30 LIBRAS. Los resultados objetivos son exactamente idénticos en los dos marcos, y un econo ligado a la realidad respondería a ambos de la misma manera —eligiendo lo seguro o el juego con independencia del marco—, pero nosotros sabemos ya que la mente humana no está ligada a la realidad. Las palabras despiertan las tendencias a la aproximación o a la evitación, y esperamos que el Sistema 1 se decante por la opción segura cuando la designa la palabra CONSERVAR, y contra esa misma opción cuando la designa la palabra PERDER.

El experimento constaba de varias pruebas, y cada participante se encontraba frente a varios problemas de elección dentro de los dos marcos, el de CONSERVAR y el de PERDER. Como era de esperar, cada uno de los 20 sujetos mostraron el efecto marco: estuvieron más dispuestos a elegir lo seguro dentro del marco CONSERVAR y menos dispuestos a aceptar el juego dentro del marco PERDER. Pero los sujetos no eran todos iguales. Unos eran muy sensibles al marco del problema. Los demás hicieron mayoritariamente la misma elección con independencia del marco, como haría un individuo ligado a la realidad. Los autores clasificaron a los 20 sujetos de acuerdo con esta diferencia, y dieron a esa clasificación un nombre llamativo: el índice de racionalidad.

La actividad del cerebro fue grabada mientras los sujetos tomaban cada decisión. Luego las pruebas fueron separadas en dos categorías:

1. Pruebas en las que la elección del sujeto se conformó al marco:
   • Los que prefirieron lo seguro de la versión de CONSERVAR.
   • Los que prefirieron el juego de la versión de PERDER.
2. Pruebas en las que la elección no se conformó al marco.

Los sorprendentes resultados ilustran el potencial de la nueva disciplina de la neuroeconomía, el estudio de lo que el cerebro de una persona hace cuando esta toma decisiones. Los neurocientíficos han llevado a cabo miles de experimentos similares, y han aprendido a esperar que, dependiendo de la naturaleza de la tarea, se «iluminen» zonas particulares del cerebro, algo indicativo de un mayor aflujo de oxígeno, el cual sugiere una actividad neuronal intensificada. Cuando el individuo se fija en un objeto visual, se imagina chutando un balón, reconoce un rostro o piensa en una casa, se activan zonas diferentes del cerebro. Otras zonas se iluminan cuando el individuo se encuentra emocionalmente excitado, experimenta un conflicto o se concentra en la solución de un problema. Aunque los neurocientíficos evitan cuidadosamente decir que «esta parte del cerebro hace esto o lo otro», han aprendido mucho sobre las «personalidades» de diferentes zonas del cerebro, y la contribución de los análisis de la actividad del cerebro a la interpretación psicológica ha aumentado mucho. El estudio de los marcos reveló tres hechos principales:

- Una zona comúnmente asociada a la excitación emocional (la amígdala) era más probable que se activase cuando las elecciones del sujeto se conformaban al marco. Esto es lo que esperaríamos si las palabras emocionalmente cargadas CONSERVAR y PERDER producen una tendencia inmediata a aproximarse a la cosa segura (enmarcada como una ganancia) o a evitarla (enmarcada como una pérdida). La amígdala se activa rápidamente con los estímulos emocionales, y se sospecha que su implicación en el Sistema 1 es muy posible.
- Una zona del cerebro de la que se sabe que está asociada al conflicto y al autocontrol (el cíngulo anterior) era más activa cuando los sujetos no hacían lo que sería natural, cuando elegían la cosa segura a pesar de que esta mostraba la etiqueta PERDER. Resistir la inclinación del Sistema 1 supone, al parecer, un conflicto.
- Los sujetos más «racionales» —los menos sensibles a los efectos marco— mostraban mayor actividad en un área frontal del cerebro que está implicada en la combinación de emoción y razonamiento cuando se toman decisiones. Sorprendentemente, los individuos «racionales» no eran los que mostraban la máxima evidencia neuronal de conflicto. Al parecer, esta élite de participantes estaban (a menudo, no siempre) ligados a la realidad con escaso conflicto.

En las observaciones conjuntas de elecciones reales mediante imágenes de actividad neuronal, este estudio proporciona una buena ilustración del modo en que la emoción provocada por una palabra puede «infiltrarse» en la elección final.

Un experimento que llevó a cabo Amos junto con sus colegas de la Facultad de Medicina de Harvard es el ejemplo clásico de enmarcamiento emocional. En él se presentaron a los participantes, todos médicos, estadísticas de los resultados de dos tratamientos para el cáncer de pulmón: cirugía y radiación. Las tasas de supervivencia a los cinco años favorecían claramente a la cirugía, pero a corto plazo la cirugía es más arriesgada que la radiación. La mitad de los participantes leyeron estadísticas sobre las tasas de supervivencia, y la otra mitad recibieron la misma información en términos de tasas de mortalidad. Las dos descripciones de los resultados a corto plazo de la cirugía eran estas:

> La supervivencia a un mes es del 90 por ciento.
> Hay un 10 por ciento de mortalidad en el primer mes.

Podemos adivinar los resultados: la cirugía aparecía mucho más indicada en el primer marco (el 84 por ciento de los médicos la eligieron) que en el segundo (donde el 50 por ciento prefirieron la radiación). La equivalencia lógica de las dos descripciones es transparente, y un individuo ligado a la realidad haría la misma elección con independencia de la versión que viera. Pero el Sistema 1 raramente es, como aquí se ha dado a conocer, indiferente a las palabras con carga emocional: la mortalidad es mala, la supervivencia es buena, y un 90 por ciento de supervivencia es un resultado alentador, mientras que un 10 por ciento de mortalidad es un resultado que amedrenta.[3] Una conclusión importante del estudio es que los médicos eran tan sensibles al efecto marco como las personas sin formación médica alguna (pacientes hospitalizados y estudiantes de una escuela de negocios). La formación médica no es, obviamente, una defensa contra el poder del marco.

El estudio que mostraba las palabras CONSERVAR y PERDER y el experimento que mostraba las tasas de supervivencia y mortalidad diferían en un importante aspecto. Los participantes en el estudio de las imágenes del cerebro hicieron muchas pruebas en las que encontraban marcos diferentes. Tenían oportunidad de reconocer los efectos distractores de los marcos y simplificar su tarea optando por el sentido común y traduciendo la cantidad que se podía PERDER a su equivalente que se podía CONSERVAR. Bastaría una persona inteligente (y un Sistema 2 alerta) para aprender a hacer esto, y los pocos participantes que hicieron tal proeza probablemente se encontraran entre los agentes «racionales» que los experimentadores identificaron. En cambio, los médicos que leyeron las estadísticas sobre las dos terapias en el marco de la supervivencia no tenían motivo para pensar que podrían haber hecho una elección diferente si hubieran visto la misma estadística en el marco de la mortalidad. Cambiar de marco requiere esfuerzo, y el Sistema 2 es normalmente perezoso. A menos que tengamos una razón obvia para hacer otra cosa, casi todos los humanos aceptamos pasivamente los problemas de decisión tal como vienen enmarcados, y, por tanto, raras veces tenemos oportunidad de darnos cuenta de hasta qué punto nuestras preferencias están *ligadas al marco* más que *ligadas a la realidad*.

INTUICIONES VACÍAS

Amos y yo introdujimos nuestra discusión sobre los marcos con un ejemplo que ha acabado recibiendo el nombre de «problema de la enfermedad asiática»:[4]

> Imagine que Estados Unidos se está preparando para el brote de una rara enfermedad asiática que se espera acabe con la vida de 600 personas. Se han propuesto dos programas alternativos para combatir esa enfermedad. Suponga que las estimaciones científicas más exactas de las consecuencias de los programas son las siguientes:
> Si se adopta el programa A, se salvarán 200 personas.
> Si se adopta el programa B, hay una probabilidad de un tercio de que 600 personas se salven y una probabilidad de dos tercios de que ninguna de ellas se salve.

Una mayoría sustancial de participantes eligieron el programa A: preferían la opción cierta frente al juego.

Los resultados de los programas vienen enmarcados de modo diferente en una segunda versión:

Si se adopta el programa A', 400 personas morirán.

Si se adopta el programa B', hay una probabilidad de un tercio de que nadie muera y una probabilidad de dos tercios de que 600 personas mueran.

Observemos detenidamente y comparemos las dos versiones: las consecuencias de los programas A y A' son idénticas, lo mismo que las consecuencias de los programas B y B'. Pero, en el segundo marco, una gran mayoría eligió el juego.

Las distintas elecciones en cada uno de los dos marcos se ajustan a la teoría de las perspectivas, en la cual las elecciones entre juegos y cosas seguras se deciden de manera diferente, dependiendo de si los resultados son buenos o malos. Las personas que deciden tienden a preferir la cosa segura frente al juego (sienten aversión al riesgo) cuando los resultados son buenos. Y tienden a rechazar la cosa segura y aceptar el juego (buscan el riesgo) cuando ambos resultados son negativos. Estas conclusiones están bien establecidas para elecciones entre juegos y cosas seguras en el dominio del dinero. El problema de la enfermedad muestra que la misma regla se aplica cuando los resultados se miden en vidas humanas salvadas o perdidas. En este contexto, el experimento de marcos revela también que las preferencias con aversión y con búsqueda del riesgo no están ligadas a la realidad. Las preferencias entre idénticos resultados objetivos son revocadas en formulaciones diferentes.

Una experiencia que Amos compartió conmigo añade una nota sombría a la historia. Amos fue invitado a hablar ante un grupo de profesionales de la salud pública, aquellos que toman decisiones sobre vacunaciones y otros programas. Tenía una oportunidad de presentarles el problema de la enfermedad asiática: la mitad de ellos vieron la versión de las «vidas salvadas» y la otra mitad respondieron a la pregunta de las «vidas perdidas». Resulta un tanto preocupante que los funcionarios que toman decisiones que afectan a la salud de todos puedan ser influidos por tan superficial manipulación, pero he-

mos de acostumbrarnos a la idea de que hasta las decisiones importantes están influidas, si no regidas, por el Sistema 1.

Y aún más inquietante es lo que ocurre cuando se muestra a las
personas su propia inconsistencia: «Usted eligió salvar con seguridad
200 vidas en una formulación y jugar antes que aceptar 400 muertes
en la otra. Ahora que usted sabe que estas elecciones eran inconsistentes, ¿qué es lo que decide?». La respuesta suele ser un silencio embarazoso. Las intuiciones que determinaron la elección original pro-
venían del Sistema 1, y no tenían más base moral que la preferencia
por conservar 20 libras o la aversión a perder 30. Salvar vidas con
certeza es bueno, y las muertes son malas. La mayoría de las personas
advierten que su Sistema 2 no tiene intuiciones morales para responder a la pregunta.

Estoy muy agradecido al gran economista Thomas Schelling por
haberme proporcionado el que es mi ejemplo favorito de un efecto
marco; es un ejemplo que describe en su libro *Choice and Consequence*.[5] Schelling escribió este libro antes de que publicáramos nuestro
trabajo sobre los marcos, y los marcos no constituían su interés principal. Schelling refería su experiencia docente en un curso de la Ken-
nedy School de Harvard, cuyo tema eran las deducciones fiscales por
hijo. Schelling explicó a los alumnos que se permite una deducción
estándar por cada hijo, y que el monto de la deducción es independiente de los ingresos de quien paga los impuestos. Schelling pidió
su opinión sobre la siguiente propuesta:

¿Debe la deducción por hijo ser mayor para el rico que para el pobre?

Nuestras intuiciones son casi con seguridad las mismas que las
de los alumnos de Schelling: a estos les apareció de todo punto inaceptable la idea de favorecer al rico con una deducción mayor.

Schelling comentó luego que la ley tributaria es arbitraria. Supone que el caso por omisión es la familia sin hijos, y reduce los impuestos en la cantidad deducible por cada hijo. Naturalmente, la ley
tributaria podría reescribirse con otro caso por omisión: una familia con dos hijos. En esta formulación, las familias con un número
de hijos menor que en el caso por omisión pagaría un recargo.

Schelling pidió luego a sus alumnos su opinión sobre esta otra propuesta:

¿Debe el pobre sin hijos pagar el mismo recargo que el rico sin hijos?

Nuevamente estaremos aquí de acuerdo con la reacción de los
estudiantes a esta idea, que rechazaron con la misma vehemencia que
la primera. Pero Schelling demostró a sus alumnos que no podían rechazar de modo lógico ambas propuestas. Pongamos ambas formulaciones una junta a la otra. La diferencia entre los impuestos que paga
una familia sin hijos y los que paga una familia con dos hijos se describe en la primera versión como una reducción de los impuestos, y
en la segunda como un aumento de los mismos. Si en la primera versión queremos que el pobre goce del mismo beneficio (o mayor) que
el rico por tener hijos, entonces tenemos que querer que el pobre pague al menos el mismo recargo que el rico por no tener hijos.

Podemos reconocer aquí la acción del Sistema 1. Este da una respuesta inmediata a cualquier pregunta sobre ricos y pobres: en caso de
duda, hay que favorecer al pobre. El aspecto sorprendente del problema de Schelling es que esta regla moral, aparentemente sencilla, no es
de fiar. Genera respuestas contradictorias al mismo problema, dependiendo del modo en que el problema venga enmarcado. Y, por supuesto, sabemos ya cuál es la pregunta que viene a continuación. Ahora que hemos visto que nuestras reacciones al problema están influidas
por el marco, ¿cuál sería la respuesta a la pregunta de cómo debería la
ley tributaria tratar la cuestión de los hijos del rico y del pobre?

De nuevo aquí nos quedaremos sin saber qué decir. Tenemos intuiciones morales acerca de las diferencias entre el rico y el pobre,
pero estas intuiciones dependen de un punto de referencia arbitrario
y no tienen que ver con el problema real. Este problema —la cuestión acerca de los estados reales del mundo— es el de cuántos impuestos deben pagar las familias reales, el de cómo llenar las celdas de
la matriz del código tributario. No tenemos intuiciones morales
convincentes que nos enseñen a resolver este problema. Nuestros
sentimientos morales se hallan adscritos a marcos, a descripciones de
la realidad más que a la realidad misma. El mensaje sobre la naturale

za de este enmarque es claro: los marcos no deben verse como una intervención que enmascara o distorsiona una preferencia subyacente. Al menos en este ejemplo —y también en los problemas de la enfermedad asiática y de cirugía *versus* radiación para el cáncer pulmonar— no hay preferencia subyacente alguna que se halle enmascarada o distorsionada por el marco. Nuestras preferencias lo son en relación con problemas enmarcados y nuestras intuiciones morales lo son en relación con descripciones, no con cosa alguna sustancial.

MARCOS BUENOS

No todos los marcos son iguales, y algunos son claramente mejores que formas alternativas de describir (o de pensar) la misma cosa. Consideremos el siguiente par de problemas:

> Una mujer ha comprado dos entradas de 80 dólares para el teatro. Cuando llega al teatro, abre su billetera y descubre que las entradas han desaparecido. ¿Comprará otras dos entradas para ver la función?

> Una mujer va al teatro con la intención de comprar dos entradas que cuestan 80 dólares cada una. Llega al teatro, abre su billetera y descubre consternada que los 160 dólares que tenía para comprar las entradas han desaparecido. Puede usar la tarjeta de crédito. ¿Comprará las entradas?

De los que respondieron a estas preguntas, los que leyeron solo una versión del problema llegaron a distintas conclusiones, dependiendo del marco. Una mayoría creyó que la mujer iría a casa sin ver la representación por haber perdido las entradas, y otra mayoría que compraría las entradas con la tarjeta por haber perdido el dinero.

La explicación nos resultará ya familiar: este problema implica una cuenta mental más la falacia del coste irrecuperable. Los distintos marcos evocan distintas cuentas mentales, y la importancia de la pérdida depende de la cuenta a que se refiere. Cuando se pierden las entradas para una función concreta, es natural adscribirlas a la cuenta asociada. El coste parece haberse duplicado y resultar mayor de lo que la experiencia dice. En cambio, una pérdida de dinero se carga a una cuenta «general» de ingresos; la clienta del teatro es ligeramente más pobre de lo que pensaba que era, y la pregunta que seguramente ella se hará es si la pequeña reducción de su patrimonio disponible cambiará su decisión de pagar las entradas. La mayoría pensó que no lo haría.

La versión en la que el dinero ha desaparecido muestra decisiones más razonables. En ella, el marco es mejor, pues la pérdida, aunque se perdiesen también las entradas, es «irrecuperable», y los costes irrecuperables han de ignorarse. La historia es irrelevante, y el único asunto que importa son las opciones que tiene la clienta del teatro y sus posibles consecuencias. Pierda lo que pierda, el hecho relevante es que tiene menos de lo que tenía antes de abrir su billetera. Si la persona que pierde las entradas me pidiera consejo, le diría lo siguiente: «¿Habría comprado las entradas si hubiera perdido su equivalente en dinero? Si me dice que sí, vaya a comprar nuevas entradas». Los marcos amplios y las cuentas inclusivas suelen favorecer las decisiones racionales.

En el siguiente ejemplo, dos marcos alternativos originan distintas intuiciones matemáticas, de las que una es muy superior a la otra. En un artículo titulado «The MPG Illusion», publicado en *Science* en 2008, los psicólogos Richard Larrick y Jack Soll presentaron un caso en el que la aceptación pasiva de un marco engañoso acarrea considerables costes y tiene importantes consecuencias en relación con las aseguradoras.[6] La mayoría de los compradores de automóviles tienen presente el consumo de gasolina, y este es uno de los factores determinantes de su elección. Saben que los coches que consumen mucha gasolina tienen costes de mantenimiento más bajos. Pero el marco que tradicionalmente se ha usado en Estados Unidos —millas por galón— es poco orientativo en las decisiones tanto de los individuos como de las aseguradoras. Consideremos dos propietarios de automóviles que desean reducir sus costes:

Adam se ha pasado de un coche que hace 12 millas por galón a otro que consume menos y hace 14 millas por galón.

La ecológicamente concienciada Beth se ha pasado de un coche que hace 30 millas por galón a otro que hace 40.

Supongamos que ambos conductores recorren distancias iguales en un año. ¿Quién ahorra más dinero con su cambio? Es casi seguro que la intuición más extendida sea que la acción de Beth es más importante que la de Adam: ella ha aumentado en 10 las millas recorridas por galón, mientras que Adam lo ha hecho en solo 2; ella lo ha hecho en un tercio (de 30 a 40), mientras que Adam lo ha hecho en un sexto (de 12 a 14). Ahora pongamos a trabajar a nuestro Sistema 2. Si los dos automovilistas hacen 10.000 millas, Adam reducirá su consumo de una escandalosa cantidad de 833 galones a otra, todavía excesiva, de 714 galones, ahorrando 119 galones. Y el consumo de gasolina de Beth descenderá de 333 galones a 250, ahorrando 83 galones. El marco de millas por galón es falso, y debería reemplazarse por un marco de galones por milla (o de litros por 100 kilómetros, como en casi todos los demás países). Como observaban Larrick y Soll, las intuiciones engañosas que suscita el marco de millas por galón pueden engañar tanto a aseguradoras como a fabricantes de automóviles.

Cass Sunstein sirvió como administrador de la Oficina de Información y Políticas Reguladoras bajo la presidencia de Obama. Sunstein fue autor, junto con Richard Thaler, de *Un pequeño empujón (Nudge)*, que es el manual básico de aplicación de la economía conductual a la política. No es accidental que la pegatina indicadora de «economía de combustible y medio ambiente» que cada automóvil nuevo mostrará a partir de 2013 incluirá por primera vez en Estados Unidos información expresada en galones por milla. Lamentablemente, la formulación correcta aparecerá impresa en letra pequeña junto con la información, más familiar, y en letras grandes, del consumo expresado en millas por galón, pero esta novedad va en la buena dirección. Puede que el intervalo de cinco años entre la publicación de «The MPG Illusion» y la implementación de una corrección parcial sea un estadio intermedio en el camino hacia una aplicación de la ciencia psicológica a la política pública.

En muchos países, en el permiso de conducir hay una nota de consentimiento para la donación de órganos en caso de muerte por accidente de tráfico. La formulación de este consentimiento es otro caso en el que un marco es claramente superior a otro. Pocas personas dirán que la decisión de donar o no los órganos sea trivial, pero hay pruebas de que la mayoría eligen aquí sin pensar. Las pruebas son fruto de una comparación con la tasa de donaciones de órganos en países europeos, la cual revela que hay diferencias llamativas entre países vecinos y culturalmente semejantes. Un artículo publicado en 2003 informaba de que la tasa de donaciones de órganos estaba cerca del 100 por ciento en Austria y en Alemania era de solo el 12 por ciento, y de un 86 por ciento en Suecia y de solo el 4 por ciento en Dinamarca.[7]

Estas enormes diferencias son un efecto marco causado por el formato de lo que es aquí la cuestión crucial. Los países con una alta tasa de donación tienen una forma de exclusión en la que los individuos que no desean donar órganos deben marcar una casilla. A menos que hagan esta simple acción, son considerados donantes voluntarios. Los países con una baja contribución tienen una casilla para ser incluidos entre los donantes: hay que marcar una casilla para serlo. Y eso es todo. La más simple predicción de si la gente donará o no sus órganos es la designación de la opción por omisión que será adoptada sin tener que marcar una casilla.

A diferencia de lo que ocurre con otros efectos marco puestos de acuerdo con el Sistema 1, lo que mejor explica el efecto de donación de órganos es la pereza del Sistema 2. La gente marcará la casilla si ya tiene decidido lo que desea hacer. Si no está preparada para este asunto, tiene que hacer el esfuerzo de pensar si de verdad quiere marcar la casilla. Me imagino un apartado sobre la donación en el que se pide a las personas hacer una operación matemática en la casilla correspondiente a su decisión. Una casilla dice: $2 + 2 = ?$ Y la operación en la otra casilla es $13 \times 37 = ?$ La tasa de donaciones dará un vuelco.

Si se reconoce el papel de la formulación, se plantea una cuestión política: ¿qué formulación ha de adoptarse? En este caso, la respuesta es simple. Si uno cree que una gran provisión de órganos es buena para la sociedad, no será neutral entre una formulación de la que resulta casi un 100 por ciento de donaciones y otra formulación que consigue donaciones del 4 por ciento de los conductores. Como hemos visto una y otra vez, una elección importante viene controlada por un aspecto intrascendente de la situación. Esto es lamentable, pues no es el modo en que desearíamos tomar decisiones importantes; y tampoco es el modo en que experimentamos las operaciones de nuestra mente, pero la evidencia de estas ilusiones cognitivas es innegable.

Este es un argumento contra la teoría del agente racional. Una teoría que merezca tal nombre afirmará que ciertos eventos son imposibles, que no se producirán si la teoría es verdadera. Si se observa un evento «imposible», la teoría quedará falseada. Las teorías pueden sobrevivir mucho tiempo después de que pruebas concluyentes las hayan falseado, y el modelo del agente racional sin duda ha sobrevivido a la prueba que hemos visto, así como a otras muchas pruebas.

El caso de la donación de órganos demuestra que el debate sobre la racionalidad humana puede producir un gran efecto en el mundo real. Una importante diferencia entre los que creen en el modelo del agente racional y los escépticos que lo cuestionan es que los que creen simplemente dan por supuesto que la formulación de una elección no puede determinar las preferencias en asuntos de importancia. Y no tendrán el menor interés en investigar el problema, lo que a menudo nos deja en inferioridad de condiciones.

A los escépticos sobre la racionalidad nada les sorprende ya. Están entrenados para percibir el poder de factores intrascendentes como determinantes de las preferencias, y tengo la esperanza de que los lectores de este libro hayan adquirido esa capacidad de percepción.

Hablando de marcos y realidad

«Se sentirán mejor ante lo que suceda si procuran enmarcar el resultado en términos de la cantidad de dinero que conservarán más que de la que perderán.»

«Volvamos a enmarcar el problema cambiando el punto de referencia. Imaginemos que no lo teníamos; ¿cuánto pensaríamos que valdría?»

«Carga la pérdida a tu cuenta mental "general". ¡Te sentirás mejor!»

«Te piden que marques la casilla para que te excluyan de su lista de correo. Su lista se reduciría si te pidiesen marcar una casilla para que te incluyan.»

Quinta parte
DOS YO

35

Dos yo

El término *utilidad* ha tenido dos significados diferentes en su larga historia. Jeremy Bentham comenzaba su introducción a *Los principios de la moral y la legislación* con esta famosa sentencia: «La naturaleza ha colocado al género humano bajo el gobierno de dos maestros soberanos, el *dolor* y el *placer.* Solo por ello establecemos lo que debemos hacer y determinamos lo que vamos a hacer». En una inoportuna nota al pie, Bentham se disculpa por aplicar la palabra *utilidad* a estas experiencias diciendo que había sido incapaz de encontrar otra mejor. Para distinguir la interpretación que Bentham hace de este término, emplearé la expresión *utilidad experimentada.*

En los últimos cien años, los economistas han usado la misma palabra para designar una cosa. Tal como los economistas y los teóricos de la decisión utilizan el término, este significa «deseabilidad»,[1] y yo lo he definido como *utilidad de la decisión.* La teoría de la utilidad esperada, por ejemplo, trata toda ella de las reglas de racionalidad que gobernarían las utilidades de la decisión; nada en absoluto tiene que decir de experiencias hedonistas. Por supuesto, los dos conceptos de utilidad coincidirán si las personas desean lo que les agrada y disfrutan de lo que eligen por ellas mismas, y esta suposición de una coincidencia va implícita en la idea general de que los agentes económicos son racionales. De los agentes racionales se espera que conozcan sus gustos, presentes y futuros, y que tomarán buenas decisiones que maximicen sus intereses.

Utilidad experimentada

Mi fascinación por las posibles discrepancias entre utilidad experimentada y utilidad de la decisión se retrotrae a mucho tiempo atrás. Cuando Amos y yo todavía trabajábamos en la teoría de las perspectivas, ideé un problema con el siguiente planteamiento: imaginemos que un individuo recibe todos los días una dolorosa inyección. No hay adaptación; el dolor es el mismo día tras día. ¿Asignaremos el mismo valor a reducir el número de inyecciones planeadas de 20 a 18 que a reducirlo de 6 a 4? ¿Hay alguna justificación para una distinción?

No recogí datos porque el resultado era evidente. Cualquiera puede advertir por sí mismo que pagaría más por reducir el número de inyecciones a un tercio (de 6 a 4) que a un décimo (de 20 a 18). La utilidad de la decisión de evitar dos inyecciones es mayor en el primer caso que en el segundo, y cualquiera pagaría más por la primera reducción que por la segunda. Pero esta diferencia es absurda. Si el dolor no cambia ningún día, ¿qué justificaría asignar utilidades diferentes a una reducción de la cantidad total de dolor en dos inyecciones, dependiendo del número de inyecciones previas? Como diríamos hoy, el problema introducía la idea de que la utilidad experimentada podría medirse por el número de inyecciones. También sugería que, al menos en ciertos casos, la utilidad experimentada es el criterio con el que debe estimarse una decisión. Una persona que pague cantidades diferentes por obtener la misma ganancia de utilidad experimentada (o ahorrarse la misma pérdida) comete un error. Esta observación quizá nos parezca obvia, pero en la teoría de la decisión la única base para juzgar errónea una decisión es su inconsistencia con otras preferencias. Amos y yo discutimos el problema, pero no continuamos con él. Muchos años después tuve que retomarlo.

Experiencia y memoria

¿Cómo puede medirse la utilidad experimentada? ¿Cómo tendríamos que responder a preguntas como la de «¿Cuánto dolor tuvo que soportar Helen durante el tiempo que duró su tratamiento médi-

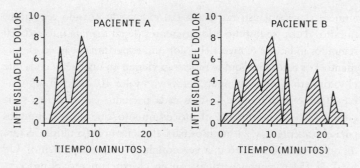

FIGURA 15

co?», o «¿Cuánto disfrutó de los 20 minutos que estuvo en la playa?».
En el siglo XIX, el economista británico Françis Edgeworth especu-
ló sobre este tema y propuso la idea de un «hedonímetro», un ins-
trumento imaginario análogo a los dispositivos utilizados en las estaciones meteorológicas, que mediría el nivel de placer o de dolor que
un individuo experimentase en cualquier momento.[2]

La utilidad experimentada varía tanto como la temperatura o la
presión atmosférica a lo largo del día, y los resultados aparecen traza-
dos como en una función temporal. La respuesta a la pregunta de
cuánto dolor o placer experimentó Helen con su tratamiento médico o durante su tiempo libre sería el «área bajo la curva». El tiempo
desempeña un papel crítico en la concepción de Edgeworth. Si Helen permanece en la playa 40 minutos en vez de 20, y su placer es
igual de intenso, la utilidad total experimentada en este episodio se
duplica, del mismo modo que duplicar el número de inyecciones
hace que el tratamiento sea el doble de doloroso. Tal era la teoría de
Edgeworth, y nosotros tenemos ahora una idea precisa de las condiciones bajo las cuales se sostiene su teoría.[3]

Las gráficas de la figura 15 muestran los perfiles de las experiencias de dos pacientes sometidos a una dolorosa colonoscopia, y han
sido tomadas de un estudio que Don Redelmeier y yo diseñamos
juntos. Redelmeier, físico e investigador de la Universidad de Toronto, lo llevó a cabo a principios de la década de 1990.[4] Esta prueba médica se realiza hoy rutinariamente empleando anestesia y una sustancia

amnésica, pero su uso no estaba tan extendido cuando recogimos nuestros datos. Se dispuso a los pacientes de tal manera que cada 60 segundos indicaran el nivel del dolor que experimentaban en el momento. Los datos que aquí se muestran vienen en una escala en la que el valor cero significa «ningún dolor» y el valor 10, «dolor insoportable». Como puede verse, lo que cada paciente experimenta, varía considerablemente durante el procedimiento, que duró 8 minutos para el paciente A, y 24 minutos para el paciente B (la última lectura de dolor cero se registró una vez concluido el procedimiento). Un total de 154 pacientes participaron en el experimento; el procedimiento más breve duró 4 minutos y el más largo, 69 minutos.

Atendamos ahora a una pregunta fácil: suponiendo que los dos pacientes utilizaran de forma similar la escala de dolor, ¿cuál de ellos sufrió más? La respuesta no admite discusión. Todo el mundo estará de acuerdo en que el paciente B es el que más sufrió. El paciente B estuvo al menos tanto tiempo como el paciente A sometido a todos los niveles de dolor, y el «área bajo la curva» es claramente mayor para B que para A. El factor clave es, lógicamente, que el procedimiento duró mucho más con B. Llamaré a las mediciones basadas en manifestaciones de dolor momentáneo totales hedonimétricos.

Al terminar el procedimiento se pidió a los participantes que estimaran «la cantidad total de dolor» que habían experimentado durante el mismo. Con esta formulación se pretendía animarlos a pensar en la integral del dolor que habían manifestado, a reproducir los totales hedonimétricos. Sorprendentemente, los pacientes no hicieron nada de esto. El análisis estadístico reveló dos hechos que ilustran un patrón que hemos observado en otros experimentos, y que es el siguiente:

- Regla del pico final: la estimación en retrospectiva global estaba bien predicha por el valor medio del nivel de dolor manifestado en el peor momento de la experiencia y al terminar esta.
- Olvido de la duración: la duración del procedimiento no tuvo efecto alguno sobre las estimaciones del dolor total.

Ahora podemos aplicar estas reglas a los perfiles de los pacientes A y B. La estimación de mayor dolor (8 en la escala de 10 puntos) era la misma en los dos pacientes, pero la última estimación antes de concluir el procedimiento era de 7 para el paciente A y de solo 1 para el paciente B. La media de pico final era de 7,5 para el paciente A y de solo 4,5 para el paciente B. Como se esperaba, el paciente A tuvo un peor recuerdo del episodio que el paciente B. El paciente A tuvo la mala suerte de que el procedimiento concluyera con un momento malo que le dejó un recuerdo desagradable.

Estamos ahora ante un hecho embarazoso: dos mediciones de utilidad experimentada —el total hedonimétrico y la estimación retrospectiva— que son sistemáticamente diferentes. Los totales hedonimétricos los calcula un observador sirviéndose de una información individual de la experiencia de los momentos. Estos juicios están determinados por la duración, puesto que el cálculo del «área bajo la curva» asigna igual valor a todos los momentos: dos minutos de dolor en el nivel 9 es algo dos veces peor que un minuto en el mismo nivel de dolor. Sin embargo, los hallazgos hechos en este experimento y en otros demuestran que las estimaciones retrospectivas son insensibles a la duración, y en ellas pesan dos momentos singulares, el pico y el final, mucho más que otros. ¿Qué es lo que cuenta entonces? ¿Qué debería hacer el médico? La elección tiene consecuencias para la práctica médica. A este respecto hicimos dos observaciones:

- Si el objetivo es reducir el recuerdo que los pacientes tienen del dolor, hacer que el pico de intensidad del dolor descienda sería más importante que minimizar la duración del procedimiento. De acuerdo con este razonamiento, el alivio gradual puede ser preferible al alivio abrupto si los pacientes tienen un mejor recuerdo cuando el dolor al final del procedimiento es relativamente ligero.
- Si el objetivo es reducir la cantidad de dolor real experimentado, ejecutar el procedimiento con rapidez puede resultar apropiado incluso si con ello aumenta el pico de intensidad del dolor y se deja a los pacientes con un mal recuerdo.

¿Cuál de los dos objetivos es más convincente? No he realizado ningún sondeo al respecto, pero mi impresión es que una gran mayoría se decantaría por la reducción de la memoria del dolor. Conviene concebir este dilema como un conflicto de intereses entre dos yo (que *no* corresponden a los dos sistemas de que aquí hemos hablado). El *yo que experimenta* responde a esta pregunta: «¿Duele?». El *yo que recuerda* responde a esta otra pregunta: «¿Cómo ha sido todo?». Los recuerdos son todo lo que conservamos de nuestra experiencia vital, y la única perspectiva que podemos adoptar cuando pensamos en nuestras vidas es la del recuerdo.

Un comentario que oí de un miembro del público después de una conferencia ilustra la dificultad de distinguir recuerdos de experiencias. Contó cómo estuvo escuchando extasiado una larga sinfonía grabada en un disco que estaba rayado hacia el final y producía un ruido escandaloso, y cómo ese desastroso final «arruinó toda la experiencia». Pero la experiencia no resultó realmente arruinada, sino solo la memoria de la misma. La experiencia como tal había sido casi por completo buena, y el mal resultado no podía anularla porque ya había acontecido. Mi interrogador había asignado al episodio entero un grado de defectuosidad porque había terminado muy mal, pero ese grado de hecho ignoraba 40 minutos de arrobamiento musical. ¿Quedó así anulada la experiencia real?

Confundir la experiencia con la memoria de la misma es una poderosa ilusión cognitiva, y lo que nos hace creer que una experiencia transcurrida puede resultar arruinada es la sustitución. El yo que experimenta no tiene voz. El yo que recuerda a veces se equivoca, pero es el único que registra y ordena lo que aprendemos de la vida, y el único también que toma decisiones. Lo que aprendemos del pasado es a maximizar las cualidades de nuestros futuros recuerdos, no necesariamente de nuestra futura experiencia. Tal es la tiranía del yo que recuerda.

¿QUÉ YO DEBE PREVALECER?

Para demostrar el poder de decisión del recuerdo, mis colegas y yo diseñamos un experimento en el que empleábamos una forma leve de tortura que llamaré situación de mano fría (su inquietante nombre técnico es opresión fría). En él se pide a los participantes mantener su mano sumergida hasta la muñeca en agua muy fría hasta que se les pide retirarla, momento en el que se les ofrece un paño caliente. Los sujetos de nuestro experimento usaban su mano libre para pulsar las teclas de flecha de un teclado con el fin de registrar continuamente el dolor que estaban soportando en una comunicación directa de su yo experiencial. Elegimos una temperatura que producía un dolor moderado pero tolerable; los participantes voluntarios podían, naturalmente, retirar la mano en cualquier momento, pero ninguno lo hizo.

Cada participante soportó dos sesiones de mano fría:

El episodio breve consistió en mantener la mano sumergida durante 60 segundos en agua a 14 °C, una temperatura que produce dolor, pero no un dolor intolerable. Contados los 60 segundos, el experimentador pidió al participante que retirase la mano del agua y le ofreció un paño caliente.

El episodio largo duró 90 segundos. Los primeros 60 segundos eran como en el episodio breve. El experimentador no dijo nada al transcurrir los 60 segundos. Lo único que hizo fue abrir una válvula que permitía entrar agua caliente dentro del recipiente. Durante los 30 segundos adicionales, la temperatura del agua ascendió apenas 1°, lo suficiente para que la mayoría de los sujetos detectaran una ligera disminución de la intensidad del dolor.

Se dijo a los participantes que iban a hacer tres pruebas de mano fría, pero de hecho solo experimentaron los episodios breve y largo, aunque cada uno con una mano diferente. Las pruebas estuvieron separadas por intervalos de siete minutos. Siete minutos después de la segunda prueba se dejó a la elección de los participantes someterse a una tercera prueba. Se les dijo que se repetiría exactamente una de sus experiencias, y que eran libres de elegir la repetición de la experiencia que habían tenido con la mano izquierda o con la mano derecha.[5] La mitad de los participantes realizaron la prueba breve con la mano izquierda, y la otra mitad con la derecha; una mitad hizo primero la prueba breve, y la otra mitad empezó con la larga, etcétera. Era un experimento cuidadosamente controlado.

Este experimento se diseñó para crear un conflicto entre los intereses del yo que experimenta y el yo que recuerda, y también en-

tre la utilidad experimentada y la utilidad de la decisión. Desde la
perspectiva del yo que experimenta, la prueba larga era obviamente
la peor. Pero esperábamos que el yo que recuerda tuviera otra opinión. La regla del pico final predice un peor recuerdo de la prueba
breve que de la larga, y el olvido de la duración predice que la diferencia entre 90 y 60 segundos de dolor será ignorada. Predecíamos
así que los participantes tendrían un recuerdo más favorable (o menos desfavorable) de la prueba larga y elegirían repetirla. Y lo hicieron. El 80 por ciento de los participantes que dijeron que el dolor
disminuía en la fase final del episodio largo optaron por repetirlo, y
de ese modo se declaraban dispuestos a sufrir 30 segundos de dolor
innecesario en la tercera prueba anticipada.

Los sujetos que prefirieron el episodio largo no eran masoquistas,
no eligieron de manera deliberada exponerse a la experiencia peor;
simplemente cometieron un error. Si les hubiésemos preguntado:
«¿Prefiere una inmersión de 90 segundos o solo la primera parte de
ella?», sin duda habrían elegido la más breve. Pero no usamos estas
palabras, y los sujetos hicieron lo que encontraban natural: eligieron
repetir el episodio del que guardaban una memoria menos aversiva.
Los sujetos sabían muy bien cuál de las dos exposiciones era más larga —se lo preguntamos—, pero no se sirvieron de ese conocimiento.
Su decisión estaba regida por una regla simple de elección intuitiva:
escoger la opción que más les gustaba o que menos les disgustaba.
Las reglas de la memoria determinaban cuánto les desagradaban las
dos opciones, lo que a su vez determinaba su elección. El experimento de la mano fría, igual que mi viejo problema de las inyecciones, reveló una discrepancia entre la utilidad de la decisión y la utilidad experimentada.

Las preferencias que observamos en este experimento son otro
ejemplo del efecto de «menos es más» que habíamos reconocido en
ocasiones anteriores. Una de esas ocasiones fue el estudio de Christopher Hsee en el que, añadiendo piezas de vajilla a un juego de 24
unidades, hacía descender el valor total porque algunas de las piezas
añadidas estaban rotas. Otra fue el caso de Linda, la activista de la
que se juzgaba más probable que fuese una cajera de banco feminista que una cajera de banco sin más. La semejanza no es acciden-

tal. El mismo rasgo operativo del Sistema 1 explica las tres situaciones: el Sistema 1 representa conjuntos en forma de promedios, normas y prototipos, no de sumas. Cada episodio de mano fría es un conjunto de momentos que el yo que recuerda almacena como un momento prototípico. Ello produce un conflicto. Para un observador objetivo que evalúa el episodio partiendo de las manifestaciones del yo que experimenta, lo que cuenta es el «área bajo la curva» que integra el dolor experimentado en el tiempo; que tiene la naturaleza de una suma. En cambio, la memoria que conserva el yo que recuerda es un momento representativo en gran medida influido por el pico y el final.

Desde luego, la evolución pudo haber diseñado la memoria de los animales para almacenar integrales, como sin duda hace en algunos casos. Para una ardilla es importante «conocer» la cantidad total de alimento que ha almacenado, y una representación de la cantidad media de frutos secos no sería un buen sucedáneo. Sin embargo, la integral de dolor o placer experimentado en el tiempo puede ser biológicamente menos importante. Sabemos, por ejemplo, que las ratas acusan olvido de la duración tanto para el placer como para el dolor. En un experimento se expuso sistemáticamente a unas ratas a una secuencia en la que el encendido de una luz indicaba que pronto se iba a producir una descarga eléctrica. Las ratas aprendieron enseguida a temer esa luz, y la intensidad de su miedo podía medirse a través de varias respuestas fisiológicas. La principal conclusión fue que la duración de la descarga tenía poco o ningún efecto sobre el miedo, lo único que contaba era la intensidad dolorosa del estímulo.[6]

Otros estudios clásicos demostraron que la estimulación eléctrica de áreas específicas del cerebro de la rata (y de las áreas correspondientes en el cerebro humano) produce una sensación de intenso placer, en algunos casos tan intenso que las ratas que pueden estimular su propio cerebro presionando una palanca mueren de inanición por ser incapaces de interrumpir esa acción para alimentarse. La estimulación eléctrica placentera puede efectuarse en rachas que varían en intensidad y duración. De nuevo aquí, solo la intensidad importa. Hasta el punto de que un aumento en la duración de una racha de estimulación no parece incrementar el deseo que el animal siente de obtenerlo.[7] Las reglas que rigen el yo que recuerda en los humanos tienen una larga historia evolutiva.

Biología «versus» racionalidad

La idea más útil del problema de las inyecciones, a la que le di vueltas hace años, era la de que la utilidad experimentada de una serie de inyecciones igual de dolorosas puede medirse simplemente contando las inyecciones. Si todas las inyecciones son igual de aversivas, entonces 20 inyecciones es dos veces peor que 10, con lo que una reducción de 20 a 18 y otra de 6 a 4 son igual de agradecidas. Si la utilidad de la decisión no corresponde a la utilidad experimentada, entonces algo está mal en la decisión. La misma lógica regía en el experimento de la mano fría: un episodio de dolor que dura 90 segundos es peor que los primeros 60 segundos de ese episodio. Si los participantes eligen voluntariamente soportar el episodio largo, entonces algo está mal en su decisión. En mi primer problema, la discrepancia entre la decisión y la experiencia la originaba la disminución de la sensibilidad: la diferencia entre 18 y 20 se valora menos, y parece que no merece la pena tanto como la diferencia entre 6 y 4 inyecciones. En el experimento de la mano fría, el error refleja dos principios de la memoria: el olvido de la duración y la regla del pico final. Los mecanismos son diferentes, pero el resultado es el mismo: una decisión que no está en consonancia con la experiencia.

Las decisiones que no producen la mejor experiencia posible y predicen erróneamente los sentimientos futuros son malas noticias para quienes creen en la racionalidad de la elección. El estudio de la mano fría demostraba que no podemos confiar plenamente en que nuestras preferencias reflejen nuestros intereses por más que se basen en una experiencia personal y aunque la memoria de esa experiencia se haya presentado en el último cuarto de hora. Los gustos y las decisiones están modelados por los recuerdos, y los recuerdos pueden ser falsos. La evidencia presenta un desafío radical a la idea de que los humanos tenemos preferencias consistentes y sabemos cómo maximizarlas, que es la piedra angular del modelo del agente racional. En el diseño de nuestras mentes hay una inconsistencia. Tenemos preferencias inequívocas respecto a la duración de nuestras experiencias de dolor y placer. Queremos que el dolor sea breve y el placer dure. Pero nuestra memoria, una función del Sistema 1, ha evolucionado para representar el momento más intenso de un episodio de dolor o de placer (el pico) y las sensaciones que tenemos cuando el episodio concluye. Una memoria que olvida la duración no prestará un buen servicio a nuestra preferencia por el placer duradero y el dolor breve.

HABLANDO DE LOS DOS YO

«Piensas en tu fracaso matrimonial enteramente desde la perspectiva del yo que recuerda. Un divorcio es como una sinfonía con un sonido estrepitoso al final; el hecho de que termine mal no significa que toda ella fuese mala.»

«Es un desgraciado caso de olvido de la duración. Das el mismo valor a la parte buena y a la parte mala de tu experiencia, aunque la buena haya durado diez veces más que la mala.»

36

La vida como una historia

Los primeros días de trabajo en la medición de la experiencia, asistí a una representación de la ópera de Verdi *La Traviata*. Conocida por su espléndida música, cuenta también una conmovedora historia de amor entre un joven aristócrata y Violetta, una mujer de vida alegre. El padre del joven se acerca a Violetta y la convence de que debe abandonar a su amor para salvar el honor de la familia y las perspectivas matrimoniales de la hermana del joven. En un acto de supremo sacrificio, Violetta finge rechazar al hombre que adora. Luego sufre una recaída en su tisis (el nombre usado en el siglo XIX para la tuberculosis). En el acto final, Violetta muere rodeada de unos pocos amigos. Su amor ha sido avisado, y corre a París para verla. Al saber que pronto volverá a verlo, se llena de esperanza y alegría, pero su deterioro avanza con rapidez.

Por muchas que sean las veces que hayamos visto esta ópera, la tensión y la angustia de aquel momento se apodera de nosotros: ¿llegará el joven a tiempo? Para él es importantísimo encontrarse con su amada antes de que muera. Por supuesto, se cantan dos maravillosos duetos de amor, y tras 10 minutos de gloriosa música, Violetta muere.

Al regresar a casa me preguntaba: ¿por qué nos interesan tanto esos 10 minutos? Pronto me di cuenta de que la duración de la vida de Violetta no me interesaba en absoluto. Si me contaran que muere a los veintisiete años, no a los veintiocho, como creo, la idea de que perdiera un año de vida feliz no me habría conmovido lo más mínimo, pero la posibilidad de perder sus últimos 10 minutos me importaba sobremanera. Además, la emoción que sentía cuando los amantes volvían a reunirse no habría cambiado si me hubiese enterado de que en realidad están una semana juntos, en vez de 10 minutos. Pero si el amante hubiera llegado demasiado tarde, *La Traviata* habría sido una historia completamente distinta. Una historia lo es de eventos que significan algo y momentos memorables, no del tiempo que transcurre. El olvido de la duración está presente en las normas narrativas y en los recuerdos de colonoscopias, vacaciones y películas. Así es como actúa el yo que recuerda: compone historias y las conserva para referencias futuras.

No solo en la ópera pensamos en la vida como una historia y deseamos que esta termine bien. Cuando nos enteramos de la muerte de una mujer que ha estado alejada de su hija durante muchos años, queremos saber si ambas se habían reconciliado cuando la muerte se acercaba. No nos preocupan solo los sentimientos de la hija; es que deseamos que la historia de la vida de la madre haya sido buena para ella. Preocuparse por las personas toma en ocasiones la forma de una preocupación por la cualidad de sus historias, no por sus sentimientos. Incluso acontecimientos que cambian la historia de personas ya muertas nos conmueven profundamente. Sentimos compasión por el hombre que murió creyendo en el amor de su mujer cuando oímos que ella tuvo un amante durante muchos años y estaba con su marido solo por su dinero.[1] Nos compadecemos del marido aunque su vida haya sido feliz. Sentimos la humillación del científico que hizo un importante descubrimiento que después de su muerte se demostró que era falso, aunque él no experimentase esa humillación. Y, por supuesto, lo más importante, a todos nos preocupa mucho la historia de nuestra vida y deseamos más que cualquier otra cosa que sea una buena historia con un protagonista decoroso.

El psicólogo Ed Diener y sus alumnos se preguntaron si el olvido de la duración y la regla del pico final regirían las evaluaciones de vidas enteras. Hicieron una breve descripción de la vida de un personaje ficticio llamado Jen, una mujer que nunca se casó ni tuvo hijos que murió de manera repentina y sin sufrir en un accidente de automóvil. En una versión de la historia de Jen, fue sumamente feliz a lo largo de su vida (que podía durar treinta o sesenta años), disfrutando de su trabajo, tomándose sus vacaciones, encontrándose con sus amigos y cultivando sus aficiones. Otra versión añadía 5 años más a la vida de Jen, que ahora moría a los treinta y cinco o a los sesenta y cinco años. Los años extras eran agradables, aunque no tanto como antes. Después de leer una biografía esquemática de Jen, cada participante respondió a dos preguntas: «Tomada la vida de Jen en su totalidad, ¿en qué grado la considera una vida deseable?». Y «¿Cuánta felicidad o infelicidad diría que Jen experimentó en toda su vida?».

Los resultados proporcionaron una clara prueba del olvido de la duración y del efecto pico final. En un experimento «entre sujetos» (diferentes participantes ven diferentes formas), duplicar la duración de la vida de Jen no produjo efecto alguno en la deseabilidad de su vida ni en los juicios sobre la felicidad total que Jen habría experimentado. Su vida venía claramente representada por una fase temporal prototípica, no como una secuencia de fases temporales. Como consecuencia, su «felicidad total» era la felicidad de un período de su vida, no la suma (o integral) de felicidad experimentada a lo largo de toda su vida.

Como se esperaba de esta idea, Diener y sus alumnos hallaron también un efecto de menos es más, una clara indicación de que un valor medio (prototipo) había sustituido a una suma. Añadir 5 años «pasablemente felices» a una vida muy feliz produjo un descenso sustancial en las evaluaciones de la felicidad total de esa vida.

A instancias mías recabaron también datos sobre el efecto de los 5 años extras en un experimento «dentro del sujeto»; cada participante hizo ambos juicios en inmediata sucesión. Pese a mi larga experiencia con los errores de juicio, no creía que personas razonables pudieran decir que añadir a una vida 5 años de felicidad pasable hiciera a esta sustancialmente peor. Me equivoqué. La intuición de que los decepcionantes 5 años extras hacían la vida entera peor era irresistible.

El patrón de juicios parecía tan absurdo que Diener y sus alumnos pensaron al principio que representaban el pensamiento caprichoso de los jóvenes que participaban en sus experimentos. Sin embargo, el patrón no cambió cuando los padres y los amigos mayores de los alumnos respondieron a las mismas preguntas. En una evaluación intuitiva de vidas enteras y de episodios breves, los picos y los finales tenían su importancia, pero no así la duración.[2]

Los dolores del parto y el descanso vacacional se citan siempre como objeciones a la idea del olvido de la duración: todos compartimos la intuición de que es mucho peor que un parto dure 24 horas que no 6, y que pasar 6 días en un centro vacacional es mejor que pasar 3. La duración parece importar en estas situaciones, pero se debe a que la cualidad del final del episodio cambia con la duración del mismo. La madre se siente más debilitada e indefensa a las 24 horas que a las 6 horas, y quien disfruta de unas vacaciones se siente más recuperado y descansado a los 6 días que a los 3 días. Lo que verdaderamente importa cuando estimamos de forma intuitiva tales episodios es la mejora o el deterioro progresivos de la experiencia y el estado de la persona al final.

VACACIONES AMNÉSICAS

Consideremos la elección de unas vacaciones. Hay quien prefiere una semana de descanso en una playa en la que estuvo el año pasado y hay quien espera engrosar el depósito de sus recuerdos. Distintas industrias han desarrollado modos de ofertar estas alternativas: centros turísticos ofrecen un descanso reparador; el turismo contribuye a que la gente viva experiencias y acumule recuerdos. La imagen de una multitud de turistas incansables sugiere que los recuerdos que estos acumulan son muchas veces un asunto importante para ellos, que incluyen tanto en sus planes de vacaciones como en la experiencia de los mismos. El fotógrafo no contempla la escena como un instante que merezca ser salvado, sino como un futuro recuerdo que hay que diseñar. Las fotografías pueden ser útiles para los recuerdos —aunque raras veces las miramos detenidamente, o con tanta frecuencia como esperábamos, si es que alguna vez las miramos—, pero tomar fotos no es necesariamente la mejor manera de que el turista disfrute de una vista que le interese.

En muchos casos valoramos las vacaciones turísticas por las historias vividas y los recuerdos que esperamos guardar. La palabra *memorable* se utiliza con frecuencia para describir lo más interesante de unas vacaciones, revelando del modo más explícito cuál es la finalidad de la experiencia. En otras situaciones —aquí el amor nos viene a la mente—, la afirmación de que el momento nunca se olvidará, aunque no siempre sea preciso, cambia el carácter del momento. Una experiencia conscientemente memorable adquiere un valor y una significación que de otro modo no tendría.

Ed Diener y su equipo aportaron pruebas de que es el recuerdo mismo el que elige las vacaciones. Pidieron a unos estudiantes que llevaran un diario donde debían anotar su valoración de las experiencias vividas durante sus vacaciones de primavera. Los estudiantes también hicieron una estimación global de sus vacaciones al término de las mismas. Finalmente, indicaron si tenían o no intención de repetir las vacaciones que habían tenido. Los análisis estadísticos establecieron que las intenciones para las vacaciones futuras estaban enteramente determinadas por la evaluación final, aun si esta no representaba de manera apropiada la calidad de la experiencia descrita en los diarios. Como en el experimento de la mano fría, *el recuerdo guía la elección* de las personas cuando deciden repetir o no una experiencia.

Un experimento imaginario sobre nuestras próximas vacaciones nos permitirá observar nuestra actitud hacia el yo que experimenta.

Al terminar las vacaciones, todas las fotos y vídeos serán destruidos. Además, tomará usted un brebaje que borrará todos sus recuerdos de las vacaciones.

¿Cómo afectará esta perspectiva a su planes para las próximas vacaciones? ¿Cuánto estaría dispuesto a pagar por tener unas vacaciones de las que pueda tener un recuerdo normal?

Aunque no he estudiado formalmente las reacciones a esta situación, cuando las comento con otras personas tengo la impresión de que la eliminación de los recuerdos reduce en gran medida el valor de la experiencia. En algunos casos, las personas hacen consigo mismas lo que aconsejarían a un amnésico que hiciera: maximizar el placer total retornando al lugar donde fue feliz en el pasado. Sin embargo, algunas personas dicen que no se molestarían en ir a ese lugar, lo que revela que les preocupa ante todo la amnesia del yo que recuerda, y la amnesia del propio yo que experimenta menos que la amnesia del yo ajeno. Muchas afirman que no irían, ni enviarían a otros amnésicos, a escalar montañas o caminar por la jungla porque estas experiencias suelen ser penosas en tiempo real y solo cobran el valor de la expectativa de que el esfuerzo y el placer de alcanzar la meta serán memorables.

Otro experimento imaginario: imaginemos que alguien va a someterse a una dolorosa operación durante la cual permanecerá consciente. Se le dice que gritará de dolor y suplicará al cirujano que se detenga. Pero se le promete que recibirá una droga inductora de la amnesia que borrará completamente de su memoria ese episodio. ¿Cuál será su impresión de esta perspectiva? Aquí de nuevo mi observación informal es que la mayoría de las personas son llamativamente indiferentes a los dolores del yo que experimenta. Algunas dicen que no les preocupa en absoluto. Otras comparten mi sentimiento, que es de compasión por mi propio yo que sufre, pero una compasión que no es mayor que la que sentiría por un extraño. Por absurdo que pueda parecer, yo soy el yo que recuerda, siendo el yo que experimenta, el yo que da contenido a mi vida, un extraño para mí.

HABLANDO DE LA VIDA COMO UNA HISTORIA

«Él trata desesperadamente de preservar la historia de una vida de integridad que se halla amenazada por este último episodio.»

«El tiempo que está dispuesto a emplear en un encuentro de una noche es un signo de completo olvido de la duración.»

«Parece que dedicas todas tus vacaciones a acumular recuerdos. ¿No deberías dejar a un lado la cámara y disfrutar del momento, aunque sea poco memorable?»

«Es una paciente con Alzheimer. No recuerda la historia de su vida, pero en ella el yo que experimenta es todavía sensible a la belleza y la delicadeza.»

37

Bienestar experimentado

Cuando hace quince años empecé a interesarme por el estudio del bienestar, pronto descubrí que casi todo lo que se sabía sobre el sujeto provenía de las respuestas de millones de personas a variaciones menores de una pregunta que eran generalmente aceptadas como medida de la felicidad. La pregunta va claramente destinada a nuestro yo que recuerda, al que se invita a pensar en nuestra vida:

> Haciendo un balance general de su vida, ¿cuál es hoy su grado de satisfacción con ella?[1]

Después de abordar el tema del bienestar desde el estudio de los recuerdos falsos de colonoscopias y de manos dolorosamente frías, mi suspicacia respecto a la satisfacción global con la propia vida como medida válida del bienestar era lógica. Como en mis experimentos el yo que recuerda no había demostrado ser un buen testigo, me centré en el bienestar del yo que experimenta. Pensé entonces que era razonable decir que «Helen fue feliz en el mes de marzo» si

> pasó gran parte de su tiempo dedicada a actividades que continuaría, no que abandonaría, poco tiempo en situaciones de las que deseaba escapar y —algo muy importante, por ser la vida breve— no demasiado tiempo en un estado neutro en el que no le preocupaba ninguna otra cosa.

Hay muchas experiencias diferentes que deseamos que continúen, que no cesen, entre ellas placeres mentales y físicos. Uno de los ejemplos que se me ocurrieron de situación que Helen desearía que continuase es la completa absorción en una tarea, lo que Mihaly Csikszentmihalyi denomina *fluir*, un estado que algunos artistas experimentan en sus momentos de creación y que muchas otras personas alcanzan cuando las absorbe una película, un libro o un crucigrama: las interrupciones no son bienvenidas en algunas de estas ocasiones. También tenía yo recuerdos de una infancia feliz en la que lloraba siempre que mi madre me apartaba de mis juguetes para llevarme al parque, y volvía a llorar cuando me alejaba de los columpios y del tobogán. La resistencia a la interrupción era una actitud que me duró bastante tiempo con mis juguetes y con los columpios.

Propuse medir la felicidad objetiva de Helen tal como estimamos la experiencia de los dos pacientes en la prueba de la colonoscopia, es decir, evaluando un perfil del bienestar que ella experimentó en momentos sucesivos de su vida. En esto seguía el método hedonimétrico de Edgeworth de hace un siglo. En mi entusiasmo inicial por este enfoque, estuve inclinado a descartar el yo que recuerda de Helen como testigo propenso al error del que sería el bienestar real de su yo experiencial. Pero sospeché que esta posición era extrema, como resultó ser, pero era un buen comienzo.

Bienestar experimentado

Formé un «equipo de ensueño»* que incluía a otros psicólogos de distintas especialidades y a un economista, y juntos nos dedicamos a establecer una medida del bienestar del yo que experimenta.[2] Desgraciadamente, no era posible registrar continuamente las experiencias; una persona no puede vivir normalmente refiriendo sin cesar sus experiencias. La alternativa más inmediata era el muestreo de

* *A dream team*, sobrenombre que recibió el equipo de baloncesto ganador de una medalla de oro en los Juegos Olímpicos de 1992, y aquí también empleado por la sigla DRM de «Day Reconstruction Method» o método de reconstrucción de los días que se menciona más adelante. (*N. del T.*)

experiencias, un método que había inventado Csikszentmihalyi. La tecnología había avanzado desde sus primeras aplicaciones. El muestreo de experiencias se implementa hoy programando un teléfono celular individual que suena o vibra a intervalos aleatorios a lo largo del día. El teléfono presenta entonces un breve menú de preguntas sobre lo que la persona que contesta estaba haciendo y quién estaba con ella cuando se la interrumpió. También se muestran al participante escalas en las que puntuar la intensidad de diversos sentimientos: felicidad, tensión, enojo, preocupación, entrega, dolor físico y otros.

El muestreo de experiencias es costoso y oneroso (aunque menos incómodo de lo que al principio se espera; responder las preguntas requiere muy poco tiempo). Como necesitábamos una alternativa más práctica, desarrollamos un método que denominamos método de reconstrucción de los días (MRD). Esperábamos que este método haría que los resultados del muestreo de experiencias estuviesen más próximos a la realidad y proporcionaría información adicional sobre la manera en que los participantes empleaban su tiempo.[3] Estos (todos mujeres en los primeros estudios) fueron invitados a una sesión de dos horas. Primero les pedimos revivir con todo detalle el día anterior, dividiéndolo en episodios cual escenas de una película. Luego respondieron a menús de preguntas sobre cada episodio basadas en el método del muestreo de experiencias. Seleccionaron actividades en las que estaban comprometidos de una lista de ellas e indicaron aquella a la que prestaron mayor atención. También listaron las personas con las que habían estado y puntuaron la intensidad de diversos sentimientos en escalas separadas de 0 a 6 (0 = la ausencia de sentimiento; 6 = el sentimiento intenso).[4] Nuestro método asumía como una evidencia que las personas que son capaces de recordar con todo detalle una situación pasada también son capaces de revivir los sentimientos que la acompañaron experimentando incluso los indicadores fisiológicos de la emoción.[5]

Suponíamos que nuestros participantes revivirían con bastante aproximación el sentimiento de un momento prototípico del episodio. Diversas comparaciones con el muestreo de experiencias confirmaron la validez del MRD. Como los participantes también especificaron las horas a las que los episodios comenzaron y terminaron, pudimos hacer una medición de la duración de sus sentimientos durante todo el tiempo que estuvieron despiertos. Los episodios largos contaban más que los breves en nuestra medición sumaria del afecto cotidiano. Nuestro cuestionario incluía también medidas de satisfacción vital que interpretábamos como satisfacción del yo que recuerda. Utilizamos el MRD para estudiar los determinantes del bienestar emocional y la satisfacción vital en varios miles de mujeres de Estados Unidos, Francia y Dinamarca.

La experiencia de un momento o episodio no la representa fácilmente una única medida de felicidad. Hay muchas variantes de sentimientos positivos, como el amor, la alegría, la entrega, la esperanza, la diversión y muchas otras. Las emociones negativas también se presentan en muchas variedades, como el enojo, la vergüenza, la depresión y la soledad. Aunque las emociones positivas y negativas existen al mismo tiempo, es posible clasificar la mayoría de los momentos de la vida como últimamente positivos o negativos. Podemos identificar episodios desagradables comparando las puntuaciones de adjetivos positivos y negativos. Calificábamos un episodio de desagradable si a un sentimiento negativo se le asignaba una puntuación más alta que a todos los sentimientos positivos. Descubrimos que las mujeres estadounidenses pasaban cerca del 19 por ciento de su tiempo en un estado desagradable, un porcentaje algo superior al de las mujeres francesas (16 por ciento) y danesas (14 por ciento).

Al porcentaje de tiempo que un individuo pasa en un estado desagradable lo denominamos índice U.[6] Un individuo que, por ejemplo, pasa 4 horas de las 16 en que está despierto en un estado desagradable tendría un índice U del 25 por ciento. El índice U tiene la cualidad de que no se basa en una escala, sino en una medida objetiva de tiempo. Si el índice U para una población desciende del 20 al 18 por ciento, cabe deducir que el tiempo total que esa población pasa en un estado de malestar o pesadumbre ha disminuido en una décima parte.

Una observación sorprendente fue el grado de desigualdad en la distribución del dolor emocional.[7] Alrededor de la mitad de nuestros participantes declararon haber repasado un día entero sin experimentar episodio desagradable alguno. Por otra parte, una minoría importante de la población experimentó una considerable aflicción durante gran parte del día. Parece que una pequeña fracción de la población experimenta la mayor parte del sufrimiento, debido a enfermedades físicas o mentales, un temperamento melancólico o a desgracias y tragedias personales de su vida.

Cabe calcular también un índice U para actividades. Por ejemplo, podemos medir la porción de tiempo que las personas pasan en un estado emocional negativo cuando se desplazan, trabajan o tratan con sus padres, cónyuges o hijos. En 1.000 mujeres estadounidenses de una ciudad del Medio Oeste, el índice U era del 29 por ciento en los desplazamientos matinales, del 27 por ciento en el trabajo, del 24 por ciento en el cuidado de los hijos, del 18 por ciento en las tareas domésticas, del 12 por ciento en la vida social, también del 12 por ciento delante del televisor y del 5 por ciento en las relaciones sexuales. El índice U era alrededor de un 6 por ciento más alto en los días laborables que en los fines de semana, en la mayoría de los casos debido a que en los fines de semana la gente dedica menos tiempo a las actividades que le desagradan y no sufre la tensión y el estrés asociados al trabajo. La mayor sorpresa fue la experiencia emocional del tiempo pasado con los hijos, que para las mujeres estadounidenses era algo menos agradable que realizar las tareas domésticas. Aquí observamos uno de los pocos contrastes entre las mujeres francesas y las estadounidenses: las francesas pasan menos tiempo con sus hijos, pero lo disfrutan más, quizá porque tienen más fácil el cuidado de los hijos y pasan menos tiempo de la tarde llevándolos a sitios donde realizan diversas actividades.

El estado de ánimo de un individuo en un momento determinado depende de su temperamento y su grado general de felicidad, pero el bienestar emocional también fluctúa considerablemente a lo largo del día y de la semana. El estado de ánimo del momento depende primordialmente de la situación actual. En el trabajo, por ejemplo, se ve mucho menos afectado por los factores que influyen en la satisfacción general con la profesión, como los beneficios y el estatus. Más importantes son los factores situacionales, como la oportunidad de tratar con los compañeros de trabajo, la exposición a ruidos molestos, la presión del tiempo (una importante fuente de afectos negativos) y la presencia de un jefe (en nuestro primer estudio, lo único que era peor que estar solo). La atención es clave. Nuestro estado emocional se halla en gran medida determinado por aquello a lo que atendemos, y normalmente nos centramos en la actividad del momento y en el entorno inmediato. Hay excepciones en las que la cualidad de la experiencia subjetiva está dominada por ideas recurrentes más que por lo que sucede en el momento. Cuando nos sentimos animados por un enamoramiento, podemos sentirnos alegres aunque estemos en un atasco, y si estamos apenados, podemos hallarnos deprimidos aun viendo una película cómica. Pero, en circunstancias normales, lo que sucede en el momento puede producirnos alegría o pena si prestamos atención. Para disfrutar de una comida, por ejemplo, hemos de ser conscientes de que la estamos comiendo. También observamos que las mujeres francesas y las estadounidenses emplean el mismo tiempo en las comidas, pero las francesas mostraban dos veces más interés en las comidas que las estadounidenses. Estas eran mucho más propensas a combinar las comidas con otras actividades, las cuales diluían el placer que pudieran hallar en ellas.

Tales observaciones tienen implicaciones tanto para los individuos como para la sociedad. El empleo del tiempo es uno de los aspectos de la vida sobre el que los seres humanos tienen algún control. Pocos individuos pueden desear poseer un carácter más agradable, pero pueden ser capaces de organizar sus vidas para emplear menos tiempo en sus desplazamientos cotidianos y más tiempo haciendo cosas de las que disfrutan con otros a los que quieren. Los sentimientos asociados a diferentes actividades sugieren que otra manera de mejorar la experiencia es emplear una parte del tiempo para el ocio pasivo, como ver la televisión, en formas más activas de ocio, como la vida social y el ejercicio. Desde la perspectiva social, la mejora en el transporte de la fuerza laboral, la disponibilidad de tiempo para el cuidado de los hijos en las mujeres trabajadoras y mejores oportunidades para la vida social en los mayores pueden ser maneras relativamente eficaces de reducir el índice U de la sociedad; incluso una reducción en un 1 por ciento sería una mejora importante, pues evitaría millones de horas de sufrimiento. Sondeos nacionales combinados sobre el empleo del tiempo y el bienestar experimentado pueden conformar la política social de muchas maneras. El economista de nuestro equipo, Alan Krueger, se puso a la cabeza del mismo en su esfuerzo por introducir elementos de su método en la estadística nacional.

Las mediciones del bienestar experimentado se utilizan hoy de forma rutinaria en sondeos nacionales a gran escala realizados en Estados Unidos, Canadá y Europa, y las encuestas mundiales de Gallup han extendido estas mediciones a millones de encuestados de Estados Unidos y de más de 150 países.[8] A partir de las encuestas se obtienen informes sobre las emociones experimentadas durante el año anterior, aunque son menos detalladas que el MRD. Las enormes muestras permiten análisis sumamente afinados, los cuales han confirmado la importancia de los factores situacionales, la salud física y el contacto social en el bienestar experimentado. No es sorprendente que un dolor de cabeza desanime a una persona, y que el segundo mejor predictor de los sentimientos de un día sea si una persona ha tenido o no contacto con amigos o parientes. Es una simple exageración decir que la felicidad es la experiencia de pasar el tiempo con gente a la que se quiere o que le quiere a uno.

Los datos de Gallup permiten hacer una comparación de dos aspectos del bienestar:

- el bienestar que la gente experimenta cuando vive su vida;
- el juicio que la gente hace cuando evalúa su vida.

La evaluación de la vida la hace la organización Gallup mediante una pregunta perteneciente a lo que se conoce como escala de autoevaluación de Cantril:

Imagínese una escalera con peldaños numerados de cero (abajo del todo) a 10 (arriba del todo). El peldaño 10 de la escalera representa la mejor vida posible para usted y la parte más baja de la escalera representa la

peor vida posible para usted. ¿En qué peldaño de la escalera diría usted que
personalmente siente que está en este momento?

Algunos aspectos de la vida producen más efecto en la evaluación de la vida personal que en la experiencia de la vida. Un ejemplo es la educación recibida. Una mejor educación se asocia a una
evaluación más alta de la vida personal, pero no a un mayor bienestar experimentado. Al menos en Estados Unidos, quien ha recibido
mejor educación tiende a referir un mayor estrés. Por otra parte, la
mala salud tiene un efecto mucho más adverso en el bienestar experimentado que en la evaluación de la propia vida. Y también vivir
con hijos supone un coste importante en la cuenta de los sentimientos cotidianos: el estrés y la irritabilidad son comunes en los padres,
pero los efectos adversos en la evaluación de la vida son menores.
La participación en la vida religiosa tiene un efecto relativamente
más favorable en el orden de los afectos positivos y en la reducción
del estrés que en la evaluación de la vida. Pero, sorprendentemente,
la religión no trae consigo una reducción de la depresión o la preocupación.

Un análisis de más de 450.000 respuestas del índice de bienestar
Gallup-Healthways —una encuesta a 1.000 estadounidenses— ofrece una respuesta sorprendentemente tajante a la pregunta más frecuente de la investigación del bienestar: ¿puede el dinero comprar la
felicidad?[9] La conclusión es que ser pobre resulta deprimente y que
ser rico puede mejorar el grado de satisfacción con la propia vida,
pero no mejora (según la media) el bienestar experimentado.

La pobreza severa amplifica los efectos experimentados de otras
desgracias de la vida. En particular, la enfermedad es mucho peor
para los muy pobres que para quienes viven más confortablemente.[10]
Una migraña aumenta la proporción de pesar y preocupación del 19
al 38 por ciento en individuos de los dos tercios superiores de la distribución por ingresos. Los números correspondientes a la décima
parte que constituyen los más pobres son un 38 por ciento y un 70
por ciento, un nivel más alto de línea de base y un incremento mucho mayor. También se observan diferencias notables entre los muy
pobres y otros respecto a los efectos del divorcio y de la soledad.

Además, los efectos beneficiosos de los fines de semana en el bienestar experimentado son notablemente menores en los muy pobres que en la mayoría de los demás.

El nivel de la saciedad por encima del cual el bienestar experimentado deja de aumentar es el que proporcionan unos ingresos familiares de unos 75.000 dólares en zonas donde el coste de la vida es alto (podría ser menor en zonas donde el coste de la vida es más bajo).[11] El incremento medio del bienestar experimentado asociado a los ingresos fuera de ese nivel es exactamente cero. Esto resulta sorprendente porque es indudable que los ingresos elevados permiten obtener muchos placeres, como vacaciones en lugares interesantes y entradas para la ópera, así como un ambiente mejor para la vida. ¿Por qué estos placeres adicionales no aparecen en los informes de experiencia emocional? Una interpretación plausible es que los ingresos elevados van asociados a una capacidad reducida para disfrutar de los pequeños placeres de la vida. Hay pruebas que parecen respaldar esta idea: haciendo que estudiantes primen la idea de riqueza, se reduce en ellos el placer que expresa su rostro cuando comen una barrita de chocolate.[12]

Hay un claro contraste entre los efectos de los ingresos en el bienestar experimentado y en la satisfacción con la vida. Los ingresos elevados conllevan alta satisfacción más allá del punto en el que dejan de producir efecto positivo alguno en la experiencia. La conclusión general es tan clara para el bienestar como lo era en el caso de las colonoscopias; las evaluaciones que las personas hacen de sus vidas y su experiencia real podrán estar relacionadas, pero son diferentes. La satisfacción con la propia vida no es una medida imperfecta del bienestar experimentado, como yo pensaba hace unos años. Es otra cosa.

HABLANDO DEL BIENESTAR EXPERIMENTADO

«El objetivo de esta política debe ser el de reducir el sufrimiento humano. Queremos un bajo índice U en la sociedad. Enfocarla a la depresión y a la pobreza extrema ha de ser nuestra prioridad.»

«La manera más fácil de aumentar la felicidad es controlar el empleo del tiempo. ¿Podemos encontrar más tiempo para hacer cosas con las que disfrutemos?»

«Por encima del nivel de la saciedad proporcionado por los ingresos, podemos comprar más experiencias placenteras, pero perderemos algo de nuestra capacidad para disfrutar de las menos costosas.»

38

Pensamientos sobre la vida

La figura 16 procede de un análisis, realizado por Adrew Clark, Ed Diener y Yannis Georgellis, del Panel Socioeconómico Alemán, en el que cada año se preguntó a las mismas personas sobre su satisfacción con la vida.[1] Estas refirieron los cambios más importantes acontecidos en sus circunstancias durante el año anterior. La gráfica muestra el nivel de satisfacción que especificaron antes y después de casarse.

La gráfica provoca indefectiblemente risas nerviosas entre el público, y el nerviosismo es fácil de entender; después de todo, las personas que deciden casarse lo hacen o bien porque esperan que el matrimonio las hará más felices, o bien porque tienen la esperanza de que un lazo permanente mantendrá el estado actual de felicidad.

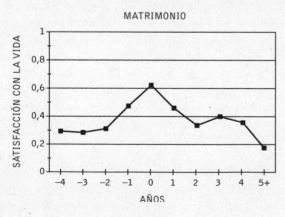

FIGURA 16

Para muchas personas, la decisión de casarse refleja, para usar el término de Daniel Gilbert y Timothy Wilson, un error masivo de *predicción afectiva*.[2] El día de la boda, los novios saben que la tasa de divorcios es alta, y que la incidencia de decepción matrimonial todavía más, pero no creen que esas estadísticas tengan que ver con ellos.

Los llamativos datos de la figura 16 son los de un brusco declive de la satisfacción con la propia vida. La gráfica se interpreta por lo común como un proceso de adaptación en el que las primeras alegrías del matrimonio van desvaneciéndose con rapidez conforme las experiencias se hacen rutinarias. Pero también es posible otro enfoque centrado en la heurística del juicio. En él nos preguntamos qué sucede en la mente de las personas cuando se les pide evaluar su vida. Preguntas tales como «¿Cuál es su grado de satisfacción con su vida?» o «¿Cómo es de feliz estos días?» no son tan simples como la pregunta: «¿Cuál es su número de teléfono?». ¿Cómo pretende la encuesta que todos los participantes respondan a esas preguntas en pocos segundos? Esto nos puede ayudar a juzgar las respuestas de otra manera. Como sucede con otras preguntas, algunas personas pueden tener la respuesta preparada, pues la han dado en otra ocasión en la que se les pedía una evaluación de su vida. Otras, probablemente la mayoría, no encuentran enseguida la respuesta a la pregunta precisa que se les hace, y automáticamente se facilitan la labor sustituyéndola por la respuesta a otra pregunta. El Sistema 1 entra en acción. Cuando la observamos bajo esta luz, la figura 16 adquiere un significado diferente.

Las respuestas a muchas preguntas sencillas pueden sustituirse por una evaluación global de la vida. Recordemos el estudio en el que unos estudiantes a los que se les había preguntado cuántas invitaciones habían tenido el mes pasado se refirieron a su «felicidad actual» como si las invitaciones fuesen el único hecho importante de sus vidas.[3] En otro experimento bien conocido del mismo tipo, Norbert Schwarz y sus colegas invitaron a los participantes a su laboratorio para que rellenasen un cuestionario sobre la satisfacción con su vida.[4] Pero, antes de que estos se pusieran a la tarea, les pidió fotocopiar una hoja de papel para él. La mitad de los participantes encontraron una moneda de diez centavos que el experimentador había colocado en la fotocopiadora. La pequeña sorpresa produjo una notable mejora en el grado de satisfacción con la vida que los participantes declararon. La heurística del estado de ánimo sugiere una manera de responder a preguntas sobre la satisfacción con la propia vida.

El estudio de las invitaciones y el experimento de la moneda en la fotocopiadora demostraban, como se pretendía, que las respuestas a preguntas sobre el bienestar global debían tomarse *cum grano salis.* Porque es obvio que nuestro efectivo estado de ánimo no es lo único en que pensamos cuando se nos pide evaluar nuestra vida. Es probable que pensemos en acontecimientos importantes del pasado reciente o del futuro próximo, o en preocupaciones recurrentes, como la salud del cónyuge o las malas compañías que el hijo adolescente frecuenta, o en logros importantes y fracasos dolorosos. Se nos ocurrirán unas pocas ideas que parezcan relevantes para la pregunta, y otras no. Incluso si no es influida por accidentes completamente irrelevantes, como la moneda en la fotocopiadora, la puntuación que sin tardar damos a nuestra vida viene determinada por una pequeña muestra de ideas inmediatamente disponibles para nuestra mente, no por una cuidadosa estimación hecha en los distintos ámbitos de nuestra vida.

Los recién casados, o los que esperan casarse próximamente, tienden a pensar en este acontecimiento cuando se les hace una pregunta general sobre su vida. Como en Estados Unidos el matrimonio es por lo común voluntario, casi todos los que piensan en su matrimonio reciente o próximo son felices con la idea de casarse. La atención es la clave del problema. La figura 16 puede interpretarse como una gráfica de la probabilidad de que la gente piense en su matrimonio reciente o próximo cuando se le pregunta sobre su vida. La preponderancia de esta idea tiende a disminuir con el paso del tiempo, que hace que la novedad decline.

La figura muestra un nivel inusitadamente elevado de satisfacción con su vida que dura dos o tres años en torno al matrimonio. Pero si esta aparente subida refleja el curso temporal de una heurística en la respuesta a una pregunta, poco es lo que podemos aprender sobre la felicidad o sobre el proceso de adaptación a la vida matrimonial. De ella no podemos deducir que una gran crecida de la felicidad durará varios años para luego descender gradualmente. Incluso personas que son felices pensando en su matrimonio cuando se les pregunta por su vida, no son necesariamente felices el resto del tiempo. A menos que tengan pensamientos felices acerca de su matrimonio durante buena parte del día, ello no influirá directamente en su felicidad. Incluso recién casados que tienen la fortuna de disfrutar de un estado de feliz concentración en la persona del cónyuge amado, eventualmente bajan a la tierra, y entonces su bienestar experimentado volverá a depender, como le ocurre a todo el mundo, del entorno y de las actividades del momento.

En los estudios realizados con el MRD no había generalmente diferencia en cuanto al bienestar experimentado entre las mujeres que convivían con un compañero y las que no lo hacían. Los detalles relativos al modo en que los dos grupos empleaban su tiempo, explicaban el resultado. Las mujeres que tienen un compañero pasan menos tiempo solas, pero también mucho menos tiempo con sus amigos. Y pasan más tiempo haciendo el amor, lo cual es estupendo, pero también más tiempo haciendo tareas domésticas, preparando la comida y cuidando a los niños, actividades estas relativamente poco apreciadas. Y, por supuesto, la gran cantidad de tiempo que las mujeres casadas pasan con sus maridos es más agradable para unas que para otras. El matrimonio no afecta normalmente al bienestar experimentado, y no porque el matrimonio no marque una diferencia en cuanto a la felicidad, sino porque cambia, para mejor en unos casos, y para peor en otros, algunos aspectos de la vida.

Una razón de las bajas correlaciones entre las circunstancias de los individuos y su satisfacción con la vida es que la felicidad experimentada y la satisfacción con la vida vienen en gran medida determinadas por la genética del temperamento. Una disposición al bienestar es algo hereditario, como la inteligencia, y así lo han demostrado estudios con gemelos separados desde su nacimiento. Las personas que parecen asimismo afortunadas varían notablemente en su grado de felicidad. En algunos ejemplos, como en el caso del matrimonio, las correlaciones con el bienestar son bajas debido a efectos equilibradores. La misma situación puede ser buena para unos y mala para otros, y las nuevas circunstancias tienen sus beneficios y sus costes. En otros casos, como el de unos ingresos elevados, los efectos en la satisfacción con la vida son por lo general positivos, pero el cuadro se complica por el hecho de que algunas personas se preocupan mucho más que otras por el dinero.

Un estudio de grandes dimensiones sobre la repercusión de la enseñanza superior que se llevó a cabo con otro propósito, reveló llamativos efectos que producen de por vida las metas que los jóvenes se proponen alcanzar.[5] Los datos pertinentes se obtuvieron de cuestionarios, reunidos entre 1995-1997, de aproximadamente 12.000 personas que habían iniciado en 1976 su enseñanza superior en colegios de élite. Cuando contaban diecisiete o dieciocho años, los participantes rellenaron un cuestionario en el que valoraban en una escala de 4 puntos —desde «poco importante» hasta «esencial»— la meta de «vivir muy desahogado económicamente».[6] El cuestionario que rellenaron veinte años después incluía mediciones de sus ingresos en 1995, así como una medición global de su satisfacción con la vida.

Las metas marcan una gran diferencia. Diecinueve años después de que manifestaran sus aspiraciones económicas, muchos de los que esperaban tener altos ingresos habían logrado ese objetivo. Entre los 597 médicos y otros profesionales de la salud que constituían la muestra, por ejemplo, cada punto adicional en la escala de importancia del dinero estaba asociado a un incremento de más de 14.000 dólares de retribución en dólares de 1995. Y entre las mujeres casadas que no trabajaban era más probable que hubieran satisfecho sus aspiraciones económicas. Para estas mujeres, cada punto de la escala significaba más de 12.000 dólares de ingresos familiares adicionales, naturalmente procedentes de las ganancias de sus maridos.

La importancia que a la edad de dieciocho años se atribuía a los ingresos también anticipaba la satisfacción con los ingresos a la edad adulta. Comparamos la satisfacción con la vida en un grupo con elevados ingresos (más de 200.000 dólares en ingresos familiares) con la de un grupo con ingresos de bajos a moderados (menos de 50.000 dólares). El efecto de los ingresos en la satisfacción con la vida era mayor para quienes habían considerado la situación económicamente desahogada como meta esencial: .57 puntos en una escala de 5 puntos. La diferencia correspondiente a quienes habían indicado que el dinero no era importante era solo de .12.[7] Quienes habían deseado ganar dinero y lo habían obtenido estaban significativamente más satisfechos que el promedio, y quienes habían deseado ganar dinero y no lo habían obtenido estaban significativamente menos satisfechos. El mismo principio es aplicable a otras metas; una receta para una vida adulta insatisfecha es marcarse metas que sean particularmente difíciles de alcanzar. Medida 20 años después por el grado de satisfacción con la vida, la meta menos prometedora a que un joven podía aspirar era «ser muy bueno en el arte de la interpretación». Las metas de los adolescentes influyen en lo que les sucede, en cómo terminan y en lo satisfechos que se sentirán.

Debido en parte a estos hallazgos, mis ideas sobre la definición de bienestar cambiaron. Las metas que los individuos se proponen alcanzar son tan importantes para lo que hacen y lo que sienten que centrarse exclusivamente en el bienestar experimentado no es sostenible. No podemos mantener un concepto de bienestar que ignore lo que las personas desean. Por otra parte, también es cierto que un concepto de bienestar que ignore cómo se sienten las personas cuando viven y se centran solo en cómo se sienten cuando piensan en su vida es también insostenible. Hemos de aceptar las complejidades de una perspectiva mixta que nos haga considerar el bienestar de los dos yo.

LA ILUSIÓN DE FOCALIZACIÓN

De la rapidez con que la gente responde a preguntas sobre su vida y de los efectos del estado de ánimo que acompañan a sus respuestas podemos deducir que no se comprometen a hacer un examen detenido cuando evalúan su vida. Se valen de heurísticas que son ejemplos de sustitución y del WYSIATI. Aunque su parecer sobre su vida venía influido por una pregunta sobre invitaciones o por la presencia de una moneda en la fotocopiadora, los participantes en esos estudios no olvidaban que en la vida hay más cosas que invitaciones y sensaciones de haber tenido suerte. El concepto de felicidad no cambia de repente por encontrar una moneda de veinte centavos, pero el Sistema 1 enseguida sustituye la felicidad total por una pequeña parte de ella. Cualquier otro aspecto de la vida al que se dirija la atención tendrá más peso en una evaluación global. Tal es la esencia de la *ilusión de focalización*, que puede describirse con una sencilla frase:

> Ninguna cosa de la vida es tan importante como pensamos cuando pensamos en ella.

El origen de esta idea fue una discusión familiar sobre un traslado de California a Princeton en el que mi mujer sostenía que la gente vive mejor en California que en la Costa Este. Yo repliqué que estaba demostrado que el clima no es un determinante tan importante para el bienestar —los países escandinavos probablemente sean los más felices del mundo—. Observé que, en la vida, las circunstancias permanentes tienen poco efecto en el bienestar, y en vano intenté convencer a mi mujer de que sus intuiciones sobre la felicidad de los californianos eran una predicción afectiva errónea.[8]

Poco tiempo después, con esta discusión aún en mente, participé en un taller de ciencias sociales sobre el calentamiento global. Un colega expuso un argumento basado en su opinión sobre el bienestar de la población del planeta Tierra en el próximo siglo. Yo argumenté que era ridículo querer predecir cómo se viviría en un planeta más caliente cuando ni siquiera sabíamos cómo se vive en California. Poco después de aquella discusión, mi colega David Schkade y yo obtuvimos fondos para investigar dos cuestiones: ¿son las personas que viven en California más felices que otras? ¿Cuáles son las creencias populares sobre la felicidad relativa de los californianos?

Procedimos a reclutar a un gran número de estudiantes de importantes universidades públicas de California, Ohio y Michigan. De algunas de las muestras extrajimos un informe detallado de su satisfacción con varios aspectos de sus vidas.[9] De otras obtuvimos una predicción sobre cómo alguien «con idénticos intereses y valores» que viviera en cualquier lugar respondería al mismo cuestionario.

Cuando analizamos los datos, se hizo evidente que el argumento de mi familia había ganado.[10] Como esperábamos, los estudiantes de las dos regiones diferían notablemente en su actitud respecto al clima: los californianos disfrutaban de su clima y los habitantes del Medio Oeste lo maldecían. Pero el clima no era un determinante importante del bienestar. No había diferencia alguna entre la satisfacción con la vida de los estudiantes de California y la de los estudiantes del Medio Oeste.[11] También descubrimos que mi mujer no estaba sola en su creencia de que los californianos disfrutaban de un mayor bienestar. Los estudiantes de las dos regiones compartían el mismo error de apreciación, y pudimos atribuir su error a una creencia exagerada en la importancia del clima. A este error lo denominamos *ilusión de focalización*.

La esencia de la ilusión de focalización es el WYSIATI, dar mayor peso al clima y muy poco a todos los demás determinantes del bienestar. Para apreciar el poder de esta ilusión basta con considerar durante unos segundos la siguiente pregunta:

¿Cuánto disfruta usted de su coche?[12]

Inmediatamente se nos ocurre una respuesta; sabemos cuánto nos gusta nuestro coche y cuánto disfrutamos de él. Y ahora consideremos una pregunta diferente: «¿*Cuándo* disfruta verdaderamente de su coche?». La respuesta que se da a esta pregunta puede sorprendernos, pero es simple: disfrutamos (o no disfrutamos) de nuestro coche cuando pensamos en él, algo que seguramente no ocurre muy a menudo. En circunstancias normales no pasamos mucho tiempo pensando en nuestro coche cuando lo conducimos. Mientras conducimos, pensamos en otras cosas, y nuestro estado de ánimo es resultado de cualquier otra cosa en que pensemos. Aquí también respondemos en realidad a la pregunta de cuánto disfrutamos de nuestro coche como lo haríamos a una pregunta más restricta: «¿Cuánto disfruta de su coche *cuando piensa en él*?». La sustitución hace que ignoremos el hecho de que raras veces pensamos en nuestro coche, que es una forma de olvido de la duración. El resultado es una ilusión de focalización. Si pensamos en nuestro coche, probablemente exageremos el placer que obtenemos de él, lo cual nos engañará cuando pensemos en las virtudes de nuestro actual vehículo, y también cuando consideremos comprarnos uno nuevo.

Un sesgo similar deforma los juicios sobre la felicidad de los californianos. Cuando se nos pregunta por la felicidad de los californianos, es probable que conjuremos una imagen de alguien considerando un aspecto distintivo de su experiencia en California, como una excursión veraniega o el clima invernal suave. La ilusión de focalización surge porque los californianos pasan realmente poco tiempo pensando en estos aspectos de sus vidas. Además, es poco probable que los californianos largamente asentados se acuerden del clima cuando se les pida que hagan una evaluación global de sus vidas. Para quien ha vivido allí toda su vida y no ha viajado mucho, vivir en California es como tener diez dedos: vivirá bien, pero no es algo en que piense mucho. Los pensamientos sobre cualquier aspecto de la vida pueden sobresalir cuando se tiene claramente a la vista una alternativa que contraste con ellos.

Las personas que recientemente se han ido a vivir a California responderán de una manera diferente. Consideremos una persona de ánimo decidido que se ha mudado desde Ohio buscando la felicidad en un clima mejor. Durante unos pocos años después de su traslado es probable que la pregunta por su satisfacción con la vida le recuerde dicho traslado y le haga pensar en el contraste climático entre los dos estados. Pero la ilusión de focalización puede hacer que las personas se equivoquen sobre su estado actual de bienestar y sobre la felicidad de otros, así como sobre su propia felicidad en el futuro.

¿Cuánto tiempo del día están los parapléjicos de mal humor?[13]

Esta pregunta casi con certeza nos hará pensar en un parapléjico que se pasa el día pensando en algunos aspectos de su condición. Es probable que nuestra estimación del estado de ánimo de un parapléjico sea acertada para los primeros días posteriores al grave accidente; pasado cierto tiempo, las víctimas de un grave accidente piensan poco en él. Pero, con el tiempo, y con escasas excepciones, la atención va apartándose de la nueva situación conforme esta va haciéndose más familiar. Las excepciones son aquí el dolor crónico, la exposición continua a ruidos molestos y una depresión severa. El dolor y los ruidos son biológicamente señales que absorben la atención, y en la depresión hay un ciclo que se autorrefuerza de pensamientos lúgubres. Por tanto, no puede haber adaptación a tales condiciones. Pero la paraplejia no es una de las excepciones: observaciones minuciosas demuestran que los parapléjicos se encuentran durante más de la mitad del día de bastante buen humor un mes después del accidente, aunque su estado de ánimo sea ciertamente sombrío cuando piensan en su situación.[14] Pero los parapléjicos emplean la mayor parte del tiempo en actividades diversas y lecturas, disfrutan de diversiones y bromas con los amigos y se indignan cuando leen las noticias políticas en los periódicos. Cuando están ocupados en alguna de estas actividades, no son muy diferentes de las demás personas, y podemos esperar que el bienestar experimentado de los parapléjicos esté durante mucho tiempo próximo a la normalidad. La adaptación a una nueva situación, sea buena o mala, consiste en gran parte en pensar cada vez menos en ella. En este sentido, la mayoría de las circunstancias duraderas de la vida, como la paraplejia y el matrimonio, son estados a tiempo parcial en que uno siente hallarse solo cuando les presta atención.

Uno de los privilegios de enseñar en Princeton es la oportunidad de guiar a estudiantes brillantes en las tesis de investigación. Y una de mis experiencias favoritas en este menester fue un proyecto en el que Beruria Cohn recogió y analizó datos de una firma de sondeos que pidió a sus encuestados estimar la porción de tiempo que los parapléjicos estaban de mal humor. Ella dividió a los encuestados en dos grupos: a unos se les dijo que el terrible accidente había sucedido hacía un mes y a otros hacía un año. Además, cada encuestado indicaba si conocía personalmente a algún parapléjico. Los dos grupos casi coincidieron en su juicio sobre los parapléjicos recientes: los que conocían a algún parapléjico estimaron su mal humor en un 75 por ciento y los que tenían que imaginárselo lo hicieron en un 70 por ciento. En cambio, los dos grupos diferían notablemente en sus estimaciones del estado de ánimo de los parapléjicos un año después de su accidente: la estimación que los que conocían a alguno hicieron del tiempo en que están de mal humor fue del 41 por ciento. Y las estimaciones de los que no conocían a ninguno fue del 68 por ciento de media. Evidentemente, los que conocían a algún parapléjico habían observado cómo la atención iba apartándose de manera gradual de su condición, pero los demás no predijeron esta adaptación. Los juicios sobre el estado de ánimo de los ganadores de premios de lotería un mes y un año después de ganarlos mostraron exactamente el mismo patrón.

Podemos esperar que la satisfacción de los parapléjicos —y de otros que soportan condiciones difíciles y crónicas— con su vida sea baja en comparación con su bienestar experimentado, puesto que la petición de evaluar sus vidas inevitablemente les recordará la vida de los demás y la vida que ellos llevaban antes. En consonancia con esta idea, estudios recientes con pacientes que han sufrido una colostomía arrojaron notables inconsistencias entre el bienestar experimentado por estos pacientes y la evaluación de sus vidas.[15] Los muestreos experimentales no indican diferencia alguna en cuanto a felicidad experimentada entre estos pacientes y la población sana. Además, los pacientes cuya colostomía fue invertida recuerdan su tiempo en esta condición como algo horrible para ellos, y darían más de lo que les queda de vida por no volver a pasar por ello. Aquí parece que el yo que recuerda está sometido a una masiva ilusión de focalización en la vida que el yo que experimenta vive con bastante comodidad.

Daniel Gilbert y Timothy Wilson introdujeron la palabra *miswanting** para describir las malas elecciones que se derivan de errores de la predicción afectiva.[16] Esta palabra merece ser incorporada al lenguaje cotidiano. La ilusión de focalización (que Gilbert y Wilson denominan focalismo) es una abundante fuente de deseos descaminados. Nos predispone sobre todo a exagerar el efecto de adquisiciones importantes o circunstancias distintas en nuestro bienestar futuro.

Comparemos dos actos que cambiarán ciertos aspectos de nuestra vida: comprar un coche nuevo y más confortable y unirnos a un

---

* Término de difícil traducción para el que proponemos la palabra *descaminamiento*. Designa el *querer descaminado*, es decir, querer algo en la creencia errónea de que contribuirá al bienestar o a la felicidad del que lo quiere o de otros. (*N. del T.*)

grupo que se reúne semanalmente, por ejemplo a un club de jugadores de póquer o de lectores. Ambas experiencias serán nuevas e
ilusionantes al principio. La diferencia crucial es que, en el primer
caso, acabaremos prestando poca atención al coche que conducimos,
y en el segundo no dejaremos de prestar atención a la interacción
social en que nos hemos comprometido. El WYSIATI nos hará exagerar a la larga los beneficios del coche, pero no es probable que cometamos el mismo error respecto a una reunión social o a actividad-
des que de por sí demandan atención, como jugar al tenis o aprender
a tocar el violonchelo. La ilusión de focalización crea un sesgo favorecedor de bienes y experiencias que al principio son ilusionantes,
pero que acabarán perdiendo su atractivo. Aquí hay un olvido del
tiempo que hace que las experiencias que conservan el valor de la
atención a la larga serán apreciadas menos de lo que merecen.

A VUELTAS CON EL TIEMPO

El papel del tiempo ha sido una constante en esta parte del libro. Es
lógico describir la vida del yo que experimenta como una serie de
momentos, cada uno con su valor. El valor de un episodio —lo he
denominado total hedonimétrico— es simplemente la suma de los
valores de sus momentos. Pero no es así como la mente se representa los episodios. Como he mostrado, el yo que recuerda también
cuenta historias y hace elecciones, y ni las historias ni las elecciones
representan propiamente el tiempo. En el modo de contar historias,
un episodio viene representado por unos pocos momentos cruciales,
especialmente los del comienzo, la culminación y el fin. La duración
queda en el olvido. Hemos visto esta focalización en momentos singulares en la situación de la mano fría y en la historia de Violetta.

Hemos visto una forma diferente de olvido de la duración en la
teoría de las perspectivas, en la cual un estado viene representado por
la transición al mismo. Ganar un premio de lotería crea un nuevo estado patrimonial que durará un tiempo, pero la utilidad de la decisión corresponde a la intensidad anticipada de la reacción a la noticia de que se ha ganado el premio. La retirada de la atención y otras

adaptaciones al nuevo estado quedan en el olvido cuando solo se considera este breve período de tiempo. La misma focalización en la transición al nuevo estado y el mismo olvido del tiempo y la adaptación se encuentran en predicciones de la reacción a enfermedades crónicas, y, por supuesto, en la ilusión de focalización. El error que la gente comete en la ilusión de focalización supone prestar atención a momentos seleccionados y olvidar lo que sucede en otros momentos. La mente es buena contando historias, pero no parece estar bien diseñada para procesar el tiempo.

En los últimos diez años hemos aprendido muchas cosas nuevas sobre la felicidad. Pero también hemos aprendido que la palabra *felicidad* no tiene un significado único y no debiera usarse como se usa. A veces el progreso científico nos deja más perplejos de lo que ya estábamos antes.

HABLANDO DE PENSAMIENTOS SOBRE LA VIDA

«Creyó que si compraba un magnífico coche sería más feliz, pero resultó un error de la predicción afectiva.»

«Su coche se le averió esta mañana camino del trabajo, y por eso está de mal humor. No es un buen día para preguntarle por su satisfacción con el trabajo.»

«La vemos muy alegre casi siempre, pero si le preguntan, dice que se siente muy desgraciada. La pregunta seguramente le hace pensar en su reciente divorcio.»

«Comprar una casa más grande no nos hará más felices a la larga. Podríamos estar sufriendo una ilusión de focalización.»

«Ha resuelto repartir su tiempo entre dos ciudades. Puede que sea un caso serio de deseo descaminado.»

Conclusiones

He comenzado este libro introduciendo dos personajes ficticios, he proseguido discutiendo sobre dos especies y he terminado con dos yo. Los dos personajes son el Sistema 1, que es el del pensamiento rápido, y el esforzado y más lento Sistema 2, que es el del pensamiento lento, el que monitoriza al Sistema 1 y ejerce lo mejor que puede un control dentro de sus limitados recursos. Las dos especies son los econos, que viven en el país de la teoría, y los humanos, que actúan en el mundo real. Los dos yo son el yo que experimenta, que es el que hace la vida, y el yo que recuerda, el cual lleva las cuentas y hace las elecciones. En este capítulo final consideraré algunas aplicaciones de estas tres distinciones, y lo haré en orden inverso.

Dos yo

La posibilidad de que haya conflictos entre el yo que recuerda y los intereses del yo que experimenta resultó ser un problema más arduo de lo que inicialmente pensaba. En un temprano experimento, el estudio de la mano fría, la combinación de olvido de la duración y la regla del pico final llevaban a hacer elecciones que eran manifiestamente absurdas. ¿Por qué las personas se exponen voluntariamente a un dolor innecesario? Nuestros sujetos dejaban la elección al yo que recuerda, prefiriendo repetir la prueba de la que tenían mejor recuerdo aunque supusiera más dolor. Elegir por la cualidad de lo recordado puede estar justificado en casos extremos, por ejemplo cuando el estrés postraumático es una posibilidad, pero la experiencia de la mano fría no era traumática. Un observador objetivo que eligiera por alguien, indudablemente elegiría la exposición breve, favoreciendo así al yo que experimenta del sufridor. Las elecciones que los participantes tomaron por su cuenta pueden calificarse de erróneas. En los casos de la ópera y de la vida de Jen, el olvido de la duración y la regla del pico final en la evaluación de historias son igual de indefendibles. No tiene sentido evaluar la vida entera por sus últimos momentos, o no dar valor a la duración cuando se decide qué vida es más deseable.

El yo que recuerda es una construcción del Sistema 2. Pero los rasgos distintivos del modo en que evalúa episodios y vidas son característicos de nuestra memoria. El olvido de la duración y la regla del pico final tienen su origen en el Sistema 1, y no están necesariamente en correspondencia con los valores del Sistema 2. Creemos que la duración es importante, pero nuestra memoria nos dice que no lo es. Las reglas que rigen la evaluación del pasado son malas guías para la toma de decisiones, porque en ellas el tiempo no cuenta. El hecho central de nuestra existencia es que el tiempo es el último recurso finito, pero el yo que recuerda ignora esta realidad. El olvido de la duración, combinado con la regla del pico final, crea un sesgo que favorece un período breve e intenso frente a un período largo de felicidad moderada. La imagen refleja del mismo sesgo nos hace temer un período de sufrimiento intenso pero tolerable más que un período más largo de dolor moderado. El olvido de la duración nos hace también proclives a aceptar un período largo de leve malestar porque el final será mejor, y nos induce a desaprovechar la oportunidad de un período largo de felicidad si es probable que tenga un pobre final. Para llevar la misma idea al punto de malestar, consideremos la admonición común de «No lo hagas, o te arrepentirás». El consejo parece sabio porque el arrepentimiento anticipado es el veredicto del yo que recuerda y estamos inclinados a aceptar tales juicios como últimos y concluyentes. Pero no deberíamos olvidar que la perspectiva del yo que recuerda no siempre es la correcta. Un observador objetivo del perfil hedonimétrico con los intereses del yo que experimenta en su mente podría muy bien dar un consejo diferente. El olvido de la duración por parte del yo que recuerda, su exagerado énfasis en picos y finales y su susceptibilidad a la retrospección se combinan para generar reflejos deformados de nuestra experiencia real.

En contraste con esto, la concepción del bienestar que da importancia a la duración trata todos los momentos de la vida, memorables o no, del mismo modo. Algunos momentos acaban adquiriendo más importancia que otros, bien porque sean memorables, o bien porque sean importantes. El tiempo que las personas pasan pensando en un momento memorable debería incluirse en su duración, añadirse a su significación. Un momento también puede cobrar importancia si se modifica la experiencia de los momentos subsecuentes. Una hora empleada en practicar con el violín, por ejemplo, puede mejorar la experiencia de muchas horas tocando o escuchando música años más tarde. De modo similar, un breve acontecimiento atroz que cause un trastorno por estrés postraumático debe evaluarse por la duración total del prolongado sufrimiento que ha provocado. Desde la perspectiva que valora la duración, solo después del hecho podemos determinar si un momento es memorable o tiene una significación. Frases como «Siempre recordaré…» o «Este es un momento importante» deben tomarse como promesas o predicciones que pueden ser falsas —y lo son a menudo—, aunque se pronuncien con total sinceridad. Es casi seguro que muchas de las cosas de las que decimos que siempre las recordaremos, queden completamente olvidadas diez años después.

La lógica de esta valoración de la duración es convincente, pero no puede considerarse una teoría completa del bienestar, puesto que los individuos se identifican con su yo que recuerda y cuidan de su historia. Una teoría del bienestar que ignore lo que los individuos quieren es insostenible. Por otra parte, una teoría que ignore lo que realmente sucede en la vida de las personas y se centre exclusivamente en lo que estas piensan de su vida, tampoco es sostenible. El yo que recuerda y el yo que experimenta deben considerarse a la par, pues sus intereses no siempre coinciden. Este es un tema que los filósofos podrán someter a debate durante mucho tiempo.

El tema de lo que más importa a los dos yo no es solo para filósofos; tiene implicaciones en las políticas aplicadas a diversos dominios, en especial los de la medicina y la asistencia social. Consideremos la inversión que habría que hacer en el tratamiento de varios padecimientos, como la ceguera, la sordera o la enfermedad renal. ¿Deben las inversiones venir determinadas por el miedo de la gente a estos padecimientos? ¿Deben las inversiones guiarse por los sufrimientos reales de los pacientes? ¿O deben guiarse por la intensidad del deseo que los pacientes tienen de aliviar su padecimiento y los sacrificios que estarían dispuestos a hacer por lograr tal alivio? La clasificación de la ceguera y la sordera, o de la colostomía y la diálisis, puede ser diferente dependiendo de la forma de medir la severidad del sufrimiento que se utilice. No se ve una solución fácil, pero el tema es demasiado importante para ignorarlo.[1]

La posibilidad de utilizar medidas de bienestar como indicadores que guíen las políticas del gobierno ha despertado recientemente un interés considerable tanto entre académicos como en diversos gobiernos de Europa.[2] A diferencia de hace unos pocos años, hoy puede concebirse que un día las estadísticas nacionales incluyan un índice de la cantidad de sufrimiento en la sociedad junto a las mediciones del desempleo, las minusvalías físicas y los ingresos. Este proyecto ya ha avanzado mucho.

ECONOS Y HUMANOS

En el habla cotidiana decimos que una persona es razonable si es posible razonar con ella, si sus creencias concuerdan por lo general con la realidad y si sus preferencias están en consonancia con sus intereses y valores. La palabra *racional* suscita la idea de una gran deliberación, con más cálculo y menos pasión, pero, en el lenguaje común, una persona racional es en realidad una persona razonable. Para los economistas y los teóricos de la decisión, el adjetivo tiene un significado enteramente diferente. El único test de racionalidad no es si las creencias y preferencias de una persona son razonables, sino más bien si son internamente consistentes. Una persona racional puede creer en los espíritus mientras sus demás creencias sean consistentes con la existencia de los espíritus. Una persona racional puede preferir que la odien o la amen mientras sus preferencias sean consistentes. Racionalidad es coherencia lógica, razonable o no. Los econos son racionales por definición, pero hay pruebas abrumadoras de que los humanos no pueden serlo. Un econo no es susceptible de *priming*, WYSIATI, marco estrecho, visión desde dentro o revocación de preferencias, cosas que los humanos no pueden en principio evitar.

La definición de racionalidad como coherencia es sumamente restrictiva; demanda observancia de las reglas de la lógica, algo que una mente finita no es capaz de implementar. La gente razonable no puede ser racional por definición, pero ello no es razón para tildarla de irracional. *Irracional* es una palabra fuerte que connota impulsividad, emocionalidad y tozuda resistencia al argumento razonable.[3] A menudo me siento abochornado cuando se cree y se dice que mi trabajo con Amos es una demostración de que las elecciones humanas son irracionales, cuando la verdad es que nuestra investigación solamente demuestra que los humanos no están bien descritos en el modelo del agente racional.

Aunque los humanos no sean irracionales, a menudo necesitan ayuda para hacer juicios más acertados y tomar mejores decisiones, y en algunos casos, las políticas y las instituciones pueden proporcionar esa ayuda. Esto puede parecer inocuo, pero en realidad es algo bastante controvertido. Tal como la interpreta la importante Escuela de Economía de Chicago, la fe en la racionalidad humana está estrechamente relacionada con una ideología para la que es innecesario, y hasta inmoral, proteger a las personas contra sus propias elecciones. Las personas racionales deben ser libres y responsables del cuidado de sí mismas. Milton Friedman, la cabeza visible de esta escuela, dio expresión a esta opinión en el título de uno de sus libros más populares, *Libertad de elegir*.

La suposición de que los agentes son racionales proporciona la base intelectual para la concepción libertaria de la política pública: no interferir con el derecho de los individuos a elegir a menos que sus elecciones perjudiquen a otros. Las políticas libertarias son además reafirmadas por la admiración que causa la eficiencia de los mercados en la distribución de bienes entre las personas que están dispuestas a pagar más por ellos. Un famoso ejemplo de la concepción de Chicago se titula «A Theory of Rational Addiction»; este explica cómo un agente racional con una clara preferencia por la gratificación intensa e inmediata puede tomar la decisión irracional de aceptar la futura adicción como una consecuencia.[4] En cierta ocasión oí decir a Gary Becker —uno de los autores del artículo y también uno de los premios Nobel de la Escuela de Chicago— de un modo desenfadado, mas no del todo en broma, que deberíamos considerar la posibilidad de explicar la llamada epidemia de obesidad por la creencia de la gente en que pronto se podrá curar la diabetes. Estaba tocando un punto importante: cuando observamos que la gente actúa de manera en apariencia absurda, primero hemos de examinar la posibilidad de que tenga una buena razón para hacer lo que hace. Las interpretaciones psicológicas solo deben hacerse cuando las razones resultan poco verosímiles, como seguramente lo es la explicación que propone Becker de la obesidad.

En una nación de econos, el gobierno debe mantenerse al margen y permitir a los econos actuar según lo que elijan mientras no perjudiquen a otros. Si un motorista elige viajar sin casco, un libertario defenderá su derecho a hacerlo así. Los ciudadanos saben lo que hacen, aunque elijan no preocuparse por su vejez, o probar sustancias adictivas. En esta posición hay a veces una dura arista: las personas mayores que no se han preocupado lo suficiente por asegurarse su retiro despiertan más simpatías que las que se quejan de la cuenta después de una comilona en un restaurante. Hay mucho en juego en el debate entre la Escuela de Chicago y los economistas conductuales, que rechazan la forma extrema del modelo del agente racional. La libertad no es un valor contestable; todos los participantes en el debate están a favor de ella. Pero para los economistas conductuales, la vida es más compleja que para los creyentes sinceros en la racionalidad humana. Ningún economista conductual estaría a favor de un Estado que forzara a sus ciudadanos a seguir una dieta equilibrada y a ver solamente los programas de televisión que sean psíquicamente saludables. Pero para los economistas conductuales, la libertad tiene un coste que soportan los individuos que hacen malas elecciones y la sociedad que se siente obligada a ayudarlos. La decisión de proteger o no a los individuos contra los errores constituye así un dilema para los economistas conductuales. Los economistas de la Escuela de Chicago no hacen frente a este problema porque los agentes racionales no cometen errores. Para los partidarios de esta escuela, la libertad está libre de cargos.

En 2008, el economista Richard Thaler y el jurista Cass Sunstein escribieron un libro, titulado *Un pequeño empujón (Nudge)*, que rápidamente se convirtió en un *best seller* internacional y en la biblia de la economía conductual. Su libro introducía varias palabras nuevas en el lenguaje, entre ellas econos y humanos. También presentaba un conjunto de soluciones al dilema de cómo ayudar a la gente a tomar buenas decisiones sin coartar su libertad. Thaler y Sunstein abogaban por una postura de paternalismo libertario en la que el Estado y otras instituciones pudieran impulsar a la gente a tomar decisiones que sirvieran a sus propios intereses a largo plazo. La sugerencia de contratar un plan de pensiones como opción por defecto es un ejemplo de ello. Es difícil argumentar que la libertad de nadie se reduzca por contratar de manera automática el plan cuando simplemente tiene que marcar una casilla. Como hemos visto páginas atrás, el marco de la decisión de un individuo —Thaler y Sunstein lo denominan arquitectura de la elección— tiene un inmenso efecto en el resultado. Este impulsar a hacer algo se basa en una psicología sana que ya he descrito. La opción por omisión se percibe de forma natural como la elección normal. Apartarse de la elección normal es un acto ejecutivo que requiere una deliberación más esforzada, asume mayor responsabilidad y está más expuesto al arrepentimiento que simplemente no hacer nada. Aquí hay fuerzas poderosas que pueden orientar la decisión de alguien que, de otro modo, no sabría qué hacer con seguridad.

Los humanos también necesitan, más que los econos, protección contra otros que deliberadamente explotan su debilidad, fruto sobre todo de las veleidades del Sistema 1 y de la pereza del Sistema 2. Se supone que los agentes racionales son cuidadosos en la toma de decisiones importantes, y que utilizan la información que reciben. Un econo leerá y entenderá la letra pequeña de un contrato antes de firmarlo, pero los humanos no suelen hacer esto. Una empresa sin escrúpulos que redacta contratos que los clientes rutinariamente firmarán sin leerlos tiene un considerable margen de actuación para ocultar legalmente a la mirada inocente información importante. Una implicación perniciosa del modelo del agente racional en esta forma extrema es que se supone que los clientes no necesitan protección fuera de garantizarles que se pondrá en su conocimiento toda la información relevante. El tamaño de la letra y la complejidad del lenguaje en este menester no se consideran relevantes; un econo sabe cómo leer la letra pequeña cuando es importante hacerlo. Pero *Un pequeño empujón (Nudge)* recomienda a las empresas que ofrezcan contratos suficientemente sencillos para que puedan leerlos y entenderlos los clientes humanos. Es una buena señal que algunas de sus recomendaciones hayan encontrado una notable oposición por parte de empresas cuyos beneficios podrían sufrir una merma si informasen mejor a sus clientes. Un mundo en el que las empresas compitan por ofrecer mejores productos es preferible a otro en el que triunfen las empresas de prácticas más equívocas.

Un rasgo notable del paternalismo libertario es su atractivo en un amplio espectro político. El ejemplo emblemático de política conductual, el programa llamado Save More Tomorrow,* fue apoyado en el Congreso por una inusitada coalición que comprendía a ultraconservadores y progresistas. Save More Tomorrow es un plan financiero que las empresas pueden ofrecer a sus empleados. Los que lo contratan dan al empleador permiso para incrementar su contribución a su plan de ahorro en una proporción fijada cada vez que reciben un aumento. La tasa de incremento del ahorro es implementada automáticamente hasta que el empleado notifica su deseo de borrarse de ese plan. Esta brillante innovación, propuesta en 2003 por Richard Thaler y Shlomo Benartzi, ha mejorado hoy la tasa de ahorro y aclarado las perspectivas de futuro de millones de trabajadores. Es una idea sólidamente fundamentada en principios psicológicos que los lectores de este libro reconocerán. Evita la resistencia a una pérdida inmediata porque no requiere un cambio inmediato; al vincular el incremento del ahorro a las subidas de sueldos, convierte las pérdidas en ganancias acumuladas, haciéndolas mucho más fáciles de soportar; y su automaticidad alinea la pereza del Sistema 2 con los intereses a largo

---

* Ahorra Más Mañana. *(N. del T.)*

plazo de los trabajadores. Todo esto, por supuesto, sin obligar a nadie a hacer nada que no desee y sin trampa ni cartón.

Lo sugestivo del paternalismo libertario ha sido reconocido en muchos países, como el Reino Unido y Corea del Sur, y por políticos de muchas tendencias, como los *tories* y la administración demócrata del presidente Obama. Y el gobierno británico ha creado una nueva pequeña unidad cuya misión es aplicar los principios de la ciencia conductual para ayudar al gobierno a lograr sus objetivos. El nombre oficial de este grupo es Behavioural Insight Team, pero se conoce dentro y fuera del gobierno simplemente como la Nudge Unit. Thaler es un asesor de este equipo.

Una de las consecuencias de la publicación de *Un pequeño empujón (Nudge)* fue que el presidente Obama invitó a Sunstein a trabajar como administrador de la Oficina de Información y Asuntos Regulatorios, un puesto que le dio una gran oportunidad de animar a la aplicación de las lecciones de psicología y economía conductual a agencias del gobierno. La misión se describe en el Informe de 2010 de la Oficina de Gestión y Presupuesto. Los lectores de este libro apreciarán la lógica que hay detrás de las recomendaciones específicas, como animar a ofrecer «información clara, sencilla, destacada y comprensible». También reconocerán afirmaciones básicas, como la de que «la presentación importa mucho; si, por ejemplo, un resultado potencial es enmarcado como pérdida, puede causar mayor impacto que si es presentado como ganancia».

Páginas atrás se ha mencionado el ejemplo de una regulación del modo de enmarcar la información relativa al consumo de gasolina. Entre otras aplicaciones que se han implementado se cuentan la inscripción automática en un seguro sanitario, una nueva versión de las directrices dietéticas, que reemplaza a la incomprensible pirámide alimenticia por la poderosa imagen de un plato de comida para una dieta equilibrada y una regla, establecida por el Departamento de Agricultura, que permite incluir mensajes como «90 por ciento libre de materia grasa» en la etiqueta de productos cárnicos, siempre y cuando se exhiba también el de «10 por ciento de materia grasa» en un espacio «contiguo, con letras del mismo color, tamaño y tipo, y con el mismo color de fondo que la indicación del porcentaje de magro». Los humanos, a diferencia de los econos, necesitan ayuda para tomar buenas decisiones, y hay maneras informadas y no intrusivas de proporcionar esa ayuda.

DOS SISTEMAS

En este libro se han descrito las operaciones de la mente como una difícil interacción entre dos personajes ficticios: el automático Sistema 1 y el esforzado Sistema 2. El lector ya está familiarizado con las personalidades de los dos sistemas, y puede anticipar cómo responderán en diferentes situaciones. Y, por supuesto, también recuerda que los dos sistemas no existen realmente en el cerebro de nadie. «El Sistema 1 hace X» es una forma de decir que «X se hace automáticamente». Y «el Sistema 2 es movilizado para hacer Y» es una forma de decir que «la mente se aviva, las pupilas se dilatan, la atención se centra y se ejecuta la actividad Y». Espero que el lector encuentre el lenguaje de los sistemas tan útil como yo, y que haya adquirido un sentido intuitivo del modo en que esos sistemas trabajan sin que la cuestión de si existen o no lo confunda. Una vez hecha esta necesaria advertencia, continuaré usando este lenguaje hasta el final.

El atento Sistema 2 es quien pensamos que somos. El Sistema 2 se forma juicios y hace elecciones, pero a menudo aprueba o racionaliza ideas y sensaciones que han sido generadas por el Sistema 1. Podemos no saber que somos optimistas en relación con un proyecto porque algún aspecto de quien lo lidera nos recuerda a nuestra querida hermana, o que una persona no nos gusta porque se parece vagamente a nuestro dentista. Pero si se nos pide una explicación, buscaremos en nuestra memoria razones presentables, y ciertamente encontraremos alguna. Y además creeremos la historia que nos habremos inventado. Pero el Sistema 2 no es un mero apologista del Sistema 1; también nos previene de la expresión abierta de muchas ideas locas y de impulsos inapropiados. Prestar atención mejora muchas de nuestras actividades —pensemos en los riesgos de conducir por un lugar estrecho mientras nuestra mente divaga—, y es esencial en algunas tareas que requieren comparación, elección y razonamiento ordenado. Sin embargo, el Sistema 2 no es un dechado de racionalidad. Sus capacidades son limitadas, y con ellas el conocimiento al que tiene acceso. No siempre pensamos a derechas cuando razonamos, y los errores no siempre se deben a intuiciones intrusas e incorrectas. A menudo cometemos errores porque nuestro Sistema 2 no sabe hacer mejor su tarea.

Me he pasado más tiempo describiendo el Sistema 1, y he dedicado muchas páginas a los errores de juicio y de elección intuitivos que le atribuyo. Pero el número relativo de páginas es un pobre indicador del balance entre las maravillas y los defectos del pensamiento intuitivo. El Sistema 1 es sin duda el origen de mucho de lo que hacemos mal, pero también es el origen de gran parte de lo que hacemos bien, que es la mayor parte de lo que hacemos. Nuestros pensamientos y nuestras acciones son rutinariamente guiados por el Sistema 1, y por lo general son acertados. Una de sus maravillas es el rico y detallado modelo de nuestro mundo que se conserva en nuestra memoria asociativa: en una fracción de segundo, esta distingue lo sorprendente de los eventos normales, de inmediato genera una idea de lo que esperaba en lugar de la sorpresa y automáticamente busca una interpretación causal de las sorpresas y los eventos en el momento en que se producen.

La memoria también guarda el vasto repertorio de habilidades que hemos adquirido con la práctica a lo largo de nuestra vida y que automáticamente produce soluciones adecuadas a desafíos nada más surgir estos, desde sortear una gran piedra que encontramos en el camino hasta calmar el incipiente arrebato de un cliente. La adquisición de habilidades requiere un entorno regular, una oportunidad adecuada para practicarla y una retroalimentación rápida e inequívoca para que los pensamientos y las acciones sean los correctos. Cuando se dan estas condiciones, la habilidad se desarrolla, y los juicios y elecciones de carácter intuitivo que enseguida produce la mente son casi siempre los acertados. Todo esto es obra del Sistema 1, que realiza con rapidez y de forma automática. Un indicador de actuación adecuada es la capacidad para manejar con prontitud y eficiencia grandes cantidades de información.

Cuando nos enfrentamos a un reto para el que disponemos de una respuesta acertada, evocamos esa respuesta. ¿Qué sucede cuando no disponemos de ella? Unas veces, como en la operación «17 × 24 = ?», que pide una respuesta específica, es inmediatamente obvio que hemos de llamar al Sistema 2. Pero es raro que el Sistema 1 se quede sin decir nada. El Sistema 1 no se halla constreñido por límite alguno de capacidad, y es derrochador en sus cálculos. Cuando se dedica a buscar una respuesta a una pregunta, simultáneamente genera respuestas a preguntas relacionadas, y puede sustituir la respuesta que se le pide por otra que encuentra con más facilidad. En esta concepción de la heurística, la respuesta heurística no es necesariamente más sencilla o más parca que la original, es solo más accesible, calculada con más rapidez y facilidad. Las respuestas heurísticas no son aleatorias, y a menudo son más o menos correctas. Pero en ocasiones son completamente erróneas.

El Sistema 1 registra la facilidad cognitiva con que procesa información, pero no genera una señal de alerta cuando anda descaminado. Las respuestas intuitivas acuden pronta y confiadamente a la mente, sean fruto de nuestras aptitudes o de nuestras heurísticas. El Sistema 2 no tiene una manera sencilla de distinguir entre una respuesta experta y una respuesta heurística. Su único recurso es ir más despacio e intentar construir una respuesta propia, algo que le cuesta hacer debido a su indolencia. Muchas sugerencias del Sistema 1 son aprobadas solo con una comprobación mínima, como en el problema del bate y la pelota. Así es como el Sistema 1 se gana su mala reputación como fuente de errores y sesgos. Sus formas de operar, entre las que se cuentan el WYSIATI, la correspondencia de intensidades y la coherencia asociativa, dan origen a sesgos predecibles e ilusiones cognitivas como las que nacen del anclaje, de las predicciones no regresivas, de la confianza excesiva y otras muchas.

¿Qué se puede hacer con los sesgos? ¿Cómo podemos mejorar los juicios y las decisiones, los nuestros y los de las instituciones a las que servimos y que nos sirven a nosotros? La respuesta es que poco podemos conseguir sin un esfuerzo considerable. Sé por experiencia que el Sistema 1 no es fácilmente educable. Excepto por algunos efectos que atribuyo sobre todo a la edad, mi pensamiento intuitivo es tan proclive a la confianza excesiva, a las predicciones extremas y a la falacia de la planificación como lo era antes de estudiar estos temas. Solo he mejorado en mi capacidad para reconocer situaciones en las que los errores son probables: «Este número será un ancla...», «La decisión podría cambiar si el problema se reenmarca...». Y he progresado mucho más en el reconocimiento de los errores de otros que de los míos.

La manera de bloquear los errores que origina el Sistema 1 es en principio sencilla: reconocer las señales de que estamos en un campo cognitivo minado, detenernos y pedir refuerzos al Sistema 2. Así es como procederemos la próxima vez que nos encontremos con la ilusión de Müller-Lyer. Cuando vemos líneas con terminaciones que indican direcciones diferentes, reconocemos la situación y sabemos que no debemos confiar en nuestras impresiones sobre la longitud. Desafortunadamente, este sensato procedimiento es el que menos se aplica cuando más se necesita. A todos nos gustaría tener una campanilla que nos avisase siempre que estamos a punto de cometer un serio error, pero tenemos esa campanilla, y las ilusiones cognitivas son por lo general más difíciles de reconocer que las ilusiones de la percepción. La voz de la razón puede ser mucho más tenue que la voz alta y clara de una intuición errónea, y cuestionar nuestras intuiciones es poco agradable en medio de la tensión que acompaña a una gran decisión. Más dudas es lo último que deseamos cuando tenemos problemas. La conclusión es que es mucho más fácil identificar un campo minado cuando vemos a otros caminando por él que cuando lo hacemos nosotros. Los que observan están menos ocupados cognitivamente y más abiertos a la información que los que actúan. Esta es la razón de que escribiera un libro dirigido a críticos y chismosos más que a las personas que toman decisiones.

Las organizaciones son mejores que los individuos cuando se trata de evitar errores porque, como es natural, piensan más lentamente y tienen poder para imponer procedimientos de forma ordenada. Las organizaciones pueden instituir y hacer cumplir el uso de útiles listas de control[5] y prácticas más elaboradas, como la predicción con clase de referencia y el *pre mortem*. Al menos en parte porque proporcionan un vocabulario distintivo, las organizaciones pueden

también fomentar una cultura en la que las personas se adviertan
unas a otras de que se aproximan a campos minados.[6] Cualquiera
que sea su manera de proceder, una organización es una factoría que
manufactura juicios y decisiones. Toda factoría debe tener formas de
asegurar la calidad de sus productos en el diseño inicial, en la fabricación y las inspecciones finales. Las etapas pertinentes en la producción de decisiones son: el enmarque del problema que hay que resolver, la obtención de la información relevante previa a la decisión
y la reflexión y revisión. Una organización que trate de mejorar el
producto de su decisión debe proponerse rutinariamente llevar a
cabo mejoras en la eficiencia y seguir cada una de estas etapas. El
concepto operativo es rutina. El constante control de calidad es una
alternativa a las revisiones generales de procesos que las organizaciones comúnmente llevan a cabo después de un desastre. Hay mucho
que hacer en la mejora de la toma de decisiones. Un ejemplo entre
muchos otros es la sorprendente ausencia de una formación sistemática en la tarea esencial de organizar reuniones útiles.

Un lenguaje más rico es a la larga esencial para lograr hacer críticas constructivas. Como sucede en la medicina, la identificación de
errores de juicio es una tarea diagnóstica que requiere un vocabulario preciso. El nombre de una dolencia es un gancho al que se cuel-
ga todo lo que se sabe de la misma, incluidos vulnerabilidades, factores ambientales, síntomas, pronósticos y curas. De la misma manera,
etiquetas como «efectos de anclaje», «marco estrecho» o «coherencia
excesiva» concitan en la memoria todo lo que sabemos sobre un sesgo, sus causas, sus efectos y lo que cabe hacer con él.

Hay un vínculo directo del chisme contado junto al dispensador
de agua con mejores decisiones cuando aquel es más exacto. Los que
toman decisiones son a veces más capaces de imaginar las voces de
los chismosos actuales y futuros críticos que de oír la voz vacilante
de sus propias dudas. Ellos harán mejores elecciones si confían en
que sus críticos sean refinados y justos, y si esperan que su decisión
se juzgue por el modo en que se toma, y no solo por el resultado
que da.

Apéndice A

El juicio bajo incertidumbre: heurísticas y sesgos*

Amos Tversky y Daniel Kahneman

Muchas decisiones se basan en creencias relativas a la probabilidad de eventos inciertos, como los resultados de una elección, la culpabilidad de un acusado o el futuro valor del dólar. Estas creencias suelen expresarse en enunciados como «pienso que…», «las posibilidades son…», «es improbable que…», etcétera. Ocasionalmente, las creencias relativas a eventos se expresan en forma numérica como posibilidades o probabilidades subjetivas. ¿Qué determina estas creencias? ¿Cómo estiman los individuos la probabilidad de un evento incierto o el valor de una cantidad incierta? El presente artículo demuestra que los individuos confían en un número limitado de principios heurísticos que reducen las tareas complejas de estimación de probabilidades y valores predictivos a operaciones judicativas más simples. Estas heurísticas son, en general, bastante útiles, pero a veces conducen a errores serios y sistemáticos.

La estimación subjetiva de la probabilidad se asemeja a la estimación subjetiva de cantidades físicas, como la distancia o el tamaño. Estos juicios se basan todos en datos de validez limitada que son procesados de acuerdo con reglas heurísticas. Por ejemplo, la distancia aparente de un objeto es determinada en parte por su claridad. Cuanto más nítido se ve el objeto, tanto

* Este artículo se publicó originalmente en *Science*, vol. 185, 1974. La investigación contó con la ayuda del la Agencia de Proyectos Avanzados del Departamento de Defensa, y fue monitorizado por la Oficina de Investigación Naval con el contrato N00014-73-C-O438 para el Instituto de Investigación de Oregón en Eugene. También contó con el apoyo adicional que le brindó la Autoridad de Investigación y Desarrollo de la Universidad Hebrea de Jerusalén, Israel.

más cerca parece estar. Esta regla tiene cierta validez, porque en una situación dada, los objetos más distantes se ven con menos claridad que los más próximos. Sin embargo, la confianza en esta regla conduce a errores sistemáticos en la estimación de la distancia. Concretamente, las distancias son a menudo sobrestimadas cuando la visibilidad es pobre debido a que los contornos de los objetos aparecen borrosos. Asimismo, las distancias son a menudo subestimadas cuando la visibilidad es buena debido a que los objetos aparecen nítidos. De ese modo, la confianza en la claridad como indicadora de la distancia crea sesgos que son comunes. Tales sesgos se encuentran también en el juicio intuitivo de probabilidad. El presente artículo describe tres heurísticas que se emplean para estimar probabilidades y predecir valores. Los sesgos que estas heurísticas crean vienen aquí enumerados, y se discuten las implicaciones prácticas y teóricas de estas observaciones.

Representatividad

Muchas de las cuestiones probabilísticas comúnmente tratadas pertenecen a uno de los siguientes tipos: ¿cuál es la probabilidad de que el objeto A pertenezca a la clase B?; ¿cuál es la probabilidad de que el origen del evento A sea el proceso B?; ¿cuál es la probabilidad de que el proceso B genere el evento A? En la respuesta a estas preguntas suele confiarse de forma típica en la heurística de la representatividad, en la cual las probabilidades son evaluadas por el grado en que A es representativo de B, es decir, por el grado en que A se asemeja a B. Por ejemplo, cuando A es altamente representativo de B, la probabilidad de que A tenga su origen en B se juzga alta. Asimismo, si A no se asemeja a B, la probabilidad de que A tenga su origen en B se juzga baja.

Para una ilustración del juicio basado en la representatividad, consideremos un individuo que un antiguo vecino suyo describió en estos términos: «Steve es muy tímido y retraído, siempre servicial, pero poco interesado por la gente o por el mundo real. De carácter disciplinado y metódico, necesita ordenarlo y organizarlo todo, y tiene obsesión por el detalle». ¿Cómo estima la gente la probabilidad de que Steve tenga una ocupación particular de una lista de posibilidades (por ejemplo, agricultor, vendedor, piloto de aerolínea, bibliotecario o médico)? ¿Cómo ordena la gente estas ocupaciones de mayor a menor probabilidad? En la heurística de la representatividad, la probabilidad de que Steve sea, por ejemplo, bibliotecario se estima por el grado en que Steve es representativo de, o semejante a, el estereotipo del bibliotecario. Y, en efecto, la investigación en torno a problemas de este tipo ha demostrado que la gente ordena las ocupaciones por probabilidad y similaridad exactamente de la misma manera.[1] Esta estructura del juicio de probabilidad conduce a serios errores debido a que la similaridad, o representatividad, no es influida por factores diversos que afectarían a los juicios de probabilidad.

Insensibilidad a resultados probabilísticos previos. Uno de los factores que no producen efecto alguno en la representatividad, pero que producirían un importante efecto en la probabilidad, es la probabilidad previamente existente, o la frecuencia de tasa base, de los resultados. En el caso de Steve, por ejemplo, el hecho de que en la población haya muchos más agricultores que bibliotecarios debería contar en una estimación razonable de la probabilidad de que Steve sea bibliotecario antes que agricultor. Pero las consideraciones sobre la frecuencia de la tasa base no afectan a la similaridad de Steve con los estereotipos del bibliotecario y del agricultor. La consecuencia es que si la gente evalúa la probabilidad por la representatividad, las probabilidades previas serán ignoradas. Esta hipótesis fue confirmada en un experimento en el que las probabilidades previas fueron manipuladas.[2] En él se mostraron a los sujetos breves descripciones de la personalidad de varios individuos supuestamente elegidos al azar de un grupo de 100 profesionales, ingenieros y abogados. Se pidió a los sujetos que para cada descripción estimaran la probabilidad de que esta fuese la de un ingeniero y no la de un abogado. En una parte del experimento se dijo a los sujetos que el grupo del que se habían tomado las descripciones se componía de 70 ingenieros y 30 abogados. En otra parte se dijo a los sujetos que el grupo se componía de 30 ingenieros y 70 abogados. Las posibilidades de que una descripción particular fuese la de un ingeniero, y no la de un abogado, serían altas en la primera parte, en la que los ingenieros eran mayoría, y bajas en la segunda parte, en la que eran mayoría los abogados. Concretamente, aplicando la regla de Bayes puede demostrarse que la ratio de estas posibilidades sería $(.7/.3)^2$ o 5,44 para cada descripción. En una flagrante violación de la regla de Bayes, los sujetos de las dos partes emitieron esencialmente los mismos juicios de probabilidad. En apariencia, los sujetos evaluaron la probabilidad de que una descripción particular perteneciera a un ingeniero antes que a un abogado por el grado en que esa descripción fuera representativa de los dos estereotipos, con escasa o nula consideración de las probabilidades previas de las categorías.

Los sujetos utilizaron correctamente las probabilidades previas cuando no tenían ninguna otra información. En ausencia de un esquema de personalidad, para las dos tasas base de cada parte juzgaron la probabilidad de que un individuo desconocido fuese un ingeniero en .7 y .3, respectivamente. Sin embargo, estas probabilidades previas fueron de hecho ignoradas cuando se introdujo una descripción, aun siendo esta descripción nada informativa. Las respuestas a la siguiente descripción ilustran este fenómeno:

> Dick es un hombre de treinta años. Está casado y no tiene hijos. Hombre con aptitudes y muy motivado, es una persona muy prometedora en su campo. Sus colegas lo aprecian mucho.

Esta descripción pretendía no proporcionar información alguna relevante para la pregunta de si Dick es un ingeniero o un abogado. De ese modo, la probabilidad de que Dick fuese un ingeniero sería igual a la proporción de ingenieros en el grupo, como si no se hubiese dado ninguna descripción. Sin embargo, los sujetos juzgaron la probabilidad de que Dick fuese un ingeniero en .5, sin tener en cuenta que la proporción declarada de ingenieros en el grupo fuese de .7 o de .3. Era evidente que los sujetos respondían de manera diferente cuando no se daba ninguna información que cuando se daba una información sin valor. Cuando no se daba ninguna información específica, las probabilidades previas eran bien utilizadas, y cuando se daba información sin valor, las probabilidades previas eran ignoradas.[3]

Insensibilidad al tamaño de la muestra. Para evaluar la probabilidad de obtener un resultado particular en una muestra tomada de una población específica, la gente aplica de manera habitual la heurística de la representatividad. Esto quiere decir que estima la probabilidad de un resultado de la muestra, por ejemplo, que la estatura media en una muestra aleatoria de diez hombres sea de 1,80 metros, por la similaridad de este resultado con el parámetro correspondiente (es decir, con la estatura media de la población masculina). La similaridad de la estadística de una muestra con un parámetro de la población no depende del tamaño de la muestra. En consecuencia, si las probabilidades se estiman por la representatividad, entonces la probabilidad juzgada de una muestra estadística será esencialmente independiente del tamaño de la muestra. Y, en efecto, cuando los sujetos estimaban las distribuciones de estatura media para muestras de diversos tamaños, producían idénticas distribuciones. A la probabilidad, por ejemplo, de obtener una estatura media superior a 1,80 metros se le asignaba el mismo valor en muestras de 1.000, 100 y 10 hombres.[4] Además, los sujetos no apreciaban el papel del tamaño de la muestra aun si este era subrayado en la formulación del problema. Consideremos la siguiente pregunta:

> Una población tiene dos hospitales. En el hospital más grande nacen unos 45 bebés cada día, y en el más pequeño unos 15 bebés cada día. Como se sabe, alrededor del 50 por ciento de los bebés son niños. Pero el porcentaje exacto varía de día en día.
>
> Unas veces puede ser superior al 50 por ciento y otras, inferior.
>
> Para un período de 1 año, cada hospital registra los días en los que más del 60 por ciento de los bebés son niños. ¿Qué hospital cree que registró más días como estos?
>
> El hospital grande (21)
>
> El hospital pequeño (21)
>
> Los dos más o menos lo mismo (es decir, con una diferencia del 5 por ciento entre uno y otro) (53)

Los valores entre paréntesis son el número de estudiantes universitarios que eligieron cada respuesta.

La mayoría de los sujetos juzgaron que la probabilidad de obtener más del 60 por ciento de niños era la misma en el hospital pequeño que en el grande, presumiblemente porque esos eventos se describían con la misma estadística y, por tanto, como igual de representativos de la población general. No obstante, la teoría del muestreo supone que el número esperado de días en los que más del 60 por ciento de los recién nacidos son niños es mucho mayor en el hospital pequeño que en el grande porque una muestra grande es menos probable que se aleje del 50 por ciento. Es evidente que esta noción fundamental de la estadística no entra en el repertorio de intuiciones de la gente.

Una insensibilidad similar al tamaño de la muestra se ha observado en juicios de probabilidad posterior, es decir, sobre la probabilidad de que una muestra haya sido tomada de una población determinada y no de otra. Consideremos el siguiente ejemplo:

> Imagine una urna llena de bolas, de las cuales 2/3 son de un color y 1/3 de otro distinto. Un individuo ha sacado 5 bolas de la urna, y ha encontrado que 4 son rojas y 1 blanca. Otro individuo ha sacado 20 bolas, y ha encontrado que 12 son rojas y 8 blancas. ¿Cuál de los dos individuos confiará más en que la urna contenga 2/3 de bolas rojas y 1/3 de bolas blancas, y no al revés? ¿Qué posibilidades apreciará cada individuo?

En este problema, las posibilidades posteriores correctas son de 8 a 1 para la muestra de 4:1 y de 16 a 1 para la muestra de 12:8, supuestas iguales las probabilidades previas. Sin embargo, la mayoría de la gente piensa que la primera muestra ofrece una prueba mucho más convincente de la hipótesis de que la urna es predominantemente roja porque la proporción de bolas rojas es mayor en la primera muestra que en la segunda. Aquí de nuevo los juicios intuitivos están dominados por la proporción existente en la muestra y no les afecta en absoluto el tamaño de la misma, el cual desempeña un papel crucial en la determinación de las posibilidades reales posteriores.[5] Además, las estimaciones intuitivas de posibilidades posteriores son mucho menos extremas que los valores correctos. La subestimación del impacto de la evidencia se ha observado repetidamente en problemas de este tipo.[6] Y se ha etiquetado de «conservadurismo».

Concepciones erróneas del azar. La gente espera que una secuencia de eventos generados por un proceso aleatorio represente las características esenciales de dicho proceso aunque la secuencia sea breve. En lanzamientos de una moneda para obtener cara (C) o cruz (R), por ejemplo, la gente considera que la secuencia C-R-C-R-R-C es más probable que la secuencia C-C-C-R-R-R, que no parece aleatoria, y más probable también la secuencia C-C-C-C-R-C, que parece indicar que la moneda no es perfecta.[7] Así, la gente espera que las características esenciales del proceso estarán representadas no solo globalmente en la secuencia entera, sino también localmente en cada una de sus partes. Pero una secuencia localmente representativa se desvía de manera sistemática de la posibilidad esperada: contiene demasiadas alternancias y muy pocas repeticiones. Otra consecuencia de la creencia en la representatividad local es la bien conocida falacia del jugador. Tras observar una larga secuencia de rojos en la ruleta, por ejemplo, la mayoría de la gente cree erróneamente que el negro tiene que salir por necesidad, presumiblemente porque la aparición de un negro creará una secuencia más representativa que la aparición de un nuevo rojo. La posibilidad es vista por lo común como un proceso de autocorrección en el que una desviación en una dirección induce una desviación en la dirección opuesta que restablezca el equilibrio. La verdad es que las desviaciones no son «corregidas» en el desarrollo de un proceso aleatorio, sino meramente diluidas.

Las concepciones erróneas del azar no aparecen solo en sujetos ingenuos. Un estudio sobre las intuiciones estadísticas de psicólogos expertos investigadores[8] reveló una creencia persistente en lo que podría llamarse «ley de los pequeños números», por la cual incluso muestras pequeñas son altamente representativas de las poblaciones de las que han sido tomadas. Las respuestas de estos investigadores reflejaban la expectativa de que una hipótesis válida sobre una población viniese representada por un resultado estadísticamente significativo en una muestra sin apenas considerar su tamaño. Como consecuencia, los investigadores mostraron una fe excesiva en los resultados de muestras pequeñas y sobrestimaron en mucho la replicabilidad de dichos resultados. En la práctica real de la investigación, este sesgo conduce a la selección de muestras de tamaño inadecuado y a la sobreinterpretación de los resultados.

Insensibilidad a la previsibilidad. A veces se pide a la gente que haga predicciones numéricas sobre, por ejemplo, el valor futuro de unas acciones, la demanda de un producto o el resultado de un partido de fútbol. Tales predicciones se hacen muchas veces desde la representatividad. Supongamos, por ejemplo, que nos dan una descripción de una compañía y se nos pide predecir sus beneficios. Si la descripción de la compañía es muy favorable, los altos beneficios parecerán más representativos de dicha descripción; si la descripción nos muestra una compañía cuya gestión es mediocre, los resultados mediocres parecerán más representativos. El grado en que la descripción sea favorable no resulta afectado por la confianza que la descripción merezca o por el grado en que permita una predicción acertada. Por eso, si la gente hace predicciones únicamente sobre la base de los términos favorables de la descripción, sus predicciones serán insensibles a la fiabilidad de la información y al acierto que quepa esperar de la predicción.

Esta forma de juzgar vulnera la teoría normativa estadística, en la cual la extremosidad y el rango de las predicciones son controlados por consideraciones de predecibilidad. Cuando la predecibilidad es cero, la misma predicción tendría que hacerse en todos los casos. Por ejemplo, si las descripciones de compañías no proporcionan información relevante de sus beneficios, entonces el mismo valor (el del beneficio medio) tendría que predecirse para todas las compañías. Si la predecibilidad es perfecta, los valores predichos corresponderán a valores reales, y el rango de predicciones igualará al rango de resultados. En general, cuanto más alta es la predecibilidad, mayor es el rango de valores predichos.

Diversos estudios de predicción numérica han demostrado que las predicciones intuitivas infringen esta regla y que los sujetos prestan poca o ninguna atención a consideraciones sobre predecibilidad.[9] En uno de estos estudios se presentaron a los sujetos varios párrafos que describían cada uno la lección práctica dada por un estudiante de magisterio. A unos sujetos se les pidió evaluar en percentiles relativos a una población especificada la calidad de la lección descrita en el párrafo. A otros se les pidió predecir, también en percentiles, la posición que alcanzaría cada estudiante 5 años después de la lección práctica. Los juicios hechos bajo las dos condiciones fueron idénticos. Esto significa que la predicción de un criterio remoto (el éxito de un profesor a los 5 años) era idéntica a la evaluación de la información en que la predicción se basaba (la calidad de la lección práctica). Los estudiantes que hicieron estas predicciones eran indudablemente conscientes de la predecibilidad limitada de la competencia docente 5 años después a partir de una única lección de prueba; sin embargo, sus predicciones fueron tan extremas como sus evaluaciones.

La ilusión de validez. Como hemos visto, la gente a menudo hace predicciones seleccionando el resultado (por ejemplo, una ocupación) más representativo del dato inicial (por ejemplo, la descripción de una persona). La confianza que tiene en su predicción depende primordialmente del grado de representatividad (es decir, de la plausibilidad de la correspondencia entre el resultado seleccionado y el dato inicial) con poca o ninguna atención a los factores que limitan el acierto de la predicción. Así, la gente manifiesta una gran confianza en la predicción de que una persona resulte ser un bibliotecario cuando se le da una descripción de su personalidad que concuerda con el estereotipo de los bibliotecarios, aunque esa descripción sea parca, informal o anticuada. La confianza injustificada con que se hace una predicción cuando se observa un buen ajuste entre el resultado predicho y la información inicial puede denominarse ilusión de validez. Esta ilusión persiste aunque el que juzga sea consciente de los factores que limitan el acierto de su predicción. Es común observar cómo psicólogos que realizan entrevistas de selección a menudo experimentan una confianza considerable en sus predicciones aun conociendo la vasta literatura que demuestra que las entrevistas de selección son altamente falibles. La pertinaz confianza en la entrevista clínica de selección es, a pesar de las repetidas demostraciones de su inadecuación, una prueba más del poder de este efecto.

La consistencia interna de un conjunto de datos iniciales es un determinante esencial de la confianza de un individuo en predicciones basadas en estos datos. Por ejemplo, la gente manifiesta más confianza en la predicción de la nota media final de un estudiante cuyas notas del primer año son todas de sobresaliente que en la predicción de la nota media final de un estudiante en cuyas notas del primer año figuran muchas matrículas de honor y notables. Los conjuntos de datos altamente consistentes se observan más a menudo cuando las variables iniciales son en gran medida redundantes o hay correlación entre ellas. De ahí que la gente tienda a tener una

gran confianza en las predicciones basadas en variables iniciales redundantes. Sin embargo, un resultado elemental de la estadística de correlación afirma que, dadas unas variables iniciales de validez establecida, una predicción
basada en varios de estos datos iniciales puede alcanzar un grado mayor de
acierto cuando estos son independientes unos de otros que cuando son redundantes o están correlacionados. Así, la redundancia entre datos iniciales
hace que el acierto disminuya al tiempo que aumenta la confianza, y la gente a menudo confía más en predicciones que muy probablemente no den en
la diana.[10]

Concepciones erróneas de la regresión. Supongamos que un nutrido grupo de niños ha sido examinado en dos versiones equivalentes de un test de
aptitud. Si uno selecciona diez niños entre aquellos que obtuvieron los mejores resultados en una de las dos versiones, lo normal es que encuentre sus
resultados en la segunda versión algo decepcionantes. Y, a la inversa, si uno
selecciona diez niños entre aquellos que obtuvieron los peores resultados
en una versión, encontrará que sus resutados son, de media, algo mejores en
la otra versión. Más generalmente, consideremos dos variables X e Y que
tienen la misma distribución. Si uno selecciona individuos cuya puntuación
media de X se desvía de la media general de X en k unidades, entonces la media de sus puntuaciones de Y se desviará comúnmente de la media general
de Y en menos de k unidades. Estas observaciones ilustran un fenómeno
general conocido como regresión a la media y que documentó por primera vez Galton hace más de cien años.

A lo largo de nuestra vida encontramos muchos ejemplos de regresión
a la media, como la comparación de las estaturas de padres e hijos, de la inteligencia de maridos y mujeres o de lo que obtienen distintos individuos
en exámenes consecutivos. No obstante, la gente no es capaz de tener intuiciones correctas sobre este fenómeno. En primer lugar, no espera la regresión en muchos contextos en los que esta termina produciéndose. En
segundo lugar, cuando advierte esta regresión, a menudo inventa para ella
explicaciones causales espurias.[11] Sugerimos que el fenómeno de la regresión es siempre elusivo porque es incompatible con la creencia de que el
resultado predicho ha de ser máximamente representativo del dato inicial,
de ahí que, en el resultado, el valor de la variable tenga que ser tan extremo
como el valor de la variable en el dato inicial.

La incapacidad para reconocer la importancia de la regresión puede
tener consecuencias perniciosas, como ilustra la siguiente observación.[12] En
una discusión sobre entrenamientos aéreos, instructores experimentados
decían haber notado que, después de elogiar a un piloto por haber logrado

un aterrizaje excepcionalmente suave, era habitual que la vez siguiente hiciera un aterrizaje peor. Los instructores concluyeron que, contra la doctrina psicológica aceptada, las recompensas verbales iban en detrimento del aprendizaje, mientras que las penalizaciones verbales eran beneficiosas. La conclusión no está justificada, pues no cuenta con la presencia de la regresión a la media. Como en otros casos de exámenes repetidos, a una mejora le seguía comúnmente un resultado más pobre, y a un empeoramiento le seguía en general un resultado excepcionalmente bueno, aunque el instructor no comentase lo conseguido en el primer intento. Como los instructores habían elogiado a los pilotos después de los buenos aterrizajes y los habían amonestado después de los malos aterrizajes, llegaron a la conclusión errónea y potencialmente perjudicial de que la penalización es más efectiva que la recompensa.

Así, la incapacidad para entender el efecto de la regresión lleva a sobrestimar la eficacia de la penalización y subestimar la eficacia de la recompensa. En la interacción social, como en el entrenamiento, las recompensas son normalmente administradas cuando la ejecución es buena y las penalizaciones suelen ser administradas cuando la ejecución es mala. Pero sucede que es solo la regresión lo que hace que el comportamiento tienda a mejorar después de la penalización y a empeorar después de la recompensa. Resulta así que la condición humana es tal que, debido solo al azar, alguien es muy a menudo recompensado por castigar a otros y castigado por recompensarlos. Los humanos no son por lo general conscientes de esta contingencia. De hecho, el papel elusivo de la regresión en la determinación de las consecuencias aparentes de la recompensa y el castigo parecen haber escapado a la atención de los estudiosos de este campo.

DISPONIBILIDAD

Hay situaciones en las que la gente estima la frecuencia de una clase, o la probabilidad de un evento, por la facilidad con que ejemplos o sucesos acuden a su mente. Por ejemplo, alguien puede estimar el riesgo de ataque cardíaco entre las personas de mediana edad recordando a las personas conocidas que lo han sufrido. De modo similar, alguien puede evaluar la probabilidad de que una empresa arriesgada fracase imaginando las diversas dificultades con que se encontrará. Esta heurística del juicio recibe el nombre de disponibilidad. La disponibilidad es un recurso útil para estimar la frecuencia o la probabilidad porque los ejemplos de grandes clases suelen recordarse mejor y más rápidamente que los ejemplos de clases menos frecuentes. Sin embargo, la disponibilidad resulta afectada por factores distintos de la frecuencia y la probabilidad. La consecuencia es que la confianza en la disponibilidad genera sesgos predecibles, algunos de los cuales se mostrarán más adelante.

Sesgos debidos a ejemplos recuperables. Cuando el tamaño de una clase se juzga por la disponibilidad de sus ejemplos, una clase cuyos ejemplos sean fáciles de extraer parecerá más numerosa que una clase de igual frecuencia cuyos ejemplos no sean tan fáciles de extraer. En una demostración elemental de este efecto, los sujetos de un experimento oyeron una lista de personalidades muy conocidas de ambos sexos, y luego se les pidió juzgar si la lista contenía más nombres de hombres que de mujeres. Se presentaron listas diferentes a grupos diferentes de sujetos. En algunas de las listas, los hombres eran relativamente más famosos que las mujeres, y en otras las mujeres eran relativamente más famosas que los hombres. En cada una de las listas, los sujetos juzgaron erróneamente que la clase (sexo) con personalidades más famosas era la más numerosa.[13]

Además de la familiaridad hay otros factores, como la notoriedad, que afectan a la recuperabilidad de ejemplos. Así, la repercusión que la visión de una casa en llamas tiene en la probabilidad subjetiva de tales accidentes es probable que sea mayor que la que tiene la lectura en la prensa local de la noticia de un incendio. Además, los sucesos recientes quizá estén relativamente más disponibles que los pasados. Es una experiencia común comprobar que la probabilidad subjetiva de los accidentes de tráfico aumente temporalmente cuando uno ve un automóvil volcado al lado de una carretera.

Sesgos debidos a la efectividad de una búsqueda. Supongamos que extraemos al azar una palabra (de tres o más letras) de un texto en inglés. ¿Qué es más probable, que la palabra comience con r o que r sea la tercera letra? La gente aborda este problema recordando palabras que comienzan por la letra r (*road*) y palabras que tienen la r en la tercera posición (*car*), y estima la frecuencia relativa por la facilidad con que se le ocurren palabras de los dos tipos. Como es mucho más fácil buscar palabras por su primera letra que por su tercera, la mayoría de la gente juzga que las palabras que comienzan con una consonante determinada son más numerosas que las palabras en las que la misma consonante aparece en la tercera posición. Y esto es lo que hace con consonantes que, como la r o la k, son más frecuentes en la tercera posición que en la primera.[14]

Tareas diferentes suscitan búsquedas diferentes. Supongamos, por ejemplo, que se nos pide estimar la frecuencia con que palabras abstractas (*thought*, *love*) y concretas (*door*, *water*) aparecen en el inglés escrito. Una manera natural de responder a esta pregunta es buscar contextos en los que la palabra podría aparecer. Parece más fácil pensar en contextos en los que se menciona un concepto abstracto (*love* en las historias de amor) que pensar en contextos en los que se menciona una palabra concreta (como *door*). Si se juzga la frecuencia de las palabras por la disponibilidad de los contextos en que estas aparecen, se juzgará que las palabras abstractas son relativamente más numerosas que las concretas. Este sesgo se ha observado en un estudio reciente[15] que demostraba que la frecuencia juzgada de aparición de palabras abstractas era mucho mayor que la de aparición de palabras concretas equiparables en frecuencia objetiva. También se juzgó que las palabras abstractas aparecen en una variedad mucho mayor de contextos que las palabras concretas.

Sesgos de imaginabilidad. En ocasiones hemos de estimar la frecuencia de una clase cuyos ejemplos no están almacenados en la memoria pero pueden generarse conforme a una regla dada. En tales situaciones generamos normalmente varios ejemplos y evaluamos la frecuencia o la probabilidad por la facilidad con que podemos construir ejemplos relevantes. Sin embargo, la facilidad para construir ejemplos no siempre refleja su frecuencia real, y este modo de evaluación es propenso a los sesgos. Para ilustrar este hecho, consideremos un grupo de 10 personas que forman comités de k miembros tales que $2 \leq k \leq 8$. ¿Cuántos comités diferentes de k miembros pueden formarse? La solución correcta a este problema la da el coeficiente binomial $(10/k)$, que alcanza un máximo de 252 para $k = 5$. Está claro que el número de comités de k miembros es igual al número de comités de $(10 - k)$ miembros, porque cualquier comité de k miembros define un único grupo de $(10 - k)$ no miembros.

Una manera de responder a esta pregunta sin hacer cálculo alguno es construir mentalmente comités de k miembros y evaluar su número por la facilidad con que se nos ocurren. Los comités de pocos miembros, digamos que 2, están más disponibles que comités de muchos miembros, pongamos que 8. El esquema más sencillo para la construcción de comités es la partición del grupo en conjuntos disjuntos. Enseguida vemos que es fácil construir cinco comités disjuntos de 2 miembros, mientras que generar dos comités disjuntos de 8 miembros es imposible. La consecuencia es que si se estima la frecuencia por la imaginabilidad o por la disponibilidad para la construcción de comités, los comités pequeños parecerán más numerosos que los grandes, en contraste con la función correcta en forma de campana. Y, efectivamente, cuando se pidió a sujetos ingenuos que estimaran el número de comités distintos de diversos tamaños, sus estimaciones formaron la curva de una función de comités monótonamente decreciente.[16] Por ejemplo, la estimación media del número de comités de 2 miembros fue de 70, mientras que la estimación de comités de 8 miembros fue de 20 (la respuesta correcta es 45 en ambos casos).

La imaginabilidad desempeña un importante papel en la evaluación de probabilidades en situaciones de la vida real. El riesgo de una expedición aventurada, por ejemplo, se evalúa imaginando contingencias para las que la expedición no está preparada. Si la mente se representa vívidamente muchas de estas dificultades, puede hacerse que la expedición parezca excesivamente peligrosa, aunque la facilidad con que se imagina desastres no tenga por qué reflejar su probabilidad real. Y a la inversa: el riesgo de una empresa puede ser en buena medida subestimado si algunos posibles peligros son difíciles de concebir o simplemente no se nos ocurre pensar en ellos.

Correlación ilusoria. Chapman y Chapman[17] han descrito un interesante sesgo en el juicio de la frecuencia con que dos eventos se producen conjuntamente. Presentaron a sujetos ingenuos información relativa a varios hipotéticos pacientes mentales. Los datos de cada paciente se componían de diagnósticos clínicos y el dibujo de una persona realizado por el paciente. Luego los sujetos estimaron la frecuencia con que cada diagnóstico (como el de paranoia o el de manía persecutoria) se había acompañado de varios rasgos del dibujo (como unos ojos peculiares). Los sujetos sobrestimaron notablemente la frecuencia de la conjunción de asociados naturales, como manía persecutoria y ojos peculiares. Este efecto fue etiquetado como correlación ilusoria. En sus erróneos juicios de los datos que se les había mostrado, los sujetos ingenuos «redescubrieron» el infundado tópico clínico instalado en la interpretación del test consistente en dibujar una persona. El efecto de correlación ilusoria era sumamente resistente a los datos contradictorios. Persistió aun siendo negativa la correlación entre síntoma y diagnóstico, e impidió a los sujetos detectar relaciones que de hecho estaban presentes.

La disponibilidad proporciona una explicación natural del efecto de la correlación ilusoria. El juicio sobre la frecuencia con que dos eventos se producen conjuntamente podría basarse en la fuerza del vínculo asociativo entre ellos. Cuando la asociación es fuerte, es probable que se concluya que los eventos han ido frecuentemente emparejados. La consecuencia es que se juzgará que estos eventos así asociados han ido juntos con frecuencia. De acuerdo con este parecer, la correlación ilusoria entre manía persecutoria y cierta peculiaridad en el dibujo de los ojos, por ejemplo, se debe al hecho de que la manía persecutoria se asocia más fácilmente a los ojos que a cualquier otra parte del cuerpo.

Una larga experiencia nos ha enseñado que, en general, los ejemplos de clases grandes se recuerdan mejor y con más rapidez que los ejemplos de clases menos frecuentes; que los eventos probables son más fáciles de imaginar que los improbables; y que las relaciones asociativas entre eventos se refuerzan cuando estos se producen a menudo conjuntamente. Como resultado, el hombre tiene a su disposición un procedimiento (la heurística de la disponibilidad) para estimar el número de una clase, la probabilidad de un evento o la frecuencia con que ciertos eventos se producen conjuntamente por la facilidad con que las operaciones mentales pertinentes de obtención, construcción o asociación pueden ejecutarse. Pero, como los ejemplos precedentes han demostrado, este valioso procedimiento de estimación conduce a errores sistemáticos.

Ajuste y anclaje

En muchas situaciones, la gente hace estimaciones a partir de un valor inicial ajustado para producir la respuesta final. El valor inicial, o punto de partida, puede haber sido sugerido por la formulación del problema, o bien puede ser el resultado de un cálculo parcial. En uno y otro caso, los ajustes son normalmente insuficientes.[18] Esto significa que puntos de partida diferentes generan estimaciones diferentes que están sesgadas hacia los valores iniciales. A este fenómeno lo denominamos anclaje.

Ajuste insuficiente. En una demostración del efecto de anclaje, se pidió a los sujetos estimar diversas cantidades en porcentajes (por ejemplo, el porcentaje de países africanos en las Naciones Unidas). Se determinó para cada cantidad un número entre 0 y 100 haciendo girar una rueda de la fortuna en presencia de los sujetos. Y se pidió a los sujetos que indicaran primero si ese número era más alto o más bajo que el valor de la cantidad, y luego estimaran el valor de la cantidad yendo hacia arriba o hacia abajo a partir del número dado. Se dio a grupos diferentes números diferentes para cada cantidad, y estos números arbitrarios tuvieron un marcado efecto en las estimaciones. Por ejemplo, las estimaciones medias del porcentaje de países africanos en las Naciones Unidas fueron de 25 y 45 en los grupos que recibieron como puntos de partida los números 10 y 65, respectivamente. Las pistas hacia los valores verdaderos no reducen el efecto de anclaje.

El anclaje no se produce solo cuando se dan al sujeto los puntos de partida, sino también cuando el sujeto basa su estimación en el resultado de algún cálculo incompleto. Un estudio de estimación numérica intuitiva ilustra este efecto. Dos grupos de alumnos de enseñanza secundaria estimaron, en 5 segundos, una expresión numérica escrita en la pizarra. Un grupo estimó el producto

$$8 \times 7 \times 6 \times 5 \times 4 \times 3 \times 2 \times 1$$

y otro grupo estimó el producto

$$1 \times 2 \times 3 \times 4 \times 5 \times 6 \times 7 \times 8$$

Para responder rápidamente a estas preguntas, cabe ejecutar unos pocos pasos de cálculo y estimar el producto por extrapolación o ajuste. Como los ajustes son normalmente insuficientes, este procedimiento conducirá a una subestimación. Y como, además, el resultado de los primeros pasos de multiplicación (ejecutados de izquierda a derecha) es más alto que en la secuencia descendente que en la ascendente, el producto de la primera expresión se juzgará mayor que el de la segunda. Ambas predicciones fueron confirmadas. La estimación media de la secuencia ascendente fue 512, y la estimación media de la secuencia descendente fue 2.250. La respuesta correcta es 40.320.

Sesgos en la evaluación de eventos conjuntivos y disjuntivos. En un estudio reciente realizado por Bar Hillel,[19] se dio a los sujetos la oportunidad de apostar por uno de dos eventos. Se emplearon tres tipos de eventos: (i) eventos simples, como extraer una bola roja de un saco con el 50 por ciento de bolas rojas y el 50 por ciento de bolas blancas; (ii) eventos conjuntivos, como extraer una bola roja siete veces sucesivas con devolución de un saco con el 90 por ciento de bolas rojas y el 10 por ciento de bolas blancas; y (iii) eventos disjuntivos, como extraer una bola roja, al menos una vez en siete intentos sucesivos con devolución, de un saco con el 10 por ciento de bolas rojas y el 90 por ciento de bolas blancas. En este problema, una notable mayoría de sujetos prefirieron apostar por el evento conjuntivo (cuya probabilidad es .48) antes que por el evento simple (cuya probabilidad es .50). Los sujetos prefirieron asimismo apostar por el evento simple antes que por el evento disjuntivo, cuya probabilidad era de .5.2. La mayoría de los sujetos apostaron, pues, por el evento menos probable en ambas comparaciones. Este patrón de elecciones ilustra un hallazgo general. Estudios sobre elecciones entre juegos y de juicios de probabilidad indican que la gente tiende a sobrestimar la probabilidad de eventos conjuntivos[20] y subestimar la probabilidad de eventos disjuntivos. Dado que el ajuste desde el punto de partida es en general insuficiente, las estimaciones finales permanecen en ambos casos casi completamente cerradas a las probabilidades de los eventos elementales. Hay que señalar que la probabilidad general de un evento conjuntivo es más baja que la probabilidad de cada evento elemental, mientras que la probabilidad general de un evento disjuntivo es más alta que la probabilidad de cada evento elemental. Una consecuencia del anclaje es que la probabilidad general será sobrestimada en los problemas conjuntivos y subestimada en los problemas disjuntivos.

Los sesgos en la evaluación de eventos compuestos son de particular importancia en el contexto de la planificación. La finalización con éxito de una empresa, por ejemplo el desarrollo de un nuevo producto, tiene normalmente carácter conjuntivo: para que la empresa tenga éxito, debe materializarse cada serie de eventos. Aunque cada uno de estos eventos es muy probable, la probabilidad general del éxito puede ser muy baja si el número de eventos es grande. La tendencia general a sobrestimar la probabilidad de eventos conjuntivos conduce a un optimismo injustificado en la evaluación de la probabilidad de que un plan se llegue a realizar o un proyecto se realice íntegramente y a tiempo. Y a la inversa, las estructuras disjuntivas se encuentran en general en la evaluación de riesgos. Un sistema complejo como un reactor nuclear o un cuerpo humano funcionará mal si alguno de sus componentes esenciales falla. Aunque la probabilidad de un fallo en cada componente es muy escasa, la probabilidad de un fallo general puede ser alta si muchos componentes están implicados. Debido al anclaje, la gente tenderá a subestimar las probabilidades de fracaso en sistemas complejos. Así, la dirección del sesgo del anclaje puede a veces ser deducida de la estructura del evento. La estructura de cadena de las conjunciones conduce a la sobrestimación y la estructura de embudo de las disjunciones conduce a la subestimación.

Anclaje en la estimación de distribuciones de probabilidad subjetiva. En el análisis de la decisión se pide a menudo a los expertos que expresen sus creencias sobre una cantidad, por ejemplo el valor de la media del Dow Jones en un día concreto, en la forma de una distribución de probabilidad. Una distribución como esta suele construirse pidiendo a la persona que seleccione valores de la cantidad que corresponde a percentiles especificados de su distribución de probabilidad subjetiva. Por ejemplo, puede pedirse a la persona que juzga que seleccione un número, X_{90}, tal que su probabilidad subjetiva de que este número sea más alto que el valor de la media del Dow Jones sea .90. Es decir, dicha persona ha de seleccionar el valor X_{90} de tal modo que esté dispuesta a aceptar de 9 a 1 posibilidades de que la media del Dow Jones no lo excederá. Una distribución de probabilidad subjetiva para el valor de la media del Dow Jones puede construirse a partir de varios juicios como este correspondientes a diferentes percentiles.

Reuniendo distribuciones de probabilidad subjetiva para muchas cantidades diferentes, es posible comprobar la calibración propia del que juzga. El que juzga está propiamente (o externamente) calibrado en un conjunto de problemas si exactamente el Π por ciento de los valores verdaderos de las cantidades estimadas queda por debajo de los valores que él indica de X_{Π}. Por ejemplo, los valores verdaderos deben estar por debajo de X_{01} para el 1 por ciento de las cantidades, y por encima de X_{99} para el 1 por ciento de las cantidades. De este modo, los valores quedarían en el intervalo de confianza entre X_{01} y X_{99} en el 98 por ciento de los problemas.

Varios investigadores[21] han obtenido distribuciones de probabilidad para muchas cantidades a partir de un gran número de juzgadores. Estas distribuciones señalizaban un gran número de puntos sistemáticos de partida de calibración correcta. En la mayoría de los estudios, los valores reales de las cantidades estimadas son o menores que X_{01} o mayores que X_{99} para alrededor del 30 por ciento de los problemas. Esto significa que los sujetos establecen intervalos de confianza demasiado estrechos que reflejan más certeza de la que justifica su conocimiento de las cantidades estimadas. Este sesgo es común a sujetos ingenuos y experimentados, y no lo elimina la introducción de reglas de estimación correcta que proporcionan incentivos para la calibración externa. Este efecto es atribuible, al menos en parte, al anclaje.

Cuando se selecciona X_{90} para el valor de la media del Dow Jones, por ejemplo, es natural comenzar considerando la mejor estimación que uno pueda hacer del Dow Jones y ajustar este valor por arriba. Si este ajuste es insuficiente —como lo son la mayoría—, entonces X_{90} no será suficientemente extremo. Un efecto similar de anclaje se producirá en la selección de X_{10}, presumiblemente obtenida ajustando por abajo la mejor estimación que uno haga. La consecuencia es que el intervalo de confianza entre X_{10} y X_{90} será demasiado estrecho, y la distribución de la probabilidad estimada será demasiado ajustada. En apoyo de esta interpretación, puede demostrarse que las probabilidades subjetivas son sistemáticamente alteradas por un procedimiento en el que la mejor estimación que uno hace no sirve de ancla.

Las distribuciones de probabilidad subjetiva para una cantidad dada (la media de Dow Jones) pueden obtenerse de dos maneras distintas: (i) pidiendo al sujeto que seleccione valores de Dow Jones que correspondan a percentiles especificados de su distribución de probabilidad y (ii) pidiendo al sujeto que estime las probabilidades de que el valor verdadero de Dow Jones exceda ciertos valores específicos. Los dos procedimientos son formalmente equivalentes y arrojarían distribuciones idénticas. Sin embargo, sugieren modos diferentes de ajuste desde diferentes anclas. En el procedimiento (i), el punto de partida natural es la mejor estimación que uno hace de la cantidad. En el procedimiento (ii), por otro lado, el sujeto puede estar anclado en el valor establecido en la pregunta. Alternativamente podrá estar anclado incluso en posibilidades, o en un 50-50 de posibilidades, que es un punto de partida natural en la estimación de probabilidad. En cualquier caso, el procedimiento (ii) arrojaría menos posibilidades extremas que el procedimiento (i).

Para contrastar los dos problemas, se presentó a un grupo de sujetos que estimaron X_{10} o X_{90} para cada problema un conjunto de 24 cantidades (como, por ejemplo, la distancia aérea de Nueva Delhi a Pekín). Otro grupo de sujetos recibieron el juicio medio del primer grupo para cada una de las 24 cantidades. Se les pidió a estos que estimaran las posibilidades de que cada uno de los valores dados excediera el valor verdadero de la cantidad pertinente. En ausencia de todo sesgo, el segundo grupo obtendría las posibilidades especificadas al primer grupo, es decir, 9:1. Sin embargo, si incluso las posibilidades o el valor de partida sirvieran de anclas, las posibilidades del segundo grupo serían menos extremas, esto es, cercanas a 1:1. Y, efectivamente, las posibilidades medias establecidas por este grupo en todos los problemas fueron de 3:1. Cuando los juicios de los dos grupos fueron comprobados para la calibración externa, se observó que los sujetos del primer grupo fueron demasiado extremos, en conformidad con estudios anteriores. Los eventos que definieron con una probabilidad de .10 se obtuvieron de hecho en el 24 por ciento de los casos. En cambio, los sujetos del segundo grupo fueron demasiado conservadores. Los eventos a los que asignaron una probabilidad media de .34 se obtuvieron de hecho en el 26 por ciento de los casos. Estos resultados ilustran el modo en que el grado de calibración depende del procedimiento de obtención.

ARGUMENTACIÓN

El presente artículo se ha ocupado de los sesgos cognitivos que provienen de la confianza en la heurística judicativa. Estos sesgos no son atribuibles a efectos motivacionales como un *wishful thinking* o la distorsión que los pagos y las penalizaciones producen en los juicios. Porque, efectivamente, varios de los graves errores de juicio antes mencionados se produjeron a pesar de que los sujetos fueron motivados para ser minuciosos y recompensados por las respuestas correctas.[22]

La confianza en heurísticas y la prevalencia de sesgos no se limitan a los legos. Investigadores experimentados son también propensos a los mismos sesgos cuando piensan de manera intuitiva. Por ejemplo, la tendencia a predecir el resultado que mejor representa a los datos sin una consideración suficiente de la probabilidad previa se ha observado en los juicios intuitivos de individuos con amplia formación estadística.[23] Aunque el muy experto en estadística evita errores elementales, como la falacia del jugador, sus juicios intuitivos son responsables de falacias similares en problemas más intrincados y menos transparentes.

No es sorprendente que se mantengan heurísticas útiles como la de la representatividad y la de la disponibilidad aunque ocasionalmente conduzcan a errores en la predicción o la estimación. Y lo que acaso sea más sorprendente es la incapacidad de los individuos para inferir de la experiencia de sus vidas reglas estadísticas fundamentales como la regresión a la media o el efecto del tamaño de la muestra en la variabilidad del muestreo. Aunque en el curso normal de su vida cualquier individuo está expuesto a numerosos casos que podrían haberle inducido a adoptarlas, muy pocos descubren por sí solos los principios del muestreo y de la regresión. Los principios estadísticos no se aprenden de la experiencia cotidiana porque los ejemplos relevantes no están codificados de manera apropiada. Por ejemplo, la gente común no descubre que líneas sucesivas de un texto difieren más en la longitud media de sus palabras que páginas sucesivas simplemente porque no repara en la longitud media de las palabras en líneas o en páginas. Así no llega a conocer la relación entre el tamaño de una muestra y la variabilidad del muestreo aunque los datos al respecto sean abundantes.

La falta de un código apropiado también explica por qué la gente no suele detectar los sesgos en sus juicios de probabilidad. Una persona podría aprender a distinguir sin problema cuándo sus juicios están externamente calibrados llevando una cuenta de la proporción de eventos que realmente se producen entre aquellos a los que asigna la misma probabilidad. En ausencia de estos agrupamientos es imposible que un individuo descubra, por ejemplo, que solo el 50 por ciento de las predicciones a las que ha asignado una probabilidad de .9 o más alta se hace realidad.

El análisis empírico de los sesgos cognitivos tiene implicaciones en el papel teórico y práctico de las probabilidades juzgadas. La moderna teoría de la decisión[24] considera la probabilidad subjetiva como la opinión cuantificada de una persona ideal. La probabilidad subjetiva de un evento dado viene definida específicamente por el conjunto de apuestas respecto a este evento que dicha persona está dispuesta a aceptar. Para un individuo puede derivarse una medida de probabilidad subjetiva internamente consistente, o coherente, si sus elecciones entre apuestas satisfacen ciertos principios, esto es, los axiomas de la teoría. La probabilidad derivada es subjetiva en el sentido de que reconoce que individuos diferentes tengan probabilidades diferentes para el mismo evento. La mayor contribución de este planteamiento es que proporciona una interpretación rigurosamente subjetiva de la probabilidad aplicable a eventos únicos que está inserta en una teoría general de la decisión racional.

Quizá convenga señalar que, aunque las probabilidades subjetivas en ocasiones pueden inferirse de preferencias entre apuestas, normalmente no se forman de esta manera. Una persona apuesta por el equipo A frente al equipo B porque cree que es más probable que gane el equipo A; esta persona no infiere su creencia de sus preferencias. Sucede así, en realidad, que las probabilidades subjetivas determinan preferencias entre apuestas, y no son derivadas de ellas, como sostiene la teoría axiomática de la decisión racional.[25]

La naturaleza intrínsecamente subjetiva de la probabilidad ha hecho creer a muchos estudiosos que la coherencia, o consistencia interna, es el único criterio válido para evaluar probabilidades juzgadas. Desde el punto de vista de la teoría formal de la probabilidad subjetiva, cualquier conjunto de juicios de probabilidad internamente consistentes es tan bueno como cualquier otro. Este criterio no es del todo satisfactorio, pues un conjunto internamente consistente de probabilidades subjetivas puede ser incompatible con otras creencias del individuo. Consideremos a una persona cuyas probabilidades subjetivas para todos los resultados posibles de un juego consistente en lanzar una moneda reflejen la falacia del jugador. Es decir, su estimación de la probabilidad del resultado de cruz en un lanzamiento particular aumenta con el número de caras consecutivas que hayan precedido a ese lanzamiento. Los juicios de esta persona serían internamente consistentes y, por tanto, aceptables como probabilidades subjetivas adecuadas según el criterio de la teoría formal. Sin embargo, estas probabilidades son incompatibles con la creencia general de que una moneda no tiene memoria y es, por tanto, incapaz de generar dependencias secuenciales. Para que probabilidades juzgadas puedan considerarse adecuadas, o racionales, no basta la consistencia interna. Los juicios han de ser compatibles con toda la red de creencias del individuo. Desafortunadamente, no puede haber un procedimiento formal sencillo para estimar la compatibilidad de un conjunto de juicios de probabilidad con el sistema total de creencias de quien juzga. Pero la persona que juzga racionalmente se esforzará por la compatibilidad, aunque la consistencia interna se obtenga y estime con más facilidad. En particular, procurará que sus juicios de probabilidad sean compatibles con su conocimiento del asunto, las leyes de la probabilidad y sus propias heurísticas y sesgos judicativos.

Resumen

En el presente artículo se han descrito tres heurísticas que se emplean en juicios hechos bajo incertidumbre: (i) representatividad, que suele emplearse cuando se pide juzgar la probabilidad de que un objeto o evento A pertenezca a la clase o al proceso B; (ii) disponibilidad de ejemplos o escenarios, que se emplea a menudo cuando se pide estimar la frecuencia de una clase o la plausibilidad de un desarrollo particular; y (iii) ajuste a partir de un ancla, que suele emplearse en la predicción numérica cuando se dispone de un valor relevante. Estas heurísticas son muy económicas y, por lo general, efectivas, pero conducen a errores sistemáticos y predecibles. Una mejor comprensión de estas heurísticas, y de los sesgos a que conducen, podría mejorar juicios y decisiones en situaciones de incertidumbre.

Notas

1. D. Kahneman y A. Tversky, «On the Psychology of Prediction», *Psychological Review* 80 (1973), pp. 237-251.

2. *Ibidem.*

3. *Ibidem.*

4. D. Kahneman y A. Tversky, «Subjective Probability: A Judgment of Representativeness», *Cognitive Psychology* 3 (1972), pp. 430-454.

5. *Ibidem*.

6. W. Edwards, «Conservatism in Human Information Processing», en B. Kleinmuntz, ed., *Formal Representation of Human Judgment*, Wiley, Nueva York, 1968, pp. 17-52.

7. Kahneman y Tversky, «Subjective Probability».

8. A. Tversky y D. Kahneman, «Belief in the Law of Small Numbers», *Psychological Bulletin* 76 (1971), pp. 105-110.

9. Kahneman y Tversky, «On the Psychology of Prediction».

10. *Ibidem*.

11. *Ibidem*.

12. *Ibidem*.

13. A. Tversky y D. Kahneman, «Availability: A Heuristic for Judging Frequency and Probability», *Cognitive Psychology* 5 (1973), pp. 207-232.

14. *Ibidem*.

15. R. C. Galbraith y B. J. Underwood, «Perceived Frequency of Concrete and Abstract Words», *Memory & Cognition* 1 (1973), pp. 56-60.

16. Tversky y Kahneman, «Availability».

17. L. J. Chapman y J. P. Chapman, «Genesis of Popular but Erroneous Psychodiagnostic Observations», *Journal of Abnormal Psychology* 73 (1967), pp. 193-204; L. J. Chapman y J. P. Chapman, «Illusory Correlation as an Obstacle to the Use of Valid Psychodiagnostic Signs», *Journal of Abnormal Psychology* 74 (1969), pp. 271-280.

18. P. Slovic y S. Lichtenstein, «Comparison of Bayesian and Regression Approaches to the Study of Information Processing in Judgment», *Organizational Behavior & Human Performance* 6 (1971), pp. 649-744.

19. M. Bar-Hillel, «On the Subjective Probability of Compound Events», *Organizational Behavior & Human Performance* 9 (1973), pp. 396-406.

20. J. Cohen, E. I. Chesnick y D. Haran, «A Confirmation of the Inertial-ψ Effect in Sequential Choice and Decision», *British Journal of Psychology* 63 (1972), pp. 41-46.

21. M. Alpert y H. Raiffa, manuscrito inédito; C. A. Stael von Holstein, «Two Techniques for Assessment of Subjective Probability Distributions: An Experimental Study», *Acta Psychologica* 35 (1971), pp. 478-494; R. L. Winkler, «The Assessment of Prior Distributions in Bayesian Analysis», *Journal of the American Statistical Association* 62 (1967), pp. 776-800.

22. Kahneman y Tversky, «Subjective Probability»; Tversky y Kahneman, «Availability».

23. Kahneman y Tversky, «On the Psychology of Prediction»; Tversky y Kahneman, «Belief in the Law of Small Numbers».

24. L. J. Savage, *The Foundations of Statistics*, Wiley, Nueva York, 1954.

25. *Ibidem*; B. de Finetti, «Probability: Interpretations», en D. E. Sills, ed., *International Encyclopedia of the Social Sciences*, vol. 12, Macmillan, Nueva York, 1968, pp. 496-505.

Apéndice B

Elecciones, valores y marcos*

Daniel Kahneman y Amos Tversky

ABSTRACT: *Discutimos aquí sobre los determinantes cognitivos y psicofísicos de la elección con riesgo y de los contextos sin riesgo. La psicofísica del valor induce aversión al riesgo en el dominio de las ganancias y búsqueda del riesgo en el dominio de las pérdidas. La psicofísica de las posibilidades induce una sobrevaloración de las cosas seguras y los eventos improbables en relación con eventos de probabilidad moderada. Los problemas de decisión pueden describirse o enmarcarse de múltiples maneras que dan lugar a diferentes preferencias, contrariamente al criterio de invariancia de la elección racional. El proceso de llevar una contabilidad mental, en la que los individuos organizan los resultados de transacciones, explica algunas anomalías del comportamiento del consumidor. En particular, la aceptabilidad de una opción depende de si un resultado negativo es evaluado como un coste o como una pérdida no compensada. Se discute la relación entre valores de decisión y valores de experiencia.*

Tomar decisiones es como hablar en prosa, la gente lo hace todo el tiempo, lo sepa o no. Por eso no resulta sorprendente que la lógica de la toma de decisiones la compartan muchas disciplinas, desde las matemáticas y la estadística, pasando por la economía y la ciencia política, hasta la sociología y la psicología. El estudio de las decisiones plantea cuestiones tanto normativas como descriptivas. El análisis normativo se ocupa de la naturaleza de la

* Este artículo se presentó originalmente como una comunicación con el premio a las Contribuciones Científicas Destacadas en el congreso de la Asociación Estadounidense de Psicología celebrado en agosto de 1983. Este trabajo recibió el apoyo de la Oficina Estadounidense de Investigación Naval con la subvención NR 197-058. Fue originalmente publicado en *American Psychologist*, vol. 34 (1984).

racionalidad y la lógica de la toma de decisiones. El análisis descriptivo, en cambio, se ocupa de las creencias y las preferencias de las personas tal como son, no como deberían ser. La tensión entre consideraciones normativas y descriptivas caracteriza a buena parte del estudio de los juicios y las elecciones.

Los análisis de la toma de decisiones comúnmente distinguen entre elecciones arriesgadas y elecciones sin riesgo. El ejemplo paradigmático de la decisión con riesgo es la aceptabilidad de un juego con resultados en dinero y probabilidades especificadas. Una decisión típica sin riesgo es la que se concreta en la aceptabilidad de una transacción en la que un bien, o un servicio, es intercambiado por dinero o trabajo. En la primera parte del presente artículo presentamos un análisis de los factores cognitivos y psicofísicos que determinan el valor de las perspectivas de riesgo. En la segunda parte extendemos este análisis a las transacciones y operaciones comerciales.

Elección arriesgada

Las elecciones arriesgadas, como la de tomar o no un paraguas, o la de ir o no a la guerra, se hacen sin conocimiento previo de sus consecuencias. Como las consecuencias de estas acciones dependen de eventos inciertos, como el tiempo o las determinaciones del enemigo, la elección de un acto puede entenderse como la aceptación de un juego que puede arrojar diversos resultados con diferentes posibilidades. Por eso es natural que el estudio de la toma de decisiones bajo riesgo se haya centrado en elecciones entre juegos simples con resultados en dinero y en probabilidades especificadas, con la esperanza de que estos problemas sencillos revelen actitudes básicas hacia el riesgo y el valor.

Esbozaremos aquí un enfoque de la elección arriesgada que deriva muchas de sus hipótesis de un análisis psicofísico de respuestas a cantidades de dinero y a probabilidades. El enfoque psicofísico de la toma de decisiones se puede remontar al notable ensayo que Daniel Bernoulli publicó en 1738 (Bernoulli, 1954) y en el que intentó explicar por qué las personas sienten generalmente aversión al riesgo y por qué la aversión al riesgo disminuye conforme aumenta la riqueza. Para ilustrar la aversión al riesgo y el análisis de Bernoulli, consideremos la elección entre una perspectiva que ofrece un 85 por ciento de posibilidades de ganar 1.000 dólares (con un 15 por ciento de posibilidades de no ganar nada) y la alternativa de recibir 800 dólares seguros. Una gran mayoría de la gente prefiere lo seguro frente al juego, aunque las expectativas del juego sean (matemáticamente) mayores. La expectativa de un juego con resultados en dinero es un valor medio en el que cada resultado posible es valorado por la probabilidad de que se produzca. La expectativa del juego en este ejemplo es .85 × 1.000 dólares + .15 × 0 dólares = 850 dólares, que excede la expectativa de 800 dólares asociada a la cosa segura. La preferencia por la ganancia segura es un ejemplo de aversión al riesgo. En general, en una preferencia por un resultado seguro frente a un juego con una expectativa mayor o igual hay una aversión al riesgo, y en el rechazo de la cosa segura y la elección de un juego con expectativa menor o igual hay una búsqueda del riesgo.

Bernoulli sugirió que las personas no evalúan las perspectivas por la expectativa de sus resultados en dinero, sino por la expectativa del valor subjetivo de esos resultados. El valor subjetivo de un juego es de nuevo una valoración media, pero ahora es el valor subjetivo de cada resultado lo que es considerado en su probabilidad. Para explicar dentro de este marco la aversión al riesgo, Bernoulli propuso que el valor subjetivo, o utilidad, es una función del dinero de curva cóncava. En esta función, la diferencia entre las utilidades de 200 dólares y 100 dólares, por ejemplo, es mayor que la diferencia de utilidad entre 1.200 dólares y 1.100 dólares. De la concavidad de esta curva se sigue que el valor subjetivo asignado a una ganancia de 800 dólares es más del 80 por ciento del valor de una ganancia de 1.000 dólares. En consecuencia, la concavidad de la función de utilidad supone una preferencia con aversión al riesgo por una ganancia segura de 800 dólares frente a un 80 por ciento de posibilidades de ganar 1.000 dólares, aunque en las dos perspectivas exista la misma expectativa de obtener dinero.

Es costumbre en el análisis de la decisión describir los resultados de las decisiones en términos de riqueza o patrimonio total. Por ejemplo, el ofrecimiento de apostar 20 dólares en el lanzamiento de una moneda sin defecto es representado como una elección entre la riqueza individual actual W y la posibilidad de cambiarla a $W + 20$ dólares o $W - 20$ dólares. Esta representación parece psicológicamente poco realista: la gente no suele pensar los resultados relativamente pequeños en términos de estados de riqueza, sino más bien en términos de ganancias, pérdidas y resultados neutros (como la conservación del *statu quo*). Si las bolsas efectivas de valor subjetivo son, como aquí proponemos, cambios de riqueza más que estados finales de riqueza, el análisis psicofísico de los resultados tendrá que aplicarse a ganancias y pérdidas más que a activos totales. Este supuesto desempeña un papel central en un tratamiento de la elección arriesgada que hemos denominado teoría de las perspectivas (Kahneman y Tversky, 1979). La introspección y las

VALOR

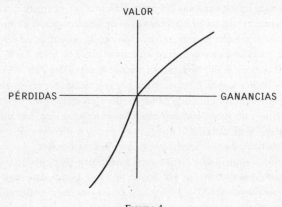

PÉRDIDAS ——————————————————————— GANANCIAS

FIGURA 1
Una hipotética función de valor

mediciones psicofísicas sugieren que el valor subjetivo es una función cóncava de la magnitud de una ganancia. La misma generalización es aplicable a las pérdidas. La diferencia de valor subjetivo entre una pérdida de 200 dólares y una pérdida de 100 dólares parece mayor que la diferencia de valor subjetiva entre una pérdida de 1.200 dólares y una pérdida de 1.100 dólares. Cuando las funciones de valor para ganancias y para pérdidas van juntas, obtenemos una función con forma de S del tipo que muestra la figura 1.

La función de valor que muestra la figura 1 es (a) definida en ganancias y pérdidas, y no en riqueza total, es (b) cóncava en el dominio de las ganancias, y convexa en el dominio de las pérdidas, y es (c) considerablemente más empinada para las pérdidas que para las ganancias. Esta última propiedad, que etiquetamos como *aversión a la pérdida*, expresa la intuición de que una pérdida de X dólares es más aversiva que una ganancia de X dólares atractiva. La aversión a la pérdida explica la reluctancia de las personas a hacer apuestas iguales con una moneda sin defecto. El atractivo de la posible ganancia no es ni con mucho suficiente para compensar la aversión a la posible pérdida. Por ejemplo, la mayoría de los sujetos de una muestra de estudiantes universitarios no aceptaron jugarse 10 dólares a cara o cruz si solo podían ganar menos de 30 dólares.

El supuesto de la aversión al riesgo ha desempeñado un papel central en la teoría económica. Sin embargo, así como la concavidad del valor de ganancias implica aversión al riesgo, la convexidad del valor de pérdidas implica búsqueda del riesgo. Y la búsqueda del riesgo en las pérdidas es un poderoso efecto, particularmente cuando las probabilidades de pérdida son importantes. Consideremos, por ejemplo, una situación en la que un individuo es forzado a elegir entre un 85 por ciento de posibilidades de perder 1.000 dólares (con un 15 por ciento de posibilidades de no perder nada) y una pérdida segura de 800 dólares. Una gran mayoría expresará una preferencia por el juego frente a la pérdida segura (−800 dólares). La búsqueda del riesgo en el dominio de las pérdidas ha sido confirmada por varios investigadores (Fishburn y Kochenberger, 1979; Hershey y Schoemaker, 1980; Payne, Laughhunn y Crum, 1980; Slovic, Fischhoff y Lichtenstein, 1982). También se ha observado con resultados en los que no hay dinero, sino cosas tales como horas de dolor (Eraker y Sox, 1981) o pérdidas de vidas humanas (Fischhoff, 1983; Tversky, 1977; Tversky y Kahneman, 1981). ¿Es una equivocación la aversión al riesgo en el dominio de las ganancias y la búsqueda del riesgo en el dominio de las pérdidas? Estas preferencias se ajustan a intuiciones convincentes sobre el valor subjetivo de ganancias y pérdidas, y se supone que las personas tienen derecho a sus propios valores. Sin embargo, veremos que una función de valor con forma de S tiene implicaciones que son normativamente inaceptables.

Para abordar el aspecto normativo dejaremos aparte la psicología para centrarnos en la teoría de la decisión. Puede decirse que la moderna teoría de la decisión comienza con la obra pionera de Von Neumann y Morgenstern (1947), quienes establecieron varios principios o axiomas cualitativos que gobernarían las preferencias de quien toma una decisión racional. Sus axiomas incluían la transitividad (si A es preferible a B y B es preferible a C, entonces A es preferible a C) y la sustitución (si A es preferible a B, entonces una posibilidad de obtener A o C es preferible a una posibilidad de obtener B o C), junto con otras condiciones de naturaleza más técnica. El estatus normativo y el estatus descriptivo de los axiomas de la elección racional han sido objeto de abundantes discusiones. Hay, en particular, pruebas convincentes de que la gente no siempre obedece al axioma de sustitución, y existe un considerable desacuerdo sobre el valor normativo de este axioma (por ejemplo Allais y Hagen, 1979). Sin embargo, todos los análisis de la elección racional incorporan dos principios: dominancia e invariancia. La dominancia exige que si la perspectiva A es, en todos los aspectos, tan buena por lo menos como la perspectiva B y mejor que B en al menos un aspecto, entonces A será preferida a B. La invariancia requiere que el orden de preferencia entre perspectivas no dependa de la manera en que estas se describan. En particular, dos versiones de un problema de elección organizadas para ser equivalentes, cuando se muestran juntas deben resultar en la misma preferencia que cuando se muestran separadas. Ahora demostraremos que el requisito de invariancia, por elemental e inofensivo que pueda parecer, no puede ser generalmente satisfecho.

ENMARQUE DE RESULTADOS

Las perspectivas de riesgo se caracterizan por sus posibles resultados y por las probabilidades de dichos resultados. Sin embargo, la misma opción puede enmarcarse o describirse de diferentes maneras (Tversky y Kahneman, 1981). Por ejemplo, los posibles resultados de un juego pueden enmarcarse como ganancias y pérdidas relativas al *statu quo* o como posición de activos que incorpora la riqueza inicial. La invariancia exige que tales cambios en la descripción de resultados no alteren el orden de preferencia. El siguiente par de problemas ilustra una vulneración de este requisito. *N* es el número total de personas que se enfrentan a cada problema, y el porcentaje de las que eligen cada opción se indica entre paréntesis.

> Problema 1 (*N* = 152): Imagine que Estados Unidos se está preparando para el brote de una rara enfermedad asiática que se espera acabe con la vida de 600 personas. Se han propuesto dos programas alternativos para combatir esa enfermedad. Suponga que las estimaciones científicas más exactas de las consecuencias de los programas son las siguientes:
>
> Si se adopta el programa A, se salvarán 200 personas (72 por ciento).
>
> Si se adopta el programa B, hay una probabilidad de un tercio de que 600 personas se salven y una probabilidad de dos tercios de que ninguna de ellas se salve (28 por ciento).
>
> ¿Cuál de los dos programas obtendría su favor?

La formulación del problema 1 adopta de manera implícita como punto de referencia un estado de cosas en el que se permite que la enfermedad se cobre 600 vidas. Los resultados de los programas incluyen el estado de referencia y dos posibles ganancias medidas por el número de vidas salvadas. Como era de esperar, las preferencias acusaban aversión al riesgo: una clara mayoría de sujetos prefirieron salvar con seguridad 200 vidas a un juego que ofrecía un tercio de posibilidades de salvar 600 vidas. Consideremos ahora otro problema en el que a la misma historia superpuesta sigue una descripción diferente de las perspectivas asociadas a los dos programas:

Problema 2 ($N = 155$):

Si se adopta el programa C, 400 personas morirán (22 por ciento).

Si se adopta el programa D, hay una probabilidad de un tercio de que nadie muera y una probabilidad de dos tercios de que 600 personas mueran (78 por ciento).

Es fácil verificar que, en el problema 2, las opciones C y D son indistinguibles en términos reales de las opciones A y B en el problema 1. Pero la segunda versión supone un estado de referencia en el que nadie muere de la enfermedad. El mejor resultado es la conservación de este estado, y las alternativas son pérdidas medidas por el número de personas que morirán de la enfermedad. Se espera que las personas que evalúan las opciones en estos términos busquen el riesgo y muestren preferencia por el juego (opción D) frente a la pérdida segura de 400 vidas. Hay así más búsqueda del riesgo en la segunda versión del problema que aversión al riesgo en la primera.

El fallo de la invariancia es tan omnipresente como resistente. Y tan común es entre personas expertas como entre personas ingenuas, y no queda eliminado ni cuando estas mismas personas responden a ambas preguntas en unos cuantos minutos. Y si se les hace ver el conflicto que hay en sus respuestas, se muestran normalmente desconcertadas. Incluso después de releer los problemas, todavía sienten aversión al riesgo en la versión de las «vidas salvadas», lo mismo que en la versión de las «vidas perdidas» buscan el riesgo; y también quieren obedecer a la invariancia y dar respuestas consistentes en las dos versiones. Los efectos del marco parecen, en su pertinaz atracción, ilusiones de la percepción más que errores de cálculo.

Del siguiente par de problemas resultan preferencias que vulneran el requisito de dominancia de la elección racional.

Problema 3 ($N = 86$): Elegir entre:

E. 25 por ciento de posibilidades de ganar 240 dólares y 75 por ciento de posibilidades de perder 760 dólares (0 por ciento).

F. 25 por ciento de posibilidades de ganar 250 dólares y 75 por ciento de posibilidades de perder 750 dólares (100 por ciento).

Es fácil observar que F domina a E. Y todo el mundo elige de acuerdo con ello.

Problema 4 ($N = 150$): Imagine que ha de tomar una decisión entre las dos siguientes que concurren. Examine primero ambas decisiones, y luego indique las opciones que prefiere.

Decisión (i): elegir entre:

A. ganar con seguridad 240 dólares (84 por ciento).

B. 25 por ciento de posibilidades de ganar 1.000 dólares y 75 por ciento de posibilidades de no ganar nada (16 por ciento).

Decisión (ii): elegir entre:

C. pérdida segura de 750 dólares (13 por ciento).

D. 75 por ciento de posibilidades de perder 1.000 dólares y 25 por ciento de no perder nada (87 por ciento).

Como se esperaba por un análisis previo, una importante mayoría de sujetos eligieron, desde la aversión al riesgo, la ganancia segura frente al juego positivo en la primera decisión, y una mayoría aún más grande de sujetos eligieron, buscando el riesgo, el juego frente a la pérdida segura en la segunda decisión. De hecho, el 73 por ciento de los sujetos eligieron A y D, y solo el 3 por ciento eligieron B y C. El mismo patrón de resultados se observó en una versión modificada del problema, con cantidades reducidas, en la que estudiantes universitarios seleccionaron juegos que realmente jugarían.

Como los sujetos consideraron simultáneamente las dos decisiones del problema 4, de hecho manifestaron una preferencia por A y D frente a B y C. Pero la conjunción preferida está realmente dominada por la conjunción rechazada. Añadir la ganancia segura de 240 dólares (opción A) a la opción D arroja un 25 por ciento de posibilidades de ganar 240 dólares y un 75 por ciento de perder 760 dólares. Esta es precisamente la opción E del problema 3. Parejamente, añadir la pérdida segura de 750 dólares (opción C) a la opción B arroja un 25 por ciento de posibilidades de ganar 250 dólares y un 75 por ciento de perder 750 dólares. Esta es precisamente la opción F del problema 3. La susceptibilidad al marco y la función de valor con forma de S producen así una vulneración de la dominancia en un conjunto de decisiones concurrentes.

La moraleja de estos resultados es turbadora: la invariancia es normativamente esencial, intuitivamente convincente y psicológicamente inverosímil. Solo concebimos dos maneras de garantizar la invariancia. La primera es adoptar un procedimiento que transforme versiones equivalentes de cualquier problema en la misma representación canónica. Esto es lo racional de la advertencia estándar que se hace a estudiantes de empresariales: que deben considerar cada problema de decisión en términos de activos totales más que en términos de ganancias o pérdidas (Schlaifer, 1959). Esta representación evitaría las vulneraciones de la invariancia ilustradas en los problemas anteriores, pero es más fácil dar el consejo que seguirlo. Excepto en el contexto de una posible ruina, es más natural considerar los resultados económicos como ganancias y pérdidas que como estados de riqueza. Además, una representación canónica de perspectivas de riesgo requiere una composición de todos los resultados de decisiones concurrentes (ejemplo: el problema 4) que excede las capacidades del cálculo intuitivo incluso en problemas sencillos. Conseguir una representación canónica es aún más difícil en otros contextos, como los de seguridad, salud o calidad de vida. ¿Tenemos que aconsejar que se evalúen las consecuencias de una política de salud pública (ejemplo: los problemas 1 y 2) en términos de mortalidad total, de mortalidad debida a enfermedades, o del número de muertos asociados a la enfermedad particular objeto de estudio?

Otro planteamiento que podría garantizar la invariancia es la evaluación de las opciones en términos de sus consecuencias actuariales más que psicológicas. El criterio actuarial tiene cierto atractivo en el contexto de las vidas humanas, pero es claramente inadecuado para las elecciones en el orden económico, como se ha reconocido en general, al menos desde Bernoulli, y es completamente inaplicable a resultados que carecen de una métrica objetiva. Nosotros concluimos que no puede esperarse mantener la invariancia del marco, y que una sensación de confianza en una elección particular no garantiza que se haga esa misma elección en otro marco. Es, por tanto, un buen procedimiento comprobar la solidez de preferencias mediante intentos deliberados de enmarcar en más de una manera un problema de decisión (Fischhoff, Slovic y Lichtenstein, 1980).

LA PSICOFÍSICA DE LAS POSIBILIDADES

Hasta ahora hemos dado por supuesta en nuestra discusión una regla bernoulliana de expectativa según la cual el valor, o utilidad, de una perspectiva incierta se obtiene añadiendo las utilidades de los resultados posibles, cada uno considerado en su probabilidad. Para examinar esta suposición, consideremos de nuevo las intuiciones psicofísicas. Pongamos a cero el valor del *statu quo* e imaginemos un regalo en dinero, pongamos que 300 dólares, y asignémosle un valor de 1. Ahora imaginemos que solo nos dan un billete de lotería que tiene un premio único de 300 dólares. ¿Cómo varía el valor del billete como función de la probabilidad de ganar el premio? Aparte de la utilidad de jugar, el valor de esta perspectiva tiene que variar entre cero (cuando la posibilidad de ganar es nula) y uno (cuando la posibilidad de ganar 300 dólares es cierta).

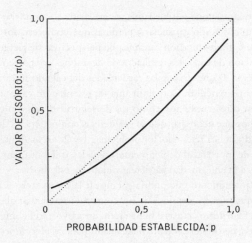

FIGURA 2
Una hipotética función de valoración

La intuición sugiere que el valor del billete no es una función lineal de la probabilidad de ganar, como supone la regla de la expectativa. En particular, un incremento del 0 por ciento al 5 por ciento parece tener un efecto mayor que un incremento del 30 por ciento al 35 por ciento, el cual parece más pequeño que un incremento del 95 por ciento al 100 por ciento. Estas consideraciones sugieren un efecto de límite de la categoría: un cambio de la imposibilidad a la posibilidad, o de la posibilidad a la certeza tiene una repercusión más grande que un cambio comparable en mitad de la escala. Esta hipótesis está incorporada a la curva que muestra la figura 2, que traza el valor asignado a un evento como una función de su probabilidad numérica establecida. El rasgo más destacado de la figura 2 es que los valores decisorios son regresivos respecto de las probabilidades establecidas. Excepto en los puntos finales, un incremento de .05 en la probabilidad de ganar incrementa el valor de la perspectiva en menos del 5 por ciento del valor del premio. A continuación investigaremos las implicaciones de esta hipótesis psicológica en las preferencias entre opciones arriesgadas.

En la figura 2, los valores decisorios son más bajos que las probabilidades correspondientes en la mayor parte del rango. Infravalorar probabilidades moderadas o elevadas relativamente a las cosas seguras contribuye a la aversión al riesgo en las ganancias porque reduce el atractivo de juegos positivos. El mismo efecto contribuye también a la búsqueda del riesgo en las pérdidas porque atenúa la aversión a los juegos negativos. Pero las probabilidades bajas se sobrevaloran, y las probabilidades muy bajas son o bien sobrevaloradas de forma bastante tosca, o bien completamente ignoradas, haciendo que los valores decisorios sean muy inestables en esta zona. La sobrevaloración de las probabilidades bajas invierte el patrón arriba descrito: mejora el valor de lo que tiene pocas posibilidades y amplía la aversión a una pequeña posibilidad de pérdida severa. La consecuencia es que se busca a menudo el riesgo en relación con ganancias improbables, y se siente aversión al riesgo en relación con pérdidas improbables. De ese modo, las características de los valores decisorios contribuyen al atractivo de los billetes de lotería y las políticas de seguridad.

La no linealidad de los valores decisorios conduce inevitablemente a vulneraciones de la invariancia, como ilustra el siguiente par de ejemplos:

Problema 5 ($N = 85$): Considere el siguiente juego de dos fases. En la primera hay un 75 por ciento de posibilidades de terminar el juego sin ganar nada y un 25 por ciento de posibilidades de pasar a la segunda fase. Si pasa a la segunda fase, tiene que elegir entre:

A. una ganancia segura de 30 dólares (74 por ciento).

B. 80 por ciento de posibilidades de ganar 45 dólares (26 por ciento).

Ha de hacer su elección antes de que el juego comience, es decir, antes de que se conozca el resultado de la primera fase. Indique la opción que prefiere.

Problema 6 ($N = 81$): ¿Cuál de las siguientes opciones prefiere?

C. 25 por ciento de posibilidades de ganar 30 dólares (42 por ciento).

D. 20 por ciento de posibilidades de ganar 45 dólares (58 por ciento).

Como en el problema 5 hay una posibilidad de cuatro de pasar a la segunda fase, la perspectiva A ofrece una probabilidad de .25 de ganar 30 dólares y la perspectiva B ofrece una probabilidad de .25 × 80 = .20 de ganar 45 dólares. Los problemas 5 y 6 son, por tanto, idénticos en términos de probabilidades y resultados. Sin embargo, las preferencias no son las mismas en las dos versiones: en el problema 5, una clara mayoría favorece la posibilidad más alta de ganar la pequeña cantidad, mientras que en el problema 6 la mayoría toma el otro camino. Esta vulneración de la invariancia ha sido confirmada con pagos tanto reales como hipotéticos (en los resultados que aquí mostramos hay dinero real), con resultados en vidas humanas y con una representación no secuencial del proceso del azar.

Atribuimos el fracaso de la invariancia a la interacción de dos factores: el marco de las probabilidades y la no linealidad de los valores decisorios. Más específicamente proponemos que, en el problema 5, los individuos ignoran la primera fase, la cual arroja el mismo resultado sin consideración de la decisión que se toma, y centran su atención en lo que sucederá si no llegan a la segunda fase del juego. En este caso ven, desde luego, una ganancia segura si eligen la opción A y un 80 por ciento de posibilidades de ganar si prefieren el juego. Las elecciones de los individuos en la versión secuencial son prácticamente idénticas a las elecciones que hacen entre una ganancia segura de 30 dólares y un 85 por ciento de posibilidades de ganar 45 dólares. Como se sobrevalora lo seguro en comparación con eventos de probabilidad moderada o alta (véase la figura 2), la opción que podría suponer una ganancia de 30 dólares es más atractiva en la versión secuencial. Llamamos a este fenómeno efecto de pseudocerteza, porque un evento que es realmente incierto es valorado como si fuese cierto.

Un fenómeno estrechamente relacionado puede demostrarse en el extremo inferior del rango de probabilidades. Supongamos que no hemos decidido si contratar o no un seguro contra terremotos porque la prima es muy elevada. Como dudamos, nuestro amable agente de seguros nos ofrece una alternativa: «Por la mitad de la prima regular puede usted estar completamente cubierto si el seísmo se produce en un día impar del mes. Es un buen trato, pues por la mitad del precio se hallará usted cubierto por más de la mitad de los días». ¿Por qué la mayoría de la gente encuentra este seguro probabilista tan poco atractivo? La figura 2 sugiere la respuesta. Empezando por cualquier punto de la zona de bajas probabilidades, la repercusión en el valor decisorio de una reducción de la probabilidad de p a $p/2$ es considerablemente menor que el efecto de una reducción de $p/2$ a 0. Reducir el riesgo a la mitad no vale, pues, la mitad de la prima.

La aversión al seguro probabilista es relevante por tres razones. La primera es que socava la explicación clásica del aseguramiento en términos de una función cóncava de utilidad. Según la teoría de la utilidad esperada, un seguro probabilista será indudablemente preferido a un seguro normal si este es aceptable (véase Kahneman y Tversky, 1979). La segunda es que el seguro probabilista ofrece muchas formas de acción preventiva, como las de hacerse un chequeo médico, comprarse neumáticos nuevos o instalar un sistema de alarma antirrobo. Tales acciones reducen normalmente la probabilidad de ciertos eventos azarosos sin eliminarlos completamente. La tercera razón es que la aceptabilidad de un seguro puede ser manipulada por el enmarque de las contingencias. Una política de seguridad que cubra los incendios, pero no las inundaciones, por ejemplo, puede evaluarse o bien como protección total contra un riesgo específico (por ejemplo, el fuego), o bien como reducción de la probabilidad general de pérdida de propiedades. La figura 2 sugiere que la gente infravalora en mucho una reducción de la probabilidad de un azar en comparación con la eliminación completa de ese azar. De ahí que asegurarse parezca más atractivo cuando se enmarca como eliminación del riesgo que cuando se describe como reducción del riesgo. Y Slovic, Fischhoff y Lichtenstein (1982) demostraron que una hipotética vacuna que reduzca la probabilidad de contraer una enfermedad del 20 por ciento al 10 por ciento es menos atractiva si se asegura que es efectiva en la mitad de los casos que si se presenta como plenamente efectiva contra una de dos cepas de virus únicas y asimismo probables que producen síntomas idénticos.

EFECTOS DE LA FORMULACIÓN

Hasta ahora hemos tratado del marco como herramienta para demostrar el incumplimiento de la invariancia. Ahora nos detendremos en el proceso que controla el enmarque de resultados y eventos. El problema de salud pública ilustra un efecto de la formulación en el que un cambio de expresión como el de sustituir «vidas salvadas» por «vidas perdidas» inducía un notorio cambio de preferencia al pasar de la aversión al riesgo a la búsqueda del riesgo. Evidentemente, los sujetos adoptaron la descripción de los resultados tal como se hacía en la pregunta y, en consecuencia, evaluaron los resultados como ganancias o pérdidas. Otro efecto de la formulación es el consignado por McNeil, Pauker, Sox y Tversky (1982). Estos autores observaron que las preferencias de médicos y pacientes entre hipotéticas terapias para el cáncer de pulmón variaban notablemente cuando sus resultados probables eran descritos en términos de mortalidad o supervivencia. La cirugía, a diferencia de la radioterapia, conlleva un riesgo de muerte durante el tratamiento. Como consecuencia, la opción de la cirugía era relativamente menos atractiva cuando los resultados estadísticos del tratamiento eran descritos en términos de mortalidad que cuando eran descritos en términos de supervivencia.

Un médico, y quizá también un consejero presidencial, pueden influir en la decisión que tome el paciente o el presidente sin alterar o eliminar información, meramente por la forma de enmarcar resultados y contingencias. Los efectos de la formulación pueden producirse de manera fortuita, sin que nadie sea consciente de la repercusión del marco en la decisión final. También pueden ser deliberadamente explotados para manipular el atractivo relativo de las opciones. Por ejemplo, Thaler (1980) observó que los grupos de presión de la industria de las tarjetas de crédito insistían en que toda diferencia de precio entre las compras pagadas en efectivo y las pagadas con tarjeta fuese clasificada como descuento y no como recargo de la tarjeta de crédito. Las dos denominaciones enmarcan la diferencia de precio como ganancia o como pérdida respectivamente porque designan de modo implícito los precios inferior y superior como normales. Como las pérdidas pesan más que las ganancias, es menos probable que los consumidores acepten un recargo que renuncien a un descuento. Como cabe esperar, los intentos de influir en el marco son comunes en los mercados y en el ruedo político.

La evaluación de resultados es susceptible de efectos de formulación debido a la no linealidad de la función del valor y la tendencia de la gente a evaluar opciones en relación con el punto de referencia sugerido o insinuado en el planteamiento del problema. Es interesante observar que, en otros contextos, la gente automáticamente transforma mensajes equivalentes en la misma representación. Hay estudios de comprensión del lenguaje que indican que la gente enseguida recodifica mucho de lo que oye en una representación abstracta que ya no distingue si la idea se expresó en el modo activo o en el modo pasivo, ni discrimina lo que realmente se dijo de lo que venía insinuado, presupuesto o implicado (Clark y Clark, 1977). Desafortunadamente, la maquinaria mental que, en silencio y sin esfuerzo, lleva a cabo estas operaciones no es la adecuada para realizar la tarea de recodificar las dos versiones del problema de salud pública o de las estadísticas de mortalidad y supervivencia en una forma abstracta común.

Transacciones y comercios

Nuestro análisis del marco y del valor puede extenderse a elecciones entre opciones multiatributo, como la aceptabilidad de una transacción o un comercio. Postulamos aquí que, para evaluar una opción multiatributo, una persona lleva una cuenta mental que especifica las ventajas y las desventajas asociadas a la opción con relación a un estado de referencia multiatributo. El valor general de una opción lo da el balance de sus ventajas y sus desventajas en relación con el estado de referencia. Así, una opción es aceptable si el valor de sus ventajas excede el valor de sus desventajas. El modelo no restringe la manera en que atributos separados se combinan para conformar medidas generales de ventajas y desventajas, pero impone a estas medidas asunciones de concavidad y de aversión a la pérdida.

Nuestro análisis de esta contabilidad mental está en deuda con el estimulante trabajo de Richard Thaler (1980, 1985), que demostró la relevancia de este proceso en el comportamiento del consumidor. El siguiente problema, basado en ejemplos de Savage (1954) y Thaler (1980), introduce algunas de las reglas que gobiernan la construcción de cuentas mentales e ilustra la extensión de la concavidad del valor a la aceptabilidad de transacciones.

Problema 7: Imagine que está a punto de comprar una chaqueta por 125 dólares y una calculadora por 15 dólares. El vendedor de la calculadora le informa que la calculadora que desea comprar está a la venta por 10 dólares en una sucursal del mismo comercio que está a 20 minutos en coche. ¿Hará el viaje al otro local?

Este problema plantea la aceptabilidad de una opción que combina una desventaja, en este caso un inconveniente, con una ventaja económica que puede enmarcarse como una cuenta mínima, tópica o comprehensiva. La cuenta mínima incluye solo las diferencias entre las dos opciones e ignora lo que estas comparten. En la cuenta mínima, la ventaja asociada a ir en coche al otro local se enmarca como una ganancia de 5 dólares. Una cuenta tópica relaciona las consecuencias de posibles elecciones con un nivel de referencia que viene determinado por el contexto dentro del cual se produce la decisión. En el problema que hemos expuesto, el tema relevante es la compra de una calculadora, y el beneficio del viaje se enmarca, por tanto, como una reducción del precio de 15 dólares a 10 dólares. Como el potencial de ahorro se asocia solo a la calculadora, el precio de la chaqueta no está incluido en la cuenta tópica. El precio de la chaqueta, así como otros gastos, podría muy bien estar incluido en una cuenta más amplia en la que el ahorro sería evaluado en relación con, digamos, los gastos mensuales.

La formulación del problema que hemos expuesto parece neutral con respecto a la adopción de una cuenta mínima, tópica o comprehensiva. Sin embargo, sugerimos que la gente enmarcará espontáneamente decisiones en términos de cuentas tópicas, que en el contexto de la toma de decisiones desempeñan un papel análogo al de las «buenas formas» en la percepción y al de las categorías de nivel básico en la cognición. La organización del momento, en conjunción con la concavidad del valor, implica que la disposición a viajar al otro local para ahorrar 5 dólares en una calculadora estaría en relación inversa con el precio de la calculadora y sería independiente del precio de la chaqueta. Para comprobar esta predicción, construimos otra versión del problema en la que los precios de los dos artículos se intercambiaban. El precio de la calculadora era en esta versión de 125 dólares en el primer comercio, y de 120 dólares en el segundo, y el de la chaqueta se puso en 15 dólares. Como habíamos predicho, las proporciones de sujetos que dijeron que harían el viaje difirieron netamente en los dos problemas. Los resultados mostraron que el 68 por ciento de los sujetos ($N = 88$) estaban dispuestos a ir al otro local para ahorrar 5 dólares en una calculadora de 15 dólares, pero solo el 29 por ciento de 93 sujetos estaban dispuestos a hacer el mismo viaje para ahorrar 5 dólares en una calculadora de 125 dólares. Este hallazgo apoya la idea de la organización tópica de cuentas, ya que las dos versiones son idénticas en cuanto a la distinción entre una cuenta mínima y una cuenta comprehensiva.

La importancia de las cuentas tópicas en el comportamiento del consumidor la confirma la observación de que la desviación estándar de los precios que ponen al mismo producto comercios diferentes de una misma ciudad es aproximadamente proporcional al precio medio de dicho producto (Pratt, Wise y Zeckhauser, 1979). Como la dispersión de los precios está sin duda controlada por los esfuerzos que hacen los compradores por encontrar la mejor oferta, estos resultados sugieren que los consumidores difícilmente hacen más esfuerzos para ahorrar 15 dólares en un artículo de 150 dólares que para ahorrar 5 dólares en un artículo de 50 dólares.

La organización tópica de cuentas mentales lleva a la gente a evaluar ganancias y pérdidas en términos relativos más que en términos absolutos, con el resultado de grandes variaciones en la tasa de intercambio de dinero por otras cosas, igual que el número de llamadas telefónicas hechas para encontrar un buen precio para un artículo o la disposición a recorrer una larga distancia para adquirirlo. La mayoría de los consumidores encontrarán más fácil comprar un equipo estéreo para el coche o una alfombra persa en el contexto de la compra de un coche o de una casa respectivamente que hacerlo por separado. Por supuesto, estas observaciones son contrarias a la teoría racional estándar del comportamiento del consumidor, que supone la invariancia y no reconoce los efectos de la contabilidad mental.

Los siguientes problemas ilustran otro ejemplo de contabilidad mental en el que la inserción de un coste en una cuenta es controlada por la organización tópica:

Problema 8 ($N = 200$): Imagine que ha decidido ir al teatro y pagado el precio de 10 dólares por la entrada. Cuando entra en el teatro, descubre que ha perdido la entrada. La butaca no venía indicada, y la entrada no puede recuperarse.

¿Pagaría 10 dólares por otra entrada?
Sí (46 por ciento) No (54 por ciento).

Problema 9 ($N = 183$): Imagine que ha decidido ir a un teatro donde el precio de la entrada es de 10 dólares. Cuando entra en el teatro, descubre que ha perdido un billete de 10 dólares.
¿Pagaría 10 dólares por una entrada al teatro?
Sí (88 por ciento) No (12 por ciento).

La diferencia entre las respuestas a los dos problemas es intrigante. ¿Por qué tanta gente no está dispuesta a gastar otros 10 dólares si ha perdido la entrada cuando estaría dispuesta a pagar esa suma después de perder una cantidad equivalente de dinero? Atribuimos esta diferencia a la organización tópica de las cuentas mentales. Ir al teatro es normalmente visto como una transacción en la que el coste de la entrada se intercambia por la experiencia de ver la función. Comprar una segunda entrada eleva el coste de ver la función a un nivel que muchos sujetos al parecer encuentran inaceptable. En cambio, la pérdida del dinero no entra en la cuenta de la función teatral y afecta a la compra de una entrada solo al hacer que el individuo se sienta ligeramente menos pudiente.

Un efecto interesante se observó cuando las dos versiones del problema fueron presentadas a los mismos sujetos. La disposición a reponer la entrada perdida aumentaba notablemente cuando este problema se mostraba después de la versión de la pérdida del dinero. En cambio, la disposición a comprar una entrada después de perder el dinero no se vio afectada por la presentación previa del otro problema. Al parecer, la yuxtaposición de los dos problemas permitía a los sujetos darse cuenta de que tenía sentido pensar que la entrada perdida era la pérdida de un dinero, pero no al revés.

El estatus normativo de los efectos de la contabilidad mental es cuestionable. A diferencia de ejemplos anteriores como el problema de salud pública, en el que las dos versiones diferían solo en la forma, puede argüirse que las versiones alternativas de la calculadora y la chaqueta difieren también sustancialmente. En particular, puede resultar más placentero ahorrar 5 dólares en una compra por valor de 15 dólares que en una compra mayor, y puede resultar más enojoso pagar dos veces por la misma entrada que perder 10 dólares en efectivo. El arrepentimiento, la frustración y la satisfacción pueden también resultar afectados por el marco (Kahneman y Tversky, 1982). Si se consideran legítimas estas consecuencias secundarias, entonces las preferencias observadas no vulneran el criterio de invariancia y no pueden descartarse sin más como inconsistentes o erróneas. Por otra parte, las consecuencias secundarias pueden modificar las ideas. La satisfacción de ahorrar 5 dólares en un artículo de 15 dólares puede estropearse si el consumidor descubre que no ha hecho el mismo esfuerzo por ahorrar 10 dólares en una compra de 200 dólares. No pretendemos recomendar que todo problema de dos decisiones que tienen las mismas consecuencias primarias sea resuelto de idéntica manera. En cambio, sostenemos que el examen sistemático de marcos alternativos ofrece un recurso mental útil que puede ayudar a que quienes toman decisiones estimen los valores que tendrían que asignar a las consecuencias primarias y secundarias de sus elecciones.

PÉRDIDAS Y COSTES

Muchos problemas de decisión toman la forma de una elección entre conservar el *statu quo* y aceptar una alternativa al mismo tiempo que es ventajosa en ciertos aspectos y desventajosa en otros. El análisis del valor que antes se ha aplicado a perspectivas de riesgo unidimensionales puede extenderse a este caso suponiendo que el *statu quo* define el nivel de referencia para todos los atributos. Las ventajas de opciones alternativas se evaluarán entonces como ganancias, y sus desventajas como pérdidas. Como las pérdidas pesan más que las ganancias, quien toma la decisión contraerá un sesgo que favorecerá la conservación del *statu quo*.

Thaler (1980) acuñó el término «efecto de dotación» para describir la renuencia de los individuos a partir de estimaciones que pertenecen a su dotación. Cuando resulta más doloroso dejar un bien que placentero obtenerlo, los precios de compra serán notablemente más bajos que los de venta. Es decir, el precio máximo que un individuo pagará por adquirir un bien será menor que la compensación mínima que induciría al mismo individuo a renunciar a ese bien una vez adquirido. Thaler discutió algunos ejemplos de efecto de dotación en el comportamiento de consumidores y empresarios. Diversos estudios han informado de discrepancias sustanciales entre precios de compra y precios de venta en transacciones tanto hipotéticas como reales (Gregory, 1983; Hammack y Brown, 1974; Knetsch y Sinden, 1984). Estos resultados han sido presentados como desafíos a la teoría económica estándar, en la que los precios de compra y de venta coinciden excepto en costes de transacción y efectos en los haberes. También nosotros observamos renuencia a comerciar en un estudio sobre elecciones entre empleos hipotéticos que diferían en el sueldo semanal (S) y en la temperatura (T) del lugar de trabajo. Pedimos a nuestros sujetos que imaginaran que ocupaban un puesto particular (S_1, T_1) y se les ofrecía la opción de pasar a otro puesto diferente (S_2, T_2), que era mejor en un aspecto y peor en otro. Encontramos que la mayoría de los sujetos a los que se asignó (S_1, T_1) no deseaban cambiar a (S_2, T_2), y que la mayoría de los sujetos a los que se asignó el segundo puesto no deseaban cambiar al primero. Evidentemente, la misma diferencia en las condiciones salariales o laborales pesaba más vista como desventaja que como ventaja.

En general, la aversión favorece la estabilidad frente al cambio. Imaginemos dos gemelos hedónicamente idénticos que encuentran dos ambientes alternativos igual de atractivos. Imaginemos además que a la fuerza o por las circunstancias los gemelos son separados y trasladados a los dos ambientes. En cuanto adoptan su nuevo estado como punto de referencia y evalúan las ventajas y las desventajas de los ambientes de uno y otro, los gemelos ya no serán indiferentes a los dos estados, y ambos preferirán permanecer donde les ha tocado estar. La inestabilidad de las preferencias produce así una preferencia por la estabilidad. Además de favorecer la estabilidad frente al cambio, la combinación de adaptación y aversión a la pérdida proporciona protección limitada contra el arrepentimiento y la envidia al reducir el atractivo de alternativas pasadas y dotaciones de otros.

Es improbable que la aversión y el consiguiente efecto de dotación desempeñen un papel de importancia en los intercambios económicos rutinarios. El propietario de un comercio, por ejemplo, no experimenta el pago a proveedores como una pérdida ni el dinero recibido de los clientes como una ganancia. El comerciante suma costes e ingresos durante un período determinado, y solo evalúa el balance. Débitos y créditos iguales se cancelan antes de la evaluación. Los pagos que hacen los consumidores tampoco se evalúan como pérdidas, sino como adquisiciones alternativas. De acuerdo con el análisis económico estándar, el dinero es visto de forma natural como un representante de los bienes y servicios que puede comprar. Este modo de evaluación se hace explícito cuando un individuo piensa en una alternativa particular, como «Puedo comprar una nueva cámara o una nueva tienda de campaña». En este análisis, una persona comprará una cámara si su valor subjetivo excede el valor de conservar el dinero que le cuesta.

Hay casos en los que una desventaja puede enmarcarse o bien como un coste, o bien como una pérdida. En particular, contratar un seguro puede también enmarcarse como una elección entre una pérdida segura y el riesgo de una pérdida más grande. En estos casos, la discrepancia coste-pérdida puede conducir a fallos de la invariancia. Consideremos, por ejemplo, la elección entre una pérdida segura de 50 dólares y el 25 por ciento de posibilidades de perder 200 dólares. Slovic, Fischhoff y Lichtenstein (1982) han informado de que el 80 por ciento de sus sujetos expresaron una preferencia con búsqueda de riesgo por el juego frente a la pérdida segura. Sin embargo, solo el 35 por ciento de los sujetos rechazaron pagar 50 dólares por asegurarse frente a un 25 por ciento de riesgo de perder 200 dólares. Resultados similares han dado a conocer Schoemaker y Kunreuther (1979), y Hershey y Schoemaker (1980). Nosotros sugerimos que la misma cantidad de dinero que fue enmarcada como una pérdida no compensada en el primer problema fue enmarcada como coste de protección en el segundo. La preferencia modal ha quedado reservada en los dos problemas porque las pérdidas son más aversivas que los costes.

Hemos observado un efecto similar en el dominio positivo, como ilustra el siguiente par de problemas:

Problema 10: ¿Aceptaría un juego que ofrece un 10 por ciento de posibilidades de ganar 95 dólares y un 90 por ciento de posibilidades de perder 5 dólares?

Problema 11: ¿Pagaría 5 dólares por participar en una lotería que ofrece un 10 por ciento de posibilidades de ganar 100 dólares y un 90 por ciento de posibilidades de no ganar nada?

Un total de 132 estudiantes universitarios respondieron a las dos preguntas separadas por un pequeño problema de relleno. El orden de las preguntas se invirtió para la mitad de los participantes. Aunque ha sido confirmado que los dos problemas ofrecen opciones objetivamente idénticas, 55 de los sujetos manifestaron distintas preferencias en las dos versiones. De ellos, 42 rechazaron el juego en el problema 10, pero aceptaron la lotería equivalente en el problema 11. La efectividad de esta manipulación aparentemente sin importancia ilustra la discrepancia de coste-pérdida y el poder del marco. Pensar en los 5 dólares como un pago hace a la operación más aceptable que pensar en la misma cantidad como una pérdida.

El análisis precedente implica que un estado subjetivo del individuo puede ser mejorado enmarcando resultados negativos como costes y no como pérdidas. La posibilidad de tales manipulaciones psicológicas puede explicar una forma paradójica de comportamiento que podría denominarse efecto de la pérdida detestable. Thaler (1980) puso el ejemplo de un hombre que sufre de codo de tenista poco después de pagar su cuota de miembro de un club de tenis y continúa jugando martirizado por el dolor para no desperdiciar su inversión. Si se supone que el individuo no jugaría si no hubiese pagado la cuota, plantea la siguiente pregunta: ¿De qué modo jugar con dolores mejora la suerte del individuo? Sugerimos que el juego doloroso conserva la evaluación de la cuota como un coste. Si el individuo dejase de jugar, se vería forzado a reconocer la cuota como una pérdida detestable que resultaría más aversiva que jugar con dolor.

OBSERVACIONES FINALES

Los conceptos de utilidad y valor se utilizan comúnmente con dos sentidos distintos: (a) valor de experiencia, el grado de placer o de dolor, la satisfacción o la angustia de la experiencia real de un resultado, y (b) valor de decisión, la contribución de un resultado anticipado al atractivo de, o a la aversión hacia, una opción en una elección. La distinción es raramente explícita en la teoría de la decisión debido a que tácitamente se asume que los valores de decisión y de experiencia coinciden. Esta suposición es parte del concepto de un sujeto idealizado de la decisión que es capaz de predecir experiencias futuras con toda exactitud y evaluar opciones de acuerdo con esa predicción. Mas para los individuos corrientes que toman decisiones, la correspondencia de los valores de decisión con los valores de experiencia está lejos de ser perfecta (March, 1978). Algunos factores que afectan a la experiencia no son fácilmente anticipables y algunos factores que afectan a las decisiones no tienen una repercusión comparable en la experiencia de los resultados.

En contraste con la gran cantidad de investigación sobre la decisión, ha habido relativamente poca exploración sistemática de la psicofísica que relaciona la experiencia hedónica con estados objetivos. El problema más básico de la psicofísica hedónica es la determinación del nivel de adaptación o aspiración que separa los resultados positivos de los negativos. El punto de referencia hedónico viene en gran medida determinado por el *statu quo* objetivo, pero también resulta afectado por expectativas y comparaciones sociales. Una mejora objetiva puede experimentarse como una pérdida, por ejemplo cuando un empleado obtiene una subida de sueldo menor que la de todas las personas de la oficina. La experiencia de placer o dolor asociada a un cambio de estado depende también, de forma crítica, de la dinámica de la adaptación hedónica. El concepto de Brickman y Campbell (1971) de rutina hedónica sugiere la hipótesis radical de que la adaptación rápida hará que los efectos de alguna mejora objetiva se vivan brevemente. La complejidad y la sutilidad de la experiencia hedónica hace difícil a quien toma la decisión de anticipar la experiencia real que los resultados producirán. Alguna persona que pidió una comida cuando tenía un hambre canina habrá tenido que admitir su gran error cuando el quinto plato le llegó a la mesa. El común desajuste entre valores de decisión y valores de experiencia introduce un elemento adicional de incertidumbre en muchos problemas de decisión.

La prevalencia de los efectos del marco y las vulneraciones de la invariancia complican aún más la relación entre valores de decisión y valores de experiencia. El enmarque de resultados a menudo induce valores de decisión que no se corresponden con la experiencia real. Por ejemplo, el enmarque de resultados de terapias de cáncer pulmonar en términos de mortalidad y supervivencia es poco probable que afecte a la experiencia, aunque puede ejercer una marcada influencia en la elección. Pero, en otros casos, el enmarque de decisiones afecta no solo a la decisión, sino también a la experiencia. Por ejemplo, el enmarque de un gasto como una pérdida no compensada o como el precio de un seguro es probable que influya en la experiencia del resultado. En estos casos, la evaluación de resultados en el contexto de las decisiones no solo anticipa la experiencia, sino que también la moldea.

REFERENCIAS

Allais, M., y O. Hagen, eds. (1979), *Expected Utility Hypotheses and the Allais Paradox*, D. Reidel, Hingham, MA.

Bernoulli, D. (1954) [1738], «Exposition of a New Theory on the Measurement of Risk», *Econometrica* 22, pp. 23-36.

Brickman, P., y D. T. Campbell (1971), «Hedonic Relativism and Planning the Good Society», en M. H. Appley, ed., *Adaptation Level Theory: A Symposium*, Academic Press, Nueva York, pp. 287-302.

Clark, H. H., y E.V. Clark (1977), *Psychology and Language*, Harcourt, Nueva York.

Erakar, S. E., y H. C. Sox (1981), «Assessment of Patients' Preferences for Therapeutic Outcomes», *Medical Decision Making* 1, pp. 29-39.

Fischhoff, B. (1983), «Predicting Frames», *Journal of Experimental Psychology: Learning, Memory and Cognition* 9, pp. 103-116.

Fischhoff, B., P. Slovic y S. Lichtenstein (1980), «Knowing What You Want: Measuring Labile Values», en T. Wallsten, ed., *Cognitive Processes in Choice and Decision Behavior*, Erlbaum, Hillsdale, NJ, pp. 117-141.

Fishburn, P. C., y G. A. Kochenberger (1979), «Two-Piece von Neumann-Morgenstern Utility Functions», *Decision Sciences* 10, pp. 503-518.

Gregory, R. (1983), «Measures of Consumer's Surplus: Reasons for the Disparity in Observed Values», manuscrito inédito, Keene State College, Keene, NH.

Hammack, J., y G. M. Brown Jr. (1974), *Waterfowl and Wetlands: Toward Bioeconomic Analysis*, Johns Hopkins University Press, Baltimore.

Hershey, J. C., y P. J. H. Schoemaker (1980), «Risk Taking and Problem Context in the Domain of Losses: An Expected-Utility Analysis», *Journal of Risk and Insurance* 47, pp. 111-132.

Kahneman, D., y A. Tversky (1979), «Prospect Theory: An Analysis of Decision under Risk», *Econometrica* 47, pp. 263-291.

— (1982), «The Simulation Heuristic», en D. Kahneman, P. Slovic y A. Tversky, eds., *Judgment Under Uncertainty: Heuristics and Biases*, Cambridge University Press, Nueva York, pp. 201-208.

Knetsch, J., y J. Sinden (1984), «Willingness to Pay and Compensation Demanded: Experimental Evidence of an Unexpected Disparity in Measures of Value», *Quarterly Journal of Economics* 99, pp. 507-521.

March, J. G. (1978), «Bounded Rationality, Ambiguity, and the Engineering of Choice», *Bell Journal of Economics* 9, pp. 587-608.

McNeil, B., S. Pauker, H. Sox Jr. y A. Tversky (1982), «On the Elicitation of Preferences for Alternative Therapies», *New England Journal of Medicine* 306, pp. 1.259-1.262.

Payne, J. W., D. J. Laughhunn y R. Crum (1980), «Translation of Gambles and Aspiration Level Effects in Risky Choice Behavior», *Management Science* 26, pp. 1.039-1.060.

Pratt, J. W., D. Wise y R. Zeckhauser (1979), «Price Differences in Almost Competitive Markets», *Quarterly Journal of Economics* 93, pp. 189-211.

Savage, L. J. (1954), *The Foundation of Statistics*, Wiley, Nueva York.

Schlaifer, R. (1959), *Probability and Statistics for Business Decisions*, McGraw-Hill, Nueva York.

Schoemaker, P. J. H., y H. C. Kunreuther (1979), «An Experimental Study of Insurance Decisions», *Journal of Risk and Insurance* 46, pp. 603-618.

Slovic, P., B. Fischhoff y S. Lichtenstein (1982), «Response Mode, Framing, and Information-Processing Effects in Risk Assessment», en R. Hogarth, ed., *New Directions for Methodology of Social and Behavioral Science: Question Framing and Response Consistency*, Jossey-Bass, San Francisco, pp. 21-36.

Thaler, R. (1980), «Toward a Positive Theory of Consumer Choice», *Journal of Economic Behavior and Organization* 1, pp. 39-60.

— (1985), «Using Mental Accounting in a Theory of Consumer Beha-
    vior», *Marketing Science* 4, pp. 199-214.

Tversky, A. (1977), «On the Elicitation of Preferences: Descriptive and
    Prescriptive Considerations», en D. Bell, R. L. Kenney y H. Raiffa,
    Conflicting Objectives in Decisions, Wiley, Nueva York, pp. 209-222.

Tversky, A., y D. Kahneman (1981), «The Framing of Decisions and the
    Psychology of Choice», *Science* 211, pp. 453-458.

von Neumann, J., y O. Morgenstern (1947), *Theory of Games and Economic
    Behavior*, 2ª ed., Princeton University Press, Princeton.

Notas

Introducción

1. Habíamos leído un libro que criticaba a los psicólogos porque empleaban muestras pequeñas, pero no explicaban sus elecciones: Jacob Cohen, *Statistical Power Analysis for the Behavioral Sciences*, Erlbaum, Hillsdale, NJ, 1969.

2. He alterado ligeramente la formulación original, que se refería a letras de palabras en la primera y en la tercera posición.

3. Nuestro crítico más tenaz ha sido un eminente psicólogo alemán: Gerd Gigerenzer, «How to Make Cognitive Illusions Disappear», *European Review of Social Psychology* 2 (1991), pp. 83-115. Gerd Gigerenzer, «Personal Reflections on Theory and Psychology», *Theory & Psychology* 20 (2010), pp. 733-743. Daniel Kahneman y Amos Tversky, «On the Reality of Cognitive Illusions», *Psychological Review* 103 (1996), pp. 582-591.

4. Algunos ejemplos entre muchos otros son Valerie F. Reyna y Farrell J. Lloyd, «Physician Decision-Making and Cardiac Risk: Effects of Knowledge, Risk Perception, Risk Tolerance and Fuzzy-Processing», *Journal of Experimental Psychology: Applied* 12 (2006), pp. 179-195. Nicholas Epley y Thomas Gilovich, «The Anchoring-and-Adjustment Heuristic», *Psychological Science* 17 (2006), pp. 311-318. Norbert Schwarz *et al.*, «Ease of Retrieval of Information: Another Look at the Availability Heuristic», *Journal of Personality and Social Psychology* 61 (1991), pp. 195-202. Elke U. Weber *et al.*, «Asymmetric Discounting in Intertemporal Choice», *Psychological Science* 18 (2007), pp. 516-523. George F. Loewenstein *et al.*, «Risk as Feelings», *Psychological Bulletin* 127 (2001), pp. 267-286.

5. El premio de economía recibe el nombre de Bank of Sweden Prize in Economic Sciences in Memory of Alfred Nobel. Se concedió por primera vez en 1969. A algunos físicos no les agradaba la idea de un premio

Nobel de Ciencias Sociales, y la etiqueta distintiva de premio Nobel de Economía fue un compromiso.

6. Herbert Simon y sus alumnos de Carnegie Mellon sentaron las bases de nuestro concepto de experto en los años ochenta. Una excelente y popular introducción al tema es la obra de Joshua Foer, *Moonwalking with Einstein: The Art and Science of Remembering*, Penguin Press, Nueva York, 2011. El autor presenta un trabajo que ha sido reseñado con detalles más técnicos en K. Anders Ericsson *et al.*, eds., *The Cambridge Handbook of Expertise and Expert Performance*, Cambridge University Press, Nueva York, 2006.

7. Gary A. Klein, *Sources of Power*, MIT Press, Cambridge, MA, 1999.

8. Herbert Simon fue uno de los grandes especialistas del siglo XX, con descubrimientos e invenciones en varias disciplinas, desde las ciencias políticas (en las que comenzó su carrera) y económicas (recibió el premio Nobel) hasta las ciencias de la computación (de las que fue pionero) y la psicología.

9. Herbert A. Simon, «What Is an Explanation of Behavior?», *Psychological Science* 3 (1992), pp. 150-161.

10. El concepto de heurística afectiva fue desarrollado por Paul Slovic, compañero de estudios de Amos en Michigan y amigo suyo de toda la vida.

11. Véase el capítulo 9.

1. *Los personajes de la historia*

1. Para una revisión de este campo, véanse Jonathan St. B. T. Evans y Keith Frankish, eds., *In Two Minds: Dual Processes and Beyond*, Oxford University Press, Nueva York, 2009; Jonathan St. B. T. Evans, «Dual-Processing Accounts of Reasoning, Judgment, and Social Cognition», *Annual Review of Psychology* 59 (2008), pp. 255-278. Entre los pioneros se cuentan Seymour Epstein, Jonathan Evans, Steven Sloman, Keith Stanovich y Richard West. Tomo los términos Sistema 1 y Sistema 2 de los primeros trabajos de Stanovich y West, que influyeron considerablemente en mi pensamiento: Keith E. Stanovich y Richard F. West, «Individual Differences in Reasoning: Implications for the Rationality Debate», *Behavioral and Brain Sciences* 23 (2000), pp. 645-665.

2. Esta sensación de libre voluntad es a veces ilusoria, como demuestra Daniel M. Wegner en *The Illusion of Conscious Will*, Bradford Books, Cambridge, MA, 2003.

3. Nilli Lavie, «Attention, Distraction and Cognitive Control Under Load», *Current Directions in Psychological Science* 19 (2010), pp. 143-148.

4. En el clásico test de Stroop se muestra al sujeto una serie de campos de colores diferentes o de palabras impresas en varios colores. La tarea consiste en decir los nombres de los colores ignorando las palabras. La tarea se vuelve extremadamente difícil cuando las palabras coloreadas son nombres de colores (por ejemplo, la palabra VERDE impresa en rojo, seguida de la palabra AMARILLO impresa en verde, etc.).

5. El 16 de marzo de 2011, el profesor Hare me escribió diciéndome: «Su profesor tenía razón». Robert D. Hare, *Without Conscience: The Disturbing World of the Psychopaths Among Us*, Guilford Press, Nueva York, 1999. Paul Babiak y Robert D. Hare, *Snakes in Suits: When Psychopaths Go to Work*, Harper, Nueva York, 2007.

6. A los agentes que están dentro de la mente se les llama homúnculos y son (con todo motivo) objeto de burla de los profesionales.

7. Alan D. Baddeley, «Working Memory: Looking Back and Looking Forward», *Nature Reviews: Neuroscience* 4 (2003), pp. 829-838. Alan D. Baddeley, *Your Memory: A User's Guide*, Firefly Books, Nueva York, 2004.

2. *Atención y esfuerzo*

1. Gran parte del material de este capítulo procede de mi libro *Attention and Effort* (1973), que puede obtenerse gratuitamente de mi *website* www.princeton.edu/~kahneman/docs/attention_and_effort/Attention_hi_quality.pdf (hay trad. cast.: *Atención y esfuerzo*, Biblioteca Nueva, Madrid, 1997). El tema principal de este libro es la idea de la capacidad limitada de prestar atención y hacer esfuerzos mentales. Se consideraba que la atención y el esfuerzo eran recursos generales que podían utilizarse para apoyar muchas tareas mentales. La idea de una capacidad general es controvertida, pero la han propagado psicólogos y neurocientíficos que encontraban una confirmación de la misma en sus investigaciones sobre el cerebro. Véanse Marcel A. Just y Patricia A. Carpenter, «A Capacity Theory of Comprehension: Individual Differences in Working Memory», *Psychological Review* 99 (1992), pp. 122-149; Marcel A. Just *et al.*, «Neuroindices of Cognitive Workload: Neuroimaging, Pupillometric and Event-Related Potential Studies of Brain Work», *Theoretical Issues in Ergonomics Science* 4 (2003), pp. 56-88. Hay también una creciente evidencia experimental de la existencia de recursos de la atención para todas las tareas, como en Evie Vergauwe *et al.*,

«Do Mental Processes Share a Domain-General Resource?», *Psychological Science* 21 (2010), pp. 384-390. Hay evidencias, obtenidas a través de imágenes, de que la mera anticipación de una tarea que requiere gran esfuerzo hace que muchas zonas del cerebro entren en actividad como para realizar una tarea del mismo tipo que requiera poco esfuerzo. Carsten N. Boehler *et al.*, «Task-Load-Dependent Activation of Dopaminergic Midbrain Areas in the Absence of Reward», *Journal of Neuroscience* 31 (2011), pp. 4.955-4.961.

2. Eckhard H. Hess, «Attitude and Pupil Size», *Scientific American* 212 (1965), pp. 46-54.

3. La palabra *sujeto* suscita en algunos ideas de subordinación y servidumbre, y la Asociación Estadounidense de Psicología nos recomienda usar la más democrática *participante*. Desafortunadamente, la etiqueta políticamente correcta es demasiado larga, ocupa espacio en la memoria y ralentiza el pensamiento. Procuraré emplear la palabra *participante* siempre que sea posible, pero pasaré a *sujeto* cuando sea necesario.

4. Daniel Kahneman *et al.*, «Pupillary, Heart Rate, and Skin Resistance Changes During a Mental Task», *Journal of Experimental Psychology* 79 (1969), pp. 164-167.

5. Daniel Kahneman, Jackson Beatty e Irving Pollack, «Perceptual Deficit During a Mental Task», *Science* 15 (1967), pp. 218-219. Utilizamos un espejo semitransparente que permitía a los observadores ver directamente las letras delante de ellos cuando estaban frente a la cámara. Una de las condiciones de control era que los participantes miraran la letra a través de una estrecha abertura para prevenir cualquier efecto del cambio en el tamaño de la pupila sobre su agudeza visual. Los resultados de su detección formaban el patrón de V invertida observado con otros sujetos.

6. El intento de realizar varias tareas a la vez puede dar origen a dificultades de distintos tipos. Por ejemplo, es físicamente imposible decir dos cosas diferentes exactamente en el mismo momento, y puede resultar más fácil combinar una tarea auditiva con otra visual que combinar dos visuales o dos auditivas. Importantes teorías psicológicas han intentado atribuir toda interferencia mutua entre tareas a la competencia entre mecanismos separados. Véase Alan D. Baddeley, *Working Memory*, Oxford University Press, Nueva York, 1986. Con la práctica, la capacidad de las personas para las multitareas puede mejorar de maneras específicas. Sin embargo, la gran variedad de tareas, todas muy diferentes, que interfieren unas con otras apoya la idea de la existencia de un recurso general de atención o esfuerzo que es necesario en muchas tareas.

7. Michael E. Smith, Linda K. McEvoy y Alan Gevins, «Neurophysiological Indices of Strategy Development and Skill Acquisition», *Cognitive Brain Research* 7 (1999), pp. 389-404. Alan Gevins *et al.*, «High-Resolution EEG Mapping of Cortical Activation Related to Working Memory: Effects of Task Difficulty, Type of Processing and Practice», *Cerebral Cortex* 7 (1997), pp. 374-385.

8. Por ejemplo, Sylvia K. Ahern y Jackson Beatty han demostrado que individuos que obtenían una puntuación alta en el SAT (Scholastic Assessment Test) mostraban menor dilatación de las pupilas que los que obtenían una puntuación baja en la misma tarea. «Physiological Signs of Information Processing Vary with Intelligence», *Science* 205 (1979), pp. 1.289-1.292.

9. Wouter Kool *et al.*, «Decision Making and the Avoidance of Cognitive Demand», *Journal of Experimental Psychology: General* 139 (2010), pp. 665-682. Joseph T. McGuire y Matthew M. Botvinick, «The Impact of Anticipated Demand on Attention and Behavioral Choice», en Brian Bruya, ed., *Effortless Attention*, Bradford Books, Cambridge, MA, 2010, pp. 103-120.

10. Los neurocientíficos han identificado una zona del cerebro que estima el valor global de una acción cuando se concluye. El esfuerzo empleado se cuenta como coste en esta computación neural. Joseph T. McGuire y Matthew M. Botvinick, «Prefrontal Cortex, Cognitive Control, and the Registration of Decision Costs», *PNAS* 107 (2010), pp. 7.922-7.926.

11. Bruno Laeng *et al.*, «Pupillary Stroop Effects», *Cognitive Processing* 12 (2011), pp. 13-21.

12. Michael I. Posner y Mary K. Rothbart, «Research on Attention Networks as a Model for the Integration of Psychological Science», *Annual Review of Psychology* 58 (2007), pp. 1-23. John Duncan *et al.*, «A Neural Basis for General Intelligence», *Science* 289 (2000), pp. 457-460.

13. Stephen Monsell, «Task Switching», *Trends in Cognitive Sciences* 7 (2003), pp. 134-140.

14. Baddeley, *Working Memory*.

15. Andrew A. Conway, Michael J. Kane y Randall W. Engle, «Working Memory Capacity and Its Relation to General Intelligence», *Trends in Cognitive Sciences* 7 (2003), pp. 547-552.

16. Daniel Kahneman, Rachel Ben-Ishai y Michael Lotan, «Relation of a Test of Attention to Road Accidents», *Journal of Applied Psychology* 58 (1973), pp. 113-115. Daniel Gopher, «A Selective Attention Test as a Predictor of Success in Flight Training», *Human Factors* 24 (1982), pp. 173-183.

3. *El controlador perezoso*

1. Mihaly Csikszentmihalyi, *Flow: The Psychology of Optimal Experience*, Harper, Nueva York, 1990.

2. Baba Shiv y Alexander Fedorikhin, «Heart and Mind in Conflict: The Interplay of Affect and Cognition in Consumer Decision Making», *Journal of Consumer Research* 26 (1999), pp. 278-292. Malte Friese, Wilhelm Hofmann y Michaela Wänke, «When Impulses Take Over: Moderated Predictive Validity of Implicit and Explicit Attitude Measures in Predicting Food Choice and Consumption Behaviour», *British Journal of Social Psychology* 47 (2008), pp. 397-419.

3. Daniel T. Gilbert, «How Mental Systems Believe», *American Psychologist* 46 (1991), pp. 107-119. C. Neil Macrae y Galen V. Bodenhausen, «Social Cognition: Thinking Categorically about Others», *Annual Review of Psychology* 51 (2000), pp. 93-120.

4. Sian L. Beilock y Thomas H. Carr, «When High-Powered People Fail: Working Memory and Choking Under Pressure in Math», *Psychological Science* 16 (2005), pp. 101-105.

5. Martin S. Hagger *et al.*, «Ego Depletion and the Strength Model of Self-Control: A Meta-Analysis», *Psychological Bulletin* 136 (2010), pp. 495-525.

6. Mark Muraven y Elisaveta Slessareva, «Mechanisms of Self-Control Failure: Motivation and Limited Resources», *Personality and Social Psychology Bulletin* 29 (2003), pp. 894-906. Mark Muraven, Dianne M. Tice y Roy F. Baumeister, «Self-Control as a Limited Resource: Regulatory Depletion Patterns», *Journal of Personality and Social Psychology* 74 (1998), pp. 774-789.

7. Matthew T. Gailliot *et al.*, «Self-Control Relies on Glucose as a Limited Energy Source: Willpower Is More Than a Metaphor», *Journal of Personality and Social Psychology* 92 (2007), pp. 325-336. Matthew T. Gailliot y Roy F. Baumeister, «The Physiology of Willpower: Linking Blood Glucose to Self-Control», *Personality and Social Psychology Review* 11 (2007), pp. 303-327.

8. Gailliot, «Self-Control Relies on Glucose as a Limited Energy Source».

9. Shai Danziger, Jonathan Levav y Liora Avnaim-Pesso, «Extraneous Factors in Judicial Decisions», *PNAS* 108 (2011), pp. 6.889-6.892.

10. Shane Frederick, «Cognitive Reflection and Decision Making», *Journal of Economic Perspectives* 19 (2005), pp. 25-42.

11. Este error sistemático es conocido como sesgo de creencia. Evans, «Dual-Processing Accounts of Reasoning, Judgment, and Social Cognition».

12. Keith E. Stanovich, *Rationality and the Reflective Mind*, Oxford University Press, Nueva York, 2011.

13. Walter Mischel y Ebbe B. Ebbesen, «Attention in Delay of Gratification», *Journal of Personality and Social Psychology* 16 (1970), pp. 329-337.

14. Inge-Marie Eigsti *et al.*, «Predicting Cognitive Control from Preschool to Late Adolescence and Young Adulthood», *Psychological Science* 17 (2006), pp. 478-484.

15. Mischel y Ebbesen, «Attention in Delay of Gratification». Walter Mischel, «Processes in Delay of Gratification», en Leonard Berkowitz, ed., *Advances in Experimental Social Psychology*, vol. 7, Academic Press, San Diego, CA, 1974, pp. 249-292. Walter Mischel, Yuichi Shoda y Monica L. Rodriguez, «Delay of Gratification in Children», *Science* 244 (1989), pp. 933-338. Eigsti, «Predicting Cognitive Control from Preschool to Late Adolescence».

16. M. Rosario Rueda *et al.*, «Training, Maturation, and Genetic Influences on the Development of Executive Attention», *PNAS* 102 (2005), pp. 14.931-14.936.

17. Maggie E. Toplak, Richard F. West y Keith E. Stanovich, «The Cognitive Reflection Test as a Predictor of Performance on Heuristics-and-Biases Tasks», *Memory & Cognition* (en prensa).

4. *La máquina asociativa*

1. Carey K. Morewedge y Daniel Kahneman, «Associative Processes in Intuitive Judgment», *Trends in Cognitive Sciences* 14 (2010), pp. 435-440.

2. Para evitar confusiones, no he mencionado en el texto que también las pupilas se dilataron. Las pupilas se dilatan durante la excitación emocional y cuando la excitación acompaña al esfuerzo intelectual.

3. Paula M. Niedenthal, «Embodying Emotion», *Science* 316 (2007), pp. 1.002-1.005.

4. La noción está inspirada en el funcionamiento de una bomba de agua. Los primeros movimientos de una bomba no sacan líquido alguno, pero permiten que los siguientes sean efectivos.

5. John A. Bargh, Mark Chen y Lara Burrows, «Automaticity of Social Behavior: Direct Effects of Trait Construct and Stereotype Activation

on Action», *Journal of Personality and Social Psychology* 71 (1996), pp. 230-244.

6. Thomas Mussweiler, «Doing Is for Thinking! Stereotype Activation by Stereotypic Movements», *Psychological Science* 17 (2006), pp. 17-21.

7. Fritz Strack, Leonard L. Martin y Sabine Stepper, «Inhibiting and Facilitating Conditions of the Human Smile: A Nonobtrusive Test of the Facial Feedback Hypothesis», *Journal of Personality and Social Psychology* 54 (1988), pp. 768-777.

8. Ulf Dimberg, Monika Thunberg y Sara Grunedal, «Facial Reactions to Emotional Stimuli: Automatically Controlled Emotional Responses», *Cognition and Emotion* 16 (2002), pp. 449-471.

9. Gary L. Wells y Richard E. Petty, «The Effects of Overt Head Movements on Persuasion: Compatibility and Incompatibility of Responses», *Basic and Applied Social Psychology* 1 (1980), pp. 219-230.

10. Jonah Berger, Marc Meredith y S. Christian Wheeler, «Contextual Priming: Where People Vote Affects How They Vote», *PNAS* 105 (2008), pp. 8.846-8.849.

11. Kathleen D. Vohs, «The Psychological Consequences of Money», *Science* 314 (2006), pp. 1.154-1.156.

12. Jeff Greenberg *et al.*, «Evidence for Terror Management Theory II: The Effect of Mortality Salience on Reactions to Those Who Threaten or Bolster the Cultural Worldview», *Journal of Personality and Social Psychology* 58 (1990), pp. 308-318.

13. Chen-Bo Zhong y Katie Liljenquist, «Washing Away Your Sins: Threatened Morality and Physical Cleansing», *Science* 313 (2006), pp. 1.451-1.452.

14. Spike Lee y Norbert Schwarz, «Dirty Hands and Dirty Mouths: Embodiment of the Moral-Purity Metaphor Is Specific to the Motor Modality Involved in Moral Transgression», *Psychological Science* 21 (2010), pp. 1.423-1.425.

15. Melissa Bateson, Daniel Nettle y Gilbert Roberts, «Cues of Being Watched Enhance Cooperation in a Real-World Setting», *Biology Letters* 2 (2006), pp. 412-414.

16. Los *Strangers to Ourselves*, de Timothy Wilson (Belknap Press, Cambridge, MA, 2002), presentan el concepto de «inconsciente adaptativo», que es similar al de Sistema 1.

5. *Facilidad cognitiva*

1. El término técnico para la facilidad cognitiva es *fluency*.

2. Adam L. Alter y Daniel M. Oppenheimer, «Uniting the Tribes of Fluency to Form a Metacognitive Nation», *Personality and Social Psychology Review* 13 (2009), pp. 219-235.

3. Larry L. Jacoby, Colleen Kelley, Judith Brown y Jennifer Jasechko, «Becoming Famous Overnight: Limits on the Ability to Avoid Unconscious Influences of the Past», *Journal of Personality and Social Psychology* 56 (1989), pp. 326-338.

4. Bruce W. A. Whittlesea, Larry L. Jacoby y Krista Girard, «Illusions of Immediate Memory: Evidence of an Attributional Basis for Feelings of Familiarity and Perceptual Quality», *Journal of Memory and Language* 29 (1990), pp. 716-732.

5. Normalmente, cuando encontramos a un amigo, inmediatamente lo identificamos y recordamos su nombre; a menudo recordamos también dónde nos lo encontramos la última vez, cómo vestía y qué cosas dijo. La sensación de familiaridad adquiere relevancia solo cuando tales recuerdos específicos no acuden a la mente. Esta es como un colchón. Aunque su fiabilidad es imperfecta, este colchón es mejor que nada. Esa sensación de familiaridad nos protege de la vergüenza que nos produce quedarnos sin saber qué decir (ni qué hacer) cuando alguien cuya cara nos resulta solo vagamente familiar nos saluda como si fuese un viejo amigo.

6. Ian Begg, Victoria Armour y Thérèse Kerr, «On Believing What We Remember», *Canadian Journal of Behavioural Science* 17 (1985), pp. 199-214.

7. Daniel M. Oppenheimer, «Consequences of Erudite Vernacular Utilized Irrespective of Necessity: Problems with Using Long Words Needlessly», *Applied Cognitive Psychology* 20 (2006), pp. 139-156.

8. Matthew S. McGlone y Jessica Tofighbakhsh, «Birds of a Feather Flock Conjointly (?): Rhyme as Reason in Aphorisms», *Psychological Science* 11 (2000), pp. 424-428.

9. Anuj K. Shah y Daniel M. Oppenheimer, «Easy Does It: The Role of Fluency in Cue Weighting», *Judgment and Decision Making Journal* 2 (2007), pp. 371-379.

10. Adam L. Alter, Daniel M. Oppenheimer, Nicholas Epley y Rebecca Eyre, «Overcoming Intuition: Metacognitive Difficulty Activates Analytic Reasoning», *Journal of Experimental Psychology: General* 136 (2007), pp. 569-576.

11. Piotr Winkielman y John T. Cacioppo, «Mind at Ease Puts a Smile on the Face: Psychophysiological Evidence That Processing Facilitation Increases Positive Affect», *Journal of Personality and Social Psychology* 81 (2001), pp. 989-1.000.

12. Adam L. Alter y Daniel M. Oppenheimer, «Predicting Short-Term Stock Fluctuations by Using Processing Fluency», *PNAS* 103 (2006). Michael J. Cooper, Orlin Dimitrov y P. Raghavendra Rau, «A Rose.com by Any Other Name», *Journal of Finance* 56 (2001), pp. 2.371-2.388.

13. Pascal Pensa, «Nomen Est Omen: How Company Names Influence Shortand Long-Run Stock Market Performance», *Social Science Research Network Working Paper*, septiembre de 2006.

14. Robert B. Zajonc, «Attitudinal Effects of Mere Exposure», *Journal of Personality and Social Psychology* 9 (1968), pp. 1-27.

15. Robert B. Zajonc y D. W. Rajecki, «Exposure and Affect: A Field Experiment», *Psychonomic Science* 17 (1969), pp. 216-217.

16. Jennifer L. Monahan, Sheila T. Murphy y Robert B. Zajonc, «Subliminal Mere Exposure: Specific, General, and Diffuse Effects», *Psychological Science* 11 (2000), pp. 462-466.

17. D. W. Rajecki, «Effects of Prenatal Exposure to Auditory or Visual Stimulation on Postnatal Distress Vocalizations in Chicks», *Behavioral Biology* 11 (1974), pp. 525-536.

18. Robert B. Zajonc, «Mere Exposure: A Gateway to the Subliminal», *Current Directions in Psychological Science* 10 (2001), p. 227.

19. Annette Bolte, Thomas Goschke y Julius Kuhl, «Emotion and Intuition: Effects of Positive and Negative Mood on Implicit Judgments of Semantic Coherence», *Psychological Science* 14 (2003), pp. 416-421.

20. El análisis excluye todos los casos en los que el sujeto encontraba realmente la solución correcta. Esto demuestra que los sujetos que terminan fracasando en la búsqueda de una asociación corriente tienen cierta idea de la existencia de alguna.

21. Sascha Topolinski y Fritz Strack, «The Architecture of Intuition: Fluency and Affect Determine Intuitive Judgments of Semantic and Visual Coherence and Judgments of Grammaticality in Artificial Grammar Learning», *Journal of Experimental Psychology: General* 138 (2009), pp. 39-63.

22. Bolte, Goschke y Kuhl, «Emotion and Intuition».

23. Barbara Fredrickson, *Positivity: Groundbreaking Research Reveals How to Embrace the Hidden Strength of Positive Emotions, Overcome Negativity, and Thrive*, Random House, Nueva York, 2009. Joseph P. Forgas y Rebekah East, «On Being Happy and Gullible: Mood Effects on Skepticism and the

Detection of Deception», *Journal of Experimental Social Psychology* 44 (2008), pp. 1.362-1.367.

24. Sascha Topolinski *et al.*, «The Face of Fluency: Semantic Coherence Automatically Elicits a Specific Pattern of Facial Muscle Reactions», *Cognition and Emotion* 23 (2009), pp. 260-271.

25. Sascha Topolinski y Fritz Strack, «The Analysis of Intuition: Processing Fluency and Affect in Judgments of Semantic Coherence», *Cognition and Emotion* 23 (2009), pp. 1.465-1.503.

6. *Normas, sorpresas y causas*

1. Daniel Kahneman y Dale T. Miller, «Norm Theory: Comparing Reality to Its Alternatives», *Psychological Review* 93 (1986), pp. 136-153.

2. Jos J. A. Van Berkum, «Understanding Sentences in Context: What Brain Waves Can Tell Us», *Current Directions in Psychological Science* 17 (2008), pp. 376-380.

3. Ran R. Hassin, John A. Bargh y James S. Uleman, «Spontaneous Causal Inferences», *Journal of Experimental Social Psychology* 38 (2002), pp. 515-522.

4. Albert Michotte, *The Perception of Causality*, Methuen, Andover, MA, 1963. Alan M. Leslie y Stephanie Keeble, «Do Six-Month-Old Infants Perceive Causality?», *Cognition* 25 (1987), pp. 265-288.

5. Fritz Heider y Mary-Ann Simmel, «An Experimental Study of Apparent Behavior», *American Journal of Psychology* 13 (1944), pp. 243-259.

6. Leslie y Keeble, «Do Six-Month-Old Infants Perceive Causality?».

7. Paul Bloom, «Is God an Accident?», *Atlantic*, diciembre de 2005.

7. *Una máquina para saltar a las conclusiones*

1. Daniel T. Gilbert, Douglas S. Krull y Patrick S. Malone, «Unbelieving the Unbelievable: Some Problems in the Rejection of False Information», *Journal of Personality and Social Psychology* 59 (1990), pp. 601-613.

2. Solomon E. Asch, «Forming Impressions of Personality», *Journal of Abnormal and Social Psychology* 41 (1946), pp. 258-290.

3. *Ibidem.*

4. James Surowiecki, *The Wisdom of Crowds*, Anchor Books, Nueva York, 2005 (hay trad. cast.: *Cien mejor que uno*, Urano, Barcelona, 2005).

5. Lyle A. Brenner, Derek J. Koehler y Amos Tversky, «On the Evaluation of One-Sided Evidence», *Journal of Behavioral Decision Making* 9 (1996), pp. 59-70.

8. *Cómo se forman los juicios*

1. Alexander Todorov, Sean G. Baron y Nikolaas N. Oosterhof, «Evaluating Face Trustworthiness: A Model-Based Approach», *Social Cognitive and Affective Neuroscience* 3 (2008), pp. 119-127.

2. Alexander Todorov, Chris P. Said, Andrew D. Engell y Nikolaas N. Oosterhof, «Understanding Evaluation of Faces on Social Dimensions», *Trends in Cognitive Sciences* 12 (2008), pp. 455-460.

3. Alexander Todorov, Manish Pakrashi y Nikolaas N. Oosterhof, «Evaluating Faces on Trustworthiness After Minimal Time Exposure», *Social Cognition* 27 (2009), pp. 813-833.

4. Alexander Todorov *et al.*, «Inference of Competence from Faces Predict Election Outcomes», *Science* 308 (2005), pp. 1.623-1.626. Charles C. Ballew y Alexander Todorov, «Predicting Political Elections from Rapid and Unreflective Face Judgments», *PNAS* 104 (2007), pp. 17.948-17.953. Christopher Y. Olivola y Alexander Todorov, «Elected in 100 Milliseconds: Appearance-Based Trait Inferences and Voting», *Journal of Nonverbal Behavior* 34 (2010), pp. 83-110.

5. Gabriel Lenz y Chappell Lawson, «Looking the Part: Television Leads Less Informed Citizens to Vote Based on Candidates' Appearance», *American Journal of Political Science* (de próxima aparición).

6. Amos Tversky y Daniel Kahneman, «Extensional Versus Intuitive Reasoning: The Conjunction Fallacy in Probability Judgment», *Psychological Review* 90 (1983), pp. 293-315.

7. William H. Desvousges *et al.*, «Measuring Natural Resource Damages with Contingent Valuation: Tests of Validity and Reliability», en Jerry A. Hausman, ed., *Contingent Valuation: A Critical Assessment*, North-Holland, Amsterdam, 1993, pp. 91-159.

8. Stanley S. Stevens, *Psychophysics: Introduction to Its Perceptual, Neural, and Social Prospect*, Wiley, Nueva York, 1975.

9. Mark S. Seidenberg y Michael K. Tanenhaus, «Orthographic Effects on Rhyme Monitoring», *Journal of Experimental Psychology: Human Learning and Memory* 5 (1979), pp. 546-554.

10. Sam Glucksberg, Patricia Gildea y Howard G. Bookin, «On Understanding Nonliteral Speech: Can People Ignore Metaphors?», *Journal of Verbal Learning and Verbal Behavior* 21 (1982), pp. 85-98.

9. *Respondiendo a una pregunta más fácil*

1. Gerd Gigerenzer, Peter M. Todd y el ABC Research Group han propuesto un enfoque alternativo de las heurísticas del juicio en *Simple Heuristics That Make Us Smart*, Oxford University Press, Nueva York, 1999. Describen procedimientos formales «rápidos y frugales» como «siga el mejor [ejemplo]», que en determinadas circunstancias generan juicios bastante precisos basados en una información escasa. Como ha subrayado Gigerenzer, sus heurísticas son diferentes de las que estudiamos Amos y yo, haciendo hincapié en su exactitud más que en los sesgos que inevitablemente encierran. Gran parte de la investigación que apoya la heurística rápida y frugal utiliza simulaciones estadísticas para demostrar que *podrían* cumplirse en ciertas situaciones de la vida real, pero la prueba de la realidad psicológica de estas heurísticas es poco convincente e impugnable. El descubrimiento más memorable asociado a este enfoque es la heurística del reconocimiento, ilustrada por un ejemplo hoy bien conocido: un sujeto al que se pregunta cuál de dos ciudades es más grande y reconoce una de ellas supondrá que la que reconoce es más grande. La heurística del reconocimiento actúa bastante bien si el sujeto sabe que esa ciudad que reconoce es más grande; pero si sabe que es pequeña, supondrá razonablemente que la ciudad que desconoce es más grande. Contrariamente a la teoría, los sujetos se sirven de más cosas que el impulso del reconocimiento: Daniel M. Oppenheimer, «Not So Fast! (and Not So Frugal!): Rethinking the Recognition Heuristic», *Cognition* 90 (2003), B1-B9. Un punto débil de la teoría es que, de acuerdo con lo que sabemos de la mente, no hay necesidad de que las heurísticas sean escuetas. El cerebro procesa grandes cantidades de información en paralelo, y la mente puede ser rápida y precisa sin ignorar información. Además, desde los primeros días de la investigación con ajedrecistas se sabe que la destreza no tiene por qué consistir en aprender a utilizar menos información. Por el contrario, la destreza es más comúnmente una capacidad para manejar de forma rápida y eficiente grandes cantidades de información.

2. Fritz Strack, Leonard L. Martin y Norbert Schwarz, «Priming and Communication: Social Determinants of Information Use in Judgments of Life Satisfaction», *European Journal of Social Psychology* 18 (1988), pp. 429-442.

3. La correlación fue de .66.

4. Otros tópicos de sustitución son la satisfacción en la vida matrimonial, la satisfacción en el trabajo y la satisfacción en el tiempo libre: Norbert Schwarz, Fritz Strack y Hans-Peter Mai, «Assimilation and Contrast Effects in Part-Whole Question Sequences: A Conversational Logic Analysis», *Public Opinion Quarterly* 55 (1991), pp. 3-23.

5. Una encuesta telefónica realizada en Alemania incluía una pregunta sobre la felicidad en general. Cuando se procedió a buscar una relación entre las declaraciones individuales sobre la felicidad personal y la situación meteorológica local en el momento de la entrevista, se observó una notable correlación. Se sabe que el estado de ánimo varía con la meteorología, y la sustitución explica el efecto de la misma sobre las declaraciones relativas a la felicidad. No obstante, otra versión de la encuesta telefónica arrojó unos resultados un tanto distintos. Se preguntó a los encuestados sobre el tiempo que hacía antes de preguntarles por la felicidad. En este caso, el tiempo no afectó en absoluto a sus declaraciones sobre su felicidad. El hecho de primar explícitamente el tiempo les ofrecía una explicación de su estado de ánimo, debilitando la relación que normalmente establecerían entre dicho estado y la felicidad en general.

6. Melissa L. Finucane *et al.*, «The Affect Heuristic in Judgments of Risks and Benefits», *Journal of Behavioral Decision Making* 13 (2000), pp. 1-17.

10. *La ley de los pequeños números*

1. Howard Wainer y Harris L. Zwerling, «Evidence That Smaller Schools Do Not Improve Student Achievement», *Phi Delta Kappan* 88 (2006), pp. 300-303. Este ejemplo lo discutieron Andrew Gelman y Deborah Nolan, *Teaching Statistics: A Bag of Tricks*, Oxford University Press, Nueva York, 2002.

2. Jacob Cohen, «The Statistical Power of Abnormal-Social Psychological Research: A Review», *Journal of Abnormal and Social Psychology* 65 (1962), pp. 145-153.

3. Amos Tversky y Daniel Kahneman, «Belief in the Law of Small Numbers», *Psychological Bulletin* 76 (1971), pp. 105-110.

4. El contraste que poníamos de relieve entre intuición y cálculo parece prefigurar la distinción entre los Sistemas 1 y 2, pero quedaba un lar-

go camino hasta adquirir la perspectiva de este libro. Usamos el término *intuición* para todo lo que no fuera cálculo, una manera informal de llegar a una conclusión.

5. William Feller, *Introduction to Probability Theory and Its Applications*, Wiley, Nueva York, 1950.

6. Thomas Gilovich, Robert Vallone y Amos Tversky, «The Hot Hand in Basketball: On the Misperception of Random Sequences», *Cognitive Psychology* 17 (1985), pp. 295-314.

11. *Anclas*

1. Robyn LeBoeuf y Eldar Shafir, «The Long and Short of It: Physical Anchoring Effects», *Journal of Behavioral Decision Making* 19 (2006), pp. 393-406.

2. Nicholas Epley y Thomas Gilovich, «Putting Adjustment Back in the Anchoring and Adjustment Heuristic: Differential Processing of Self-Generated and Experimenter-Provided Anchors», *Psychological Science* 12 (2001), pp. 391-396.

3. Epley y Gilovich, «The Anchoring-and-Adjustment Heuristic».

4. Thomas Mussweiler, «The Use of Category and Exemplar Knowledge in the Solution of Anchoring Tasks», *Journal of Personality and Social Psychology* 78 (2000), pp. 1.038-1.052.

5. Karen E. Jacowitz y Daniel Kahneman, «Measures of Anchoring in Estimation Tasks», *Personality and Social Psychology Bulletin* 21 (1995), pp. 1.161-1.166.

6. Gregory B. Northcraft y Margaret A. Neale, «Experts, Amateurs, and Real Estate: An Anchoring-and-Adjustment Perspective on Property Pricing Decisions», *Organizational Behavior and Human Decision Processes* 39 (1987), pp. 84-97. El ancla alta era un 12 por ciento superior al precio de cotización, y la baja un 12 por ciento inferior a dicho precio.

7. Birte Englich, Thomas Mussweiler y Fritz Strack, «Playing Dice with Criminal Sentences: The Influence of Irrelevant Anchors on Experts' Judicial Decision Making», *Personality and Social Psychology Bulletin* 32 (2006), pp. 188-200.

8. Brian Wansink, Robert J. Kent y Stephen J. Hoch, «An Anchoring and Adjustment Model of Purchase Quantity Decisions», *Journal of Marketing Research* 35 (1998), pp. 71-81.

9. Adam D. Galinsky y Thomas Mussweiler, «First Offers as Anchors: The Role of Perspective-Taking and Negotiator Focus», *Journal of Personality and Social Psychology* 81 (2001), pp. 657-669.

10. Greg Pogarsky y Linda Babcock, «Damage Caps, Motivated Anchoring, and Bargaining Impasse», *Journal of Legal Studies* 30 (2001), pp. 143-159.

11. Para una demostración experimental, véase Chris Guthrie, Jeffrey J. Rachlinski y Andrew J. Wistrich, «Judging by Heuristic-Cognitive Illusions in Judicial Decision Making», *Judicature* 86 (2002), pp. 44-50.

12. *La ciencia de la disponibilidad*

1. Amos Tversky y Daniel Kahneman, «Availability: A Heuristic for Judging Frequency and Probability», *Cognitive Psychology* 5 (1973), pp. 207-232.

2. Michael Ross y Fiore Sicoly, «Egocentric Biases in Availability and Attribution», *Journal of Personality and Social Psychology* 37 (1979), pp. 322-336.

3. Schwarz *et al.*, «Ease of Retrieval as Information».

4. Sabine Stepper y Fritz Strack, «Proprioceptive Determinants of Emotional and Nonemotional Feelings», *Journal of Personality and Social Psychology* 64 (1993), pp. 211-220.

5. Para una revisión de esta área de investigación, véase Rainer Greifeneder, Herbert Bless y Michel T. Pham, «When Do People Rely on Affective and Cognitive Feelings in Judgment? A Review», *Personality and Social Psychology Review* 15 (2011), pp. 107-141.

6. Alexander Rotliman y Norbert Schwarz, «Constructing Perceptions of Vulnerability: Personal Relevance and the Use of Experimental Information in Health Judgments», *Personality and Social Psychology Bulletin* 24 (1998), pp. 1.053-1.064.

7. Rainer Greifeneder y Herbert Bless, «Relying on Accessible Content Versus Accessibility Experiences: The Case of Processing Capacity», *Social Cognition* 25 (2007), pp. 853-881.

8. Markus Ruder y Herbert Bless, «Mood and the Reliance on the Ease of Retrieval Heuristic», *Journal of Personality and Social Psychology* 85 (2003), pp. 20-32.

9. Rainer Greifeneder y Herbert Bless, «Depression and Reliance on Ease-of-Retrieval Experiences», *European Journal of Social Psychology* 38 (2008), pp. 213-230.

10. Chezy Ofir *et al.*, «Memory-Based Store Price Judgments: The Role of Knowledge and Shopping Experience», *Journal of Retailing* 84 (2008), pp. 414-423.

11. Eugene M. Caruso, «Use of Experienced Retrieval Ease in Self and Social Judgments», *Journal of Experimental Social Psychology* 44 (2008), pp. 148-155.

12. Johannes Keller y Herbert Bless, «Predicting Future Affective States: How Ease of Retrieval and Faith in Intuition Moderate the Impact of Activated Content», *European Journal of Social Psychology* 38 (2008), pp. 1-10.

13. Mario Weick y Ana Guinote, «When Subjective Experiences Matter: Power Increases Reliance on the Ease of Retrieval», *Journal of Personality and Social Psychology* 94 (2008), pp. 956-970.

13. *Disponibilidad, emoción y riesgo*

1. La idea de Damasio es conocida como «hipótesis del marcador somático», y ha obtenido un sustancial apoyo: Antonio R. Damasio, *Descartes' Error: Emotion, Reason, and the Human Brain*, Putnam, Nueva York, 1994. Antonio R. Damasio, «The Somatic Marker Hypothesis and the Possible Functions of the Prefrontal Cortex», *Philosophical Transactions: Biological Sciences* 351 (1996), pp. 141-220.

2. Finucane *et al.*, «The Affect Heuristic in Judgments of Risks and Benefits». Paul Slovic, Melissa Finucane, Ellen Peters y Donald G. MacGregor, «The Affect Heuristic», en Thomas Gilovich, Dale Griffin y Daniel Kahneman, eds., *Heuristics and Biases*, Cambridge University Press, Nueva York, 2002, pp. 397-420. Paul Slovic, Melissa Finucane, Ellen Peters y Donald G. MacGregor, «Risk as Analysis and Risk as Feelings: Some Thoughts About Affect, Reason, Risk, and Rationality», *Risk Analysis* 24 (2004), pp. 1-12. Paul Slovic, «Trust, Emotion, Sex, Politics, and Science: Surveying the Risk-Assessment Battlefield», *Risk Analysis* 19 (1999), pp. 689-701.

3. Slovic, «Trust, Emotion, Sex, Politics, and Science». Las tecnologías y las sustancias usadas en estos estudios no son soluciones alternativas al mismo problema. En los problemas reales, en los que se consideran soluciones en competencia, la correlación entre costes y beneficios es necesariamente negativa; las soluciones con mayores beneficios son también las más costosas. El hecho de que incluso en estos casos los legos, y aun los expertos, puedan no reconocer la relación correcta es una cuestión interesante.

4. Jonathan Haidt, «The Emotional Dog and Its Rational Tail: A Social Institutionist Approach to Moral Judgment», *Psychological Review* 108 (2001), pp. 814-834.

5. Paul Slovic, *The Perception of Risk*, EarthScan, Sterling, VA, 2000.

6. Timur Kuran y Cass R. Sunstein, «Availability Cascades and Risk Regulation», *Stanford Law Review* 51 (1999), pp. 683-768.

7. Comprehensive Environmental Response, Compensation, and Liability Act (Ley General de Respuesta, Compensación y Responsabilidad Medioambientales), aprobada en 1980.

8. Paul Slovic, que testificó en favor de los cultivadores de manzanas en el caso Alar, tiene una opinión bastante diferente: «La alarma fue provocada por el programa *60 minutos* de la CBS, en el que se dijo que cuatro mil niños morirían de cáncer (sin hablar de probabilidades), al tiempo que se mostraban imágenes atroces de niños calvos en un pabellón pediátrico para niños afectados de cáncer, y muchas otras cosas incorrectas. Y la historia sobre la incompetencia de la EPA en la atención y la evaluación de la seguridad del Alar acabó con la confianza en el control regulador. Viendo todo esto, creo que la respuesta del público fue racional.» (Comunicación personal, 11 de mayo de 2011.)

14. *La especialidad de Tom W.*

1. He tomado este ejemplo de Max H. Bazerman y Don A. Moore, *Judgment in Managerial Decision Making*, Wiley, Nueva York, 2008.

2. Jonathan St. B. T. Evans, «Heuristic and Analytic Processes in Reasoning», *British Journal of Psychology* 75 (1984), pp. 451-468.

3. Norbert Schwarz *et al.*, «Base Rates, Representativeness, and the Logic of Conversation: The Contextual Relevance of "Irrelevant" Information», *Social Cognition* 9 (1991), pp. 67-84.

4. Alter, Oppenheimer, Epley y Eyre, «Overcoming Intuition».

5. La forma más simple de la regla de Bayes trata con probabilidades: probabilidad posterior = probabilidad primera × razón de probabilidad, donde la probabilidad posterior es la probabilidad (la razón de probabilidad) para dos hipótesis en competencia. Consideremos un problema de diagnóstico. Nuestro amigo ha dado positivo en una prueba para una enfermedad grave. La enfermedad es rara: solo 1 de cada 600 personas enviadas a hacerse la prueba tiene efectivamente la enfermedad. La prueba es bastante exacta. La razón de su probabilidad es 25:1, lo cual significa que la

probabilidad de que una persona que tiene la enfermedad dé resultado positivo es 25 veces más alta que la probabilidad de un falso positivo. El resultado positivo es una noticia alarmante, pero la probabilidad de que nuestro amigo tenga la enfermedad se ha elevado solo de 1/600 a 25/600, y la probabilidad es así del 4 por ciento.

Para la hipótesis de que Tom W. sea un informático, la probabilidad primera corresponde a la tasa base del 3 por ciento are (.03/.97 = .031). Suponiendo una razón de probabilidad de 4 (la descripción es 4 veces más probable si Tom W. es un informático que si no lo es), la probabilidad posterior es 4 × .031 = 12.4. A partir de esta probabilidad podemos calcular la probabilidad posterior de que Tom W. sea un informático: ahora es del 11 por ciento (porque 12.4/112.4 = .11).

15. Linda: menos es más

1. Amos Tversky y Daniel Kahneman, «Extensional Versus Intuitive Reasoning: The Conjunction Fallacy in Probability Judgment», *Psychological Review* 90 (1983), pp. 293-315.

2. Stephen Jay Gould, *Bully for Brontosaurus*, Norton, Nueva York, 1991.

3. Véanse, entre otros estudios, Ralph Hertwig y Gerd Gigerenzer, «The "Conjunction Fallacy" Revisited: How Intelligent Inferences Look Like Reasoning Errors», *Journal of Behavioral Decision Making* 12 (1999), pp. 275-305; Ralph Hertwig, Bjoern Benz y Stefan Krauss, «The Conjunction Fallacy and the Many Meanings of And», *Cognition* 108 (2008), pp. 740-753.

4. Barbara Mellers, Ralph Hertwig y Daniel Kahneman, «Do Frequency Representations Eliminate Conjunction Effects? An Exercise in Adversarial Collaboration», *Psychological Science* 12 (2001), pp. 269-275.

16. Las causas triunfan sobre la estadística

1. Aplicando la regla de Bayes en términos de probabilidades, la probabilidad previa es la del taxi azul según la tasa base, y la razón de la probabilidad es la de que el testigo haya dicho que el taxi era azul, siendo realmente azul, dividida por la probabilidad de que el testigo haya dicho que el taxi era azul cuando realmente era verde: probabilidad posterior = (.15/.85)

× (.80/.20) = .706. La probabilidad final es la razón de la probabilidad de que el taxi sea azul dividida por la probabilidad de que el taxi sea verde. Para obtener la probabilidad de que el taxi sea azul, hacemos el siguiente cálculo: probabilidad (azul) = .706/1.706 = .41. La probabilidad de que el taxi sea azul es del 41 por ciento.

2. Amos Tversky y Daniel Kahneman, «Causal Schemas in Judgments Under Uncertainty», en Morris Fishbein, ed., *Progress in Social Psychology*, Erlbaum, Hillsdale, NJ, 1980, pp. 49-72.

3. Richard E. Nisbett y Eugene Borgida, «Attribution and the Psychology of Prediction», *Journal of Personality and Social Psychology* 32 (1975), pp. 932-943.

4. John M. Darley y Bibb Latane, «Bystander Intervention in Emergencies: Diffusion of Responsibility», *Journal of Personality and Social Psychology* 8 (1968), pp. 377-383.

17. *Regresión a la media*

1. Michael Bulmer, *Francis Galton: Pioneer of Heredity and Biometry*, Johns Hopkins University Press, Baltimore, 2003.

2. Los investigadores convierten cada puntuación original a puntuación estándar restando la media y dividiendo el resultado por la desviación estándar. Las puntuaciones estándar tienen una media de cero y una desviación estándar de 1, pueden compararse según variables (especialmente cuando las distribuciones estadísticas de las puntuaciones originales son similares) y tienen muchas propiedades matemáticas deseables que Galton tuvo que indagar para entender la naturaleza de la correlación y la regresión.

3. Este no es el caso en un entorno en el que algunos niños están mal alimentados. Las diferencias en nutrición serán entonces importantes, la proporción de factores compartidos disminuirá y, con ella, la correlación entre la estatura de los padres y la estatura de los hijos (salvo que los padres de los niños mal alimentados hayan sufrido también los efectos del hambre en su infancia).

4. La correlación se calculó para una muestra muy extensa de la población de Estados Unidos (Gallup-Healthways Well-Being Index).

5. La correlación parece impresionante, pero me sorprendió enterarme hace muchos años, por el sociólogo Christopher Jencks, que si todo el

mundo tuviese la misma educación, la desigualdad en ingresos (medida por la desviación estándar) solo se reduciría en un 9 por ciento. La fórmula relevante es $\sqrt{(1-r2)}$, donde r es la correlación.

6. Esto es verdad cuando las dos variables se miden en puntuaciones estándar; es decir, cuando cada puntuación es transformada restando la media y dividiendo el resultado por la desviación estándar.

7. Howard Wainer, «The Most Dangerous Equation», *American Scientist* 95 (2007), pp. 249-256.

18. *Domesticando las predicciones intuitivas*

1. La prueba de la regresión estándar como solución óptima al problema de la predicción asume que los errores son acentuados por la desviación elevada al cuadrado del valor correcto. Es el criterio, comúnmente aceptado, de los mínimos cuadrados. Otras funciones de pérdidas conducen a soluciones diferentes.

19. *La ilusión de entender*

1. Nassim Nicholas Taleb, *The Black Swan: The Impact of the Highly Improbable*, Random House, Nueva York, 2007.

2. Véase el capítulo 7.

3. Michael Lewis, *Moneyball: The Art of Winning an Unfair Game*, Norton, Nueva York, 2003.

4. Seth Weintraub, «Excite Passed Up Buying Google for dólares 750,000 in 1999», *Fortune*, 29 de septiembre de 2011.

5. Richard E. Nisbett y Timothy D. Wilson, «Telling More Than We Can Know: Verbal Reports on Mental Processes», *Psychological Review* 84 (1977), pp. 231-259.

6. Baruch Fischhoff y Ruth Beyth, «I Knew It Would Happen: Remembered Probabilities of Once Future Things», *Organizational Behavior and Human Performance* 13 (1975), pp. 1-16.

7. Jonathan Baron y John C. Hershey, «Outcome Bias in Decision Evaluation», *Journal of Personality and Social Psychology* 54 (1988), pp. 569-579.

8. Kim A. Kamin y Jeffrey Rachlinski, «Ex Post ≠ Ex Ante: Determining Liability in Hindsight», *Law and Human Behavior* 19 (1995), pp. 89-

104. Jeffrey J. Rachlinski, «A Positive Psychological Theory of Judging in Hindsight», *University of Chicago Law Review* 65 (1998), pp. 571-625.

9. Jeffrey Goldberg, «Letter from Washington: Woodward vs. Tenet», *New Yorker*, 21 de mayo de 2007, pp. 35-38. También Tim Weiner, *Legacy of Ashes: The History of the CIA*, Doubleday, Nueva York, 2007; «Espionage: Inventing the Dots», *Economist*, 3 de noviembre de 2007, p. 100.

10. Philip E. Tetlock, «Accountability: The Neglected Social Context of Judgment and Choice», *Research in Organizational Behavior* 7 (1985), pp. 297-332.

11. Marianne Bertrand y Antoinette Schoar, «Managing with Style: The Effect of Managers on Firm Policies», *Quarterly Journal of Economics* 118 (2003), pp. 1.169-1.208. Nick Bloom y John Van Reenen, «Measuring and Explaining Management Practices Across Firms and Countries», *Quarterly Journal of Economics* 122 (2007), pp. 1.351-1.408.

12. Estoy en deuda con el profesor James H. Steiger, de la Universidad Vanderbilt, quien desarrolló un algoritmo que responde a esta pregunta desde supuestos plausibles. El análisis de Steiger demuestra que correlaciones de .20 y .40 se asocian a tasas de inversión del 43 por ciento y el 37 por ciento, respectivamente.

13. *The Halo Effect* fue elogiado en *Financial Times* y *The Wall Street Journal* como uno de los mejores libros de tema empresarial del año: Phil Rosenzweig, *The Halo Effect: . . . and the Eight Other Business Delusions That Deceive Managers*, Simon & Schuster, Nueva York, 2007. Véase también Paul Olk y Phil Rosenzweig, «The Halo Effect and the Challenge of Management Inquiry: A Dialog Between Phil Rosenzweig and Paul Olk», *Journal of Management Inquiry* 19 (2010), pp. 48-54.

14. James C. Collins y Jerry I. Porras, *Built to Last: Successful Habits of Visionary Companies*, Harper, Nueva York, 2002 (hay trad. cast.: *Empresas que perduran: principios básicos de las compañías con visión de futuro*, Paidós, Barcelona, 1996).

15. En realidad, aunque uno fuese el propio director, sus previsiones no serían muy fiables; la búsqueda extensiva de información privilegiada demuestra que los directivos baten el mercado cuando colocan sus acciones, pero su margen de ganancias apenas es suficiente para cubrir los costes de tales operaciones. Véanse H. Nejat Seyhun, «The Information Content of Aggregate Insider Trading», *Journal of Business* 61 (1988), pp. 1-24; Josef Lakonishok e Inmoo Lee, «Are Insider Trades Informative?», *Review of Financial Studies* 14 (2001), pp. 79-111; Zahid Iqbal y Shekar Shetty, «An Investigation of Causality Between Insider Transactions

and Stock Returns», *Quarterly Review of Economics and Finance* 42 (2002), pp. 41-57.

16. Rosenzweig, *The Halo Effect*.

17. Deniz Anginer, Kenneth L. Fisher y Meir Statman, «Stocks of Admired Companies and Despised Ones», documento de trabajo, 2007.

18. Jason Zweig observa que la falta de apreciación de la regresión tiene implicaciones perjudiciales en el reclutamiento de directivos. Las empresas en apuros tienden a buscar personas de fuera y a reclutar directivos de compañías que recientemente han obtenido grandes beneficios. Se confía, al menos temporalmente, en que el nuevo directivo que entra en la empresa mejore la situación de la misma. (Con el tiempo, el regreso a su antigua empresa se torna difícil, lo que hace creer a sus nuevos jefes que definitivamente han contratado al «hombre adecuado».) En cualquier momento, un directivo puede desertar, y la nueva compañía debe comprar sus participaciones (en acciones y en opciones) en su antigua empresa, estableciendo una línea de base para una futura compensación que nada tiene que ver con lo que consiga hacer por la nueva empresa. Decenas de millones de dólares de compensación son destinados a méritos «personales» que en la mayoría de los casos son producto de la regresión y de los efectos halo (comunicación personal, 29 de diciembre de 2009).

20. *La ilusión de validez*

1. Brad M. Barber y Terrance Odean, «Trading Is Hazardous to Your Wealth: The Common Stock Investment Performance of Individual Investors», *Journal of Finance* 55 (2002), pp. 773-806.

2. Brad M. Barber y Terrance Odean, «Boys Will Be Boys: Gender, Overconfidence, and Common Stock Investment», *Quarterly Journal of Economics* 116 (2006), pp. 261-292.

3. Este «efecto de disposición» se discutirá en el capítulo 32.

4. Brad M. Barber y Terrance Odean, «All That Glitters: The Effect of Attention and News on the Buying Behavior of Individual and Institutional Investors», *Review of Financial Studies* 21 (2008), pp. 785-818.

5. Unos estudios sobre las inversiones que se realizan en Taiwan han concluido que la transferencia de capitales de los individuos a las instituciones financieras asciende a un asombroso 2,2 por ciento del PIB: Brad M. Barber, Yi-Tsung Lee, Yu-Jane Liu y Terrance Odean, «Just How Much Do Individual Investors Lose by Trading?», *Review of Financial Studies* 22 (2009), pp. 609-632.

6. John C. Bogle, *Common Sense on Mutual Funds: New Imperatives for the Intelligent Investor,* Wiley, Nueva York, 2000, p. 213.

7. Mark Grinblatt y Sheridan Titman, «The Persistence of Mutual Fund Performance», *Journal of Finance* 42 (1992), pp. 1.977-1.984. Edwin J. Elton *et al.,* «The Persistence of Risk-Adjusted Mutual Fund Performance», *Journal of Business* 52 (1997), pp. 1-33. Edwin Elton *et al.,* «Efficiency With Costly Information: A Re-interpretation of Evidence from Managed Portfolios», *Review of Financial Studies* 6 (1993), pp. 1-21.

8. Philip E. Tetlock, *Expert Political Judgment: How Good is It? How Can We Know?,* Princeton University Press, Princeton, 2005, p. 233.

21. Intuiciones «versus» fórmulas

1. Paul Meehl, «Causes and Effects of My Disturbing Little Book», *Journal of Personality Assessment* 50 (1986), pp. 370-375.

2. Durante la temporada de subasta de 1990-1991, por ejemplo, el precio medio que alcanzó en Londres una caja de 12 botellas de Château Latour de 1960 fue de 464 dólares, y otra de la cosecha de 1961 (una de las mejores) se vendió a un precio medio de 5.432 dólares.

3. Paul J. Hoffman, Paul Slovic y Leonard G. Rorer, «An Analysis-of-Variance Model for the Assessment of Configural Cue Utilization in Clinical Judgment», *Psychological Bulletin* 69 (1968), pp. 338-339.

4. Paul R. Brown, «Independent Auditor Judgment in the Evaluation of Internal Audit Functions», *Journal of Accounting Research* 21 (1983), pp. 444-455.

5. James Shanteau, «Psychological Characteristics and Strategies of Expert Decision Makers», *Acta Psychologica* 68 (1988), pp. 203-215.

6. Danziger, Levav y Avnaim-Pesso, «Extraneous Factors in Judicial Decisions».

7. Richard A. DeVaul *et al.,* «Medical-School Performance of Initially Rejected Students», *JAMA* 257 (1987), pp. 47-51. Jason Dana y Robyn M. Dawes, «Belief in the Unstructured Interview: The Persistence of an Illusion», documento de trabajo, Departamento de Psicología de la Universidad de Pensilvania, 2011. William M. Grove *et al.,* «Clinical Versus Mechanical Prediction: A Meta-Analysis», *Psychological Assessment* 12 (2000), pp. 19-30.

8. Robyn M. Dawes, «The Robust Beauty of Improper Linear Models in Decision Making», *American Psychologist* 34 (1979), pp. 571-582.

9. Jason Dana y Robyn M. Dawes, «The Superiority of Simple Alternatives to Regression for Social Science Predictions», *Journal of Educational and Behavioral Statistics* 29 (2004), pp. 317-331.

10. Virginia Apgar, «A Proposal for a New Method of Evaluation of the Newborn Infant», *Current Researches in Anesthesia and Analgesia* 32 (1953), pp. 260-267. Mieczyslaw Finster y Margaret Wood, «The Apgar Score Has Survived the Test of Time», *Anesthesiology* 102 (2005), pp. 855-857.

11. Atul Gawande, *The Checklist Manifesto: How to Get Things Right*, Metropolitan Books, Nueva York, 2009 (hay trad. cast.: *El efecto checklist: cómo una simple lista de comprobación reduce errores y salva vidas*, Antoni Bosch, Barcelona, 2011).

12. Paul Rozin, «The Meaning of "Natural": Process More Important than Content», *Psychological Science* 16 (2005), pp. 652-658.

22. *La intuición experta: ¿cuándo podemos confiar en ella?*

1. Mellers, Hertwig y Kahneman, «Do Frequency Representations Eliminate Conjunction Effects?».

2. Klein, *Sources of Power.*

3. El Getty Museum de Los Ángeles invitó a los principales expertos del mundo en escultura griega a contemplar un *kurós* —estatua de mármol de un varón joven que camina— que estaba a punto de adquirir. Uno tras otro, los expertos reaccionaron con lo que uno de ellos llamó «repulsión intuitiva», una poderosa sensación de que el *kurós* no tenía 2.500 años de antigüedad, sino que era una falsificación moderna. Ninguno de los expertos pudo decir por qué razón pensaba que la escultura era falsa. Lo más próximo a la racionalidad era el argumento de un historiador italiano del arte, según el cual había algo —no sabía exactamente qué— que «no cuadraba» en las uñas de la estatua. Un famoso experto estadounidense dijo que la primera idea que le vino a la mente era la palabra *fresh* («reciente») y un experto griego afirmó rotundo: «Cualquiera que haya visto una escultura saliendo de la tierra puede decir que esta que vemos jamás ha estado enterrada». La falta de acuerdo en las razones de esta conclusión compartida es asombrosa, y sobre todo sospechosa.

4. Simon fue una de las figuras intelectuales destacadas del siglo XX. Cuando tenía veintitantos años escribió una obra clásica sobre la decisión en organizaciones, y entre muchos otros méritos fue uno de los fundadores del campo de la inteligencia artificial, un líder en ciencia cognitiva, un in-

fluyente estudioso del proceso de descubrimiento científico, un precursor de la economía conductual y, casi por casualidad, premio Nobel de Economía.

5. Simon, «What Is an Explanation of Behavior?». David G. Myers, *Intuition: Its Powers and Perils*, Yale University Press, New Haven, 2002, p. 56.

6. Seymour Epstein, «Demystifying Intuition: What It Is, What It Does, How It Does It», *Psychological Inquiry* 21 (2010), pp. 295-312.

7. Foer, *Moonwalking with Einstein*.

23. *La visión desde fuera*

1. Estas etiquetas son a menudo mal entendidas. Numerosos autores creyeron que los términos correctos habrían sido «visión interna» y «visión externa», que no reflejan exactamente la idea que nosotros teníamos.

2. Dan Lovallo y Daniel Kahneman, «Timid Choices and Bold Forecasts: A Cognitive Perspective on Risk Taking», *Management Science* 39 (1993), pp. 17-31. Daniel Kahneman y Dan Lovallo, «Delusions of Success: How Optimism Undermines Executives' Decisions», *Harvard Business Review* 81 (2003), pp. 56-63.

3. Richard E. Nisbett y Lee D. Ross, *Human Inference: Strategies and Shortcomings of Social Judgment*, Prentice-Hall, Englewood Cliffs, NJ, 1980.

4. Para un ejemplo de las dudas sobre la medicina basada en la evidencia, véase Jerome Groopman, *How Doctors Think*, Mariner Books, Nueva York, 2008, p. 6.

5. Daniel Kahneman y Amos Tversky, «Intuitive Prediction: Biases and Corrective Procedures», *Management Science* 12 (1979), pp. 313-327.

6. Rt. Hon. The Lord Fraser of Carmyllie, «The Holyrood Inquiry, Final Report», 8 de septiembre de 2004, ww.holyroodinquiry.org/FINAL _report/report.htm.

7. Brent Flyvbjerg, Mette K. Skamris Holm y Søren L. Buhl, «How (In)accurate Are Demand Forecasts in Public Works Projects?», *Journal of the American Planning Association* 71 (2005), pp. 131-146.

8. «2002 Cost vs. Value Report», *Remodeling*, 20 de noviembre de 2002.

9. Brent Flyvbjerg, «From Nobel Prize to Project Management: Getting Risks Right», *Project Management Journal* 37 (2006), pp. 5-15.

10. Hal R. Arkes y Catherine Blumer, «The Psychology of Sunk Cost», *Organizational Behavior and Human Decision Processes* 35 (1985), pp. 124-140. Hal R. Arkes y Peter Ayton, «The Sunk Cost and Concorde Effects: Are

Humans Less Rational Than Lower Animals?», *Psychological Bulletin* 125 (1998), pp. 591-600.

24. *El motor del capitalismo*

1. Miriam A. Mosing *et al.*, «Genetic and Environmental Influences on Optimism and Its Relationship to Mental and Self-Rated Health: A Study of Aging Twins», *Behavior Genetics* 39 (2009), pp. 597-604. David Snowdon, *Aging with Grace: What the Nun Study Teaches Us About Leading Longer, Healthier, and More Meaningful Lives*, Bantam Books, Nueva York, 2001.

2. Elaine Fox, Anna Ridgewell y Chris Ashwin, «Looking on the Bright Side: Biased Attention and the Human Serotonin Transporter Gene», *Proceedings of the Royal Society B* 276 (2009), pp. 1.747-1.751.

3. Manju Puri y David T. Robinson, «Optimism and Economic Choice», *Journal of Financial Economics* 86 (2007), pp. 71-99.

4. Lowell W. Busenitz y Jay B. Barney, «Differences Between Entrepreneurs and Managers in Large Organizations: Biases and Heuristics in Strategic Decision-Making», *Journal of Business Venturing* 12 (1997), pp. 9-30.

5. Los empresarios que han fracasado conservan su confianza gracias a la creencia, probablemente errónea, de que han aprendido mucho de la experiencia. Gavin Cassar y Justin Craig, «An Investigation of Hindsight Bias in Nascent Venture Activity», *Journal of Business Venturing* 24 (2009), pp. 149-164.

6. Keith M. Hmieleski y Robert A. Baron, «Entrepreneurs' Optimism and New Venture Performance: A Social Cognitive Perspective», *Academy of Management Journal* 52 (2009), pp. 473-488. Matthew L. A. Hayward, Dean A. Shepherd y Dale Griffin, «A Hubris Theory of Entrepreneurship», *Management Science* 52 (2006), pp. 160-172.

7. Arnold C. Cooper, Carolyn Y. Woo y William C. Dunkelberg, «Entrepreneurs' Perceived Chances for Success», *Journal of Business Venturing* 3 (1988), pp. 97-108.

8. Thomas Åstebro y Samir Elhedhli, «The Effectiveness of Simple Decision Heuristics: Forecasting Commercial Success for Early-Stage Ventures», *Management Science* 52 (2006), pp. 395-409.

9. Thomas Åstebro, «The Return to Independent Invention: Evidence of Unrealistic Optimism, Risk Seeking or Skewness Loving?», *Economic Journal* 113 (2003), pp. 226-239.

10. Eleanor F. Williams y Thomas Gilovich, «Do People Really Believe They Are Above Average?», *Journal of Experimental Social Psychology* 44 (2008), pp. 1.121-1.128.

11. Richard Roll, «The Hubris Hypothesis of Corporate Takeovers», *Journal of Business* 59 (1986), pp. 197-216, 1ª parte. Este artículo, sorprendentemente temprano, presentó un análisis del comportamiento en las fusiones y las adquisiciones que abandonaba el supuesto de su racionalidad mucho antes de que estos análisis se hicieran comunes.

12. Ulrike Malmendier y Geoffrey Tate, «Who Makes Acquisitions? CEO Overconfidence and the Market's Reaction», *Journal of Financial Economics* 89 (2008), pp. 20-43.

13. Ulrike Malmendier y Geoffrey Tate, «Superstar CEOs», *Quarterly Journal of Economics* 24 (2009), pp. 1.593-1.638.

14. Paul D. Windschitl, Jason P. Rose, Michael T. Stalkfleet y Andrew R. Smith, «Are People Excessive or Judicious in Their Egocentrism? A Modeling Approach to Understanding Bias and Accuracy in People's Optimism», *Journal of Personality and Social Psychology* 95 (2008), pp. 252-273.

15. Una forma de ignorar a la competencia se ha observado también en el momento del día en que los vendedores de eBay deciden poner fin a sus subastas. La pregunta fácil es: ¿a qué hora el número total de postores es el máximo? Respuesta: alrededor de las 19.00 h. La pregunta que los vendedores han de responder es más difícil: considerando la cantidad de vendedores que concluyen sus subastas durante las horas punta, ¿a qué hora estarán la mayoría de los postores atentos a mi subasta? Respuesta: hacia el mediodía, cuando el número de postores es grande en relación con el número de vendedores. Los vendedores que piensan en la competencia y evitan las primeras horas obtienen pujas más altas. Uri Simonsohn, «eBay's Crowded Evenings: Competition Neglect in Market Entry Decisions», *Management Science* 56 (2010), pp. 1.060-1.073.

16. Eta S. Berner y Mark L. Graber, «Overconfidence as a Cause of Diagnostic Error in Medicine», *American Journal of Medicine* 121 (2008), S2-S23.

17. Pat Croskerry y Geoff Norman, «Overconfidence in Clinical Decision Making», *American Journal of Medicine* 121 (2008), S24-S29.

18. Kahneman y Lovallo, «Timid Choices and Bold Forecasts».

19. J. Edward Russo y Paul J. H. Schoemaker, «Managing Overconfidence», *Sloan Management Review* 33 (1992), pp. 7-17.

25. *Los errores de Bernoulli*

1. Clyde H. Coombs, Robyn M. Dawes y Amos Tversky, *Mathematical Psychology: An Elementary Introduction*, Prentice-Hall, Englewood Cliffs, NJ, 1970.

2. Esta regla se aplica de manera aproximada a muchas dimensiones de la sensación y la percepción. Esto se conoce como ley de Weber, por el nombre del psicólogo alemán Ernst Heinrich Weber, que la descubrió. Fechner se basó en la ley de Weber para derivar la función logarítmica psicofísica.

3. La intuición de Bernoulli era correcta, y los economistas todavía usan el logaritmo de las rentas en muchos contextos. Cuando Angus Deaton, por ejemplo, comparó el valor medio de la satisfacción de los habitantes de muchos países con el PIB de dichos países, utilizó el logaritmo del PIB como medida de su renta. Y resultó que la relación es muy estrecha: Los habitantes con PIB elevado están mucho más satisfechos con la calidad de sus vidas, que los habitantes de países más pobres, y una duplicación de la renta se acompaña de aproximadamente el mismo incremento de la satisfacción tanto en países ricos como en países pobres.

4. Nicholas Bernoulli, primo de Daniel Bernoulli, planteó una cuestión que puede parafrasearse como sigue: «Se nos invita a un juego en el que hay que lanzar una moneda repetidamente. Recibimos 2 dólares si sale cara, y el premio se dobla con cada sucesivo lanzamiento en el que sale cara. El juego termina cuando la moneda muestra por primera vez cruz. ¿Cuánto pagaríamos por la oportunidad de jugar este juego?». La gente no cree que este juego merezca más de unos pocos dólares, aunque su valor esperado es infinito; como el premio sigue creciendo, el valor esperado es de 1 dólar por cada lanzamiento, hasta el infinito. Sin embargo, la utilidad de los premios crece mucho más lentamente, lo cual explica que el juego no resulte atractivo.

5. Hay otros factores que han contribuido a la longevidad de la teoría de Bernoulli. Uno de ellos es que es natural formular las elecciones entre juegos en términos de ganancias, o de ganancias y pérdidas. Pocos piensan en elecciones en las que todas las opciones son malas, aunque no hace falta decir que nosotros no hemos sido los primeros en observar la búsqueda del riesgo. Otro hecho que favorece a la teoría de Bernoulli es que pensar en estados finales de la riqueza e ignorar el pasado es con frecuencia algo muy razonable. Tradicionalmente, los economistas se han ocupado de las elecciones racionales, y el modelo de Bernoulli se adecuaba a sus propósitos.

26. *Teoría de las perspectivas*

1. Stanley S. Stevens, «To Honor Fechner and Repeal His Law», *Science* 133 (1961), pp. 80-86. Stevens, *Psychophysics*.

2. Al escribir esta frase me acordé de que la gráfica de la función del valor ya se ha usado como un emblema. Todos los ganadores del premio Nobel reciben un certificado personal con un dibujo personalizado, presumiblemente elegido por el comité. Mi ilustración fue una forma estilizada de la figura 10.

3. La ratio de aversión a la pérdida se encuentra a menudo en un rango de 1,5 a 2,5: Nathan Novemsky y Daniel Kahneman, «The Boundaries of Loss Aversion», *Journal of Marketing Research* 42 (2005), pp. 119-128.

4. Peter Sokol-Hessner *et al.*, «Thinking Like a Trader Selectively Reduces Individuals' Loss Aversion», *PNAS* 106 (2009), pp. 5.035-5.040.

5. Durante varios años consecutivos di una conferencia en la clase de introducción a las finanzas de mi colega Burton Malkiel. Durante esos años hablé de la inverosimilitud de la teoría de Bernoulli. Y la primera vez que mencioné la prueba de Rabin, noté un cambio en la actitud de mi colega. Estaba dispuesto a tomarse la conclusión mucho más en serio que en el pasado. Los argumentos matemáticos tienen algo de definitivo que los hace más convincentes que el sentido común. Los economistas son particularmente sensibles a esta ventaja.

6. La intuición de la prueba puede ilustrarse con un ejemplo. Supongamos que un individuo posee un patrimonio W y rechaza un juego con idénticas posibilidades de ganar 11 dólares o perder 10. Si la función de utilidad del patrimonio es cóncava (hacia abajo), la preferencia implica que el valor de 1 dólar ha decrecido en más del 9 por ciento en un intervalo de 21 dólares. Este es un descenso extraordinariamente brusco, y el efecto aumenta de forma constante conforme el juego se torna más extremado.

7. Matthew Rabin, «Risk Aversion and Expected-Utility Theory: A Calibration Theorem», *Econometrica* 68 (2000), pp. 1.281-1.292. Matthew Rabin y Richard H. Thaler, «Anomalies: Risk Aversion», *Journal of Economic Perspectives* 15 (2001), pp. 219-232.

8. Varios teóricos han propuesto versiones de teorías del arrepentimiento construidas sobre la idea de que los individuos son capaces de anticipar la manera en que sus experiencias futuras se verán afectadas por las opciones que no materializaron y/o por las elecciones que no hicieron: David E. Bell, «Regret in Decision Making Under Uncertainty», *Operations*

Research 30 (1982), pp. 961-981. Graham Loomes y Robert Sugden, «Regret Theory: An Alternative to Rational Choice Under Uncertainty», *Economic Journal* 92 (1982), pp. 805-825. Barbara A. Mellers, «Choice and the Relative Pleasure of Consequences», *Psychological Bulletin* 126 (2000), pp. 910-924. Barbara A. Mellers, Alan Schwartz e Ilana Ritov, «Emotion-Based Choice», *Journal of Experimental Psychology: General* 128 (1999), pp. 332-345. Las elecciones de los individuos que deciden entre juegos dependen de si esperan conocer el resultado del juego que no han elegido. Ilana Ritov, «Probability of Regret: Anticipation of Uncertainty Resolution in Choice», *Organizational Behavior and Human Decision Processes* 66 (1966), pp. 228-236.

27. *El efecto de dotación*

1. El análisis teórico que asume la aversión a la pérdida predice un pronunciado viraje en la curva de indiferencia en el punto de referencia: Amos Tversky y Daniel Kahneman, «Loss Aversion in Riskless Choice: A Reference-Dependent Model», *Quarterly Journal of Economics* 106 (1991), pp. 1.039-1.061. Jack Knetsch ha observado estos virajes en un estudio experimental: «Preferences and Nonreversibility of Indifference Curves», *Journal of Economic Behavior & Organization* 17 (1992), pp. 131-139.

2. Alan B. Krueger y Andreas Mueller, «Job Search and Job Finding in a Period of Mass Unemployment: Evidence from High-Frequency Longitudinal Data», documento de trabajo, Princeton University Industrial Relations Section, enero de 2011.

3. Técnicamente, la teoría permite que el precio de compra sea ligeramente más bajo que el de venta en virtud de lo que los economistas denominan «efecto de ingreso»: el comprador y el vendedor no son iguales en posesiones, pues el vendedor tiene una botella extra. Pero en este caso el efecto es desdeñable, pues 50 dólares es una fracción minúscula del patrimonio del profesor. Pero la teoría predice que este efecto de ingreso no cambiará su disposición a no pagar ni un centavo más.

4. En un estudio que realizó después de haber llevado a su padre a la Super Bowl, el economista Alan Krueger cuenta lo siguiente: «Preguntamos a unos aficionados que habían ganado en una lotería el derecho a comprar un par de entradas por 325 o 400 dólares cada una si, de haber perdido en esa lotería, habrían estado dispuestos a pagar 3.000 dólares por entrada, y también si habrían vendido sus entradas si alguien les hubiera ofrecido

3.000 dólares por cada una. El 94 por ciento dijeron que no las habrían comprado por 3.000 dólares, y el 92 por ciento que no las habrían vendido a ese precio». Krueger concluye que la «racionalidad escaseaba en la Super Bowl». Alan B. Krueger, «Supply and Demand: An Economist Goes to the Super Bowl», *Milken Institute Review: A Journal of Economic Policy* 3 (2001), pp. 22-29.

5. En rigor, la aversión a la pérdida se refiere al placer y a la pena anticipados, los cuales determinan las elecciones. Estas anticipaciones pueden estar equivocadas en algunos casos. Deborah A. Kermer *et al.*, «Loss Aversion Is an Affective Forecasting Error», *Psychological Science* 17 (2006), pp. 649-653.

6. Novemsky y Kahneman, «The Boundaries of Loss Aversion».

7. Imaginemos que todos los participantes forman una línea, y que su puesto en ella depende del valor de canje que se les ha asignado. Y que luego se distribuyen al azar vales entre la mitad de los individuos de la línea. Las personas de la mitad delantera de la línea no tendrán vales, y las de la mitad trasera tendrán uno. De estas personas (la mitad del total) se espera que se muevan para comerciar unas con otras, y al final cada una de la primera mitad de la cola tendrá un vale, y ninguno las de la otra mitad.

8. Brian Knutson *et al.*, «Neural Antecedents of the Endowment Effect», *Neuron* 58 (2008), pp. 814-822. Brian Knutson y Stephanie M. Greer, «Anticipatory Affect: Neural Correlates and Consequences for Choice», *Philosophical Transactions of the Royal Society B* 363 (2008), pp. 3.771-3.786.

9. Una revisión del precio del riesgo basada en «datos internacionales de 16 países diferentes obtenidos durante más de cien años» arrojó una estimación de 2,3, «en notable concordancia con estimaciones obtenidas con la muy diferente metodología de los experimentos de laboratorio sobre decisiones individuales»: Moshe Levy, «Loss Aversion and the Price of Risk», *Quantitative Finance* 10 (2010), pp. 1.009-1.022.

10. Miles O. Bidwel, Bruce X. Wang y J. Douglas Zona, «An Analysis of Asymmetric Demand Response to Price Changes: The Case of Local Telephone Calls», *Journal of Regulatory Economics* 8 (1995), pp. 285-298. Bruce G. S. Hardie, Eric J. Johnson y Peter S. Fader, «Modeling Loss Aversion and Reference Dependence Effects on Brand Choice», *Marketing Science* 12 (1993), pp. 378-394.

11. Colin Camerer, «Three Cheers—Psychological, Theoretical, Empirical—for Loss Aversion», *Journal of Marketing Research* 42 (2005), pp. 129-133. Colin F. Camerer, «Prospect Theory in the Wild: Evidence from the Field», en Daniel Kahneman y Amos Tversky, eds., *Choices, Values, and Frames*, Russell Sage Foundation, Nueva York, 2000, pp. 288-300.

12. David Genesove y Christopher Mayer, «Loss Aversion and Seller Behavior: Evidence from the Housing Market», *Quarterly Journal of Economics* 116 (2001), pp. 1.233-1.260.

13. John A. List, «Does Market Experience Eliminate Market Anomalies?», *Quarterly Journal of Economics* 118 (2003), pp. 47-71.

14. Jack L. Knetsch, «The Endowment Effect and Evidence of Nonreversible Indifference Curves», *American Economic Review* 79 (1989), pp. 1.277-1.284.

15. Charles R. Plott y Kathryn Zeiler, «The Willingness to Pay-Willingness to Accept Gap, the "Endowment Effect", Subject Misconceptions, and Experimental Procedures for Eliciting Valuations», *American Economic Review* 95 (2005), pp. 530-545. Charles Plott, un destacado economista experimental, ha sido muy escéptico con el efecto de dotación, y ha tratado de demostrar que este no es un «aspecto fundamental de la preferencia humana», sino un resultado de una técnica inferior. Plott y Zeiler creen que los participantes que acusan el efecto de dotación se hallan sometidos a ideas falsas sobre sus verdaderos valores, y por eso modificaron los procedimientos de los experimentos originales para eliminar esas ideas. Ambos idearon un elaborado procedimiento de instrucción en el que los participantes representaban los papeles de compradores y vendedores, y les enseñaron de un modo explícito a reconocer y apreciar sus verdaderos valores. Y como esperaban, el efecto de dotación desapareció. Plott y Zeiler veían su método como una importante mejora técnica. Los psicólogos considerarán el método sumamente deficiente, pues transmite a los participantes un mensaje sobre lo que los experimentadores consideran un comportamiento apropiado, que casualmente coincide con la teoría de los experimentadores. La versión que Plott y Zeiler favorecen del experimento de intercambio de Knetsch está igualmente sesgada: no permite al propietario del bien estar en posesión física del mismo, lo cual es esencial para que se produzca el efecto. Véase Charles R. Plott y Kathryn Zeiler, «Exchange Asymmetries Incorrectly Interpreted as Evidence of Endowment Effect Theory and Prospect Theory?», *American Economic Review* 97 (2007), pp. 1.449-1.466. Puede que aquí se haya llegado a un punto muerto, en el que cada parte rechaza los métodos que la parte opuesta requiere.

16. En sus estudios sobre la toma de decisiones en situación de pobreza, Eldar Shafir, Sendhil Mullainathan y sus colegas han observado otros ejemplos en los que la pobreza induce una conducta económica que en ciertos aspectos es más realista y racional que la de los individuos más afortunados. Es más probable que los pobres reaccionen a situaciones rea-

les que a su descripción. Marianne Bertrand, Sendhil Mullainathan y El-dar Shafir, «Behavioral Economics and Marketing in Aid of Decision Ma-king Among the Poor», *Journal of Public Policy & Marketing* 25 (2006), pp. 8-23.

17. La conclusión de que el gasto en compras no se experimenta como una pérdida es más cierta de individuos que viven en situación más o me-nos acomodada. La clave podría ser si, al comprar un bien, uno es cons-ciente de que ello no le impedirá permitirse adquirir otro bien. Novemsky y Kahneman, «The Boundaries of Loss Aversion». Ian Bateman *et al.*, «Tes-ting Competing Models of Loss Aversion: An Adversarial Collaboration», *Journal of Public Economics* 89 (2005), pp. 1.561-1.580.

28. *Malos eventos*

1. Paul J. Whalen *et al.*, «Human Amygdala Responsivity to Masked Fearful Eye Whites», *Science* 306 (2004), p. 2.061. Individuos con lesiones focales de la amígdala mostraron poca o ninguna aversión en elecciones arriesgadas: Benedetto De Martino, Colin F. Camerer y Ralph Adolphs, «Amygdala Damage Eliminates Monetary Loss Aversion», *PNAS* 107 (2010), pp. 3.788-3.792.

2. Joseph LeDoux, *The Emotional Brain: The Mysterious Underpinnings of Emotional Life*, Touchstone, Nueva York, 1996.

3. Elaine Fox *et al.*, «Facial Expressions of Emotion: Are Angry Faces Detected More Efficiently?», *Cognition & Emotion* 14 (2000), pp. 61-92.

4. Christine Hansen y Ranald Hansen, «Finding the Face in the Crowd: An Anger Superiority Effect», *Journal of Personality and Social Psychology* 54 (1988), pp. 917-924.

5. Jos J. A. Van Berkum *et al.*, «Right or Wrong? The Brain's Fast Res-ponse to Morally Objectionable Statements», *Psychological Science* 20 (2009), pp. 1.092-1.099.

6. Paul Rozin y Edward B. Royzman, «Negativity Bias, Negativity Dominance, and Contagion», *Personality and Social Psychology Review* 5 (2001), pp. 296-320.

7. Roy F. Baumeister, Ellen Bratslavsky, Catrin Finkenauer y Kathleen D. Vohs, «Bad Is Stronger Than Good», *Review of General Psychology* 5 (2001), p. 323.

8. Michel Cabanac, «Pleasure: The Common Currency», *Journal of Theoretical Biology* 155 (1992), pp. 173-200.

9. Chip Heath, Richard P. Larrick y George Wu, «Goals as Reference Points», *Cognitive Psychology* 38 (1999), pp. 79-109.

10. Colin Camerer, Linda Babcock, George Loewenstein y Richard Thaler, «Labor Supply of New York City Cabdrivers: One Day at a Time», *Quarterly Journal of Economics* 112 (1997), pp. 407-441. Las conclusiones de esta investigación han sido cuestionadas: Henry S. Farber, «Is Tomorrow Another Day? The Labor Supply of New York Cab Drivers», documento de trabajo del NBER 9706, 2003. Una serie de estudios sobre los mensajeros de Zurich que van en bicicleta proporciona una clara prueba de los efectos de las metas, en concordancia con el estudio original sobre los taxistas: Ernst Fehr y Lorenz Goette, «Do Workers Work More if Wages Are High? Evidence from a Randomized Field Experiment», *American Economic Review* 97 (2007), pp. 298-317.

11. Daniel Kahneman, «Reference Points, Anchors, Norms, and Mixed Feelings», *Organizational Behavior and Human Decision Processes* 51 (1992), pp. 296-312.

12. John Alcock, *Animal Behavior: An Evolutionary Approach*, Sinauer Associates, Sunderland, MA, 2009, pp. 278-284, citado en Eyal Zamir, «Law and Psychology: The Crucial Role of Reference Points and Loss Aversion», documento de trabajo, Universidad Hebrea, 2011.

13. Daniel Kahneman, Jack L. Knetsch y Richard H. Thaler, «Fairness as a Constraint on Profit Seeking: Entitlements in the Market», *The American Economic Review* 76 (1986), pp. 728-741.

14. Ernst Fehr, Lorenz Goette y Christian Zehnder, «A Behavioral Account of the Labor Market: The Role of Fairness Concerns», *Annual Review of Economics* 1 (2009), pp. 355-384. Eric T. Anderson y Duncan I. Simester, «Price Stickiness and Customer Antagonism», *Quarterly Journal of Economics* 125 (2010), pp. 729-765.

15. Dominique de Quervain *et al.*, «The Neural Basis of Altruistic Punishment», *Science* 305 (2004), pp. 1.254-1.258.

16. David Cohen y Jack L. Knetsch, «Judicial Choice and Disparities Between Measures of Economic Value», *Osgoode Hall Law Review* 30 (1992), pp. 737-770. Russell Korobkin, «The Endowment Effect and Legal Analysis», *Northwestern University Law Review* 97 (2003), pp. 1.227-1.293.

17. Zamir, «Law and Psychology».

29. *El patrón de cuatro*

1. Incluida la exposición a un «Dutch book», que es un conjunto de juegos que nuestras preferencias incorrectas nos hacen aceptar y termina en una pérdida segura.

2. Los lectores familiarizados con las paradojas de Allais reconocerán que esta versión es nueva. Esta versión, además de ser más simple, presenta una vulneración más flagrante que la paradoja original. La opción de la izquierda es la preferida en la primera disyuntiva. La segunda disyuntiva se obtiene añadiendo a la izquierda una posibilidad más valiosa que la de la derecha, pero la de la derecha es la preferida.

3. Como el distinguido economista Kenneth Arrow contó recientemente sobre el evento, los participantes en el encuentro prestaron poca atención a lo que él llamó «el pequeño experimento de Allais». Conversación personal (16 de marzo de 2011).

4. La tabla muestra valores decisorios para ganancias. Las estimaciones para pérdidas eran muy similares.

5. Ming Hsu, Ian Krajbich, Chen Zhao y Colin F. Camerer, «Neural Response to Reward Anticipation under Risk Is Nonlinear in Probabilities», *Journal of Neuroscience* 29 (2009), pp. 2.231-2.237.

6. W. Kip Viscusi, Wesley A. Magat y Joel Huber, «An Investigation of the Rationality of Consumer Valuations of Multiple Health Risks», *RAND Journal of Economics* 18 (1987), pp. 465-479.

7. En un modelo racional con utilidad marginal en descenso, las personas pagarían al menos dos tercios más por reducir la frecuencia de accidentes de 15 a 5 unidades, tanto como estarán dispuestas a pagar por eliminar el riesgo. Las preferencias observadas contrarían esta predicción.

8. C. Arthur Williams, «Attitudes Toward Speculative Risks as an Indicator of Attitudes Toward Pure Risks», *Journal of Risk and Insurance* 33 (1966), pp. 577-586. Howard Raiffa, *Decision Analysis: Introductory Lectures on Choices under Uncertainty*, Addison-Wesley, Reading, MA, 1968.

9. Chris Guthrie, «Prospect Theory, Risk Preference, and the Law», *Northwestern University Law Review* 97 (2003), pp. 1.115-1.163. Jeffrey J. Rachlinski, «Gains, Losses and the Psychology of Litigation», *Southern California Law Review* 70 (1996), pp. 113-185. Samuel R. Gross y Kent D. Syverud, «Getting to No: A Study of Settlement Negotiations and the Selection of Cases for Trial», *Michigan Law Review* 90 (1991), pp. 319-393.

10. Chris Guthrie, «Framing Frivolous Litigation: A Psychological Theory», *University of Chicago Law Review* 67 (2000), pp. 163-216.

30. *Eventos raros*

1. George F. Loewenstein, Elke U. Weber, Christopher K. Hsee y Ned Welch, «Risk as Feelings», *Psychological Bulletin* 127 (2001), pp. 267-286.

2. *Ibidem* Cass R. Sunstein, «Probability Neglect: Emotions, Worst Cases, and Law», *Yale Law Journal* 112 (2002), pp. 61-107. Véanse las notas del capítulo 13: Damasio, *Descartes' Error.* Slovic, Finucane, Peters y MacGregor, «The Affect Heuristic».

3. Craig R. Fox, «Strength of Evidence, Judged Probability, and Choice Under Uncertainty», *Cognitive Psychology* 38 (1999), pp. 167-189.

4. Los juicios sobre probabilidades de un evento y su complemento no siempre alcanzan el 100 por ciento. Cuando se pregunta a la gente sobre un tema del que sabe muy poco («¿Cuál es la probabilidad de que la temperatura de Bangkok pase de 38 °C mañana al mediodía?»), las probabilidades que asigna a un evento y su complemento se quedan por debajo del 100 por ciento.

5. En la teoría acumulativa de las perspectivas, los valores decisorios de ganancias y pérdidas no se consideran iguales, como lo eran en la versión original de la teoría de las perspectivas que describo.

6. La pregunta de las dos urnas la idearon Dale T. Miller, William Turnbull y Cathy McFarland, «When a Coincidence Is Suspicious: The Role of Mental Simulation», *Journal of Personality and Social Psychology* 57 (1989), pp. 581-589. Seymour Epstein y sus colegas abogaron por una interpretación en términos de dos sistemas: Lee A. Kirkpatrick y Seymour Epstein, «Cognitive-Experiential Self-Theory and Subjective Probability: Evidence for Two Conceptual Systems», *Journal of Personality and Social Psychology* 63 (1992), pp. 534-544.

7. Kimihiko Yamagishi, «When a 12.86 % Mortality Is More Dangerous Than 24.14 %: Implications for Risk Communication», *Applied Cognitive Psychology* 11 (1997), pp. 495-506.

8. Slovic, Monahan y MacGregor, «Violence Risk Assessment and Risk Communication».

9. Jonathan J. Koehler, «When Are People Persuaded by DNA Match Statistics?», *Law and Human Behavior* 25 (2001), pp. 493-513.

10. Ralph Hertwig, Greg Barron, Elke U. Weber e Ido Erev, «Decisions from Experience and the Effect of Rare Events in Risky Choice», *Psychological Science* 15 (2004), pp. 534-539. Ralph Hertwig e Ido Erev, «The Description-Experience Gap in Risky Choice», *Trends in Cognitive Sciences* 13 (2009), pp. 517-523.

11. Liat Hadar y Craig R. Fox, «Information Asymmetry in Decision from Description Versus Decision from Experience», *Judgment and Decision Making* 4 (2009), pp. 317-325.

12. Hertwig y Erev, «The Description-Experience Gap».

31. *Políticas frente al riesgo*

1. El cálculo es sencillo. Cada una de las dos combinaciones consta de algo seguro y de un juego. Añádase lo seguro a ambas opciones del juego, y se tendrá AD y BC.

2. Thomas Langer y Martin Weber, «Myopic Prospect Theory vs. Myopic Loss Aversion: How General Is the Phenomenon?», *Journal of Economic Behavior & Organization* 56 (2005), pp. 25-38.

32. *Haciendo cuentas*

1. Esta intuición quedó confirmada en un experimento de campo en el que una selección aleatoria de estudiantes que adquirieron entradas de temporada para el teatro de la universidad obtuvieron entradas a un precio mucho menor del normal. Un seguimiento de la asistencia reveló que los estudiantes que habían pagado el precio normal por sus entradas estaban más dispuestos a asistir a las representaciones, especialmente durante la primera mitad de la temporada. Perderse una representación por la que uno ha pagado supone la experiencia desagradable de cerrar una cuenta en números rojos. Arkes y Blumer, «The Psychology of Sunk Costs».

2. Hersh Shefrin y Meir Statman, «The Disposition to Sell Winners Too Early and Ride Losers Too Long: Theory and Evidence», *Journal of Finance* 40 (1985), pp. 777-790. Terrance Odean, «Are Investors Reluctant to Realize Their Losses?», *Journal of Finance* 53 (1998), pp. 1.775-1.798.

3. Ravi Dhar y Ning Zhu, «Up Close and Personal: Investor Sophistication and the Disposition Effect», *Management Science* 52 (2006), pp. 726-740.

4. Darrin R. Lehman, Richard O. Lempert y Richard E. Nisbett, «The Effects of Graduate Training on Reasoning: Formal Discipline and Thinking about Everyday-Life Events», *American Psychologist* 43 (1988), pp. 431-442.

5. Marcel Zeelenberg y Rik Pieters, «A Theory of Regret Regulation 1.0», *Journal of Consumer Psychology* 17 (2007), pp. 3-18.

6. Kahneman y Miller, «Norm Theory».

7. La pregunta del autoestopista está inspirada en un famoso ejemplo que discutieron los filósofos del derecho Hart y Honoré: «Una mujer casada con un hombre que padece úlcera estomacal puede pensar que la causa de sus indigestiones es la costumbre de comer chirivías. El doctor puede identificar la úlcera estomacal como la causa, y la comida como mero desencadenante». Los efectos poco habituales demandan explicaciones causales y suscitan ideas contrafácticas, y ambas cosas están estrechamente relacionadas. El mismo evento puede compararse con una norma personal o con la norma de otros, lo cual conduce a eventos contrafácticos, atribuciones causales y emociones diferentes (arrepentimiento o culpa): Herbert L. A. Hart y Tony Honoré, *Causation in the Law*, Oxford University Press, Nueva York, 1985, p. 33.

8. Daniel Kahneman y Amos Tversky, «The Simulation Heuristic», en Daniel Kahneman, Paul Slovic y Amos Tversky, eds., *Judgment Under Uncertainty: Heuristics and Biases*, Cambridge University Press, Nueva York, 1982, pp. 160-173.

9. Janet Landman, «Regret and Elation Following Action and Inaction: Affective Responses to Positive Versus Negative Outcomes», *Personality and Social Psychology Bulletin* 13 (1987), pp. 524-536. Faith Gleicher *et al.*, «The Role of Counterfactual Thinking in Judgment of Affect», *Personality and Social Psychology Bulletin* 16 (1990), pp. 284-295.

10. Dale T. Miller y Brian R. Taylor, «Counterfactual Thought, Regret, and Superstition: How to Avoid Kicking Yourself», en Neal J. Roese y James M. Olson, eds., *What Might Have Been: The Social Psychology of Counterfactual Thinking*, Erlbaum, Hillsdale, NJ, 1995, pp. 305-331.

11. Marcel Zeelenberg, Kees van den Bos, Eric van Dijk y Rik Pieters, «The Inaction Effect in the Psychology of Regret», *Journal of Personality and Social Psychology* 82 (2002), pp. 314-327.

12. Itamar Simonson, «The Influence of Anticipating Regret and Responsibility on Purchase Decisions», *Journal of Consumer Research* 19 (1992), pp. 105-118.

13. Lilian Ng y Qinghai Wang, «Institutional Trading and the Turn-of-the-Year Effect», *Journal of Financial Economics* 74 (2004), pp. 343-366.

14. Tversky y Kahneman, «Loss Aversion in Riskless Choice». Eric J. Johnson, Simon Gächter y Andreas Herrmann, «Exploring the Nature of Loss Aversion», Centre for Decision Research and Experimental Economics, Universidad de Nottingham, Discussion Paper Series, 2006. Edward J. McCaffery, Daniel Kahneman y Matthew L. Spitzer, «Framing the Jury:

Cognitive Perspectives on Pain and Suffering», *Virginia Law Review* 81 (1995), pp. 1.341-1.420.

15. Richard H. Thaler, «Toward a Positive Theory of Consumer Choice», *Journal of Economic Behavior and Organization* 39 (1980), pp. 36-90.

16. Philip E. Tetlock *et al.*, «The Psychology of the Unthinkable: Taboo Trade-Offs, Forbidden Base Rates, and Heretical Counterfactuals», *Journal of Personality and Social Psychology* 78 (2000), pp. 853-870.

17. Cass R. Sunstein, *The Laws of Fear: Beyond the Precautionary Principle*, Cambridge University Press, Nueva York, 2005.

18. Daniel T. Gilbert *et al.*, «Looking Forward to Looking Backward: The Misprediction of Regret», *Psychological Science* 15 (2004), pp. 346-350.

33. Revocaciones

1. Dale T. Miller y Cathy McFarland, «Counterfactual Thinking and Victim Compensation: A Test of Norm Theory», *Personality and Social Psychology Bulletin* 12 (1986), pp. 513-519.

2. El primer paso hacia la interpretación actual lo dieron Max H. Bazerman, George F. Loewenstein y Sally B. White, «Reversals of Preference in Allocation Decisions: Judging Alternatives Versus Judging Among Alternatives», *Administrative Science Quarterly* 37 (1992), pp. 220-240. Christopher Hsee introdujo la terminología de evaluación conjunta y evaluación separada, y formuló la importante hipótesis de la evaluabilidad, que explica las revocaciones con la idea de que algunos atributos son evaluables solo en evaluación conjunta: «Attribute Evaluability: Its Implications for Joint-Separate Evaluation Reversals and Beyond», en Kahneman y Tversky, *Choices, Values, and Frames*.

3. Sarah Lichtenstein y Paul Slovic, «Reversals of Preference Between Bids and Choices in Gambling Decisions», *Journal of Experimental Psychology* 89 (1971), pp. 46-55. Un resultado similar obtuvo de forma independiente Harold R. Lindman, «Inconsistent Preferences Among Gambles», *Journal of Experimental Psychology* 89 (1971), pp. 390-397.

4. Puede leerse una transcripción de la famosa entrevista en Sarah Lichtenstein y Paul Slovic, eds., *The Construction of Preference*, Cambridge University Press, Nueva York, 2006.

5. David M. Grether y Charles R. Plott, «Economic Theory of Choice and the Preference Reversals Phenomenon», *American Economic Review* 69 (1979), pp. 623-628.

6. Lichtenstein y Slovic, *The Construction of Preference*, p. 96.

7. Como se sabe, Kuhn sostuvo que lo propio acontece en las ciencias físicas: Thomas S. Kuhn, «The Function of Measurement in Modern Physical Science», *Isis* 52 (1961), pp. 161-193.

8. Hay pruebas de que en estas cuestiones sobre la relación emocional con especies y la disposición a contribuir a su protección se dan las mismas clasificaciones: Daniel Kahneman e Ilana Ritov, «Determinants of Stated Willingness to Pay for Public Goods: A Study in the Headline Method», *Journal of Risk and Uncertainty* 9 (1994), pp. 5-38.

9. Hsee, «Attribute Evaluability».

10. Cass R. Sunstein, Daniel Kahneman, David Schkade e Ilana Ritov, «Predictably Incoherent Judgments», *Stanford Law Review* 54 (2002), p. 1.190.

34. *Marcos y realidad*

1. Amos Tversky y Daniel Kahneman, «The Framing of Decisions and the Psychology of Choice», *Science* 211 (1981), pp. 453-558.

2. Thaler, «Toward a Positive Theory of Consumer Choice».

3. Barbara McNeil, Stephen G. Pauker, Harold C. Sox Jr. y Amos Tversky, «On the Elicitation of Preferences for Alternative Therapies», *New England Journal of Medicine* 306 (1982), pp. 1.259-1.262.

4. Hay quien ha comentado que el adjetivo «asiática» es innecesario y peyorativo. Seguramente hoy no lo usaríamos, pero el ejemplo se concibió en los años setenta, cuando la sensibilidad a las etiquetas puestas a grupos estaba menos desarrollada que hoy en día. Esta palabra se añadió al ejemplo para que pareciera más concreto, ya que hacía recordar a los participantes la epidemia de gripe asiática de 1957.

5. Thomas Schelling, *Choice and Consequence*, Harvard University Press, Cambridge, MA, 1985.

6. Richard P. Larrick y Jack B. Soll, «The MPG Illusion», *Science* 320 (2008), pp. 1.593-1.594.

7. Eric J. Johnson y Daniel Goldstein, «Do Defaults Save Lives?», *Science* 302 (2003), pp. 1.338-1.339.

35. *Dos yo*

1. Irving Fisher, «Is "Utility" the Most Suitable Term for the Concept It Is Used to Denote?», *American Economic Review* 8 (1918), p. 335.

2. Francis Edgeworth, *Mathematical Psychics*, Kelley, Nueva York, 1881.

3. Daniel Kahneman, Peter P. Wakker y Rakesh Sarin, «Back to Bentham? Explorations of Experienced Utility», *Quarterly Journal of Economics* 112 (1997), pp. 375-405. Daniel Kahneman, «Experienced Utility and Objective Happiness: A Moment-Based Approach» y «Evaluation by Moments: Past and Future», en Kahneman y Tversky, *Choices, Values, and Frames*, pp. 673-692 y 693-708.

4. Donald A. Redelmeier y Daniel Kahneman, «Patients' Memories of Painful Medical Treatments: Real-time and Retrospective Evaluations of Two Minimally Invasive Procedures», *Pain* 66 (1996), pp. 3-8.

5. Daniel Kahneman, Barbara L. Frederickson, Charles A. Schreiber y Donald A. Redelmeier, «When More Pain Is Preferred to Less: Adding a Better End», *Psychological Science* 4 (1993), pp. 401-405.

6. Orval H. Mowrer y L. N. Solomon, «Contiguity vs. Drive-Reduction in Conditioned Fear: The Proximity and Abruptness of Drive Reduction», *American Journal of Psychology* 67 (1954), pp. 15-25.

7. Peter Shizgal, «On the Neural Computation of Utility: Implications from Studies of Brain Stimulation Reward», en Daniel Kahneman, Edward Diener y Norbert Schwarz, eds., *Well-Being: The Foundations of Hedonic Psychology*, Russell Sage Foundation, Nueva York, 1999, pp. 500-524.

36. *La vida como una historia*

1. Paul Rozin y Jennifer Stellar, «Posthumous Events Affect Rated Quality and Happiness of Lives», *Judgment and Decision Making* 4 (2009), pp. 273-279.

2. Ed Diener, Derrick Wirtz y Shigehiro Oishi, «End Effects of Rated Life Quality: The James Dean Effect», *Psychological Science* 12 (2001), pp. 124-128. La misma serie de experimentos puso también a prueba la regla del pico final en una vida desgraciada, y obtuvo resultados similares: no se juzgó que Jen fuese doblemente desgraciada por haber llevado una vida triste durante sesenta años en vez de treinta, pero se la vio considerablemente más feliz si se le añadían cinco años algo menos tristes antes de morir.

37. Bienestar experimentado

1. Otra pregunta que se ha utilizado con frecuencia es: «¿Cómo diría que le van hoy las cosas en general? ¿Diría que es muy feliz, bastante feliz o no muy feliz?». Esta pregunta se incluye en la encuesta social general de Estados Unidos, y sus correlaciones con otras variables sugieren que existe una mezcla de satisfacción y felicidad experimentada. Una medida pura de evaluación de la vida empleada en las encuestas de Gallup es la escala de autoevaluación de Cantril, en la que el encuestado valora su vida real en una escala en la que el grado 0 es «la peor vida posible para usted», y el grado 10 «la mejor vida posible para usted». El lenguaje sugiere que la gente hace su evaluación sobre lo que considera posible para ella, pero los datos demuestran que las personas de todo el mundo tienen un estándar común de lo que es una buena vida que explica la correlación extraordinariamente alta ($r = .84$) entre el PIB de los países y la puntuación media de sus ciudadanos. Angus Deaton, «Income, Health, and Well-Being Around the World: Evidence from the Gallup World Poll», *Journal of Economic Perspectives* 22 (2008), pp. 53-72.

2. El economista era Alan Krueger, de Princeton, renombrado por sus innovadores análisis de datos inusuales. Los psicólogos eran David Schkade, experto en metodología; Arthur Stone, experto en psicología de la salud, muestreo de experiencias y estimaciones ecológicas circunstanciales; y Norbert Schwarz, psicólogo social que era también un experto en metodología de los sondeos y había contribuido con críticas experimentales a la investigación del bienestar, entre ellas el experimento en el que una moneda de diez centavos dejada en una fotocopiadora influyó en los informes posteriores sobre la satisfacción con la propia vida.

3. En algunas aplicaciones, el individuo proporciona también información fisiológica, como registros continuos de sus pulsaciones, registros ocasionales de su tensión o muestras de saliva para análisis químicos. Es el llamado método de estimación ecológica momentánea: Arthur A. Stone, Saul S. Shiffman y Marten W. DeVries, «Ecological Momentary Assessment Well-Being: The Foundations of Hedonic Psychology», en Kahneman, Diener y Schwarz, *Well-Being*, pp. 26-39.

4. Daniel Kahneman *et al.*, «A Survey Method for Characterizing Daily Life Experience: The Day Reconstruction Method», *Science* 306 (2004), pp. 1.776-1.780. Daniel Kahneman y Alan B. Krueger, «Developments in the Measurement of Subjective Well-Being», *Journal of Economic Perspectives* 20 (2006), pp. 3-24.

5. Investigaciones anteriores han documentado que los individuos son capaces de «revivir» sentimientos que habían tenido en una situación pasada cuando esta es recordada de forma suficientemente vívida. Michael D. Robinson y Gerald L. Clore, «Belief and Feeling: Evidence for an Accessibility Model of Emotional Self-Report», *Psychological Bulletin* 128 (2002), pp. 934-960.

6. Alan B. Krueger, ed., *Measuring the Subjective Well-Being of Nations: National Accounts of Time Use and Well-Being*, University of Chicago Press, Chicago, 2009.

7. Ed Diener, «Most People Are Happy», *Psychological Science* 7 (1996), pp. 181-185.

8. Durante unos años he sido uno de los científicos asociados a la actividad de la organización Gallup en el área del bienestar.

9. Daniel Kahneman y Angus Deaton, «High Income Improves Evaluation of Life but Not Emotional Well-Being», *Proceedings of the National Academy of Sciences* 107 (2010), pp. 16.489-16.493.

10. Dylan M. Smith, Kenneth M. Langa, Mohammed U. Kabeto y Peter Ubel, «Health, Wealth, and Happiness: Financial Resources Buffer Subjective Well-Being After the Onset of a Disability», *Psychological Science* 16 (2005), pp. 663-666.

11. En una charla que di en la organización TED (Technology, Entertainment, Design) en febrero de 2010, mencioné una estimación preliminar de 60.000 dólares que más tarde fue corregida.

12. Jordi Quoidbach, Elizabeth W. Dunn, K. V. Petrides y Moïra Mikolajczak, «Money Giveth, Money Taketh Away: The Dual Effect of Wealth on Happiness», *Psychological Science* 21 (2010), pp. 759-763.

38. *Pensamientos sobre la vida*

1. Andrew E. Clark, Ed Diener y Yannis Georgellis, «Lags and Leads in Life Satisfaction: A Test of the Baseline Hypothesis», trabajo presentado en el Panel Socioeconómico Alemán, Berlín, 2001.

2. Daniel T. Gilbert y Timothy D. Wilson, «Why the Brain Talks to Itself: Sources of Error in Emotional Prediction», *Philosophical Transactions of the Royal Society B* 364 (2009), pp. 1.335-1.341.

3. Strack, Martin y Schwarz, «Priming and Communication».

4. El estudio original lo incorporó Norbert Schwarz a su tesis doctoral (en alemán), «Mood as Information: On the Impact of Moods on the

Evaluation of One's Life», Springer Verlag, Heidelberg, 1987. Y se ha descrito en muchos trabajos, especialmente en Norbert Schwarz y Fritz Strack, «Reports of Subjective Well-Being: Judgmental Processes and Their Methodological Implications», en Kahneman, Diener y Schwarz, *Well-Being*, pp. 61-84.

5. Este estudio se describe en el trabajo de William G. Bowen y Derek Curtis Bok, *The Shape of the River: Long-Term Consequences of Considering Race in College and University Admissions*, Princeton University Press, Princeton, 1998. Algunos de los hallazgos de Bowen y Bok volvieron a aparecer en el trabajo de Carol Nickerson, Norbert Schwarz y Ed Diener, «Financial Aspirations, Financial Success, and Overall Life Satisfaction: Who? and How?», *Journal of Happiness Studies* 8 (2007), pp. 467-515.

6. Alexander Astin, M. R. King y G. T. Richardson, «The American Freshman: National Norms for Fall 1976», Programa de Investigación Cooperativo Institucional del Consejo Estadounidense de Educación y la Universidad de California en Los Ángeles, Facultad de Magisterio, Laboratorio para la Investigación en Educación Superior, 1976.

7. Estos resultados se presentaron en una comunicación realizada en 2004 en el marco del congreso anual de la Asociación Estadounidense de Economía. Daniel Kahneman, «Puzzles of Well-Being», trabajo presentado en el congreso.

8. La pregunta de hasta qué punto los seres humanos pueden predecir hoy los sentimientos de sus descendientes en los cien años siguientes es indudablemente relevante para la respuesta política al cambio climático, pero solo puede estudiarse de forma indirecta, y esto es lo que nos proponíamos hacer.

9. Al plantear la cuestión me sentía culpable de una confusión que ahora trato de evitar: felicidad y satisfacción con la vida no son sinónimos. La satisfacción con la vida se refiere a nuestros pensamientos y sentimientos cuando reflexionamos sobre nuestras vidas, algo que hacemos ocasionalmente —también en las encuestas sobre el bienestar—. La felicidad describe los sentimientos que los individuos tienen cuando viven su vida normal.

10. Sin embargo, mi mujer no aceptó este resultado. Ella sostenía que solo los habitantes del norte de California eran más felices.

11. Los estudiantes asiáticos en general declararon una menor satisfacción con sus vidas, y estos estudiantes constituían una proporción mayor de las muestras en California que en el Medio Oeste. Si tenemos en cuenta esta diferencia, la satisfacción con la vida en estas dos regiones era idéntica.

12. Jing Xu y Norbert Schwarz han observado que la calidad del coche (medida en valores del Blue Book) predice la respuesta de su propietario a una pregunta general sobre su satisfacción con el coche, y también el placer de la gente durante los viajes de esparcimiento. Pero la calidad del coche no tiene efecto sobre el estado de ánimo durante su uso normal. Norbert Schwarz, Daniel Kahneman y Jing Xu, «Global and Episodic Reports of Hedonic Experience», en R. Belli, D. Alwin y F. Stafford, eds., *Using Calendar and Diary Methods in Life Events Research*, Sage, Newbury Park, CA, pp. 157-174.

13. El estudio se expone con más detalle en Kahneman, «Evaluation by Moments».

14. Camille Wortman y Roxane C. Silver, «Coping with Irrevocable Loss, Cataclysms, Crises, and Catastrophes: Psychology in Action», Asociación Estadounidense de Psicología, ciclo de conferencias magistrales, 6 (1987), pp. 189-235.

15. Dylan Smith *et al.*, «Misremembering Colostomies? Former Patients Give Lower Utility Ratings than Do Current Patients», *Health Psychology* 25 (2006), pp. 688-695. George Loewenstein y Peter A. Ubel, «Hedonic Adaptation and the Role of Decision and Experience Utility in Public Policy», *Journal of Public Economics* 92 (2008), pp. 1.795-1.810.

16. Daniel Gilbert y Timothy D. Wilson, «Miswanting: Some Problems in Affective Forecasting», en Joseph P. Forgas, ed., *Feeling and Thinking: The Role of Affect in Social Cognition*, Cambridge University Press, Nueva York, 2000, pp. 178-197.

Conclusiones

1. Paul Dolan y Daniel Kahneman, «Interpretations of Utility and Their Implications for the Valuation of Health», *Economic Journal* 118 (2008), pp. 215-234. Loewenstein y Ubel, «Hedonic Adaptation and the Role of Decision and Experience Utility in Public Policy».

2. El progreso ha sido particularmente rápido en el Reino Unido, donde el uso de medidas de bienestar es hoy una política oficial del gobierno. Estos avances se deben en buena parte a la influencia del libro de lord Richard Layard titulado *Happiness: Lessons from a New Science*, que salió a la luz por primera vez en 2005. Layard se cuenta entre los ilustres economistas y científicos sociales que se han interesado en el estudio del bienestar y sus implicaciones. Otras fuentes importantes son: Derek Bok,

The Politics of Happiness: What Government Can Learn from the New Research on Well-Being, Princeton University Press, Princeton, 2010; Ed Diener, Richard Lucus, Ulrich Schmimmack y John F. Helliwell, *Well-Being for Public Policy*, Oxford University Press, Nueva York, 2009; Alan B. Krueger, ed., *Measuring the Subjective Well-Being of Nations: National Account of Time Use and Well-Being*, University of Chicago Press, Chicago, 2009; Joseph E. Stiglitz, Amartya Sen y Jean-Paul Fitoussi, «Report of the Commission on the Measurement of Economic Performance and Social Progress»; Paul Dolan, Richard Layard y Robert Metcalfe, «Measuring Subjective Well-being for Public Policy: Recommendations on Measures», Office for National Statistics, Londres, 2011.

3. La concepción de la mente que Dan Ariely ha presentado en *Predictably Irrational: The Hidden Forces That Shape Our Decisions* (Harper, Nueva York, 2008) no es muy diferente de la mía, pero él y yo diferimos en nuestro uso del término.

4. Gary S. Becker y Kevin M. Murphy, «A Theory of Rational Addiction», *Journal of Political Economics* 96 (1988), pp. 675-700. Richard H. Thaler y Cass R. Sunstein, *Nudge: Improving Decisions About Health, Wealth, and Happiness*, Yale University Press, New Haven, 2008 (hay trad. cast.: *Un pequeño empujón (Nudge): el impulso que necesitas para tomar las mejores decisiones en salud, dinero y felicidad*, Taurus, Madrid, 2009).

5. Atul Gawande, *The Checklist Manifesto: How to Get Things Right*, Holt, Nueva York, 2009. Daniel Kahneman, Dan Lovallo y Oliver Sibony, «The Big Idea: Before You Make That Big Decision…», *Harvard Business Review* 89 (2011), pp. 50-60.

6. Chip Heath, Richard P. Larrick y Joshua Klayman, «Cognitive Repairs: How Organizational Practices Can Compensate for Individual Shortcomings», *Research in Organizational Behavior* 20 (1998), pp. 1-37.

Agradecimientos

Tengo la suerte de tener muchos amigos y de no avergonzarme de pedirles ayuda. Me he acercado a cada uno de mis amigos, a algunos muchas veces, para pedirles información o sugerencias bibliográficas. Pido disculpas por no enumerarlos a todos. Unos pocos de ellos tuvieron un papel mayor en la tarea de hacer posible este libro. Mi gratitud es, en primer lugar, para Jason Zweig, que me apremió en el proyecto y pacientemente probó a trabajar conmigo hasta que quedó claro para ambos que era imposible trabajar conmigo. Fue en todo momento generoso con sus recomendaciones bibliográficas y su envidiable intuición, y el libro está salpicado de formas de expresión que él sugirió. Roger Lewin convirtió transcripciones de una serie de conferencias en esbozos de capítulos. Mary Himmelstein me proporcionó una valiosa ayuda en todo momento. John Brockman empezó como agente y acabó siendo un leal amigo. Ran Hassin me dio consejo y aliento cuando más los necesitaba. En las etapas finales de un largo viaje conté con la ayuda imprescindible de Eric Chinski, mi editor de Farrar, Straus and Giroux. Conocía el libro mejor que yo, y el trabajo en él fue una agradable colaboración —no había imaginado que un editor pudiera hacer tanto como Eric—. Mi hija, Lenore Shoham, se prestó a ayudarme en los febriles últimos meses, aportando su sabiduría, un agudo ojo crítico y muchas de las frases de las secciones de «Hablando de...». Mi esposa, Anne Treisman, estuvo muy presente y resultó imprescindible: me habría dado por vencido hace mucho tiempo sin su constante apoyo, sabiduría e inagotable paciencia.

Índice alfabético

Los números de página en *cursiva* remiten a los apéndices.